제4개정판

지역개발론

박종화 · 윤대식 · 이종열

Regional

Development

박영사

제 4 개정판을 내면서

지역개발에 대한 논의가 학술적 차원뿐만 아니라 정책적 차원에서 주목받은 지도 벌써 반세기가 지났다. 지역의 자생적 경쟁력을 높여서 글로벌경제 흐름과 지방화 추세에 능동적으로 대처해야 한다는 공감대가 형성된 것 역시 벌써 수십 년이 흘렀다. AI(인공지능)와 빅데이터, 사물인터넷 등이 전통적 산업기술과 결합해서 고부가가치를 창출하는 4차 산업혁명 역시 어느 날 우리 앞에 나타났다. 특히 AI 기술의 엄청난 발전 속도는 관련 전문가들의 예상조차 뛰어넘고 있다. AI 기술이 다른 산업기술과 생산역량, 그리고 더 나아가서 사람들의 일상생활에 어떤 영향을 미칠지 예상하기 어려운 상황이다. 우리가 원하든 원치 않든 이와 같은 흐름과 기술 발전은 지역경제와 지역산업, 지역 노동력 및 인구구조, 사람들의 생각 및 생활방식까지 변화시켜 갈 것이다. 이와 같은 흐름과 기술 발전과정에 제대로 대처하지 못하는 지역은 쇠퇴하고, 나아가 지역주민들의 발전 의지까지 꺾는 악순환의 흐름에 빠져들게 될 것이다. 그리고 그와 같은 악순환 과정은 궁극적으로 해당 지역뿐만 아니라 국가의 장래에도 어두운 그림자를 드리우게 할 것이다.

지역개발의 목표는 지역의 자생적 경쟁력을 키워 글로벌경제 흐름에 대처하고, 지방화 흐름에 능동적으로 부응하며 지역주민들의 삶의 활력을 높여가는 것이다. 더 나아가서, 지역주민의 삶의 질 개선을 통해 국가 발전에 기여하는 것이 지역개발의 핵심적 지향점이다. 지역산업 정책에서 자유방임적 시장경제원리의 결과가 사회적 최적(social optimum)과 일치하지 않을 가능성이 높다. 지역산업 정책에서 자유방임적 시장메커니즘이 아닌 정부의 개입을 통한 현상 개선 여지가 상당 부분 존재한다. 물론 지역정책의 중요성이 지역산업 정책에 한정되는 것은 아니다. 다양한 부문별 지역정책이 중요하다. 그렇다고 해서 모든 지역문제에 정책적 해결방안이 능사가 아니라는 것 역시 분명하다. 시장의 적절한 역할과 그 범위에 대한 논의 역시 필요함을 부인할 수 없다. 지역개발 논의의 핵심 쟁점은 크게 공간흐름, 공간구조, 공간정책으로 구분할 수 있다. 이 핵심 쟁점들이 오래전 이 책을 처음 집필할 때부터 담고자 했던 책의 핵심 내용이다.

제 3 개정판을 낸 지 벌써 8년이 흘렀다. 새로운 변화 흐름을 수용하고, 내용상 다소 진부한 부분들을 수정하고 보완할 때가 되었다. 제 3 개정판을 낼 때부터 저자들은 특정 시공간에 국한되지 않는 내용 위주로 기술하고자 노력했다. 그리고 새로운 흐름에 부응해야 하지만, 아울러 기본에 충실해야 한다고 생각했다. 새로운 사회적 이슈를 반영하되 특정 공간에 한정될 수밖에 없는 각종 통계자료는 최대한 삭제하거나 정리했다. 핵심 쟁점 관련 이론과 정책 논의 위주로 편집했다. 다만, 복합적 지역 문제들에 대한 접근 및 해결방안 모색은 현상에 대한 이해 위주로 한정되어서는 안 될 것이다. 문제의 원인에 대한 성찰을 통한 창조적 해결방안으로 나아가야 한다. 창조적 해결방안이 절실하다는 것을 인지하고 있지만, 저자들의 역량 부족으로 이번 개정판을 통해 얼마나 이 책의 내용이 개선되었는지 장담할 수 없다. 앞으로도 부족한 부분은 계속 수정하고 보완할 예정이다.

출판 여건이 만만치 않음에도 불구하고 반듯한 제4개정판이 세상에 나올 수 있도록 중요한 역할을 맡아 준 박영사 편집부 사윤지 선생님과 표지 디자인을 맡아 준 벤스토리 직원 여러분, 그 외 여러분께 감사의 말씀을 전한다.

2024년 2월

저　　자 씀

제 3 개정판을 내면서

지역개발론 초판을 낸 후 20여 년이 지났고, 제 2 개정판을 낸 지도 10여 년이 흘렀다. 새로운 사회의 변화 흐름을 개론서의 성격을 가진 지역개발론에 담기 위해서는 적어도 5~6년에 한 번씩 개정작업을 해야 하지만, 저자들의 부족함으로 인해 제때 개정작업을 하지 못했다. 이러한 점에 대해서는 독자 여러분에게 죄송한 마음뿐이다. 글로벌 경제로의 흐름, 지방화의 추세, 지식기반사회로의 이행 등은 과거 어느 때보다 지역단위의 자생적 경쟁력의 확보를 강조하고 있다. 그 과정에서 지역과 글로벌 경제와의 관계, 지역과 국가경제와의 관계, 지역과 지역공동체와의 관계가 새롭게 조명되어야 한다. 지역의 문제해결이 지역차원의 문제로 한정되지 않고 있고, 과거와는 문제 자체가 다른 경우도 나타나고 있다. 더욱이 한국 사회는 지구상의 다른 어떤 국가보다도 역동적인 변화모습을 보여주고 있다.

이와 같은 맥락에서 지역문제의 인식과 대처는 새로운 흐름에 부응하면서 동시에 기본에 충실히 하는 것일 것이다. 따라서 제 3 개정판에서는 무엇보다도 시대에 뒤떨어진 논의나 자료를 과감히 삭제 혹은 정리하고, 새로운 이슈(사회적 자본 등)를 반영하고자 노력하였다. 특히 역동적인 사회변화에 대한 대처는 역설적으로 구체적인 통계자료의 제시보다는 관련 이론과 정책에 대한 논의가 더 중요하다고 판단해서 수치로 표현된 통계자료는 최대한 줄이고자 노력했다.

공자는 오래 전 아는 것(知)이란 사람을 아는 것(知人)이라고 했다. 그리고 공부(工夫)는 원래 하늘(天)과 땅(地)을 사람이 연결하는 것, 즉 세상에 대한 인식과 자기성찰이 기본이다. 따라서 제 3 개정판을 내면서 특정 현상에 대한 분석과 처방보다는 가능한 한 기본 이론과 정책의 논의에 초점을 두었다. 그리고 역동적인 지역현상에 대한 이해는 그 현상에 대한 분석으로 끝나서는 안 되고, 성찰로 이행되어야 한다. 바로 이러한 점을 깊이 인식하고 이번 개정작업에 임했음을 밝힌다.

여러모로 어려운 출판 사정하에서도 반듯한 제 3 개정판을 낼 수 있도록 도와준 박영사 편집부 배우리 선생님과 표지 디자인을 맡아 준 권효진 선생님, 그 외 여러분께 감사의 말씀을 전한다.

2016년 8월

저　　자 씀

제 2 개정판을 내면서

지역개발론 초판을 낸 후 벌써 10년이 흘렀다. 그 동안에 관련법령과 통계자료의 변화 등을 반영하여 개정판을 내었지만, 새로운 사회변화흐름을 제대로 반영하지 못한 것 같아 제 2 개정판을 출간하게 되었다. 지역개발이슈는 새로운 전기를 맞고 있다. 글로벌경제로의 흐름과 지식기반사회로의 이행은 정태적 효율성추구 논의를 뒷전으로 밀쳐내고 동태적 효율성추구 논의를 전면으로 부상시키고 있다.

기존 국경의 쇠퇴와 경계 없는 경쟁흐름은 지역을 어떤 수동적인 실체가 아니라 능동적인 생명체로서 자리매김시키고 있고, 생산요소로서의 지식과 정보의 전면부상은 지식과 정보의 창출기제에 대한 새로운 인식을 요구하고 있다. 따라서 이번 제 2 개정판에서는 이와 같은 측면에 대한 논의를 덧붙이고자 노력하였다. 특히 산업클러스터에 대한 논의와 지역혁신전략에 대한 논의를 통하여 지역생산성 제고와 경쟁전략 측면을 보완하였다.

그리고 우리 사회는 다른 어떤 사회보다도 역동적인 사회로 보인다. 이와 같은 경우 관련법령의 변화는 물론이고 각종 통계자료 역시 유효기간이 극히 짧을 수밖에 없다. 따라서 이와 같은 변화흐름을 최대한 반영하고자 하였다. 특히 지역개발정책에 큰 영향을 미칠 수 있는 국토기본법과 「국토의계획및이용에관한법률」의 변화내용을 반영하였다.

이번에도 여러 사람들의 도움을 받았다. 궂은 일을 마다 하지 않는 경북대학교 대학원생 김동진 군과 영남대학교 대학원생 육태숙 양, 고재정 군은 이번 제 2 개정판 원고의 교정을 묵묵히 잘 도와 주었다. 아울러 반듯한 책을 만들기 위해서 여러모로 애써주신 박영사 편집부의 이일성 편집위원님에게도 감사의 말씀을 드리고 싶다.

2004년 6월

저 자 씀

개정판을 내면서

지역개발론 초판을 낸 것이 1995년이다. 이 책의 초판이 출판된 이후 독자들로부터 많은 격려와 조언이 있었다. 이러한 격려와 조언을 바탕으로 이번에 책의 내용을 수정·보완하게 되었다.

이 책의 개정은 급격하게 변화하고 있는 대내외적인 상황변수를 포괄적으로 고려하지 않을 수 없다는 인식하에 이루어졌다. 이번 개정작업에서 유의했던 점들은 다음과 같다.

첫째, 지역개발이 연구대상으로 하는 특정 현상에 대하여 나열식 설명보다는 이론적인 소개에 치중하려고 하였다. 개별적인 현상은 언제나 변할 수 있지만 기본이론이나 원리는 지속적인 설명력을 가지며, 기본이론 및 원리에 대한 숙지는 상황변화에 탄력적으로 대응할 수 있는 응용력을 함양시켜 줄 것으로 판단되기 때문이다.

둘째, 이 책의 초판은 부분적으로 내용이 난해하다는 독자 및 동학들로부터의 비판을 받아들여서 특히 이러한 부분에 대하여 가급적 내용을 평이하게 기술하기 위하여 노력하였다. 이를 위해 수식의 사용을 최소화하고 이해하기 쉬운 용어의 선택에 유의하였다.

셋째, 오래된 통계자료는 최근의 통계자료로 바꾸었으며, 관련법의 개정으로 제도가 바뀐 부분은 법의 개정내용을 수용하여 책의 내용을 개정하였다.

초판을 낼 때와 마찬가지로 개정판을 내는 과정에서도 여러 사람들로부터 도움을 받았다. 유능한 대학원생인 주현술 군, 김상황 군, 그리고 학부생인 천현수 양은 개정판 원고의 교정을 적극적으로 도와주었다. 아울러 박영사 편집부의 노현 선생님은 개정판의 출판을 위해 지루하고 귀찮은 일을 맡아 힘써 주셨다. 이들 모두에게 감사드린다.

2000년 3월

저　자 씀

머 리 말

산업화와 도시화의 진행은 지역 간의 경제적 불평등, 개발의 격차, 도시지역의
교통·주택·토지·환경문제, 농촌지역의 낙후와 생활환경문제 등 다양한 유형의 지역
문제를 잉태시켜 왔다. 이러한 지역문제는 지역 간의 갈등, 국가경제성장의 효율성
저해, 지역주민의 삶의 질(quality of life) 저하 등을 초래하였다. 산업화의 초기에는
국가경제성장이 국가정책의 가장 중요한 과제이었음에 비해 산업화의 성숙기와 도
시화의 시대를 거치면서 지역주민의 삶의 질과 관련된 지역문제가 국가정책의 중요
한 과제로 등장하게 되었다.

지역문제의 성격 역시 시대의 변화에 따라 계속 변하고 있다. 경제성장의 초기
에는 지역경제성장이 지역개발의 가장 중요한 관심사였음에 비해 경제가 성장함에
따라 주민의 삶의 질과 관련된 교통·주택·토지·환경문제와 각종 공공서비스 공급
부족 문제가 중요한 관심사로 등장하고 있다. 이러한 시대적 상황에서 다양하게 나
타나는 지역문제의 원인을 규명하고 이를 해결하려는 시도는 그 어느 때보다도 중
요한 것으로 보인다.

이 책은 지역문제의 이면에 내재한 여러 가지 인과론적 논의와 지역개발에 관
련된 이론의 정리에 초점을 두고 집필이 시도되었다. 이 책은 우리 세 사람이 지역
개발론에서 다루어야 할 내용의 구성에 관한 논의에서부터 시작하여 책의 구체적
내용에 관한 논의에 이르기까지 폭넓은 토론을 거쳐 완성되었다. 집필은 세 사람이
적절히 분담하여 진행하였으며, 한 사람이 쓴 원고를 나머지 두 사람의 저자가 검
토하여 오류를 시정하거나 설명의 일관성을 기하고자 노력하였다.

이 책은 지역개발의 전통적 관심사였던 지역경제성장의 문제뿐만 아니라
다양한 유형의 지역문제를 지역개발의 대상으로 포함하여 집필되었다. 전통적인
지역개발 교과서에서 다루었던 지역공간구조에 대한 이론이나 지역개발의 전략
외에도 지역개발과 관련된 재정체계·분석기법·각종 지역정책을 폭넓게 논의하고
있다.

이 책은 모두 7편으로 구성되어 있다.

제 1 편에서는 지역개발의 개념과 지역문제에 대한 일반적 논의와 함께 지역개
발의 범위와 학문적 성격에 대해 살펴본다.

제 2 편에서는 지역의 공간구조에 대한 이론을 다룬다. 지역공간구조 형성의 결정메커니즘, 도시화, 정주체계, 지역성장의 이론에 대하여 논의한다.

제 3 편에서는 지역개발의 다양한 전략을 살펴본다.

제 4 편에서는 지역개발과 관련된 재정체계를 논의한다. 아울러 최근 활발히 논의되는 민간자본의 활용에 대하여 살펴본다.

제 5 편에서는 지역에 대한 분석과 개발계획의 수립을 위해 필수적으로 요구되는 각종 계량적 분석기법을 다루었다. 지역인구 예측모형, 지역경제 분석모형, 지역 공공투자사업의 평가를 위한 비용-편익 분석기법, 지역공간의 형평성 측정을 위한 분석기법에 대해 살펴본다.

제 6 편에서는 지역정책을 다루었다. 지역개발의 전통적 관심분야인 지역경제 성장과 관련된 정책 외에도 도시개발정책, 지역주택정책, 지역토지정책, 지역교통정책, 지역환경정책을 살펴보고, 아울러 지역정책을 둘러싸고 발생하는 갈등관리문제도 논의한다.

제 7 편에서는 지역개발이 직면하고 있는 새로운 환경의 변화를 살펴보고, 아울러 지역개발의 미래 발전방향을 논의한다.

이 책을 한 학기 강의용으로 사용하기 위해서는 강의자의 취향에 따라 내용을 적절히 취사선택하여 사용할 수 있을 것이다. 학부 저학년을 대상으로 하는 개론 수준의 강의에서는 제 1 편, 제 2 편, 제 3 편, 제 7 편을 중심으로 강의하면 좋을 것 같고, 학부 고학년이나 대학원생을 대상으로 하는 강의에서는 제 4 편, 제 5 편, 제 6 편을 중심으로 강의하면 좋을 것으로 본다.

이 책이 세상에 빛을 보기까지에는 음으로 또는 양으로 많은 분의 도움이 있었다. 우리 세 사람의 학문적 울타리가 되어 준 은사, 선배 교수님, 동료 교수님들과 많은 성원을 보내 준 후학들에게 감사드린다. 이 외에도 일일이 모두 열거하기 어려우나 직접 또는 간접으로 도움을 주신 많은 분들에게도 이 자리를 빌려 고마움을 전하고 싶다. 특히 원고의 교정을 도와준 김중표 석사와 이준형 석사에게 고마움을 전하고 싶다.

여러 가지 어려운 사정 속에서도 우리 세 사람의 미국유학과 학문적 정진이 가능하게 정신적으로나 물질적으로 지원하여 주신 우리들의 부모님과 여러 가지로 어려웠던 시절 인내로서 참아 준 우리들의 가족에게도 고마움을 표현하고자 한다.

　　이 책은 지역개발의 새로운 관심영역을 포함하려고 노력하였다. 이러한 노력은 지역개발 관심분야의 변화에 따라 앞으로도 계속되어야 할 과제이다. 이러한 점을 감안하여 이 책의 내용은 앞으로 계속 수정·보완하여 독자들에게 내놓을 것을 약속드린다. 끝으로, 이 책의 출판을 위해 여러모로 힘써 주신 박영사의 안종만 사장님과 편집부 노현철 과장님, 노현 선생님과 표지를 도안해 주신 장진 선생님, 그 외 여러분께 고마운 마음을 전하고자 한다.

1995년 3월

저　　자 씀

차   례

제 2 편　지역의 공간구조에 대한 이론

제 3 장　공간흐름과 지역공간구조

제4장　도 시 화

제5장　정주체계

제 3 편 지역개발의 전략

제 4 편　지역개발과 재정

제14장　지역개발 재정체계

제15장　지역개발과 민간자본

제 5 편　지역개발의 분석 및 계획기법

제16장　지역인구의 예측모형

제17장　지역경제의 분석모형

제18장 지역 공공투자사업의 비용-편익 분석기법

제6편 지역정책

제20장 지역정책의 의의와 성격

제21장 도시개발정책

제24장　지역토지정책

제 7 편 지역개발의 미래

제28장 지역개발의 회고와 전망

제1편

지역개발의 의의

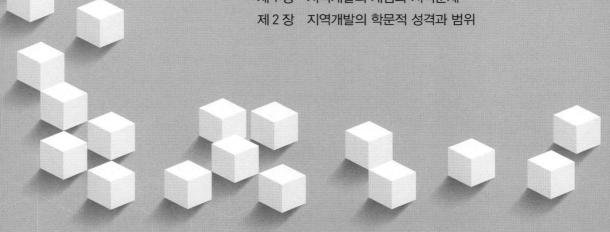

제1장

지역개발의 개념과 지역문제

오늘날 널리 사용되고 있는 지역개발(regional development)이란 용어는 1920년대 이후 사용된 것이다(Mackaye, 1928 : 43). 지역개발에 대한 이론적인 면이나 전략적인 면이 그 나름대로 연구되기 시작한 것은 선진국의 경우에도 1930년대 이후부터이고, 개발도상국을 포함하여 지역개발이 널리 주목받게 된 것은 1960년대 이후부터이다.

이하에서는 지역개발의 개념을 명료하게 하기 위하여 지역이란 무엇인가에 대한 논의로부터 출발해서 지역개발의 의미, 그리고 유사용어와의 구별까지 살펴보기로 한다.

1. 지역이란 무엇인가

1) 지역의 개념

지역의 개념정의를 내리는 것은 용이한 일이 아니다. 구체적으로 경제적인 기준을 사용할 것인지, 행정적인 기준을 사용할 것인지 또는 역사적인 기준을 사용할 것인지 하는 것이 불분명한 상태에 있다. 지역의 개념정의에서 자료의 획득이 용이하고 정책적인 고려의 대상이 된다는 측면에서 행정적 경계 기준이 많이 사용되고 있지만, 연구의 목적에 따라서 다양한 기준이 이용되기도 한다.[1]

예컨대 미국과 같이 대부분의 하위 국가계획이 대도시를 기준으로 집행되는 곳에서는 대도시를 기준으로 지역이 나누어질 수 있다. 이와 같은 경우에 개별 국가의 도시화 수준에 따라서 지역의 수는 수십 개에서 수백 개까지 될 수 있다. 단지 이 경우에는 도시의 영향권 밖의 일정 영역들은 지역의 범주에서 빠지는 결과가 될 수 있고, 공간상의 연결성 기준(contiguity criterion)이 충족되기 어렵다. 한편 우리나라와 같이 국가계획을 지역계획으로 분리하는 수단으로 지역이 사용되는 경우에는 대략 6개에서 15개 정도의 지역수가 적절하고 공간상의 연결성 기준도 당연히 의미를 가지게 된다. 이 경우에는 지역 간에 서로 중첩되는 현상은 발생하지 않는다(Richardson, 1979 : 17-18).

자만스키(Czamanski, 1973)는 흔히 유사하게 이용되는 다음 용어들의 유용한 분별기준을 제시하고 있다. '영역'(area)은 2차원 공간상의 어떤 부분을 지칭하는 것이다. 예컨대 시장영역(a market area)의 개념은 특정 생산자의 산출물이 판매되는 지리적인 공간영역을 말한다. '지대'(zone)는 주변의 공간과는 다른 특징을 가지고 있는 영역을 말한다. 예컨대 비무장지대(DMZ)는 주변의 공간과 경계가 분명하고 두드러진 특징을 갖는다. '지역'(region)은 보다 엄밀한 용어로서 구조에 있어서 포괄적이고 독자적으로 기능을 할 수 있는 국가경제 내의 한 영역을 의미한다. 흔히 지역은 공통의 역사성을 갖고 있다.

2) 고전적인 지역구분

지역을 개념화하는 가장 고전적인 방법은 동질지역, 결절지역, 그리고 계획지역으로 구분하는 것이다(Richardson, 1979 : 19-24).

---

[1] 위와 같은 논의는 기본적으로 '지역'에 대한 주관적 관점(subjective view)에 입각하고 있다. 즉 지역 그 자체를 목적으로 삼는 것이 아니라 목적을 달성하기 위한 수단 내지 설명의 도구로 간주하는 것이다. 이에 반해서, 지역에 대한 객관적 관점(objective view)은 지역 그 자체를 자연적 현상 내지 객관적 실체가 있는 대상으로 간주하는 입장이다. 따라서 이와 같은 관점에서 보면 이 세계는 지형, 기후, 작물의 육종, 그리고 인구밀도 등에 따라 구분가능한 여러 개의 자연지역들(natural regions)로 구성되어 있는 것이다. 하지만 지역경제나 지역개발의 논의에서 지역에 대한 객관적 관점은 Hartshorne(1959:31)이 적절하게 지적하고 있듯이 '역사 속으로 사라져 버린' 시도로 보인다(Glasson, 1974:18-20; Gore, 1984:8-11).

(1) **동질지역** 　　　동질지역(homogeneous regions)은 어떤 주요한 특성을 공유한다는 의미에서 동질적인 것이다. 여기서 내부적인 차이나 지역 내의 상호작용은 중시하지 않는다. 예컨대 미국의 동절기 밀재배지대(winter wheat belt)는 특정 계절의 밀재배지역을 기준으로 분류된 동질지역이다. 그런데 공유하는 특성은 소득수준이나 실업률과 같이 경제적인 것일 수도 있고, 유사한 지형이나 기후같이 지리적인 것일 수도 있고, 또는 공통의 역사적 배경이나 정치적 이념 등과 같이 사회정치적인 것일 수도 있다. 그런데 여기서의 문제점은 어떤 기준에 의한 동질성이 또 다른 기준의 측면에서 보면 이질적인 것이 될 수 있다는 점이다.

(2) **결절지역** 　　　결절지역(nodal or polarized regions)은 기능적인 측면에서 공간상의 흐름, 접촉, 그리고 상호의존성을 고려하여 분류한 지역개념이다. 이 개념은 이질적인 공간경제의 속성 내지 공간적 차원을 중요한 것으로 다루기 때문에 대부분의 지역경제학자들은 결절지역 개념을 선호한다. 공간경제란 여러 가지 이질적인 요소로 구성되어 있으나 기능적으로는 상호연결되어 있다. 따라서 인구와 경제적 활동은 공간상에 고르게 분산되어 있는 것이 아니라 특정한 장소에 집적하게 된다. 그래서 중심지역과 주변지역이 형성되게 된다. 이와 같은 기능적인 연계성은 사람·생산요소·상품·정보의 흐름에 대한 관찰을 통하여 확인해 볼 수 있다. 그 흐름의 강도는 결절들 간의 견인력에 비례하고 거리에 반비례한다. 따라서 중력모형(gravity model)이 결절지역을 분석하는 유용한 기법이 된다. 결절지역 분석방식은 대도시권의 통근권이나 생활권을 분석하는 데 유용하게 사용될 수 있다.

결절 간에 계층을 결정하기 위해서는 보통 '지배의 원칙'(principle of dominance)과 '전이의 원칙'(principle of transitivity)이 이용된다. 지배의 원칙은 한 결절의 가장 큰 흐름이 그 결절의 규모보다 작은 곳으로 움직이고 있으면 그 결절은 독립적인 것이고, 가장 큰 흐름이 그 결절의 규모보다 큰 곳으로 움직이고 있으면 그 결절은 종속적인 것으로 간주하는 것이다. 전이의 원칙이란 X가 Y에 종속적이고 Y가 Z에 종속적이면 그 때 X또한 Z에 종속적이 된다는 것이다.

(3) **계획지역** 　　　계획지역(planning regions)은 지역경제 내지 지역정책 목적을 효과적으로 달성하기 위하여 인위적으로 설정된 영역을 말한다. 사회주의 경제 하에서는 국가경제 목적을 달성하기 위하여 국토를 여러 개의 계획지역으로 구분한다. 사회주의 경제체제가 아니더라도 대개 기능별(예: 교통·에너지·상수도 공급 등)로 다양한 크기의 계획지역을 중복되는 형태로 여러 개 가지고 있는 경우가 많

다. 우리나라 국토종합개발계획상에 권역별 개발계획이나 기능별 개발계획은 전형적인 계획지역의 예들이다. 다양한 기능은 다양한 규모의 계획단위를 필요로 하며, 계획지역의 적절한 규모는 계획기간의 길이에 따라 달라진다. 대개 넓은 지역일수록 장기계획이 필요하다. 계획지역을 이용하는 경우의 가장 큰 장점은 자료가 대개 행정적 단위로 수집되기 때문에 정책효과에 대한 평가가 보다 용이하고, 지역의 행정적인 구조는 정책집행을 보다 용이하게 한다는 점이다. 단점은 지역의 행정적인 경계와 경제적인 경계가 불일치할 수 있다는 점이다.

3) 지역과 국가의 차이

지역에 대한 개념정의가 이와 같이 다양하고 불분명하기 때문에 지역문제를 연구하는 학자들은 이와 같은 지역문제를 다루는 가장 적합한 도구나 방법이 무엇이며 어떻게 규명해 낼 것인가에 관하여 큰 어려움에 봉착하게 된다. 그래서 일부에서는 지역이란 작은 국가(a mini nation)에 불과하다는 아이디어를 제시하는 경우가 있다. 그럼 과연 지역은 작은 국가에 불과한 것일까? 지역과 국가 간에는 분명한 차이가 있다는 점을 리차드슨(H. W. Richardson)은 다음과 같이 밝히고 있다(Richardson, 1979 : 25-29).

첫째, 개방성(openness)의 정도에 있어서 분명한 차이가 있다. 국가 간에서보다 지역 간에 생산요소들이 보다 원활하게 움직인다. 다만 일부 개발도상국의 경우에 있어서는 중심지역과 국내의 타지역 간의 거래에 비해 중심지역과 타국가 간의 거래가 더 많이 발생할 수 있다. 그러나 이 점은 논의의 초점이 지역이냐 국가냐 하는 것보다 연결성의 정도에 관한 것으로 보아야 할 것이다. 국가 간에는 대개 관세·수출입 물량 통제·이민 통제·환전 통제·수출입 면허, 그 외 기타 자본이동에 대한 직접적 통제 등이 부과되는 경우가 많다. 이와 같은 점들은 요소이동에 큰 영향을 미친다. 한편 지역 간에는 개방이 되어 있기 때문에 지역 간의 흐름을 기록하기가 쉽지 않다. 달리 말하면 지역 간에는 기록메커니즘이 결여되어 있는 것이다. 그 결과 바람직하지 못한 추세가 있다고 하더라도 그 흐름을 반전할 수 있는 정책을 집행하기가 대단히 어렵다. 따라서 지역성장은 불균형적으로 일어날 가능성이 높다. 게다가 지역정책의 목표는 국가정책의 목표와 다르다. 인플레이션 통제나 경제의 안정화 목표는 지역정책의 목표가 아니다. 지역정책의 목표는 대개 지역의 장기 경제성장이나 인구 및 산업활동의 지역 내 적절한 배치, 환경 질의 보존 등이 될 수 있다.

둘째, 국가적인 수준에서보다 지역적인 수준에서 장기 경제개발과 공공정책 간에 연계성이 훨씬 더 강하다. 지역정책결정자가 사용할 수 있는 정책도구가 별로 없음에도 불구하고 지역정책결정자들은 지역산업단지의 조성, 지역산업구조의 재편 등과 같이 흔히 지역경제의 장기적인 성취에 관심이 많은 반면에, 국가정책 결정자들의 관심의 대부분은 물가억제 등 즉각적인 효과가 나타나는 것들에 치중하는 경향이 있기 때문이다. 그리고 국가에 비해 지역의 성장률을 높이는 것이 훨씬 더 용이한 것도 사실이다.

셋째, 지역경제의 분석에는 무엇보다도 공간적인 차원이 큰 의미를 차지한다. 그런데 국가경제에서는 종합적이고 거시경제적인 차원을 중시한다. 지역경제에서 공간적인 변수를 명확하게 고려하는 것은 대단히 자연스러운 현상이다. 그런데 전체가 부분의 합이라는 사실을 받아들인다면, 그리고 지역경제에 있어서 인구 및 산업활동의 공간적 분포가 전체적인 능률성에 영향을 미친다면, 왜 국가에는 그 영향이 중요하지 않은가가 의문이 될 수 있다. 물론 국가에도 그 영향이 중요하다는 것이 답(쏨)이고, 최근의 국가도시화 전략 등은 그 사실을 인정하고 있다.

결국 지역을 작은 국가로 취급하는 것은 그 양자 간에 존재하는 중요한 차이점을 간과하고 있는 것이라는 것을 알 수 있다.

2. 지역개발의 의미

지역개발의 의미를 한 마디로 규정하기는 쉬운 일이 아니다. 하지만 지역을 개발하는 것이 지역개발이라는 데는 별로 이론(異論)이 없다. 앞에서 우리는 기준에 따라서 지역을 다양하게 분류할 수도 있고 개념정의도 내릴 수 있다는 것을 보았다. 지역을 개념화하는 가장 고전적인 방법은 동질지역, 결절지역, 그리고 계획지역으로 구분하는 것이지만, 현실적인 측면에서는 연구의 목적에 따라서 적합한 기준을 설정하고 그 기준에 따라서 지역의 개념규정을 내리는 것이 보통이다. 지역의 공간적 범위는 대개 한 국가의 하위공간(sub-national) 영역을 말하는 것이므로 그와 같은 공간영역이 직면하고 있는 문제를 해결하고 장기적인 발전을 도모하기 위하여 종합적이고 쇄신적인 발전을 이룩해 나가는 계획적인 과정을 우리는 지역개발이라고 우선 정의할 수 있다.

지역문제가 개별국가별로 서로 상이하기 때문에 지역개발의 개념 역시 나라마다 다소 다르다. 도시화의 역사가 앞선 영국은 도시와 농촌을 하나의 공간단위로 인식해서 도시 및 농촌개발(town and country development)을 지역개발의 개념으로 사용하고 있다. 주(州) 내지 지방정부의 자주성과 책임성이 높고 대도시를 중심으로 지역을 주로 분류하고 있는 미국은 지역개발이라는 용어에 비해 대도시권개발(metropolitan area development), 주(州)개발, 또는 주간(州間)개발(inter-state development)이라는 용어를 주로 사용하고 있다. 중앙집권적 통치구조가 강한 프랑스는 중앙정부 중심의 국토개발에 초점이 주어졌기 때문에 지역개발이라는 용어에 비해 국토의 관리(Amengement du Territore)라는 표현이 사용되고 있다. 일본은 1950년대부터 현재까지 지역개발이라는 용어를 널리 사용하고 있다. 그러나 1930년대에는 영국의 영향을 받아 시정촌개발(市町村開發)이라는 용어를 주로 사용했고, 1940년대에는 국토개발이라는 표현을 보다 널리 사용했다. 우리나라의 경우에도 해방이후 초창기에는 국토개발이라는 용어가 널리 쓰이다가 1960년대경부터 지역개발이라는 용어가 보편적으로 사용되고 있다(대한국토·도시계획학회 편, 1991:5-6).

우리나라의 경우에 지역개발관련 법제도나 정책에 있어서 일본이 큰 영향을 미친 것으로 알려져 있다. 1963년 제정된 국토건설종합계획법도 일본의 1950년 국토총합개발법(國土總合開發法)이 원용된 것으로 알려져 있다. 우리나라의 국토종합개발계획은 지역개발계획을 국토개발에 관한 장기적이고 종합적인 계획으로 규정하고 있다.

① 토지, 물, 기타 천연자원의 이용, 개발 및 보전에 관한 사항
② 수해, 풍해, 기타 재해의 방재에 관한 사항
③ 도시와 농촌의 배치 및 규모와 그 구조의 대강에 관한 사항
④ 산업입지의 선정과 그 조성에 관한 사항
⑤ 산업발전의 기반이 되는 중요 공공시설의 배치 및 규모에 관한 사항
⑥ 문화, 후생 및 관광에 관한 자원과 기타 자원의 보호시설의 배치 및 규모에 관한 사항

우리나라의 국토종합개발계획은 전국계획, 특정지역계획, 도건설계획, 군건설계획으로 계층적으로 나누어져 있다. 전국계획으로는 1972년부터 10~20년을 계획기간으로 하는 국토종합개발계획이 추진되고 있다.[2] 이 외에도 수도권정비계획

---

2) 2000년대 이전에는 국토종합개발계획이 3차에 걸쳐 수립되어 추진되었으나, 2000년대 이후 제4차 계획부터는 계획의 명칭이 '국토종합개발계획'에서 '국토종합계획'으로 변경되어 수립되고 추진되어 오고 있다.

법에 따른 수도권정비계획, 오지개발촉진법에 의한 오지개발, 농어촌발전특별조치법에 의한 농어촌정주권개발, 도서개발촉진법에 의한 도서개발, 그리고 지역균형개발법에 의한 광역개발계획 등이 지역개발을 위해 추진되고 있다.

3. 유사용어와의 구별

지역개발은 국토종합개발계획법 제2조에 밝혀져 있는 것처럼 종합개발의 성격을 가지고 있다. 지역문제의 성격에 따라 경제적, 사회적, 또는 물리적 개발 등의 성격을 가질 수 있기 때문이다. 이하에서는 지역개발의 개념을 보다 명료하게하기 위하여 유사용어와의 관계를 살펴보기로 한다.

1) 지역개발과 지역사회개발

지역개발은 지역문제를 해결하고 지역의 합리적 개발을 위하여 중앙정부 또는 지방자치단체가 중심이 되어 추진하는 종합적 개발을 말한다. 지역의 경제적 개발만을 의미하는 것은 아니지만, 경제적 개발이 강조된다. 일반적으로 도로나 철도 등의 교통망, 전기시설·통신시설, 경지정리·저수지조성 등 지역의 생산기반을 조성하고 지역의 소득을 높여서 그 지역을 보다 살기 좋은 지역으로 만드는 것이 강조된다.

지역사회개발(community development)은 지역사회를 보다 살기 좋은 곳으로 만드는 것을 말한다. 보다 살기 좋은 지역사회를 만들기 위해서 경제적 개발뿐만 아니라 사회문화적 발전도 중요하다. 지역사회란 혈연 또는 지연에 의해 형성된 자연발생적인 공간적 범역으로서 주민들이 서로 협조하고 공동의 노력을 통해서 자신들이 처한 문제를 해결해 갈 수 있는 비교적 소규모의 공간적 실체를 의미한다. 따라서 그와 같은 지역사회는 근린성과 일체성이 지역에 비해서 훨씬 높은 소규모의 공간적 실체이고, 지역사회문제를 해결해 가는 과정에서 정부의 지원이 배제되는 것은 아니지만 주민들의 자조와 협동적 노력이 무엇보다 중요하게 부각된다.

지역개발에서는 최근 민간부문의 역할과 참여가 강조되고 있지만 기본적으로 중앙정부나 지방자치단체가 주도적인 역할을 수행하고 있다. 하지만 지역사회개발에서는 정부가 도움을 주는 경우도 있지만 기본적으로는 지역사회 주민들의 자발적인 공동노력이 중심이 된다. 지역개발은 전국토의 균형된 발전과 무관하게 추진되는 경우는 드물지만, 지역사회개발에서는 공간적 범위가 훨씬 협소하고 추진주체가 지역사회 주민이기 때문에 전국적인 차원과는 거의 무관하게 사업이 추진된다. 이와 같은 성격 때문에 지역개발은 물리적인 생산기반의 조성이라든지 경제정책적 측면이 강조되고, 지역사회개발에서는 참여라든지 태도의 변화 같은 사회문화적 측면이 강조되고 있다. 지역사회 조직운동과 같은 것은 주민들의 일체성을 강화하는 운동으로 볼 수 있는 것이다.

그런데 지역개발과 지역사회개발을 엄격히 구분하기는 쉬운 일이 아니다. 정보화·광역생활권 등의 추세로 지역사회가 점점 통합되어 가면 그것은 소단위지역개발(small-area regional development) 내지 지역개발의 차원으로 발전되어 갈 것이며, 지역개발 역시 점점 구체화되어서 보다 작은 공간단위로 발전할 때 지역사회개발적 성격을 가지게 될 것이기 때문이다.

2) 지역개발과 경제개발

지역개발에서 경제적 측면이 무엇보다 중시되는 경향이 있지만 그렇다고 해서 지역개발과 경제개발이 동일한 것은 아니다. 지역개발은 무엇보다도 국가의 하위공간단위로서의 지역을 대상으로 하기 때문에 공간적 측면이 고려되지 않는 경제개발과 큰 차이가 있다. 지역개발은 어디에라는 공간적 측면과 어떤 것이라는 물리적 측면을 중시하는 데 반해서, 경제개발은 공간성이나 물리적 측면을 배제한 채 총량적인 능률성과 생산성을 강조하는 경향이 있다. 예를 들면 경제개발에서는 수자원 개발을 위해 얼마의 돈을 투자해서 얼마만한 수량(水量)을 확보하느냐에 관심의 초점이 있다. 이에 반해 지역개발에서는 수자원 개발을 위해서 어느 지역에 어떤 형태의 수자원 개발시설(예: 댐)을 건설할 것이며, 그 시설이 그 지역환경에 어떤 영향을 미칠 것인가 하는 것을 중시한다.

지역개발에서는 지역의 산업구조, 기반시설, 지역소득, 지역 간 소득격차, 지역의 환경상태 등이 개발의 중심적인 지표로 활용되고 있다. 그런데 경제개발에서는 국민총생산, 일인당 국민소득, 대외수출입 구조 및 물량, 무역수지 및 외환보유 상태, 총량적인 저축과 투자량 등이 개발의 지표가 된다.

3) 지역개발과 사회개발

사회개발은 경제개발과정에서 나타나는 사회문제에 대한 해결책을 모색하고 장기적으로는 살기 좋은 사회를 이루어 나가는 종합적인 개발과정을 말한다. 따라서 산업화 과정에서 초래된 과밀과 과소지역의 제반 사회적 문제, 예컨대 고용문제·교육문제·주거문제·생활환경문제·의식구조의 문제, 그리고 비공식 노동의 문제 등이 모두 사회개발의 대상영역에 포함된다. 이와 같은 사회개발이 지역개발과 전혀 별개의 영역으로 존재하는 것은 아니지만, 이 양자 간에는 초점에 있어서 분명한 차이가 있다.

지역개발은 공간적 측면과 물리적 측면의 개발과정을 통해서 지역 간 균형발전을 도모하고, 궁극적으로는 국가 전체의 발전을 기하는 것을 목적으로 하고 있다. 그런데 이와 같은 지역개발과정이 사회개발이 지향하고 있는 주민의 복지후생이나 배분적 정의의 실현을 반드시 내포하고 있는 것은 아니다. 지역이 개발된다고 하더라도 지역 내부의 기존 소득분배상태가 큰 격차를 나타낼 경우, 저소득층에 반드시 도움이 된다고 볼 수는 없기 때문이다. 이와 같은 논의에 가장 밀접하게 관련된 논의로서 윈닉(Winnick, 1966 : 273-283)에 의해 제시된 '장소의 번영'(place prosperity)과 '주민 복지수준 개선'(people prosperity) 간의 선택문제가 있다.

'주민 복지수준 개선'은 실업자, 교육받지 못한 사람, 장애인 등에 대하여 도움을 제공하는 것을 말하고, '장소의 번영'이란 농촌지역·낙후지역·도시의 슬럼지대 등을 개발하는 것을 말한다. '장소의 번영' 접근은 지역 간 균형개발 방식이 개인소득이나 복지수준의 균등하지 못한 분배로부터 발생하는 제반문제를 해결해 가는 데 기여할 수 있다고 가정하고 있다. 다시 말하면 '장소의 번영'이 '주민 복지수준 개선'을 위한 훌륭한 대체방식이라고 보고 있는 것이다. 이와 같은 주장에 대해 다음과 같은 비판이 제기되고 있다(Richardson, 1979 : 221-223). 첫째, 인구이동이라는 것이 존재하는 이상 한 장소의 인구는 시간에 따라 변화하게 된다. 인구가 곧 유출될 것으로 예상되는 농어촌지역의 기반시설에 투자를 하는 것은 낭비적인 투자가 될 뿐이다. 둘째, '장소의 번영' 접근방식은 내재적으로 동일소득의 인구를 가정하고 있다. 그런데 현실이 그렇듯이 소득의 편차가 큰 경우에는 특정 장소를 번영시키는 정책이 가난한 사람들이나 실업자들에게 도움이 될 것이라는 보장이 없다. 역설적으로 지역 간 편차를 줄이는 정책은 지역 내 편차를 더 확대시킬지도 모른다.

지역개발은 지역이라는 장소의 번영을 중시하고 사회개발은 주민의 복지수준의 개선을 지향하고 있는 것이므로 양자는 배타적인 것이 아니고 상호 보완적인 관계를 가진다. 장소의 번영이 없는 주민 복지수준의 향상이란 공허한 것이 되기 쉽고, 주민 복지수준의 개선이 없는 지역의 성장 역시 장기적으로는 바람직하지 못하기 때문이다.

4) 지역개발과 국가발전

지역개발이 원만히 이루어짐으로써 국가발전이 이루어지는 것이다. 국가의 하위공간단위로 지역을 규정하는 이상 이것은 당연한 귀결이다. 그러면 이 양자는 동일한 것인가, 아니면 공간적 범위에 있어서만 차이가 나는 것인가?

이 양자가 동일한 것이 아님은 명백하다. 지역의 개념정의에서 논의했듯이 지역과 국가는 중요한 몇 가지 점에서 차이가 난다. 그리고 단순히 크기에 있어서 차이가 나는 것이 아님은 양자의 정책적 초점이 다를 수 있다는 것을 생각하면 명백하다. 국가발전은 어떤 경제활동의 공간상의 입지를 어디에 할 것이며, 어느 부문(농업·제조업·서비스업 등)에 어느 만큼의 투자를 할 것인가를 결정하는 데 있어서 무엇보다도 능률성과 생산성, 그리고 기타 정치성 등이 중요하다. 따라서 한정된 자원을 효율적으로 활용한다는 불균형개발전략이 국가발전과정에 있어서 정책적인 전략으로 흔히 채택되고 있는 것이다.

공간상의 입지와 물리적 개발, 그리고 지역의 환경문제 등을 무엇보다 강조하는 지역개발은 국가발전에 비해 상대적으로 총량적인 능률성이나 생산성에 의존하는 비율은 낮다. 오히려 단기적으로 효율성이 낮다고 하더라도 지역 간 균형개발이나 공간구조의 기능적 통합성 등을 중시한다. 지역은 개방성이 높기 때문에 정책적인 효과를 제대로 포착하기는 쉽지 않지만 한정된 면적이기 때문에 정책의 효과성 자체는 대부분 국가에 비해 높다. 정책의 종류에 있어서도 국가는 인플레이션 통제와 같은 것이 사용되지만 지역의 경우에는 그와 같은 정책의 의미가 떨어진다.

제2절 지역문제

지역개발이란 기본적으로 지역문제에서 출발하는 것이다. 지역개발의 필요성은 지역의 현재 상태와 기대 상태와의 차이, 즉 지역문제에서 비롯되는 것이기 때문이다. 그런데 지역문제는 어떤 절대적인 기준이 있다기보다는 오히려 개별국가

의 역사적·정치적·지리적·사회경제적 여건과 발전단계에 따라 다르게 인지되는
경향이 있다.

이하에서는 지역문제의 개념과 원인, 그리고 전형적인 문제지역에 대해서 살
펴보기로 한다.

1. 지역문제의 개념

지역문제는 크게 지역 내의 문제와 지역 간의 문제로 구분할 수 있다. 지역 내
의 문제는 한 지역 내부에서 빚어지는 문제로서 대개 도시와 농촌문제로 나타난다.
지역 내부에 있어서도 인구와 산업활동이 집적되어 과밀의 폐해가 나타나거나 산업
활동이 침체 혹은 낙후되어 도시가 황폐화되는 경우는 도시문제이고, 젊은 노동력이
그 고장을 떠나고 산업활동이 전반적으로 위축되어 있는 것이 바로 농촌문제이다.

지역 간의 문제는 기본적으로 지역 간의 격차로 인한 불균형문제이다. 잘 사
는 지역과 못 사는 지역, 사회경제적 기회가 풍부한 지역과 그렇지 못한 지역 간에
는 갈등이 팽배해지기 쉽고, 그것은 궁극적으로 국가사회의 전체적인 통합과 발전
에 장애요소로 작용할 수가 있기 때문이다. 우리나라의 경우 수도권과 기타 지역
간의 격차문제, 경부축과 기타 지역 간의 격차문제에 대한 인식이 없이 지역 간 문
제에 대한 접근이 곤란한 상황을 염두에 둘 수 있다.

2. 지역문제의 원인

지역문제가 왜 발생하는가에 대하여 지리적 요인, 경제구조적 요인, 사회문화
적 요인, 정치행정적 요인 등 다양한 요인들이 지적되고 있다.

1) 지리적 요인

다양한 지역을 보면 어떤 지역은 자연자원도 풍부하고 기타 산업시설도 입지
하기 좋은 지역이 있는 반면에 전혀 그렇지 못한 지역도 있다. 이와 같이 지리적
내지 지형적 조건이 열악한 지역은 소득수준도 낮고 일자리도 구하기 힘든 경우가

대부분이다. 이와 같은 경우가 지리적 내지 지형적 요인에 의한 지역문제에 속한다.

2) 경제구조적 요인

특정 시점에 다양한 지역을 관찰해 보면 개별 지역은 그 나름대로 독특한 경제구조를 가지고 있는 경우가 대부분이다. 모든 지역이 성장력이 높은 경제구조를 가지고자 하지만 경제활동이란 것은 동태적인 성격을 가지고 있는 것이고, 지역의 자연조건 내지 역사적 배경은 나름대로 차이가 있다. 따라서 어떤 지역은 그 시점에 성장의 탄력성이 높은 산업구조를 가지고 있어서 빨리 성장하고, 그렇지 못한 지역은 상대적으로 성장에서 뒤처지게 된다. 이와 같은 과정에서 낙후지역은 그 지역의 중요한 생산요소를 고속성장하는 지역으로 유출당할 가능성이 상존하고 있기 때문에 더욱 낙후될 가능성이 있다. 이와 같은 형태의 지역문제가 경제구조적 요인에 의한 지역문제의 예이다.

3) 사회문화적 요인

현대에 있어서 지역문제 발생의 중요한 요인 중의 하나로서 사회문화적 요인이 지적되고 있다. 한 지역의 발전이 외생적인 요인이나 지리적인 요인에 의해서 결정되는 점이 상당부분 있지만, 보다 본질적인 것으로 지역 내부의 발전의지나 열의 등이 중요한 것으로 지적되고 있다. 발전의 열의가 강한 주민, 교육정도가 높은 주민, 근면하고 진취적인 사고를 하는 주민들이 결여되어 있으면 지역이 발전하기 어려운 것은 자명하다.

4) 정치행정적 요인

정치이념이나 최고정책결정자의 가치관 역시 지역문제를 발생시키는 요인 중의 하나이다. 단기간에 급속한 성장을 지향하는 개발전략을 최선의 개발이념으로 받아들이고 있는 경우와 자유방임적인 경제질서를 최선의 형태로 받아들이고 있는 경우 간에는 전혀 다른 지역문제가 형성될 수 있다. 한정된 재원으로 성장을 가속화시키는 전략을 채택할 경우에는 지역 간 발전의 불균등현상이 심화될 가능성이 적어도 단기적으로는 아주 높다. 이에 반해서 자유방임적인 경제질서와 지역 간 고른 투자와 발전을 지향할 경우에는, 그리고 특히 재원이 한정되어 있을 경우에는 그 재원이 소비자금화해 버리고 전반적인 성장속도가 지체될 수 있는 문제가 있다.

3. 전형적인 문제지역

지역 역시 사람처럼 아플 때는 의사가 필요하다. 국가적인 관심 역시 문제가 있는 지역에만 쏠리게 되어 있다. 기존의 제약조건하에서 시장경제의 움직임이 비교적 만족스러운 상태이면 그 지역은 건강한 상태에 있는 것이다. 전형적인 문제 지역으로 후버와 지아라타니(Hoover & Giarratani)는 낙후지역, 침체지역, 과열성장 및 과잉집중지역을 들고 있다. 이하에서는 이들 지역들에 관하여 살펴보기로 한다 (Hoover & Giarratani, 1984 : 363-371).

1) 낙후지역

낙후지역(backward regions)은 산업화의 수준은 미약하고 인구는 과잉상태로 되어 있는 지역을 말한다. 자생적인 성장과정(self-sustaining growth process)으로 아직 진입하지 못한 단계를 말하며, 전통적인 농업이 지배적인 경제구조를 가지고 있는 경우가 많다. 이와 같은 낙후지역문제를 해결하는 데 필요한 조건들에 관해서 많은 연구가 이루어져 왔는데, 개발도상국의 지역개발문제 중 상당한 부분이 낙후지역의 개발문제라 하여도 과언이 아니다. 우리나라의 경우 농업이 지배적인 경제구조인 강원 및 경북 산간지역, 서부 경남지역, 호남 일부지역 등이 전형적인 낙후지역에 속한다.

낙후지역의 문제는 개발도상국의 문제만은 아니다. 선진국으로 분류된 나라들의 경우에 있어서도 일부지역은 낙후지역인 것으로 알려져 있다. 미국의 애팔래치아지역, 뉴욕주에서 미시시피주에 이르는 동부 고원지대, 이탈리아의 남부지역, 캐나다의 극동부지역 등이 이에 속한다.

2) 침체지역

침체지역(developed regions in recession)은 산업화된 도시지역이지만 현재 침체를 겪고 있는 지역을 말한다. 침체의 원인은 산업 자체의 속성에 따른 경우와 지역 자체의 특성에 따른 것으로 알려져 있다. 물론 경우에 따라서는 이 양자의 결합된 원인으로 침체지역이 형성되기도 한다. 석탄이나 철 등 주요 자원을 기반으로 번성했던 지역이 그 자원에 대한 수요감퇴에 직면함에 따라 쇠퇴하는 것은 전형적인 예이다. 영국에서 스코틀랜드와 웨일즈의 남부 산업지대와 영국 북부지역은

1920년대에 이 단계에 진입한 것으로 알려져 있다. 미국의 피츠버그는 철강산업이 쇠퇴함에 따라 침체와 쇠퇴를 겪다가 1960년대에 들어와서 그 추세를 역전시키기 위하여 유명한 관민협력(public-private partnership) 사업이 추진되었다.

이와 같은 지역의 증상은 비교적 명료하게 나타난다. 여러 해 동안 성장률이 평균 이하를 나타낸다거나 실업률이 높고 만성적(慢性的)인 경향을 나타낸다. 또한 인구의 이출(out-migration)현상이 심각하다. 과거 전성기의 역동적인 성장력을 상실하고, 결정적인 조치가 내려지지 않는다면 침체현상이 무한정으로 지속될 것과 같은 분위기가 지배하는 지역이다.

이와 같은 상황은 쇠퇴하고 있는 몇몇 산업에 지나치게 의존성이 높은 지역에서 발생한다. 그런데 변화는 성장을 위해서 필요한 것이고, 어느 지역도 언제나 성장만 할 수는 없다. 어떤 지역은 성장을 하고 다른 지역은 그렇지 못한 것은 거의 불가피한 것이다. 건강한 지역이라는 것은 쇠퇴하는 산업으로부터 발생하는 손실을 극복하고 자원을 새로운 영역으로 적절하게 옮겨 가는 지역인 것이다.

3) 과열성장 및 과잉집중지역

낙후지역이나 침체지역은 공통적으로 노동력에 비해서 고용기회가 부족하고 자원이 제대로 활용되지 못하고 있는 경우이다. 반면에 과열성장 및 과잉집중(excessive growth and concentration)은 거대한 규모의 이입(移入)과 급속한 성장을 겪고 있는 지역에서 발생한다. 이와 같은 지역은 서비스 질의 손상, 지방자원의 과도한 사용으로 인한 쾌적성의 상실과 환경의 파괴, 생활의 질이 떨어지는 현상을 겪는다. 과열성장 및 과잉집중은 국토의 다른 부분에 저속성장 및 과소현상을 동반한다는 점이 중요하다. 성장의 속도가 낮고 인구가 과소한 상태로 있는 곳은 제반 기반시설의 낭비현상을 초래할 수 있다.

도시의 규모가 어느 상태가 과잉 내지 과밀이고, 어떤 상태가 과소인지 분명한 기준이 있는 것은 아니다. 하지만 개발도상국의 거대도시가 너무 크다는 생각은 지역 간 경제적 격차를 감소시키는 것이 공간적 형평성을 증진시킬 수 있다는 생각만큼이나 보편화된 것이다. 그리고 시장메커니즘은 도시의 규모를 적정규모 이상으로 이끈다는 주장이 있다. 외부효과의 존재는 개인적 비용과 사회적 비용 간의 괴리를 발생시키고, 궁극적으로 개인적 수익률과 사회적 수익률간에 격차를 발생시킨다. 특히 도시의 기반시설 비용은 주로 정부가 부담하고 교통혼잡 비용과 공해비용 등은 전체시민이 부담하지만 집적으로 인한 좀더 높은 생산성은 기업이 혜택을 보게 된다. 결국 도시는 '너무 커질 수'가 있는 것이다.

　　제대로 준비되지 않은 상태에서 지나치게 빠른 속도의 개발은 생활의 쾌적성 및 삶의 질을 떨어뜨린다. 선진국의 경우 대도시 집중의 문제가 심각하게 제기되고 있고, 개발도상국의 수도(首都)의 경우에는 그 문제가 더욱 심각한 것으로 알려져 있다. 과밀 내지 과잉집중의 문제에 직면하고 있는 대도시는 엄청나게 치솟는 지가(地價)의 문제, 대기나 수질 등 환경오염의 문제, 비공식 노동과 슬럼의 문제, 교통문제, 범죄문제 등을 겪고 있다. 그런데 이와 같은 과밀 내지 과잉집중의 문제가 빈곤층에 주로 귀착된다는 연구결과가 있다(Gilbert, 1976 : 27-34).

☑ 연습문제

1. 지역의 정의를 내리고, 지역과 국가 간의 차이를 설명하시오.
2. 지역개발과 지역사회개발을 비교 설명하시오.
3. 전형적인 문제지역에 대해서 논하시오.
4. 다음 용어를 간략히 설명하시오.
　　1) 동질지역(homogeneous regions)
　　2) 결절지역(nodal or polarized regions)
　　3) 계획지역(planning regions)

제2장
지역개발의 학문적 성격과 범위

제1절 **지역개발의 배경**

　　현대적 의미로 지역개발이 정부의 주요 관심사가 된 배경을 살펴보면 다음과 같다.

1. 도시문제의 등장

　　18세기 후반에서 19세기 초까지 진행되었던 산업혁명은 인류의 삶의 전반에 큰 영향을 미쳤다. 특히 산업혁명은 농경사회를 산업사회로 변화시키면서 인간의 정주형태(the form of settlements)를 분산에서 집중으로 변모시켰다. 이것은 이전에 없었던 새로운 사회문제인 도시문제를 초래하였다. 산업화와 병행하여 일어난 급속한 도시화는 주택문제·도시 내 불량촌문제·교통문제·범죄문제·공해문제 등을 유발시켰으며, 이는 그 자체가 지역문제의 성격을 지니게 되었다.

2. 지역불균형 현상

산업화가 진전됨에 따라 지역 간의 불균형 발전문제가 대두되었다. 특히 경제적 불균형이 관심의 초점이 되었으며, 불균형 발전으로 인한 침체 또는 낙후지역문제는 국가적 차원에서 해결되어야 할 과제가 되었다. 그리하여 국토의 균형 발전문제는 항상 국가정책에서 우선순위를 차지해 왔다.

3. 자연자원의 개발 필요성

산업화와 근대화가 진전됨에 따라 자연자원의 개발이 그 어느 때보다 절실히 요구되었다. 관개(灌漑)·수력발전소·하천유역개발·관광지개발 등이 여기에 포함된다. 최근에는 산림자원의 개발과 보전문제가 생태계보전 측면에서 국가의 주요 관심사 중의 하나가 되고 있다. 따라서 개발이냐 환경보전이냐가 범국가적으로 중요한 정책적 이슈가 되었다.

4. 국가주도적 경제개발의 추진

산업화가 진전됨에 따라 각 국가, 특히 개발도상국은 경제개발의 추진수단으로서 지역개발전략을 사용하게 되었고, 이로 인해 주로 성장거점전략이 채택되었다. 이에 따라 지역개발은 곧바로 선진국으로 향하는 실천적 수단으로 간주되었고, 각 국가는 모두 경제개발 위주의 지역정책을 추진하였다.

제2절 지역개발의 학문적 성격

지역개발의 학문적 성격을 크게 종합성·응용성·공간성 등으로 구분하여 살펴보기로 한다.

1. 종 합 성

지역개발은 학문적으로 학제간(學際間, interdiciplinary) 연구의 대상이다. '학제간'이란 다양한 학문을 동시에 포괄하는 학문의 종합성을 말한다. 지역개발은 사회과학의 한 분야로서 행정학·경제학·정치학·지리학·도시계획학·사회학 등의 기초이론을 종합하여 실제 다양한 지역개발분야에 적용하는 응용학문이다.

행정학과의 관계로서, 지역개발은 개발의 추진주체가 국가 및 지방자치단체이기 때문에 자연히 이러한 공공조직에 대한 지식이 요구된다. 그리고 개발에 소요되는 주요 재원이 공공재원인 예산이기 때문에 재정에 관한 지식도 요구된다. 또한 지역개발은 결국 지역개발정책으로 추진되기 때문에 효과적인 대안의 탐색 및 분석과 정책과정에 관한 일반적인 정책학적 지식도 요구된다.

경제학과의 관계로서, 지역개발은 주된 개발대상이 지역경제의 촉진 내지 활성화이기 때문에 경제에 관한 지식이 요구된다. 특히 개발을 추진해 나가기 위하여 지역경제에 대한 분석이 요구되고 경제학적 지식을 이용하여 개발을 위한 전략을 수립하거나 효과를 분석할 필요가 있다. 지역개발에서 경제학적 지식은 특히 공간적 차원에서 응용되는 것이 특징인데, 이는 경제의 공간적 흐름, 산업입지, 지역경제의 성장과 발전 등을 중요하게 다룬다.

정치학과의 관계로서, 지역개발은 그 추진과정에서 종종 구성원 간의 이해관계의 대립으로 나타나게 된다. 이러한 과정에서 개인이나 집단은 자신의 이익을 극대화시키고자 노력하게 된다. 이를 위하여 이들은 투표 등 여러 가지 방법을 사용한다. 그리고 지역개발을 추진하는 주체는 이들과의 다양한 관계를 통하여 여론을 수렴하거나 정책결정에 필요한 정보를 얻게 된다. 심지어 정책결정과정에서 이들의 영향을 받기도 한다. 이러한 지역개발의 다양한 동태적인 정치적 과정을 분석하고 평가하기 위해서는 정치학적 지식이 요구되는 것이다.

지리학과의 관계로서, 지역개발은 주된 연구대상이 공간이므로 지리적 공간을 중심으로 한 활동을 분석하기 위해서는 지리학적 지식이 요구된다. 이러한 공간활동 분석에는 쇄신의 확산, 정주체계, 산업입지, 도시화 등이 중요하게 다루어진다.

도시계획학과의 관계로서, 지역개발의 주된 관심이 종래 농촌과 자연자원의 개발에서 도시개발로 바뀌면서 도시계획학이 매우 중요하게 되었다. 도시개발을 위해서는 도시계획이 필수적이며, 도심지 재개발계획, 교통개발계획, 환경개발계획 등이 요구된다.

사회학과의 관계로서, 지역개발로 나타나는 지역에 대한 영향을 분석하기 위하여서는 사회학적인 지식이 필요하다. 중앙과 지방자치단체가 추진하는 지역개발은 그 영향이 지역주민에게 미쳐 지역의 공동체적 유대가 변화하거나 심지어 와해되기도 하는데, 이때 이를 분석하기 위해서는 사회학적인 접근이 필요하게 된다. 그리고 지역개발에서 중요하게 다루는 사회구조의 유형과 변화, 가치체계의 변화, 인구의 공간적 이동, 빈곤과 불평등 등은 무엇보다 사회학적 지식을 절실히 필요로 한다.

2. 응 용 성

학문은 크게 순수학문과 응용학문으로 구분해 볼 수 있다. 순수학문은 인과관계에 의한 어떤 법칙 내지 원리를 규명하거나 탐구하는 것을 주된 목적으로 한다. 이에는 물리학·생물학·심리학·경제학 등이 해당된다. 그리고 응용학문은 이러한 기초학문을 실제 인간생활에 적용하여 유용하게 이용하는 실천성을 주된 목적으로 한다. 이에는 경영학·공학·행정학 등이 해당된다. 응용학문은 순수학문에서 개발된 지식을 기초로 하여 성립하며 학문의 실용성을 강조한다. 이런 측면에서 보면 지역개발은 하나의 응용학문으로서 다른 인접학문에서 개발된 기초이론을 수용하고 이를 바탕으로 새로운 이론을 만들어 내거나 현실문제의 해결을 위해 적용한다.

3. 공 간 성

지역개발은 공간적 차원(spatial dimension)을 중요시한다. 따라서 지역문제와 이의 해결을 위해서 공간적 관점을 취한다. 이는 자연히 지역개발을 동태적 성격으로 파악하게 만든다. 사실 지역문제나 지역활동은 한 공간상의 문제이지만 이는 또한 반드시 다른 지역과 공간적으로 연결되어 있다. 즉 지역은 하나의 거대한 공간체계상의 하위수준으로 파악된다. 그러므로 지역문제도 타지역과의 관계 속에서 파악되어야 하며 지역 간의 상호관계를 분석해야 한다. 지역개발의 공간성은 구체적으로 지역개발에서 중요하게 다루어 온 정주체계·산업입지·지역 간 인구 및 자본의 흐름 등에서 나타난다.

제3절 지역개발의 연구범위

지역개발의 연구범위를 크게 전통적인 연구와 최근의 연구로 구분할 수 있다. 지역개발의 범위를 이렇게 구분하는 것은 어떤 절대적인 기준에 의한 것은 아니다. 다만 지역개발의 강조점이 시대의 흐름에 따라 변화해 왔고, 그 변화의 흐름을 제대로 포착하기 위하여 구분해 본 것이다. 이렇게 볼 때 전통적으로는 주로 농촌개발·경제개발·지역성장·지역불균형성장·정주체계 등에 치우친 반면, 최근에는 도시개발, 지역균형발전, 환경적으로 지속가능한 발전, 지역갈등 측면을 중요시하고 있다. 물론 이 양자가 결합된 통합적인 연구가 더 바람직하다.

1. 전통적 연구범위

전통적으로 지역개발이 주된 연구대상으로 삼았던 분야는 다음과 같다.

1) 농촌개발

18세기 말, 그리고 19세기 초 산업화가 급속히 진행되면서 자본주의 도시가 태동하였고 성장하기 시작하였다. 도시화 현상은 자본주의 국가, 심지어 사회주의나 공산주의 국가에서도 유행병처럼 번지면서 전 세계적으로 확산되었다. 도시화는 인류문명사에 있어 가장 주목되는 역사의 전환기적 현상이 되었다. 이제 인류의 생활양식은 농촌중심에서 도시중심으로 바뀌게 되어 '도시생활'(urban life)이 보편적인 현상이 되었다.

도시화가 전 세계적으로 진행되면서 이에 반비례하여 농촌은 낙후 일로를 걸게 되었다. 소위 도농(都農)격차문제가 산업화 이후 가장 중요한 국가정책의 과제가 되었다. 따라서 어떻게 하면 쇠퇴 일로에 있는 농촌을 다시 살릴 것인가 하는 것이 지역개발의 주된 연구분야가 되었다.

2) 자연자원개발

제2차 세계대전 후 각국은 지역개발을 위하여 자연자원개발에 주력하였다. 관개·수력발전소·지하자원개발 등이 중요한 국가정책이 되었다. 따라서 정부는 이러한 자연자원을 어떻게 효율적으로 개발할 것인가가 관심의 대상이 되었다.

3) 지역경제성장

산업화 이후 개발도상국들은 누구나 선진국을 따라잡기 위하여 안간힘을 기울였다. 선진국으로의 성장을 위한 첩경은 바로 경제성장이며 이는 국가의 지상과제가 되었다. 따라서 국가정책은 대부분 경제성장 제일주의 관점에서 추진되었으며, 이를 위하여 국가는 성장거점전략을 채택하였다. 성장거점전략의 기본가정은 어떤 지역을 성장거점으로 삼아 이를 집중 개발하게 되면 그 개발의 효과가 주변지역으로 확산되어 결국 장기적으로 모든 지역이 개발의 영향 아래 놓이게 된다는 것이다. 그러나 이러한 성장 지상주의는 산업화와 궤(軌)를 같이 하여 결국 상대적 낙후지역과 환경오염문제를 초래하게 되었다.

4) 정주체계

사람, 상품, 그리고 정보의 흐름 등은 진공 속에 존재하는 것이 아니다. 인구의 규모, 도시와 농촌의 거주 비율, 그리고 도시와 농촌인구의 성장률 등은 개별국가의 사회경제적인 특성과 지형적인 특색을 반영하고 있는 것이다.

정주체계란 사람들과 경제활동이 공간상에 규칙성을 가지고 일정한 목적 달성을 위하여 상호 작용하고 있는 것을 말한다. 도시와 농촌이 진공 속에 존재하는 것이 아니라면, 대도시·중소도시·소도읍, 그리고 농촌의 분포에 대한 규칙성이 어떤 원인에서 비롯되며, 어떻게 관련성을 맺고 있는지를 살펴볼 필요가 있다. 거의 대부분의 공간정책이 초점으로 삼고 있는 것이 바로 정주체계에 대한 것이다.

전통적인 지역개발 연구분야 중에서 정주체계에 관한 이론은 입지이론(location theory)의 발달과 함께 가장 정치(精緻)하고 발전의 역사성이 긴 분야에 속

한다. 그렇다고 해서 현대의 지역개발 연구분야에서 정주체계에 관한 분야가 중요
성을 상실했다는 의미는 아니다. 정주체계에 명시적이든 묵시적이든 영향을 미치
지 않는 국토개발계획, 지역개발계획 또는 도시개발계획은 없다고 보아야 한다.

2. 최근 연구범위

지역개발의 최근 연구범위는 매우 다양한 것이 특징이다. 특히 도시화가 가속
화됨으로써 많은 도시문제가 심각하게 발생하여 이에 대한 개별적 연구가 많이 이
루어지고 있는 실정이다. 이러한 예로서 도시교통·도시주택·도시환경·도시토지이
용·도시범죄·도시재개발 등을 들 수 있다. 특히 개발을 어떻게 환경보전 측면에서
지속가능하게 할 것인가가 주요 관심사 중의 하나이다. 뿐만 아니라 정보통신과
교통이 발달해 감에 따라 종래의 지역의 지리적 경계가 무너지고 기능적인 상호관
련성이 강조됨에 따라 이러한 수요에 대응하기 위해 광역개발에 관한 연구가 활발
히 진행되고 있다.

또한 산업화와 도시화의 급진전으로 인하여 많은 지역 및 도시문제가 발생하
였으며, 이의 해결은 민간이 아니라 정부가 담당하게 되었다. 지방정부는 많은 지
역문제를 해결하기 위하여 계획을 수립하는데, 이러한 계획수립의 과정에 대한 연
구도 다각적으로 이루어지고 있다. 그리고 지방정부는 지역문제 해결을 위하여 그
어느 때보다 많은 재정적 지출이 요구되어졌지만 재원확충에는 많은 어려움이 수
반되었다. 따라서 어떻게 하면 지역개발을 위하여 재원을 확충하고 새로운 재원을
동원할 수 있을 것인가가 연구의 주요 관심사가 되었다. 그리고 재원을 어떻게 하
면 효율적으로 사용하고 공공재와 공공서비스를 효율적으로 제공할 것인가에 대한
연구도 아울러 이루어졌다. 최근에는 이와 관련하여 지역공공서비스의 공급에 민
간자본과 경영방식의 도입이 논의되고 있으며, 민간기업과의 계약을 통한 서비스
공급과 민영화 등이 활발히 연구되고 있다.

제4절 지역개발의 구성요소

본서에서는 지역개발을 다음과 같은 요소로 구성하고자 한다.

제1편은 지역개발의 기초로서 지역개발의 의의를 다룬다. 여기서는 지역개발의 개념과 지역개발의 연구대상으로서 지역문제, 그리고 지역개발의 이념과 연구범위 및 학문적 성격을 다룬다. 지역개발의 연구범위는 전통적 연구범위와 최근의 연구범위로 구분하여 검토한다. 그리고 지역개발이 지향하고 있는 가치로서의 이념은 그 강조점이 시간과 장소에 따라 변하는 것이지만, 여기서는 효율성·합법성·민주성·형평성·대응성·자치성·환경성 등을 다룬다.

제2편은 지역의 공간구조에 대한 이론적 접근을 다룬다. 여기서는 공간흐름과 지역공간구조, 도시화, 정주체계, 지역성장의 이론 등을 살펴본다.

제3편은 지역개발의 전략을 다룬다. 먼저 지역개발전략의 의의와 유형을 살펴보고 각 개발전략들을 자세히 살펴본다. 여기에는 성장거점전략, 기본욕구전략, 대도시권 성장관리전략, 낙후지역개발전략 등이 포함된다.

제4편에서는 지역개발과 재정을 다룬다. 먼저 지역개발을 위한 재정체계로서 중앙정부로부터의 재원조달방안, 지방자치단체의 자체재원조달방안, 지방채, 지역개발기금 등을 검토하고, 특히 최근에 많이 논의되고 있는 민간자본의 활용방안에 대해 논의한다.

제5편에서는 지역개발의 분석을 위한 기초로서 분석 및 계획기법을 논의한다. 여기서는 가장 기본적 분석모형인 지역인구 예측모형과 지역경제 분석모형을 소개한다. 아울러 지역 공공투자사업을 평가하는 가장 기본적 기법으로서 비용-편익 분석기법을 살펴보고, 끝으로 지역공간의 형평성을 측정하는 기법을 소개한다.

제6편에서는 지역정책을 살펴본다. 현대 지역문제를 중심으로 도시개발·지역경제·주택·토지·교통·환경·갈등관리를 각각 고찰한다.

제7편은 지역개발의 미래로서 지역개발의 회고, 전망과 함께 새로운 방향을 모색한다.

제5절 지역개발의 이념

　　지역개발이 지향하고 있는 가치 또는 지도원리로서 이념은 시간과 장소에 따라 그 중요성이 변화하는 것이지만, 현시점의 한국에서 중요한 지역개발의 이념으로 효율성·합법성·민주성·형평성·대응성·자치성·환경성 등을 들 수 있다.

1. 효 율 성

　　지역개발은 시민에게 필요한 재화나 서비스를 공급해 주는 것을 주된 기능으로 하고 있다. 따라서 지역기반시설과 공공서비스의 효율적인 공급이 매우 중요하다. 효율성은 능률성과 효과성을 통합한 개념이다. 능률성은 단순한 비용과 편익의 비(比)이며, 효과성은 공공목표의 달성도를 의미한다.

　　이러한 효율성의 개념은 물론 민간부문에서 가장 중요시되고 있지만 공공부문에서도 예외는 아니다. 특히 지방정부는 한정된 자원으로 많은 지역문제를 해결하기 위하여 다양한 공공서비스를 제공해야 하는데, 이때 효율성이 강조된다.

2. 합 법 성

　　지역개발도 그 운영은 합법적인 테두리 내에서 수행되어야 한다. 현대 법치국가에서는 공공행정이 법을 무시하거나 초법적(超法的)으로 이루어질 수는 없는 것이다. 지역개발은 그 내용의 성격상 시민의 경제적 이해와 매우 밀접한 관련사항이 많기 때문에 더욱 법적 보장이 중요시된다. 따라서 시민의 사유재산권 보장과 자유를 보호하는 것이 주된 과제가 된다.

　　그러나 현대 지역문제는 매우 다양하고 그 변화속도도 매우 빠르게 진행되고 있기 때문에 이의 해결이 전적으로 법률에 따라서만 이루어질 수 있는 것은 아니다. 오히려 급격하게 변화하고 있는 현실상황을 제대로 반영해서 시의적절하게 지역문제에 대처할 수 있도록 공무원의 재량의 범위를 포함하는 넓은 의미로 합법성을 해석할 필요가 있다.

3. 민 주 성

　지역개발은 그 내용과 절차가 민주적이어야 한다. 특히 우리에게는 절차적 민주성이 중요하다. 지역개발이 아무리 능률적으로 수행된다고 하더라도 그 내용과 절차가 민주적으로 이루어지지 않으면 안 된다. 이를 위해서는 지역계획의 수립단계에서 민주성이 가장 강조되어야 하며, 수립 후 집행단계에서도 민주성이 보장되어야 한다. 그리고 민주성을 확보하기 위해서 지역개발을 담당하는 공무원들의 통제문제도 매우 중요하게 고려되어야 한다. 왜냐하면 이들은 업무수행상 어느 정도 재량권을 가지고 있기 때문이다.

4. 형 평 성

　지역개발의 이념으로서 형평성은 크게 수직적 형평성과 수평적 형평성을 들 수 있다. 수직적 형평성은 정부가 제공하는 서비스가 계층 간에 공평하게 분배되는 것을 의미하며, 수평적 형평성은 동일 계층 내에서 공평하게 분배되는 것을 의미한다. 그런데 지역개발에서 형평성문제는 주로 수평적 형평성을 더 중요시한다. 즉 정부가 제공하는 서비스가 모든 지역에 골고루 영향을 미치는가, 아니면 어떤 특정지역에만 편중되어 제공되는가 하는 문제가 더 중요한 이슈가 된다.

5. 대 응 성

　지역개발이 추구하는 이념으로서 대응성(responsiveness)은 오늘날 특히 강조되는 이념이다. 지방정부가 서비스를 아무리 능률적으로, 합법적으로, 그리고 민주적으로 제공한다고 하더라도 고객인 주민이 이에 만족하지 못한다면 그만큼 의미가 경감되는 것이다. 따라서 지방정부는 서비스를 제공할 때 항상 대상집단의 만족도를 염두에 두어야 할 것이다. 공공서비스 대상집단의 만족도를 높이기 위해서는 여러 가지 접근이 사용되는데, 그중에서 특히 주민의 정치제도에 대한 접근과 통제가 매우 중요한 변수가 된다.

6. 자 치 성

지방자치시대의 지역개발은 무엇보다도 주민들의 다양한 개발수요에 제대로 부응하는 것이 중요하다. 주민들의 개발수요에 대한 대응성을 높여 나가기 위해서는 지방정부의 운영과 편성이 자치적으로 이루어져야 한다. 특히 지방정부의 재정자립도가 강화되어야 하고, 선거에 의한 고위직 인사의 선출이 자치적으로 이루어져야 한다.

7. 환 경 성

지금까지 지역개발의 가장 중요한 목표는 지역경제성장이었다. 따라서 모든 지역개발정책은 지역의 경제성장을 향상시키는 데 주력하였다. 그러나 주지하다시피 이러한 경제성장위주의 개발은 심각한 환경문제를 유발하였다. 그리하여 이러한 환경오염상태가 앞으로 그대로 지속된다면 지금까지 이룩해 놓은 경제성장의 결과를 무의미하게 만들 가능성도 있다. 따라서 이제는 모든 지역개발이 환경보전이라는 테두리 내에서 계획되고 시행될 필요가 있다.

8. 협 력 성

성공적인 지역개발을 위해서는 다양한 주체들의 상호 협력이 필수적이다. 지역개발의 주체로서 종래 정부가 주도적인 역할을 담당하였지만 점차 민간의 역할이 강조되고 있다. 민간부문에는 지역사회조직(Community Based Organizations)·시민단체(Non-government Organizations)·기업 등이 있다. 그리고 때로는 지역개발을 위해서 국제조직과도 협력할 필요가 있다. 공공부문 내에서도 중앙정부와 지방자치단체 간의 협력이 중요하며 중앙정부 간 또는 지방자치단체 간의 협력이 필요할 때도 있다.

☑ 연습문제

1. 지역개발이 정부의 주요 관심사가 된 배경을 설명하시오.
2. 지역개발의 학문적 성격에 대해 설명하시오.
3. 지역개발의 연구범위가 어떻게 변화했는지 간단히 설명하시오.
4. 지역개발의 이념을 설명하시오.

제2편

지역의 공간구조에 대한 이론

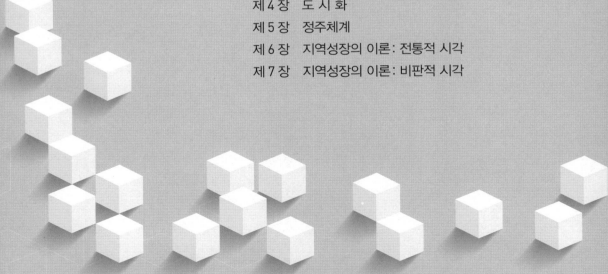

제3장

공간흐름과 지역공간구조

제1절 **공간흐름과 지역공간구조 : 공간구조분석의 이론적 틀**

　지리적 공간상에서 사람·물자·자본·정보 등의 흐름은 필연적으로 나타난다. 왜냐하면 지리적 공간상의 어떠한 지역에서도 인간생활에 필요한 가용자원(可用資源)을 모두 자급할 수 없으며, 이들 자원의 분포상태가 공간적으로 불균등하고 불연속적이기 때문이다. 따라서 지역 간에 흐름(movement)의 수요가 내재하는 한 공간적 상호작용(spatial interaction)은 필연적으로 나타난다고 볼 수 있다(김인, 1986 : 121).

　지리적 공간 위에서의 흐름과 이들 흐름이 초래하는 지역공간구조에 대한 분석은 지역개발의 이론적 논의를 위해 필수적이다. 공간구조분석에 대한 이론적 틀을 제시한 프리드만(John Friedmann)은 지리적 공간상에서의 흐름과 이들 흐름이 만들어 내는 지역공간구조를 네 가지로 분류하여 설명한다(Friedmann, 1973 : 65-84).

　공간구조분석을 위한 프리드만의 이론적 틀은 〈표 3-1〉에 나타낸 바와 같다. 〈표 3-1〉에서 보는 바와 같이 프리드만은 공간상에서의 흐름을 인구이동·투자(자본이동)·의사결정·쇄신(innovation : 혁신이라고도 함)의 확산의 네 가지로 분류하고, 이들 각각은 정주(定住)패턴, 경제활동의 입지패턴, 권력의 공간구조, 사회·문화적 공간패턴을 지역공간상에 구조화하는 것으로 본다. 이들 네 가지 공간흐름과 이들이

<표 3-1> 공간흐름과 지역공간구조

공간흐름	지역공간구조
인구이동	정주(定住)패턴
투자	경제활동의 입지패턴
의사결정	권력의 공간구조
쇄신의 확산	사회·문화적 공간패턴

만들어 내는 지역공간구조에 대해서는 제2절에서부터 상세하게 살펴보기로 한다.

여러 종류의 공간흐름은 서로 간에 밀접한 상호작용을 나타내는데, 이들 상호작용에 대해 살펴보면 다음과 같다(김형국, 1981 : 118-119; Friedmann, 1973 : 67-81).

첫째, 인구이동의 관점에서 본다면 인구이동의 가장 중요한 이유는 경제적 이유이고, 인구이동을 통하여 쇄신의 확산이 일어나기도 하고 쇄신확산의 결과로서 인구이동이 나타나기도 한다.

둘째, 투자를 통해 공간상에 경제활동이 입지하면 근로자의 인구이동이나 통근의 유형이 결정된다. 투자, 즉 자본의 입지는 대체로 농촌보다는 도시를, 도시 중에서는 중소도시보다 대도시를 선호한다.

셋째, 정부나 기업의 권위적 힘의 행사는 근로자를 지방으로 전출시키기도 하고, 정부가 정하는 학군(學群) 같은 공공서비스 공급의 공간적 범위는 가구의 공간선택을 제한하기도 한다. 한편 의사결정의 주체 가운데서도 정부부문이 민간부문에 대해 권위적인 힘을 행사한다. 정부규제, 정부의 재정 및 금융정책이 민간기업의 활동에 영향을 미치는데, 특히 우리나라와 같이 정부가 민간의 기업활동에 많이 개입하는 경우는 더욱 그러하다.

넷째, 쇄신확산의 관점에서 보면 기업차원의 쇄신의 확산은 투자와 밀접히 관련되어 있고, 소비적 차원의 쇄신의 확산은 가구의 소비활동과 밀접히 관련되어 있다.

제2절 인구이동과 정주패턴

1. 인구이동

인구이동의 논의에 있어서 중요한 이슈는 ① 누가 이동하는가, ② 왜 이동하는가, ③ 어디로 이동하는가에 관한 것이다. 아래에서는 인구이동에 관한 이들 세 가지 이슈에 대해 살펴보기로 한다(김형국, 1983 : 59-62).

1) 이동인구

누가 이동하는가, 즉 이동인구의 특성은 ① 생(生)의 주기, ② 고용수준, ③ 교육수준, ④ 인구이동 경험의 측면에서 파악될 수 있다.

첫째, 생의 주기(life-cycle)로 볼 때 이동인구는 연령의 선별성을 가진다. 이동인구의 대부분은 청년층이며, 특히 20대가 가장 높은 비중을 차지하고 있음은 세계적으로 보편화된 현상이다. 이처럼 20대의 청년층에서 인구이동이 많은 이유는 이 연령계층에서 대부분 고등교육을 위해서, 혹은 고등교육을 마치고 직업전선에 나서며, 또한 이즈음에 결혼하여 새로운 가정을 구성하기 때문이다. 이와 같은 사회학적 해석에 더하여 인구이동을 개인적 투자라는 측면에서 살펴보면 이동을 마음먹는 사람이 나이가 많을수록 이동에서 얻을 수 있는 경제적 편익이 적어지고 그만큼 이동의 비용이 높아진다. 따라서 이동으로 인한 경제적 편익을 극대화하기 위해 청년층에서의 인구이동이 다른 연령계층에 비해 더욱 많이 나타나는 것으로 볼 수 있다.

둘째, 고용수준에서 볼 때 이동인구는 직업의 선별성을 가진다. 일반적으로 하급 노동자는 지방시장에서, 고급 인력 및 전문직 종사자는 전국적인 시장에서 고용되게 마련이다. 따라서 하급 노동자보다 고급 인력 및 전문직 종사자의 이동이 빈번해진다. 특히 고급 인력 및 전문직 종사자의 입지선호는 대도시 지향성을 가지며, 이들의 대도시 지향성이 대도시 인구의 비대화를 선도하는 역할을 하는 것이 현실이다.

셋째, 교육수준이 높을수록 인구이동의 빈도가 높아진다. 일반적으로 교육수준이 높을수록 전문직이나 고급직종에 종사한다는 사실을 상기한다면 고등교육을 받은 인구일수록 전국적인 노동시장에서 고용될 것이라는 사실을 쉽게 짐작할 수 있다.

넷째, 과거에 이동의 경험이 있는 사람이 거듭해서 이동하는 경향이 있다. 농촌을 떠난 사람이 인근 중소도시로, 다시 대도시로 이동하는 단계인구이동 (stepwise migration)도 이 경우에 해당된다. 또한 가족 중에서 일부가 먼저 이동한 후에 나머지 가족이 이동하는 연쇄인구이동(chain migration)도 인구이동의 간접경험을 가진 사람이 쉽게 이동하는 현상을 나타낸다.

2) 인구이동의 이유

인구이동의 가장 중요한 이유는 경제적 이유 때문이라는 사실이 일반적으로 알려져 있다. 한편 경제적 이유 외에도 교육·문화·사회적 기회의 추구, 외국의 경우 기후 등의 요인에 의해서도 인구이동이 발생하기도 한다.

인구이동의 이유를 경제적 관점에서 분석을 시도한 토다로(Todaro, 1969)는 인구이동은 지역 간의 실질소득의 격차 때문에 발생하는 것이 아니라, 장래의 지역 간 기대소득의 격차 때문에 일어난다는 사실을 분석적으로 보여 주고 있다.

인구이동의 이유를 규명하고자 시도한 종래의 경험적 연구는 흔히 한 가지의 이유만으로 인구이동이 발생하는 것으로 접근하고 있다. 그러나 한 가지 중요한 이유가 결정적으로 영향을 미치기도 하지만 하나 이상의 이유가 복합적으로 작용하는 경우도 상당히 많다.

인구이동의 이유를 설명하기 위한 이론으로 압출(壓出)과 흡인(吸引)이론(push and pull theory)이 있다. 압출과 흡인이론에 의하면 인구이동은 인구유출지역의 낙후되거나 혹은 낙후될 것으로 예상되는 경제·사회적 여건이 밀어 내거나(push), 인구 유입지역의 경제·사회적 비교우위가 끌어당기거나(pull), 아니면 이 양자(兩者)가 복합적으로 작용해서 발생한다는 것이다.

3) 인구이동의 방향

우리나라의 경우 인구이동의 방향은 해방 후 상당기간 동안 이촌향도(離村向都)의 특성을 나타내었다. 이러한 현상은 도시화율이 높은 선진국에서 지배적으로 나타나는 도시 간 인구이동과 대조적인 현상이다. 인구이동의 방향에 대한 대표적인 이론은 인구이동의 이유와도 관련이 있는 압출(壓出)과 흡인(吸引)이론(push and pull theory)이다. 압출과 흡인이론은 인구이동의 방향은 인구유출지역의 저조한 경제여건이 밀어 내고(push), 인구유입지역의 성장세의 경제여건이 끌어당기는(pull)식으로 인구이동의 방향이 결정된다고 본다. 다시 말해 인구의 유출입지역에서 쌍방으로 작용해서 인구이동을 발생시킨다고 보는 것이다.

인구이동의 방향결정에 있어서 유출지역의 밀어 내는(push) 요인과 유입지역의 끌어당기는(pull) 요인 가운데 어느 것이 더욱 중요하게 작용하는가를 파악하는 것은 지역 간 인구배분정책에서 대단히 중요한 의미를 갖는다. 왜냐하면 정책당국자들에게 대도시의 과밀을 막거나 인구과소지역의 문제를 해결하기 위한 정책수단으로서 과연 어떤 정책수단이 효과적일 것인지에 대한 판단의 근거를 제공하기 때문이다.

한편 인구이동의 이유에서도 논의하였듯이 인구이동이 과거에는 인구 유출입지역의 경제적인 여건에 의해 크게 좌우되었으나 갈수록 비경제적인 요인도 중요한 역할을 할 것으로 보인다. 따라서 향후 인구이동의 요인에 대한 분석과 전망이 인구이동의 방향을 예측하는 데 중요한 시사를 줄 것으로 예상된다.

2. 정주패턴

인구이동의 결과는 정주(定住)패턴(settlement pattern)을 구조화시킨다. 정주패턴은 지리적 공간 위에서 인구와 경제활동이 분포되어 있는 모양을 말하며, 그 분포가 어떤 규칙성을 가진 체계(system)를 이루고 있을 때 정주체계(settlement system)라 한다. 사람들이 몇 집 안 되는 곳에 모여 사는 형태를 취락이라고 한다면, 일정한 지역에 많은 인구가 모여 사는 형태를 도시라고 한다. 농촌은 다수의 인구가 농업생산에 종사하면서 모여 사는 취락이다. 반면에 도시는 비농업적 경제활동에 종사하는 사람들이 모여 살고 인구밀도가 농촌에 비해 상대적으로 높으면서 인구와 경제활동의 공간집중이 이루어진 지역이다(황명찬, 1989 : 47).

정주패턴을 논의함에 있어 빼놓을 수 없는 것이 도시화(urbanization) 현상과 정주체계이다. 이들에 대해서는 제4장과 제5장에서 상세히 논의할 것이다.

제3절 투자와 경제활동의 입지패턴

투자는 자본의 이동으로 나타나게 되고, 자본의 이동은 더 엄밀히 정의하면 자본의 입지와 자본의 재입지로 나눌 수 있다. 자본의 이동을 담당하는 주체는 정부 및 민간부문의 투자주체이다. 정부의 공공투자사업과 민간기업의 투자행위가 자본의 이동을 유도한다. 이러한 자본이동의 결과는 공간상에서 경제활동의 입지로 구조화된다(김형국, 1981 : 117). 아래에서는 경제활동의 입지패턴에 대하여 산업별로 살펴보기로 한다.

1. 1차 산업의 입지

1차 산업, 즉 농업의 입지패턴과 토지이용에 대한 고전적인 이론은 독일의 지주였던 튀넨(von Thünen, 1826)에 의해 체계화되었다. 농업의 입지패턴과 토지이용에 대한 튀넨(1826)의 모형은 다음과 같은 몇 가지 가정을 기초로 한다.

첫째, 다른 지역과 교역이 전혀 없는 고립된 지역을 가정한다.

둘째, 하나의 점(point)으로 표시되는 도시는 주변지역으로부터 농산물을 공급받으며, 이 도시는 농산물의 판매를 위한 유일한 시장의 기능을 담당하는 것으로 가정한다.

셋째, 이 지역의 모든 토지는 지형의 차이도 없고, 비옥도가 동일한 것으로 가정한다.

넷째, 농산물의 수송비용은 거리와 비례하는 것으로 가정한다.

다섯째, 농산물을 생산하는 농부는 이윤극대화(profit maximization)를 추구하는 것으로 가정한다.

이상의 다섯 가지 가정을 토대로 농업용 토지이용이 어떻게 일어나는지 살펴보자. 예컨대 이 지역에서 고려되고 있는 세 가지 유형의 경제활동(토지이용)은 낙농(dairy)·곡물(grain)생산·육류(meat)생산이라고 하자. 이들 세 가지 유형의 토지이용을 위한 기초자료는 〈표 3-2〉와 같이 주어졌다고 한다.

각 농산물의 단위면적당 연간 순이윤은 단위면적당 연간 총이윤에서 단위면

<표 3-2> **농업용 토지이용을 위한 기초자료**

토지이용	(1) 생산물의 단위면적당 연간 총수입	(2) 생산물의 단위면적당 연간 생산비	(3) 생산물의 단위면적당 연간 총이윤[(1)-(2)]
낙 농	100만 원	30만 원	70만 원
곡물생산	65만 원	20만 원	45만 원
육류생산	45만 원	15만 원	30만 원

(4) 생산물의 단위면적당·km당 연간 수송비	(5) 이윤을 올릴 수 있는 생산물의 거리한계 (도시로부터의 거리)[(3)/(4)]
10만 원	7km
3만 원	15km
1만 원	30km

적당 연간 수송비를 차감함으로써 계산이 가능하다. 따라서 각 농산물의 단위면적당 연간 순이윤은 다음과 같이 도시로부터의 거리(X)의 함수로 나타낼 수 있다.

낙농의 순이윤 = $70 - 10X$

곡물생산의 순이윤 = $45 - 3X$

육류생산의 순이윤 = $30 - X$

<그림 3-1> **농산물의 순이윤과 거리의 관계**

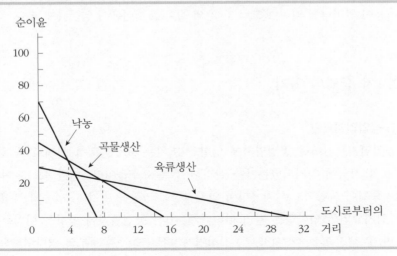

<그림 3-2>　농업용 토지이용

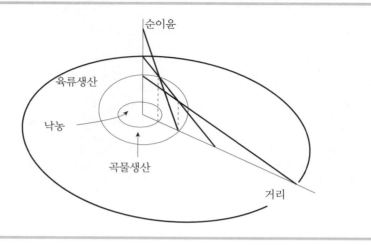

　　이와 같은 각 농산물의 순이윤(Y)과 거리(X)의 관계를 그래프로 나타내면 〈그림 3-1〉과 같다. 〈그림 3-1〉은 농업용 토지이용이 어떻게 일어나는지 보여 주고 있다. 원점으로 표시된 도시와 가장 가까운 지역에서는 세 가지 농산물 가운데 낙농이 가장 큰 순이윤을 보장하고, 다음으로 가까운 지역에서는 곡물생산이 가장 큰 순이윤을 보장하며, 도시로부터 가장 먼 지역에서는 육류생산이 가장 큰 순이윤을 보장한다. 결국 유일한 시장인 도시를 중심으로 동심원(同心圓)적인 농업용 토지이용이 일어나게 되며, 〈그림 3-2〉와 같은 토지이용이 일어나게 된다.

2. 2차 산업의 입지

1) 공업입지요인

　　공업입지요인이란 공업입지에 영향을 미치는 요소들로서 실제로 왜 특정한 공업이 그 지역에 입지되었는가를 설명해 주는 요소들이다. 일반적으로 여러 가지 입지요인이 복합적으로 작용하여 입지결정에 영향을 미치며, 업종의 특성에 따라 각 입지요인의 영향력은 달리 나타나게 된다. 공업입지에 영향을 미치는 요인을 보면 ① 생산요소, ② 시장, ③ 집적경제(集積經濟), ④ 정부의 영향력, ⑤ 환경요인과 위락경관요인, ⑥ 조직·행태·우연적 요인의 여섯 가지로 분류될 수 있다. 아래에서는 이들 여섯 가지 공업입지요인에 대해 자세히 살펴보기로 한다(이희연, 1988 : 250-260).

　(1) 생산요소　　　모든 공업활동은 원료를 필요로 한다. 원료는 지리적 공간 상에서 불균등하게 분포되어 있기 때문에 원료의 분포상황은 공장입지패턴을 1차 적으로 결정짓는 중요한 입지요인으로 작용한다. 오늘날 기술혁신과 교통수단의 발달로 원료입지의 중요성은 점차 감소되고 있으나, 사용되는 원료의 특성과 원료 의 구성비율에 따라 원료입지의 상대적 중요성은 다르게 나타난다.[1] 그러나 하나 의 생산물을 만들기 위해 투입되는 원료의 종류가 많아질수록 입지결정인자로서 원료의 역할은 줄어들고 있으며, 기술의 발달로 원료의 대체가 가능해지고 원료(자 원)를 재순환할 수 있게 되면서 원료가 입지결정에 미치는 영향력은 더욱더 줄어들 고 있다.

　노동력은 어떤 종류의 공업활동에도 꼭 필요한 입지요인이지만 업종이나 생 산활동에 따라 필요로 하는 노동의 양과 질이 다르게 나타나게 된다. 일반적으로 상당히 전문화되고 숙련된 노동력을 필요로 하기 때문에 상당히 비싼 임금을 지불 해야 하는 산업이나 값싼 미숙련 노동력을 많이 필요로 하는 노동집약적인 산업의 경우 노동력이 공업입지에 미치는 영향력은 매우 크게 나타나게 된다. 흔히 전문 화되고 숙련된 노동력은 소도시보다는 대도시에서 쉽게 구할 수 있다. 또한 미숙 련 노동력 역시 대도시에서 쉽게 구할 수 있는 것이 사실이다. 그러나 앞으로 임금 이 계속 높아질 경우 기술과 자본이 노동을 대체하게 되어 기계화와 자동화가 촉진 되고, 입지요인으로서 노동력의 중요성이 점차 감소할 것으로 보인다.

　원료와 노동력 이외에도 공업활동의 입지에 영향을 미치는 생산요소로는 자 본(돈)·동력·용수·토지 등이 있다. 업종별로 이들 여러 가지 생산요소의 투입비율 이 다르고, 따라서 업종별로 각기 다른 입지패턴을 나타낸다.

　(2) 시　　장　　　오늘날 시장지향적 입지경향을 나타내는 업종은 계속 늘 어나고 있으며, 이에 따라 시장과의 접근성은 공업입지결정의 중요한 요인이 되고 있다.[2] 기업들이 시장지향적 입지경향을 나타내는 근본적인 이유는 일반적으로 최 종생산물의 수송비 비중이 원료의 수송비 비중보다 크고, 유행에 민감한 반응을

---

1) 원료공급지에 가까이 입지하는 것이 유리한 산업을 공급지향형 산업이라고 한다.
2) 시장에 가까이 입지하는 것이 유리한 산업을 시장지향형 산업이라고 한다.

보이는 업종의 경우 시장정보의 수집이 용이하다는 이점을 가지기 때문이다. 또한 대부분의 업종은 시장이 대도시이며, 따라서 대도시 시장에 가까이 입지함으로써 숙련된 노동력을 쉽게 확보할 수 있다는 이점도 가진다.

(3) 집적경제   여러 종류의 업종들이 한 지역에 집중하게 될 경우 개별 기업들이 분산되어 입지할 때보다 집적경제(agglomeration economies)에 따른 많은 혜택을 누릴 수 있게 된다. 공업입지에 있어서의 집적경제는 크게 두 가지 유형으로 나누어 볼 수 있다.

첫 번째 유형은 같은 종류의 산업이나 연계성이 큰 산업들이 함께 집적되어 있는 경우이다. 기업이 새로운 입지를 결정할 때 이미 같은 업종들이 집적되어 있는 지역에 입지함으로써 얻게 되는 이익은 상당히 크다. 예를 들면 특별한 기술을 가진 노동력의 확보가 용이하고 원료를 대량으로 같이 공급받을 수 있으며, 또한 시장으로 함께 생산물을 수송할 수 있으므로 수송비를 절감할 수도 있다. 또한 같은 업종의 생산활동이 한 지역에 집적함으로써 그 업종에 필요한 각종 서비스를 저렴하게 공급받을 수 있으며, 시장판매효과를 제고시킬 수도 있다.

두 번째 집적의 유형으로는 서로 다른 업종의 기업들이 공업도시나 대도시에 집적함으로써 집적의 경제를 누리는 경우이다. 공업도시나 대도시에 입지함으로써 얻을 수 있는 혜택은 매우 다양하지만 그중에서도 사회간접자본의 역할이 중요하다. 도로, 철도, 항만, 상하수도, 교육, 경찰, 소방 등의 공공서비스는 소도시나 농촌지역에 입지할 경우 충분하게 공급받기 어려운 반면, 공업도시나 대도시에 입지할 경우 충분히 공급받을 수 있다.

(4) 정부의 영향력   정부의 정책은 공업입지결정에 커다란 영향력을 발휘한다. 정부의 정책목표를 달성하기 위한 각종 공업입지 관련정책들은 개별기업의 입지선택에 중요한 영향을 미친다. 우리나라의 경우 1960년대 이후 공업화 과정에서 시행된 공업단지조성과 정부의 다양한 공업입지정책은 실제로 공업의 입지에 상당한 영향을 미친 것으로 볼 수 있다.

(5) 환경요인과 위락경관요인   고전적 입지이론에서는 공업입지에 영향을 미치는 요인으로서 환경요인이나 위락경관요인에 대해서는 거의 논의하지 않았다. 이 두 가지 요인은 최근 많이 고려되고 있는 요인들이다. 오늘날 공업화에 따른 환경오염을 줄이기 위해 환경규제가 강화되면서 환경규제정책은 공업의 입지결정에 상당히 큰 영향력을 미치는 추세에 있다. 한편 공업입지의 결정에 있어 최근 그 중

요성이 부각되는 것으로 위락경관(site amenity)요인이 있다. 특히 과학자·공학자·숙련노동자 등의 고급 노동력을 필요로 하는 첨단산업의 경우 입지결정에 있어 문화적 혹은 위락적 환경을 갖춘 지역에 대한 선호가 강하게 나타나고 있다.

(6) 조직·행태·우연적 요인　　오늘날 단일공장이 자체적으로 입지를 결정하는 경우는 매우 드물며, 대부분의 공장들은 기업조직하에서 본사와 연계되어 있는 분공장(分工場)이다. 따라서 공장이 어디에 입지할 것인가에 관한 의사결정은 동일(同一) 기업조직 내에서의 다른 공장과의 상호관계 속에서 결정된다.

공업입지에 있어서 기업가의 의사결정의 행태적 측면에 대한 연구는 기업의 입지분석에 상당히 도움을 준다. 거의 대부분의 공업입지가 경제적인 관점에서 최적입지라고 평가받지 못하는 것은 기업가의 입지 의사결정과정이 상당히 우연적이고 개인적인 요인에 의해 좌우되어 온 결과임을 알 수 있다. 예컨대 기업가의 출생지에 입지를 결정하는 것이 바로 이러한 경우에 해당한다.

2) 웨버의 공업입지론 : 최소비용이론

공업입지에 관한 이론을 최초로 전개한 사람은 독일의 경제학자 웨버(Alfred Weber)이다. 웨버(Weber, 1909)는 최소비용이론에 입각하여 공업입지론을 전개하였는데, 그는 이론의 단순화를 위해 다음과 같은 가정을 설정하였다(Wilbanks, 1980 : 99).

첫째, 지역은 지형적으로, 문화적으로, 정치적으로, 기술적으로 동일하다.

둘째, 원료의 산지와 시장은 알려져 있다.

셋째, 노동력은 몇 군데에 한정되어 입지되어 있고, 노동력이 있는 지역에 새로운 경제활동이 입지하더라도 임금은 변하지 않는다.

넷째, 한 시점에서 오직 하나의 생산물만이 고려된다.

다섯째, 수송비는 수송거리와 수송되는 원료 및 생산물의 무게에 의해 좌우된다.

이상의 가정을 전제로 웨버는 ① 수송비, ② 노동비, ③ 집적경제의 세 가지 요소에 의해 생산비용이 결정되며, 이러한 생산비용이 최소화되는 곳에 공업입지가 결정된다고 보았다. 웨버는 우선 수송비가 최소화되는 지점을 먼저 조사한 후, 이 지점이 임금의 지역적 차이에 의해 어떻게 수정되는가를 살펴보고, 마지막으로 집적경제의 이점에 의해 최적입지가 어떻게 달라지는가를 단계적으로 고찰하였

<그림 3-3> 웨버의 입지삼각형

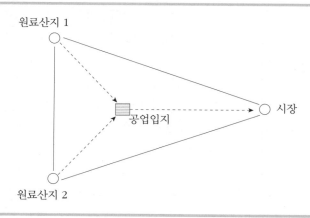

다. 아래에서는 이들에 대해 차례로 살펴보기로 한다(김인, 1986 : 184 - 189; 이희연, 1988 : 271 - 281).

(1) **최소수송비 원리**　　　모든 생산요소에 대한 비용이 지역 간에 차이가 없다고 가정하였을 때 웨버는 총수송비가 최소가 되는 지점이 최적입지라고 보았다. 총수송비는 원료와 생산물의 무게와 수송거리에 의해 결정되므로 수송비의 단위는 무게－거리(ton－km)로 표시된다. 따라서 최적입지란 원료를 구입하여 생산물을 생산한 후 시장에 내다 팔기까지 소요되는 총수송비용이 최소가 되는 지점을 말하는 것이다.

웨버는 최적입지를 찾는 방법으로 입지삼각형(a locational triangle)을 고안하였다. 〈그림 3-3〉은 웨버의 입지삼각형을 보여 주고 있는데, 입지삼각형은 웨버의 가정을 전제로 2개의 원료산지와 1개의 시장을 고려할 때 구성되는 공간이다. 이 공간 내에서 다른 조건이 같은 경우 원료의 공장수송비와 생산물의 시장수송비의 총합이 최소가 되는 지점이 최적입지가 된다. 만약 두 원료산지와 시장이 정삼각형을 이루는 공간이고 두 원료와 생산물에 대한 무게/거리 수송비가 각각 같다면 입지삼각형의 중심은 3개 수송비를 합한 총수송비용이 최소가 되는 지점이 될 것이다.

(2) **노동비에 따른 최적입지의 변화**　　　웨버가 중요시했던 두 번째의 생산비용요소는 노동비로서 그는 지역에 따라 노동비가 달리 나타난다고 보았다. 그러면 지역 간의 노동비의 격차가 최소수송비 원리에 따라 선정된 최적입지에 어떤 영향

을 미치는지 살펴보자.

웨버는 만일 어떤 지역이 상대적으로 노동비가 상당히 저렴할 경우 최적입지는 최소수송비 지점에서 다소 벗어날 수 있다고 보았다. 즉 노동비가 저렴한 지점과 최소수송비 원리에 의해 선정된 최적입지점과의 노동비의 차이가 최소수송비 지점으로부터 노동비가 저렴한 지역으로 입지를 옮기는 데 추가로 드는 수송비보다도 훨씬 클 경우 최소수송비 지점보다는 노동비가 저렴한 지역이 최적입지가 될 것으로 추론하였다.

(3) 집적경제에 따른 최적입지의 변화   지역 간의 임금격차에 따라 최적입지가 변화될 수 있는 것과 마찬가지로 웨버는 집적경제효과도 최적입지에 영향을 주는 매우 중요한 입지요소로 평가하였다. 즉 서로 다른 기업들이 한 지점에 집적함으로써 생산비용을 절감할 수 있기 때문에 최소수송비 지점에서 다소 벗어난 지점이 최적입지가 될 수 있음을 설명한다.

3) 뢰쉬의 공업입지론: 최대수요이론

웨버의 공업입지론의 약점은 지리적 공간상에서 비용의 차이에 따른 입지만을 강조했을 뿐 지역에 따른 시장수요는 무시했다는 점이다. 뢰쉬(A. Lösch)는 수요를 핵심적 변수로 하여 입지이론을 전개시킨 최초의 경제학자로서 최소비용이론을 부정하고 수요를 최대로 하는 지점이 이윤을 극대화시키는 최적입지가 된다고 주장하였다. 뢰쉬는 비용뿐만 아니라 수요도 지역에 따라 크게 차이가 나기 때문에 수요의 공간상의 변이를 고려하지 않는 한 최소비용지점은 무의미하다고 보았다(이희연, 1988 : 286).

4) 호텔링의 입지적 상호의존이론

뢰쉬의 최대수요이론 이외에도 공업의 입지결정과 시장지역의 공간적 유형은 수요의 공간적 변이와 기업 간의 입지적 상호의존도에 따라 결정된다는 주장이 대두되었다. 호텔링(Hotelling, 1929)에 의해 체계화된 입지적 상호의존이론(locational interdependence theory)은 복점(複占, duopoly)상황하에서 두 기업이 같은 제품을 생산할 경우 시장에서 어떻게 입지하는가를 보여 준다.

호텔링 모형에 대한 설명을 위해 다음과 같은 몇 가지 가정을 하기로 한다(허재완, 1993 : 84-85).

첫째, 양쪽 끝이 막혀 있는 일직선 형태의 도로변에 주민들이 균등하게 분포되어 있으며, 어떤 제품을 생산하여 소비자에게 직접 판매하는 기업(상점)들도 이 직선상의 한 지점에 입지한다.

둘째, 동질(同質)의 제품을 생산하여 판매하는 오직 두 개의 기업(A와 B)만 존재하며, 이 기업들의 생산비는 입지 및 생산량(판매량)에 관계없이 항상 일정하다.

셋째, 제품의 가격은 동일하며, 따라서 소비자는 교통(수송)비용을 절감하기 위해 가장 가까운 기업(상점)으로부터 항상 1단위의 제품만 구입한다. 또한 교통(수송)비용은 거리에 비례한다.

넷째, 일단 특정 지점에 입지한 기업이라도 필요에 따라 얼마든지 다른 지점으로 이동할 수 있으며, 이 경우 재입지에 따르는 비용은 없다.

이상과 같은 가정하에 두 기업 A와 B는 가능하면 많은 제품을 팔기 위해 소비자가 균등하게 분포되어 있는 직선상의 어느 지점에 위치해야 할 것인가에 대해 생각해 보자. 우선 초기에는 기업 A와 B가 〈그림 3-4〉의 제1단계에서 보는 바와 같은 위치에 있다고 가정하자. 이때 기업 A는 가능한 한 기업 B의 바로 왼쪽으로 이동함으로써 더 많은 소비자를 고객으로 확보하고자 할 것이다. 따라서 제2단계에서는 기업 A가 기업 B의 바로 왼쪽으로 옮겨 갈 것이다. 이렇게 되면 이번에는 기업 B가 상대적으로 적은 수의 소비자를 확보하게 되어 기업 A의 바로 왼쪽으로 이동함으로써 더 많은 소비자를 확보하고자 할 것이다. 따라서 제3단계에서 보는 바와 같은 입지패턴이 나타날 것이다. 제3단계에서 보면 기업 A는 입지를 기업 B의

<그림 3-4> 호텔링의 입지적 상호의존모형

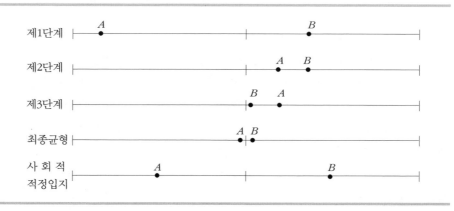

바로 왼쪽으로 이동함으로써 원래의 입지보다 더 많은 소비자를 확보할 수 있음을 간파할 것이다. 따라서 최종적으로 기업 *A*와 *B*는 직선의 중앙에 나란히 인접해서 입지함으로써 안정적인 입지균형을 이룰 것이다. 이렇게 직선의 중앙에 나란히 인접하여 입지함으로써 기업 *A*는 직선상의 왼쪽 절반의 소비자를, 그리고 기업 *B*는 오른쪽 절반의 소비자를 고객으로 확보하게 된다. 결국 기업 *A*와 *B*는 최종균형에서 그들의 입지를 바꾸려는 어떠한 유인(incentive)도 없음을 발견하게 된다.

그렇다면 이처럼 두 개의 기업이 시장의 중앙에 집중하여 입지하는 것이 사회적으로 바람직한 것인가? 이러한 물음에 대한 해답은 경쟁균형의 결과는 사회적으로 적정입지는 아니라는 것이다. 왜냐하면 〈그림 3-4〉의 사회적 적정입지에서 보는 바와 같이 기업 *A*와 *B*가 각각 중심으로부터 왼쪽 혹은 오른쪽 선분의 중앙점에 입지함으로써 모든 소비자의 총교통(통행)거리를 최소화할 수 있기 때문이다. 따라서 계획경제하에서는 기업 *A*와 *B*의 입지를 적절히 분산시킴으로써 소비자들의 총교통(통행)거리를 최소화할 수 있다.

3. 3차 산업의 입지

3차 산업의 입지원리를 설명하는 대표적인 이론이 크리스탈러(Christaller, 1933)에 의해 체계화된 중심지이론(central place theory)이다. 중심지이론은 도·소매업, 교육, 행정, 기타 서비스업과 같은 3차 산업이 공간상에서 어떻게 입지하며, 3차 산업의 분포패턴이 어떤 원리에 의해 결정되는지를 설명한다. 이처럼 3차 산업의 입지원리를 설명하기 위해 체계화된 중심지이론은 중심지 활동에 의해 발전되고 조직화되어 온 도시체계의 형성원리를 설명하는 데도 유용하게 쓰인다.

중심지이론은 다음의 세 가지 가정을 기초로 한다.

첫째, 지형은 평탄하고, 모든 방향으로 동일한 지형구조를 가진다.

둘째, 인구는 공간상에 균일하게 분포되어 있다.

셋째, 상품의 수송비용은 거리에 비례하고, 모든 방향으로 수송비용은 같다.

이상과 같은 가정 아래 소매상인은 어떤 상품을 주어진 가격 *p*에 소비자에게 판매한다고 한다. 소비자들은 어떤 상품을 구매하기 위해 상점을 방문하는 데 mt 만큼의 교통(수송)비용이 소요된다고 한다(*m*은 상점으로부터의 거리, *t*는 단위거리

<그림 3-5> 상점으로부터의 거리와 배달가격의 관계

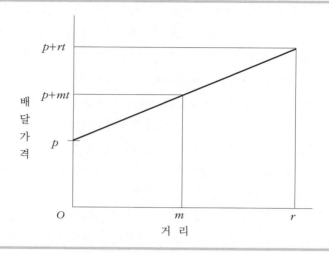

당 교통비용). 따라서 상점으로부터 거리 m만큼 떨어져 사는 소비자가 어떤 상품을 1단위 구입하는 데 지출하는 실제 가격은 $p+mt$가 되는데, 이를 배달가격(delivered price)이라 한다. 〈그림 3-5〉는 상점으로부터의 거리에 따라 소비자들이 실질적으로 지불하게 되는 비용, 즉 배달가격이 어떻게 변하는지 보여 주고 있다.

한편 어떤 상품의 소비를 위해 실제로 소비자들이 지불하게 되는 배달가격이 커질수록 그 상품에 대한 수요는 줄어들 것이다. 〈그림 3-6〉은 소비자들이 어떤 상품을 1단위 구입하기 위해 실제로 부담하게 되는 배달가격과 수요량의 관계를 보여 주고 있다. 〈그림 3-6〉에서 보는 바와 같이 가격 p에서 q_1만큼 소비될 것이고, 가격 $p+mt$에서 소비량은 q_2가 될 것이다. 따라서 상점 바로 옆에 사는 소비자는 q_1만큼을 소비할 것이고, 상점으로부터 거리 m만큼 떨어져 사는 소비자는 mt만큼 교통비용을 지불하게 되어 오직 q_2만큼 소비하게 될 것이다.

상품의 수송비용은 거리에 비례하고 모든 방향으로 거리 단위당 수송비용은 같다고 가정하였으므로 〈그림 3-5〉와 〈그림 3-6〉을 함께 고려하면 〈그림 3-7〉과 같이 상점을 중심으로 하는 수요 원뿔(demand cone)을 그릴 수 있다.

〈그림 3-7〉에서 보는 바와 같이 어떤 상품에 대한 소비자의 수요량은 상점으로부터의 거리가 멀어짐에 따라서 줄어든다. 이처럼 상점으로부터 멀리 떨어져 사는 소비자일수록 적게 소비하는 이유는 상점으로부터 멀리 떨어져 살수록 많은

<그림 3-6> 배달가격과 수요량의 관계

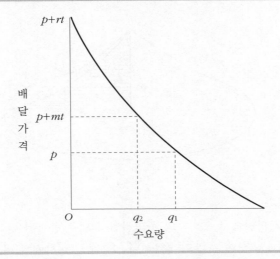

교통(수송)비용을 부담해야 하므로 소비자에게는 배달가격이 증가하기 때문이다. 따라서 상점으로부터 거리가 증가함에 따라 배달가격이 증가하면 수요는 줄어들게 되어 결국 어느 지점에 이르러서는 수요가 발생하지 않는다. 상점으로부터의 거리 r에서 상품의 배달가격은 $p+rt$가 되고(<그림 3-5> 참조), 수요량은 0(零)이 된다(<그림 3-6> 참조). 이 지점을 재화의 도달거리(range of a good)라고 하며, 상점을 중심으로 하고 도달거리(r)를 반경으로 하여 회전시킨 지역이 그 상점의 상권(商圈)이 된다.

하나의 상점이 어떤 상품을 공급할 수 있는 공간적 범위는 한정되어 있으므로 같은 상품을 제공하는 다른 상점들이 많이 생기게 된다. 같은 상품을 공급하는 상점들의 경우 기존의 다른 상점들의 상권과 중복되지 않는 지점에 입지하려고 할 것이며, 따라서 <그림 3-8>의 (가)에서 보는 바와 같이 공간상에 상권이 형성될 것이다. 그러나 이 그림에서 보는 바와 같이 빗금친 지역에 거주하는 소비자들은 어느 상점으로부터도 상품을 공급받지 못하게 된다.

만약 모든 소비자들은 이들 상점들이 제공하는 상품을 공급받을 수 있어야 한다는 조건이 추가된다면 상권의 중복현상이 발생하게 되어 <그림 3-8>의 (나)에서 보는 바와 같이 상권이 형성될 것이다.

<그림 3-7>   공간수요 원뿔(The spatial demand cone)

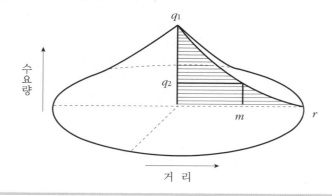

이와 같은 상황하에서 소비자의 합리적인 선택은 중복된 상권지역을 양분하게 만든다. 따라서 원형의 상권은 육각형의 상권으로 변하게 되며, 〈그림 3-8〉의 (다)에서 보는 바와 같이 상권이 형성될 것이다. 육각형 형태로의 상권 형성은 모든 소비자는 필요한 상품을 구입하기 위하여 가능한 한 가장 가까운 거리를 이동한다는 사실을 전제로 한 것이다(Berry, 1967 : 57－63).

인간이 살아가는 데는 여러 가지 종류의 재화와 서비스가 필요하다. 다른 종류의 재화나 서비스는 각기 다른 크기의 상권을 가지고, 같은 종류의 것은 같은 크기의 상권을 가질 것이다. 다른 종류의 재화와 서비스를 제공하는 상점과 서비스 기능이 한 곳에 겹치게 되면 그 곳에 중심지(central place)가 출현하게 된다.

중심지 계층이란 중심지 상호 간의 중심성(centrality)의 차이, 즉 중심지가 수

<그림 3-8>   상권의 형성

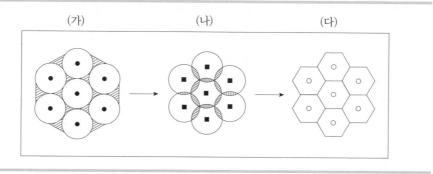

행하는 3차 산업기능의 보유정도에 대한 중심지 간의 차이를 말한다. 이때 중심지의 계층은 인구규모에 비례하는 것이 일반적이나, 인구규모가 크다고 해서 반드시 중심성이 크다고 볼 수는 없다. 그러나 크리스탈러는 중심성의 크기는 인구규모에 비례하는 것으로 보았다(김인, 1986:63).

4. 4차 산업의 입지

4차 산업이란 사무활동을 의미하는 것으로 후기산업사회(post-industrial society)의 대표적인 산업이며, 정보의 처리·취급·전파에 종사하는 활동을 말한다(Abler, Adams, and Gould, 1971:307). 따라서 선진국과는 달리 미처 후기산업사회로 이행하지 못한 개발도상국은 4차 산업의 비중이 일반적으로 낮은 것이 사실이다. 4차 산업은 국가경제의 성장과 함께 점차 그 비중이 증가하고 있는데, 교통(수송)비용의 극소화와 이윤의 극대화를 추구하는 전통적 입지론은 4차 산업의 입지행태를 설명하는 데는 설득력이 부족한 것으로 평가받고 있다. 행태적으로 4차 산업의 입지를 살펴보는 입장은 흔히 사업체들 간에 어떤 업무연계와 그에 따른 상호접촉을 하고 있는지를 살펴보는 데 관심을 가진다. 행태적 측면에서 4차 산업의 입지결정에 영향을 미치는 인자를 살펴보면 다음과 같다(김형국, 1983:135-148).

첫째, 대면접촉(face-to-face contact)의 편리성이 확보되는 곳에 4차 산업이 입지하려는 경향을 가진다. 이러한 대면접촉의 편리성을 추구하는 4차 산업의 입지경향은 대면접촉이 통신수단에 의한 접촉보다 기업의 대외업무추진을 위하여 더욱 효과적이라는 사실에 기인한다. 물론 통신수단에 의한 의사교환과 정보의 수집이 가능하긴 하지만 사교적 분위기의 상실로 의사교환과 정보수집에 제약이 있다. 특히 권위주의 사회에서 기업은 정부나 은행과 같은 공공기관과의 접촉을 위하여 통신수단보다는 대면접촉을 선택하는 경향을 보일 것이며, 이러한 사실은 4차 산업의 입지가 공공기관 특히 중앙정부의 입지결정에 종속적일 가능성을 보여 준다. 한편 통신기술의 혁신이 4차 산업의 입지결정에 미칠 영향은 사무활동의 구체적 종류에 따라 다를 것으로 보이며, 아울러 통신수단에 의한 의사교환의 심리적 수용가능성의 변화에 따라서도 다르게 나타날 것으로 보인다.

둘째, 4차 산업의 활동을 지원하기 위한 전문서비스의 활용이 편리한 지역에

4차 산업이 입지하려는 경향을 가진다. 예컨대 국제변호사·공인회계사·세무사·보험 및 금융서비스의 편리성이 확보되는 지역에 4차 산업이 입지하는 경향을 가지며, 결과적으로 대도시에 4차 산업이 집중하는 경향을 나타낸다.

셋째, 4차 산업은 전국적인 시장이나 국제적인 시장을 대상으로 한다. 따라서 4차 산업은 대도시 간 혹은 외국과의 높은 접근성을 중요시하는 경향을 가진다. 이러한 점에서 주요 교통수단 특히 항공노선 이용의 편리성이 확보되는 지역이 4차 산업의 입지장소로 선호된다.

넷째, 4차 산업의 입지결정은 공간적으로 편향(偏向)된 판단을 토대로 이루어지는 경향이 있다. 4차 산업의 입지결정시에 전통과 위신(prestige)을 고려하는 것이 바로 그것이다. 곧 도심에 사무용 건물을 가지는 것은 그 장소에 입지하는 것 자체가 기업의 이미지에 기여하는 것이라 생각한다. 4차 산업의 입지결정자에게는 정부나 은행 같은 기관들이 이미 집적해 있는 곳에 인접해 입지하는 것이 불확실성을 줄이는 만족스런 대안이 된다. 이런 일이 누적되면서 4차 산업은 입지적 관성을 나타내게 된다.

제4절 의사결정과 권력의 공간구조

공간상에서의 의사결정의 흐름은 권력의 공간구조를 만들어 낸다. 정부나 기업이 행사하는 권력행위로서의 의사결정은 권력의 공간구조를 구체화시킨다. 예컨대 중앙정부의 의사결정이 지방정부의 각종 행정행위를 제약하기도 하고, 나아가 지방주민들의 생활이나 활동을 제약하기도 한다. 또한 대기업 본사의 의사결정은 지방에 있는 지사(支社)나 공장의 활동에 여러 가지 권위적 힘을 행사하기도 한다.

의사결정의 주체 가운데서도 정부부문이 민간부문에 대해 권위적인 힘을 행사하기도 한다. 예컨대 정부의 금융정책이나 기업지원 혹은 규제정책이 민간기업의 경제활동에 절대적으로 영향을 미치는데, 많은 기업의 본사들이 수도권에 집중하는 것도 바로 자본의 흐름이 의사결정의 공간흐름에 지극히 종속적임을 보여 주는 것이다. 기업의 입지결정에 있어서 중추관리기능과의 대면접촉의 편리성 추구가 바로 수도권에 경제활동이 집중하는 근본적인 원인으로 보인다(윤대식,

1994 : 31). 특히 경제성장의 초기단계에 있는 나라일수록 자본의 입지선택이 정부권력의 중심에 인접하여 입지하는 경향이 크게 나타난다.

권력의 공간구조는 쇄신의 확산에 영향을 미친다. 일반적으로 쇄신의 채택은 채택의 공간적 단위가 가진 힘의 크기에 비례한다. 예컨대 도시교통문제를 해소하기 위해 시행하고 있는 승용차 10부제 운행의 경우를 보면 중소도시나 농촌지역보다 대도시에서 훨씬 잘 시행되는 것을 볼 수 있다.

제5절 쇄신의 확산과 사회·문화적 공간패턴

1. 쇄신확산의 의의

쇄신(innovation : 혁신이라고도 함)이란 인간의 창조적 활동을 포괄적으로 지칭하며, 기존의 사회체제에 새롭다고 인식되는 아이디어나 인위적인 것(artifacts)들이 성공적으로 도입되는 경우로서 발명과 모방의 아이디어를 모두 포함한다. 예컨대 가축의 신종 예방접종, 새로운 농사기술, 수세식 화장실, 전기, T.V., 전화 및 컴퓨터의 보급 등이 모두 쇄신에 해당한다(김인, 1986 : 202).

모든 인간활동이 그러한 바와 같이 쇄신의 발생은 공간 위에서 이루어지며, 공간 위에서 발생한 쇄신은 공간 위에서 전파된다. 쇄신의 공간확산(spatial diffusion)에 관한 연구는 쇄신이 어디에서 발생하여 어떤 확산경로를 통하여 공간상에서 전파되는가에 주된 관심을 가져왔으며, 쇄신의 공간확산은 바로 지역발전으로 나타나는 것으로 본다. 예컨대 상하수도 시설, 전기 및 전화, 수세식 화장실 등의 보급은 바로 쇄신의 확산과정으로 볼 수 있으며, 한편으로는 지역발전의 과정으로 이해된다.

아래에서는 먼저 쇄신확산의 공간적 특성과 시간적 특성을 살펴본다. 다음에 쇄신의 확산유형에 대해 살펴본다. 마지막으로 쇄신의 확산이 지역정책에 어떤 시사를 주는지에 대해 논의하고자 한다(김인, 1986 : 201 - 225; 김형국, 1983 : 23 - 53; Abler, Adams, and Gould, 1971 : 389 - 451).

2. 쇄신확산의 공간적 특성과 시간적 특성

1) 쇄신확산의 공간적 특성

쇄신의 확산은 거리에 따라 조락(凋落)하는 특성을 가진다. 거리는 정보의 전달에 있어 장벽 또는 마찰(friction)의 요인이 된다. 쇄신의 확산은 직접적이든 혹은 간접적이든 주고 받는 자 상호 간의 접촉이나 연락이 있어야 하고 공간적 마찰을 극복해야 가능하므로 거리와 함수관계를 가지게 됨은 당연하다. 이 경우에 거리라 하면 물리적 거리를 지칭하기보다는 오히려 시간거리(time distance)를 더 중요하게 의미한다. 어떤 의미의 거리든 극복되어야 할 거리가 가까우면 쇄신을 주고 받는 자들 간의 접촉은 그만큼 많아지며, 거리가 멀어지면 그만큼 쇄신의 확산을 위한 접촉빈도가 줄어들게 마련이다. 〈그림 3-9〉는 쇄신의 전달자로부터의 거리에 따라 쇄신의 채택률이 어떻게 달라지는가를 보여 주고 있다. 〈그림 3-9〉에서 보는 바와 같이 쇄신의 채택률은 전달자로부터 거리가 멀어짐에 따라 조락하는 특성을 나타낸다.

한편 쇄신의 확산이 일어날 지역의 여건에 따라 거리조락함수(distance decay function)의 기울기는 다양하게 나타난다. 예컨대 첨단기술이나 사치성 소비와 관련된 쇄신의 확산은 빈곤지역에서보다는 부유한 지역에서 빠르게 진행되고 마찰요인으로서 거리의 역할이 줄어들게 된다.

<그림 3-9>   쇄신채택률의 거리조락함수

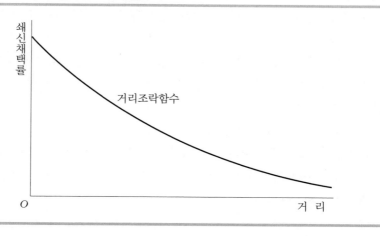

2) 쇄신확산의 시간적 특성

일정지역 내에 쇄신이 도입되면 초기에는 몇 사람의 쇄신적인 사람들이 이를 채택한다. 얼마 후 초기다수(early majority)의 사람들이 쇄신을 채택하고, 이어서 후기다수(late majority)의 사람들이 이를 채택한다. 마지막으로 낙오된 얼마의 사람들이 쇄신을 채택함으로써 일정기간에 쇄신채택의 한 주기가 끝나게 된다. 쇄신의 전달이나 채택이 일어나는 모습을 시간상으로 나타내면 〈그림 3-10〉의 (나)와 같이 종(鐘) 모양의 정규분포곡선의 모양을 보인다. 이를 다시 횡축(橫軸)에 시간을, 종축(從軸)에 쇄신채택률을 누적적으로 표시하면 〈그림 3-10〉의 (가)와 같다. 쇄신이 일정지역 내에 포화될 때까지의 시간상에서 쇄신의 채택은 에스(S)자 모양을 그리는 로지스틱 곡선(logistic curve)의 형태로 나타나는 것이 일반적 특성이다. 실제로 많은 경험적 사례연구에서 쇄신확산의 시간적 특성이 로지스틱 곡선의 모양으로 나타났음이 입증된 바 있다.

앞에서 쇄신의 확산과정에 대한 공간적 특성과 시간적 특성을 살펴보았다. 이

〈그림 3-10〉 쇄신의 확산주기

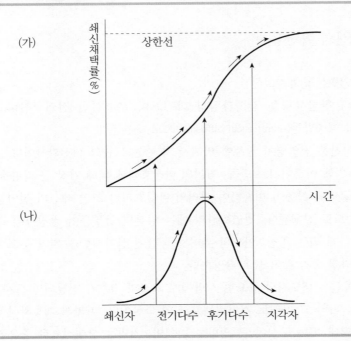

<그림 3-11> 시간과 공간상에서의 쇄신의 채택률

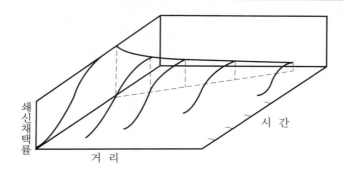

특성들은 ① 쇄신의 채택률, ② 거리, ③ 시간의 세 가지 요소로 구성되어 있는데, 이를 3차원의 구성으로 나타내면 〈그림 3-11〉과 같다. 이 그림을 통해 쇄신의 채택률과 거리의 관계, 쇄신의 채택률과 시간의 관계, 그리고 쇄신확산에 있어서 거리와 시간의 관계를 동시에 파악할 수 있다.

3. 쇄신의 확산유형

1) 전염확산과 계층확산

쇄신의 확산유형을 진행과정상으로 보아 분류하면 전염확산(contagious diffusion)과 계층확산(hierarchical diffusion)으로 구분된다.

전염확산은 전염병이 접촉에 의해 옮겨 가는 모습의 쇄신확산이다. 전염확산은 접촉에 의해 이루어지는 만큼, 거리의 마찰효과에 의해 가장 큰 영향을 받는다. 따라서 교통망의 확충이 미흡하여 거리의 마찰효과가 크면 쇄신의 전염확산은 아주 느린 속도로 진행된다. 전염확산의 예는 일본의 농부들이 쌀경작에 소형 트렉터를 이용하게 되는 과정, 인도의 부녀자들 간에 산아제한을 위한 루프 피임법이 전파되는 과정 등과 같이 실로 다양하다.

계층확산은 대도시나 중요한 사람에게 쇄신의 정보가 전달되면 도시계층이나 사회계층을 따라 그 아래로 건너뛰는 유형의 확산이다. 따라서 계층확산에서는 도시계층의 형태 또는 구성이 큰 영향을 미치며, 거리는 상대적으로 중요한 영향을

<그림 3-12> 계층확산의 과정

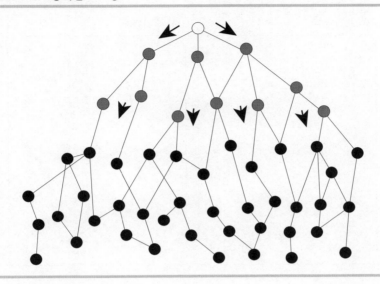

미치지 않게 된다. 계층확산의 예로는 여성의 의류패션이나 각종 유행이 대도시로 부터 중소도시로 전파되는 과정을 들 수 있다. 〈그림 3-12〉는 계층확산의 과정을 보여 주고 있다.

2) 이전확산과 팽창확산

쇄신의 확산유형을 정보전달의 방법이라는 측면에서 보아 분류하면 이전확산 (relocation diffusion)과 팽창확산(expansion diffusion)으로 구분된다.

이전확산은 사람과 함께 쇄신적 정보가 확산 또는 이동하는 것을 말한다. 따라서 이전확산은 인구이동을 통하여 주로 일어난다. 예컨대 선진외국에서 오랫동 안 살다가 돌아온 사람들이 외국의 새로운 문화를 확산시키는 경우가 여기에 해당한다. 〈그림 3-13〉은 이전확산의 과정을 나타내고 있다. 〈그림 3-13〉의 (가)에서 보는 바와 같이 초기의 집단이 쇄신적 정보를 획득한 후, 후기에는 (나)에서 보는 바와 같이 이들이 이동함으로써 쇄신적 정보가 전파된다.

팽창확산은 사람은 움직이지 않고 쇄신적 정보만 확산되는 것을 말한다. 예 컨대 새로운 농작물 재배기술이 농촌에 전파되는 것이나 어떤 소문이 공간상에 전 파되는 것이 여기에 해당한다. 〈그림 3-14〉는 팽창확산의 과정을 나타내고 있다.

<그림 3-13> 이전확산의 과정

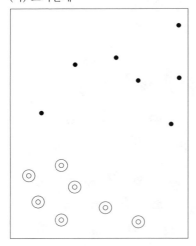
(가) 초기단계

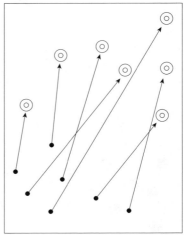
(나) 후기단계

<그림 3-14> 팽창확산의 과정

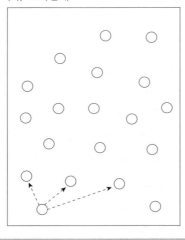
(가) 초기단계

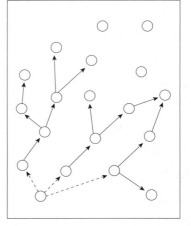
(나) 후기단계

〈그림 3-14〉의 (가)에서 보는 바와 같이 처음에는 소수의 사람들만이 쇄신적 정보나 소문을 알고 있다가, 곧이어 친구나 이웃에게 전파된다. 새로운 정보를 취득한 사람들은 〈그림 3-14〉의 (나)에서 보는 바와 같이 아는 사람들에게 전달하게 되고, 점차 새로운 정보가 퍼지게 된다.

4. 쇄신확산의 지역정책적 시사

지역발전은 대도시에서 발생하거나 채택된 쇄신이 다른 지역으로 확산되는 과정으로 볼 수 있다. 이와 같은 관점에서 볼 때 쇄신의 공간확산이 가지는 지역정책상의 시사는 크다고 할 수 있다.

첫째, 쇄신의 공간확산을 촉진시키기 위해서 중간규모 도시를 육성할 필요가 있다. 도시계층은 계층확산의 경로이다. 도시계층을 형성하는 도시규모는 확산과정을 결정짓는 관건이 된다. 따라서 중간규모 도시의 육성 등과 같은 성장거점전략은 대도시에서 나타나는 쇄신을 낙후지역에 쉽게 파급되도록 하는 역할을 한다. 쇄신확산이론은 이렇게 성장거점전략을 이론적으로 뒷받침하고 있다.

둘째, 쇄신의 공간확산을 촉진시키기 위해서 교통망과 통신망의 확충에 힘써야 한다. 쇄신의 확산은 거리의 조락함수이다. 따라서 교통망의 확충을 통해 도시와 배후지역 간의 접근성을 제고시키고 통신망의 확충을 통해 공간적 제약을 극복하는 것이 바로 쇄신의 확산을 촉진시키는 역할을 한다.

☑ 연습문제

1. 다음의 용어를 설명하시오.
   1) 쇄신의 확산
   2) 연쇄인구이동(chain migration)
   3) 압출과 흡인이론(push and pull theory)
   4) 정주체계(settlement system)
   5) 전염확산(contagious diffusion)
   6) 계층확산(hierarchical diffusion)
   7) 이전확산(relocation diffusion)
   8) 팽창확산(expansion diffusion)
2. 웨버(Weber)의 공업입지론과 뢰쉬(Lösch)의 공업입지론의 근본적인 차이점을 간단히 설명하시오.
3. 호텔링(Hotelling)에 의해 체계화된 입지적 상호의존이론(locational interdependence theory)은 복점(複占)상황하에서 두 기업이 같은 제품을 생산할 경우 시장에서 어떻게 입지하는가를 보여 준다. 호텔링 모형의 결과는 사회적 후생을 극대화시키는 대안인지 평가하시오.
4. 크리스탈러(Christaller)에 의해 체계화된 중심지이론(central place theory)을 이용하여 3차 산업의 분포패턴이 어떤 원리에 의해 결정되는지를 설명하시오.
5. 기업에 대한 정부의 통제가 심한 국가일수록 기업들은 대도시 특히 수도(首都)에 입지하는 경향이 강하게 나타난다. 그 이유를 간단히 설명하시오.
6. 쇄신의 확산이 지역정책상 갖는 시사점을 간단히 논의하시오.

제4장

도 시 화

제1절 도시화의 의의

1. 도시화의 개념

도시화(urbanization)란 도시지역에 인구가 집중하는 현상과 도시적 생활양식으로의 변화과정을 복합적으로 의미하는 개념이다. 프리드만(John Friedmann)은 두 가지 형태의 도시화를 정의한다. 프리드만이 정의한 첫 번째 형태의 도시화는 인구와 비농업적 경제활동의 도시집중을 말한다. 한편 두 번째 형태의 도시화는 도시적 가치·행태·제도의 지리적 확산을 말하는 것으로 소위 현대화(modernization)라고 불리는 것을 의미한다. 따라서 첫 번째 형태의 도시화는 모든 인구가 도시지역에 거주하고 도시지역에서 경제활동을 할 때 포화점(a point of saturation)에 도달하며, 두 번째 형태의 도시화는 도시적 문화와 가치를 모든 지역에 사는 인구가 공유하게 될 때 포화점에 도달한다(Friedmann, 1973 : 65-67).

　　이처럼 도시화라는 개념이 갖는 다양한 의미에도 불구하고 좁은 의미에서의 도시화는 한 국가의 전체인구 중에서 도시인구의 비중이 증가하는 현상을 의미한다. 한편 넓은 의미의 도시화는 인구의 도시집중뿐만 아니라 도시적 생활양식·가치·제도의 공간확산과정을 함께 포함한다. 그러나 도시적 생활양식·가치·제도의 공간확산 정도는 측정이 그리 쉽지 않은 문제점을 가진 만큼, 아래에서는 도시인구의 비중이 증가하는 좁은 의미의 도시화를 중심으로 논의하기로 한다.

2. 도시화의 원인

인구의 도시집중은 왜 발생하며, 왜 도시는 계속 성장하는가? 이러한 물음에 대한 해답은 공간흐름과 이들이 초래하는 지역공간구조에 대한 프리드만(John Friedmann)의 분석틀로 설명될 수 있다.

제3장에서 살펴본 바와 같이 프리드만은 지리적 공간상에서의 흐름과 이들 흐름이 만들어 내는 지역공간구조를 네 가지로 분류하여 설명한다(Friedmann, 1973 : 65-84). 프리드만은 공간상에서의 흐름을 인구이동, 투자(자본이동), 의사결정, 쇄신(innovation)의 확산의 네 가지로 분류하고, 이들 각각은 정주(定住)패턴, 경제활동의 입지패턴, 권력의 공간구조, 사회·문화적 공간패턴을 지역공간상에 구조화하는 것으로 본다. 프리드만은 이들 네 가지 공간흐름은 서로 간에 밀접한 영향을 주고 받는 것으로 보고 있고, 많은 경험적 연구도 프리드만의 분석틀이 현실의 설명을 위해서도 설득력이 큼을 보여 주고 있다.

프리드만의 분석틀에 따르면 인구의 도시화는 인구이동에 의해 발생하며, 인구이동은 투자(자본이동), 의사결정의 흐름, 쇄신의 확산에 의해 절대적인 영향을 받는다. 인구의 도시화 원인을 규명하고자 시도한 많은 경험적 연구는 도시인구성장은 특히 경제력의 도시집중에 가장 큰 원인이 있음을 보여 준다.

제3장에서 인구이동의 이유를 설명하기 위한 이론으로 압출(壓出)과 흡인(吸引)이론(push and pull theory)을 살펴보았다. 압출과 흡인이론은 도시화의 원인을 설명하기 위해서도 그대로 적용이 가능하다. 도시로의 인구이동은 농촌지역의 낙후된 경제·사회적 여건이 밀어 내거나(push), 도시지역의 경제·사회적 비교우위가 끌어당기거나(pull), 아니면 이 양자(兩者)가 복합적으로 작용해서 발생한다고 볼 수 있다.

제2절 도시화의 진행패턴과 추세

20세기 이후 도시화의 두드러진 현상은 거대도시의 출현과 대도시권의 확대 등을 들 수 있다. 제2차 세계대전 후 선후진국을 막론하고 도시문제 전문가들은 이미 일부 대도시의 더 이상의 성장은 사회적 비용이 사회적 편익을 초과한다는 의미에서 우려를 표시하였다(Hansen, 1978 : 2). 도시인구성장의 영향은 다양한 지역에서 여러 가지 모습으로 나타날 것이다. 도시인구성장이 문제가 되는 것은 그 증가분이 대부분 거대도시에 귀착이 되기 때문이다(Barcelona Declaration, 1986 : 2). 그리고 최근에는 교통 및 통신의 발달, 소득수준의 향상 등으로 대도시 주변지역이 중심도시에 경제적·문화적·사회적으로 일체화되어 통합공간을 형성하게 되는 대도시권의 출현을 볼 수 있다.

1. 도시화의 진행패턴

한 나라의 도시화 정도를 측정하기 위하여 사용하는 도시화율은 전국인구에 대한 도시인구의 비율로서 표현된다. 도시화의 측정지표인 도시화율의 시간적(연도별) 변화패턴을 그래프로 나타낸 것이 〈그림 4-1〉의 도시화 곡선(urbanization curve)이다. 도시화 곡선의 특징은 초기에는 낮은 수준에서 완만한 증가를 시작하다가 어느 시점부터 빠른 속도로 진행되고, 다시 어느 시점부터는 증가율이 둔화되어 어떤 상한선에 수렴하는 로지스틱 곡선(logistic curve)의 모양을 나타낸다는 것이다.

〈그림 4-1〉에서 보는 바와 같이 도시화 곡선은 초기단계, 가속화단계, 종착단계로 나누어지는데, 이는 도시화의 진행이 시작과 끝이 존재함을 시사하는 것이다.

도시화의 초기단계에서는 도시화율이 극히 낮을 뿐 아니라 도시화의 진행속도가 대단히 완만하다. 대체로 초기단계의 도시화 수준에 있는 국가들은 국가경제가 주로 1차 산업에 의존하며, 도시의 발달이 미약하고 국가전체 인구의 상당부분이 농촌지역에 거주하는 것이 특징이다.

<그림 4-1>　도시화 곡선

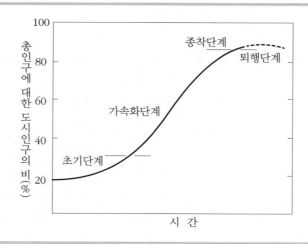

　　도시화의 2단계인 가속화단계에 이르면 도시화율의 증가속도가 가속화될 뿐만 아니라 전국인구에서 도시인구가 차지하는 비중이 높아진다. 가속화단계는 도시성장의 격변기로 인구 및 경제활동이 도시지역에 집중하는 현상이 크게 나타난다. 대체로 개발도상국의 산업화 과정에서 이러한 단계를 경험하게 된다.

　　도시화가 포화상태에 이르면 종착단계가 되며, 도시화율의 신장추세는 다시 둔화되고 고도의 도시화 수준에 도달한다. 종착단계의 도시화 수준은 각 나라마다 상이하나 대체로 80%의 수준을 상회한다. 이 단계에서 과도한 공간집적에서 탈피하여 분산이 촉진되고 지역 간의 균형발전이 전개된다.

　　최근 자본주의가 성숙하여 탈공업사회의 단계에 접어든 나라에서는 오히려 도시를 탈출하는 인구가 증가하고 있다. 이러한 현상은 도시화 곡선의 제4단계라 할 수 있는 도시화의 퇴행단계(regressive stage)에 해당한다. 이러한 퇴행단계의 도시화 현상은 미국을 비롯한 선진국에서 1970년대부터 나타나기 시작했는데, 베리(B. Berry)는 도시지역에서 비도시지역으로의 인구의 역이동을 역도시화(counter-urbanization) 현상이라고 하였다. 역도시화 현상이 진행될 경우 측정지표로서의 도시화율은 하락하겠지만 도시적 생활양식의 공간확산은 쉽게 일어나게 되어 프리드만의 분류에 의한 두 번째 형태의 도시화는 여전히 진행되는 것으로 볼 수 있다(김인, 1986 : 239-241).

2. 도시화 추세

인구의 도시유입에 의한 도시화는 18세기 말부터 유럽의 여러 나라에서 일어 나기 시작한 산업혁명에 의해 본격적으로 진행되기 시작하였다. 산업혁명으로 인 해 공업도시들이 본격적으로 성장하기 시작하였으며, 이농향도적 인구이동이 본 격적으로 일어나기 시작하였다. 이처럼 도시화는 산업화를 통하여 급격하게 진행 되기 시작하였으며, 이러한 현상은 우리나라의 경우도 예외가 아니다. 우리나라의 도시화는 20세기 초부터 나타나기 시작하였으나, 산업화에 의한 도시화는 1960년 대 초부터 시작된 것으로 볼 수 있다.

아래에서는 우리나라의 도시화 과정을 자료의 획득이 가능한 1915년부터 살 펴보기로 한다. 1915년부터 현재까지의 도시화를 산업화가 본격적으로 추진되었 다고 볼 수 있는 1960년대 초를 기준으로 크게 두 단계로 구분해 볼 수 있다.

1) 제 1 기의 도시화(1915-1960년대 초)

조선총독부 통계에 의하면 1930년까지 전인구의 약 90%가 농업에 종사하고 있었다. 그 당시의 도시는 주로 구한말부터의 행정관청의 중심지이거나 대외무역 항이었다. 당시는 식민지 지배하의 사실상의 통제사회였으므로 1945년까지 도시 화 수준은 14.5%라는 비교적 낮은 수준에 머물러 있었다. 일제시대를 통하여 일본 은 그들의 전략적 목적에 따라 기존의 행정도시를 강화하거나 경제적 착취와 군사 적 목적을 위해 전략적 요새인 항구도시나 철도교통 중심도시를 육성하였다.

해방 후에서 1960년까지의 정치·사회적 격동기 동안 가장 급격하게 인구분포 의 재편이 이루어졌던 것으로 보인다. 중국·일본·만주 등지에서 돌아온 해외귀환 동포와 해방 이후와 6·25동란기간 동안의 월남 피난민 등이 서울, 부산, 대구 등 도시지역에 주로 정착하게 되었다. 1949년에 인구규모 5만 이상의 도시가 14개였 는데, 1960년에는 27개로 거의 2배로 증가하였고 도시화율은 28.3%로 늘어나게 되었다. 하지만 전국민의 2/3 이상이 농촌지역에 거주하고 있는 것을 볼 때, 식민 지 지배, 정부수립, 6·25동란 등으로 산업화에 입각한 도시인구의 성장은 여전히 미약했던 것으로 보인다.

따라서 제1기의 도시화는 인구 유입지역의 끌어당기는 요인(pulling factors)에 의한 인구이동이라기보다 인구 유출지역의 밀어 내는 요인(pushing factors)에 의해서 인구이동이 주로 결정된 도시화의 태동기로 볼 수 있다. 제1기 도시화의 또 다른 특징은 서구(西歐)의 도시화와는 달리 산업화와 관련 없이 정치·사회적 변화에 의해 도시화가 진행되었다는 점이다.

〈표 4-1〉에서 볼 수 있듯이 산업화의 속도가 훨씬 빠른 일본은 우리나라보다 도시화의 속도가 훨씬 빨라서 25% 수준의 도시화가 1930년대 초에 이루어졌고, 1950년대 초에는 이미 50% 수준의 도시화가 이루어졌다.

2) 제 2 기의 도시화(1960년대 초 - 현재)

농업위주의 경제에서 비농업적인 생산경제로의 이행은 필연적으로 경제활동 및 인구의 공간적 분포에 있어 변화를 초래하게 한다. 산업화와 도시화의 연관성은 산업혁명 이후 서구의 도시화 경험에서 충분히 볼 수 있다.

우리나라에서도 1960년대 초부터 시작된 급속한 산업화 과정을 통해서 도시 내 제조업 및 서비스 산업이 급격히 팽창하고 취업기회가 확대됨에 따라 도시화는 더욱 빠른 속도로 진행되기 시작하였다. 인구규모 5만 명 이상을 도시로 간주할 때, 산업화와 더불어 전국인구 대비 도시화율이 1960년에 28%에서 2000년에는 89%로 급격히 증가하였다. 따라서 제2기의 도시화는 출발지의 밀어 내는 요인과 더불어 목적지의 끌어당기는 요인이 강력하게 가세하는 도시화의 성장기로 볼 수 있다.

<표 4-1> 총인구와 도시화 추세(1915-1960)　　　　　　　　　(단위: 100만 명, %)

연　　도	한　국		일　본	
	총인구	도시인구비율	총인구	도시인구비율
1915	16.3	3.1		
1920	17.3	3.3	55.4	18.1
1925	19.0	3.5	59.2	21.7
1930	20.4	4.5	63.9	24.1
1935	22.2	7.4	68.7	32.9
1940	23.5	11.6	72.5	37.9
1945	19.4	14.5	72.0	27.8
1950	20.2	18.4	83.2	37.5
1955	21.5	24.4	89.3	56.3
1960	25.0	28.3	93.4	63.5

자료 : E.S. Mills and Byung Nak Song(1977). *Korea's Urbanization and Urban Problems 1945-1975*. Korea Development Institute, Working Paper 7701 : 10.

제3절 도시화의 특징과 문제점

1. 대도시권의 외연적 확산

산업화 과정에서 나타나는 도시화의 두드러진 특징은 대도시권의 성장이다. 교통 및 통신의 발달, 소득수준의 향상, 여가시간의 증가, 대도시 주변지역에서의 비농업적인 경제활동의 증가 등으로 말미암아 대도시가 사람·물자·정보의 흐름을 통해서 주변부에 계속적으로 영향을 미침으로써 중심지와 주변부라는 이질적인 두 가지 성격이 존재하던 대도시지역이 기능적으로 상호 연결된 통합공간을 형성하게 된다.

도시화 초기에는 이농향도적 인구이동이 중심도시와 주변부에 정착하는 단계이고, 절대적 집중과정은 중심도시의 집적이익과 규모의 경제가 너무 크기 때문에 주변지역의 인구가 중심지로 급격히 흡수되는 과정이다. 상대적 집중과정은 중심지의 집적이익 및 규모의 경제는 계속되지만 성장의 확산효과가 점차 확대되어 가는 추세를 말한다. 상대적 분산과정은 지금의 서울이나 부산과 같이 중심지의 자체적 한계에 크게 기인하는 것으로 보인다. 예를 들면, 중심지에 있어서 급격한 지가상승, 택지부족, 소득수준의 향상, 교통 및 통신의 발달로 인한 기동성의 증대, 지형적인 한계 등을 상대적 분산의 원인으로 생각해 볼 수 있다. 절대적 분산과정은 도시의 공동화 현상이 나타나고 대도시의 절대인구가 줄어드는 시기를 말한다.

대도시권의 외연적 확산은 여러 가지 문제를 야기시킨다. 예컨대 직장과 주거지의 분리를 촉진시켜 도시 내 일부지역에 한정되었던 교통문제를 광역도시권 전

<표 4-2> 대도시권의 변화과정

단 계	중심도시	주변지역	변화과정
Ⅰ	+	+	도시화 초기
Ⅱ	++	−	절대적 집중과정
Ⅲ	++	+	상대적 집중과정
Ⅳ	++	++	상대적 분산과정
Ⅴ	−	+	절대적 분산과정

주 : ++ : 인구급증, + : 인구점증, - : 인구감소

체의 문제로 확대시킨다. 따라서 통행의 장거리화로 인한 교통에너지의 낭비현상
이 심각하게 나타난다. 이와 같은 대도시권의 외연적 확산은 광역도시권의 계획적
개발을 불가피하게 한다.

2. 종주도시화

개발도상에 있는 많은 나라들은 경제발전과 더불어 하나 또는 몇 개의 대도시
에 산업 및 인구가 집중하게 되는 종주도시화 현상을 경험하는데, 우리나라도 예
외는 아니다. 성극화(成極化)된 공간구조는 다음 단계의 경제발전을 여러 모로 제
약하기 때문에 대도시 인구의 이상적(비정상적) 비대화를 막고 안정된 도시체계의
형성을 유도하기 위한 도시화 정책이 필요하다. 물론 안정된 도시체계가 어떤 상
태인가에 대한 명확한 연구결과는 없다. 일반적으로 대도시의 규모가 어느 수준을
넘어서면 집적의 불이익이 이익을 초과하고 전체공간구조의 극심한 불균형을 초래
한다. 따라서 종주도시화는 국가경제성장, 지역 간 균형발전 또는 환경문제나 안
보 등의 이유로 억제되어야 한다. 현실적으로 어느 규모에서 대도시의 인구집중이
억제되어야 하는가는 나라마다 다를 것이고, 또한 능률성과 형평성의 교량(較量)
등 여러 가지 요소에 따라 다를 것이다(황명찬, 1989 : 227-228).

인구와 산업이 하나 또는 몇 개의 대도시에만 과도하게 집중하고 다른 지역은
성장의 잠재력에 비해 인구가 적고 산업이 발달하지 않게 되면 국가경제의 능률성
이라는 차원에서도 바람직스럽지 않게 된다. 국가경제의 지속적인 발전을 위해서
는 종주도시화 현상이 바람직스럽지 못하며 도시가 안정적인 계층구조를 이루는
것이 바람직하다.

3. 가도시화

가도시화(假都市化, pseudo-urbanization)란 도시인구의 증가속도가 도시산
업의 성장속도보다 훨씬 빠르게 나타나서 도시인구의 상당수가 비공식 경제부문
(informal sector)에 종사하면서 불량주거지역을 형성하는 유형의 도시화를 말한다.

즉 가도시화는 도시산업이 갖는 도시의 부양능력을 초과하여 인구가 집중하는 현상을 나타내며, 여러 가지 도시문제의 원인을 제공한다.

인구의 지나친 도시집중은 공식적인 경제부문에 종사하지 못하는 도시인구가 비공식 경제부문에 종사하여 노점상·일용 노동자·암표상·술집 접대부 등으로 생활하도록 한다. 비공식 경제부문에 종사하는 이들 도시인구는 주로 낮은 소득으로 생활해야 하므로 도시외곽이나 고지대에 불량주거지역을 형성하게 된다. 이렇게 형성되는 불량주거지역의 생활환경은 도시기반시설이 부족하고 비위생적인 경우가 대부분이다. 아울러 이들 지역은 저소득과 사회적 소외로 말미암아 탈법과 범죄의 온상이 되기도 한다. 이와 같은 가도시화 현상은 주로 개발도상국에서 심각하게 나타나며, 여러 가지 도시문제의 원인을 제공한다.

☑ 연습문제

1. 프리드만(John Friedmann)이 정의한 두 가지 형태의 도시화를 비교하여 설명하시오.
2. 우리나라의 도시화 과정에서 1960년대 이전의 도시화와 1960년대 이후의 도시화의 특징을 비교하여 설명하시오.
3. 가도시화(假都市化)의 개념을 간략히 설명하시오.

제5장
정주체계

제1절 정주체계의 의의

　　사람, 상품, 그리고 정보의 흐름 등은 진공 속에 존재하는 것이 아니다. 인구의 규모, 도시와 농촌의 거주비율, 그리고 도시와 농촌인구의 성장률 등은 개별국가의 사회경제적인 특성과 지형적인 특색을 반영하고 있는 것이다. 예외가 없는 것은 아니겠지만 거의 대부분의 나라들은 대도시·중소도시·소도읍·농촌·산림·하천 등 다양한 실체로 구성되어 있다. 우리가 기구를 타고 하늘에서 지상을 내려다 보면, 도로와 하천, 산맥, 그 사이에 사람들이 밀집해서 모여 사는 마을이 있다. 그 근처에는 소도읍 내지 중소도시가 보다 규칙성 있는 도로, 보다 밀집된 형태의 주거지 등을 갖추고 있다. 여기서 조금 더 가면 규모가 완전히 다른 대규모의 밀집지인 대도시가 나오고, 그 도시는 아주 높은 빌딩과 거미줄 같은 도로로 꽉 짜여져 있다는 것을 보게 된다. 왜 하필이면 이곳은 대도시가 들어서 있고, 이렇게 높은 빌딩과 고층아파트들로 숲을 이룰 만큼 조밀하게 개발되어 있는가? 왜 저곳은 중소도시가 되고 이곳은 대도시가 되었는가? 사람들이 살기에 편리하고 생산성이 높은 도시의 규모란 어느 정도이며 획일적으로 규정지을 수 있는가?

　　정주체계란 사람들과 경제활동이 공간상에 규칙성을 가지고 일정한 목적달성을 위하여 상호작용하고 있는 것을 말한다. 도시와 농촌이 진공 속에 존재하는 것이 아니라면, 우리는 대도시, 중소도시, 소도읍, 그리고 농촌의 분포에 대한 규칙성이 어떤 원인에서 비롯되며 어떻게 관련성을 맺고 있는지를 살펴볼 필요가 있다. 거의 대부분의 공간정책이 초점으로 삼고 있는 것이 바로 정주체계에 대한 것이다. 정주체계에 명시적이든 묵시적이든 영향을 미치지 않는 국토개발계획, 지역개발계획 또는 도시개발계획은 없다고 보아야 할 것이다.

인위적인 계획 또는 개발정책이 정주체계에 영향을 미친다는 데는 이론(異論)이 없지만, 사람들과 경제활동의 분포 및 조직이 아무런 목적 없이 존재하는 현상은 아니다. 이론지리학자인 모릴(Morrill, 1970)은 이와 같은 목적들을 다음의 2가지로 요약하여 제시하고 있다. ① 토지의 모든 부분을 최대한의 이익과 효용을 가져올 수 있도록 이용한다. ② 가능한 한 최소의 비용으로 최대한의 상호작용을 달성한다(Gore, 1984 : 7).

이하에서는 우리의 주된 관심사항인 정주체계가 어떤 공간질서를 가지고 있으며 그 배경에는 무엇이 있는가를 파악하기 위하여 도시와 농촌의 공간구조, 도시계층, 그리고 도시의 규모 순으로 논의하기로 한다. 이상과 같은 논의를 통해서 정주형태의 공간질서와 그 속에 내재하는 법칙이나 논리를 명료하게 함으로써 복잡한 정주현상에 대한 보다 정확한 이해가 가능하게 되고, 따라서 보다 효율적이고 실천성이 있는 지역개발을 추진해 나가는 데 기여를 할 수 있을 것이다.

제2절 도시와 농촌의 공간구조

1. 도시의 공간구조

도시의 공간구조란 용어는 오랫동안 사용되어 왔지만 그것이 구체적으로 무엇을 의미하는가에 대하여 분명한 합의가 형성되어 있지 못하다. 우선 간선도로망을 기초로 도시의 공간구조를 선형(linear pattern) · 방사형(radiocentric pattern) · 격자형(grid pattern) · 성형(star pattern) · 반지형(ring pattern) 등으로 나눌 수도 있고, 린치(Lynch, 1960)와 같이 도시의 공간구조를 시각적 공간인지의 측면에서 파악할 수도 있다. 린치는 「도시의 이미지」(*The Image of the City*)란 저서에서 도시의 공간구조와 그 이미지는 도로(path)·지구(district)·모서리(edge)·표지(landmark)·결절점(node) 등 5가지 요소에 의해 결정된다는 점을 밝히고 있다.

도시의 공간구조를 파악하는 데 형태와 이미지가 중요한 역할을 하는 것은 사실이겠지만 보다 중요한 것은 왜 우리가 도시의 공간구조를 파악하고자 하는가 하는 점에 있다. 다시 말하면 도시의 공간질서를 이루고 있는 배경에 어떤 논리가 작용하고 있는가 하는 점이다. 이와 같은 측면의 분석으로 일본의 도시지리학자인 石水照雄(1974)과 영국의 버언(Bourne, 1982)의 연구가 포괄적이다(대한국토·도시계획학회 편, 1991 : 83-85).

石水照雄(1974 : 9-14)은 공간질서는 공간적 규칙성, 공간구조, 공간적 과정의 세 가지 측면에서 파악될 수 있다고 본다. 공간적 규칙성이란 지표상에 형성되어 있는 면적·밀도·거리·방향·형상 등의 공간구성요소와 지표 자체와의 사이에 어떤 질서 있는 관계가 있다고 판단될 때 공간적 규칙성이 있다고 판단될 수 있다. 공간구조는 지표상의 공간적 규칙성이 2차원 또는 3차원의 형태로 인식되는 것을 말한다. 예를 들어 버제스(Burgess)의 동심원형, 호이트(Hoyt)의 부채꼴형, 매켄지(McKenzie)의 다핵형 등 도시의 토지이용현황은 공간구조에 해당한다. 그리고 공간적 과정이란 공간구조에 시간이라는 변수를 포함시킨 개념이다. 다시 말하면 공간구조가 형성된 메커니즘을 밝혀 나가는 것을 말한다.

버언(1982 : 28-45)은 도시를 하나의 시스템으로 파악하여 도시공간구조를 밝혀 나간다. 도시시스템의 하위구성요소로 공간적인 면과 비공간적인 면이 있다고 규정하고, 공간적인 측면으로 주거지역·상업활동지역·산업활동지역 등이 있고, 비공간적인 측면으로 시·구·동 등 행정조직상의 계층과 산업 및 상업활동상의 조직 및 계층 등을 들고 있다. 이와 같은 기초개념을 토대로 버언은 도시공간구조를 형태·상호작용·조직메커니즘 등으로 설명한다. 도시형태(urban form)란 건물·토지이용·각종 경제활동·공공기관 등 개별요소들이 한 도시 내에서 구성하는 공간적 유형이나 배열상태를 말한다. 상호작용(interaction)이란 도시 내의 각종 활동들이 기능적인 통합의 방향으로 상호연계를 맺어가는 것을 말한다. 조직메커니즘(organizing mechanism)은 여러 도시하위시스템들이 전체 도시체계 속으로 연계되는 일련의 공간구성원리를 말한다. 예를 들면 다른 조건이 동일할 때 수송비용을 최소로 한다든지, 이익을 최대로 한다든지 하는 것들이 된다.

2. 농촌의 공간구조

농촌은 농업생산을 위주로 하는 곳으로서 농업에 종사하는 사람들이 주로 모여 사는 정주형태이다. 농촌의 공간구조를 공간구조의 개선을 위한 문제파악 내지 순수한 공간계획의 한 형태로 파악할 수 있을 것인가에 대해서 논란이 있을 수 있다. 산업화된 사회에서 농촌의 문제점으로 저소득, 다양하고 질 높은 서비스의 결여, 생활의 역동성의 결여로 인한 젊은 남성과 여성의 이탈 등이 지적되고 있는데, 이와 같은 문제점들은 단순히 공간적 차원이라기보다는 오히려 사회경제적 문제에 더 가깝기 때문이다. 따라서 과거의 농촌개발은 공간구조의 개선을 통한 농촌계획보다는 주로 농업부문의 생산성 증대 등 농업정책적 측면에서 주로 이루어져 왔다. 영농기계화·유통구조의 개선·양곡수매제도·취락개선사업 등이 전형적인 예들이다. 간혹 지역개발의 한 형태로서 농촌개발이 다루어지는 경우도 있으나 농업정책적인 측면이 전 세계적으로 대세를 이루고 있다.

우리나라의 경우 행정적으로 대개 인구 5만 이상은 시, 그 이하 가운데 2만 이상은 읍으로 하고 기타는 면으로 하고 있다. 여기에서 읍과 면은 군에 포함되어 농촌으로 간주된다. 농촌은 행정적으로 비도시지역으로 구분되어 있는 곳이다.

산업사회 이전의 농촌사회는 일정하게 주어진 공간적 범위 내에 최소한의 생산과 생활이 통일을 이룬 재생산구조를 갖고 있었다. 그러나 산업사회 이후의 농촌은 기능적으로 제조업과 서비스업에 예속되고 공간적으로 중심지에 주변화되어 전통적인 재생산구조를 상실하였다. 즉 농촌은 기능적으로 도시와의 통합구조 속으로 편입되어 버린 것이다.

따라서 도시와 농촌을 엄격하게 구분해서 농촌만의 공간계획을 수립한다는 것은 도시와 농촌 간의 경계구분이 점차 미약해지고 있는 현재의 추세를 고려하면 의미가 없을 것으로 보인다. 오히려 도시와 주변 농촌을 일체화된 공간권역으로 파악해서 통합적인 공간계획을 수립하는 것이 바람직할 것이다. 우리나라에서는 1970년대부터 새마을운동의 일환으로 농촌취락구조 개선사업이 활발하게 추진된 적이 있으며, 1980년대와 1990년대에는 대상지역을 지정해서 농촌정주생활권 개발계획과 오지개발사업계획을 추진하고 있다. 이와 같은 사업계획들이 농촌공간구조의 개선사업으로 보기 힘든 점이 있지만, 어쨌든 농촌을 고려하는 계획의 필요성은 인지하고 있는 것이며 우리의 현실에 적합한 바람직한 계획의 형태는 계속적으로 모색되어야 할 것이다.

제3절 도시의 계층

중심지에서 재화와 서비스를 생산하는 사람들은 가능한 한 집적의 이익을 얻기 위해 하나의 중심지에 모이게 되고, 그 결과 마을, 소도읍, 중소도시, 대도시 등이 형성된다. 중심지이론에서 논의했듯이 재화와 서비스별로 시장권의 규모가 다르다. 방송 같은 서비스는 하나 혹은 두 개의 공급주체만 있어도 한 나라 전체, 경우에 따라서는 몇 개의 국가가 동시에 혜택을 받을 수가 있다. 빵이나 신선식품 같은 상품은 시장의 규모가 상대적으로 작아서 소도읍에도 여러 공급주체가 있을 수 있다. 그런데 우리의 생활주변을 살펴보면 소도읍은 작은 시장권을 갖는 업종과 기능만이 있는데, 대도시는 작은 시장권을 갖는 업종과 기능뿐만 아니라 큰 시장권을 갖는 업종과 기능도 동시에 가지고 있다는 것을 알 수 있다. 결국 시장권의 규모와 수에 따라 도시의 계층을 나누어 볼 수 있다.

필브릭(A. K. Philbrick)은 동일한 논리로 중심지의 기능에 따라 하위계층도시와 상위계층도시를 〈표 5-1〉과 같이 구분하고 있다(Heilbrun, 1981 : 93-96).

상위기능을 수행하는 상위계층의 큰 도시는 여러 종류의 다양한 중심서비스를 공급하고, 하위기능을 수행하는 하위계층의 작은 도시는 단순한 종류의 중심서비스를 공급하고 있다는 것을 알 수 있다.

도시의 계층이 왜 생기는가 하는 의문은 중심지이론을 원용해서 어느 정도 해답을 제시할 수 있다. 그런데 현실적으로 한 도시의 성장과 쇠퇴를 이해하기 위해서는 전체도시의 계층 또는 체계 속에서 관련성에 대한 이해가 긴요하다. 왜냐하

〈표 5-1〉 중심지 기능과 계층

기능과 계층	기능별 서비스의 내역
하위기능 (하위계층) ↕ 상위기능 (상위계층)	• 가계소비 • 가계소비+소매 • 가계소비+소매+도매 • 가계소비+소매+도매+수송 • 가계소비+소매+도매+수송+환전 • 가계소비+소매+도매+수송+환전+통제 • 가계소비+소매+도매+수송+환전+통제+리더십

면 각 도시는 각기 시장의 확보를 위해서 경쟁한다고 볼 수 있으므로 도시체계 속에서의 다른 관련도시들의 수·규모·성격·거리 등을 파악할 필요가 있기 때문이다. 그리고 도시체계는 한번 순위나 규모가 형성되면 불변인 채로 남아 있는 것은 아니다. 동태적인 측면에서 인구가 증가한다거나, 경제가 발전해서 소득수준이 변화한다거나, 교통과 정보통신 등 제반 기술수준의 발달은 도시체계 자체를 시간의 흐름에 따라 변화시킨다(Heilbrun, 1981 : 102-103).

도시체계를 변화시키는 여러 가지 동태적 요인 중에서 기술혁신과 정보통신의 발달은 특히 미래의 도시체계에 큰 영향을 미칠 것으로 보인다. 기술혁신은 기본적으로 생산과정에 있어서 규모의 경제를 더욱 확대시킬 가능성이 크고 수송비를 절감시켜서 사람들의 통행패턴을 크게 변화시킬 것으로 전망되기 때문이다. 소득수준이 높아지면 사람들은 생활의 질을 추구하게 될 것이고, 생활서비스 중 양질의 주거서비스는 으뜸 가는 위치를 차지하고 있는데, 도심의 지가폭등은 앞으로는 직장주변에서 실질적으로 양질의 주거서비스를 받기가 불가능해져 간다는 것을 의미한다. 수도 서울에서도 상주인구의 외곽이탈현상은 기술수준의 발달로 빠르고 저렴한 교통시설이 확보되면 될수록 가속화될 것으로 보인다(원제무·박용훈, 1993 : 36-39). 여기에 정보통신기술의 발달로 화상통신·재택(在宅)근무 등이 확대되면 도시체계 자체가 크게 영향을 받을 것이다.

제4절 도시의 규모

도시의 계층 또는 체계 속에서 도시규모가 어떻게 분포되어 있으며, 어느 정도의 규모가 적정한 것인가 하는 것은 오랫동안 지역계획가들의 가장 큰 관심거리 중의 하나였다. 한정된 자원으로 최대한의 효과를 얻기 위해서는 바람직한 도시분포체계와 적정규모가 선행되어 있어야 자원배분의 효율성을 기할 수 있기 때문이다. 도시분포체계를 설명해 주는 이론적 모형으로서 대표적인 것이 순위규모분포이다.

1. 순위규모분포

　순위규모분포(rank-size distribution)란 도시들의 규모는 그 도시의 계층순위에 역비례의 형태로 분포한다는 것이다. 순위규모분포를 함수형태로 표현하면 다음과 같다(Gore, 1984 : 60-61).

$$P_i = \frac{P_1}{i^q} \tag{5.1}$$

　여기서 P_i는 한 나라의 도시를 인구규모에 따라 하향적으로 배열할 때 i번째 도시의 인구이다. P_1은 가장 큰 도시인구이다. 지수 q는 경험적으로 결정되어야 할 사항이나 대개 1의 값에 가까운 것으로 알려져 있다. q의 값이 1보다 크면 대도시의 비중이 상대적으로 큰 대도시지배형 분포이고, q의 값이 1보다 작으면 중간규모 이하의 도시가 지배적인 형태의 분포이다. 우리나라의 경우 q의 값은 1955년에 1.14, 1960년에 1.24, 1965년에 1.28, 1970년에 1.38, 1975년에 1.34, 1980년에 1.31, 1983년에 1.29로 계산되어 있다(박우서, 1992 : 299). 따라서 우리나라의 경우에는 종주성이 존재하는 대도시지배형 분포인 것을 알 수 있다.

　만약에 지수 q의 값이 1이면 두 번째 큰 도시는 제일 큰 도시의 규모의 1/2이고, 세 번째 큰 도시는 제일 큰 도시의 규모의 1/3이 된다. 이와 같은 관계가 유지되면 그 때의 도시규모분포는 순위규모법칙(rank-size rule)에 일치하게 되는 것이다. 〈그림 5-1〉은 대조적인 도시규모분포를 미국과 아르헨티나의 예를 이용하여 잘 나타내고 있다.

　순위규모법칙을 따르든 아니든 간에 도시의 규모와 순위 사이에는 어떤 규칙적인 관계가 항상 존재한다. 예를 들어 만약 $q=2$라면 두 번째 큰 도시는 가장 큰 도시의 1/4이 되고, 세 번째 큰 도시는 가장 큰 도시의 1/9이 된다는 식이다. 이와 같은 규칙성은 대수형태로 전환하면 선형의 형태를 가지게 된다. 식 (5.1)을 대수형태로 전환하면 다음과 같다.

$$\ln P_i = \ln P_1 - q \ln i \tag{5.2}$$

　다시 $\ln P_i = Y$, $\ln P_1 = a$, $\ln i = X$로 치환하면 다음과 같다.

<그림 5-1> 도시인구

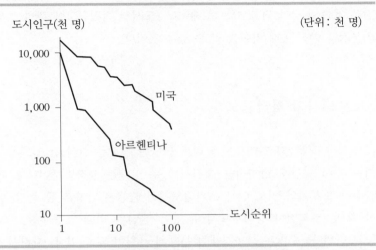

도시인구(천 명)   (단위 : 천 명)

주 : 미국(USA, 1960)은 거의 순위규모법칙과 일치한다. 그리고 아르헨티나(Argentina, 1960)는
종주성의 도시규모분포를 나타내고 있다.
자료 : C. Gore(1984). *Regions in Question*. London : Methuen : 62.

$$Y = a - qX \tag{5.3}$$

식 (5.3)은 일차식이기 때문에 좌표상에 표시하면 선형의 형태가 된다는 것을
알 수 있다. 순위규모분포의 이와 같은 속성을 응용하여 실제 도시규모를 대수표상
에 표시하면 한 나라의 도시분포가 어떤 규칙성을 갖고 있는지를 쉽게 알 수 있다

시간의 흐름에 따라 한 나라의 도시규모분포에 있어서의 변화를 실제 자료를
이용하여 검토한 최초의 사례연구 중의 하나가 바로 지프(Zipf, 1949)의 미국 도시
들에 대한 조사이다. 그는 1790-1930년 사이에 10년 간격으로 도시의 규모를 좌
표상에 표시해 봄으로써 도시의 계층이 순위규모분포에 점점 더 가깝게 일치해 간
다는 사실을 발견했다. 1940년에는 심지어 순위규모법칙과 거의 일치했다. 제일
큰 도시인 뉴욕이 11,690,000명이고, 5번째 도시인 보스턴이 2,351,000명으로 순
위규모법칙이 예측하는 수치에 비해 단지 13,000명이 더 많은 것으로 나타났다
(Gore, 1984 : 62-63).

그런데 왜 우리는 순위규모분포를 도시체계를 판단하는 데 하나의 기준으로
생각하고 있는가? 그리고 순위규모법칙에 일치하면 그것이 우리가 바라는 이상적

인 도시분포인가? 그와 같은 분포가 능률성과 형평성을 증진시키는가? 등의 의문
점은 계속 논쟁이 되고 있는 주제이다. 도시의 적정규모에 관한 논의는 이와 같은
의문점을 밝히는 데 기여를 할 수 있을 것이다.

2. 도시의 적정규모

　　개발도상국의 거대도시가 너무 크다는 생각은 지역 간 경제적 격차를 감소시
키는 것이 공간적 형평성을 증진시킬 수 있다는 생각만큼이나 보편화된 것이다.
급속한 도시화와 이로 인한 초거대도시의 출현은 판자촌 등 불량주거지구의 급속
한 확대, 부적절한 상하수도시설, 높은 실업률·범죄·교통혼잡, 그리고 비공식노
동의 만연 등 수많은 사회경제적 문제의 근원이 되고 있다. 따라서 도시의 적정규
모에 관한 논의(optimal city size debate)가 중요하다. 도시의 적정규모라는 것이 존
재하고 시장메커니즘은 적정규모보다 큰 규모의 도시를 창출할 것이라는 생각은
〈그림 5-2〉에 잘 나타난다(Gore, 1984 : 55-57).

　　교통시설, 상하수도시설 등 도시의 운영비용은 도시의 규모에 따라 증가하지

〈그림 5-2〉　도시의 적정규모

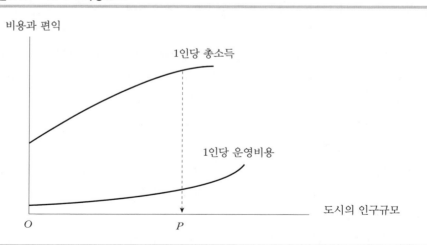

자료 : C. Gore(1984). *Regions in Question*. London : Methuen : 56.

만 동시에 도시의 생산성도 도시의 규모에 따라 증가하는 것으로 알려져 있다. 따라서 〈그림 5-2〉에서 보듯이 도시주민들의 순수한 일인당 소득이 최대가 되는 단일한 점인 P가 바로 도시의 적정규모가 된다. 그런데 시장메커니즘은 도시의 규모를 적정규모 이상으로 유도한다는 데 문제가 있다. 외부효과의 존재는 개인적 비용과 사회적 비용 간의 괴리를 발생시키고, 궁극적으로 개인적 수익률과 사회적 수익률 간에 격차를 발생시킨다. 특히 도시의 기반시설비용은 주로 도시정부가 부담하고 교통혼잡비용과 공해비용 등은 전체시민이 부담하지만 집적으로 인한 보다 높은 생산성은 기업이 혜택을 보게 된다. 결국 도시는 '너무 커질 수'가 있는 것이다.

대도시의 규모가 너무 큰지 혹은 아닌지에 대한 판단을 할 때 흔히 사용하는 기준이 순위규모분포이다. 타운로우(Townroe, 1979 : 85-154)는 도시의 규모가 아니라 성장률에 따라서 판단해야 한다는 주장을 한다. 굿달(Goodall, 1978 : 295)은 적정규모의 판단기준으로서 도시의 물리적 형태, 도시의 사회적 편익시설, 도시기능의 경제적 능률성, 도시생활의 질을 평가할 수 있는 지역민의 도시경제 참여도 등을 들고 있다.

도시규모분포가 경제적 능률성에 영향을 미친다는 가설에 대하여 경험적 연구를 시도한 예로는 베리(Berry, 1961 : 673-687)의 연구와 엘삭스(El-Shakhs, 1972 : 11-36)의 연구가 있다. 베리는 도시규모분포와 관련된 경제의 개발모형을 제시하고 종주 도시규모분포는 저개발국의 과잉도시화(over-urbanization)와 관련이 있고, 순위규모분포는 경제적으로 발전된 나라들의 통합된 도시체계형태와 관련되어 있다는 것을 밝혔다. 그러나 그는 종주성을 줄이게 되면 경제발전이 수반되는지에 대해서는 뚜렷한 증거를 제시하지 못했다.

엘삭스는 베리와는 다른 방식으로 종주성의 측정을 시도했다. 그는 도시규모를 도수 분포(frequency distribution)의 형태로 좌표상에 표시하는 것이 아니라, 도시들의 규모를 어떤 통계적인 지수를 이용하여 계산했다. 그가 사용한 통계적 지수는 가설적인 극단치인 0과 1의 값을 가지는데, 모든 정주유형이 규모에 있어서 동일하면 0, 그리고 모든 인구가 하나의 정주지에 집중해 있는 '완전한 종주성'(pure primacy)의 상태이면 1이다. 이와 같은 통계적 지수를 이용하여 엘삭스는 전 세계 75개국의 지수를 계산하고 종주성의 정도와 경제발전수준 간의 관계를 분석했는데, 분석결과는 다음과 같다.

첫째, 도시분포상태의 종주성의 정도와 사회경제적 발전수준의 사이에는 중

<그림 5-3>   종주성과 발전수준과의 관련성

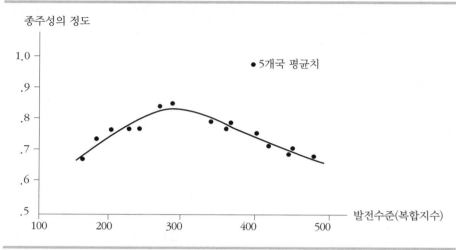

주 : 표본은 75개국, 발전수준에 따라 5개국씩 15그룹으로 나누었다.
자료 : S.S. El-Shakhs(1972). Development, Primacy and the System of Cities. *Journal of Developing Areas*. 7 : 23.

요한 관련성이 있다.

둘째, 종주곡선의 형태는 어떤 일관성 있는 형태를 따르는 경향이 있다. 그리고 사회경제적 전이단계에서 종주성의 정도가 가장 높다.

이러한 결론은 〈그림 5-3〉에서 기본적으로 추론되는데, 미국과 영국의 변화유형에 대한 역사적인 분석을 이용하여 그의 결론을 뒷받침하고 있다.

도시체계 속의 도시규모분포는 기능수행의 능률성과 안정성, 그리고 전체로서의 통합성 등이 중요한 평가기준이다. 따라서 도시체계란 측면에서 보면 도시의 적정규모라는 것은 이론적 의의 자체가 상당히 약화된다. 미시경제학의 이론적 접근을 원용하여 정부의 일인당 공공서비스 비용이 최소가 되는 인구규모를 적정규모로 간주하는 최소비용접근과 〈그림 5-2〉에서 논의했듯이 보다 포괄적인 비용-편익접근이 가능하다. 초기의 실증적인 연구는 최소비용접근방법을 주로 택했는데, 도시의 적정규모가 학자들의 연구방법이나 지역, 자료 등에 따라 3만에서 300만에 이르기까지 천차만별의 결과가 도출되었다.[1] 도시의 적정규모란 도시의 관리

---

1) 하워드(Howard, 1929)는 3만 명이 도시의 적정인구라고 주장하였고, 르 꼬르뷔지에(Le Corbusier, 1947)는 3백만 명이 적정도시규모라고 주장하였다.

능력 등에 따라 크게 영향을 받을 수 있기 때문에 적정규모에 대한 연구보다는 최소자립규모(minimum threshold size)에 대한 연구나 능률적인 도시규모의 범위 등에 관한 연구가 더 의의가 있을 것으로 보인다(Richardson, 1972 : 29-48).

☑ 연습문제

1. 도시의 계층을 설명하시오.
2. 도시의 적정규모에 대하여 논하시오.

제6장

지역성장의 이론 : 전통적 시각

제1절 지역성장이론의 의의

　　지역개발에 있어서 지역성장은 가장 중요한 목표 중 하나이다. 지역성장의 정도에 따라 지역개발의 방향과 내용, 그리고 전략이 달라질 것이다. 지역성장의 이론 중 전통적 시각은 크게 케인즈류의 경제이론에 바탕을 둔 거시수요이론과 신고전학파 주도의 공급이론으로 나누어진다.

　　거시수요이론은 지역경제를 국가경제의 축소판으로 간주하고 지역의 성장은 외부로부터의 수요에 의하여 결정된다고 본다. 거시수요이론을 대표하는 것으로 케인즈의 승수이론을 원용한 수출기반이론이 있다.

　　신고전학파 주도의 공급이론은 지역성장에 있어서 공급측면을 강조한다. 수요의 한계 때문에 성장이 제약받는 것이 아니고 노동이나 자본 등 생산요소의 공급과 기술수준의 향상이 장기적인 성장의 동인(動因)이라고 파악하고 있다. 따라서 이 이론은 각 지역별 생산요소의 부존현황에 따라 노동 또는 자본의 한계생산성이 결정되고, 한계생산성이 낮은 곳에서 높은 곳으로 노동 또는 자본의 이동이 나타남에 따라 장기적으로는 모든 도시 또는 지역의 노동과 자본의 비율이 균등하게 되고 결과적으로 소득수준이 공간상의 전 도시 또는 지역에서 균일하게 된다.

　　거시수요이론과 공급이론 외에도 지역성장에 있어서 수요측면과 공급측면이 모두 고려되어야 한다는 측면에서 수요와 공급의 통합모형으로서 '누적적 인과 모형'이 있다. 이 모형은 생산성의 향상과 수출의 증대 간의 상호관계에 초점을 둔 것으로서 지역산업의 생산성이 높아지면 산출량이 증대하고 수출이 확대됨에 따라 규모의 경제와 집적이익이 발생하고, 또 이와 같은 규모의 경제와 집적이익 때문에 생산성이 높아진다는 것이다. 즉 수요가 확대되면 생산성이 향상되고, 생산성의 향상은 공급측면에 영향을 미쳐 다시 생산비를 떨어뜨리고, 생산비의 감소는 또한 수출수요를 증대시킨다는 누적적 관계를 말한다.

제2절 수출기반이론

수출기반이론(종종 경제기반이론으로 불리기도 함)에 의하면 한 지역의 성장은 그 지역에서 다른 지역으로 무엇을 얼마나 수출하느냐에 달려 있다. 이 이론에서는 한 지역의 산업활동은 두 부문으로 나누어지는데, 하나는 그 지역외부로 재화나 서비스를 공급하는 부문으로 수출부문(export sector) 또는 기반부문(basic sector)으로 불리우고, 다른 하나는 그 지역 내부에 재화나 서비스를 공급하며 기반부문을 지원하는 역할을 수행하는 부문으로 비기반부문(non-basic sector) 또는 지방부문(local sector)이라 불린다. 따라서 기반활동은 지역성장활동이며, 비기반활동은 지역지원활동이다.

이 이론은 어떤 지역의 기반부문에서 생산되는 재화와 서비스에 대해서 다른 지역에서 수요가 발생하면 우선 해당지역의 기반부문이 활성화되고, 이어서 그 기반부문의 활동을 원활히 하기 위해 그 지역의 비기반부문에까지 영향이 확대됨으로써 연쇄적으로 성장이 유도된다고 보는 것이다. 기반산업은 제조업을 의미하는 것으로 흔히 인식되어 왔으나 관광·위락산업 등 3차 산업도 포함된다.

수출기반모형은 여러 가지 형태가 있다. 그중 한 가지 모형만 소개한다 (Richardson, 1979 : 85-87).[1]

---

1) 식 (6.2)에 상수항을 도입하면 좀더 복잡한 형태의 모형으로 변환이 일어난다.

1. 모　형

지역분석에서 가장 흔하게 이용되는 모형으로, 총소득(T)은 기반소득(B)과 서비스 소득(S)의 합으로 표현된다.

$$T=B+S \tag{6.1}$$

서비스소득은 총소득의 함수형태로 표현이 가능하다.

$$S=aT \tag{6.2}$$

　　단, a=추정될 파라미터(지역별 한계지출성향)

수출기반가설에 의하여 총소득은 기반소득의 배수형태로 표현이 가능하다.

$$T=kB \tag{6.3}$$

식 (6.2)를 식 (6.1)에 대입해서 다시 쓰면 다음과 같다.

$$T\times=\left\{\frac{1}{(1-a)}\right\}\times B \tag{6.4}$$

식 (6.3)과 식 (6.4)를 종합하면 다음과 같다.

$$k=\frac{1}{(1-a)} \tag{6.5}$$

즉 기반소득이 동일한 경우에도 한계지출성향(a)이 높은 지역이 총소득이 높을 것임을 알 수 있다.

2. 수출기반이론의 장점

지역성장이론 중 가장 단순하고 분명한 것이 수출기반이론이다. 이 이론은 도시, 지역, 국가에 이르기까지 다양한 공간적 범역에 적용될 수 있고, 활동에 있어서 단기변화나 장기성장분석에 적용될 수 있다는 의미에서 적용성이 높은 분석방법이다. 지역의 소득은 그 지역의 수출에 의해서 결정된다는 이 이론의 중심가설은 국가경제의 하위부문의 분석에 있어서 개방성, 한 나라의 다양한 공간구역 사이의 상호의존성, 그리고 한 지역에서 발생하는 것은 그 지역경계를 넘어서서 발생하는 것에 아주 크게 의존한다는 원칙 등을 단순한 모형을 이용해서 밝힌 장점이 있다(Richardson, 1979 : 84-85).

3. 수출기반이론의 문제점

첫째, 수출기반모형이 생산능력제약 및 다른 공급측면의 특징을 고려하고 있지 않다는 점이다. 순수한 수요모형인 수출기반모형은 자원 등 유휴생산능력의 존재를 가정하고 있지만 단기적으로는 특히 문제가 될 수 있다. 만약에 유휴생산능력이 없다면 수출확대는 총소득의 증가라기보다는 오히려 가격의 앙등 또는 지역 내부의 소비를 위한 생산부문인 비기반부문에서 수출부문으로의 자원이전으로 나타날 것이다. 결국 생산능력의 제약은 성장률의 증가에 큰 장애가 될 수 있다(Richardson, 1979 : 88).

둘째, 지역 내의 자치단체 등이 새로운 공공주택단지를 개발하여 싼 가격에 주택을 공급하면 다른 조건이 동일할 때 생산요소비용을 절감할 수 있고 대외경쟁력을 높일 수 있다. 산업의 구조조정이나 기술혁신이 발생하면 외부수요가 없다고 하더라도 지역성장이 가능하다. 결국 이와 같은 내적 요인의 성장기여 측면을 수출기반이론은 제대로 포괄하고 있지 못한 결점이 있다(Tiebout, 1956 : 160-164).

셋째, 지역의 여러 가지 산업활동 중 어느 것이 기반부문이고 어느 것이 비기반부문인지 구분이 어렵다. 전체산업을 모두 조사해 보는 방법에서부터 추측을 해서 할당하는 방법에 이르기까지 다양한 방법이 있겠지만 가장 널리 이용되는 방법은 간접적인 입지상 방법이다.[2] 입지상(location quotient)은 한 지역에서 어떤 산업의 상대적 중요성과 국가전체에서 그 산업의 상대적인 중요성을 비교하는 척도이다. 따라서 산업 i에 대한 입지상은 다음과 같이 계산된다.

$$LQ_i = \frac{\dfrac{X_{ir}}{X_r}}{\dfrac{X_{in}}{X_n}}$$

(6.6)

단, X=산출
r=지역
n=국가

만일 $LQ_i > 1$이면 이것은 수출활동의 존재를 나타내는 것으로 가정된다(Rich-ardson, 1979:89). 그러나 입지상 방법이 보편적으로 적용되기 위해서는 특정 재화나 서비스에 대한 1인당 수요비율이 전국적으로 동일해야 한다는 전제가 필요하다.

넷째, 지역별 한계지출성향, 지역별 한계수입성향 등 파라미터의 값이 시간과 지역의 경제구조가 변화하더라도 일정하다는 가정은 현실성이 약하다. 이들이 시간과 장소에 따라 변한다면 모형의 예측력은 현저하게 낮아질 것이다.

다섯째, 이 모형은 세상을 두 개의 지역(연구대상지역과 나머지 지역)으로 구분하고 있기 때문에 여러 곳의 성장을 동시에 파악하는 데 어려움이 있다. 따라서 이를 극복하기 위해 다지역체제에 관한 소득모형이 개발되고 있다.

여섯째, 모형적용상에 있어서 소득을 지표로 할 것인가 또는 고용을 지표로 할 것인가의 문제가 있다. 소득을 지표로 하면 사실상의 시장상황 내지 사람들의 복지수준 등을 제대로 파악하기 쉬우나 믿을 만한 자료획득이 어려운 문제가 있다. 이와는 대조적으로 고용을 이용하면 자료는 비교적 획득하기 쉽지만, 노동의 질에 따른 생산성의 차이나 임시고용 또는 계절적 고용을 정상고용으로 전환하기가 어렵고 근로자들의 활동한계를 측정하기도 어렵다(대한국토·도시계획학회 편, 1991:53).

---

2) 입지상 방법에 대한 평가는 마이어와 플리터(Mayer and Pleeter, 1975:343-355)를 참조. 입지상 방법 외에 자주 이용되는 방법으로 최소요구량법(minimum requirement method)이 있다.

제3절 신고전이론

신고전이론은 수출기반이론과 대조적으로 공급측면을 강조하는 성장이론이다. 1960년대에 많은 지역경제학자들이 국가경제의 성장모형으로 개발된 신고전모형을 개방체제인 지역성장에 적용하기 시작했다(Borts, 1960 : 319-347; Borts and Stein, 1964; Romans, 1965; Siebert, 1969). 이 모형은 생산성 증대가 성장의 기초라는 생산함수에 이론적 기초를 두고 지역 간 생산요소의 이동을 성장요인으로 파악한다. 다시 말하면 지역성장의 지표인 지역생산은 그 지역의 생산능력상의 문제이고, 생산능력이란 것은 생산요소의 공급에 의존하고 있다고 보는 것이다.

이 이론은 완전고용, 완전경쟁, 동질적인 단일상품, 영(零)의 수송비, 규모에 대한 수익불변, 고정된 노동력 공급, 그리고 기술진보가 없는 상태 등을 가정하고 있다(Richardson, 1979 : 137). 따라서 노동의 한계생산성과 임금은 자본 대 노동비율(the capital-labour ratio, K/L ratio)에 정비례하고, 자본의 한계생산성과 자본수익은 자본 대 노동비율에 반비례하게 된다. 즉 도시의 임금이 낮아지면 높은 자본수익을 가져오고, 고임금지역에서 낮은 자본수익을 나타내고 있는 자본이 임금이 낮은 도시로 움직이게 된다. 이렇게 한계요소수익이 동일한 수준에 이를 때까지 생산요소들이 지역 간에 움직일 것이기 때문에 자동적으로 지역 간 소득균형이 실현된다.

그러나 위에서 밝힌 가정은 현실성이 부족하다는 단점이 있다. 완전고용에 대한 가정은 물론이고, 현대 도시나 지역의 성장에서 가장 강조되는 변수 중의 하나가 기술혁신 내지 쇄신의 공간적 확산인데, 이런 점이 제대로 고려되지 못한 점이 이론상의 취약점이다. 공간이라는 변수를 분석에 도입하면 가정의 비현실성은 더욱 부각된다. 거리라는 것은 경쟁을 제한하고 어느 정도의 독점력을 보장해 준다. 공간은 수송비를 의미하고, 하나의 지역은 하나의 상품을 생산하는 것이 아니라 여러 가지 다양한 형태와 질의 상품을 생산하고 있다. 공간상에는 고생산성과 저생산성 부문이 공존하고 위장실업상태의 낙후지역이 실제 존재하고 있다. 그리고 집적경제가 작용하는 곳에서는 규모에 대한 수익체증(increasing returns to scale)이 나타날 수 있다. 고임금지역은 저임금지역보다 빨리 성장하고, 자본 대 노동비율이 높으면 높을수록 자본과 노동 양자의 한계수익이 더 높아질 수 있다. 더구나 인구이동은 임금격차라는 단일한 요소 때문에 일어나는 현상은 아니다. 임금격차란 인구이동의 여러 가지 원인 중의 하나라고 보는 것이 더욱 정확한 표현이다.

신고전모형은 가정의 비현실성은 물론이고, 모형을 동태화해 보면 현실적인 결과는 모형의 예측과는 달리 자본과 노동의 역류현상이 발생하여 불균형이 심화될 수도 있다는 점 등에서 비판을 받고 있지만 1960년대 이후 도시 및 지역성장을 설명하는 데 상당히 지배적인 위치를 차지해 온 것도 사실이다. 그 이유로서 첫째, 국가경제의 총량모형을 도시 및 지역성장분석에 쉽게 응용할 수 있다는 점, 둘째, 성장모형 속에 내생적 성장요인을 내포하고 있고 생산요소의 지역 간 이동이 고려되어 있다는 점, 셋째, 논리적 간결성과 예측가능성을 지니고 있기 때문인 것으로 지적되고 있다(황명찬, 1989 : 126).

신고전모형의 기본 가설은 한계요소수익의 차이에 따라 저임금지역은 자본이 유입되고 노동이 유출함으로써 자본 대 노동의 비율이 증가하게 되고, 결과적으로 보다 높은 임금과 산출을 낳게 된다는 것이다. 고임금지역은 반대의 과정을 겪게 됨에 따라 전체적으로 고임금지역과 저임금지역이 없는 균형상태에 이르게 된다는 것이다. 허쉬만의 성장이론이나 윌리암슨의 역U자형 가설(inverted U hypothesis)은 기본적으로 동일한 맥락에서 파악할 수 있다. 허쉬만(Hirschman, 1959 : 183-201)은 경제발전의 초기단계에서는 성극효과(polarization effects) 때문에 지역 간 소득격차가 커지는 경향이 있으나, 시간이 흐르게 되면 지역 간의 점증하는 교류와 보완성 때문에 성장의 혜택이 확산(trickling-down effects)되어 지역 간 소득격차가 해소된다고 보았다. 윌리암슨(Williamson, 1968 : 108)은 횡단면 자료(cross-sectional data)를 이용하여 국가발전의 초기단계에서는 지역 간 소득격차가 커지지만 어느 시점을 지나면 그 격차가 완화된다는 것을 경험적으로 입증했다.

윌리암슨의 경험적 입증은 우선 분석자료가 개별국가의 시계열자료가 아니기 때문에 저소득국가가 경제성장을 해서 소득수준이 높아진다고 해도 그 이전의 고소득국가들의 상황과 동일해진다는 보장이 없다. 국내외 경제환경도 크게 달라질 수 있고 기타 사회정치적 조건도 차이가 크게 날 수 있기 때문이다. 허쉬만의 성장이론 역시 동태적인 요인에 대한 고려가 미흡한 것으로 보인다. 재화나 사람의 이동은 비용을 수반하고, 어떤 도시는 타지역에 비하여 집적경제의 이점을 누리고 있고, 신상품과 신기술의 발전 등은 대도시에서 주로 이루어진다는 점에서 지역 간 균형쪽으로 움직이는 것이 아니라 불균형쪽으로 움직일 수 있다.

제4절 불균형이론

균형이론과 대조적으로 뮈르달(Myrdal, 1957:12-35)은 순환적 누적적 인과원칙(circular and cumulative causation principle)에 의한 불균형이론을 제시하고 있다. 그는 공간경제상에 두 가지 대조적인 힘이 작용하지만 시장에 방임되면 지역 간 균형으로 움직이는 것이 아니라 지역 간 격차를 확대시키는 방향으로 움직인다고 보았다. 부유한 지역은 구매력이 높고 요소수익률이 높아서 더욱더 집적이 강화되고 부유해지며, 가난한 지역은 구매력도 낮고 소득수준도 낮음으로써 산업활동이 침체되고 새로운 산업의 유입은 말할 것도 없고 기존 산업시설의 기반까지 흔들림으로써 더욱더 가난하게 된다. 그리고 경제발전 수준이 낮은 국가일수록 이와 같은 경향은 더욱 두드러진다.

<그림6-1> **뮈르달의 누적적 인과관계**

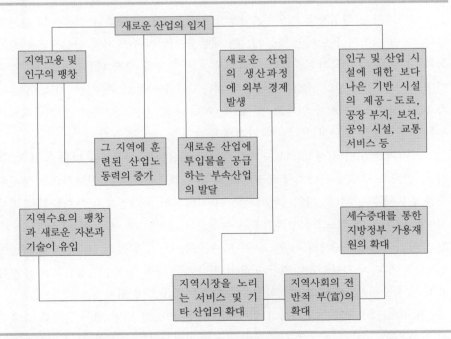

자료:C. Gore(1984). *Regions in Question*. London:Methuen:37.

자유방임상태하의 경제개발 및 미개발의 가장 중요한 법칙 중 두 가지는 시장메커니즘은 지역 간 불균형을 창출하는 경향을 내재하고 있고, 이와 같은 경향은 한 나라가 빈곤하면 할수록 더욱 지배적이 된다(Myrdal, 1957 : 34).

부유한 지역의 성장이 가난한 지역의 산출에 긍정적인 영향(확산효과:spread effects)을 미칠 수 있지만 동시에 가난한 지역으로부터 유능한 인력과 자본을 흡수(역류효과:backwash effects)해 간다. 가난한 지역은 그렇지 않아도 자본이 부족한데, 유능한 경영자와 함께 자본이 부유한 지역으로 흡수됨으로써 더욱 침체를 겪게 된다. 뮈르달의 누적적 인과관계를 어떤 지역에 새로운 산업이 진입한 경우를 이용하여 키블(Keeble, 1967)은 〈그림 6-1〉과 같이 나타내고 있다.

제5절   지역성장과 대도시의 성장관리

이제까지 지역성장의 의의, 지역성장의 결정요인과 관련된 이론들을 살펴보았다. 개별 지역이나 도시의 입장에서는 대부분 지역이나 도시의 성장측면을 강조하고 있지만, 이를 국가전체적인 차원에서 보면 문제가 크게 다를 수 있다. 한 지역 또는 도시의 성장이 개방체제하에서 여타지역과 아무런 관계없이 이루어질 수가 없고 상호작용관계에 있다고 볼 때 하나 또는 몇 개의 중심도시가 개별적으로 무한정의 성장을 추구하는 것은 국가전체의 발전을 저해할 수 있다.

지역이나 도시의 성장으로 규모의 경제가 작용하면 생산성을 더욱 높일 수 있지만, 반대로 규모가 지나쳐서 과밀이나 혼잡이 발생하면 국가 전체적으로 오히려 생산성을 낮추게 된다. 지역단위의 성장이 지나쳐서 국가전체적인 효율성을 저하시키는 경우는 개발도상국의 과밀화된 수도권의 경우가 그 예가 될 수 있다. 그리고 도시의 경우 그 도시의 각종 도시수요를 충족시키기 위한 도시기반시설 비용이 도시규모에 따라 사용인구단위당 비용이 처음에는 낮아지다가 일정규모를 초과하면 다시 상승하는 U자형의 비용곡선을 나타내는 것으로 알려져 있다.

따라서 적정규모를 초과하고 있는 대도시는 성장이 억제 내지 관리될 필요성이 있다. 특히 개발도상국의 종주도시들은 사회정치적으로 그와 같은 공간체계를 받아들이기가 어렵고, 개인적 비용이 사회적 비용보다 작은 경우가 되기 때문에 대도시의 성장이 적절하게 통제 내지 관리될 필요성이 있다. 국토종합개발계획에서 지방분산형 정주체계를 형성하고 산업의 균형배치를 기하는 것을 목표로 삼고 있는 것도 기본적으로는 동일한 맥락에서 파악할 수 있다.

대도시 성장관리에 있어서 어려운 점은 어느 정도 이상의 집중이 바람직스럽지 못하고 억제되어야 할 수준인가 하는 점과 만약 억제되어야 한다면 어떤 방법으로 할 것인가 하는 점이다. 대도시 성장억제가 시작되어야 할 시점은 이론적으로는 집적의 불이익이 이익보다 클 때부터라고 간단히 말할 수 있다. 그러나 현실적으로는 집적의 이익과 불이익의 관련항목이 너무나 다양하고 복잡하기 때문에 명시적으로 밝히는 데는 어려움이 따른다. 우선 외부효과 때문에 개인과 사회가 받는 이익과 비용의 액수가 동일항목에 대해서 서로 차이가 난다. 그리고 개인 간에도 삶의 질을 나타내는 주요지표들, 예컨대 교육, 환경, 교통 등에 대해서 서로 이익 또는 비용을 부과할 때 평가치가 차이가 나는 것이 보통이다. 이와 같이 적정규모를 제대로 판단하는 것이 어렵지만, 현실적으로 서울과 같이 집중도가 지나치게 높아서 움직임이 둔한 공룡과 같이 되면 성장억제책이 고려되지 않을 수 없다.

서울과 수도권에 왜 집중도가 높은가에 대해서 토다로(M. P. Todaro)가 강조한 기대소득은 물론이고, 그 외 교육기회·생활의 편리성 등 여러 가지가 지적되고 있다. 무엇보다도 인구 및 산업의 집중 등으로 정치적인 영향력이 다른 지역에 비해 높고, 따라서 자원의 배분과정에서 편중이 일어났던 것으로 보인다. 서울 및 수도권에 인구가 집중되고, 생활편의시설이 보다 많이 설치되고, 사회간접자본이 확충되면 시장메커니즘에 의해 주로 결정되는 민간부문의 투자는 자동적으로 따라 올 가능성이 높다. 결국 집중도가 누적적으로 높아질 가능성이 있다. 서울 및 수도권이 과밀화됨에 따라 경제적 효율성이 떨어지고, 환경오염·교통체증·주택난 등이 더욱 악화되고 있는 것이다. 지난 60여년 동안 우리나라의 지역정책은 서울의 집중도를 완화시키기 위해서 많은 노력이 집중되었다.

일단 대도시의 인구나 산업집중을 억제하기로 정치적인 결단이 내려졌다면 택할 수 있는 방안으로 리차드슨(Richardson, 1981:277-279)은 다음과 같은 몇 가지의 방안을 제시하고 있다.

첫째, 인구유입의 통제이다. 주거이전의 자유가 없는 독재국가를 제외하고는 사실상 직접적으로 적용하기는 어렵다. 지방세 내지 사용자부담면에서 차등을 두어 간접적으로 인구유입을 통제하는 방법이 가능할 것이다. 그렇지만 실효성은 낮을 것으로 판단된다.

둘째, 투자의 억제이다. 공공투자는 물론이고 민간투자도 최대한 억제하는 방법이다. 기존시설의 노후화를 방지하기 위한 최소한의 투자만 허용하고 새로운 투자는 일체 불허하는 방법이다. 영국에서는 한때 런던의 과밀을 완화하기 위하여 런던시에 공장이나 사무실을 개설하기 위해서는 엄격한 심사를 거치도록 한 산업시설허가제(certificate of industrial development)와 사무시설허가제(office development permit)를 시행한 적이 있었다. 이와 같은 규제는 기존시설에 대한 엄청난 프리미엄을 발생시키는 것이지만 인구억제효과는 클 것으로 보인다. 보다 탄력적인 규제방식은 지방세 부과에 차등을 두어 규제하는 것이 될 것이다.

셋째, 농촌개발정책이다. 농촌을 개발해서 삶의 질을 높이고 경제적 기회를 확대하면 농촌으로부터 대도시로 이주하는 사람들의 수를 줄일 수 있을 것으로 보인다. 그런데 우리나라와 같이 이미 전인구의 90% 이상이 도시로 분류된 지역에 거주하고 있는 시점에서는 농촌개발이 대도시 집중을 완화하는 데에는 영향력이 미약할 것으로 보인다. 오히려 대도시는 아니지만 잠재력이 충분한 중간규모 이상의 도시를 개발해서 도시생활의 편익과 취업의 기회를 동시에 제공하면 실현성이 높을 것으로 판단된다.

넷째, 출산율의 저하이다. 산아제한 등 여러 가지 인구억제방법을 활용하여 출산율을 떨어뜨리면 인구의 자연증가분이 감소하게 되고, 대도시의 집중도 억제할 수 있다. 인구증가를 억제하지 않으면, 특히 개발도상국에서는 대도시 집중을 완화하기가 몹시 어렵기 때문이다.

다섯째, 한 나라의 공간구조를 개편하는 방법이다. 정치적으로 실현가능성은 그렇게 높지 못하지만 아주 바람직한 방법이다. 한 나라의 도시체계 자체를 바꾸면 경제적인 기능측면의 효율성은 물론이고 대도시의 지나친 집중현상도 완화할 수 있다. 구체적인 방법으로 제시되고 있는 것이 반자력적 중심도시의 육성, 성장거점도시의 개발, 개발축의 형성, 중간규모의 도시개발, 신도시개발, 그리고 행정수도의 이전 등이다.

☑ 연습문제

1. 수출기반이론을 설명하시오.
2. 지역성장이론 중 불균형성장이론을 설명하시오.
3. 지역성장과 대도시의 성장관리에 대하여 논하시오.

제7장

지역성장의 이론 : 비판적 시각

제1절 다양한 비판적 시각들

전통적인 경제성장 위주의 지역개발론에 대해서는 여러 가지 시각에서 비판이 가해지고 있다. 가장 대표적인 비판적 시각으로서 마르크스주의를 비롯하여 최근에 환경을 중시하는 환경론적 시각에서의 비판 등 다양하다. 이들 대표적인 시각을 자세히 살펴보기로 한다.

1. 중심과 주변관계론(center – periphery model)

지역개발에서 중심과 주변의 관계는 상호 간에 영향을 미치는 역학관계이다. 여기에는 중심으로의 구심력과 주변으로의 원심력이 작용한다. 중심과 주변의 관계는 두 가지 차원에서 고려할 수 있는데, 하나는 국제적 차원이고 다른 하나는 국내지역의 차원이다. 전자는 미국이나 영국 등 선진국과 후진국 및 개발도상국과의 관계에 해당하고, 후자는 한 국가 내 도시지역과 주변 농촌지역과의 관계에 해당한다.[1]

---

1) 중심과 주변을 국제적 차원에서 설명하는 예는 세계의 중심으로 영국을 잡고 그곳에서 서구와 미국에 중심이 전파되었고, 다시 일본 등으로 전파되어 이들은 세계질서 속에서 하나의 세계적 도시(world metropolis)를 이루게 되었다. 특히 유럽과 미국에 대한 주변지로서 남미가 경제적

중심과 주변관계론에서도 확산론자들과 종속론자들은 견해를 달리하고 있다.

1) 확산이론

우선 확산론자들(diffusionists)은 전통적 균형모형을 비판하고 있다. 전통적 균형모형에 의하면 완전경쟁하에서는 공간구조가 결국 균형상태로 회복될 것이며, 동시에 자원의 최적배분이 달성될 것이라고 본다. 공간의 균형회복은 노동과 자본의 균형회복으로서 노동은 저임금지역에서 고임금지역으로, 자본은 저생산성지역에서 고생산성지역으로 이동한다. 따라서 균형모형은 지역 간 격차를 큰 문제로 다루지 않으며 점차 두 지역 간의 성장격차가 수렴하게 될 것이라고 주장한다. 그러나 중심과 주변관계모형은 지역 간의 격차가 시장의 자율 조정기능에 의해 자동적으로 수렴되지 않고 국가가 인위적으로 개입해야 된다는 국가개입의 필요성을 강조한다.

확산론자들에 의하면 균형모형은 역사적 증거와 불일치한다는 것이다. 미국 등 서구사회도 역시 국가 내 낙후지역문제를 안고 있다. 그들이 균형에 도달하는 데 실패한 이유는 다음과 같다.

① 규모에 대한 한계수익률 체감이 기대와 상반된다. 도심지 내 많은 구조적, 입지적 변화가 발생하여 수익률 체감법칙이 중심지에 그대로 적용되지 못한다.

② 투자가는 주변지에 비해 중심지에 투자하는 것이 수익성이 높다고 판단한다. 즉 주변지를 적절한 투자기회로 인식하지 않는다.

③ 중심지 성장을 지역수출을 위한 수요의 기능으로서 중요하게 간주한다. 하지만 중심지의 제조업 상품수출이 주변지의 1차 생산물 수출보다 더 급속히 성장한다.

④ 한번 중심지의 위치가 굳어지면 근대적인 생산품은 중심지에 집중한다. 이것은 또한 시장지향적 산업과 서비스에 대한 투자증대를 가져오고 결국 누

후진성을 면치 못한 이유가 중심과 주변의 착취관계에서 중심이 주변에 대하여 계속적인 1차 산업의 강요로 인한 무역의 역조로 설명하고 있다.

국내지역의 차원에서는 유럽 제국 중 영국과 라인강의 유역 및 하구를 포함한 유럽의 공업지대와 여기서 멀리 떨어져 있는 지역은 경제적으로 낙후되어 있다고 말한다. 중심에 가까울수록 공업입지가 좋고 멀수록 입지조건이 불리하다는 주장이다. 미국의 경우 경제발전에 있어 중심과 주변의 구조가 중요한 역할을 했다. 중심의 역할을 했던 중부 대서양지역과 오대호지역은 누적효과가 있어 상대적 이익을 가졌고, 또한 전국시장에의 접근, 주변에 넓은 농업지역·철광·석탄 등의 풍부한 광산지역이 있어 미국의 공업지역으로 성장하였고 전국의 시장 중심지와도 일치했던 것이다.

적적 성장주기를 유발한다.

⑤ 제4차 서비스 기능(quaternary services)이 중심지에 입지하고 있다. 즉 재정·교육·연구·기획·행정 등의 서비스 기능이 중심지에 입지하기 때문에 산업은 도시에 입지함으로써 유리한 혜택의 기회를 가진다.

⑥ 중심지는 이질적인 인구구성으로 인해 창의성 및 새로운 모험을 추구하게 만든다.

⑦ 주변지는 중심지의 끊임없는 사회·경제적 변화에 적절히 대응을 하지 못한다. 그 이유는 (ⅰ) 주변지의 높은 인구 재생산율(과잉인구의 지속성), (ⅱ) 급격한 인구유출의 단절적 효과, (ⅲ) 자본의 부족, (ⅳ) 지역문제를 국가전체적인 시각에서 바라볼 의도 내지 능력의 부족 등의 이유 때문이다.

물론 경제의 지속적인 번영은 지역 간 격차를 어느 정도 완화시킬 수 있지만 그 속도는 매우 완만하다. 그리고 또한 지역격차를 심화시키는 새로운 기술개발, 상품개발, 자원고갈과 발견, 이전비용의 변화, 소비형태의 변화 등이 발생하고 있다.

한편 불균형 성장론자들이라고도 불리우는 확산론자들은 지역개발을 위해 하나의 성장거점을 선택하여 이를 중점적으로 개발하면 시장경제 속에서 상호작용을 통해 성장거점(중심)이 구심력을 행사하여 주변의 자원을 흡수하고, 또 성장과정을 통하여 기술혁신을 주변으로 확산시켜 주변의 성장을 유도한다는 것이다. 비록 거점의 성장(구심력)이 주변보다 빠르더라도 이것은 단순한 시차(time lag)에 불과하며 장기적으로는 시장경제의 역할로 기술혁신을 받아들인 주변은 곧 중심에 버금가는 성장을 이룩한다는 것이다.

지역개발에 있어 불균형적 성장이론은 프리드만(John Friedmann)에 의하여 대표된다(Friedmann, 1966). 그에 의하면 지역개발의 제1단계는 전산업사회(pre-industrial stage)인데 공업화가 일어나기 전의 지역으로 소규모의 도시가 전국적으로 산재하고 있지만 중심이 끌어당기는 힘을 나타내지 않아 상품의 교류가 없는 동질사회를 말한다. 제2단계는 초기 산업화 시기(incipient industrialization)로서 수위도시(primate city)가 나타나 주변지역의 자원을 착취하면서 성장한다. 제3단계는 전이단계(transitional stage)로서 수위도시가 존재하지만, 점차 중소도시의 발전이 괄목하게 나타나며 낙후지역이 줄어든다. 마지막 단계는 완전한 공간조직단계(fully fledged spatial organization)로 전 국토가 도시화단계에 접어들어 주변이 없고 하나의 시스템으로 통합되는 지역발전의 최종단계이다. 그는 국가성장에 자극을 주기 위해서는 정부의 계획가가 통제된 불균형정책(controlled disequilibrium policy)을 시행할 것을 강조했다.

허쉬만(A. Hirschman)도 프리드만처럼 불균형적 성장의 낙관론을 펴면서 발전의 초기에는 성장을 위하여 중심이 주변의 자원을 흡수하는 성극화(polarization) 현상이 일어나지만, 성장이 이루어지고 나면 산업의 연관을 통하여 성장의 효과가 낙후지역으로 확산되어 나가는 소위 누적효과(漏滴效果, trickling down effect)가 발생한다고 주장한다(Hirschman, 1959 : 187). 그는 개발정책에 관심을 두어 지역의 일련의 체계에 대하여 투자과정을 강조했고, 처음부터 도시·공업의 팽창이라는 관점에 집중하여 중심에서 상대적으로 투자가 줄어갈 때 주변으로 공공투자가 확산된다고 주장했다. 그러나 성극화 현상이 어느 단계에 이르러서 누적효과를 나타낼 수 있는지는 밝히지 않고 있다. 그럼에도 불구하고 그의 불균형 속의 성장이론은 대부분의 후진국이나 개발도상국이 취하고 있는 지역개발모형이다.

한편 뮈르달(Myrdal, 1957)은 자유경제시장에서 재화의 자연스러운 흐름에 따라 저절로 균형이 이루어질 것이라는 가설에 대하여 비판을 가하면서 시간이 흐름에 따라 격차가 줄어가는 것이 아니고 오히려 기존의 경제적 불균형은 성장지역의 부(富)와 기술이 누적되어 성장지역의 성장은 지속되는가 하면, 빈곤지역은 빈곤하기 때문에 생산요소를 누적적으로 빼앗겨 계속적인 빈곤을 면치 못할 것이라 했다. 기존의 성장지역은 지속적인 성장을 하는 반면 주변은 생산요소가 계속해서 성장지역으로 흘러가는 역류작용(backwash effect)이 일어나 자유경쟁시장에서 중심과 주변의 불평등관계는 영구화될 것이다. 따라서 그는 적절한 시기에 정부의 간섭이 필요함을 강조했다.

2) 종속이론

종속이론은 중심과 주변의 불평등관계가 일시적인 현상이 아니라 항구적인 현상이라는 점을 강조한다(Frank, 1969; dos Santos, 1970). 종속론자들은 중심과 주변의 관계가 대등한 힘의 역학관계가 아니라 주변이 중심에 의존하고 있는 종속관계이며 이 종속관계가 계속되는 한 중심은 부를 축적하여 기술혁신이 계속적으로 일어나 성장을 계속하고, 반면에 주변은 중심에 계속적으로 생산요소를 착취당하여 한계지역(marginal area)으로 전락한다는 비관론이다. 비록 중심에서 일어난 기술혁신이 주변으로 파급된다 하더라도 이것은 중심을 위한 것이어서 주변은 더욱 더 의존도가 높아져 위성화(satellization)된다고 본다.

종속이론가들은 지역개발에서 기술혁신(technology innovation)을 중요시여기는데, 이것이 결여되면 결국 시장을 확보할 수 없어 경쟁에 이길 수가 없다는 주장이다. 그러므로 개인·사회·지역·국가 어느 것이든 먼저 혁신적 기술을 개발한 자는 그것을 유지·보존하려는 타성이 있고, 또 새로운 기술혁신이 나올 때까지 독점하려는 경향이 있다. 따라서 각국은 먼저 이러한 혁신적 기술을 확보하려는 경쟁을 벌인다. 자유경쟁의 시장경제 속에서는 선진국이 아무런 조건 없이 개발도상국에 발전의 핵인 혁신적 기술을 쉽게 넘겨 주지는 않는다. 기술혁신이 개발도상국으로 파급이 이루어질 때는 이미 그것은 선진국에서는 사양화되어 가는 기술, 즉 다른 기술혁신이 나타나 자신의 시장의 확보에 영향을 미치지 아니할 때이다. 그러므로 선진국과 후진국 간의 정치적 종속관계가 끝난 지금에도 여전히 경제적 종속관계로 착취당해야 하는 이유는 바로 후진국이나 개발도상국들의 기술혁신의 파급이 늦어 선진국과 경쟁을 할 수 없기 때문이다.

이러한 국제적 종속관계는 국가 내 지역 간의 관계에서도 그대로 적용된다. 선진국의 기술혁신을 먼저 받아들인 대도시지역은 엘리트들의 활동무대이고, 따라서 기술혁신이 도시로 집중되고 이에 따라 자본과 노동 등도 같은 방향으로 이동한다.

종속이론에서는 기술혁신 그 자체를 경쟁을 위한 수단으로 간주하므로 이것이 어디에서 발생하며, 어디에서 수용하느냐에 따라 성장의 기초가 결정된다고 본다. 종속이론가들도 기술혁신 그 자체를 문제삼는 것이 아니고 그 파급과정을 문제시하고 있다. 그들은 개발도상국이 자본주의 시장 속에서 선진국과 종속관계에 있는 한 성극화 현상과 역류현상은 잠정적인 것이 아니고 영구적인 것이라고 단정하고 있다.

이들의 주장을 요약하면 다음과 같다.

첫째, 중심과 주변의 관계는 본질적으로 종속적 관계이다. 성극화 구조(polarized structure)는 생산요소인 노동·자본·기술·행정수단 등이 주변에서 중심으로 유입되므로 발생한다. 투자의 한계생산성은 주변지역보다 중심에서 훨씬 더 높다.

둘째, 주변이 주로 1차 산업인 농업생산을 하고 중심은 2차 산업인 공업을 주로 한다면 두 지역 간의 교역은 항구적으로 중심에 유리하다. 왜냐하면 중심에서 생산되는 공산품은 주변에서 전통적으로 생산되는 농산품보다는 시장가치가 높기 때문이다.

셋째, 한 국가 내 지역 간의 불균형을 시정하는 최선의 전략은 중심과 주변의 불균형적인 관계를 단절하는 것이다.

2. 마르크스주의 접근

마르크스주의는 지역개발과정에서 불평등·대립·갈등 등의 양상에 초점을 맞추고 이를 자본논리로 설명한다. 이들이 사용하는 중심개념은 생산양식·노동통제·자본축적·계급투쟁 등이다. 이들은 특히 자본주의 사회의 도시개발과정에 초점을 맞춘다.

마크스주의자들의 기본명제는 도시개발은 단지 대규모 경제·사회 혼성물, 즉 생산양식의 단순한 반영에 불과하다. 그들은 서구의 자본주의 역사를 중상적(mercantile)·산업적(industrial)·대기업적(corporate) 단계로 구분한다. 이러한 자본주의 발전단계에 따라 도시지역의 속성도 급격하게 변해 왔다. 현재 미국에서 볼 수 있는 대다수 도시현상, 예를 들면 중심상업지역의 사무실 건축붐, 도시재개발 및 양질화, 동북부 스노 벨트(snow belt)의 산업도시의 쇠퇴와 서부 선 벨트(sun belt)의 번영 등은 모두 산업적 자본주의에서 기업적 자본주의로의 전환을 말해 준다. 다시 말해 도시지역의 개발은 그것이 의존하는 사회·경제적 구조를 반영한다. 도시지역은 그 사회의 생산양식을 반영한다는 관점이 분석의 출발점을 제공한다.

한편 전통적 도시지역 분석가들은 도시지역을 그들이 위치한 사회적 환경과 분리해서 바라본다. 이들에 의하면 중세 프랑스의 문명발생기에 형성된 도시나 1980년대 미국의 피닉스(Phoenix)시 같은 도시가 동일한 원칙에서 조직된 것으로 본다. 따라서 각 도시의 특수한 역사적 맥락을 간과한다. 이들은 도시지역문제가 산업화의 불가피한 결과로서 발생한다고 생각한다. 이러한 기술적 결정주의(technological determinism)는 공간적 결정주의라고도 불리어지는데, 이는 범공간적인 경제·사회생활을 조직하는 대안적인 행태를 바라보지 못한다. 도시지역공간의 문화적 구체성을 무시하는 것은 구체적 도시문제들을 자연의 산물로 보는 것이며 사회관계의 산물로 보지 않는 것이다.

마르크스주의자들은 도시지역문제나 생산양식을 분석함에 있어서 계급관계를 중요시한다. 계급의 일반적인 분류방법은 사회에서 소유자(산업가·재정가·상업가·지주)와 노동자의 분류이다. 소유자와 노동자의 이해·태도·행태 등은 대칭되는 반대극을 이룬다. 소유자는 수입이 재산소득이다. 이윤 극대화와 자본축적이 자본소유자의 근본 목적이다. 한편 노동자들은 수입이 노동의 대가인 임금이며 이러한 임금을 소비한다. 따라서 소유자는 이윤극대화를 증진시킬 목적으로 도시공간을 조직화하려 한다. 한편 노동자의 주관심사는 인간적이며 합리적인 소비의 서열화를 가져오는 도시공간으로 조직화하려 한다. 따라서 이들의 이해는 상호 간에 갈등을 노출한다. 이러한 계급요소를 제외한 공간분석은 공간의 숙명주의를 가져온다.

또한 마르크스주의자들은 지역개발에서 정부를 자본의 시녀로 본다. 전통주의는 지역개발에서 정부를 다양한 경쟁적 이익집단들 간의 단순한 중립적 중재자로 보며, 각 이익집단은 비례적인 정치적 권력을 지니고 있다고 간주한다. 그러나 마르크스주의자들은 정부를 지역개발과정에서 계급투쟁에서의 방관자가 아니라 그것에 적극적 역할을 하는 것으로 간주한다. 정부는 지역개발에서 근본적으로 소유자의 이익을 대변한다. 정부 구성원들이 바로 그러한 소유자들이다. 따라서 많은 지역계획, 즉 교통개발이나 도시재개발 계획 등을 보면 소수계층에 유리하게 작용한다. 따라서 그들은 도시계획가의 기능을 자본축적과정이 합리화되는 방식으로 도시공간을 재구축하는 것으로 본다. 따라서 도시공간은 이윤이 극대화되는 장(場)이 된다는 것이다.

마르크스주의자들의 도시계획에 대한 기본적 관점은 다음과 같다. 우선 그들은 도시지역이 노동자에 의해 생산된 잉여가치(surplus)의 기초 위에 성장한다고 간주한다. 따라서 이들은 기본적으로 반(反)도시적 성향을 보인다. 자본가들은 창출된 '초과가치'를 더 많은 초과가치의 생산을 위해 투자한다. 그들은 자본가의 이익을 위해 프롤레타리아가 착취당한다고 주장한다. 이러한 해석에 따르면 도시지역은 자본주의체제가 자신을 재생산하는 공간적 맥락이다.

마르크스주의자들은 19세기 서구의 역사에서 개혁가가 노동자들을 위해 주택과 보건시설을 제공한 것은 프롤레타리아가 더 잘 일할 수 있는 충분한 조건을 유지하기 위한 것이라고 믿었다. 자본주의 사회에서의 도시계획은 자본주의 국가체제의 한 부분이며, 따라서 이는 자동적으로 노동자의 이익에 반하여 중산층과 자본가 계급에 유리하게 운영된다고 마르크스주의자들은 보고 있다.

카스텔(M. Castells)은 도시계획이 비적대적(non-antagonistic) 모순을 규제하려는 의도와 적대적 모순을 억압하려는 의도를 지닌다고 주장했다(Castells, 1977). 그리하여 도시계획은 사회형성 전반에 있어 지배적인 사회계급의 이익을 보장하고 지배적인 생산양식의 구조적인 재생산을 보증하기 위한 방식으로 사회체제의 조직을 보증하는 것이다. 그에 따르면 국가계획은 더 많은 것을 가지고 출발하는 자에게 더 많은 것을 주기 위해 존재하는 것이다. 따라서 계획가는 공사(公私)영역에서의 결정으로부터 사회 내 어떤 집단이 이득을 보고 어떤 집단이 손실을 입는가에 대해 더 민감하다.

국가는 도시계획을 통해 도시체계에 개입한다. 도시계획은 자본축적의 촉진, 계급갈등의 완화를 위한 사회통제를 위해 지배계급에 필수적인 수단이다. 즉 도시계획은 물리적 기반시설의 개발, 토지의 이용과 개발, 외부불경제의 억제, 지가의 유지 등을 추구하여 자본축적에 기여한다. 또한 도시주민에게 주택 등 집합소비재를 공급하여 사회통제 역할을 수행한다. 국가는 도시계획이 민주적이고 보다 더 재분배적인 효과를 지닌 것으로 표방하면서 어느 정도 참여나 통합 메커니즘을 마련하고 있지만, 도시계획은 필연적으로 자본주의 사회의 재생산을 위한 것이기 때문에 그 이익은 지배계급에 귀착하게 된다는 것이다(Harvey, 1975). 결국 국가는 도시계획을 통하여 자본주의 생산양식의 기반을 계속 구축해 나가면서 계급갈등을 해결하려 한다고 마르크스주의자들은 보고 있다.

3. 신개발론

우리가 직면하고 있는 심각한 환경오염은 이제 전통적인 지역개발 개념을 재음미해야 할 필요성을 인식하게 만든다. 전통적으로 지역개발론자들은 개발이란 용어를 경제에 초점을 맞추어 지역의 경제성장에 국한된 의미로 사용하였다. 이는 단순한 경제적 총량의 증가, 그리고 효율성의 증대를 의미하는 것이었다. 그러나 최근에는 지역개발 개념에서 개발을 단순한 양적(量的) 성장을 넘어선 질적(質的) 성장 내지 인간복지의 증진까지 포함하는 넓은 의미로 사용하기 시작하였다. 여기에는 경제적 의미의 효율성과 부(富)나 소득의 증가뿐만 아니라 소득분배·형평성·안전·건강한 생활·환경보전 등을 포함한다(Friedmann and Alonso, 1975 : x-xiii; 김영모, 1991 : 33-36).

진정한 의미의 지역개발은 단순한 경제적인 양적 성장만을 의미하는 것은 아님이 증명되었다. 개발은 이에 더하여 정치·사회·문화·환경 등 모든 부문의 균형적이고 종합적인 발전을 동시에 내포하고 있는 것이다. 따라서 이는 궁극적으로 인간의 행복 증진 내지 삶의 질의 향상을 의미하고 있다. 여기에서 당연히 강조되는 중심적인 것은 환경오염으로부터 해방된 건강한 삶(healthy life)의 향유일 것이다.

1) 환경친화적 개발론

환경친화적 개발론은 주민중심적인 개발을 강조하는데, 이의 핵심은 개발의 의미를 경제적인 양적 성장만이 아니라 경제 외적인 사회·문화·환경 등을 동시에 고려하는 것이다. 이 이론은 전통적 이론이 경제적 요소에만 초점을 맞춘 것을 비판하고 개발의 진정한 의미는 경제적 성장과 분배 이상인 인간의 행복 증진과 삶의 질 향상 등으로 파악하는 것이다(Chung, 1989).

환경친화적 개발론에서도 학자들 간에 그 강조점에 있어서 약간의 차이가 있다. 낸디(A. Nandy)는 전통적으로 지배적인 개발이론에 반대하면서 다음과 같은 몇 가지 대안을 제시하였다. 첫째, 미래의 개발전략은 특히 빈곤층과 주변지역의 생존을 위한 필요에 대응하여야 한다. 둘째, 사회생활의 모든 측면에서 인간의 민주적 권리가 우선적으로 고려되어야 한다. 셋째, 지역개발은 단순히 경제적인 관점에서만 파악되어서는 안 되고 정치적인 의미가 동시에 고려되고 인식되어져야 한다. 넷째, 지역개발에서 전통적인 중앙과 지방 간의 관계가 재정립될 필요가 있다. 다섯째, 역사적 관점에서 개발을 조명할 때는 단기적인 측면을 무시하고 장기적이며 거시적인 맥락만을 강조해서는 안 된다. 마지막으로 정부가 개입함으로써 야기되는 인공적인 자기 파괴성(built-in self-destructiveness)을 인식해야만 한다(Nandy, 1990 : 8-17).

에스티바(G. Esteva)와 일리치(I. Illich)는 전통적인 경제중심의 지역개발로 인하여 주민 상호 간의 진정한 교류관계가 상실위기를 맞이하게 되었다고 지적했다. 그들은 인간의 경제적 욕구의 충족과 위안을 위해 과학과 기술에 의존하는 개발의 부작용을 강조하면서 전통적으로 지배적인 경제중심적 지역개발전략은 여러 가지 부정적인 결과를 야기시켰다고 주장했다. 이러한 부작용은 이제 중요한 사회문제가 되었는데, 그중 사회적 연대의식의 상실, 책임감의 상실, 환경오염 등이 대표적인 것으로 지적되고 있다. 지역개발에 있어 가장 중요한 요소는 주민집단 상호 간의 대면적(對面的) 또는 인격적 관계이며 이러한 기초 위에서 지역의 자조적 집단이 형성되고 보존 내지 개발이 이루어져야 하는데, 기존의 개발전략은 이와는 정반대의 성격을 지니고 있다는 것이다(Esteva, 1987; Illich, 1984).

2) 주민중심적 개발론

주민중심적 개발(people-centered development)이론은 인간의 물질적 번영뿐만 아니라 정신적 복지까지도 추구하는 것을 의미한다(Korten & Carner 1984:201). 이는 생산체계의 욕구를 강조하는 생산중심적 개발보다는 인간의 욕구를 더 우선시한다. 이는 생산중심적인 전통적 개발이론에서 나타난 비정의적(非情誼的) 관료제, 주민의 창의성 제약과 불평등 등을 비판한다. 특히 생산지향적 개발로 인한 자연자원의 파괴와 생태계의 파괴를 비판한다. 요약하면 주민중심적 개발이론은 전통적 개발모형이 초래한 비인간화·불평등성·환경파괴성 등을 비판하고 개발에 있어 참여, 형평성, 그리고 생태보존성 등의 기본원칙을 강조한다.

주민중심적 개발이론은 지역적 자조(local self-reliance)를 달성하기 위해 대규모 개발단위보다는 소규모 개발단위를 선호하고, 이것의 다양성과 적응성, 그리고 대응성을 강조한다. 특히 개발의 추진체로서 근린지역정부(neighborhood government)와 지역위원회(local council)를 제안하고, 이들 추진체와 대상주민 간의 의사소통을 중요하게 생각한다.

전통적 생산중심 지역개발이론은 자연의 정복과 생산체계의 근대화를 통해 인간에게 물질적 번영을 가져오기는 했지만, 다른 한편으로 인간을 이러한 물질적 번영 속에 예속시켜 버렸다. 즉 생산중심 지역개발은 인간을 극도의 물질적 경제구조와 대규모 관료제 속에 예속시키는 결과를 초래했다. 이는 지역개발로 빚어진 인간의 내적 식민지화 상태라고 말할 수 있다. 지역개발과정에서 개발주체와 대상주민 간에는 인식의 차이가 확대되어 의사소통이 단절되고 체계적으로 왜곡되어 버리게 된다. 따라서 주민중심적 지역개발이론에서는 개발과정에서 주민과의 의사소통의 중요성을 무엇보다 강조한다. 나아가 개발의 주체를 전문계획가가 아니라 대상주민으로 본다.

주민중심적 개발이론에서는 자율성을 강조한다. 특히 중앙정부에 대한 지방정부의 자율성, 나아가 지방정부에 대한 주민집단의 자율성을 강조한다. 중앙정부

는 지방정부들 간의 협조를 위한 기초를 제공하는 데 주력한다. 그리고 지방정부
는 지역의 필요성과 자원의 이용가능성을 고려하여 자원을 배분하고 자조성을 고
취시키기 위하여 창의성과 쇄신성을 발휘해야 한다. 자조성의 의미는 지역주민이
가장 필요한 기본욕구를 충족시키는 것을 강조하고 주민참여를 보장한다. 이는 지
역적 요소들을 훨씬 잘 효율화하고, 창의성과 지역조건 간의 상호교류의 증진을
도모한다. 그리고 지역개발의 다양성과 소외감의 완화를 추구하며 생태계 균형을
강조한다. 지역개발에서 초래되는 여러 가지 외부효과가 상호협의와 보상체계를
통하여 지역 간에 균등화되고 내재화된다. 아울러 지역 간, 집단 간의 응집성을 강
화하고 외부로부터의 조종을 배제하게 된다.

3) 토착적 지역운동의 상향식 개발론

　　토착적 지역운동(grass-roots movements)에 초점을 둔 주민집단 지역개발이
론은 전통적인 국가 주도적인 하향식 개발이론을 비판하고 주민자조적 상향식 개
발전략을 강조한다. 이 이론은 지역개발에 있어 국가에 최소한으로 의존하는 반면
에 주민참여는 최대한으로 추구하는 것을 강조하고 있다. 또한 지역개발의 지역지
향적 근거, 기업소유의 지역적 기초, 그리고 경제 외적인 사회적·인간적 개발 등
을 강조한다(Inglehart, 1977; Hague, 1981; Burney, 1988). 이들의 기본전략은 지역
개발에 있어 공식적인 관료적 계층체제를 탈피하고 주민 자율성을 확보하는 것이
다. 이러한 주민 자율성을 바탕으로 하여 분권화된 소규모 일차집단의 네트워크를
조직화하여 지역개발에 있어서 주민의 직접적인 참여와 인격적 개발을 달성하는
것이다. 이러한 사상의 기원은 거대화된 제도와 이로 인한 인간소외, 심리적 억압,
실업, 인플레, 거대화된 관료조직으로부터의 탈피, 환경오염으로부터의 지역보전
등에서 연유했다.

　　여기서 특히 주목할 점은 환경오염과 관련하여 생태계의 균형유지이다. 생태
란 인간과 같은 한 실체와 환경의 지속적이며 동태적인 상호작용관계로 규정된다.
환경에는 자연환경·인공환경·사회환경 등이 있지만, 여기서는 그중에서도 특히
자연환경에 초점을 맞춘다. 신(R. L. Shinn)은 경제에 기초를 둔 지역개발은 현세대
에서 뿐만 아니라 후세대까지도 심각한 문제를 야기하게 된다고 주장하면서 전통
적인 경제중심개발을 비판했다(Shinn, 1987). 그에 따르면 현세대는 대체불가능한
자원을 소비하고 있을 뿐만 아니라 대체가능한 자원도 대체가능한 속도 이상으로

소비하고 있다고 강조한다. 이렇게 된다면 지구는 전통적 과학기술이 감당할 수 있는 범위를 훨씬 넘어선 생태계의 불균형에 직면하게 되며, 이는 회복할 수 없는 대기 및 수질오염과 그로 인한 심각한 인간의 생존 위험을 후세대에까지 물려주게 된다는 것이다.

전통적인 경제성장지향적인 개발전략은 천연자원이 무제한적이며 생태공간은 무한한 것으로 다루어질 수 있다고 가정했다. 그러나 이러한 가정은 틀린 것으로 입증되고 있으며, 오히려 생태계의 파괴로 인한 천연자원의 보전과 환경의 질 개선이 인류 앞에 놓인 가장 중대한 사회문제가 되었다. 인류는 결코 자연을 떠나서 존재할 수 없고 자연과 더불어 살아가야만 하는 상호의존적 관계로 이루어진 존재이다. 결코 인간과 자연은 일방적인 관계가 될 수 없으며, 자연은 인간행복을 위한 필수조건임을 강조한다.

제2절 비판적 시각의 적용

1. 낙후지역

바란(Paul Baran)은 『성장의 정치경제』(*The Political Economy of Growth*, 1973)에서 제3세계와 종속에 관하여 다루었다. 그는 기업가가 경제발전의 동인(動因)이라는 다원주의의 주장에 대해 비판하면서 낙후된 주변지역은 자본주의의 구조적 제약요인, 즉 주변지역의 투자와 생산결정의 외부적 통제가 산업발전을 제한하고 위협할 수 있다고 주장하였다. 그러므로 기업가적 재능의 결여가 저성장의 원인이라는 주장은 언어반복적 오류라는 것이다. 그는 기업가와 투자자들은 발전의 모든 단계에서 나타나는데, 왜 장기 침체경제에서 이들은 그들의 재산과 에너지를 생산적인 자본축적으로 이동하지 않는가에 대한 질문을 던졌다. 저개발 경제에서 이들 기업가와 투자자들은 비생산적 중개인처럼 자산증식과 돈놀이와 같은 투기적 사업에 더 관심을 가진다는 것이다.

그람시(Antonio Gramsci)는 이탈리아 공산당 설립자이면서 남부 이탈리아의 문제를 다룬 최초의 마르크스주의자로서 지역의 저개발을 직접적인 정치적 목적 측면에서 분석하였다. 그는 이분법을 중심-주변 관계로서가 아닌 독점자본주의의 이익이 저개발된 지역을 억압하고 수동적으로 유지하도록 국가를 이용하는 측면으로 보았다. 그람시는 이탈리아 남부를 '식민지 시장', '저축과 조세의 원천지', '값싸고 길들여진 노동의 저수지'와 같이 다양하게 표현하였다(Cox, Furling, and Page, 1985 : 165).

그람시의 가장 기본적인 공헌은 그가 헤게모니라고 명명한 국가가 강제력을 구조적이고 더 합의적 지배로 변형시키는 방법을 제시했다는 점이다. 그러므로 그는 계급분열은 도시자본 중산계급 대 농촌 준봉건적 농부계급처럼 공간적 형태를 취하거나 취할 수 있다고 주장하였다. 또한 그는 지역에 기초한 노동자 계급 내부에서의 계급적 모순을 무시하지 않았다. 그는 농촌 지식인, 상업중개인, 지역 교직자의 역할이 억압된 지역에서 중요한 것임을 밝히고, 억압지역의 복잡한 계급구조에 특히 주목하였다.

종교적 권위와 함께 농촌 지식인이 외부세력의 가치를 착취받는 지역 내에서 받아들일 수 있는 이념으로 변형하는 데 중요한 역할을 한다고 그람시는 보았다. 그는 거시적 정치이슈를 다룰 때 태도, 윤리, 신념체계, 개인적 문화요소에 관심을 기울이는 다원론적 접근과 달리 경제구조, 국가발전과 경제적 지배를 정당화하는 지적 통제수단 간의 연계를 탐색한다. 그는 착취받는 지역에서 계속 저발전과 빈곤이 지속되는 이유는 상대적으로 더 발전된 지역이 국가를 통제하면서 저발전된 지역들이 서로 협력해서 조직화하는 시도를 막기 때문이라고 주장하였다.

농민들이 단기적이며 영세한 토지의 제약을 통해 부과된 경제적 빈곤에 의해 토지에 묶여 있는 동안 가장 진보적인 지식인도 압도적인 지적 통제에 종속될 뿐만 아니라, 지배적 이념에의 귀속을 통해 보장되는 개인적 특권을 누린다는 것이다. 그리고 체제 내에 내재하는 하위단위들의 분열에 의해 이미 발전된 부문과 경쟁하는 대규모 자본주의적 기업가의 발전도 위축된다는 것이다.

피쪼르노(Alessandro Pizzorno)는 그람시의 이론을 계승·발전시켜 이탈리아 남부의 근대적 저개발은 한계적인 생산성과 권력의 위치, 그리고 지역의 역사적 관계에 의해 이해될 수 있다고 주장하였다. 퇴행지역을 발전시키는 것은 자본주의를 위해서는 항상 비경제적이고, 퇴행지역 그 자체도 성장을 창출하고 이를 유지할 능력이 부족하다는 것이다. 주변지역은 영세성, 저기술, 생계를 위한 활동으로 특징지어지는 소작농업과 관련된 경제적 활동에서 매우 제한적 역할을 수행한다.

각 하위단위들은 가족 노동을 활용하지만 만일 임금노동자를 고용한다면 주변지역의 임금률과 중심지의 임금률은 큰 차이가 날 것이다. 주변지역 하위단위의 낮은 생산성과 총비용에서 임금이 차지하는 비율이 낮음으로 인해 이 지역에서의 상대적으로 싼 임금이 이 지역에 어떤 이점을 가져다 주지 않는다는 것이다. 이러한 주장은 특히 남부 이탈리아 등에 적용될 수 있고, 더 일반적인 주장은 영국의 주변지역, 남아프리카의 흑인거주지역, 중앙·남아메리카의 원주민지역 등과 같이 주변지역과 이질성이 두드러지는 지역들에도 광범위하게 적용될 수 있다는 것이다(Pizzorno, 1966 : 55 - 66).

그러나 마르크스주의는 모든 죄의 근원을 자본주의에 떠넘기고, 장기간 중심-주변 관계가 유지되는 현상을 제대로 설명하지 못하고 있다. 그람시의 헤게모니이론은 이의 부분적인 해답이 되나, 이것 역시 발전이 주변지역에서 어떻게 발생하는지에 대한 의문에 궁극적인 해답을 제공해 주지는 못한다. 그리고 역사적 한계성이나 국내 식민주의 주장은 침체된 지역에 국가가 개입하는 행동을 온전히 설명해 주지 못하고 있다.

2. 도시토지이용에 대한 자본논리론

하비(D. Harvey) 등 마르크스주의 이론가들에 의한 자본논리론은 도시공간구조를 생산양식과의 관계에서 설명한다(Harvey, 1978, 1982). 이들에 의하면 도시토지의 생산·교환·이용의 공간적 형태는 자본주의 생산양식에 의해 자본의 논리에 따라 결정된다는 것이다. 그리고 도시공간구조는 자연적이고 무작위적인 산물이 아니라 특수한 사회구조의 표현인 동시에 산물이기 때문에 이를 이해하기 위해서는 사회구조의 근본인 생산양식에 따른 자본의 논리를 분석해야 한다는 것이다.

도시토지는 이를 분리된 실체로 파악할 것이 아니라 오히려 전체 사회구조와 연결시켜 자본주의 사회 전체의 생산 및 재생산과정에서 연구되어야 한다는 것이다. 도시토지문제는 자본논리에 입각한 자본축적의 한 부분에 해당한다. 전체 자본축적과정의 한 부분인 부동산자본은 기존의 도시토지이용관계를 변화시킴으로써 차액지대와 절대지대를 창출하게 되는데, 이것이 가장 적합한 지역은 도심지에 해당한다는 것이다(Lamarche, 1976).

도시토지시장의 운영은 도시인공환경의 형태를 결정짓게 되는데, 여기서 가장 강력한 행위자는 건설 및 금융자본이다. 각 개인의 참여 및 결정은 이차적인 것에 불과하며, 특히 건설자본은 도시의 구조적 속성을 결정하는 데 가장 중요한 역할을 수행한다. 부동산 및 건설자본은 도시토지에 매우 깊은 관심을 가지며, 이를 자본축적의 대상으로 삼는다. 특히 산업분야의 경제성장이 저하되고 이윤율이 감소하는 상황하에서는 과잉자본이 도시토지시장으로 몰리게 된다. 이때 토지는 하나의 투자대상이 되며, 이는 영속적이고 고정된 투자가 된다(Feagin, 1983 : 6-7, 11).

국가는 상품생산의 발전논리에 따라 생산과정에 필수적으로 개입하게 된다. 이러한 국가의 개입논리는 직접적으로 상품생산의 구조적 조건에서 비롯되며, 따라서 이러한 상품생산의 구조적 조건이 변하게 되면 국가의 개입방식도 이에 따라 변하게 된다. 국가는 사적 이용을 위해 정교한 집합재의 연결망을 공급함으로써 노동생산성과 이에 따른 자본의 수익성을 향상시켜 준다. 이러한 국가개입은 도시토지시장에서 토지정책으로 나타나며, 이는 계속 증가하는 경향을 보이고 있다. 이처럼 국가의 개입이 증가하게 되면 그만큼 도시토지를 둘러싼 갈등도 증가하게 되는데, 이는 다시 국가의 개입을 불러일으키게 되는 순환과정을 거친다는 것이다.

국가는 자본축적을 향상시키기 위해 일반 조세수입에 의한 도시집적(agglomeration)을 촉진시키게 되는데, 이를 위해 도시토지정책을 사용한다(Fainstein, 1982). 즉 국가는 토지정책을 통해 도시를 재구조화시키고 이는 자본축적을 돕게 된다. 그리고 국가는 도시기반시설에 대한 투자를 확대함으로써 노동력 재생산과 자본의 생산비율을 절감해 주며, 이는 결국 자본축적을 유리하게 해 준다는 것이다(Feagin, 1983 : 15).

국가는 이처럼 도시토지정책을 통해 자본축적을 촉진시키는 역할을 하지만 또한 사회갈등을 완화하는 통제 메커니즘으로도 작용한다. 이러한 통제 메커니즘에 의해 도시토지를 둘러싼 사회적 부의 재분배 효과를 표방하지만 궁극적으로는 그 이익이 자본계급으로 귀착된다고 보고 있다(Piven and Cloward, 1975).

☑ 연습문제

1. 지역성장에 대한 확산이론을 설명하시오.
2. 누적효과(trickling down effect)와 역류효과(backwash effect)의 개념을 설명하시오.
3. 지역성장에 대한 종속이론을 설명하시오.
4. 지역성장에 대한 마르크스주의를 설명하시오.
5. 환경친화적 개발론을 설명하시오.
6. 주민중심적 개발론(people-centered development)을 설명하시오.
7. 낙후지역에 대한 마르크스주의자들의 시각을 설명하시오.
8. 도시토지이용에 대한 자본논리론을 설명하시오.

제3편

지역개발의 전략

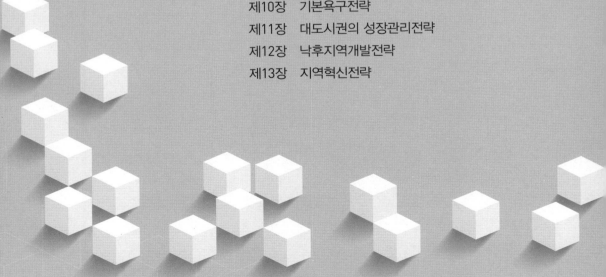

제8장

지역개발전략의 개관

제1절 지역개발전략의 의의

오늘날 널리 사용되고 있는 지역개발(regional development)이란 용어는 1920년대 이후 사용된 것이다(Mackaye, 1928 : 43). 지역개발에 대한 이론적인 면이나 전략적인 면이 그 나름대로 연구되기 시작한 것은 선진국의 경우에도 1930년대 이후부터이고, 개발도상국을 포함하여 지역개발 또는 지역개발전략이 널리 사용되고 주목받게 된 것은 1960년대 이후부터이다.

지역개발 또는 지역계획은 지역문제로부터 비롯되었다. 개별국가의 다양한 지역문제는 그 나름대로 독특한 지역개발 또는 지역계획을 추진하게 하였다. 개별국가의 역사적인 배경, 경제적인 발전의 정도, 지형적인 특성, 문화적인 배경 등에 따라 지역문제가 다양한 형태로 나타나지만, 한편으로는 두드러진 특성별로 유사한 형태의 지역문제를 가지고 있는 경우가 많은 것도 사실이다.

지역개발 문헌에 가장 많이 사용되는 용어 중의 하나가 '전략'이라는 용어이다. '전략'(strategy)의 정의로서 옥스포드 사전은 "적과 싸움에 있어서 자신에게 가장 유리한 시간, 장소, 그리고 상황을 만들기 위하여 제반자원을 배치 내지 관리하는 전쟁기술 또는 계획"을 말한다고 규정하고 있다. 오늘날에는 군사뿐만 아니라 정치·경제·통상 등 여러 분야에서 어떤 목표를 달성하기 위한 계획이나 행동을 뜻

하는 일반용어로 널리 사용되고 있다.

현대적인 의미로 전략이란 이미 수립된 목표를 달성하는 과정에서 최선의 수단을 찾아가는 일련의 행동계획으로 볼 수 있다. 전략은 미래지향적이고, 정책이나 사업계획에 대한 포괄적인 접근을 하는 것이다. 전략은 지식과 행동, 이론과 실천을 연계시켜 가는 것이기 때문에 현상에 대한 이해와 전략대상 및 이를 둘러싸고 있는 환경에 대한 파악이 긴요하다. 이와 같은 과정을 통해서 기술적으로 합리적인 행동계획이 수립될 수 있다.

따라서 지역개발전략은 지역개발의 목표를 달성하기 위한 최선의 수단 내지 행동계획에 대한 것이라는 것을 알 수 있다. 이와 같은 지역개발전략의 필요성으로는 다음과 같은 사항들이 지적되고 있다.

첫째, 정보화와 산업화의 흐름은 지역주민들의 욕구와 기대수준을 급격하게 팽창시켜 왔다. 하지만 대개 한정된 국토자원(면적 등)과 재원의 한계에 직면하고 있다. 지역개발전략은 한정된 재원의 합리적인 동원 및 배분기능을 수행할 수 있게 한다. 정책의 우선순위를 정립하고 합리적인 수단을 모색해 가는 지역개발전략은 투자의 효율성을 높일 뿐만 아니라 합리적인 배분에 기여할 수 있다.

둘째, 환경의 변화가 급격하게 일어나고 있는 후기산업사회에서는 무엇보다도 그 환경변화를 자신에게 유리하게 변화시켜 가거나 또는 바람직한 변화를 유도하는 계획 내지 전략이 긴요하다. 지역개발전략은 지역을 바람직한 방향으로 변화시키는 중요한 시발점 혹은 계기가 된다.

셋째, 지역개발정책의 수립과정에서 합목적성과 타당성의 제고는 물론이고, 집행과정에서 시행착오를 줄이고 일관성을 높여 나감으로써 개발정책의 안정성을 높일 수 있다. 관련 이해당사자들의 많은 참여와 철저한 준비를 통해 형성된 개발전략은 상대적으로 합목적성이나 타당성이 높고, 시행책임자가 교체되거나 상당한 시간이 경과하더라도 안정적으로 집행될 가능성이 높다.

이와 같은 지역개발전략을 합리적으로 채택해 가는 과정에서 과학적 지식(scientific knowledge)의 실천적 활용방법의 정립, 과학적 제기준의 적실성(relevancy) 여부를 평가하기 위한 기준의 정립, 그리고 정확하고 유용한 정보의 토대 위에서 실용적인 실천대안의 선정 등이 요청되고 있는 것이다.

제2절 지역개발전략의 성격

1. 지역개발전략의 수립배경

지역개발전략이 수립되고 집행되어 온 배경은 다음과 같다.

첫째, 시장메커니즘에 입각한 자유방임적인 경제개발의 추구(laissez-faire approach)는 우선 집단과 집단 간, 그리고 지역과 지역 간에 소득분배의 불균등 (inequalities of income distribution)을 초래했다.

둘째, 사회적으로 필요한 공공재(public goods)에 대하여 개인이 자발적으로 지불하고자 하는 가격이 너무 낮거나 무임승차를 할 유인이 높기 때문에 공급이 부족하게 되는 문제가 제기된다. 사회적으로 필요성이 높은 도로나 공원의 경우에도 '배제(exclusion)의 원칙'을 적용하기가 힘든 경우에는 시장메커니즘에 의존해서는 그와 같은 시설을 사회적으로 필요한 양만큼 공급하기는 어렵다.

셋째, 인구이동과 대도시 인구의 급증으로 발생하는 과밀과 과소의 제반 문제들은 보다 체계적이고 계획적인 접근을 필요로 한다.

2. 지역개발전략의 성격

지역개발전략의 성격은 다음과 같이 규정할 수 있다.

첫째, 지역개발전략은 지역적 차원에서 수행되는 계획 내지 전략을 대상으로 한다. 개인의 문제해결이나 단순히 조직의 능률성 향상을 추구하는 계획 내지 전략과는 구별된다. 국가발전이라는 궁극적 목표를 토대로 지역의 성장과 균형발전을 추구하는 거시적 차원의 계획 내지 전략이다. 따라서 전략의 추진과정에서 단순히 경제적 측면만이 아니라, 정치적·사회적·문화적 측면까지 고려되어야 하는 복합적인 결정과정을 특징으로 한다.

둘째, 지역개발전략은 지역의 변화 혹은 변동과는 구별된다. 지역의 변화는 긍정적인 형태로의 전이뿐만 아니라 부정적인 형태로의 전이도 포함하는 것이다. 하지만 지역개발전략은 반드시 지역발전의 목표를 지향하는 활동이다. 따라서 지역개발전략은 이미 주어진 발전목표를 달성하기 위하여 기술적으로 가장 바람직하고 합리적인 수단 내지 방안을 모색해 가는 과정인 것이다. 이와 같은 측면에서 지역개발전략은 단편적이고 관례적인 일상업무계획과는 구별된다.

셋째, 지역개발전략은 개발도상국(developing countries)이나 낙후지역(backward regions)에만 필요한 것은 아니다. 이미 선진화된 국가의 경우에도 침체지역(developed regions in recession)이나 과밀화된 도시의 문제가 심각하게 나타나고 있다. 이와 같은 복합적인 문제에 대처하고 또한 발전을 가속화시키기 위하여 지역개발전략이 보편적으로 요청되고 있는 실정이다. 과밀화된 도시의 주택문제·교통문제·환경문제·실업문제·비공식노동의 문제 등은 선후진국을 막론하고 공통적으로 직면하고 있는 문제이다. 따라서 지역개발전략의 필요성 여부는 개별국가나 지역의 경제적 발전정도가 중요한 기준이 되지만, 보다 본질적으로는 직면하고 있는 문제의 차원·원인 및 성격에 따라 결정될 수 있다.

제3절 지역개발전략의 유형

개발촉진이 어떻게 이루어져야 하느냐에 관한 논의, 즉 지역개발전략의 유형에 관한 논의는 크게 하향식(top-down : development from above) 개발전략과 상향식(bottom-up : development from below) 개발전략으로 구분할 수 있다.

1. 하향식 개발전략

하향식 개발전략은 국가주도의 계획 및 이행전략으로서 지역발전을 달성하기 위하여 기능적 접근(the functional approach)을 따른다. 예컨대 지역의 경제성장을 달성하기 위하여 성장잠재력이 높은 도시 및 산업을 선정하고 그곳에 집중적인 투자를 하여 규모의 경제와 집적의 경제를 달성하는 전략이다. 하향식 개발전략은 대규모 개발사업과 새로운 기술도입 등을 중시하며, 대표적인 형태로서 성장거점전략과 불균형개발전략 등이 제시되고 있다.

1929년과 1930년의 미국의 대공황은 자본주의 경제와 공간계획에 큰 영향을 미치게 되었다. 이전에는 경제나 공간계획에서 비교적 자유방임적 태도(laissez-faire attitude)가 지배적이었다. 대공황의 교훈은 자본주의 경제가 언제나 자기수정 능력을 갖추고 있는 것이 아니라는 점과 통제와 관리를 필요로 한다는 것을 사람들에게 인식시키게 되었다. 따라서 실업을 흡수하고 투자를 활성화시키기 위하여 대규모의 국가투자와 국가관리에 대한 새로운 수요가 나타났다. 특히 루스벨트 대통령의 '뉴딜'(New Deal) 프로그램은 이와 같은 수요에 대한 전형적인 대응에 속한다. 이후로 '하향적' 개발전략의 개념이 전 세계적으로 널리 채택되게 되었다(Dewar et al., 1986 : 11).

이와 같은 하향식 개발전략의 중심 아이디어를 슈퇴어(Stöhr, 1980 : 4)는 "경제적, 사회적, 문화적, 그리고 정치적 차원에서의 발전은 단지 몇 개의 선택된 주체에 의해서만 생성될 수 있다. 그리고 몇 개의 선택된 주체에 의해 시작되고 수행되는 특정한 개발유형은 다른 모든 사람들을 위해서 가장 적합한 형태가 된다. … 따라서 (하향식 개발방식이) 다른 기존의 개발에 관한 방식 내지 관념을 대체하는 것"이라고 규정하고 있다.

2. 상향식 개발전략

하향식 개발전략으로부터 상향식 개발전략으로의 이행은 성장에 대한 분배적인 측면에 대한 고려로부터 시작되었다. 상향식 개발전략은 개인, 사회집단, 그리고 소규모 지역사회의 기회를 확대해 가는 과정이며, 경제적, 사회적, 정치적인 공동이익을 위하여 그들의 능력과 자원을 동원해 가는 과정을 말한다. 하향식 개발전략과는 대조적으로 상향식 개발전략은 일반대중의 힘에 의해 개발이 시작되고 수행될 수 있다고 본다. 1970년대 중반부터 성장거점전략에 대한 불신과 비판으로부터 이와 같은 전략이 강조되기 시작하였다. 이 시기에 '상향적' 아이디어는 개발도상국의 지역에 있어서 국가주도적인 정책개입은 물질적인 측면만이 아니라 문화적 혹은 제도적인 측면을 고려해 볼 때, 지역에 손실을 초래해 왔다는 인식을 반영하고 있는 것이다(Goulet, 1979 : 555-566).

상향식 개발전략을 옹호하는 주장은 개발전략이 기존의 지방제도에 토대를 두어야 하며, '지방의 지식'(local knowledge)을 활용해야 하고 기존의 전통을 발전시켜 나가야 한다고 본다. 하향식 개발전략에 비하여 상향식 개발전략은 다음 두 가지 점에서 차이가 있다(Dewar *et al.*, 1986 : 70).

　　① 개발을 경제적인 개념으로서 뿐만 아니라 전체적인 삶의 조건을 다루는 과
　　　정으로 본다.

　　② 개발의 목적과 과정은 그 상황에 적합해야 한다.

　　하향식 개발전략과 상향식 개발전략은 어느 것도 전적으로 옳거나 그른 것은 아니다. 예컨대 하향식 개발전략의 대표적인 형태인 성장거점전략의 문제점은 그 전략의 내재적인 문제점보다도 대부분의 경우에 있어서 집행상의 잘못에 기인하는 것으로 알려져 있다. 그리고 대부분 개발도상국들의 정치적 구조하에서 상향식 개발전략은 실천 가능성이 희박하다는 점이 지적되어 왔다. 하지만 소규모 지역사회의 발전을 자극하는 데 상향식 개발방식이 유효하게 기능할 수 있다는 점이 최근 강조되고 있다(Dewar *et al.*, 1986 : 119).

제4절　지역개발전략의 한계

　　위에서 논의된 바와 같이 지역개발전략은 국가나 지역의 발전을 촉진하는 데 큰 기여를 할 수 있다. 그러나 실천적인 측면에서 지역개발전략이 안고 있는 애로점 내지 한계가 적지 않은 것도 사실이다. 이와 같은 한계점을 정리하면 다음과 같다.

　　첫째, 지역개발전략의 성공적인 추진과정에 무엇보다도 최고 정치지도자의 이해와 지속적인 지지가 중요한 것으로 알려져 있다. 그런데 실제 많은 경우에 있어서 이와 같은 이해와 지지는 형식적인 수준에 그치고 있는 것으로 알려져 있다. 지역개발전략을 성공적으로 추진하기 위해서는 정치적인 지원과 재정적인 지원이 필수적이다. 한정된 재원의 배분과정에서 대개 정치적 영향력이 높고 투자의 가시성(可視性)이 높은 지역(예 : 개발도상국의 수도권)에 재원이 배분되어 버리고, 나머지 지역에는 원래의 개발계획이나 전략과는 상관없이 소규모의 재원만이 배분되는 경향이 있기 때문이다.

　　둘째, 실현가능성이 높고 체계적으로 통합된 지역개발전략을 수립하기 위해

서는 분야별 전문지식은 물론이고 체계적인 통합능력을 갖춘 인적 구성원들이 필요하다. 그런데 인사관리제도의 미숙으로 상대적으로 능력이 떨어지는 요원들이 개발전략을 담당하는 업무에 채용 및 배치되거나 또는 훈련과정이 제대로 운영되지 못하는 경우가 흔해서 실현가능성이 낮은 개발전략이 수립되는 경우가 많다. 한편으로는 정치지도자가 구체적인 실천성과는 별개로 '화려한' 지역개발전략을 주문하는 경우가 빈번하기 때문에 실천성이 거의 없는 지역개발전략이 수립된다는 지적도 있다.

셋째, 지역개발전략은 대개 종합적인 접근을 하는 경우가 많고, 따라서 관련 행정기관도 단일한 경우보다는 복수인 경우가 대부분이다. 그런데 행정관리적인 측면에서 부서 간의 갈등이나 할거주의 경향으로 개발전략이 제대로 집행되지 못하는 경우가 허다하다.

넷째, 지역개발전략은 미래지향적이고 수립 및 집행과정에 대개 장기간이 소요된다. 인간의 능력의 한계로 미래의 예측은 언제나 불확실하고 불확정적이다. 미래예측을 보다 정확하게 하기 위하여 많은 자료를 수집하고 정보를 분석하지만 이것 역시 한계를 가지고 있다. 게다가 지역개발전략은 수립 및 집행과정에 대개 장기간이 소요되는데 정치지도자들은 자신의 임기와 연계해서 대개 단기간에 가시적인 성과를 기대하기 쉽다. 결국 이와 같은 불확실한 예측과 한정된 시간과 자원을 토대로 지역개발전략이 수립될 수밖에 없다는 점이 지역개발전략의 한계로 지적될 수 있다.

☑ 연습문제

1. 지역개발전략의 성격과 유형을 설명하시오.
2. 지역개발전략의 한계를 설명하시오.

제9장

성장거점전략

제1절 성장거점전략의 의의

성장거점(成長據點)은 영문으로 Growth Poles, Growth Centers, Growth Foci, Growth Nuclei 등 다양하게 사용되는 용어이다. 따라서 우리의 경우도 성장거점·성장중심·성장점·성장핵·성장극 등 여러 용어가 혼용되고 있다. 그런데 현재 이들 용어는 실제적인 의미에서는 별 차이가 없고, 또한 정부의 국토종합개발계획[1]에서도 성장거점이라는 용어를 사용하여 왔기 때문에 이하에서는 성장거점이라는 용어로 통일해서 사용한다.

성장거점이란 개념은 슘페터(J. A. Schumpeter)와 케인즈(J. M. Keynes)의 아이디어를 뻬루(Francois Perroux) 등 프랑스의 경제학자들이 발전시킨 개념이다. 1960년대부터 지역개발의 주요 정책수단의 하나로서 성장거점전략은 많은 국가에서 채택되어 왔다. 우리나라의 경우에도 1960년대의 수도권 인구집중의 완화, 1970년대의 거점개발방식, 1980년대의 성장거점도시의 지정 등으로 성장거점전략을 부분적으로 원용해 왔다. 1980년대 중반부터 성장거점전략의 정당성에 대한 논의와 함께 실효성에 대한 의문이 제기됨에 따라 그 전략은 수정되어 국토의 다핵구조 형성과 지역생활권 조성이라는 보다 포괄적인 뉘앙스를 지니고 있는 개발전략으로 대

---

1) 2000년대 이후 '국토종합개발계획'은 '국토종합계획'으로 명칭이 변경되었다.

체되었다.

　제2차 세계대전의 종식과 함께 탄생한 많은 신생독립국들은 급속한 경제성장을 국가의 제1과제로 추진해 왔다. 급속한 성장과정에서 사실상 간과해 왔던 지역 간 격차문제를 해결하기 위한 전략으로서, 그리고 성장을 계속적으로 추진하기 위한 전략으로서 1960년대 말에서 1970년대에 걸쳐 많은 개발도상국에서 성장거점이론이 지역개발에 원용되었다. 선진국의 경우에 있어서도 시기와 정도상의 차이는 있지만 낙후지역문제를 해결하기 위한 전략의 일환으로 성장거점전략이 받아들여졌다. 아래에서는 성장거점의 기본개념과 필요성 등을 살펴보기로 한다.

1. 기본개념

　뻬루는 성장거점을 경제에 있어서 역동적인 성장(dynamic growth)을 구현할 수 있는 산업의 집합체로 정의하고 있다. 그리고 이 산업의 집합체는 추진력이 있는 산업(propulsive industry)을 중심으로 상호 간에 강력한 연계성을 맺고 있다고 보았다. 이와 같은 연계성에 의해 그 산업의 집합체는 여타의 경제부문들보다 기술력이나 쇄신성이 앞서게 되고 결국 보다 빨리 성장하게 된다.

　뻬루는 성장이란 모든 곳에서 동시에 발생하는 것이 아니고 강도(強度)는 다르겠지만 공간의 특정부분에서 발생해서 다양한 경로로 확산되어 나간다고 보았다. 뻬루는 공간(space)을 계획에 의하여 확정된 공간(space as defined by a plan), 힘의 장으로서의 공간(space as a field of forces), 그리고 동질적인 집합체로서의 공간(space as a homogeneous aggregate)으로 유형화하고, 그중에서 힘의 장으로서의 공간이 바로 경제성장과 구조적인 변화의 기초가 되는 역동적인 성장과정을 이해하는 열쇠로 보았다(Dewar et al., 1986 : 33; Darwent, 1975 : 540-545).

　뻬루는 성장거점이 지리적 공간에도 존재한다고 보았으나 실제로 지리적 차원의 성장거점은 그의 동료인 부드비어(Jacques Boudeville)에 의하여 확립되었다. 부드비어(Boudeville, 1957)는 브라질의 한 지방의 철강업이 그 지역경제에 미치는 영향을 측정함으로써 산업 간 연계성과 지리적인 공간에서의 성장거점의 입지에 대한 실제적인 분석을 시도했다.

1) 추진력이 있는 산업(propulsive industry)

추진력이 있는 산업이란 성장거점상의 여타 산업을 지배하는 산업이다. 소위 주력산업(master industry), 중심산업(core industry) 또는 지배적 산업(dominant propulsive industry)을 말한다. 이러한 산업은 다음의 특성을 가지고 있다.

첫째, 해당지역에서 성장에 대한 열의(growth mindedness)를 고무할 수 있는 새로운 기술의 역동적인 산업이다.

둘째, 이 산업은 규모가 커서 경제적인 지배력(economic dominance)을 행사할 수 있다.

셋째, 이 산업의 제품은 수요에 대한 소득탄력성이 높아서 주변의 다른 산업에 비해 성장속도가 빠르다.

넷째, 여타 경제부문과의 산업 간 연계성이 높다(a high degree of interlinkage with other sectors). 즉 전후방 연계성이 높은 산업이다.

2) 성극효과와 집적경제(polarization effects and agglomeration economies)

추진력이 있는 산업의 성장력은 그 주변에 다른 산업들의 집중 내지 성극화(polarization) 현상을 초래하게 된다. 이와 같은 현상은 다시 다음과 같은 3가지의 집적경제의 이점을 초래한다.

첫째, 기업체의 측면에서 내부경제가 발생한다. 집적을 통한 대규모 생산이 보편화 됨으로써 생산과정의 전문기술화, 판매과정의 다양화, 그리고 재무운용의 절약이 가능해진다.

둘째, 기업체의 측면에서 금전상의 외부경제(pecuniary external economies)가 발생한다.[2] 어떤 특정공간에 산업이 집적하게 되면 그 속의 일원인 특정기업체의 측면에서는 생산단가가 저렴해지는 금전상의 외부경제가 발생한다. 연계성이 높은

---

2) 스키토브스키(Scitovsky, 1954)는 외부경제를 기술상의 외부경제(technological external economies)와 금전상의 외부경제로 구분한다. 통상 사용되는 외부경제란 바로 기술상의 외부경제를 일컫는 것이다. 기술상의 외부경제란 시장메커니즘이 제대로 포착 내지 반영할 수 없는 순수편익이 발생하는 경우이고, 금전상의 외부경제란 시장시스템의 움직임에 의하여 제대로 반영되는 긍정적인 효과를 말하는 것이다. 따라서 기술상의 외부경제가 발생할 경우에는 수요공급과정에서 비효율성문제를 제기하지만, 금전상의 외부경제 발생시에는 그렇지 않다. 예컨대 대학생 수가 갑자기 줄어서 대학촌의 하숙비가 떨어졌다면, 그 곳에 하숙하고 있던 다른 직장인들은 금전적인 혜택을 보게 된다. 하지만 이와 같은 이익(긍정적인 효과)은 가격시스템 내에서 전달되는 것(하숙집 주인 → 하숙을 하는 직장인)이기 때문에 실제적인 외부경제라기보다는 금전상의 외부경제에 해당한다(Browning & Browning, 1979 : 44-45).

여러 회사들이 집적함으로써 숙련노동력 공급·공동 원료조달·연구개발 등에서 큰 이점을 가지게 되기 때문이다. 스키토브스키(Scitovsky, 1954 : 49)는 금전상의 외부경제가 발생하는 상황을 다음과 같이 기술하고 있다.

> 산업 A의 팽창은 ① 산업 A에서 이용되는 요소를 생산하는 산업, ② 그 상품이 산업 A의 상품과 보완적인 관계에 있는 산업, ③ 그 상품이 산업 A에서 이용되는 요소와 대체관계에 있는 산업, ④ 산업 A의 팽창으로 발생하는 소득에 의해 소비되는 상품을 생산하는 산업들에 모두 이윤을 발생시키게 된다.

셋째, 해당지역의 측면에서 내부경제가 발생한다. 지역 내부의 기업체들이 집적으로 큰 이익을 보게 되면 그 힘은 그 지역전체의 정치·경제·사회·문화 등 다양한 부문에 긍정적인 영향, 즉 내부경제를 발생시킨다.

그러나 이와 같은 집적경제의 장점에 대하여 제기되고 있는 반론도 만만치 않다. 집적을 통하여 외부경제와 내부경제가 발생한다고 하지만 오늘날의 대기업들은 현실적으로 여러 장소에서 다품목을 생산하고 있는 것을 볼 때, 외부경제와 내부경제의 효과가 사실상 그렇게 크지 않다는 것이다. 그리고 현대의 대도시들은 규모의 경제가 아니라 과밀의 형태로서 규모의 불경제가 발생하는 경우가 많고, 현재와 같은 정보화사회에서 주도적 산업이란 것도 일시적 현상이지 장기적으로 지속될 수 없다는 주장 등이 있다.

3) 파급효과(spread effects or trickling-down effects)

이 파급효과가 성장거점전략을 채택하는 과정에서 정당성의 근거로서 가장 널리 이용된 이론적 근거이다. 성장거점이 성장하게 되면 그 영향이 궁극적으로는 주변지역에 다양한 경로로 파급된다는 것이다. 따라서 한정된 자원으로 특정한 곳에 집중투자하여 성장효과를 창출하는 것이 전지역에 고루 투자하는 것보다 궁극적으로 전지역에 모두 유리하다는 주장이 성립된다.

이에 대한 가장 강력한 반론이 바로 뮈르달(Myrdal, 1957)의 누적적 인과모형(a cumulative causation model)에 의한 성장형태이다. 성장의 혜택을 받은 곳은 점점 더 부유하게 되고, 그렇지 못한 지역은 점점 더 빈곤하게 된다는 주장이다.

2. 성장거점의 필요성

1) 제한된 자원의 효율적 이용

국가가 한정된 자원을 지역개발에 사용하는 데는 두 가지 방법이 있다. 하나는 성장잠재력이 높은 지역에 집중투자를 해서 성장효과를 극대화시키는 것이고, 다른 하나는 전지역에 균등하게 자원을 배분하는 방법이다. 그런데 이 두 가지 안(案)이 각각 장단점을 가지고 있기 때문에 정책결정자는 선택에 어려움을 겪게 된다. 특정지역에 집중투자를 하면 그렇지 못한 지역으로부터의 비난이 문제가 될 수 있고, 골고루 분배하게 되면 절대량이 크지 않은 자원이 소비자금화해 버리고 성장의 동력(動力)으로 사용되지 못하는 점이 있기 때문이다. 이와 같은 딜레마를 해결해 주는 방안으로서 제시된 것이 성장거점이론이다. 이론상 제시된 것은 특정지역에 집중투자를 하면 그 곳이 성극화되어 발전을 하다가 시간이 경과하면 여타 지역에까지 그 성장의 혜택이 파급되어 전체적으로 혜택을 누릴 수 있기 때문이다. 따라서 개발도상국의 경우와 같이 자원이 전반적으로 부족한 경우에는 개발의 지속적인 추진을 위한 불가피한 대안으로 성장거점전략이 적극적으로 고려된다.

2) 투자의 효율성 제고 및 지역의 균형발전 유도

성장거점도시에 대한 집중적인 투자는 집적의 경제(economies of agglome-ration)를 발생시켜 전 지역에 대한 고른 투자보다 투자의 효율성을 높인다. 그리고 성장거점도시의 가시적인 성장을 통해서 주변지역에 성장에 대한 열의와 자신감을 확산시킬 수 있다. 이와 같은 과정을 통해 형성된 성장력은 궁극적으로 주변부에 긍정적인 파급효과를 미침으로써 장기적으로 지역의 균형발전을 유도할 수 있다.

3) 대도시 인구집중의 완화

대도시의 과밀상태는 지속적인 개발에 장애요인으로 작용한다. 대도시로 인구가 집중하는 데는 여러 가지 원인이 지적되고 있지만, 그중에서도 일자리 등 경제적인 요인이 가장 중요한 것으로 알려져 있다. 따라서 이와 같은 대도시 과밀의 문제점을 비강제적인 방법으로 해소하기 위해서는 대도시 이외의 지역에서 일자리와 소득을 창출할 수 있는 성장거점전략이 유효한 전략이 될 수 있다. 성장거점도시는 성장의 잠재력이 높은 중간규모의 도시가 주로 선정된다.

성장거점이론이 주목받게 된 것은 무엇보다도 파리(Paris)시의 급속한 성장에 대한 우려가 프랑스에서 커지고 있었던 것과 파리권(圈)에 여러 가지 활동이 지나치게 집중되어 있다는 인식이 팽배해진 것이 중요한 배경으로 지적되고 있다. 따라서 성장거점이론은 주로 거대도시의 종주성과 규모의 과대성에 대한 반응의 결과로 출현했다는 것을 알 수 있다.

제2절 성장거점도시의 선택기준과 활성화 방안

성장거점전략이 효과를 발휘하기 위해서는 우선 적절한 성장거점도시가 선택되어야 하고, 선택된 도시가 성장거점으로서 제대로 추진될 수 있도록 활성화될 필요가 있다. 이하에서는 성장거점도시의 선택기준과 활성화 방안을 제시한다.

1. 선택기준

폭스(Fox, 1966)는 성장거점도시로는 개발계획의 중심지 내지 초점으로 역할할 수 있는 대략 인구 25만 명 이하의 도시(an urban place)라고 정의한다. 또한 성장거점 도시는 국가경제, 노동시장의 중심, 주요한 소매거래권, 높은 수준의 제3차 서비스 기능, 대규모의 도매거래, 그리고 훌륭한 통신기능 등에 연계성이 높아야 한다고 지적하고 있다.

대개 도시체계에 있어서 중간규모의 도시(intermediate cities)이고 향후 10년에서 15년 사이에 25만에서 50만 정도의 인구규모를 가지게 될 도시를 성장거점도시의 후보로 여러 학자들이 제시하고 있다. 그 외 산업활동의 다양성, 기반시설에 대한 투자, 지역시장의 발달 등이 성장거점도시의 선정기준으로 인식되고 있다. 그리고 새로운 산업활동은 공공부문의 직접적인 투자를 통해서 이루어지든지 또는 기반시설의 정비를 통해서 민간투자를 유치함으로써 추진된다고 본다(Appalraju and Safier, 1976).

성장거점도시는 국가 전체적인 기준에서 보면 대도시와 기능상 경쟁관계를 조성해서 개발권역별로 성장의 주도적인 역할을 분산하려는 정책적인 의도를 가지고 있다. 따라서 중소도시가 성장거점도시로서 주목을 받게 되었다. 성장거점도시는 도시계층구조론의 측면에서 보면 그 자체로서 도시성장을 뒷받침할 수 있는 배후지(hinterland)를 가지고 있으며, 독자적인 추진력으로 주변지역의 발전을 주도하고, 대도시에 대하여는 기능적인 경쟁관계를 확립하게 된다. 결국 성장거점인 중소도시를 육성함으로써 대도시의 인구집중을 완화 내지 사전 예방할 수 있다 (Hansen, 1973 : 266 - 281).

성장거점도시의 선택기준이 명확하지는 않으나 이론적으로 다음과 같은 점이 고려될 수 있다(황인정, 1983 : 32 - 33).

첫째, 도시성장의 영향이 파급될 수 있는 잠재력 있는 배후지를 가져야 한다.

둘째, 정부의 추가적인 지원뿐만 아니라 도시 자체의 개발잠재력을 가지고 있어야 한다.

셋째, 도시에서 수용하게 될 산업·교육·문화 등 추가적 기능의 입지조건이 적절해야 한다.

우리나라의 경우 제2차 국토종합개발계획안(1981 : 68)에 의하면 성장거점도시의 선정기준이 개별도시의 중심성, 성장잠재력, 투자의 효율성 및 배후지의 낙후도 등이라고 되어 있으나, 이를 뒷받침해 줄 수 있는 실제적인 분석자료는 없는 편이다. 오히려 제2차 국토종합개발계획에서 지정한 15개 성장거점도시의 경우 일반적인 선정기준에 의해서 이루어졌다기보다는 성장거점도시에 예상되는 정부지원을 전제로 한 정치적 흥정이 지역안배식 배정을 초래했던 것으로 보인다(황인정, 1983 : 32).[3] 이를 뒷받침할 수 있는 것이, 성장거점도시로 지정은 되지 않았지만 울산·마산·창원 등은 1970년대의 거점개발정책에 의해 이미 성장거점도시로서의 역할을 충실히 수행하고 있었기 때문이다.

---

3) 15개 성장거점도시는 대구·춘천·원주·강릉·청주·대전·천안·전주·남원·광주·목포·순천·안동·진주·제주이다. 여기서 대구·광주·대전은 이미 대도시로 간주될 수 있는 도시들이다. 전주·청주·목포·진주·제주 등은 공업단지·교육기관·서비스 산업 등을 어느 정도 갖추고 있는 중규모 도시들이며, 그 외는 비교적 큰 농촌지역을 배후지로 가지고 있는 소규모 도시들이다.

2. 활성화 방안

국가적인 차원에서 개발이란 전근대적인 제도나 조직을 근대적인 것으로 변화시키고 각종 자원의 동원 및 활용과정을 합리화시켜서 국가전체의 생산성을 높여 가는 것이다. 그런데 지역적인 차원에서 개발이나 특정도시의 활성화 방안은 비교우위에 토대를 두고 지역이나 특정도시의 실정에 맞도록 기존 시스템들을 보다 점진적으로 변형시켜 가는 과정이다. 따라서 성장거점도시로 선택된 도시들의 활성화 방안은 다음과 같이 정리할 수 있다(Rondinelli, 1978 : 184-190; 황인정, 1983 : 40-41).

① 기존의 문화적 유산·제도·관행 및 자원을 전제로 도시의 개발방향을 모색한다. 특히 물리적 차원에서 부존자원에 대한 심층분석이 긴요하다.

② 도시의 성장과정에서 많은 영향을 받게 될 지역주민들이 구체적인 개발계획의 수립과 집행과정에 참여하도록 유도한다.

③ 최신기술과 설비, 그리고 새로운 조직이나 제도도 해당도시 또는 지역실정에 맞도록 변형시킨다.

④ 배후지역에 비하여 해당도시가 가지고 있는 비교우위성을 최대한 활용하여 생산성을 높이고 전문화를 촉진한다. 성장거점도시가 가지고 있는 장점을 면밀히 분석할 필요가 있다. 예컨대 시장의 규모와 구조적 특성, 기술 및 노동력의 수준과 이용가능한 규모, 거점도시와 긴밀한 상호작용을 해야 하는 여타 도시 또는 지역의 위치와 근접도 등을 종합적으로 고려하여 공간체계 내에서 거점도시의 상대적 위상을 밝힐 필요가 있다.

⑤ 적절성, 비용절감, 그리고 문화적 수용성 등을 감안하여 지역전반에 파급효과가 큰 방향으로 행정개혁을 추진한다.

⑥ 중소도시의 기능적 발전과정에 있어서 대개 사회적·정치적·기술적·경제적 측면이 중요한 역할을 한다. 따라서 이와 같은 측면에서 중대한 장애요인은 없는지 미리 점검하고 해결해 나가는 것이 필요하다.

⑦ 거점도시는 역할수행과정에서 여타 도시와 배후지에 대한 연계성(linkages)이 긴요하다. 따라서 이와 같은 측면이 고려된 지역개발계획의 수립과 집행에 있어서 행정적 신축성이 가능하도록 제도적인 장치를 마련한다.

제3절　성장거점전략의 평가

---

1. 긍정적인 면

성장거점전략은 다음과 같은 점에서 긍정적으로 평가되고 있다(Darwent, 1975 : 554-556).

첫째, 중심지이론(central place theory)과 같은 정태적인 모형을 크게 개선할 수 있는 동태적인 성장 및 개발이론을 제공한다. 뿐만 아니라 성장 및 개발이론에 공간적 차원을 제시하는 기초를 제공한다.

둘째, 성장중심의 아이디어는 만병통치의 특효약은 아니지만 새로운 활력과 미래의 연구방향을 제시해 준다. 그 아이디어들은 우리가 직면하는 문제점들에 대해 바로 해결책을 제시해 주는 것은 아니지만, 이제까지 이용되어 왔고 또 앞으로의 계속적인 연구방향을 제시해 주고 있다.

셋째, 최초의 성장거점 개념은 성장의 기초로서 대규모의 기업 또는 산업을 상정했지만 반드시 그럴 필요는 없다는 점이 그 이후 지적되었다. 제3차 서비스 산업의 중요성, 소규모 기업들의 집적의 중요성 등이 지적되고 있다.

넷째, 집적의 경제 등으로 지역개발을 효율적으로 추진할 수 있으며, 한정된 장소에 대한 집중적인 투자는 정부지출의 효과를 제고할 수 있다. 그 외 성장거점으로부터의 파급효과는 낙후지역의 문제를 장기적으로 해결할 수 있다는 희망을 제공한다.

2. 문 제 점

성장거점전략의 문제점으로 지적되고 있는 것들은 다음과 같다.

첫째, 성장거점의 성장이 주로 추진력이 있는 주도적인 산업에 의존하고 있다는 점이다. 만약 정책적으로 성장거점도시를 선정한 이후에 여러 가지 이유로 추진력이 있는 주도적인 산업의 유치가 곤란하게 되면 성장거점전략이 근본적으로 흔들리게 된다. 그런데 정의상 이와 같은 산업들은 기존의 중심도시에 입지하고 있으므로 새로운 거점도시로 유치하는 것은 쉬운 일이 아니며 개발도상국에서는 특히 그렇다. 더구나 그와 같은 산업이 입지했더라도 지역의 여타 부문과의 연계성이 높지 못하면 파급효과는 그렇게 높지 못할 수가 있다.

둘째, 추진력이 있는 주도적 산업이 성장거점도시에 입지하게 되면 투자의 효율성이 높은 집적(agglomeration)과 정(正)의 외부성(positive externalities)을 가져오는 것으로 예측하고 있으나, 그것이 어느 정도인지 또는 성장이 어떤 식으로 파급되어 나가는지에 대하여 명확한 이론적 근거는 없다. 그리고 그 도시 또는 지역의 조건상 규모의 불경제가 발생한다든지 혹은 최근 새로운 경향으로 나타나는 어느 곳에나 입지할 수 있는 기업(foot-loose industry)들의 출현은 성장거점도시들의 효과를 크게 제약할 수 있다.

셋째, 성장거점도시에서 발생하는 성극화 현상이 지역외부, 즉 배후지가 아닌 다른 지역의 기업들 또는 새로운 기업들이 성장거점도시로 유입됨으로써 발생할 수도 있지만, 오히려 지역 내부의 기존 중소기업들이 성장거점도시로 역류됨으로써 나타날 수 있다. 이와 같은 역류효과(backwash effects)는 성장거점도시가 형성된 초기에 발생하는 것으로 알려져 있지만 그 역류효과가 언제 끝날지 밝혀진 바가 없다. 그리고 설사 역류효과가 끝나고 언젠가 성장의 파급효과가 발생한다고 하더라도 그 시점이 언제며 과연 파급효과의 크기가 역류효과의 크기보다 궁극적으로 큰지 어떤지에 관하여 밝혀진 바가 없다.

넷째, 이 전략은 1960년대 이후 여러 나라에서 여러 형태로 시행되었지만 아직 임상실험중의 상태에 불과하다는 점이다. 리차드슨(Richardson, 1979 : 171)에 의하면 지역의 공간계획이 효과가 나타나기까지에는 대개 15년에서 25년의 시간이 필요한데, 대부분의 나라에서 성장거점전략을 채택한 후 10년 내에 가시적인 효과가 나타나지 않으면 전략 자체를 다른 형태로 변형시키거나 포기해 버린다는 것이다. 결국 구체적으로 성극효과, 역류효과, 그리고 파급효과 등이 어느 정도인지 제대로 밝혀진 바가 없다. 한정적으로 모형을 정립해서 인구이동이라는 변수를 이용해 분석해 본 시도는 있지만, 사실상의 투자와 연결이 되어 있지 않고 인구이동을 제외하고는 다른 변수가 제대로 포함되어 있지 못함으로써 한계가 있다. 그리고 성장거점도시의 규모와 성장률간의 관계에 대하여도 어떤 일치된 결론이 도출되지 못하고 있다. 알론소(Alonso, 1966 : 8)의 지적처럼 도시의 규모는 생산성과 연관해서 고려되어야만 하는데, 문제는 도시규모별 생산성에 대하여 믿을 만한 지식을 갖고 있지 못하다는 점이다.

다섯째, 대부분의 개발도상국은 역사적으로 제국주의적인 식민지배의 경험을 갖고 있다. 그와 같은 나라에서는 한 국가 내부에서의 지역 간 연계성보다도 대도시와 외부세계(예: 이전의 지배국가의 도시들)와의 연계성이 더 높은 경우가 많다. 그와 같은 경우에 특정 성장거점도시에 대한 집중적인 투자는 배후지에 성장의 여력이 파급되는 것이 아니라 도시의 계층구조를 따라 자국 내 대도시 그리고 궁극적으로 선진 대도시 자본에 성장력이 흡수되는 과정을 겪게 된다는 점이 지적되고 있다(Slater, 1975).

☑ 연습문제

1. 성장거점전략의 의의를 설명하시오.
2. 성장거점도시의 선택기준과 활성화 방안을 제시하시오.
3. 성장거점전략의 긍정적인 면과 문제점에 대하여 논의하시오.

제10장

기본욕구전략

제1절 기본욕구의 의의

1970년대 중반에 들어서자 많은 발전론자들, 특히 국제노동기구(ILO)와 세계은행(World Bank) 경제학자들은 성장을 통한 재분배 접근이라는 것이 환상이라는 것을 깨닫기 시작하였다. 각국은 여전히 빈곤문제를 안고 있었으며, 이는 분명히 직접적으로 그리고 더욱 급진적으로 해결되지 않으면 안 되는 것으로 인식되었다.

이러한 상황에서 제시된 한 가지 해결전략이 바로 기본욕구이론(basic needs approach)이다. 기본욕구이론은 기존의 성장중심전략을 다음과 같이 비판하였다 (Misra & Prantilla, 1981 : 35 - 36).

첫째, 기존의 경제성장은 빈곤층에게 혜택을 주지 못하였다.

둘째, 기존의 서구식 개발모형은 성장만을 지나치게 강조하였다.

셋째, 기존의 성장전략은 분배적 차원의 형평성을 무시하였다.

넷째, 기존의 성장전략은 주민의 기본욕구나 고용을 간과하였다.

다섯째, 개발이 빈곤을 해결하지 못하거나 빈곤층의 기본욕구를 충족시켜 주지 못한다면 그것은 진정한 개발이라고 보기 어렵다.

기본욕구이론의 근간은 인간이 필요로 하는 최소한의 재화와 서비스 품목을 최저 소득집단에게 공급해 주는 것이다. 따라서 기본욕구이론은 상향식 개발의 관점을 유지한다. 이 이론은 이러한 재화와 서비스의 공급 그 자체 못지않게 공급되는 방식을 매우 중요하게 여긴다. 왜냐하면 재화와 서비스 전달과정의 형태가 이러한 서비스에 대한 대상집단의 접근도에 영향을 미치기 때문이다. 대다수 저개발 또는 개발도상국에서 비록 기본욕구의 대상집단이 도시 내에 널리 퍼져 있고 그들이 기본욕구에 효과적으로 접근할 수 없기 때문에 기본욕구이론이 점차 도시지역을 대상영역으로 확대해 가고 있지만 아직까지는 농촌지역이 주된 대상영역이다. 기본욕구이론의 핵심은 대다수 빈곤집단이 자산을 지니고 있지 못하기 때문에 특히 농촌개발 프로그램을 통해서는 빈곤층의 생산성을 증진시키는 데까지 도달할 수가 없다는 것이다.

1. 기본욕구의 개념

기본욕구의 개념에 대해서는 매우 다양한 시각이 존재하지만 크게 두 가지 접근으로 나누어 볼 수 있다. 하나는 세계은행에 의해 대표되는 보수적 접근이고, 다른 하나는 급진적 접근이다. 보수적 접근에서는 기본욕구에 해당하는 재화나 서비스의 공급이 기존의 성장전략에 추가적으로 발생하는 것으로 간주되고, 급진적 접근에서는 개발도상국 내의 구조적 변화를 가져오는 수단으로 간주된다.

이러한 차이에도 불구하고 이 두 접근은 공통점도 지니고 있다. 첫째, 이 두 접근이 절대 빈곤을 제거하는 데 관심을 가지고 있으며, 전체인구의 20~40%를 차지하는 빈곤층(일정한 최저기준하에 속하는 생활수준의 사람)의 소비나 서비스 측면에서 규정되는 기본욕구를 충족시키는 것을 지향한다는 점에서 의견일치를 보고 있다. 둘째, 기본욕구 접근은 항상 인간집단에게 보장되어져야만 하는 재화나 서비스의 최저량을 규정한다.

기본욕구 개념의 일반적 특징을 요약하면 다음과 같다.

① 빈곤층의 기본욕구가 개발계획과 정책의 핵심이 되고 있다.

② 기본욕구는 물질적인 욕구만을 의미하는 것이 아니라 교육과 보건 같은 공공적이며 공동체적 서비스까지를 포함한다. 또한 인간의 권리, 참여, 자립 등의 측면까지를 포함한다.

③ 기본욕구는 정적(靜的)인 개념이 아니라 시간에 따라 진보하는 동적(動的)

인 개념이다. 한 하위의 최저요소가 충족되면 바로 그 위의 욕구수준이 최
저수준으로 등장한다.

④ 대부분의 기본욕구론자들이 주장하는 최소의 기본욕구는 식품·교육·보
건·위생을 포함한다.

⑤ 기본욕구를 충족시키기 위한 단일의 방법은 없지만 접근방법의 공통점은
재산과 소득의 재분배 같은 것이다.

⑥ 기본욕구전략에는 정치적 권력의 배분도 포함하고 있다.

2. 기본욕구의 유형

기본욕구는 다양한 기준에 따라 여러 가지 유형으로 나누어 볼 수 있다.

1) 기능에 따른 분류(Emmerij, 1981 : 183-185)

① 생활에 필수적인 기본욕구 : 식품·의복·주거

② 인간의 복지증진에 필수적인 기본욕구 : 보건의료·교육·교통·통신·전력·시
장·공공시설

③ 생산수단이나 경제적 기회에 대한 접근성을 개선하는 데 필수적인 기본욕
구 : 토지·용수·산림·자본·고용·소득

④ 안전과 자유에 필수적인 기본욕구 : 인권·시민참여·사회안정·국방·규범

2) 주체에 따른 분류(Misra & Prantilla, 1981 : 37-41)

① 규범적 기본욕구(normative needs) : 국가나 공공기관이 객관적으로 규정한다.

② 주관적 기본욕구(felt needs) : 수혜자가 주관적으로 규정한다.

③ 수요적 기본욕구(demand needs) : 경제의 수요와 공급측면에 따라 규정
한다.[1]

④ 상대적 기본욕구(comparative needs) : 어떤 유사한 집단과 비교하여 규정
한다.

---

1) 이는 표출욕구(expressed needs)라고도 불리운다.

3) 역할에 따른 분류(Friedmann & Weaver, 1979 : 189-190)

① 호혜적 욕구 : 주민이 필요한 것은 지역사회에 요구하고 지역사회가 필요한 것은 주민에게 요구한다.

② 사회적 욕구와 개인적 욕구 : 사회적 욕구는 집단의 생존과 번영을 위하여 반드시 필요한 욕구이고, 개인적 욕구는 개인의 생존과 번영을 위하여 반드시 필요한 욕구이다.

제2절   기본욕구의 내용과 전략

1. 기본욕구의 내용

1) 급진적 접근

비록 기본욕구의 내용에 대해서는 국가나 지역에 따라 다를 수 있어 이것이 지역적으로 규정되어야 하지만, 일반적으로 지적되고 있는 욕구들이 있다. 따라서 실제 다음과 같은 최소 범주가 제시되고 있다.

① 기본적인 사적 소비재 : 적절한 주택, 최소한의 영양섭취와 의복

② 기본적 공공 소비재 : 깨끗한 물·위생·보건·교육·교통

급진적 기본욕구 접근은 여기에다 적절한 수준의 생산적 고용이라는 목표를 포함하여 비물질적 기본욕구의 충족을 강조한다. 여기에는 개인의 현재 상황에 영향을 미치는 분야의 의사결정에의 참여가 가장 중요하게 지적되고 있다. 이는 항상 기본욕구가 적절한 방식에 따라 공급되는 데 결정적인 것으로 받아들여지고 있다. 마지막으로 급진적 접근은 특히 농촌지역에서의 자원 재분배를 수반할 필요성을 강조한다. 더욱 급진적인 기본욕구 접근에서는 기본욕구를 충족시키는 것은 생산과 소비구조를 재조정하기 위한 부와 소득의 재분배과정의 단순한 하나의 측면에 불과하다는 것이다. 이에 따라 장기적으로 빈곤자가 자신의 기본욕구를 만족시키기 위한 입장에 서게 될 것이다. 비록 기본욕구 접근이 성장접근에 비해 더 사회주의적 성향을 띠고 있지만, 기본욕구 접근이 경제성장을 위한 욕구를 반드시 부인하는 것은 아니다. 사실 기본욕구와 성장을 충족시키는 목표는 반드시 상호대립

적인 것은 아닌 것으로 인식되고 있다.

급진적 기본욕구 접근에서는 성장의 문제를 주로 하나의 형태(form)로 간주하여 만약 성장이 '밑으로부터'(bottom up) 일어난다면, 즉 지방에서 인적 및 자연자원의 조건과 생산성의 증진에 입각하여 발생한다면 성장과 기본욕구 접근 모두를 동시에 충족시킬 수 있다. 이 접근은 지방적 재화, 노동집약적 기술의 사용, 지방적으로 적절한 또는 내생적 기술 등을 강조한다.

2) 보수적 접근

이에 반해 보수적 기본욕구 접근에서는 사회복지의 한 측면으로서 기본욕구를 만족시키는 데 초점을 두고 있다. 즉 특별한 개혁정책이나 사업이 절대적 빈곤이나 박탈을 제거하거나 빈곤층 내 '대상집단'을 보조하기 위하여 고안되지만 여전히 개혁되지 않은 부문이 일상업무를 지배한다. 이들도 장기적으로 절대빈곤을 제거할 주된 방법은 빈곤층의 생산성을 증진시키는 것이라고 믿지만, 단기적으로는 다음과 같은 네 가지 이유 때문에 그들의 기본욕구를 만족시키기 위하여 사람들을 보조해 주는 복지정책이 필요하다고 주장한다.

첫째, 개선된 교육과 보건은 빈곤층의 생산성을 증진시키기 위한 전제조건이다.

둘째, 대다수 극빈계층은 생산성 증진 프로그램 속으로 진입하는 데 필수적인 토지와 같은 자산을 지니고 있지 못하기 때문에 자신들의 생산성을 증진시키기 위한 정책에 이르지 못하고 있다.

셋째, 비록 극빈층이 자신들의 기본욕구를 충족시킬 수 있을 정도로 그들의 소득을 증대시키는 것이 가능할지라도 시장체계는 공공서비스와 같은 일부 기본적 재화를 공급하는 수단으로는 부적절하다. 더구나 빈곤자들은 공공서비스에 접근하는 것이 제한되어 있는데, 그 이유는 부분적으로 이러한 서비스가 규정되는 방식 때문이다. 예를 들면 대부분의 교육예산은 도시의 2차 및 3차 교육을 위해 지출되고 문맹(文盲)이나 보편적인 초등교육 프로그램과 같이 빈곤층의 일상생활에 도움이 되는 기술을 교육하는 데는 지출되지 못한다. 요약하면 기본욕구 공급에는 서비스 공급에 재원이 사용되는 방식을 재규정하는 것이 포함되어야 한다는 주장이다.

넷째, 빈곤계층이 기본욕구에 해당하는 모든 품목을 누릴 수 있는 수준까지 그들의 생산성을 증진시키는 데는 상당한 기간이 소요될 것이다.

2. 기본욕구의 전략

기본욕구전략은 전통적인 성장지향적 전략을 완전히 대체하는 대안이라기보다는 이를 보완하는 성격을 지니고 있다. 즉 기본욕구전략도 여전히 경제성장과 고용확대를 중요시한다. 그러나 기본욕구전략은 빈곤층의 기본욕구충족에 초점을 맞추고 빈곤층의 생산성과 고용기회의 확대, 이에 따른 빈곤층의 소득증대를 도모한다. 그리고 생산은 노동집약적 생산을 지향한다.

여기서는 프리드만과 위이브(John Friedmann & C. Weaver)가 제시하는 기본욕구전략 10가지를 살펴본다(Friedmann & Weaver, 1979 : 193-205).

① 지역개발의 목표를 기본욕구의 충족에 둔다.

② 개발은 적정규모의 지역(territorial base)에서 수행한다. 여기서 적정규모의 지역이란 비교적 소규모의 지역을 의미한다.

③ 지역의 관할영역을 한정한다. 이것은 당해지역의 자립을 위한 것이다. 이러한 지역은 지구(district)·지역(region)·국가(nation) 등으로 계층을 이룬다.

④ 여러 가지 산업요소는 지역의 공동소유로 한다. 특히 토지나 용수와 같은 생산요소는 지역의 공동소유로 한다.

⑤ 모든 주민들에게 사회적 조건에 대한 동등한 기회를 부여한다. 개인이 사회적으로 성장하는 데는 생산재·자본·정보·지식·정치조직 등의 여건이 필요하다. 따라서 모든 주민이 이러한 여건에 동등하게 접근할 수 있도록 한다.

⑥ 재산분배의 구조적 변화를 유도한다. 만일 기본욕구가 부유층이 소유한 생산요소에 의하여 생산된다면 이것은 소득분배가 이루어진다고 하더라도 아무 소용이 없게 된다.

⑦ 지방분권화를 이룩한다. 이것은 각 지역이 자치권을 갖게 하는 것이다.

⑧ 행정제도의 변화가 요구된다. 모든 사람이 기본욕구에 쉽게 접근할 수 있게 하려면 우선 이를 위한 생산과 분배에 대한 제도적 장치가 필요하다.

⑨ 세계경제체제와의 관계를 개선한다. 기본욕구 접근은 세계경제와 무조건 단절하는 것도 무조건 개방하는 것도 아니다. 이것은 선별적으로 관계를 개선하는 것이다.

⑩ 도시보다는 농촌의 개발을 우선시한다.

이상에서 살펴본 기본욕구전략의 본질적 특성을 요약하면 다음과 같다.

첫째, 고용창출활동은 노동집약적이고 지역자원과 지방적으로 적절한 기술을 사용하고 지방욕구의 충족을 지향한다.

둘째, 이 접근은 부문 간에 상호연계를 강조한다. 즉 빈곤문제를 여러 가지 요소가 상호 관련된 것으로 인식한다.

셋째, 기본욕구이론은 빈곤층을 지향한다. 이에 따라 사회서비스공급을 물리적 공급측면에서 뿐만 아니라 그 내용과 대상집단이 취급되는 방식 등에 따라 사람들에게 접근 가능하게 하는 것이다. 또한 이 접근은 최대 한계지역이나 극빈한 식량생산업자의 개발을 강조한다. 그리고 이는 지방권력구조를 매우 중요하게 보는데, 이는 빈곤과 부의 유형을 결정하는 데 근본적 역할을 수행하기 때문이다.

넷째, 기본욕구전략은 항상 계획에의 지방적 참여를 강조한다. 이는 기본욕구이론이 기본욕구의 충족수단으로서 지역의 자조(自助)를 강조했고, 의사결정과정에서 지방의 역할을 강조한 것과 관련되어 있다.

제3절 기본욕구전략의 활용과정

기본욕구전략을 개발계획에 활용하는 과정은 기본욕구의 확인 및 측정, 분석 및 평가, 계획수립, 정책집행단계로 구분할 수 있다(정환용, 1982 : 16-20).

1. 기본욕구의 확인 및 측정

기본욕구의 측정은 무엇을(what), 어디서(where), 어떻게(how) 측정하느냐의 문제가 중요한 이슈이다. 무엇을 측정할 것인가는 개념정의와 관계되는 것으로 기본욕구의 종류와 영역의 확인을 통해 가능하다. 국제노동기구(ILO)에서는 개인적 소비 또는 생물학적 욕구, 경제적 기회에의 접근, 공공재화 또는 서비스의 영역으로 구분하여 이를 많이 인용하고 있으나, 여기에는 제도적 변수에 대한 측면이 간과되었기 때문에 이를 고려하여 4개의 영역으로 분류가 가능하다.[2] 어디서 측정할 것인가는 측정의 단위수준을 의미하는 것으로, 개인적 또는 집단적 수준에서 측정이 가능하다. 다만 기본이 되는 것은 개인적 수준에서의 측정이고, 이를 보완하고 명료화하는 의미에서 집단적 수준에서의 측정이 중요성을 갖는다. 어떻게 측정할 것인가는 자료수집과 방법론에 관한 문제이다.

1) 기본욕구의 항목 선정단계

기존의 기본욕구에 관한 자료를 중심으로 지역의 여건과 특성에 맞추어 측정해야 할 중요한 기본욕구의 항목을 설정한다. 여기서는 기존자료에 의해 개략적인 항목을 설정하고 지역의 실정을 나타내는 각종 통계자료의 참조와 지도층 지역주민들과 면담토의를 통해서 지역의 주요문제를 확인하여 조사해야 할 기본욕구의 항목을 설정한다.

2) 기본욕구의 측정단계

어떠한 물품과 서비스가 현재 이용가능하고 누가 그것을 공급하고 있는지를 조사한다. 이것은 물품과 서비스가 알맞게 공급되고 있는지, 그리고 모든 주민들이 이것을 공평하게 이용하고 있는지를 조사하는 것이다.

확인된 기본욕구항목을 바탕으로 조사표를 작성하여 기본욕구의 실태와 수준을 조사하는 단계로서 예비조사·본조사·보완조사의 3단계를 거쳐야 한다. 여기서 유의할 것은 표본 추출시에 계층별 기본욕구수준이 충분히 조사될 수 있도록 세심한 배려가 필요하다는 점이다. 그리고 조사내용은 그 긴박성에 따라 기본욕구 항목간의 중요도가 측정될 수 있도록 작성되어야 하며, 개인적 기본욕구와 관련되는 내용뿐만 아니라 집단적 요소 및 지역발전에 대한 요구도 포함되어야 한다. 보완조사에서는 조사표의 미비점을 보완함은 물론 조사표에서는 얻을 수 없는 표시되지 않은 욕구를 확인하기 위하여 면담조사 및 집단토의 방식을 이용하는 것이 바람직하다.

여기서 문제가 되는 것은 기본욕구의 각 항목들을 실제로 어떻게 측정하느냐

---

[2] 개인이나 가족이 일상생활의 기본욕구를 충족시키기 위해 가져야 할 의식주와 같은 개인적 소비영역, 주민의 복지를 향상시키고 개인의 생산능력을 높여 주는 의료·보건·교육 등과 같은 공공서비스영역, 생산수단에의 접근을 높여 주는 소득·고용·기술 등과 같은 경제적 기회의 영역, 마지막으로 사회제도·참여·의사결정 등과 같은 제도적 영역으로 구분이 가능하다.

하는 것이다. 기본욕구를 측정하는 데는 여러 가지 방법이 있을 수 있다. 그러나 지금까지는 대개 기본욕구의 각 항목마다 최소한의 욕구(minimum needs)에 해당하는 핵심요소(hard core)를 결정하고, 이 핵심요소에 따라 기본욕구를 측정하는 방법을 이용하고 있다(Hicks & Streeten, 1979 : 57-80; McHale & McHale, 1977 : 3).

① 보건에 관한 것으로는 평균수명·병상·의사·간호사·사망률·출산율 등을 기준으로 한다.

② 교육에 관한 것으로는 문맹률과 초등학교 입학률 등을 기준으로 한다.

③ 식품에 관한 것으로는 칼로리와 단백질의 양을 기준으로 한다.

④ 식수에 관한 것으로는 식수보급률을 기준으로 한다.

⑤ 위생에 관한 것으로는 위생시설을 기준으로 한다.

⑥ 주택에 관한 것으로는 주택의 보급률·최저수준 등을 기준으로 한다.

2. 기본욕구의 분석 및 평가

1) 기본욕구의 분석단계

조사결과를 그 내용과 성격에 따라 분류정리하는 단계로서 기본욕구의 구성영역(개인소비·공공서비스·경제적 기회·제도적 측면)별로 지역의 기본욕구 실태를 분석하는 단계이다.

2) 기본욕구의 평가단계

조사결과의 대부분은 주관적 기본욕구에 해당되는 것이기 때문에 이를 객관적 기본욕구의 준거를 사용하여 조사지역의 기본욕구에 대한 실태를 종합평가한다. 이 단계에서 기본욕구의 현수준을 결정하고 있는 제약요인과 지역이 가지고 있는 잠재력에 대한 분석 및 평가도 중요한 의미를 갖는다.

3. 기본욕구를 위한 계획 수립

1) 주요문제의 확인

조사결과 충족시켜야 할 기본욕구의 내용을 그 중요성과 희소성에 따라 우선순위를 결정한다. 달성목표의 수준은 대상지역의 개발수준·소득수준과 소비에 대한 주민의 가치관 등에 크게 의존하는데, 목표를 너무 높게 설정하면 정치적·사회적으로 수용이 불가능하게 되고 너무 낮게 설정하면 주민들의 적극적인 개선의욕을 고취시키지 못한다. 따라서 목표설정과 관련하여 주민의 참여가 필수적이다.

2) 목표집단의 설정

지역의 모든 계층의 욕구를 충족시키기 위한 계획보다는 기본적인 최소욕구에도 미달되고 있는 집단의 기본욕구 충족계획이 요구되기 때문에 지역의 실태와 특성을 감안한 목표집단의 설정이 요망된다. 이를 위하여 부족한 생활여건 속에서 생활하는 주민에 대한 정보와 자료가 필요하다. 이를 위한 일반적인 준거는 없지만 소득수준에 의해 조작적으로 측정할 수 있다. 예를 들면 절대빈곤층을 확인하는 데는 최저 생계비를 추계한 후 여기에 미달하는 가구를 빈곤가구로 정의하는 방법이다.

또한 대상지역의 선정문제가 중요하다. 여기서 기본욕구의 대상이 되는 지역을 기본욕구의 기본단위(basic unit)라고 한다. 이러한 기본단위를 결정할 때는 다음과 같은 몇 가지 기준에 따르고 있다(Higgins, 1981 : 191 - 192).

① 목표대상인구와 그들의 지리적 분포를 기준으로 한다.

② 지역의 대부분이 빈곤계층으로 구성되어 있도록 한다.

③ 산림·관개·광산 등과 같이 기능적으로 구분되는 것이 바람직하다.

④ 기본단위지역은 공동이익·동질성·단결성 등의 측면에서 결정하도록 한다.

⑤ 다른 지역과 공동으로 통합적 개발을 수행할 수 있는 지역으로 한다.

⑥ 대상주민이 개발계획이나 집행과정에 참여할 수 있는 조직을 갖고 있는 행정구역 단위로 한다.

⑦ 기존의 통계 또는 다른 자료를 이용할 수 있는 지역으로 한다.

3) 잠재력 확인

지역개발에 대해 개인적 수준과 집단적 수준에서 수행할 수 있는 잠재능력을 확인하는 단계로서 지역의 인적·물적 자원의 개발을 위한 각기 다른 정부수준의 지원능력에 대한 검토도 필요로 한다.

4) 제약요건 확인

지역의 발전을 방해하고 있는 각종 제약요인들을 검토하는 과정으로서 입지적·자연적·제도적·사회적·경제적 측면 등에서 분석한다.

5) 평   가

현행 개발사업계획의 내용과 효과의 평가, 사업들 간의 보완성 내지는 연관성을 검토하는 보완평가, 경제적 생존성과 사회적 수용성의 관점에서 실시하는 타당성평가, 개발사업이 지역에 미치는 영향을 검토하는 지역적 의미 평가, 사업계획이 분배의 정의 성취에 주목적이 있는지 혹은 지역과 농촌사회의 자립강화를 위한 것인지를 확인하는 개발의미 평가와 같이 5개 측면의 평가가 있어야 한다.

6) 개발계획 작성

지금까지 고찰한 각 단계의 분석내용을 바탕으로 기본욕구를 효과적으로 충족시키기 위한 개발계획을 작성하고 집행한다.

4. 정책집행

여러 가지 제약조건 때문에 동시에 모든 욕구를 충족시킬 수 없으므로 문제의 심각성에 따라 우선순위를 수립해서 정책을 집행하는 것이 무엇보다 중요하다. 그런데 정책집행과 관련하여 제기되는 문제는 제한된 자원을 기본욕구 충족을 위해 어떻게 동원·배분·사용하느냐 하는 자원문제, 공공부문에 의해 제공될 기본욕구 유형의 결정문제, 주민의 참여를 유도하는 문제, 그리고 기본욕구 충족을 위해 희생되는 다른 개발목표와의 관계 등에 대한 종합적인 고찰이 요구된다.

제4절　기본욕구이론에 대한 비판

　기본욕구이론에 대한 비판은 크게 두 가지 범주로 나누어 볼 수 있다. 하나는 기본욕구이론에 의해 인식된 개발과정을 지지하는 가정에 대한 비판이고, 다른 하나는 순진성과 유토피아성에 대한 비판이다(Dewar, Todes, & Watson, 1986 : 94-96).[3]

1. 가정(假定)에 관련된 비판

　첫 번째 범주의 주된 논점은 기본욕구 접근의 주장이 갖는 일반성 때문에 개발과정을 충분히 고려하지 못한다는 것이며, 이 과정에 대한 암묵적 가정이 여러 가지 점에서 의심을 받는다.

　첫째, 이 접근은 극단적인 한계지역의 개발을 강조하는데 이것이 의문이다. 극단적인 한계지역은 모든 측면에서 항상 생존경쟁력(viability)이 없다. 예를 들면 강우량이 매우 적고 지세(地勢)가 좋은 상태가 아니기 때문에 한계지역이 되었는데, 한계지역을 개발하기 위하여 많은 투자를 한다면 비효율적이고 비생산적인 활동을 위한 개발을 고취시키기 위해 자원을 사용하는 것이 된다는 것이다.

　둘째, 저소득을 기반으로 하는 더 확대된 수요구조가 지역산업 발전에 기여할 것이라는 보장이 없다. 예를 들면 저소득 소비자나 생산자들은 플라스틱, 자전거, 비료 등 자본집약적 수입품을 상당히 많이 사용한다. 그리고 빈곤층의 소득이 증가하게 되면 지역경제에 전혀 도움이 안 되는 상품과 서비스의 수요를 증가시키게 될 것이라는 것이다.

---

3) 슈퇴어(Walter B. Stöhr), 리(Eddy Lee), 에머리즈(Louis Emmerij) 등의 기본욕구이론에 대한 비판은 김영모(1990 : 175-177)를 참조.

2. 순진성과 유토피아성에 관련된 비판

순진성과 유토피아성에 관련된 비판은 기본욕구 접근 그 자체 내에서 태동했다. 기본욕구에 대해 급진적 태도를 취하는 급진주의자와 마르크스주의자들은 기본욕구이론을 기본욕구를 제공하는 데에만 순전히 관심을 나타내는 보수적 접근이라고 비판하면서 빈곤의 원인이 아니라 증상만 다루고 있다고 비판한다. 그래서 기본욕구이론은 장기 빈곤퇴치로 나아가지 못한다고 비판받고 있다. 특히 기본욕구이론은 특수한 맥락 속에서 생성된 저개발의 구조에 대한 체계적 공격을 가하지 못하기 때문에 한계가 있다는 것이다. 따라서 급진주의자들은 기본욕구에 대한 급진적 접근만이 장기적으로 빈곤을 제거할 것이라고 주장하며, 여기에는 구조적인 경제적·정치적 변화가 수반되어야 한다는 것이다.

기본욕구이론에 대한 또 하나의 비판은 유토피아성이다. 급진적 기본욕구이론은 집행이 이루어지기 전에 또는 집행이 이루어지는 과정에서 근본적인 정치적·경제적 변화가 일어나는 것을 요구하고 있다. 구체적으로 평등한 소득과 자산의 배분, 기술적 의존성에서의 탈피, 최저 빈곤층의 지위향상 등이다. 그러므로 여기에는 일반적으로 기존의 지배계급에 대항하는 조치가 요구된다. 그러나 지배계급에 근본적으로 도전하는 개혁정책이 성공을 거두기는 어렵다.

기본욕구전략이 단순히 서비스를 제공하는 차원을 넘어서 진정한 성공을 거두기 위해서는 다음과 같은 조건이 필요하다고 강조한다.

첫째, 비교적 평등한 토지분배

둘째, 민주적 지역사회구조

셋째, 수요구조를 변화시키기 위한 비교적 평등한 소득분배

넷째, 농민의 존재

☑ 연습문제

1. 기본욕구 개념의 일반적 특징을 설명하시오.
2. 기본욕구의 내용을 설명하시오.
3. 프리드만과 위이브(J. Friedmann & C. Weaver)의 기본욕구전략을 설명하시오.
4. 기본욕구전략의 본질적 특성을 설명하시오.
5. 기본욕구전략을 활용하기 위해서는 어떠한 과정이 필요한지 설명하시오.
6. 기본욕구이론에 대한 비판은 어떤 것들이 있는지 설명하시오.

제11장
대도시권의 성장관리전략

제1절 **대도시권 성장관리의 의의**

　도시의 성장관리(urban growth management)란 도시가 집적경제(economies of agglomeration)를 극대화하는 동시에 부(負)의 외부효과(negative externalities)를 극소화하면서 성장할 수 있도록 일련의 방안을 강구하는 것을 말한다. 도시는 인구와 산업의 집중으로 인한 집적경제를 누리면서 성장하지만 도시의 성장에 대한 계획적 관리가 없을 경우 여러 가지 문제를 초래하게 된다. 집적의 불경제(diseconomies of agglomeration)로 인하여 나타나는 도시문제로는 교통혼잡문제, 주택의 부족과 이로 인하여 나타나는 부동산 투기문제, 환경문제, 도시기반시설의 부족문제 등 실로 다양하다. 이와 같은 도시문제들은 대부분의 경우 도시의 물리적 성장한계를 초과하여 도시가 성장하기 때문에 발생하며, 특히 대도시가 직면하는 문제들이 대부분이다.

　대도시를 보는 입장에 따라 대도시 부정론과 긍정론이 대두되어 왔다. 대도시 부정론은 대도시가 비대하게 되면 집적의 불경제가 발생하고, 1인당 공공서비스의 공급비용이 증가하게 되어 규모의 불경제(diseconomies of scale)가 발생한다는 견해이다. 대도시 긍정론은 대도시일수록 쇄신의 창출과 전파가 빨리 일어나며, 따라서 인구의 규모가 큰 도시일수록 발전의 잠재력이 크다고 보는 견해이다.

대도시권에 대한 성장관리의 당위성은 주로 대도시 부정론에서 출발한다. 대도시권에 대한 성장관리가 왜 필요한지에 관한 논리적 당위성은 다음의 두 가지로 요약된다. 첫째, 도시의 물리적 성장한계로 말미암아 나타나는 도시문제를 완화하기 위하여 대도시권의 성장관리가 필요하다. 둘째, 안정된 도시계층구조의 형성이 쇄신의 공간확산을 촉진한다는 의미에서 대도시와 중소도시의 균형발전이 필요하며, 따라서 대도시권의 성장관리가 필요하다.

대도시권에 대한 성장관리의 가장 중요한 목표는 인구와 산업의 집중억제이다. 이러한 목표를 달성하기 위하여 많은 국가들이 각종 공간계획과 토지이용규제를 시행하여 왔다. 우리나라에서 대도시권의 성장관리는 주로 수도권을 대상으로 1960년대부터 시행되어 왔으며, 비교적 최근에 와서야 지방 대도시의 성장관리에도 관심을 보이고 있다.

아래에서는 제2절에서 대도시 인구분산을 위한 접근방법에 대해 이론적 논의를 한다. 제3절에서는 수도권 문제와 우리나라에서 지금까지 시도된 수도권의 성장관리전략에 대해 살펴본다. 제4절에서는 우리나라에서 비교적 최근에 논의되고 있는 광역도시권 개발전략에 대해 살펴본다. 제5절에서는 우리나라에서 1970년대부터 도시의 무질서한 확산을 방지하기 위하여 시행된 개발제한구역(Green Belt)제도에 대해 살펴본다.

제2절 대도시 인구분산을 위한 접근방법

대도시 인구분산을 위한 접근방법은 여러 가지 기준에 의해 구분이 가능하다. 먼저 분산대상인구의 정착지점이 어디가 될 것인가를 기준으로 지역 간 분산과 지역 내 분산으로 구분이 가능하다. 한편 인구분산의 수단이 인구 자체의 이동에 초점을 두는 것인가 아니면 인구이동을 종속적인 변수로 취급하는가에 따라 인구이동촉진을 통한 접근방법과 자본이동촉진을 통한 접근방법으로의 구분도 가능하다.

이하에서는 이들 두 가지 기준에 근거한 대도시 인구분산의 접근방법에 대해서 구체적으로 살펴보고자 한다.

1. 지역 내 분산과 지역 간 분산

서울을 비롯한 대도시 인구분산의 문제는 지역 간 분산(interregional decentrali-zation)과 지역 내 분산(intraregional decentralization)이라는 두 가지 시각에서 조명되어야 한다. 왜냐하면 전국적 차원에서 본 수도권 정비의 기본전략과 수도권 차원에서 본 인구의 분산방향이 상호교차되고 있는 문제의 복잡성이 게재되어 있기 때문이다. 지역 간 분산이란 종주도시와 경쟁할 수 있는 다른 지역의 대도시 성장을 촉진시키는 것이며, 지역 내 분산이란 종주도시의 우위성을 강화시키는 위성도시를 개발하는 것이다(Richardson, 1979 : 94).

지역 내 분산이 국가적 차원에서 경제적 효율성이라는 목표를 더욱 만족시킬수 있는 정책수단임에 비하여 지역 간 분산은 사회적 형평성이라는 목표를 더욱 잘충족시킬 수 있다는 점이 장점으로 지적되고 있다. 이와 같은 점을 고려한다면 적절한 대도시 분산전략을 선택하는 것은 그 사회가 지향하는 목표가치와 그 목표의 우선순위 등과 분리하여 생각할 수 없음을 알 수 있다.

이처럼 지역 내 분산전략이 공간적 차원의 형평성 추구라는 관점에서 지역 간분산전략보다 덜 매력적이라는 점과는 별도로 지역 내 분산전략 자체가 가지는 취약점은 다음과 같은 점에서도 지적되고 있다(Richardson, 1979 : 94-95).

첫째, 위성도시를 종주 모도시(母都市)와 가까운 거리에 개발하게 된다면 시간이 경과함에 따라 팽창해 가는 대도시 세력권에 흡수되어 버릴 위험이 있다는 점이다.

둘째, 위성도시가 종주 모도시에서 인구와 산업을 끌어 내는 대신에 다른 지역에서 많은 인구유입과 자원이동을 초래할 가능성이 있다는 점이다.

이상과 같이 지역 내 분산전략이 가지는 취약점으로 말미암아 위성도시의 입지가 종주 모도시에서 너무 가깝다면 긴 안목으로 볼 때 과밀현상을 덜기는커녕 오히려 더하는 결과가 될 수 있다는 것이다.

한편 우리나라의 경우 종주도시인 서울의 인구분산을 위하여 현재 시도되고 있는 정책수단을 지역 간 분산과 지역 내 분산의 두 가지 범주로 구분하면 다음과 같다. 지역 간 분산전략에 속하는 것으로는 수도권 이외 지역으로 서울시 인구를 분산시키기 위한 공공기관의 수도권외 이전이나 성장거점도시의 육성에 의하여 인구의 지방정착을 유도하는 것 등이 해당한다. 지역 내 분산전략에 해당하는 것으로는 수도권 내 신도시개발을 통하여 서울의 인구를 분산·수용하는 전략이 있다.

2. 인구이동촉진을 통한 접근방법과 자본이동촉진을 통한 접근 방법

프리드만(John Friedmann)은 공간상에서의 흐름을 인구이동·투자(자본이동)·의 사결정·쇄신확산의 네 가지로 분류하고, 이들 각각은 정주(定住)패턴, 경제활동의 입지패턴, 권력의 공간구조, 사회·문화적 공간패턴을 공간상에 나타내게 할 것이라고 설명한다. 그에 의하면 공간구조를 유도하는 이들 네 가지 공간상의 흐름과 이들이 초래하는 구조적 패턴은 엄밀하게 분리되어 설명될 수 있는 것은 아니며, 지역 간 인구이동은 쇄신확산·투자·의사결정의 다른 세 가지 공간상의 흐름에 의해서 종속변수로서 취급될 수 있다는 것이다(Friedmann, 1973 : 77-78).

인구이동을 정책변수로 다루기 위해서는 어떤 요소와 프로그램에 의해 인구이동을 의도적으로 유발할 수 있는가가 검토되어야 한다. 프리드만의 네 가지 공간구조형성과정 중에서 어느 과정에 정책변수가 개입할 것인가에 따라 대도시 인구분산을 위한 정책수단은 인구이동촉진을 통한 접근방법과 자본이동촉진을 통한 접근방법으로 구분이 가능하다. 즉 프리드만의 네 가지 공간구조형성과정 중에서 인구이동 그 자체에 집중적인 외생적 자극을 가하는 것이 인구이동촉진을 통한 인구분산전략이라고 볼 수 있으며, 투자에 집중적인 외생적 자극을 가하면서 인구분산을 유도하는 것이 자본이동촉진을 통한 인구분산전략이라고 볼 수 있다.

이들 두 가지 접근방법 중 어느 것이 더욱더 효과적인 정책수단이며, 또한 바람직할 것인가에 대해서는 "인구이동정책을 효과적으로 수행하기 위해서는 필연적으로 자본이동을 촉진하는 지역정책이 병행되어야 하며, 사실상 인구이동정책은 지역정책에 종속적인 성격을 가질 수밖에 없다"라고 주장하는 김형국(1976 : 37)의 설명이 잘 대변하고 있다. 즉 인구이동촉진을 통한 접근방법은 정책적 수단으로서 그 파급효과에 한계를 가질 수밖에 없음을 잘 시사하고 있다. 또한 인구이동정책의 목표가치로서 현재 논의하고 있는 대도시 인구분산 외에 국토경제의 능률성 향상과 일정지역 내의 사회계층 간 형평성 유지, 그리고 도시체계의 통합을 동시에 추구하는 것이 바람직스러운 방향이라고 한다면, 이를 위해서도 자본이동촉진을 통한 접근방법이 더욱 바람직한 것으로 볼 수 있다.

한편 우리나라의 경우 서울의 인구분산을 위하여 시도되고 있는 정책수단을 인구이동촉진을 통한 접근방법과 자본이동촉진을 통한 접근방법으로 구분해 보면 다음과 같다. 인구이동촉진을 통한 접근방법으로는 대학교의 지방분교 설치 및 캠퍼스 이전, 공공기관의 지방이전이 대표적인 예이며, 자본이동촉진을 통한 접근방법으로는 주요 산업시설의 지방유치와 성장거점도시에 대한 투자가 그 예이다.

제3절 수도권의 성장관리전략

1. 수도권문제

우리나라에서 수도권문제가 대두되기 시작한 것은 산업화 과정을 통하여 서울에 인구가 집중되기 시작한 1960년대 초로 거슬러 올라간다. 1960년대 초부터 시작된 경제개발정책은 산업의 서울집중과 함께 이농향도적 인구이동을 통한 인구의 서울유입을 부채질하였다. 1960년대와 1970년대는 자동차의 대량보급이나 주거지의 교외화가 본격적으로 나타나지 않았으며, 따라서 당시의 수도권문제는 서울시 행정구역 내의 문제가 대부분이었다. 수도권문제의 내용 역시 이 당시에는 도시화의 초창기단계에서 나타나는 가도시화(假都市化, pseudo-urbanization)로 인한 문제가 주종을 이루었다. 이농향도적 인구의 무작정 상경으로 나타난 도시 실업과 빈곤, 불량 무허가주택의 문제가 중요한 도시문제로 취급되었으며, 교통문제 역시 후진국형 교통문제가 주종을 이루어 대중교통수단의 승차난과 차내혼잡이 중요한 교통문제로 취급되었다.

1970년대 후반부터는 도심의 혼잡으로 인하여 주거지의 교외화 현상이 뚜렷이 나타나기 시작하였으며, 이러한 경향은 지하철의 건설과 자가용 승용차의 대량보급으로 더욱 가속화되었다. 수도권의 인구증가를 보면 초기와는 달리 서울로 집중하던 인구가 서울 외곽의 경기도 지역으로 인구이동의 목적지가 바뀌어서 외곽수도권 인구가 급속히 증가하는 수도권의 광역화 현상이 나타나게 되었다. 수도권문제의 유형도 선진국형 도시문제의 양상을 보이기 시작하였다. 자동차가 부족하여 차내혼잡이 중요한 교통문제였던 시대는 지나가고 오히려 자동차가 너무 많이 보급되고 아울러 직주(職住) 간의 거리가 확대되어 도로교통혼잡과 교통공해가 교통문제의 주종을 이루게 되었다. 또한 자금부족으로 주택을 지을 수 없어서 주택을 공급하지 못하던 시절은 지나가고 주택건설자금이 있어도 택지의 부족으로 집을 짓지 못하는 시대가 되었다.

수도권 도시문제의 성격은 변화되었지만 수도권문제에 대응하는 정부의 정책은 1960년대 이후 대체로 큰 변화를 보이지 않았다. 예나 지금이나 수도권정책은 곧 수도권 인구분산정책이라는 것이 보편화된 생각이며, 수도권 집중억제라는 정책목표와 이를 달성하기 위한 규제의 수단도 크게 달라진 것이 없다. 달라진 것이 있다면 수도권에 대한 지역적 범위가 확대되었다는 점이다. 초창기의 수도권이 서울시 자체를 가리키는 것이었다면 현재의 수도권은 서울뿐만 아니라 인천과 경기도지역을 포함하고 있다는 점이 다르다(박상우, 1991 : 3).

2. 수도권문제를 보는 두 가지 시각

수도권문제를 보는 시각은 동일하지 않다. 또한 수도권문제의 해결을 위한 대처방안은 수도권문제를 보는 시각에 따라 다르게 나타난다. 수도권문제를 바라보는 시각의 차이는 크게 두 가지로 구분된다(박상우, 1992 : 10 - 11).

첫 번째는 수도권문제의 발생원인이 인구와 시설의 지나친 집중에 있는 만큼 수도권문제의 해결을 위해서는 인구 및 시설의 지방분산을 이루어야 한다고 보는

<표 11-1> 수도권문제에 대한 두 가지 시각

	이상론(원인제거론)	현실론(문제해결론)
수도권문제의 발생요인	- 인구 및 시설의 집중	- 인구 및 시설의 집중 - 소득증가 및 시설공급 부족
근본이념	- 인구와 시설분포의 격차해소 - 지역 간 생활수준의 균등화	- 지역 간 주민소득수준의 격차해소 - 지역별 기능발휘의 극대화
문제해결방안	- 인구 및 시설의 지방분산 - 수도권의 입지규제의 강화	- 과도한 집중의 억제 - 적정수준의 시설공급
주요시책수단	- 물리적·행정적 규제 등의 직접규제	- 경제적 부담의 증대에 의한 간접규제

자료 : 박상우(1992). 수도권정책전환의 방향. 「국토정보」 4월호, 국토개발연구원 : 11.

원인제거론자 내지 이상론자들의 시각이다.

두 번째는 수도권문제의 발생이 인구집중에 기인한다는 것은 인정하지만, 인구집중은 효율성을 추구하기 위한 자연스러운 현상이므로 당면한 문제의 해결에 힘써야 한다고 보는 문제해결론자 내지 현실론자들의 시각이다.

이상론자들의 문제접근은 주택과 교통문제를 해소하기 위한 투자는 집중의 요인을 다시 제공한다고 보고 투자의 억제를 주장한다. 그러나 현실론자들은 분산을 위한 기반시설투자의 억제는 오히려 도시문제의 심화를 초래하는 만큼 집중을 크게 유발하지 않는 범위 내에서 수도권 문제를 해결하기 위한 노력이 필요하다고 본다. 〈표 11-1〉은 이들 두 가지 시각의 차이점을 보여 주고 있다.

3. 우리나라 수도권정책의 변천

정부는 수도권 집중에 따른 대도시 문제를 해결하기 위하여 수도권 인구집중 억제와 인구 및 시설의 지방분산정책을 1964년 이래 지속적으로 추진해 오고 있다. 1964년 건설부가 「대도시 인구집중 방지책」을 발표한 이후 크고 작은 시책들이 지금까지 추진되어 오고 있다. 아래에서는 정부가 추진해 온 주요 수도권시책들을 연대별로 살펴보기로 한다.

1) 1960년대
1964년 건설부가 발표한 「대도시 인구집중 방지책」의 주요내용은 다음과 같다.
① 군(軍)시설 등 대도시와 관계가 적은 2차 관서를 지방으로 이전한다.
② 전원도시 및 신산업도시의 개발 배치를 통한 생활근거지를 조성한다.
③ 특정지역의 국토건설사업을 촉진한다.
④ 대도시 내 공장건설을 억제한다.
⑤ 농촌지역에 공장유치를 조장한다.
이와 같이 「대도시 인구집중 방지책」(1964)은 기능의 지방이전을 강제하고 있으며, 시책전개의 전제로서 어떠한 구체적인 수용지의 계획이 없었다.

1965년 1월 11일 건설부는 서울·인천·수원을 포함하는 3,325km²의 특정지역을 지정하고, 이들 지역을 대상으로 하는 특정지역계획을 공고하였다. 이 계획은 서울의 기능이전을 위해 8개의 위성도시(인천·수원·의정부·안양·광주·미금·능곡·양곡)를 건설하는 것을 포함하였다.

1968년 12월 건설부는 건설행정의 장기지침으로서 「국토계획 기본구상」을 발표하면서 위성도시의 건설과 개발제한구역의 설정을 촉구하였다.

2) 1970년대

1970년 4월 3일 국무회의 의결로 「수도권 인구의 과밀집중억제에 관한 기본지침」이 발표되었다. 이 지침은 ① 국토종합개발계획 수립의 추진, ② 개발제한구역(Green Belt)의 지정, ③ 서울의 강남지역 개발의 촉진, ④ 군사적 사항을 고려한 시가지 건설, ⑤ 교육과 연구기능의 수용을 위한 학원도시 건설을 제시하였다. 또한 이 지침은 광역도시개발을 추진할 것을 제안하였다.

1971년에 제1차 국토종합개발계획(1972–1981)이 작성·공표되었다. 이 계획은 종래의 국지적이고 부분적인 계획에서 탈피하여 종합적이고 장기적인 개발계획인 점이 두드러진다. 이 계획에서는 성장이 억제되어야 할 대도시의 범주 속에 서울·부산·대구가 들어 있었고, 서울주변에 10개의 위성도시를 개발하는 것을 포함하고 있었다. 또한 이 계획은 도시의 무분별한 확산을 방지하기 위하여 개발제한구역을 도시주변에 설정하도록 하는 내용을 포함하였다.

1972년에는 전국적인 토지이용계획을 위하여 국토이용관리법이 제정되고, 1972년부터 1975년까지 서울시·청와대·경제기획원 등에서 수도 서울의 인구집중억제안이 산발적으로 작성되었다. 그러다 1976년에 수도 서울의 인구압력 완화 거점으로서 건설부는 반월신도시 건설계획을 수립하고, 수도권 내 각종 산업시설의 지방이전을 장려하기 위해 조세를 통한 간접적인 방식을 채택하였다(황명찬, 1989:407–408).

1977년에 정부는 수도권 인구재배치계획(1977–1986)을 발표하였다. 이 계획에 의하면 1986년도의 서울의 인구를 700만 명 수준으로 억제한다는 목표하에 서울의 인구분산과 동시에 지방에 수용여건을 마련하기 위한 각종 방안을 포함하고 있었다. 계획의 주요내용으로는 행정수도 건설, 반월신도시 건설, 5개 거점도시권(대전·전주·대구·광주·마산권)의 개발, 울산·온산·포항·여천 등 중화학공업단지 배후지의 건설을 포함하고 있었다. 서울의 인구집중을 완화하기 위하여 1977년에 대통령이 임시행정수도 건설계획을 발표하였다. 이러한 임시행정수도 건설계획은 상당한 단계에까지 추진되다가 1980년도 이후 새로운 정부의 출현으로 백지화되었다.

3) 1980년대

1981년에는 제2차 국토종합개발계획(1982~1991)이 작성·공표되었다. 제2차 국토종합개발계획의 기본목표는 무엇보다도 인구의 지방정착유도 및 개발가능성의 전국적 확대에 두었다. 이 계획은 국토의 다핵구조 형성과 지역생활권 조성 및 서울·부산 양대도시의 성장억제 및 관리, 지역기능강화를 위한 사회간접자본시설의 확충, 후진지역 개발촉진 등을 포함하였다.

제2차 국토종합개발계획의 일환으로 1982년에 수도권정비계획법이 제정되고, 1984년에는 수도권정비기본계획이 수립되었다. 1985년부터 시행되어 온 수도권정비기본계획의 주된 내용은 우선 수도권의 공간적 범위를 서울·인천 및 경기도 전역으로 확대하고 일정규모 이상의 공장·학교·업무 및 판매시설 등 인구집중유발시설의 신설 및 증설을 억제하되, 수도권을 5개 권역으로 구분하여 권역별로 차등 규제한다는 것이다(윤대식, 1994 : 27). 이때 구분된 수도권의 5개 권역은 이전촉진권역·제한정비권역·개발유도권역·자연보전권역·개발유보권역이며, 이들 권역에 대하여 권역별 특성에 따라 공장, 학교, 업무 및 판매시설 등을 인구집중유발시설로 규정하고, 이들 시설의 신설 및 집중을 억제 내지는 역외로의 분산을 촉진하여 수도권문제의 해소를 시도하였다. 수도권정책의 목표를 효과적으로 달성하기 위한 정책수단은 특정행위에 대한 행정적인 규제와 시설의 이전 등 물리적인 조치가 주로 이용되었으며, 세제 및 금융지원 등 경제적 수단도 이용되었다. 행위제한의 주요내용은 수도권정비계획법이 규정하고 있는 인구집중유발시설의 종류 및 권역에 따라 규제의 정도를 달리하였다(박상우, 1992 : 9).

4) 1990년대

제3차 국토종합개발계획(1992~2001)에서는 과거의 수도권 집중형 국토골격에서 탈피하고 국제화와 지방분권화 추세에 적극 대응하며, 지방분산형 국토골격을 형성함으로써 지방과 수도권이 함께 발전하고 국토발전이 극대화될 수 있는 새로운 틀을 조성하는 전략을 추진하였다. 제3차 국토종합개발계획은 특히 수도권의 집중억제 및 수도권 내부공간구조의 개편을 위해 ① 물리적 규제방식의 지속적 추진, ② 과밀부담금제도와 같은 경제적 규제방식의 도입과 지방이전 기업에 대한 지원 강화, ③ 수도권 공간구조의 재편 및 국제적 기능의 보강, ④ 수도권 내 각종 개발사업에 대한 정부의 조정 및 심의기능의 강화를 추진하도록 하였다(박양호, 1992 : 5 - 6).

1993년 정부는 수도권 정비권역의 단순화, 규제방식의 전환 및 수도권 공간구조의 재편 등을 주요골자로 하는 수도권 정비시책 개선방안을 확정하였다. 1994년 1월에는 이를 제도적으로 추진할 수 있도록 수도권정비계획법이 전면 개정·공포되었고, 후속조치로 수도권정비계획법 시행령이 개정되었다. 수도권정비계획법 시행령의 개정(1994)내용을 요약하면 다음과 같다.

첫째, 1982년에 제정된 수도권정비계획법에 따라 구분된 수도권의 5개 권역을 3개 권역으로 간소화하였다. 새로이 개편된 3개 권역은 과밀억제권역·성장관리권역·자연보전권역이며, 이들 3개 권역의 설정범위는 〈표 11 - 2〉와 〈그림 11 - 1〉에서 보는 바와 같다.

둘째, 각 권역별로 규제내용을 크게 완화함과 동시에 각종 시설에 대한 개별 규제방식을 총량규제방식으로 전환하였다. 총량규제방식이란 매년 수도권의 대학과 공장의 신·증축 허가총량을 설정한 뒤 지역별로 이를 배분하고, 지방자치단체의 장(長)이 지역실정에 따라 허용 여부를 결정하는 방식이다.

셋째, 물리적 규제방식의 경직성을 해소하고 수도권에 대한 규제의 효율성을

〈그림 11-1〉   수도권의 권역

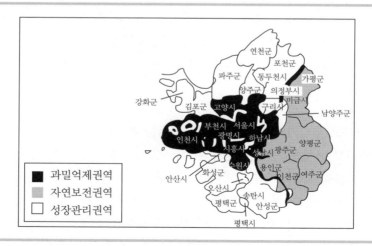

<표 11-2> 수도권 권역의 설정범위(서울, 인천, 경기도 19개시 17개군)

과밀억제권역	성장관리권역	자연보전권역
서울시, 인천시, 경기도 14개시	경기도 5개시, 12개군(3개군은 일부지역)	경기도 8개군(3개군은 일부지역)

• 서울특별시
• 인천직할시
  (남동유치지역
  을 제외함)
• 의정부시
• 구리시
• 미금시
• 하남시
• 고양시
• 수원시
• 성남시
• 안양시
• 부천시
• 광명시
• 과천시
• 의왕시
• 군포시
• 시흥시
  (반월특수지역을
  제외함)
	• 동두천시·안산시·오산시
	• 송탄시·평택시·연천군
	• 파주군·강화군·옹진군
	• 포천군·양주군
	• 남양주군(와부읍·진접읍·별내
	  면·퇴계원면·진건면에 한함)
	• 김포군·용인군(기흥읍·구성
	  면·수지면·남사면·이동면·원삼
	  면에 한함)
	• 화성군·평택군
	• 안성군(안성읍·대덕면·미양
	  면·공도면·원곡면·보개면·금광
	  면·서운면·양성면·죽산면·삼죽
	  면·고삼면에 한함)
	• 인천직할시 중 남동유치지역
	• 시흥시 중 반월특수지역
		• 가평군
		• 양평군
		• 여주군
		• 이천군
		• 광주군
		• 용인군(용인읍·포곡면·모현
		  면·외사면·내사면에 한함)
		• 남양주군(화도읍·수동면·조안면
		  에 한함)
		• 안성군(일죽면에 한함)

제고시키기 위해 꼭 필요한 시설은 입지할 수 있도록 허용하되, 과밀부담금을 부과하는 경제적 규제방식을 도입하였다.

　〈표 11-3〉은 수도권정비계획법 시행령(1994)에 의한 권역별, 시설별 규제내용을 요약한 것이다.

<표 11-3>   수도권 권역별, 시설별 규제내용

구분	과밀억제권역	성장관리권역	자연보전권역
대학	총량관리 - 4년제 대학 신설 및 이전 금지 - 2년제 대학 서울에 신설 및 증설 금지	과밀억제권역과 동일	과밀억제권역과 동일(2년제 대학 신설은 환경부와 협의)
대형건축물	과밀부담금 부과	규제 없음	환경처와 협의 후 허용
공장	총량관리(대기업공장 신설은 금지)	과밀억제권역과 동일(과밀억제권역보다 많이 설정)	총량관리(중소기업 첨단공장의 신설 및 증설 허용)
공공기관	과밀부담금+물리적 규제 - 제한적 기능 심의 후 허용 - 신설되는 기관의 임차 취득도 규제	신설은 심의 후 허용, 과밀억제권역으로부터 이전은 심의없이 허용	심의 후 허용
연수시설	금지(단 학원은 서울 도심지역 금지)	신설은 심의 후 허용, 과밀억제권역으로부터 이전은 심의없이 허용	일부 시설만 허용
공업용지	신규조성은 금지하되 기존 면적 내에서 위치변경은 허용	신규조성허용, 수도권정비계획에 따라 계획적으로 배치	환경처와 협의 후 시·군별 36만m² 이내에서 허용
택지조성	100만m² 이상 심의 후 허용	과밀억제권역과 동일(심의시 과밀억제권역보다 완화)	환경처와 협의 후 30만m² 이하 허용
관광지조성	30만m² 이상 심의 후 허용	과밀억제권역과 동일(심의시 과밀억제권역보다 완화)	환경처와 협의 후 허용

5) 2000년대

2000년대 들어 수도권정책의 큰 변화는 참여정부의 출범과 함께 시작되었다. 2003년 참여정부(노무현 대통령)의 출범과 함께 새로운 국가발전전략으로 설정한 '지방화를 통한 선진화'를 구현하기 위해 지방 살리기 3대 특별법(지방분권특별법, 국가균형발전특별법, 신행정수도건설특별조치법)이 제정되었다. 참여정부는 이들 3대

특별법을 토대로 하여 행정중심복합도시(세종특별자치시)를 건설하여 대부분의 정부 부처를 이전하고, 지방 광역자치단체별로 혁신도시를 건설하여 수도권에 있는 공공기관을 이전하는 획기적인 정책을 추진하였다. 아울러 대통령 직속으로 국가균형발전위원회를 설치하여 지방화와 국가균형발전을 위한 중요한 시책들을 추진하였다.

국가균형발전위원회는 이명박 정부가 들어선 후 박근혜 정부까지 지역발전위원회로 명칭이 변경되었고, 문재인 정부에서 다시 명칭이 국가균형발전위원회로 환원되었다. 그 후 윤석열 정부에서는 자치분권위원회를 통합하여 지방시대위원회로 확대 개편하고, 참여정부의 1차 공공기관 이전에 이어 수도권 소재 공공기관의 2차 이전을 추진하기에 이르렀다.

이러한 지속적인 노력에도 불구하고 서울, 인천, 경기도를 포함하고 있는 수도권 인구의 비중은 계속 증가하여 2019년 우리나라 전체인구의 50%를 점한 후, 그 비중이 계속 커지고 있다. 그리고 우리나라 전체 GDP 가운데 수도권 GRDP의 비중은 꾸준히 증가하여 2015년 50%를 상회한 후, 그 비중이 계속 커지고 있다.

제4절 광역도시권 개발전략

1. 광역도시권 개발의 의의

도시를 하나의 유기체로 파악할 때 이는 폐쇄체계(closed system)가 아니라 개방체계(open system)로 보아야 한다. 일반적으로 하나의 중심도시를 둘러싸고 몇 개의 주변도시들이 동질적 도시성(homogeneous urbanity)을 띠고 있을 때 이들 도시권을 광역도시권이라고 한다. 교통 및 통신의 발달과 이에 따른 생활권의 광역화는 특정도시의 경계를 초월하는 범도시적 상호의존관계를 낳고 광역도시권을 형성하게 한다. 따라서 기존의 행정구역범위를 초월한 광역적 공공서비스에 대한 수요가 증가하게 되었으며, 이와 같은 맥락에서 광역도시권 개발의 필요성이 대두되었다.

도시가 팽창하면 개별적인 자치단체만으로는 해결하기 어려운 문제가 많이 발생한다. 주택·교통·상하수도·환경오염·혐오시설의 입지·쓰레기처리문제 등은 개별 자치단체의 행정구역 내에서보다는 여러 자치단체를 포괄하는 광역권을 단위로 하여 해결하는 것이 효과적인 경우가 많다. 광역도시권 개발은 개별 도시만으로는 해결하기 어렵거나 비록 해결할 수 있다 하더라도 비효율적일 것으로 판단되는 각종 도시문제의 해결과 도시기반시설의 확충을 위해서 필요하다.

광역도시권 개발은 주로 대도시와 그 주변지역 간에 여러 가지 형태의 협조와 조정을 통하여 도시기반시설을 확충하고 일체화된 도시개발을 이루도록 하는 것을 말한다. 대도시권은 보통 하나의 행정구역 경계를 넘어서 형성되는 것이 보통인데, 이렇게 되면 도시의 성장과 관할권이 일치하지 못하여 혐오시설의 입지에 따른 갈등, 공공서비스의 중복공급, 공공서비스 이용자와 비용부담자의 불일치 등과 같은 문제가 발생한다. 이러한 문제를 효과적으로 해결하기 위해서 광역도시권 개발이 필요하다.

2. 광역도시시설의 유형

광역도시권 개발의 대상이 되는 광역도시시설은 다음과 같이 다섯 가지로 분류할 수 있다(국토개발연구원, 1988 : 29-30).

1) 주변요소 의존형
이는 광역적으로 입지하고 있는 자원 또는 요소들이 어떤 관련시설과 필연적인 연관성을 갖거나 직접적으로 투입되어야 하는 시설로서 하수종말처리장이 여기에 해당한다. 하수종말처리장의 경우 이 시설이 입지하는 행정구역 내의 하수뿐만 아니라 다른 행정구역일지라도 동일 하수구역 내의 하수일 경우 모두 처리해야 하므로 이의 설치 및 관리는 주변요소에 의존하게 된다.

2) 지역연결형
이는 시설 그 자체가 물리적으로 지역 간에 연계성을 유지하지 않으면 서비스를 제공할 수 없는 경우로서 상수도·철도·고속도로 등이 여기에 해당한다.

3) 기능연계형

이는 시설의 물리적 형태가 아니라 그 시설이 수행하는 기능 또는 제공하는 서비스가 인접지역과 연계되는 경우로서 시외버스 터미널·항만·공항·유통센터 등이 여기에 해당한다.

4) 입지제한형

이는 시설의 입지가 주변지역에 부(負)의 영향을 초래하거나 적정입지가 제한되어 모든 지역에 균등하게 입지할 수 없는 경우로서 쓰레기 매립장·공동묘지 등이 여기에 해당한다. 이러한 시설의 입지는 관련지역 간에 비용·운영·보상 등에 있어 갈등을 수반하게 된다.

5) 기반규모 의존형

이는 규모의 경제가 작용하는 시설로서 이 시설이 입지하는 지역의 수요를 초월하여 공급하는 시설로, 종합병원·종합운동장 등이 여기에 해당한다.

유형별 광역시설을 알기 쉽게 나타내면 〈표 11-4〉와 같다.

〈표 11-4〉 유형별 광역시설

유 형	광 역 시 설
주변요소 의존형	하수도(하수처리장)·저수지·유수지
지역연결형	(고속)도로·철도·궤도(軌道)·삭도·하천·운하·상하수도·공동구·전기·전화·가스공급 설비·저유 및 송유설비
기능연계형	터미널·항만·공항·시장·유통단지
입지제한형	공동묘지·화장장·폐기물 처리장·상수원·유원지
기반규모 의존형	(종합)운동장·학교(대학)·공용의 청사·도서관·도축장·연구·종합의료·사회복지·통신·자동차검사·문화시설·상수도(정수장·배수장)·공공직업훈련시설

자료 : 국토개발연구원(1988). 「광역도시시설의 입지 및 관리에 관한 연구」.

3. 광역도시체제의 운영방식

광역도시권 개발을 제도화하는 데 가장 큰 장애는 관할구역의 다원화 (jurisdictional proliferation)와 이로부터 제기되는 기능적인 분화현상(functional fragmentation)이라고 할 수 있다. 광역도시권 개발을 효율적으로 수행하기 위해서는 주민의 생활권과 행정구역이 일치되는 것이 가장 바람직하지만 현실적으로 양자를 합치시키는 것은 쉽지 않다. 따라서 양자를 그대로 두고 광역도시권 개발을 효율적으로 집행하기 위하여 광역도시체제를 운영하는 것이 세계적인 추세이다. 세계 각국에서 광역도시권의 개발과 관리를 위해 마련하고 있는 몇 가지 대안들을 소개하면 다음과 같다.

1) 협조형식

협조형식의 행정체제는 우리나라의 도시권 행정협의회, 일본의 수도권 정비위원회, 미국의 시(city)와 카운티(county) 간의 행정협정 등에서 볼 수 있는 것처럼 행정구역 단위의 변경 없이 광역행정을 처리하는 방식이다. 다시 말해 광역도시권 내에서 관할권을 달리하는 자치단체의 대표자들이 모여 공동문제를 논의하고, 협조적으로 광역문제를 해결하는 방법으로서 이에는 비공식적인 행정협의회와 공식적인 공동위원회 방법이 대표적이다.

행정협의회는 광역도시권 내 지방자치단체의 행정책임자나 대표자로 구성되며, 행정협의회의 주요한 기능은 개별 자치단체 차원을 벗어나 범지역적 차원의 공동이해와 관심을 갖는 문제를 제기하고 협의하는 것이다. 이러한 협의를 통하여 관련 자치단체 간에 협조적이고 자발적인 문제해결책이 마련된다.

행정협의회는 도시정부의 공식조직의 일부가 아니고 어디까지나 자발적이고 협조적 임의단체라는 성격을 갖는다. 이 집단에 의한 토의와 행동 결의사항들은 어디까지나 건설적 성격을 가지며 집행에 강제력이 없다. 그러나 협조적 방식이 효율적으로 운영되면 광역도시권 내의 지방자치단체가 필요한 공공서비스를 효율적으로 공급할 수 있는 장점이 있다.

협조적 방식이 갖는 단점으로는 첫째, 협조체제에 가담하는 개별 자치단체는 각기 독자적인 정책결정권을 보유함으로써 협정내용이 언제라도 철회 내지 무효화될 수 있고, 당사자 간에 심각한 견해차나 의견상 불일치가 생길 경우 이를 중재할 장치가 없으며 상호협정의 유효성을 확보할 수 없다는 점이다. 둘째, 협조적 관계 설정으로 광역도시권의 본질적 문제를 조직적으로 해결하려는 노력을 연기시킬 수가 있고, 도시문제의 본질에 접근하는 근원적 해결책이 강구되지 않는 문제점이 있다. 셋째, 협조적 방식은 각종 변화를 수용하거나 변화에 따른 행정수요에 적절히 대응하는 능력이 부족하다. 예컨대 문제해결과정에서 갈등의 소지를 안고 있는 문제는 정치적 이유로 협조적 방식에 의한 도시문제 해결의 대상에서 제외되는 경우가 많다.

이러한 점에서 볼 때 도시 간에 협조를 중심으로 하는 협의회는 도시문제의 합리적 해결방안을 모색하는 실제적인 방식이라기보다는 현존 도시 지도자의 권력체계를 교란시키지 않기 위한 정치적 방편이라는 비판도 있다.

2) 단일정부형식

단일정부형식은 다수의 기존 지방자치단체를 해체하여 단일정부로 통합하여 이 단일정부로 하여금 광역업무를 포함한 행정업무를 수행하게 하는 방식이다. 이것은 통합(consolidation)·합병(annexation)과 같이 도시권 전역에 걸쳐 단일정부가 행정기능을 담당하게 하는 방식이다. 역사적으로 보아 가장 많이 사용되는 해결방식은 지역합병(territorial annexation)이다. 합병은 광역도시권의 중심도시가 주변도시 또는 농촌지역을 흡수하여 하나의 단일정부를 만드는 것이다. 도시가 행정구역을 넘어서 발전할 때 이 구역문제를 해결하는 종국적 수단은 도시화된 지역을 흡수 또는 통합하여 새로운 경계를 획정하는 것이다.

이러한 단일정부형식의 장점은 무엇보다 규모의 경제를 실현시켜 서비스 공급의 효율성을 제고시킬 수 있고, 서비스 혜택의 무임승차(free rider)현상을 최소화시킬 수 있으며, 과세지역과 서비스 수혜지역을 일치시킴으로써 공간적 형평성을 제고시킬 수 있다. 그러나 단점으로서는 주민의 공공서비스 수요에 대한 정부의 대응성 저하, 주민참여와 통제의 약화, 변화에 대한 저항을 들 수 있다. 그리고 주변지역은 합병에 의한 세금 증가를 우려하고 중심도시에 대한 불신감도 생길 수 있다.

3) 특별구

특별구(special district)란 특정의 광역행정 사무를 처리하기 위하여 행정구역을 초월하여 설치하는 일종의 특별자치단체이다. 예를 들면 동일 하천구역에 해당하는 여러 개의 지방자치단체가 치수(治水)와 물을 이용하기 위하여 특별구를 설치할 수 있다. 이 특별구는 일정한 구역을 갖고 그 구역 내 주민에 의한 의회 구성과 과세권 및 조례제정권 등을 가짐으로써 일반자치단체와 유사하나 특별한 목적수행을 위해 단일기능을 가진다는 점에서 차이가 있다.

이 방식의 원형은 미국의 학교구(school district)이며, 설치 유형은 수행하는 기능의 수에 따라 단일기능 특별구와 다목적 특별구가 있다. 그러나 단일기능 특별구가 지배적이다. 대도시권에서 흔히 볼 수 있는 실례는 교통(미국의 뉴욕-뉴저지 항만청), 상하수도 특별구이다.

특별구는 광역적 성격을 가진 특수한 공공서비스 수요(예: 도시계획, 교통·도로, 상하수도, 쓰레기 처리, 주택 등)를 광역적으로 처리하기 위한 특별자치단체로서 특수한 기관을 설치하는 것이다. 이러한 행정기능을 주관하는 기구를 특별관청(Ad-hoc Authority)이라 한다.

이 특별구는 종래의 자치단체는 그대로 존속시키고 필요에 따라 지역 전체의 관심사를 일원적으로 처리할 수 있는 장점이 있지만, 정부단위를 더욱 복잡하게 만드는 문제점이 있다.

4) 연 합 제

연합제는 기존의 지방자치단체가 각각 독립적인 법인격을 유지하면서 그 위에 광역행정을 전담하는 새로운 지방정부를 신설하는 방안으로, 결과적으로 지방자치단체에 하나의 새로운 계층을 만드는 이원적 구조의 행정체제이다.

이것은 광역도시권을 하나의 정치적 단위로 설정하여 그 권역 내의 모든 자치단체의 존립 권한을 그대로 보유한 채, 연합도시를 연방으로 하고 그 구역 내에 있는 기존의 자치단체를 지방으로 하는 연방적 도시제(federal urban system)라 할 수 있다. 그리하여 광역도시권 내 중심도시는 그 구역 전체에 관한 행정기능을 집행하고 연합에 참가하는 하위 자치단체는 순전히 지방적인 사무만을 처리한다.

이 방식은 지분(支分)단체인 기초자치단체의 독립성을 박탈하는 것이 아니기 때문에 합병과 같이 지방적 감정을 자극하지 않고도 광역도시권의 기능적 통합을 실현할 수 있다. 반면에 기능의 중복과 행정기관의 다원화로 인해 권한의 대립과 분쟁을 초래하여 광역행정의 발전을 저해할 가능성도 있다.

4. 광역도시권 개발의 문제점과 발전과제

1) 광역도시권 개발의 제도적 문제점

광역도시권 개발이 가지는 논리적 타당성과 필요성에도 불구하고 광역도시권 개발을 추진하는 데는 다음과 같은 제도적 문제점을 가진다.

(1) 자치단체 간 재원배분의 문제　　광역도시권 개발은 대체로 대도시와 그 주변지역을 대상으로 한다. 여러 개의 시와 군이 필요로 하거나 이들 여러 지역 주민의 편의를 제공하기 위한 도시기반시설을 확충하고자 할 때 재원배분의 문제가 제기된다.

예컨대 몇 개의 도시가 동시에 필요로 하는 광역 쓰레기처리장이나 화장장 등의 혐오시설을 건설하고자 할 때 입지의 결정도 문제가 될 뿐만 아니라, 이의 건설을 위한 자치단체 간 비용분담의 문제도 중요한 이슈로 제기된다. 이 경우에 혐오시설의 입지결정은 광역도시권 개발계획을 통하여 적절한 입지를 선정할 수 있다 하더라도 혐오시설이 입지하게 될 자치단체는 다른 자치단체에게 개발손실보상을 요구하게 될 것이며, 이러한 협상과정이 적정입지의 결정 못지 않게 합리적 계획의 집행을 방해하는 요소가 될 것이다.

또 다른 예로 광역도시교통망 건설의 경우를 살펴보자. 광역도시권을 위한 지하철 건설이나 도로체계의 확충을 위해서는 각 자치단체별로 비용분담이 요구되는데, 이때 공공투자사업 수혜자의 자치단체별 분포와 자치단체 사이 비용분담 간의 관계설정이 어려운 과제로 등장한다.

(2) 광역도시권 개발계획 집행상의 문제　　광역도시권 개발계획의 입안과 집행을 위한 주체가 누가 될 것인가에 따라 광역도시권 개발의 문제점은 다양하게 나타날 것이다. 광역도시행정의 방식으로 ① 협조형식, ② 단일정부형식, ③ 특별구에 의한 방식, ④ 연합제에 의한 방식의 네 가지 방법이 제안되고 있는데, 이들 모두 다소의 문제점을 나타낼 것으로 보인다.

행정협의에 의한 광역도시행정 및 광역도시권 개발의 집행은 행정협의의 결과를 자치단체에 강제할 수 없으며, 또한 협의된 사항이 자치단체의 권한을 넘어서는 일들이 많아 중앙부처에 건의하는 것으로 끝나는 경우가 대부분이다. 행정협의에 의한 방법은 우리나라에서 현재도 운영되고 있으나, 현실적으로 첨예한 지역 간의 갈등문제를 다루는 데는 유명무실한 실정이다.

단일정부형식에 의한 광역도시행정은 많은 인구와 세원(稅源)의 대부분을 상실하게 될 도(道)와 시·군은 재정적 어려움을 초래하여 광역도시권에 포함될 지역과 그렇지 못한 지역 간에 경제적 혹은 개발수준의 격차가 심화될 가능성이 크다.

특별구에 의한 광역도시행정(예: 지방국토관리청)은 현재 우리나라에서도 일부 시행중인데, 다양한 부문별 계획을 포함하는 종합적 계획의 수립과 집행이 불가능하다는 문제점을 가진다.

연합제에 의하여 광역행정기능을 수행하고 광역도시권 개발을 집행하는 방법은 하위 자치단체 간의 이해관계가 첨예하게 대립할 경우 계획의 조정과 집행이 어려운 과제로 등장한다.

(3) 다른 공간계획과의 상충문제   광역도시권 계획은 도시기본계획 및 도시관리계획과 계획내용의 상충이 나타날 가능성이 크다. 도시기본계획 및 도시관리계획은 토지이용계획·교통계획·공공시설물계획 등의 부문별 계획을 포함하는데, 광역도시권 개발계획도 이들 계획과 같은 부문별 계획을 포함할 경우 계획내용의 상충과 계획집행의 혼선이 초래될 가능성이 있다. 뿐만 아니라 현행의 도(道)계획과의 상충이 나타날 수도 있고, 공간계획의 체계상 위상문제도 제기될 수 있다.

2) 광역도시권 개발시 예상되는 부작용

광역도시권 개발이 가지는 제도적 문제점이 모두 해결된다 하더라도 광역도시권 개발이 계획적으로 추진될 경우에는 다음과 같은 실질적 문제점들이 부작용으로 나타날 수 있다.

(1) 개발의 공간적 형평성   광역도시권 개발계획이 효율적으로 수립되고 집행되는 경우를 상정하더라도 개별 도시들 간의 개발의 형평성 문제는 피할 수 없을 것이다. 예컨대 광역도시권에 속하면서도 중심대도시의 외곽에 있는 중소도시들은 불가피하게 쓰레기 처리장·화장장·산업폐기물 처리장 등의 혐오시설의 입지를 허용하지 않을 수 없을 것이다. 이러한 경우에 이들 중소도시는 광역도시권의 중심이 되는 대도시의 번영과 발전을 위해 광역도시권 개발계획이라는 제도적 장치에 의해 희생되는 결과를 가져올 수 있다.

(2) 토지이용의 비효율과 도시문제의 광역화   광역도시권 개발은 방만한 토지이용을 부채질하고, 교통혼잡 등의 도시문제를 공간적으로 확산시킬 가능성이 크다는 문제점을 가진다. 물론 광역도시권 개발이 공공서비스의 수요가 있는 곳에

도시기반시설을 적절히 공급할 수 있는 순기능을 가지고 있긴 하지만, 한편으로 광역도시권 개발은 도시의 공간확산을 유도하는 기능을 가질 것이다. 이렇게 될 경우 직장과 주거지의 분리현상은 더욱 심화될 것이며, 직주 간의 통근거리는 더욱 멀어질 것이다. 따라서 도심지역에 한정되었던 교통혼잡현상은 광역화되어 교통에너지의 낭비현상이 심각하게 나타날 것이다. 아울러 토지의 고밀이용 대신에 저밀이용을 통한 도시공간의 확산현상이 나타나고, 궁극적으로는 전 국토를 통하여 도시화된 지역이 늘어나고 녹지공간이 줄어들게 될 것이다.

또한 광역도시권 개발은 기존 도심의 재개발보다는 대도시 외곽지역의 신개발에 계획의 초점이 두어질 수 있어 바람직한 토지이용을 유도하는 데는 상당한 역기능을 가질 것으로 보인다. 이러한 비효율적 토지이용의 문제는 국토가 좁은 우리나라에서는 심각한 후유증을 나타낼 수 있다.

(3) **물리적 개발의 한계**　　광역도시권 개발이 물리적 개발(physical development) 위주로 진행될 경우 광역도시권 개발의 근본취지를 모두 만족시키는 것은 쉽지 않다. 예컨대 광역도시권 개발의 일환으로 광역도시권 내 도로망 체계를 확충한다든지 중심대도시 부근의 위성도시에 중심도시를 위한 침상도시(bed town)를 건설한다 하더라도 버스 및 택시요금체계나 학군(學群)의 광역적 운용 등과 같은 소프트웨어 측면의 배려 없이는 광역도시권 개발은 광역도시권 내에서 공간구조의 기형적 모습을 초래할 가능성도 크다.

(4) **공공서비스 공급 혜택의 불이익 발생**　　광역도시권 개발은 공공서비스 공급에 있어서 지나치게 규모의 경제원리가 적용되는 결과를 초래할 수 있다. 따라서 소지역단위로 공급되어야 주민에게 편리한 도시 공공서비스가 지나치게 광역적 지역단위로 공급되어 주민의 편리성을 외면하는 결과를 초래할 수도 있다. 예컨대 공공체육시설·학교·소방서 등의 공공시설의 경우 규모의 경제성을 지나치게 강조하게 되면 인구밀도가 비교적 낮은 광역도시권 내 외곽지역에 거주하는 주민의 경우 공공서비스의 공급측면에서 불이익(불편)을 받을 소지가 적지 않다.

3) **광역도시권 개발의 발전과제**

이상에서 살펴본 광역도시권 개발의 문제점에서 살펴볼 수 있는 바와 같이 광역도시권 개발은 그 당위성에도 불구하고 실제의 추진과정에서 해결해야 할 여러 가지 과제를 안고 있다.

(1) **재원확보와 계획조정기능의 제도화**   광역도시권이 필요로 하는 도시기반시설의 확충과 정비를 위한 수혜자의 공간적 범위설정의 원칙과 자치단체 간 재원배분, 아울러 중앙정부의 재정지원 및 계획조정기능이 제도적으로 확립되어야 한다.

(2) **광역도시권 개발계획의 위상과 역할정립**   광역도시권 개발계획이 갖는 국토공간계획 체계 속에서의 위상과 역할이 확고하게 확립되어야 한다. 예컨대 도(道)계획이나 개별 도시를 대상으로 하는 도시계획과의 관계설정이 명료하게 정립되어야 한다.

(3) **계획내용에 관한 법적 체계의 정비**   광역도시권 개발계획의 내용적 범위에 관한 법적 체계가 정비되어야 한다. 광역도시권 개발계획이 포함하여야 할 내용이 제도적으로 구체화되지 못할 경우 광역도시권 개발계획은 법적 구속력을 상실하게 되고, 포괄적이고 지침제시적인 계획의 특성만을 가질 가능성이 커지게 된다. 이렇게 될 경우 국토계획이나 도계획과의 차별성이 부각되지 않게 된다.

(4) **광역도시권 설정의 법적 체계화**   광역도시권 개발계획이 법적 구속력을 갖기 위해서는 우선 광역도시권의 설정에 관한 내용이 법적으로 상세하게 규정되어야 한다. 광역도시권의 공간적 범위가 수시로 변경될 수 있는 상태에서 수립되는 광역도시권 개발계획은 계획의 영속성에 문제를 가질 수밖에 없다. 이렇게 될 경우 광역도시권 개발계획의 법적 구속력이 한계를 가질 수밖에 없으며, 계획의 집행수단이 제한적일 수밖에 없게 된다.

(5) **공간개발의 형평성 제고**   광역도시권 개발은 광역도시권 내 대도시, 중소도시 및 농촌지역 간의 개발의 형평성문제를 야기시키고, 광역도시권에 포함되는 지역과 포함되지 않는 지역 간에도 개발의 형평성문제를 야기시킨다.

또한 광역도시권 개발은 도시의 외연적 확산을 더욱 가속화시키고 비효율적 토지이용을 유도한다든가, 공공서비스 공급에 있어서 규모의 경제성만을 강조한 나머지 주민의 편리성을 외면한 공공서비스의 공급을 초래할 수도 있다든가 하는 문제점을 가진다.

이와 같은 점을 감안한다면 광역도시권 개발계획에서 제외되는 지역의 불만을 해소할 수 있는 방안과 광역도시권 내에서의 균형개발에 대한 대책마련이 요구된다.

제5절 개발제한구역제도

1. 개발제한구역의 의의

개발제한구역(Green Belt)이란 개발행위에 대하여 지속적이고 강력한 제한을 가함으로써 공지(空地)로 보전하는 도시주변의 토지를 일반적으로 의미한다. 「국토의계획및이용에관한법률」(제38조)에 의하면 개발제한구역이란 "도시의 무질서한 확산을 방지하고 도시주변의 자연환경을 보전하여 도시민의 건전한 생활환경을 확보하기 위하여 도시의 개발을 제한할 필요가 있거나 국방부장관의 요청이 있어 보안상 도시의 개발을 제한할 필요가 있다고 인정되는 경우 도시관리계획 결정으로 지정 또는 변경하는 도시주변의 토지"로 정의된다.

개발제한구역은 ① 도시의 무질서한 확산방지, ② 도시주변의 자연환경보전, ③ 군사상의 보안유지, ④ 도시민의 여가 휴식공간 확보, ⑤ 인접도시 간의 연속된 시가지화 방지, ⑥ 농경지 보전 등을 목적으로 지정된다. 이처럼 개발제한구역의 지정목적은 상당히 다양하지만 도시의 바람직한 성장관리를 가장 중요한 목적으로 하는 것은 분명하다.

2. 개발제한구역의 연혁

개발제한구역의 이론적 기원은 고대 그리스시대 이래 주장되어 온 이상적 도시규모론에서 찾을 수 있다. B.C. 4세기경 플라톤(Platon)은 최적 도시인구 규모를 5,000명 정도로 보고 이를 넘지 않도록 제한할 것을 주장하였다. 플라톤에 의하면 도시인구 규모가 5,000명을 넘게 되면 시민 상호 간의 접촉이 둔화되고 식량의 자급이 어렵게 되어 직접민주주의 실현과 자급자족의 기반을 상실한다는 것이다.

아리스토텔레스(Aristoteles)도 도시를 신체적 조직원리를 지닌 유기체론적 차원에서 보고 도시규모 제한론을 주장하였다. 플라톤 유형의 기능주의 측면의 이상적 도시규모 제한론은 16세기 무어(Thomas Moore)의 유토피아(Utopia), 그리고 19세기 오웬(Robert Owen)의 소규모 공동체계획, 하워드(E. Howard)의 전원도시, 페리(C. Perry)의 근린주구단위계획(近隣住區單位計劃) 등에 반영되어 오늘날까지 도시개발에 영향을 미치고 있다.

개발제한구역의 대표적 선례로는 1580년 설치된 런던주변의 차단지대(遮斷地帶)를 들 수 있다. 당시 엘리자베스 1세는 런던의 과밀주거와 빈민들의 도시집중을 방지하고 전염병 예방을 위하여 도시경계로부터 3마일 이내에는 일체의 구조물의 축조를 왕실칙령으로 금지하였으나 구체적으로 실현시키지는 못하였다.

비교적 현대적 의미의 개발제한구역의 효시는 하워드의 전원도시계획이라고 할 수 있다. 전원도시계획에서는 도시성장 자체를 주변의 공지(空地)로 된 환상농경지대(環狀農耕地帶)로 억제하도록 하며, 이들 주변 공지는 도시민을 위한 식량공급이나 여가 및 위락공간으로 활용하도록 되어 있다. 도시의 성장억제를 위한 환상농경지대 개념은 그 후 점차 발전하여 언윈(Raymond Unwin) 등에 의하여 기존 대도시의 확산억제를 위한 개발제한구역제도로 정착되었다(김용웅, 1985 : 4).

3. 우리나라 개발제한구역제도의 도입배경과 개발제한구역 지정 현황

1) 개발제한구역제도의 도입배경

우리나라에서 개발제한구역은 1971년 도시계획법이 개정되어 개발제한구역에 관한 규정이 신설됨에 따라 이를 근거로 지정되기 시작하였다. 그러나 개발제한구역의 지정 요구는 1960년대 중반 이후부터 계속 있어 왔다.

정부는 1960년대 중반 이후 계속해서 대도시 집중방지를 위해 공공기관의 이전 등 각종 인구분산시책을 채택하기 시작했고, 개발제한구역 설치의 필요성 역시 대도시 성장억제 측면에서 강조되어 왔다. 이와 같은 요구는 1971년 도시계획법 개정시 구체화되어 나타났으며, 개발제한구역제도는 이와 같은 대도시 성장억제시책의 일환으로 채택되었다.

2) 개발제한구역의 지정 및 조정

개발제한구역은 1971년 7월 서울시 외곽 463.8km²에 최초로 지정되었으며, 그 후 1971 - 1977년 사이에 수도권과 지방 대도시는 물론 주요 지방공업도시 등에도 확대 지정되어 전국 14개 도시권에 전 국토의 5.4%에 해당하는 5,397km²에 걸쳐 지정되었다.

당초 개발제한구역제도는 무질서한 도시팽창과 주변도시와의 연담화 방지를 위해 시행되었으나 시가지가 개발제한구역 인근까지 확산되는 한편 개발제한구역 밖의 토지이용규제 완화도 뒤따랐다. 이에 따라 개발제한구역 일원과 그 인근 토지 간에 가격격차가 커지면서 개발제한구역의 조정에 대한 지역주민들의 요구도 증가하게 되었다.

이에 따라 건설교통부(1999)는 개발제한구역 지정 이후 계속되어온 주민들의 불만과 규제의 실효성 등을 고려하여 도시의 무질서한 확산과 도시주변 자연환경 훼손의 우려가 적은 7개 중소도시권(춘천권·청주권·전주권·여수권·진주권·통영권·제주권)은 개발제한구역을 해제하기로 결정하였다. 한편 시가지 확산압력이 높고 환경관리의 필요성이 큰 7개 대도시권(수도권, 부산권, 대구권, 광주권, 대전권, 울산권, 마산·창원·진해권)은 지방자치단체별로 환경평가를 검증한 후 광역도시계획을 수립하여 개발제한구역을 조정하기로 하였다.

☑ 연습문제

1. 도시성장관리(urban growth management)의 개념을 간략하게 설명하시오.
2. 지역 내 분산과 지역 간 분산의 개념적 차이점을 설명하고, 이들 각각에 속하는 전략들의 예를 들어 보시오.
3. 수도권문제를 보는 두 가지 시각이 존재한다. 이들 두 가지 시각을 비교하여 설명하시오.
4. 1994년에 개정된 수도권정비계획법 시행령은 수도권지역에서의 각종 시설의 신축에 대해 개별규제방식 대신에 총량규제방식을 채택하였다. 총량규제방식의 개념을 간략하게 설명하시오.
5. 광역도시체제의 다양한 운영방식에 대해 간략히 설명하시오.
6. 광역도시권 개발시 나타날 것으로 예상되는 부작용에 대해 설명하시오.

제12장

낙후지역개발전략

낙후지역개발문제는 선진국이나 개발도상국 또는 저개발국 모두가 지니고 있는 문제이지만, 특히 개발도상국 또는 저개발국에서 더욱 중요한 문제가 된다. 낙후지역을 많이 가지고 있는 국가는 결국 저개발 수준을 벗어나기 어렵게 되고, 이의 해결이 선진국으로 나아가는 중요한 관건이 될 것이다.

여기서는 낙후지역을 낙후된 농촌지역과 오지지역 문제로 국한하여 살펴보기로 한다.

1. 농촌개발의 개념

농촌개발이란 선진국 또는 개발도상국 모두에게 중요한 관심사이다. 그러나 농촌개발에 관해 보편적으로 받아들여진 개념정의는 없으며 다양한 상황에서 다양한 방법으로 사용되고 있다. 농촌개발은 개념적 차원에서 보면 농촌사람들의 생활의 질을 개선시키기 위한 관점에서 농촌지역의 전반적 개발을 의미한다. 이러한 시각은 종합적이고 다차원적인 개념으로서 농업뿐만 아니라 이와 관련된 다양한 활동, 즉 농촌산업과 기술·사회경제적 기반시설, 지역사회 서비스 및 공공시설, 특히 농촌지역 내 인력자원의 개발 등을 포함한다. 농촌개발을 현상적 차원에서 보면 이는 다양한 물리적·기술적·경제적·사회문화적·제도적 요소들 간의 상호작용의 결과이다. 농촌개발을 전략적 차원에서 보면 농촌빈곤층의 사회경제적 복지수준을 향상시키기 위한 것이다. 농촌개발을 학문적 차원에서 보면 이는 본질상 농업관련 학문·경제학·사회학·행태과학·공학·관리과학의 상호연계를 나타내는 다학문성을 지니고 있다.

챔버스(Robert Chambers)에 의하면 농촌개발은 농촌의 특수한 집단의 사람들이나 빈곤층이 자신들이나 자신들의 가족이 원하고 필요로 하는 것을 얻을 수 있도록 하는 전략이다. 여기에는 농촌지역 내 삶(livelihood)을 영위하는 사람들 중에 극빈층이 농촌개발의 편익을 더 많이 요구하고 통제하도록 도와 주는 것이 내포된다. 이러한 집단에는 소농(小農)·전지인(專地人)·소작인 등이 포함된다(Chambers, 1983 : 147).

한편 신그(Katar Singh)는 농촌개발을 "자립을 향해 농촌생활의 질을 개선하거나 일자리를 제공하기 위하여, 그리고 농촌지역의 경제성장을 조장하고 촉진시키기 위하여 자연 및 인적자원, 기술, 기반시설, 제도나 조직, 정부정책이나 프로그램 등을 개발하거나 효용화하는 과정"이라고 정의하였다(Singh, 1986 : 18-19). 여기에는 경제성장에 더하여 농촌 사람의 태도변화 및 많은 경우에 심지어 전통적인 관습이나 신념의 변화도 포함된다. 핵심적인 것은 농촌개발의 과정에서 사회체제가 불만족스러운 생활상태에서 물질적으로나 정신적으로 더 나은 생활조건을 향하여 움직여 나가는 전체변화를 나타내야만 하는 것이다.

2. 농촌개발의 기본요소

지리적 위치나 문화·사회발전의 역사적 단계가 무엇이든지 간에 농촌개발의 참된 의미를 구성하는 세 가지 기본 요소가 있다.

1) 생활유지

사람들은 그것 없이는 생존하기가 매우 어렵거나 심지어 불가능할지도 모르는 어떤 기본욕구를 가지고 있다. 이러한 기본욕구에는 식품·의복·거처·보건·안전 등이 포함된다. 이러한 것들 중 어느 것이라도 결핍되거나 극심하게 부족한 상태라면 이는 절대적 저개발상태가 존재한다고 말할 수 있다. 이러한 의미에서 경제성장은 농촌생활의 질의 개선을 위한 필수조건이다.

2) 자 존 심

모든 사람과 국가는 어떤 기본적 형태의 자존심·위엄·명예를 추구한다. 자존심의 결핍과 부인(否認)은 개발의 결핍을 나타낸다. 농촌의 개발을 말하기 위해서는 농촌에 거주하는 사람들이 자신의 삶에 대한 자존심을 지닐 수 있어야 한다.

3) 자   유

여기서 자유는 사회적 구속으로부터 자유, 정치적 및 이념적 자유를 말한다. 사회가 자연·무지·타인·제도·독단적 신념 등에 구속되어 있는 한 그 사회는 개발의 목표를 성취했다고 말할 수 없다. 어떤 형태로든지 구속은 농촌의 저개발 상태를 반영한다.

농촌개발의 새로운 경제적 견해는 주요 개발지표로서 불평등·실업 등을 감축 또는 제거하는 것으로 간주한다. 비록 1인당 소득이 두 배로 상승한다 하더라도 이들 중 어느 하나라도 악화되어 간다면 그 농촌사회는 개발되었다고 말하기 어려울 것이다. 경제적 진보가 농촌개발의 본질적 구성요소이지만 그것이 전부는 아니다. 개발에는 인간의 삶의 물질적·재정적 측면 이상의 것이 포함되어야만 한다. 따라서 농촌개발은 농촌경제 및 사회체제의 재조직 또는 재정향(再定向)을 포함하는 다차원적 과정으로 인식되어야 한다.

농촌개발에는 소득과 산출의 증진에 더하여 농촌 사람의 태도·관습·신념뿐만 아니라, 제도적·사회적·행정적 구조의 변화도 포함되어야 한다. 끝으로 농촌개발은 일반적으로 한 지역사회나 국가 내의 맥락에서 고려되지만 나아가 국제적인 경제·사회·정치체제의 근본적 수정도 요구할지 모른다.

3. 농촌개발의 측정지표

업호프와 에스만(Norman T. Uphoff and Milton J. Esman)은 농촌개발의 지표로
서 다음과 같은 7가지 차원을 제시하였다(Uphoff & Esman, 1980 : ch. 3).
① 경작면적당 평균 곡물산출량으로 측정되는 농업생산성과 1인당 총농업생산
② 경작면적당 비료사용으로 측정되는 기술진보, 재배면적 중 관개(灌漑)지역
    이 차지하는 비율, 쌀이나 밀 등 고산출 곡물의 비중
③ 영양·보건·교육수준 등으로 측정되는 농촌복지
④ 자연재해로부터의 보호, 폭력으로부터의 보호, 정의에의 접근 등으로 측정
    되는 안전
⑤ 소득계층에서 상위 20%와 하위 20%의 비율로 측정되는 소득분배
⑥ 인구성장률과 실업률
⑦ 정치참여, 관료제 통제, 농촌개발정책에의 영향, 공공서비스와 자원의 배
    분 등으로 측정되는 정치 및 행정참여

4. 농촌 및 농업의 기능

인간의 기본욕구로서 흔히 의식주를 지적하고 있다. 분명한 한 가지 사실은
누구나 생존하기 위해서는 적절한 식품섭취가 요구된다는 것이다. 이러한 생존의
가장 필수적인 식품공급은 농업이 담당하고 있는 것이다. 따라서 농업이 없는 인
류사회는 지금처럼 과학이 발전한 시대에서도 생각할 수 없는 것이다.

18세기 영국에서 시작된 산업혁명 이전의 사회에서는 대부분의 농업이 국가
의 기간산업이었다. 그러나 산업혁명이 급속히 진전됨에 따라 농업은 그야말로 쇠
퇴일로를 걷게 되었다. 따라서 농업의 쇠퇴과정은 산업화와 불가분의 관계를 맺고
있는 것이다. 사실 산업화 과정에서 농업은 상당한 역할을 수행하였다. 농업은 식
량을 공급함으로써 식량수입에 지출될 외화를 절약하였다. 심지어 일부 선진국에
서는 식량을 수출함으로써 산업화에 필요한 자본을 형성할 수 있었다. 뿐만 아니
라 농업에서의 자본축적, 나아가 농업의 정부 재정수입에의 기여, 국내 공산품에
대한 구매력 증진, 농업노동의 대규모 이동을 통한 산업 노동력 공급 등의 중요한

기능을 농업이 수행하였다. 아울러 농업은 많은 산업에 원료공급의 기능도 담당하였다.

1) 생산적 기능

농업의 가장 전통적인 기능은 생산적 기능이다. 어느 국가를 막론하고 농업은 식량의 안정적 공급기능을 담당하고 있다. 사실 이는 가장 중요한 기능이며 본질적 기능이다.

2) 공익적 기능

농업의 공익적 기능은 비교역적(non-trade) 기능이라고 불리우며, 이는 시장가격으로 환산되지 않는 농업의 가치를 단순히 시장가격의 기준을 통하여 교역해서는 안 된다는 것이다. 모든 재화나 서비스는 시장가격으로 표시되지만 그렇지 못한 경우도 있다. 이를 보통 공공재 또는 공공서비스라고 부르며 외부효과라고도 부른다. 농업은 바로 이러한 공공재적 성격을 지니고 있는 것이다. 농업생산의 외부경제적 효과인 공공재적 성격을 살펴보면 소득형성과 고용기회 제공, 거주지 제공, 국토의 보전과 자연환경의 유지보전, 자연경관의 유지와 쾌적한 여가공간 제

<그림 12-1>　농업의 환경보전기능

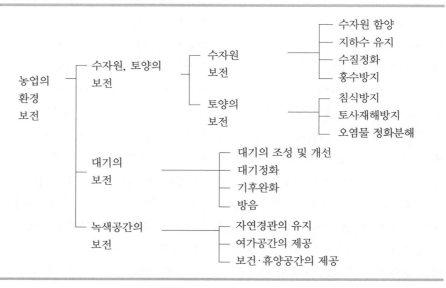

공 등이 있다(유병규, 1993 : 40). 이 외에도 전통문화보존기능, 국민정서 함양기능
등도 있다.

　　최근에 지속가능한 농업(sustainable agriculture)이 중요하게 논의되고 있으며,
어떻게 하면 자연환경 내지 자연생태계를 파괴하지 않고 농업생산성을 향상시킬
수 있을 것인가가 주된 관심사가 되었다. 농업은 본질적으로 환경보전에 크게 기
여하고 있다. 농업은 수자원과 토양자원을 보전하며, 나아가 대기보전 및 녹색공
간을 유지하는 기능을 담당한다. 농업의 환경보전 기능을 그림으로 나타내면 〈그
림 12-1〉과 같다.

　　따라서 농촌개발정책은 단순한 생산적 기능의 관점에서만 고려되어서는 안
되며, 이러한 다양한 기능들을 복합적으로 고려하여 이루어져야 할 것이다. 이러
한 관점에 입각한다면 산간 오지의 농업개발 및 농촌개발의 투자가 정치사회적 측
면뿐만 아니라 경제적 측면에서도 타당성을 가진다.

제2절　농촌개발정책

1. 농촌개발정책의 필요성

　　정부에 의한 농촌개발정책이 필요하게 된 구체적 이유를 몇 가지 들어보면 다
음과 같다.

1) 도농(都農) 격차의 완화
　　정부는 1960년대 이후 급격한 산업화로 상대적으로 침체에 직면하게 된 농촌
지역을 살기 좋은 마을로 가꾸기 위해 여러 가지 농촌계획을 마련하여 시행하였
다. 새마을사업은 이미 잘 알려진 것이고 그 외 농가소득의 향상을 위한 다양한 정
책을 시행하여 왔다. 그러나 아직도 도농 간의 격차는 여전하며 농촌지역의 빈곤
문제는 주요 정책과제로 남아 있다. 산업화로 인한 경제성장이 개발이익의 공평한
분배를 자율적으로 보장해 주지는 못한다. 그러므로 '정의로운 성장'을 위한 공공
정책이 요구된다고 할 수 있다.

2) 농산물 생산량·가격·소득의 심한 변동성

농산물은 그 속성상 생물이므로 비농산물에 비하여 변덕스러운 속성을 가지며, 따라서 가격변화의 폭이 매우 크다. 농산물 생산의 심한 변동성은 가격변동과 소득변동으로 이어진다. 이러한 결과의 주된 이유는 농산물에 대한 수요가 비탄력적이기 때문이다. 대부분의 농부는 규모[1]면에서나 소득면에서 영세하기 때문에 농산물 생산량과 가격에서의 심한 변동폭을 감당하기에는 역부족이다. 따라서 이들은 자유시장의 부정적인 효과로부터 어떤 보호가 필요한데, 이러한 보호는 정부에 의한 가격보조·보험·신용정책 등의 형태로 제공될 수 있다.

3) 농촌빈곤과 소득불평등

농촌의 일인당 평균소득은 도시지역에 비해 낮을 뿐만 아니라, 그 소득분배상태도 더 불평등하다. 따라서 정부는 이러한 빈곤[2]과 불평등을 제거하기 위한 빈곤퇴치사업을 시행할 필요가 있다.

4) 소규모, 분산적인 비조직적 농촌기업

대부분의 농촌기업은 소규모이며 그것도 분산적이다. 그리고 조직면에서도 매우 열세에 놓여 있다. 그러므로 이들은 농산물 시장에서 협상력이 매우 약한 위치에 놓이게 된다. 따라서 정부는 농촌지역 내 개인이나 집단의 협상력을 강화하고 기회균등을 촉진시키면서 강자의 착취를 억제하기 위한 정책을 필요로 한다.

5) 농촌지역 내 부적절하고 빈약한 기반시설

농촌지역은 도시지역에 비해 도로·식수·전기·학교·병원·치안·교통 및 통신시설 등 기반시설과 서비스의 공급면에서 취약한 상태에 놓여 있다. 그리고 농촌지역은 여러 세대에 걸쳐 빈약한 교육, 빈약한 건강, 실업, 빈곤 등의 악순환에 빠질 수 있다. 따라서 이러한 악순환을 타파하기 위하여 정부는 적극적인 정책적 개입을 시도할 필요가 있다.

---

1) 우리나라의 농업생산구조는 전통적으로 자급자족적인 소농경제체제를 유지하여 왔다. 최근 상업적 영농화가 상당히 진척되고 있지만 아직 영세성을 면치 못하고 있다. 이는 결국 농업의 기계화에 걸림돌이 되고 있으며 농촌의 빈곤을 지속시키는 요인이다.

2) 우리나라의 경우 농촌의 빈곤과 농업생산의 영세성으로 인하여 농촌의 노동력이 양적 및 질적 저하를 가져와 노동력의 구조변화를 겪었다.

2. 농촌개발정책의 요소

농촌개발정책을 수립할 때 고려해야 하는 중요한 요소들을 정리하면 다음과 같다(OECD, 1996 : 12-14).

1) 협조체계

농촌개발과정에서 여러 수준의 정부 간에 협력체계(partnerships)를 통한 조정을 확보하는 것이 매우 중요하다. 농촌개발과정에서 중앙정부는 지방 리더십을 지원하는데, 이때 지원되는 방식은 정책의 효과성에 영향을 미치게 된다. 점차적으로 공공·민간·자원봉사단체 간에 얼마나 성공적이며 혁신적인 협력체계가 구축되는가가 농촌경제 통합에서 주된 요소가 되고 있다.

2) 지역접근을 병행한 분야별 접근

각 국가는 국가 전체를 위한 분야별 정책(sectoral policies)을 수립하여 집행하고 있는데, 이때 지역적 상황(territorial context)이 고려되지 않고 집행되므로 농촌지역의 어려움이 발생한다. 그러므로 지역적 상황을 고려한 분야별 정책이 수립되어야 하며, 수평적·다분야적·협동적 전략이 구사되어야 한다.

3) 농업과 농촌개발

농촌개발에서 농업이 차지하는 중요성이 점차 감소하고 있다. 그러나 농업은 여전히 농촌개발에서 중요한 역할을 수행하므로 종합적 농촌개발전략에서 반드시 고려되어야 한다.

4) 경제적 다양성

농촌지역의 경제가 점차 다양화되고 있다. 농촌지역에서 농업에 종사하는 인구보다 서비스업을 포함한 기타 산업에 종사하는 인구의 비중이 증가하고 있다. 농촌개발정책은 이러한 새로운 경향을 고려해야 한다.

5) 노동시장

농촌의 여건에 어울리는 유연한 인력수급을 위하여 적극적인 노동시장정책이 요구된다. 농촌에서도 교육과 훈련이 점차 중요하게 인식되고 있고, 외국인 노동자의 효율적인 활용방안도 마련되어야 한다.

6) 정보기술

새로운 정보기술의 이용가능성과 정보 고속도로의 출현은 농촌지역의 미래에 결정적 영향을 미칠 것이다. 이러한 정보기술의 발전은 농촌지역이 종래 가지고 있던 거리와 저밀도라는 단점을 완화시켜 줄 것이다.

7) 지배구조

농촌지역의 경제 및 사회개발을 촉진시키기 위해서 농촌의 행정과 지배구조(governance)에 대한 개선이 필요하다. 하향식 정책과 상향식 정책 간의 간격을 좁히는 것이 필요하며, 농촌지역 실정에 맞는 정책개발과 집행이 중요하다. 행정의 분권화가 지방 리더십과 책임성 강화를 위해 필요하다. 그러나 지역 간의 격차로 인하여 중앙의 역할이 여전히 필요하다. 아울러 자원의 제약으로 정책의 집행 전에 전략적 목표의 수립과 우선순위를 정하는 것이 필요하며, 지방의 추진력을 최대한 지원하는 것이 중요하다.

8) 우선순위

세계화시대에 농촌경제가 살아남기 위해서는 계속적인 농촌의 구조조정, 변화요인에 대한 분석·점검 등이 필요하다. 아울러 농촌지역의 고용창출, 창업, 문화적·환경적 유산에 대한 고려도 필요하다.

3. 농촌개발정책의 종류

정책은 질적인 것과 양적인 것으로 구분할 수 있다. 질적 정책은 새로운 제도 확립, 기존제도의 수정, 민간기업의 국유화 등을 통하여 경제구조를 변화시키는 것이다. 양적 정책은 세율 변화와 같은 어떤 매개변수의 크기를 변화시키는 것이다.

농업 또는 농촌개발정책을 강조하는 특정분야에 입각해서 분류해 보면 다음과 같다.

1) 토지정책

농촌사회의 발전을 위한 초석으로 농업구조를 재편할 필요가 있다. 건전한 토지정책은 농업과 농촌개발에 크게 기여할 수 있고, 따라서 높은 우선 순위를 받을 만하다. 토지정책은 무엇보다 과학적이고 집약적인 토지이용을 보장하고 생산적 고용을 창출할 수 있도록 해야 한다. 아울러 토지생산성의 향상을 위한 유인을 제공할 수 있어야 한다. 그리고 농촌개발과정에서 농지 소유자와 임차인 모두 참여할 수 있어야 한다. 아울러 다양한 농업법인의 활성화 방안도 마련해야 한다.

2) 산림정책

산림과 관련된 생산물에 대한 수요가 증가함에 따라 산림의 생산성 증진과 과학적 관리에 더 많은 관심을 기울일 필요가 있다. 국가의 산림정책은 두 가지 사항에 중점을 두어야 한다. 하나는 산림관련 산업을 위한 원자재와 농촌지역사회를 위한 소목재·연료목재·사료의 수요를 충족시키는 것이고, 다른 하나는 산림의 자연보호와 휴양 기능, 그리고 환경적 쾌적성을 위한 현재 및 미래의 요구를 만족시키는 것이다.

3) 투입정책

고도의 생산성을 지닌 근대화된 농업은 새로운 형태의 거대한 양의 투입물을 공급하는 것에 달려 있다. 새로운 형태의 투입물에는 산출을 높이는 다양한 종자·화학비료·살충제·신종 농기계·연장 및 장비·관개시설·전력공급 등이 포함된다. 농업에 대한 건전한 투입정책은 모든 필요한 투입물의 생산·보유·배분을 통합된 방법으로 제공할 수 있어야 한다. 기술적인 투입물과 서비스가 적시에 적절한 가격으로 모든 농업 생산자에게 이용가능하도록 고객 서비스가 증진되어야 한다.

농부가 새로운 투입물을 어느 정도 사용할 것인가는 이들의 물리적 생산성, 상대적 가격 및 이들의 사용에 따른 위험도, 특히 높은 가변적인 속성으로 인하여 나타나는 위험성 등에 달려 있다. 일반적으로 새로운 투입물의 생산성은 농부에게 이들을 사용하도록 할 만큼 매우 높지만, 가격과 위험(risk)이 너무 높아 대부분의 농부들이 사용하기에는 한계가 있을 수도 있다. 따라서 어떤 투입정책이 마련되어 새로운 투입물의 비용의 일부나 기후조건(냉해, 우박 등)에 따른 위험의 일부를 구제해 주는 정책대안이 마련되어야 한다. 투입물 보조금이나 농작물보험 등이 운영되다면 새로운 투입물의 사용을 널리 확산시키는 데 중요한 보탬이 될 수 있다. 물론 관개를 위한 적절한 물의 이용가능성은 새로운 종자나 비료의 사용을 위한 사전 요구조건이 되는데, 많은 경우에 이것이 새로운 투입물의 채택에 심각한 제약요인이 될 수 있다.

4) 보조서비스정책

농업 또는 농촌개발을 위한 보조서비스에는 생산·신용·운송·보관·가공처리·판매시설·연구·교육·훈련 및 특별강좌 등을 포함한다. 신기술의 채택이나 대부상환을 위한 적절한 소득흐름의 창출을 촉진시키기 위하여 통합된 신용서비스를 제공하는 신용정책이 마련되어야 한다. 대부금의 상환시기에 더 많은 융통성을 부여하는 농업 신용대출제도도 필요하다. 영세한 농부나 농업노동자들에게 신용의 범위와 이자율의 측면에서 특별한 고려도 주어져야 한다.

생산자에게 적절한 수입을 보장해주고 소비자에게 적절한 비용으로 농산물의 소비를 가능케 하기 위해서는 효율적이며 통합적인 생산·보유·보관·처리·판매체계가 필요하다. 이러한 활동들은 협동조합 등을 통해 운영되어야 한다.

소농(小農)에게 적절한 신기술은 대부분의 농촌개발 프로그램의 지속적인 성공을 위한 전제조건이다. 이것은 연구·교육·훈련·특별강좌 등의 통합된 접근이 채택되어야만 가능할 수 있다.

5) 가격정책

농업부문 내 투입과 산출가격 간의 관계는 농촌개발에 있어 매우 중요하며, 농업과 다른 경제부문 간의 교역조건도 농촌지역의 성장을 촉진시키는 데 매우 큰 영향을 미친다. 농업가격정책은 일반적으로 사회에 해로운 영향을 미치는 시장왜곡을 시정하는 것이 주된 목표가 되어야 한다. 이와 같은 맥락에서 시장가격에 큰 하락이 있을 때 가격보조금 운영을 통하여 생산자의 이익을 보호해야 하고, 반대로 시장가격에 큰 상승이 있을 때 시장가격 이하의 공정가격으로 식품이나 필수 농산물을 공급해야 한다. 그러나 보조금을 통한 농산물 가격의 조정은 시장메커니즘의 효율성을 저해할 수 있어 매우 제한된 범위 내에서 활용하는 것이 바람직하다.

6) 저개발지역의 개발을 위한 정책

개발의 과정에서 빈곤층이 많거나 자원이 부족한 지역은 더욱 낙후되는 경향이 있으며, 지역 간 또는 지역 내 소득격차도 더욱 벌어지는 경향이 있다. 사회의 모든 부문 또는 모든 지역의 균형개발을 위해서는 이러한 빈곤층과 낙후지역을 위한 특별한 정책이 필요하다.

7) 농촌개발의 조직과 행정을 위한 정책

농업개발과정에서 농촌지역사회가 더 적극적으로 관여하기 위해서는 강력하고 유능한 농민조직이 지역사회 밑바닥에서부터 전국수준에까지 형성될 필요가 있다. 이러한 조직의 주된 과업의 하나는 여러 가지 농촌개발사업의 목표를 달성하고 과학적인 영농을 하도록 농부들에게 동기를 부여하고 교육시키는 것이다. 또 다른 하나는 정부가 농촌지역사회의 이익을 보호하고 성장을 촉진시키도록 적절한 대책을 마련하도록 도와 주는 것이다. 여기서 특히 지적되어야 할 것은 이러한 조직 내에서 약자와 여성의 이익이 잘 대변되도록 하는 것이다.

농업은 지방정부의 과제이기 때문에 농업개발의 주된 책임은 지방정부에 있다. 그러나 중앙정부의 추진력 또한 매우 중요하다. 중앙정부의 추진력은 농업개발의 국가적 합의나 광범한 규칙제정에 필수적이다. 중앙정부는 많은 개발정책들을 추진해야 하며 지방정부의 농촌개발 프로그램의 효과적인 집행을 도와 주거나 지방정부의 집행력을 지원해 주는 제도를 확립해야 한다. 또한 중앙정부는 지방정부의 동의하에 국가 전체를 위한 법률을 제정해야 하고, 그렇게 하여 일률적인 정책이 국가적으로 추진되어야 한다. 이를 위해 국가 전체에 적용되는 법률과 규정을 제정할 수도 있다. 농업개발사업에서 중앙과 지방의 관계는 자문·합의·협조·보완성에 입각하여 농업개발의 원칙과 지침을 설정하고, 상호부조와 협조영역을 확장하여 중앙과 지방 모두의 추진력을 통한 조화로운 성장을 이룰 수 있도록 해야 한다.

농업개발에는 공동재(共同財)의 이익측면에서 추진되어야 할 것들이 많다. 예를 들면 소경작지의 통합·토양보전·토지개발·하수처리·식물보호사업 등은 지역에 기초를 두고 추진되어야 한다. 만약 다수의 수혜자가 동의한다면 일부 다른 사람들도 사업에 의무적으로 참여하게 하고 모든 수혜자가 비용을 부담하도록 하는 규정이 마련되어야 한다. 예컨대 비료나 살충제의 경우 질적 통제가 매우 중요하다. 종자개량은 순수성과 발아(發芽)를 보장하는 증명서가 필요하다. 식품은 보건기준에 적합하다는 증명이 필요하다. 이러한 것을 추진하기 위해 적절한 입법조치가 필요할 것이다. 일반적으로 입법을 통하여 작물재배면적을 규제하는 것이 불가능하다 하더라도 어떤 경우에는 작물품종과 재배면적을 조정할 필요가 있을 것이다. 토지개혁·최저임금·농민운동제한 등은 입법이 필요한 분야이다. 어떤 경우라도 지역차원의 사업추진을 위해서는 통일성이 바람직하다.

농업개발분야의 행정구조는 과학적인 영농개발의 요구에 신속하게 대응하고, 질서가 있으면서도 빠른 농업의 근대화를 추진할 수 있어야 한다. 행정구조는 지방정부에서 농촌지역사회의 하부단위까지 단일의 명령계통에 입각해야 하며, 행정의 기술적 능력증진과 의사결정 책임의 분권화 및 현장 행정의 강화에 중점을 두어야 한다.

제3절 농촌개발전략

농촌개발전략은 국가에 따라, 그리고 시대에 따라 다양할 수 있지만 여기서는 대표적인 몇 가지 전략을 소개하기로 한다.

1. 성장지향적 전략

이 전략은 다른 지역의 사람들과 마찬가지로 농촌지역의 사람들도 합리적인 의사결정자이며 적절한 기회와 환경하에서 자신들의 소득을 극대화하려고 노력할 것이라는 철학에 입각해 있다. 이러한 전략하에서 지방정부의 역할은 기반시설을 제공하고 농촌산업의 성장을 자극하기에 유리한 분위기를 조성해 주는 것이다. 이 전략의 가장 중요한 가정은 증가된 생산성이 점차적으로 빈곤층에게 누적(trickle down)될 것이라는 점이다. 민간과 공공기관의 활동의 규제와 조정은 일차적으로 시장메커니즘을 통해서 가능하다.

2. 복지지향적 전략

이 전략은 대규모 사회복지 프로그램을 통하여 농촌인구의 전반적인 복지와 아울러 농촌빈곤층의 구체적 복지를 증진시키려는 것이다. 이 전략은 농촌지역에서 재화와 서비스 및 주민 쾌적성을 무료로 공급하고 배분하는 것을 1차적 수단으로 사용한다.

이 전략의 주된 가정은 농촌지역 사람들은 자신의 문제를 판별하고 해결하기 위한 능력이 없으며, 따라서 정부의 전문가들이 대신하여 이들의 욕구를 판별하고 정부가 이용가능한 재정적 또는 행정적 자원으로 이러한 욕구를 충족시킬 수 있다는 것이다. 여기서 농촌지역사회의 역할은 정부가 제공하는 서비스를 수동적으로 받아들이는 것이다. 따라서 정부사업의 성과는 얼마나 많은 재화와 서비스 및 주민 쾌적성이 공급되었는가에 따라 평가된다. 복지지향적 전략의 선택은 결과적으로 두 가지 양상을 보여 준다. 즉 농촌의 빈곤층은 많은 지역에서 정부사업을 통해 상당히 많은 편익을 누려 왔지만, 다른 일부 지역에서는 그러하지 못하였다. 그리고 이 전략은 정부에 대한 농촌의 의존성을 키워 왔다는 비판을 받아 왔다.

3. 대응적 전략

이 전략은 농촌 주민들이 자신들 스스로의 조직과 다른 지원체제를 통하여 스스로를 돕도록 하는 것을 목표로 삼는다. 여기에서 주된 관심은 농촌 주민들이 스스로 규정한 주관적 욕구에 대응하도록 하는 것이다. 정부의 역할은 지역적으로 이용가능하지 않은 기술과 자원을 제공함으로써 농촌지역 주민들의 자조 노력을 도와주는 것이다. 이 전략의 주된 가정은 농촌 빈곤층이 만약 최소한의 자원이 주어지고, 나머지는 그들 자신의 아이디어와 창의력에 맡겨 주면 자신들의 문제를 파악하고 해결할 것이라는 것이다. 이 전략의 1차적 성과지표는 사업활동에의 지역사회 참여와 통제이다.

4. 통합적 또는 전체적 전략

이 전략은 앞에서 제시된 세 가지 전략의 긍정적인 측면을 모두 종합하여 성장, 복지, 형평성 또는 지역사회 참여의 목표를 동시에 달성하기 위하여 제안되었다. 이 전략은 빈곤·실업·불평등 등의 기본적 문제에 대해 매우 종합적이지만 통합된 견해를 취하여 이러한 문제들의 물리적·경제적·기술적·사회적·동기적·조직적·정치적 기반을 강조하려고 한다.

지역사회 스스로가 개발과정에서 정부와 동반관계를 유지할 수 있도록 그들의 능력을 향상시킴으로써 이 전략의 여러 가지 목표가 달성되도록 한다. 이 전략의 기본가정은 정부는 사회적 권력관계를 재편성할 수 있고, 중앙집권화된 관료제는 지역사회집단과 권력을 공유하는 것을 배울 수 있다는 것이다. 이 전략의 성공적 집행을 위해서는 수직적·수평적 통합을 위한 항구적 메커니즘을 가지는 복잡하게 분권화된 메트릭스구조, 전문가와 행정가의 협업, 제도적 리더십, 사회적 개입능력과 체제관리 등이 요구된다.

제4절 오지낙후지역의 개발

---

1. 오지(奧地)낙후지역개발의 의의

산업화 과정에서 지리적 입지조건이 불리한 산간오지지역은 정부의 각종 개발계획과정에서 소외되어 왔다. 그래서 이러한 지역은 경제적·문화적 생활수준이 상대적으로 낙후되어 인구유출이 지속되었으며, 이로 인해 과소화(過疏化) 현상이 심화되었다. 따라서 정부는 국토자원의 균형개발이라는 거시적 차원에서 이들 지역을 개발할 필요성에 직면하였다.

1) 오지개발의 목표
「오지개발 촉진법」 제1조에 의하면 오지개발의 목적은 산업 및 생활기반시설이 다른 지역에 비해 현저히 낙후된 오지지역을 종합적으로 개발함으로써 주민의 소득증대와 복지향상을 기하고 지역 간 격차를 해소하여 국토의 균형 있는 발전을 도모하는 것이라고 명시하고 있다. 여기에는 오지지역의 물리적 개발뿐만 아니라 사회적 혹은 문화적 개발도 포함하는 종합적 개발의 성격을 지닌다.

2) 오지개발지구의 지정기준

「오지개발 촉진법」에 의하면 오지개발지구의 지정은 오지면(奧地面) 중에서 선정하게 되어 있다. 오지면의 범위는 도시로부터 상당한 거리에 있는 교통불편지역, 즉 시(市)와 경계를 접하지 않거나 지세(地勢)·도로여건으로 보아 시와의 내왕에 상당한 시간이 소요되는 면(面)지역과 개발수준 및 주민 1인당 소득수준이 전국 면단위 평균 이하인 지역이다.

오지면 중에서 개발지구를 선정할 때는 다음과 같은 기준을 고려해야 한다.
① 해당지역 및 인접지역에 대한 개발의 파급효과
② 기존에 추진중인 국가 및 지방자치단체의 개발사업 유무
③ 지방비의 부담능력
④ 오지면의 군(郡)별 분포

2. 오지낙후지역의 개발방향

오지낙후지역은 근본적으로 농촌지역과 본질을 같이 하고 있으므로 이에 대한 개발방향 또한 농촌문제에 대한 것과 동일차원에서 접근될 수 있다. 그러나 오지낙후지역은 일반 농촌지역과 다른 몇 가지 특성을 지니고 있으므로 오지낙후지역의 개발방향에 있어서는 그러한 점이 중점적으로 고려되어야 할 것이다. 따라서 여기서는 이러한 오지지역의 특수성을 고려하여 개발방향을 제시한다(김선기, 1991 : 59-62).

1) 오지지역의 접근성 제고

오지(奧地)란 용어 자체가 내포하듯이 오지낙후지역은 지역 내의 접근성이 매우 낮아 이의 개선이 요구되는 지역이다. 오지지역이 낙후지역으로 된 근본적인 이유는 이 지역에 대한 낮은 접근성으로 인하여 국가전체의 성장과 개발과정에서

소외되었기 때문이다.

2) 정주체계의 개선

오지지역의 정주체계의 안정을 도모함과 아울러 개발투자의 경제적 타당성을 높이기 위하여 정주체계의 개선이 필요하다. 오지지역은 인구가 저밀도인 것이 특징이다. 소규모 경지로 인하여 마을의 규모가 작고 가옥이 산재해 있는 산촌이 대부분이다. 더욱이 급격한 인구유출로 어떤 오지낙후지역은 마을이 폐촌되거나 촌락이 공동화(空洞化)되는 현상까지 보이고 있다.

오지지역의 경우 공공기반시설의 투자개발은 수요자가 절대적으로 적을 뿐만 아니라 공간적으로 분산되어 있는 상황이기 때문에 매우 어려운 과제이다. 오지낙후지역의 개발에 있어서 이러한 제약을 효과적으로 극복하느냐가 중요한 관건이 된다. 따라서 현실적으로 모색할 수 있는 한 가지 방안은 기존에 공간적으로 분산되어 있는 몇 개의 소촌(小村)을 한 단위로 묶어 경제적으로 기반시설의 적정한 유지가 가능할 만큼 촌락의 규모를 확대하는 것이다.

3) 특수농작물 개발

오지지역의 지리적 특성은 경지율이 일반 농촌에 비해 현저히 낮고 경사도가 높다는 점이다. 따라서 농업생산성이 매우 낮은 한계농업이 일반적이다. 이러한 지리적 여건을 감안하여 오지지역은 그 지역상황에 맞는 특수농작물을 개발해야 한다. 특수농작물은 소품종 전문생산이 유리하므로 기계화가 덜 요구되고 소자본에 의해서도 재배가 가능하기 때문이다.

☑ 연습문제

1. 농촌개발의 기본요소에 대해 설명하시오.
2. 농촌개발의 정도를 측정하기 위한 지표를 설명하시오.
3. 농촌개발정책이 왜 필요한지 그 이유를 설명하시오.
4. 농촌개발정책에는 어떤 종류가 있는지 설명하시오.
5. 농촌개발전략을 설명하시오.
6. 오지낙후지역의 개발방향에 대해 설명하시오.

제13장

지역혁신전략

제1절 지역혁신전략의 의의

　　세계화의 추세와 함께 지방화의 흐름이 새롭게 주목받고 있다. 경제·사회·문화 등 제반 영역에서 전 지구적 차원에서의 '전통적 국경의 붕괴' 현상을 지칭하는 세계화(globalization)의 흐름은 역설적으로 지역차원의 자생적 경쟁력과 정체성을 강조하는 지방화(localization)의 움직임을 불러일으키고 있다. 원심력과 구심력의 관계와 같이 조화를 이루기 어려울 것 같은 두 가지 흐름의 공존 내지 추구는 지역경제현상을 연구하고 실천하는 학자들과 실무가들에게 새로운 발전전략을 모색하지 않을 수 없도록 하고 있다. 그와 같은 발전전략 모색의 한 과정에서 최근 학계, 실무계, 그리고 일반 시민에 이르기까지 주목받고 있는 전략이 지역혁신전략이다. 이하에서는 우선 지역혁신전략이란 과연 무엇을 의미하는 것이며, 지역혁신전략이 왜 최근에 주목받고 있는 것인지, 그리고 우리가 흔히 지역혁신전략이라고 생각하고 추구하는 것들에서 오해 내지 오류는 없었는지에 대한 검토가 필요할 것으로 보인다.

1. 지역혁신전략의 개념

지역혁신전략이란 지역혁신을 달성하기 위한 전략이다. 경제의 동태적 발전현상에 주목한 슘페터(J. A. Schumpeter)는 저서 「경제발전의 이론」에서 기업가의 혁신행위가 경제발전의 요체라는 점을 지적하고 있다. 그의 말에 따르면 혁신(innovation)이란 "① 새로운 재화, 즉 소비자 간에 사실상 알려져 있지 않은 재화혹은 새로운 특성을 가지고 있는 재화의 생산; ② 새로운 생산방법, 즉 당해 산업부문에서 아직 알고 있지 않은 생산방법을 도입하는 것이다. 이 도입은 반드시 과학적으로 새로운 발견이어야 할 필요는 없으며, 상품의 상업성을 높일 수 있는 새로운 방법을 포함한다; ③ 새로운 판로의 개척, 다시 말해 해당 국가의 해당 산업부문이 종래 참가하지 않았던 시장을 개척하는 것이다. 단 이 시장이 이미 알려진것인가 어떤가는 묻지 않는다; ④ 원료 혹은 반제품의 새로운 공급원 획득. 이 경우에도 공급원이 기존의 것인지 혹은 새로 만들어 내지 않으면 안 되는지는 묻지않는다; 그리고 ⑤ 새로운 조직의 실현, 즉 독점적 지위(트러스트 등)의 형성 혹은독점의 타파"(김영철 역, 2001 : 414). 즉 슘페터는 오래전부터 경제발전이란 새로운상품·생산공정·판로·원료·조직 등을 기업활동에 도입, 즉 혁신하는 데에서 기인한다는 사실을 간파하고 또 지적하고 있다.

따라서 지역혁신이란 슘페터식의 혁신활동에 공간적 차원이 부가된 어떤 것이라고 규정할 수 있다. 지역을 자만스키(Czamanski, 1973)가 규정하고 있듯이 구조에 있어서 포괄적이고 독자적으로 기능을 할 수 있는 국가경제 내의 영역을 의미한다고 볼 때, 그와 같은 영역의 혁신이 지역혁신이 된다. 그런데 슘페터는 경제발전에 초점을 두다 보니까 기업활동 위주로 혁신을 바라보았지만, 혁신이 기업활동내로 한정될 필요도 없고 또 그럴 수도 없을 것으로 보인다. 왜냐하면 기업활동을현대의 개방체제이론(open system theory) 관점에서 볼 때, 제반 환경변수(정치·사회·문화 등)와 별개로 존재할 수 없기 때문이다.[1] 결과적으로 지역혁신은 지역기술혁신뿐만 아니라 지역정치혁신, 지역사회혁신, 그리고 지역문화혁신 등 포괄적인영역에서 발생할 수 있고, 개별 부문의 혁신은 다른 부문들의 혁신 정도와 긴밀하게 연계되어 있을 것이다.

---

[1] 체제이론 중 환경변수와의 상호작용을 고려하지 않는 것은 폐쇄체제이론(closed system theory)이다.

종합하면 지역 구성체의 삶의 질을 높일 수 있는 경제·사회·문화·정치 등 제반 영역에서의 새로운 아이디어의 도입(창출) 및 적용 그리고 확산전략을 지역혁신전략이라고 부를 수 있을 것이다. 다만 최근의 지역혁신전략 논의는 지역기술혁신에 대한 논의에 관심이 집중되어 있는 것으로 보인다. 지역문화나 지역정치의 혁신 등이 지역주민의 장기적인 삶의 질 제고과정에서 중요한 것이 사실이지만, 지역기술혁신에 비해 흔히 장기간이 소요되고 관련 변수 또한 보다 다양하고 복잡하기 때문일 것이다. 더구나 지식기반경제로의 전이와 함께 지식과 정보의 가치가 높아지고 지식과 정보가 부가가치 창출의 원천이 됨을 지각하게 됨에 따라 기술혁신을 통한 부가가치의 제고에 초점이 부여되었기 때문일 것이다. 그런데 고부가가치의 창출과정에서 초기 단계에는 기술혁신이 강조되겠지만, 점점 문화와 제도 혁신 쪽으로 그 중점이 이행할 것으로 보인다. 그리고 그 과정 속에서 관련 역할 주체들 간의 신뢰와 정보교류·학습의 공유 등을 원활하게 하는 사회적 자본(social capital)의 형성 또한 중요하게 작용할 것으로 보인다.

2. 지역혁신전략의 필요성

지역혁신전략이 최근 왜 그렇게 주목받게 되는 것일까. 과거에는 지역혁신에 대한 수요가 없거나 미약해서 그런지, 또는 다른 상황변수의 변화에 의해서 그런지가 의문이 될 수 있다. 지역혁신전략이 최근 주목받고 있는 이유는 여러 가지가 있겠지만, 무엇보다도 세계화와 지방화라는 이질적이면서 분리할 수 없는 두 흐름과 무관하지 않은 것으로 보인다. 전통적인 국경의 쇠퇴는 무한경쟁이라는 새로운 차원의 부담이자 기회를 제공하고 있고, 지방적 차원의 경쟁력의 제고와 정체성의 확립은 내부 역할요소들의 연계성(지역에 있어서 관민파트너십이나 산-학-연-관 협력 등) 제고와 함께 새로운 것(창조적 파괴 등)에 대한 모색을 게을리할 수 없도록 만들고 있기 때문이다. 특히 지식기반경제로의 이행과 함께 지역차원의 자생적 경쟁력 확보의 중요성이 더욱 더 강조되고 있다. 지역발전 과정에서 지식과 정보의 중요성이 높아지는데 그것을 외부적인 원천으로부터 값싸게 조달할 수 있는 방법이 점점 더 어려워지고 있고, 따라서 그와 같은 문제를 해결해 가는 과정에서 내부 역할주체들의 연계성 제고를 통한 포지티브 피드백(positive feed-back)이 필수불가결하기 때문이다. 그리고 더 나아가서 지역발전이라는 과제는 중앙정부가 아닌 지역이 주도적으로 나서서 해결하지 않으면 해결할 수 없다는 새로운 자각이 확산되고 있기 때문이다. 결과적으로 지역의 삶의 질을 높일 수 있는 새로운 아이디어의 도입(창출) 및 적용 그리고 확산을 촉진할 수 있는 지역혁신전략 외에는 지역 나름대로의 자생력과 정체성이 요청되는 새로운 발전패러다임에 부합할 수 있는 매력적인 '이데올로기'가 흔치 않기 때문일 것이다.

3. 지역혁신전략에 대한 오해

지역발전과정에서 지역혁신이 중요하다고 할 때, 그 지역혁신 과정에서 우리가 흔히 빠져드는 오해 내지 오류는 어떤 것이 있을까?

첫째, 앞에서도 언급되었듯이 지역혁신전략을 지역기술혁신 전략과 동일시하는 경향이 있다는 점이다. 지역기술혁신은 지역혁신의 한 부문이다. 그리고 더 나아가서 지역기술혁신이 단기적·일회적인 속성을 가지는 것이 아니고 지속적으로 이루어지고 확산되어 나가기 위해서는 지역문화혁신·지역정치혁신·지역사회혁신 등 총체적인 혁신활동이 요구된다. 주어진 제반 제약여건 하에서 한정된 자원으로 가시적인 성과를 달성하기 위해서 지역혁신 중 지역기술혁신을 우선적으로 추진해 가는 것은 지역혁신의 전략상 적합한 대안으로 고려될 수 있겠지만, 지역혁신과 지역기술혁신을 등치관계로 놓을 수 있는 것은 아니다.

둘째, 지역혁신과 지역기술혁신을 동일시하는 경향에 더하여, 지역혁신전략을 첨단기술산업(high-tech industries)을 지역 내로 유치하는 것과 동일시하는 경향이 있다는 점이다. 지역혁신을 주제로 하는 각종 세미나, 언론의 관심, 그리고 지역정치가의 슬로건에 이르기까지 대개 명시적으로 언급하고 있지는 않지만, 지역기술혁신 그리고 그와 같은 맥락에서 첨단산업의 지역 내 유치가 흔히 언급되고 있다. 첨단기술산업이 지역 내로 유치되면 정도상의 차이는 있겠지만, 고용팽창·소비증가·세수확대·기술이전 등 다양한 형태의 긍정적인 효과를 기대할 수 있다. 따라서 첨단기술산업의 지역 내 유치활동이 지역혁신활동과 배치되는 것은 아니다. 하지만 중요한 점은 지역혁신 과정에서 첨단기술산업의 지역 내 유치활동은 작은 부분에 불과하다는 것이다. 지역기술혁신 과정에 있어서도 첨단기술산업의 지역 내 유치활동은 부분적인 기여를 인정받고 있는 정도이다. 게다가 지역혁신 이슈가 언급되고 있는 전국 대부분의 지역에서 첨단기술산업의 지역 내 유치가 만병통치약처럼 언급되고 있는데, 그 방안이 현실성이 있느냐의 문제가 있다. 첨단기술산업 역시 나름대로의 입지선호형태가 존재하고 또 나타나고 있는데, 한 나라의 모든 지역이 첨단기술산업을 유치할 수 없을 것임은 논리적으로 자명하기 때문이다. 오히려 지역의 토착적인 자원을 활용하고 그 연계성을 제고하며 잠재적 기회 발현의 여지를 확대해 가는 '토착적 지역혁신전략'이 실현성 있는 지역혁신방안이 될 수 있을 것이다. 토착적 지역혁신전략은 혁신전략상 하향식(top-down)의 혁신전략이 배제되는 것은 아니지만, 상향식(bottom-up)의 혁신전략을 토대로 추진될 수 있을 것이다.

셋째, 지역혁신은 지역산업계의 할 일 또는 지방자치단체의 할 일로 치부하는 경향이 있다는 점이다. 지역혁신전략이나 지역기술혁신 전략을 통해서 지역산업계와 지방자치단체가 긍정적인 이익을 예상할 수 있는 것은 사실이다. 하지만 토착적 자원에 토대한 지역혁신이 이루어지고 확산되어 나가기 위해서는 지역산업계, 학계, 행정 실무계, 그리고 지역 시민단체(NGO와 NPO) 등 광범위한 역할주체들 간에 네트워크와 신뢰 그리고 상호 학습체계의 확립 등 제반 요소가 어우러져야 될 것이다. 이와 같은 맥락에서 니지캄프 등(Nijkamp et al., 1994 : 225-246)은 지역의 생존 및 발전과정에서 "지역은 잔잔한 바다에 떠 있는 섬이 아니고 여러 가지 경쟁적인 힘들에 의해 지배되는 공간경제네트워크의 부분이며, …" 그와 같은 상황에서 지역이 제대로 발전해 가기 위해서는 지역 간 및 지역 내 네트워크 개념에 토대를 둔 지역혁신전략이 필요하다는 점을 지적하고 있다. 특히 동태적 상황하에서 혁신적 지역은 지방의 시너지를 통해서 지방의 창의성과 기술력을 자극하는 집합적 학습과정을 유도할 수 있을 뿐만 아니라 기술개발과정에 내재하는 동태적 불확실성을 상당부분 낮출 수 있다는 점을 강조하고 있다.

제2절 지역혁신전략과 지역혁신체계

지역혁신전략의 중심논제로서 최근 지역혁신체계의 형성 및 발전이 주목받고 있다. 지역혁신전략의 개념, 필요성, 그리고 관련 특성 논의에서 명료해 지듯이 지역혁신은 다차원적이고 복합적인 성격을 가지고 있다. 그런데 이와 같은 다차원적이고 복합적인 지역혁신을 포괄적으로 다루어 가는 과정에서 체계적인 접근방식이 유효하게 된다.

특히 1980년대 중반 이후 프리맨(Freeman, 1987, 1995)과 룬드발(Lundvall, 1988, 1992) 등이 일본과 동아시아 신흥공업국들(NICs)의 급속한 성장과정에 주목하여 '국가혁신체계(National System of Innovation : NSI)' 논의를 본격화하고, 이를 쿠크(Cooke *et al.*, 1997) 등이 지역단위의 지역혁신체계론으로 발전시킴에 따라 지역혁신전략에서 지역혁신체계 논의의 입지가 보다 강화되고 있다. 세계화와 지식기반경제로의 흐름 속에서 지역 단위의 내생적 발전전략(endogenous development strategy), 클러스터이론(cluster theory), 그리고 환경이론(milieu theory) 등의 등장과 유행도 동일한 맥락에서 파악할 수 있다. 이하에서는 지역혁신체계의 개념 및 성격을 살펴보고자 한다.

1. 지역혁신체계의 개념

지역혁신체계(Regional Innovation System : RIS)는 지역혁신이란 발전목표를 달성하기 위하여 다양한 지역혁신 역할 주체들이 상호 유기적인 연계를 맺고 협력 및 학습관계를 유지해 가는 것을 말한다. 지역혁신 역할 주체들로는 지역의 혁신역량을 제고할 수 있는 지역기업, 연구소, 대학, 지방자치단체, 그리고 기타 혁신지원기관 등을 들 수 있다. 그리고 지역혁신체계는 지역기업 및 산업만을 대상으로 하는 것은 아니지만, 흔히 지역산업체계·지역과학기술체계·지역인력양성체계·지역기반시설체계 등을 효율적으로 연계시키고 발전시키는 제반 활동을 수행하게 된다. 그리고 지역혁신체계는 외부적인 환경변수(예 : 관련 중앙정부와의 연계, 다른 지역혁신체계와의 연계, 세계화 흐름에의 반응 등)와의 지속적인 교호작용을 당연히 포함한다는 점에서 개방체계적인 관점을 취한다.

지역혁신체계의 개념을 보다 세부적으로 살펴보면 다음과 같다(이성근 외, 2004 : 257-258).

- 지역혁신체계는 지역혁신이라는 추상적이고 일반적인 목적을 가지고 있다.
- 지역혁신체계는 직·간접적으로 지역혁신환경의 창출이라는 기능을 수행한다.
- 지역혁신체계는 지역기업·대학·연구소·지방자치단체·기타 지원기관 등 다주체적인 특성을 지니고 있다.
- 지역혁신체계는 다수 역할주체들의 공식적·비공식적 참여 형태를 취한다.
- 지역혁신체계는 물리적인 기반시설이 토대가 되지만, 개념적으로는 비물리적인 형태를 기본으로 한다.
- 지역혁신체계는 어느 지역이나 형성 가능하고, 계획적이든 비계획적이든 그리고 정책적이든 비정책적이든 형성이 가능하다.

2. 지역혁신체계의 성격

지역혁신체계는 다양한 성격을 가지고 있다. 하지만 그중에서도 내생적 발전전략, 지역전략산업 육성전략, 그리고 국가균형발전토대 형성전략으로서의 성격에 대해 주목할 필요가 있다.

1) 내생적 발전전략으로서의 지역혁신체계

지난 수십 년간 우리나라의 개발전략은 '추격발전(catch-up development)'이나 '고도성장(high-speed development)'이란 말로 표현되듯이, 선진 산업사회에서 수세기에 이룩한 것을 수십 년 동안에 달성하는 압축성장전략이었다. 거의 무(無)에서 유(有)를 창조해 가기 위해서 국가 주도적인 발전전략을 채택하게 되었고 상당부분 성공적이었다. 1980년대 중반 이후 프리맨(Freeman, 1987, 1995)과 룬드발(Lundvall, 1988, 1992) 등이 국가혁신체계 이론 등을 제시하고 있지만, 사실 우리나라는 1960년대 초반부터 국가 주도적인 발전전략을 채택했다고 볼 수 있고, 또 그런 움직임은 독일 경제학자인 리스트(List, 1841)의 개발철학인 '낙후된 산업 및 경제현상을 극복하기 위해 국가시스템의 적극적 역할이 필요하다'는 논지와 일치하는 것이었다.

국가 주도적인 발전전략은 기본적으로 하향식 개발 패러다임의 외생적 발전전략으로서 대부분 선택적 집중개발형태를 취하게 된다. 그런데 선택적 집중개발방식은 특정 시기·특정 국가에서 불가피한 점이 없는 것은 아니지만, 장기적으로선택적 집중정책에서 선택이 되지 못한 지역은 상대적인 낙후와 제한된 지역자원의 외부유출로 더욱 큰 어려움에 처할 수 있다.

국가 주도적인 발전전략에서 선택받지 못하고 소외되었던 지역들은 국가 전체적인 성장이 어느 수준에 이르면 더욱더 많은 국가 차원의 지원을 통해서 성장을하고 상대적인 균형을 이루어 가야 할 것으로 보인다. 하지만 공간경제 현상은 항상 유동적인 것이고 제반 변화에 따라 변화하는 것이기 때문에 정작 일정 기간 후에 '교정적 개발'을 집행하는 것은 현실적으로 거의 불가능하다. 무엇보다도 정책집행시점별로 지역별 강점과 약점 그리고 기회요인과 위협요인 등이 각각 다를 수가 있다. 뿐만 아니라 정책집행의 효율성 측면을 고려하면 과거에 소외되었던 지역이라고 해서 무작정 국가적 자원 배분의 우선권을 주기도 곤란하다. 그런데 지역혁신체계는 국가단위보다는 지역단위의 경쟁력을 강조하고, 지역차원의 산-학-연-관 협력 메커니즘을 강조하는 것이므로 전형적인 내생적 발전전략의 한 형태로 볼 수 있다.

결과적으로 외생적 개발전략의 장점을 부인하는 것도 아니지만, 내생적 개발전략의 장점이 최근 새롭게 인지되고 있다. 특히 현재 우리나라와 같이 경제개발의 수준이 선진산업사회로 진입해 가는 상태에 있는 경우에는 내생적인 개발전략의 장점이 더욱 부각되고 있다. 최근 유럽의 지역구조 변형과정에서는 내생적 요인(local dynamism)의 중요성이 지적되고 있다(Maillat & Lecoq, 1992).

2) 지역전략산업 육성전략으로서의 지역혁신체계

내생적인 개발전략을 택한다고 해서 지역차원의 전략적 산업이 존재하지 않게 되거나 국가혁신체계와의 단절이 이루어지는 것은 아니다. 지역혁신체계가 제대로 작동하기 위해서는 지역적 토대 위에서 국가혁신체계와의 적절한 연계 및 협력 관계를 유지해 나갈 필요가 있다.

선진산업사회의 문턱에 서 있는 우리 경제는 내부적으로는 경제주체간 대립의 심화, 기술혁신이 미흡한 산업경제구조, 그리고 미성숙한 정치구조의 어려움에 봉착해 있다. 그리고 외부적으로는 선진산업사회의 견제와 개발도상국의 도전에 직면해 있다.

이와 같은 내적인 어려움 및 외적인 도전을 극복하는 과정에서 지역전략산업을 바라볼 필요가 있다. 지역차원에서는 주로 지역전략산업을 통해 지역의 생산성 제고 및 자립형 지방화로 이행해 가야 하고, 국가차원에서는 지역전략산업들의 총합적인 생산성 제고로 글로벌 경제에서의 국가경쟁력을 높여 갈 수밖에 없는 상황에 있다.

다만 지역전략산업의 선정이 정치행정적 메커니즘에 의해 결정되어서는 안될 것이다. 지역경제적 상황이 고려되어야 할 것이고, 무엇보다도 경제적 합리성에 의해서 지역전략산업이 선정되어야 할 것이다. 따라서 지역전략산업의 선정과정에서 지역혁신 역할 주체들의 집합체인 지역혁신체계의 역할이 중요할 것으로 보인다.

지역전략산업의 선정뿐만 아니라 육성과정에서 지역혁신체계의 기여가 중요할 것이다. 글로벌 경제하에서 지역전략산업의 생존전략은 무엇보다도 스스로의 지역적인 토대 위에서 경쟁력을 확보하는 것인데, 자립적인 경쟁력은 내부 혁신역할 주체들의 협력 및 경쟁을 통해 획득될 수 있기 때문이다. 글로벌 경제 및 지식기반사회로의 이행 속에서 고급기술 및 지식을 외부적인 원천을 통해서 획득하는 것이 점점 더 어려워지고 있는 것으로 알려져 있다(박종화·김창수, 2001).

3) 국가균형발전토대 형성전략으로서의 지역혁신체계

국가균형발전이라고 해서 우리나라의 모든 지역에서 예컨대 1인당 소득수준이 동일해야 한다는 것을 의미하는 것은 아니다. 뢰쉬(A. Lösch)가 중심지이론과 이상적 경제구역(ideal economic areas) 논의에서 명료하게 밝혔듯이 공간경제에서 균형상태란 상당한 수준의 자원 및 경제적 활동의 편재(偏在)를 수용하는 것이고, 결과적으로 1인당 소득수준 역시 지역별로 차이가 나타날 수 있다(박종화, 2002: 72-77). 문제는 '지나친' 편재로 인해 경제적 효율성이 떨어지는 것이다.

공간경제에 있어서 '지나친' 편재가 바람직하지 않다는 데에는 이론(異論)이 없다. 따라서 그 지나친 편재를 교정해야 할 필요가 있는데, 그 교정과정에 있어서 지역혁신체계의 역할을 검토할 필요가 있다.

민간부문의 입지결정 행태는 여러 가지 요인으로 설명할 수 있지만, 무엇보다도 해당 기업에 이익이 되는 쪽으로 움직여 간다는 것이다. 즉 국가균형발전은 민간부문의 입지결정과정에서 별로 중요한 고려사항이 아니라는 것이다. 국가균형발전이 민간부문에 이익이 되면 국가균형발전 쪽으로 입지결정을 하게 될 것이고, 반대 또한 마찬가지일 것이다.

따라서 지역혁신체계를 통해서 지역별 성장잠재력을 높이게 되면, 그렇지 않았을 때에 비하여 민간부문의 유입을 촉진시키게 될 것임을 알 수 있다. 뿐만 아니라 중앙정부가 국가균형발전 차원에서 공공기관의 지방이전, 지방대학의 육성, 지방자치단체의 실제적인 자치확대 등을 시행하면 지역혁신체계의 실효성 및 활성화를 기대할 수 있다. 그리고 이와 같은 흐름은 다시 지역별 성장 잠재력을 높이게 될 것이고, 민간부문의 지역 내 유입을 촉진하게 될 것이다.

3. 지역혁신체계와 사회적 자본[2]

세계화와 지방화의 흐름은 원심력과 구심력의 조화와 같이 지역단위의 자생적 발전을 불가피하게 강조하고 있다. 그런데 왜 그것이 현실적으로 여의치 못한가에 대해 지역혁신체계 접근을 해결방안으로 강조하는 연구들이 주목받고 있다. 이 과정에서 상당수의 연구자들은 지역혁신역량과 지역혁신네트워크에 동시에 작용하면서 그 동안에 흔히 '간과되어 왔던' 자원인 사회적 자본(social capital)에 주목하고 있다. 사회적 자본은 아직 개념상의 불명료성이 제대로 정리되지 못하고 있지만, 흔히 신뢰, 규범, 네트워크, 집단학습 등의 다양한 구성요소로 이루어져 있는 것으로 알려져 있다. 기존 논의에서 공통적인 속성을 정리하면, 눈에 보이지는 않지만 분명히 존재하고 있는 것, 지식기반사회로 이행하면 할수록 더욱 중요하게 부각되는 것, 단순 작업보다 첨단복합 작업 과정에서 보다 더 중요한 것, 그리고 여러 요인에 따라 확대 또는 축소될 수 있는 것 등을 들 수 있다. 결과적으로 지역혁신 역할주체들 간의 상호연계 및 협력을 강조하는 지역혁신체계에서 사회적 자본은 중요한 요소로 부각될 수 있다.

사회적 자본은 사회적 관계에 토대를 두고, 사회적 관계로부터 유도되는 자원으로서 흔히 개념화되고 있다. 포르테스(Portes, 1998 : 7)는 경제적 자본은 개별 은

---

2) 지역혁신체계와 사회적 자본 관계부분에 대한 논의는 박종화(2011 : 64-66)를 발췌·정리한 것이다.

행계좌에 있고 인적 자본은 각자의 두뇌 속에 있지만, 사회적 자본은 그 관계의 구조 속에 있는 것으로 정의한다. 퍼트넘 등(Putnam *et al.*, 1993 : 167)은 사회의 능률성을 제고시킬 수 있는 신뢰(trust), 규범(norms) 및 네트워크와 같은 사회조직의 특징을 사회적 자본이라고 정의한다. 사회적 자본에 대한 린(Lin, 2008 : 28-33)의 정의는 사회적 구조에 착근되어 있는 자원으로서 특정 목적 달성과정에서 접근 내지 동원될 수 있는 자원이다.

　　사회적 자본의 핵심은 사회적 네트워크가 실질적 또는 잠재적으로 가치 있는 자산으로 활용될 수 있다는 점이다(Putnam, 2000; Field, 2003 : 12). 사회적 네트워크를 통해 사람들은 상호이익을 토대로 서로 협력할 수 있고 사회적 응집력을 형성해 갈 수 있기 때문이다. 같은 맥락에서 린(2008 : 26-27)은 사회적 네트워크에 배태된 자원이 행위의 결과를 향상시키는 이유에 대해서 정보흐름 촉진, 영향력 발휘, 사회적 신임 보증, 그리고 정체성 인지 재강화라는 네 가지 요소를 강조하고 있다. 우선 정보의 흐름이 촉진된다. 개인 내지 집단은 흔히 의사결정과정에서 불완전한 정보에 직면하게 된다. 그런데 사회적 유대를 통해 개인 또는 집단은 기회와 선택에 관한 유용한 정보를 추가적으로 확보할 수 있고, 제반 의사결정 및 활동과정에서 거래비용을 줄여갈 수 있다. 둘째, 영향력의 발휘이다. 사회적 유대를 통해 고용, 승진 등의 중요한 순간에 핵심역할주체들에 접근할 수 있고 그들의 영향력 행사를 기대할 수 있다. 셋째, 사회적 신임(social credential)의 보증이다. 사회적 유대와 공인된 관계를 통해 개인 또는 집단은 사회적 신임을 얻을 수 있다. 사회적 유대 형태의 자본은 흔히 어떤 개인이나 집단의 자질이나 역량을 넘어서는 사회적 신임을 보증해준다. 넷째, 사회적 유대를 통해 정체성의 식별과 현상에 대한 공통인지를 개발할 수 있다. 유사한 이해관계와 자원을 공유하는 집단속의 개인은 해당 집단에서의 귀속감뿐만 아니라 특정 자원에 대한 접근성을 확보하게 된다.

　　나하피에트와 고살(Nahapiet and Ghoshal, 1998 : 245) 역시 네트워크에서 사회적 자본의 두 가지 중요한 생산적인 효과를 식별한다. 첫째, 사회적 자본은 활동 능률성을 높인다. 특히 가외성(加外性)을 줄임으로써 정보 분배의 효율성을 제고하고, 점검과정의 필요성을 줄임으로써 거래비용을 감소시킨다. 둘째, 사회적 자본은 적응적 능률성(adaptive efficiency)의 기회를 창출한다. 협력적 행태의 기회를 창출함으로써 사회적 자본은 창조적 상호작용과 집합적 학습과정을 촉진한다(Tura and Harmaakorpi, 2005 : 1115 재인용). 콜맨(Coleman, 1990)은 사회적 자본을 특정 유형의 행태를 촉진하는 기능, 네트워크상의 정보채널 그리고 규범 및 통제 등으로 구성된다고 보고 있다. 그는 사회적 자본과 개방적 네트워크의 긍정적 상호작용을 강조하고, 사회적 자본의 촉매자, 결합자, 제어자로서의 역할을 강조하고 있다.

결과적으로, 사회적 자본은 사회적 관계를 통해 형성된 것으로, 그 사회적 관계망 속의 개인 또는 집단이 특정 목적 달성을 위해서 접근 내지 활용할 수 있는 자원이다. 다만 그 자원은 화폐나 기타 유형적 재화와 달리 특정 개인이 전유할 수 없고, 유형적인 형태로 표출할 수는 있지만 대개 무형적인 형태로 존재하며, 총량을 특정화하기도 어렵다. 사회적 자본의 이와 같은 속성은 사회적 자본이 기본적으로 사회적 네트워크 속에 배태된 자원이기 때문이다.

제3절 지역혁신전략의 정책적 함의

지역혁신전략은 그 개념상 지역성, 혁신성, 그리고 계획성을 갖는 것이다. 글로벌 경제로의 진전 속에서 역설적으로 지역적 차원의 경쟁력의 중요성이 강조되고 있으므로(Porter, 1998, 2000) 지역이 혁신성을 갖고자 하는 것이나 혁신이 지역에 토대를 두는 것은 불가분의 관계에 있는 것이다. 지역성과 혁신성 간의 불가분성이 규범적 차원의 논의에서 벗어나서 실효성을 갖기 위해서는 그 관계에 계획성이 덧붙여질 필요가 있다.

지역성이라고 단순하게 표현하였지만, 지역은 그 개념과 속성 논의에서 분명하게 드러나듯이 아주 다양한 실체이다. 경제적 발전수준, 산업구조, 지리적·지형적 특성 등으로 인해 지역들은 대개 매우 이질적이다. 하지만 혁신성을 지향한다는 측면에서 공통적으로 바람직한 지역성을 추출해 보면 다음과 같다.

첫째, 국가혁신에 비해 지역혁신은 수평적 거버넌스 체제에 대한 의존도가 높을 것으로 보인다. 다양한 지역 역할 주체들의 창의적인 협력을 유도하기 위해서는 수직적인 지배구조의 한계가 적지 않을 것이기 때문이다.

둘째, 다양한 지역 역할 주체들의 창의적인 협력은 사회적 자본으로서 서로 간의 신뢰를 기본으로 요구할 것이다. 다양한 형태의 산-학-연-관(産-學-硏-官) 협력은 상호 이익을 배려하는 신뢰관계에서 발전적으로 형성될 수 있기 때문이다.

셋째, 혁신을 지향하는 지역성은 내부 역할 주체들 간의 협력적인 네트워크뿐만 아니라 외부 지식과 기술 그리고 시장에 대한 개방적인 네트워크의 구축이 중요하다. 그런데 네트워크 구축에 있어서 협력적인 네트워크의 구축이 바람직하지만, 항상 협력적인 네트워크로 나타나는 것은 아니다. 특히 민간부문에 있어서는 경쟁과 협력, 그리고 가능하다면 경쟁력이 있는 실체와의 협력관계를 통해서 서로 이익을 극대화하고자 할 것이다. 현실 세계에서는 상호 이익을 통해서만 협력적인 네트워크 형성이 지속적으로 가능할 것이다.

지역이 혁신성을 갖기 위해서 최소한의 필요요소들을 위에서 세 가지로 나누어 지적하였지만, 그것은 저절로 이루어지는 것이 아니다. 바람직한 목표를 설정하고, 그 목표를 달성하기 위한 현황 파악 및 분석, 그리고 미래의 행동대안을 마련하는 계획과정이 부가되어야 한다.

☑ 연습문제

1. 지역혁신이란 무엇지 설명하시오.
2. 지역혁신전략의 필요성을 설명하시오.
3. 지역혁신체계의 성격을 설명하시오.

제 4 편

지역개발과 재정

제14장

지역개발 재정체계

제1절 지역개발 재원조달방안

　　지방자치단체가 지역개발을 위해 사용할 수 있는 재원은 크게 중앙정부로부터의 재원조달, 지방자치단체의 자체재원조달, 그리고 민간부문의 활용을 통한 재

<그림 14-1> 지방자치단체의 지역개발재원

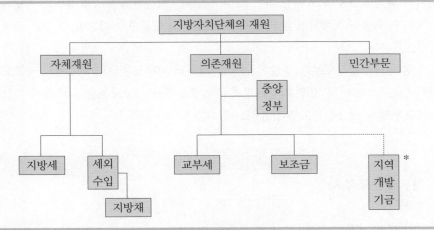

* 지역개발기금은 현재 본격적으로 실시되고 있지 못하며, 분류도 그 성격에 따라서 자체재원으로 분류할 수도 있다.

원조달 등으로 나눌 수 있다. 이러한 재원조달체계를 그림으로 나타내면 〈그림 14-1〉과 같다. 다만 민간부문 재원조달 내용은 제15장에서 별도로 다루기로 한다.

제2절   중앙정부로부터의 재원조달

지방자치제도가 정착되면 될수록 지방자치단체는 중앙정부로부터 독립성을 향유하게 될 것이고, 국지적 차원의 개발과정에서 필요한 재원조달에서 주도적인 역할을 담당하게 될 것이다. 하지만 현재 지방자치단체의 사회간접자본투자를 위한 재원의 대부분이 중앙정부로부터의 이전재원의 형태를 취하고 있으므로 지방재정조정제도의 획기적인 개편이 없이는 중앙정부로부터의 재원조달이 중요한 비중을 계속 차지하게 될 것이다.

현재 중앙정부로부터의 이전수입은 지방자치단체 간에 발생하는 재정적 불균등을 시정하여 공공재원의 배분상 효율성을 높이거나 특정목적의 공공재나 서비스의 공급을 확대하기 위한 재정수단이 된다. 또한 모든 지방자치단체에서 필수불가결한 기본적 공공서비스를 확보하는 재정적 수단이 될 수 있다.

중앙정부는 상위정부로서 이러한 지방자치단체 간의 재정적 격차를 해소하고 지역의 균형발전을 도모해야 하는 책임이 있다. 이전수입은 중앙정부가 지방자치단체의 자주성을 침해하지 않고 이러한 지역 간의 불균형을 해소할 수 있는 장치가 된다.

현재 중앙정부로부터 조달이 가능한 재원의 형태로는 지방교부세와 국고보조금이 있다. 2023년의 경우 지방재정의 수입부문에서 국고보조금의 비율이 27.2%, 지방교부세가 22.2% 정도를 점유하고 있다.

1. 지방교부세

1) 개   념

지방교부세란 지방자치단체의 부족한 재원을 보전해 주고 지방자치단체 간의 재정불균형을 시정해 주기 위한 제도로서 재원의 사용에 조건을 부과하지 않는 일반적 재정지원제도이다. 교부세제도가 지니는 중요한 의미는 사용에 아무런 제한을 부과하지 않으므로 지방행정의 자주성(自主性)을 침해하지 않는다는 점이다. 따라서 교부세는 중앙정부가 징수하여 그 재원을 지방자치단체에 배분하는 것으로서 중앙정부와 지방자치단체 간의 공유재원(共有財源, revenue sharing)이라는 성격을 지니고 있다. 교부세제도는 지방자치성을 강조하여 지방자치단체의 독립성을 강화한다.

2) 한계점 및 개선방안

지방교부세가 사용범위의 제한이 없지만 지역개발의 투자재원으로서의 이용은 미약한 상태에 있다. 거의 대부분의 지방교부세가 경상비로 충당되어 사용되고 있고, 시·군 등 기초자치단체의 경우에는 투자비 중 지방교부세의 비율이 단지 1−2% 정도에 머무르고 있다. 여기에다 현행 지방교부세의 배분기준은 지방자치단체별로 기준재정수요액에서 기준재정수입액을 차감한 부족분을 보통교부세 요구액의 산정기준으로 삼고 있기 때문에 자치단체별로 재원운용의 효율화를 통해 투자비를 확보하고자 하는 유인이 형성되어 있지 않다.[1]

따라서 지방교부세 배분방식이 경상비지출을 절약하면 배분금액이 증가되고 징세노력(tax effort)에 따라 교부세 배분액이 증가되는 식의 유인지향적 접근방식이 되어야 할 것이다. 그리고 현행 교부세제도는 지방자치단체의 기준재정수요액에서 기준재정수입액을 차감한 부족분을 보전(補塡)해 줌으로써 수직적 재정불균등을 조정하는 데 치중하여 지방자치단체 간의 수평적인 재정균등화 기능이 미흡하다. 따라서 지역 간 개발수준의 격차 및 기타 특수사정을 고려해서 차등배분이 이루어져야 할 것으로 보인다.

---

[1] 특별교부세로 교부한 금액 중 사용잔액이 예상되는 경우, 행정자치부장관이 지방행정 및 재정운용실적이 우수한 지방자치단체에 대한 재정지원을 위한 재원으로 사용할 수 있다고 새롭게 규정을 하고 있지만 아직 미흡하다.

2. 국고보조금제도

1) 개   념

국고보조금(grants-in-aid)이란 중앙정부가 지방자치단체에게 행정을 수행하는 데 필요한 경비의 재원에 충당하기 위하여 지출하는 지출금 중 용도를 지정하여 교부하는 재원을 의미한다. 여기에는 부담금, 교부금, 보조금 등이 포함된다.

부담금은 지방자치단체가 처리하여야 할 사무로서 중앙정부와 지방자치단체 상호 간에 이해를 공유하고 있는 경우에 그 원활한 사무처리를 위하여 중앙정부가 전부 또는 일부를 분담하는 경비이다(지방재정법 제18조 제1항). 이 부담금의 주요 지출대상은 생활보호·의료보호·전염병예방·직업안정·재해복구사업 등이 있다.

협의의 보조금은 중앙정부가 국가정책상 필요하다고 인정될 때 또는 지방자치단체의 재정 사정상 특히 필요하다고 인정될 때 교부하는 경비이다(지방재정법 제20조 제1항).

교부금은 중앙정부가 스스로 수행해야 할 사무를 국민의 편리, 경비의 효율성 등을 이유로 지방자치단체에 위임하여 수행하는 경우 지출되는 경비이다(지방재정법 제18조 제2항). 이 교부금의 지출대상은 국민투표, 대통령 또는 국회의원의 선거, 외국인 등록, 징병사업 등이 있다.

각 유형의 보조금에 대한 주된 질문은 금액을 어떻게 결정할 것인가 하는 것이다. 이는 정부 간 보조금 항목을 위한 수입기반을 규정하는 데 도움이 될 것이다. 그러나 정부 간 보조금은 중앙정부의 상황에 따라 또는 정치적 상황에 따라 변화할 수 있다. 이는 조세나 수익자부담금 수입에 비하여 지방자치단체의 통제력이 약하다.

정부 간 교부금의 상당액수는 배분공식에 기초하여 배분된다. 교부금이 지방자치단체의 다른 특성과는 관계없이 인구수 또는 1인당 학생수에 따라 일정액이 주어질 수 있다. 때로는 가장 곤궁에 처한 사람들을 돕기 위하여 다른 특성들이 공식에 포함되기도 한다. 예를 들면 1인당(또는 학생 1인당) 동등화된 재산가치나 소득이 낮은 경우 서비스에 대한 지불능력이 낮다고 보고 1인당 또는 학생 1인당 더 많은 교부금이 배분된다. 때로는 교부금은 지방자치단체가 거두어들이는 수입액에 따라 결정되기도 한다. 예를 들면 지역적으로 획득되는 수입액 1,000원당 250원이 교부금 액수가 되는 경우이다. 끝으로 교부금은 고속도로·특수교육·보건의료와 같은 특수한 지출항목을 위해 지정되어 배분될 수 있으며, 교부금이 지방자치단체가 스스로 판단하여 지출할 수 있도록 조건 없이 배분될 수도 있다.

국고보조금은 지방자치단체의 총투자비의 약 20% 정도를 점유하고 있는 지방자치단체의 지역개발투자의 주요 재원 중의 하나이다. 국고보조사업은 대부분이 지역주민의 소득수준의 향상 및 생활조건의 개선 등과 직·간접적으로 관련성이 높다. 그러나 중앙정부 차원에서 국고보조금을 지급할 때 사용용도를 지정하고 지방자치단체가 국고보조금에 상응하는 일정금액(총사업비의 약 30~40%)을 부담하도록 요구하는 연계성자금(matching funds)의 형태를 취하고 있기 때문에 지방자치단체의 재량의 여지가 별로 없는 재원이다. 더욱이 사후보고의 의무화 등 엄격한 통제를 행사하고 있기 때문에 지방자치단체의 민주적이고 자율적인 의사결정과정과는 괴리가 있다.

2) 문제점 및 개선방안

국고보조금이 지방자치단체의 총투자사업비 중 차지하는 비중이 비교적 높기 때문에 이의 지속적인 확보는 개발계획의 추진에 큰 영향을 미치게 되어 있다. 그러나 현행 제도가 가지고 있는 문제점도 적지 않다(국토개발연구원, 1991 : 65~67).

(1) 세분화된 조건부 보조금   이는 지방자치단체의 탄력적 재정운용을 저해하고 업무처리를 복잡하게 한다. 그리고 지역의 특성을 살릴 수 없으며 중앙정부의 지시통제가 수반되므로 지방자치단체의 중앙예속화를 초래한다. 또한 지방행정에서 주민참여를 저해한다.

(2) 국고보조사업에 따른 지방자치단체의 부담 증가   자체수입으로 인건비를 해결할 수 없는 자치단체가 적지 않은 현실에서 이와 같은 지방비부담은 주로 지방교부세로 충당될 것이고, 결국 지방재정 운용의 경직화를 초래하게 된다.

(3) 낮은 책정률과 객관적 기준의 미흡   일부 국고보조사업의 경우에서는 국고보조율이 지나치게 낮게 책정되어 있으며, 그 책정과정 역시 객관적인 기준에 따르기보다 국가적 이익과 지방 이익의 관련정도 및 예산사정 등에 따라 획일적이고 하향적인 배분과정을 거친다는 점이다.

(4) 지역불균형의 심화   1987년부터 국고보조금의 신청주의(申請主義)제도가 도입됨에 따라 상대적으로 재정적인 여력이 있는 지방자치단체는 국고보조금을 신청하여 필요한 개발사업을 추진하는 데 반해, 재정곤란을 겪는 지방자치단체는 해당 개발사업이 꼭 필요한 경우라 하더라도 지방비 부담분을 감당할 수 없어서 신

청을 하지 못할 수가 있다. 이와 같은 상황이 누적적으로 계속될 경우에는 '빈곤의 악순환' 현상과 같이 지방자치단체 간에 개발격차가 더욱 심화될 수 있다. 차등보조율제는 실제로 거의 적용되지 않고 형식적으로 운용되고 있다.

(5) 지나친 세분화   중앙정부의 국고보조사업의 확대경향과 더불어 국고보조사업이 일부의 경우에는 지나치게 세분화되고 보조금지급 역시 세분화되어서 시·군 등의 기초자치단체의 집행단계에서는 국고보조금의 규모가 영세화할 가능성이 크다. 이와 같은 현상은 보조금의 효과는 제대로 거두지 못하면서 교부절차에 수반되는 부대업무처리의 부가적인 비용을 초래할 수 있다.

따라서 이러한 문제점을 개선하기 위하여 국고보조사업의 선정 및 평가기준을 객관화하고 국고보조율을 객관적 기준에 따라 산정하여야 한다. 그리고 국고보조사업의 지나친 세분화를 지양하고 지방자치단체의 재량권을 확대해야 할 것이다.

제3절   지방자치단체의 자체재원조달

지방자치단체의 자체재원으로는 크게 지방세와 세외수입, 지방채, 지역개발기금 등으로 나눌 수 있다. 지방재정의 수입부문에서 지방세가 점하는 비중은 가장 높게 나타나고 있으며, 그 다음은 세외수입이다. 그러나 지방세와 세외수입을 합한 자체재원은 절반을 약간 상회하는 수준에 불과하다. 더욱이 자체재원이 50%를 상회하는 것도 서울특별시나 광역시 등을 포함한 평균치이기 때문이며 일반시와 군의 경우는 의존재원 비중이 훨씬 더 높다.

1. 지 방 세

1) 개   념

지방세란 지방자치단체가 공공활동 수행에 필요한 재정수요를 충족하는 수단의 하나로 개별적인 보상 없이 주민으로부터 강제적으로 징수하는 화폐수입으로서 자치단체의 가장 기본적 재정수입이다. 지방세는 지방자치단체가 독자적으로 사용

할 수 있으므로 자주재원의 성격을 가지고 있으며, 보조금의 경우와는 달리 용도
지정이 되어 있지 않은 일반재원이다.

2) 문 제 점

현행 지방세가 지역개발의 자체재원으로 활용되는 과정에서 지적될 수 있는
제도적인 문제점으로 다음과 같은 점들이 지적된다(한표환, 1991 : 70-71).

(1) **취약한 재원조달능력**   지방세원의 빈약으로 일부 대도시와 선진지역
을 제외하고는 제대로 재원조달의 기능을 발휘하지 못하고 있다. 상당수의 지방자
치단체에 있어서 대부분의 지방세수가 경상비나 경직성 경비에 충당되고 있어 지
역의 경제활성화나 지역개발사업의 추진을 위한 투자재원의 활용에 제대로 기여를
못하고 있다.

(2) **지나친 수익·유통세**   현행 지방세제도가 지나치게 자산과세 내지 유
통세 위주로 조성되어 있어서 세수의 신장성이 저조하다. 세수 탄력성과 신장성이
높은 소득과세나 소비과세의 비중이 지나치게 낮기 때문이다. 결국 산업화를 통해
서 지역이 성장한다 하더라도 그 성장세원을 지방자치단체가 제대로 흡수하지 못
하고 있는 것이다. 따라서 지역경제수준의 신장에 따른 자율적인 세수증대의 효과
를 기대하기 어려운 실정이어서 자동적 세수신장(automatic revenue growth)보다는
그때 그때의 재정여건과 지방자치단체의 인위적 세정운영에 좌우되는 바람직하지
못한 세정구조를 유지하여 왔다.

(3) **지방세수의 심한 지역적 편중**   지방세수는 서울·인천·경기·광역시에
편중되어 있다. 따라서 지방중소도시나 낙후된 지역의 경우 세원부족에 따른 세수
수준이 매우 낮아 지역개발사업을 위한 자체재원부담능력을 저하시키고 있고, 또
한 새로운 세원개발을 위한 동기부여를 하지 못하고 있다. 이러한 상황에서 중앙
정부로부터 지방으로 세원을 이양하면 할수록 일부 대도시는 큰 폭으로 세수가 증
가하겠지만, 그렇지 못한 대부분의 지역이나 중소도시는 세수가 별로 증가하지 않
아 지역 간 불균형을 심화시키게 될 것이다.

3) 전   략

현행 지방자치단체의 재원조달능력은 매우 열악하여 투자재원의 조달은 주로
중앙정부나 상위정부로부터의 이전재원 또는 지방채 발행 등에 의존하고 있다. 그

러나 지방자치제의 실시로 지역개발 수요는 더욱 증가하게 될 것인데, 현재의 빈약한 세원확보로는 기본적인 행정기능의 수행조차도 할 수 없는 실정이다. 따라서 지방채 발행이나 지역개발기금의 적극적 활용과 함께 지방자치단체의 자체재원조달기능을 강화할 필요가 있다. 특히 자체재원 강화는 중요한데, 그 이유는 지방자치기반의 강화나 지방재정의 자주성 제고를 목적으로 하는 필요재원의 확보는 가급적 지방세를 통하여 충당하는 것이 바람직하기 때문이다.

지방자치단체의 자체재원 강화를 위한 몇 가지 전략을 제시해 보면 다음과 같다.

(1) **지방세제의 기능강화**　　　지방세는 지방자치단체의 기본적 재원으로서 세수확보의 안정성이나 과세의 타당성 측면에서 다른 어떤 재원보다 우월한 세수확보수단으로 간주되어 왔기 때문에 지방세제의 기능을 강화하는 것이 매우 중요하다. 이를 위해 우선 세수증대 노력을 기울여야 한다. 이를 위해서는 지방자치단체의 자율적 재정권한의 확보가 기본전제가 된다. 특히 자유로운 세목신설과 세율변경을 위한 과세 자율권과 기채 자율권의 확보가 기본전제가 된다. 그리고 지방세중에서 높은 비중을 차지하고 있는 재산과세의 합리적 운영이 매우 중요한데, 이를 위해서는 현재 지나치게 낮게 적용되고 있는 재산세 과세표준의 현실화와 세율의 점진적인 인상을 적극적으로 고려해야 할 것이다.

(2) **신세원의 개발**　　　신세원의 개발에 있어서 대상세원의 선정이 중요한 과제가 되고 있는데, 지방자치단체의 재정력강화와 지역경제의 고유한 특성과의 적합성 여부가 기본적인 기준이 되어야 할 것이다. 소득과세기능의 강화와 개발투자재원조달을 위한 신세원으로서 외국에서 많이 채택되고 있는 지방소득세와 개발이익세가 신중히 검토될 필요가 있다(이계식·박종구·오연천, 1990 : 195 - 197).

지방소득세를 도입할 경우 그 원칙으로는 세율구조의 단순화, 세정적합성의 강화를 들 수 있다. 지방소득세의 세율구조는 가능한 한 단순화시켜 추가적인 조세부담의 가중과 이로 인한 조세저항의 가능성을 완화해야 할 것이다. 그리고 세정적합성의 강화는 결국 지방자치단체의 세정관리능력의 문제로 귀착된다. 소득세원의 정확한 포착과 적절한 응능원칙의 반영이 지방소득세 정착의 관건이 될 것이다.

지역개발이익의 환수를 위한 개발이익세는 지역개발 투자재원의 확보와 개발이익의 불균형배분에 대한 소득재분배적 기능, 그리고 수익자부담원칙의 확대적용의 측면에서 볼 때 매우 유용한 신세원이라고 할 수 있다. 이와 같은 개발세제의 적용은 우선적으로 개발이 가능하고 개발로 인한 토지가치의 증가가 기대되는 지역, 즉 지방공단지역·지방성장거점지역·신규개발지역 등을 그 과세대상으로 하는 것이 좋을 것이다. 개발이익세의 운용에 있어서 우선적으로 고려하여야 할 것은 개발이익에 대한 적정한 평가체계의 확립에 있을 것이다. 개발이익세제의 시행에 있어 그 실효성이 보장되려면 과세표준의 정확한 산정과 시장가치에 근접한 효율적인 지가평가체계의 정비가 요구된다. 따라서 지가산정기준의 객관적 타당성과 지역적 특성에 대한 충분한 준비가 선행되어야 할 것이다.

2. 세외수입

1) 의   의

지방자치단체의 세외수입은 가장 넓은 의미로는 지방자치단체의 자주수입(自主收入) 중에서 지방세를 제외한 모든 수입을 의미한다. 협의의 세외수입은 이 중에서 매년 정기적으로 발생하는 경상적 수입만을 의미한다. 따라서 전입금·이월금·지방채·기부금·부동산매각수입 등 임시수입은 여기서 제외된다. 그리고 가장 좁은 의미의 세외수입은 이 중에서 특별회계수입을 제외한 일반회계수입만을 의미한다. 여기에는 사용료·수수료·재산임대수입·사업장수입·이자수입 등이 포함된다.

세외수입 중에서 특히 경상적 수입은 수익자부담금(user charge)이라고도 불리우는데, 이는 일정한 공공서비스를 이용하는 대가로 일정한 요금(fees)을 지불하는 것을 의미한다. 수익자부담이란 수익자가 자의적 필요에 따라 서비스 이용을 결정하며, 요금은 서비스를 사용하는 대가로 간주된다. 특정 서비스는 특정인에게만 이용되므로 그 이용자만이 사용료를 부담하게 하고, 그에 따라 서비스 공급자는 이용자의 적극적 혜택을 위해 서비스를 마련한다. 즉 응익자(應益者)부담원칙이 적용되는 것이다. 이는 매우 광범위한 분야에서 사용되고 있다. 예를 들면 의료, 교육, 상하수도, 청소 등에 대한 요금부과가 이에 해당된다. 또한 공원 입장료, 시영주차장의 주차요금 등도 여기에 포함된다.

최근에 와서 수익자부담금제도는 재원확보수단으로서 지방자치단체의 관심을 끌고 있다. 지방자치단체는 상승하는 비용을 계속 세금으로 충당하기에는 한계가 있기 때문에 이에 대한 대안으로서 수익자부담금을 고려할 수 있다. 특히 세금을 증가시키는 것은 시민들의 조세저항 등을 불러일으킬 가능성도 있다.

2) 장점과 문제점

수익자부담금 및 수수료는 어떤 활동을 위한 재원으로서 이론상으로나 실용적인 측면에서 세금보다 상당한 이점을 지니고 있다. 그것은 가격체계와 유사한 기능에 의하여 서비스공급의 효율성을 증진시킨다. 즉 수익자부담금제는 서비스를 가장 원하는 사람들에게 우선적으로 할당하는 공급배분체계의 구축을 가능하게 한다. 여기서는 세외수입의 장점과 문제점을 살펴본다(박종화·윤대식·이종열, 1994 : 430-432).

(1) **수입확충방안**　　　지방자치단체가 점차 재정난에 봉착하면서 지방자치단체의 재정확충방안이 된다.

(2) **공공서비스 공급의 능률성**　　　공공서비스를 보다 능률적으로 공급하게 해주는 하나의 유용한 메커니즘이 된다. 만약 주민들에게 일괄적으로 획일적인 종류와 수준의 서비스를 공급하지 아니하고 이용자를 소비자로 취급하여 그들의 기호와 선택을 중시하게 된다면 지방자치단체 경영자는 어떤 종류 또는 어떤 수준의 서비스를 공급해야 할 것인가를 명백하게 파악할 수 있다. 가격제도를 도입하여 이를 선호에 대한 신호로 삼아 서비스공급을 제도화하면 소비자에게 훨씬 다양한 서비스를 제공해 줄 수 있다.

(3) **혼잡방지**　　　공공서비스의 과도한 이용에 따른 혼잡(congestion)을 줄일 수 있다. 지방자치단체가 일반수입으로 서비스를 제공하게 되면 주민들은 그것을 무료로 인식하기 때문에 어떤 서비스에 대하여 실제 필요 이상의 더 많은 서비스를 소비하려 든다. 이는 결과적으로 서비스에 대한 혼잡을 초래하게 된다. 따라서 혼잡을 보이는 피크 시간대에 일정액의 사용료를 부과하면 이용자들은 적절한 대안을 모색하여 합리적인 이용방안을 강구할 것이다. 즉 이용자들은 피크 시간대를 피하여 다른 시간대에 서비스를 이용함으로써 혼잡을 피할 수 있다.

(4) **공 정 성**　　　지방자치단체가 수영장·테니스장·해수욕장·주차장 등 어떤 서비스를 일반재원으로 주민에게 무료 또는 저렴하게 공급하는 경우 이를 이용하는 사람과 이용하지 않는 사람 간에 형평성문제가 발생한다. 따라서 지방자치단체가 이러한 서비스에 대해 사용료를 부과하면 공정성을 제고시키게 된다.

(5) **시민의 자유**　　　주민의 선택의사를 존중해 주는 것이 되어 주민의 자유를 증진시키게 된다. 주민이 서비스를 원하지 않으면 그를 위해 지불할 필요가 없다.

(6) **서비스 확장**   지방자치단체 경영자가 서비스시설을 확장할 수 있는 좋은 기회가 되며, 세금이 감소하기 때문에 시민의 저항도 없게 된다.

(7) **재정부담의 균등화**   지방자치단체가 제공하고 있는 재화나 서비스를 그 정부에 세금을 내지 않는 인근지역주민들이 이용하는 경우 재정부담의 불균등문제가 발생한다. 그러나 수익자부담금제를 도입하면 이러한 문제를 해결할 수 있다.

그러나 수익자부담금은 저소득층의 서비스에 대한 접근성을 낮추고, 교육과 같이 사회전체에 편익을 주는 서비스, 즉 가치재의 공급확대를 저지시키고, 과거 수익자부담금이 부과되지 않았기 때문에 상승해 온 재산가치의 소유자에게 자본손실을 가져오고, 새로운 행정비용을 증가시킨다고 비판받기도 한다(The Comptroller General, 1980 : 10).

(1) **행정비용문제**   수익자부담금제를 실시함에 따라 소요되는 행정비용은 공공서비스의 개별적 소비에 관한 자료수집비용, 각 거주자들이 사용하는 양에 대한 서비스비용의 계산에 소요되는 비용, 청구서 발송과 수익자부담금 징수비용 등을 포함한다.

(2) **서비스비용의 산정문제**   일반적으로 수익자부담금은 운영·유지·생산·배분을 위한 자본비용을 포함한 서비스의 총비용을 반영해야 한다. 그러나 이 비용들은 산정하기가 쉽지 않다. 왜냐하면 지방자치단체의 회계재정체계는 반드시 이러한 목적에 맞게 계획되어진 것은 아니며, 또한 과거 자본투자의 현재가치 혹은 비용자료는 이용가능하지 않을 수도 있다.

(3) **형평성문제**   일반적으로 지역 내 저소득층은 지불능력의 부족으로 인하여 공공서비스에 대한 대가를 적게 지불하여야 된다고 간주된다. 여기서 적게 지불한다는 의미는 어떤 개인의 소득에 대한 일정비율의 지불로 계산한다. 이에 따르면 고소득층일수록 많은 부담을 지우는 것은 누진적 재무체계이고, 반대로 저소득층일수록 높은 부담을 지우는 것은 역진적 재무체계이다. 수익자부담금제도를 설계할 때 이러한 요소를 적절히 반영할 필요가 있다. 왜냐하면 일반적으로 수익자부담금제도를 비판하는 이유 중의 하나는 이것이 조세에 비해 역진적인 성격을 가지고 있기 때문이다.

3. 지 방 채

1) 개   념

　지방채(local debt)란 지방자치단체가 재원조달방안의 하나로서 정부 또는 민간부문으로부터 증서차입 또는 채권발행에 의하여 장기차입형태로 자금을 조달하는 것을 말한다.

　지방채는 지방자치단체의 채무이므로 재정운영의 자율성 원리에 의하면 지방자치단체의 책임에 의해 결정되는 것이 바람직하다. 그러나 현재 우리나라의 제도는 행정자치부장관의 연초승인과 그 승인의 한도 내에서 시의회의 의결에 의해 발행되고 있다. 발행계획과 승인의 단계에서는 행정자치부가, 발행의 단계에서는 시의회가, 그리고 소화·집행 및 상환의 단계에는 지방자치단체가 중심적인 역할을 하게 된다.

2) 지방채의 기능

　지방자치단체가 채무가 없는 건전재정을 유지하면 바람직하다고 볼 수 있지만 언제나 그런 것은 아니다. 지방자치단체는 증대되는 지방행정수요의 소요재원과 지역개발 투자재원의 확보를 위해 지방채와 같은 차입재원을 통한 재원조달방안을 사용할 수 있는 것이다. 지방채는 지방자치단체의 차입금이지만 경상재원으로 충당하지 못하는 거대한 투자사업이나 비상시의 재정수요를 금융적 수단으로 조달하는 것이기 때문에 탄력적인 재정운용을 가능하게 한다. 지방채가 수행하는 기능은 다음과 같다(국토개발연구원, 1991 : 20 – 21).

　(1) **자원배분기능**　　　지방자치단체의 세입은 안정적인 데 반하여, 세출은 매우 불안정하다. 이때 보통 많은 재원이 필요한 자본적 지출이 대부분인데, 지방자치단체는 이를 위해 지방채를 발행하여 시민의 조세부담과 마찰을 최소화하고 향후 사업수입으로 이를 상환하도록 하여 자원배분의 효율성을 도모한다.

　(2) **경기조절기능**　　　지방자치단체가 경제적 침체로 어려움을 겪을 때 지방채를 발행하여 재정투자를 확대함으로써 경기를 활성화시킬 수 있고, 경기과잉일 때는 지방채를 통해 민간자본을 흡수할 수 있다.

　(3) **부담의 형평성제고**　　　지방자치단체가 지하철·상하수도 등 내구적 공공재(durable public goods)를 공급할 경우 그 수익은 대부분 세대 간에 또는 주민 간

에 지속적으로 영향을 미친다. 따라서 이러한 재화를 공급하기 위하여 소요되는 막대한 비용을 당해 연도의 주민에게 일시에 조세로 부과하면 부담의 형평성문제가 제기된다. 그러나 이러한 투자재원을 지방채로 조달한다면 그 상환은 세대 간 또는 주민 간에 이전되므로 수익에 따른 형평성을 기할 수 있다.

(4) 재정정책의 유기적 조정역할　　중앙정부가 재정정책을 통하여 물가나 고용안정을 기하려고 하는 경우 지방자치단체의 재정정책이 이를 유기적으로 뒷받침해 주어야 소기의 목적을 원활히 달성할 수 있다. 지방채는 탄력적 이용이 특징이므로 지방자치단체가 이를 통하여 중앙정부의 재정정책에 보조를 맞추어 줄 수 있다.

3) 요　　건

지방채는 결국 지방자치단체의 채무이므로 장래에 반드시 갚아야 한다는 점에서 재정환경을 개선시킬 수 있을 경우에만 제한적으로 허용되어야 한다. 지방자치단체의 재정환경개선에 도움이 된다고 믿어지는 경우는 다음과 같다(강인재 외, 1993 : 552-554).

(1) 대규모 투자사업　　지방자치단체가 수행하는 지하철, 도로, 상하수도 등 내구적 공공재의 투자사업에 지방채를 통하여 지출하는 경우 그러한 투자사업으로부터의 편익은 현세대의 주민들뿐만 아니라 그 시설의 사용연수에 따라 미래세대도 누릴 수 있다. 지방자치단체가 이러한 공공재나 서비스의 공급재원을 전부 조세에 의존한다면 비용부담 시점에 거주하는 주민에게만 그 비용을 부담시키는 것이 되므로 편익의 향유와 비용부담 간의 형평성이 침해된다.

(2) 세원개발　　지방자치단체가 사업의 재원마련으로 수익자부담금제를 계획할 경우 지방채를 사용할 수 있다. 지방자치단체가 세외수입을 늘리려는 사업이나 활동(예 : 택지개발·주택건설·주차장사업·유료수영장·회의장시설 사업)에 지방채로 재원을 마련하고 나중에 분양금 또는 사용료를 받아 차입원금을 상환할 수 있다.

(3) 긴급지출　　지방자치단체는 자연재해 등 예기치 못한 사태로 인하여 발생하는 지출을 부담하기 위해 차입을 한다. 이러한 형태의 차입은 지방자치단체가 경상수입만으로는 재해 후의 복구사업에 소요되는 비용을 감당할 수 없거나 재해복구를 위하여 자본재를 새로 구입해야 하기 때문에 정당화된다.

(4) 만성적인 재정적자의 보전　　지방자치단체가 재정적자로 심한 압박을

받을 때 재정의 건전성을 기하기 위해 차입할 수 있다. 그러나 지방자치단체의 만성적인 적자누적이 지방채로도 치유가 안 될 경우 지방자치단체의 재정위기(fiscal crisis)가 발생할 수 있다.

(5) **현금관리의 필요**　　　　지방자치단체는 세수(稅收)발생이 회계연도 내의 지출과 비교하여 균일하지 못할 때 일시차입을 할 수 있다. 지방자치단체는 연중 분기별로 세금을 징수하는데 지출은 그보다 앞서거나 비정기적으로 이루어지기 때문에 현금수입의 시의성(時宜性)문제가 발생하게 된다. 이처럼 지방자치단체는 현금관리문제가 발생할 때 일시적인 현금부족현상을 막기 위해 연도 내 수입을 예상하여 차입한 후 그 차입금으로 지출하고 수입발생시 상환한다.

(6) **차환목적**　　　　지방자치단체는 과거에 발행한 지방채를 차환할 목적으로, 현재의 상환일정을 연장할 목적으로, 그리고 상환기일 내에 갚지 못할 때 차환할 목적으로 지방채를 발행할 수 있다. 그러나 이러한 경우는 지방재정의 건전성이 문제가 된다.

(7) **특정공공사업의 재대부**　　　　지방자치단체는 재정환경개선을 위하여 차입자본으로 경제기반을 개선하기 위해 노력한다. 지방자치단체는 민간기업이 수행할 공공목적의 자본투자사업에 자금을 재대부하기 위해 차입한다.

이와 같은 경우에 지방자치단체는 상급기관의 승인을 받아 지방채를 발행할 수 있다. 그런데 지방채 발행의 필요성이 계속적으로 증가하고 있음에도 불구하고 지방재정운용의 건전성원칙에 따라 사실상 그 발행은 상당히 제약되어 왔다.

물론 지방채가 무책임하게 발행되어 차세대에게 책임을 전가하는 것이 되면 바람직하지 못하지만, 수익성이 있고 주민의 복지수준을 높이면서도 재원소요량이 단일회계연도의 예산으로 감당할 수 없어서 재원조달이 불가능한 경우에는 지방채를 발행하는 것이 바람직할 것이다.

지방채가 지방세수에 비해 비중이 그렇게 높지 않으나 재정력이 특히 빈약한 자치단체에 있어서는 이로 인한 부담이 적지 않을 것이므로 상환기간이나 이율 등의 차원에서 일반금융보다 유리한 방도가 마련될 필요가 있다.

4) 문제점 및 개선방안

우리나라의 지방채가 지니고 있는 문제점은 다음과 같다.

첫째, 아직 지방채 시장이 활성화되어 있지 않아 지방채의 만성적인 공급과잉

상태를 보이고 있다. 이의 주된 이유로는 지방자치단체가 발행하는 지방채의 안전성과 수익성이 다른 대안적 투자기회에 비해 훨씬 떨어지기 때문이다.

둘째, 지방채의 주종이 공채발행이 아니라 증서차입이고 시장공모채의 비중이 극히 낮아 대부분 강제첨가소화방식이 이용되고 있다.

셋째, 단기채가 주종이고 채권의 종류도 매우 제한적이다.

넷째, 지방채 발행에 있어 지방자치단체별 또는 사업별로 지나치게 편중되고 있다.

이러한 문제점을 개선하기 위한 방안은 다음과 같다.

(1) **중·장기적 투자계획**　　　지역개발 투자재원 조달을 위해 중·장기적 투자계획에 입각한 지방채계획을 수립하고 장기채 비중을 높여 나가야 한다. 이를 위하여 당초 예산에 지방채수입을 포함하는 중·장기적 투자 및 재정계획에 따라 지방채계획을 제도화해야 한다.

(2) **기채자율권**　　　현재 중앙에서 통제하고 있는 기채권을 지방자치단체에 이양해 주는 제도개혁이 필요하다.

(3) **정부자금에 의한 지방채 할애비율의 확대**　　　기금과 자금관리 특별회계에 의한 재정융자를 이용한 지방채 할애비율을 높여 나가야 할 것이다. 지역의 경제활성화를 위하여 지방공기업을 적극적으로 육성하고 지역의 대규모 숙원사업을 추진하며 공익성이 큰 개발사업을 효율적으로 시행하기 위해서는 정부자금(재정자금회계를 통하여)에 의한 지방채 할애비율을 약 절반수준으로 확대해 나가야 할 것이다. 또한 중앙정부는 지방자치단체에 대한 재정지원의 차원에서 지방채의 이자부담을 보조하는 것을 긍정적으로 검토하여야 한다.

(4) **상환기간과 이율의 조정**　　　현행 5년거치, 10년 또는 15년 분할상환으로 되어 있는 상환기간을 일반적으로 연장하고 지하철사업과 같은 대규모 장기투자사업의 경우 30년 이상의 장기채로 전환할 필요가 있다. 그리고 과중한 이자부담을 줄여 주고 상환능력과 재정기반이 허약한 시·군지역에 대해서는 차등금리의 적용도 적극적으로 검토해야 할 것이다. 또한 지방채의 이자소득을 비과세 또는 감면해 줄 필요가 있다.

(5) **기채조달방식의 조정과 자본시장육성**　　　매출공채방식은 지방자치단체의 투자재원 조달수단으로 널리 이용되고 있으나, 강제성으로 인한 준조세적 성격과 첨가소화방식의 불합리성 등 폐단이 많으므로 점차적으로 그 비율을 낮추고 시장

공모를 통한 기채조달방식으로의 전환이 모색되어야 할 것이다.[2] 그러나 공모발행의 경우 절차의 민주성과 자발적 기여라는 긍정적인 효과가 있으나, 발행채의 적절한 시장소화 여부와 지방자치단체의 추가적인 재정부담이 문제가 된다. 또한 공모채의 종류도 다양하지 못하고 지방자본시장 역시 그 기능이 매우 허약한 상태이다. 따라서 지방채제도의 장기적 발전을 위해서는 지방자본시장을 육성하고 공모채에 대한 세제·금리상의 혜택을 부여함으로써 공모채 비중을 증대시키도록 해야 한다.

이를 위해 지방의 투자신탁이나 보험 자산에서 일정비율을 지방채 할애에 활용하게 하는 등의 제도적 수요 진작방안을 검토할 필요가 있다. 그리고 완전보험공채·한정보증채·수입채 등 다양한 형태의 지방채를 제공하여 공채소화를 활성화시키고 할애자측의 위험부담을 최소화시키는 방향으로 지방채 발행정책을 개선해 나가야 할 것이다. 또한 지방자본시장의 활성화를 통해 지방자치단체에 의한 직접적인 증시기채(證市起債)가 이루어질 수 있도록 하여 지방채 소화의 폭을 넓힐 필요가 있다.

(6) **지방금융금고의 설치**　　지방채의 발행 및 관리 등 지방채 운영의 효율성을 높이기 위하여 지방자치단체를 보조해 주는 특수금융기관의 설립을 적극적으로 검토해 볼 수 있다. 이는 재정력이 빈곤한 지방자치단체가 소규모 지방채를 발행할 수 있도록 도와 주는 역할을 수행한다. 지방공기업의 적극적 지원을 위하여 일본의 지방공영금융금고[3]의 설치·운영이나 미국의 여러 주에서 시장공모채의 효율적 소화를 위한 방안으로서 운영되고 있는 지방공채은행(municipal bond banks)[4]의

---

2) 미국의 경우 공모채가 90% 이상을 차지하고, 일본의 경우에도 공모채의 비중이 더 높다.

3) 우리나라의 경우에 지역개발 및 공공투자사업과 관련하여 부분적으로 지방채를 소화하는 기금으로 시·도의 「지역개발기금」이 있지만, 그 사용용도가 상하수도사업(대구의 경우 지하철 건설 포함)에 치중하여 제한되어 있다. 도(道) 상하수도 지원금고와 지방청사정비기금과 같은 도단위별 공영금고는 자금의 규모가 영세하고 기능이나 자금활용의 목적 등이 상당히 제한되어 있어 지원금고로서 역할을 제대로 수행하지 못하고 있다. 앞으로 지역의 공공투자사업에 대한 수요가 증대하게 되면 지방채활용의 필요성도 더 커지게 될 것이다. 따라서 지방채 발행 및 지방채 자금의 전문적 관리를 위한 지방금융금고의 설치가 적극적으로 고려되어야 할 것이다(이계식·박종구·오연천, 1990 : 203).

4) 지방공채은행은 최근 들어 본격적으로 논의되고 있는 제도의 하나로서 미국에서 최초로 설치·운영되기 시작한 지방채 전담 은행이다. 지방공채은행은 주정부 산하의 지방자치단체(localities)와 교육 특별구와 같은 특별구(special districts)가 회원자격을 가지며, 은행은 지방채(municipal bonds)의 발행·관리사무를 전담하여 지방자치단체의 차입재원의 조달을 원활하게 해 주는 것을 목적으로 하고 있다. 이러한 지방채 전담 은행을 통해서 지방채의 일괄 발행과 대규모 집중관리가 가능하고, 각종 비용을 절감하고 기채선(起債先)의 다양화와 발행기회를 확대할 수 있는 효

설립도 적극 강구해 볼 수 있는 대안이다. 이러한 기금제도는 지역균형개발이라는 차원에서 각 지방자치단체별로 재정력·주민욕구·지역의 낙후도 등 일정요소에 따라 지방채 종합등급제도를 실시하여 채권의 신용등급(bond rating)이 낮은 지방자치단체를 그룹화하여 대규모 지방채 발행을 도모함으로써 지방채 시장을 활성화시킬 수 있다.

4. 지역개발기금

1) 의   의

지방자치단체는 급증하는 지역개발 투자수요에 필요한 재원을 효율적으로 조달하기 위한 방안의 하나로서 지역개발기금(regional development fund)을 설치·운영하고 있다. 그 이유는 계속 증대되고 있는 지역개발 투자수요에 현재의 빈약한 자주재원규모나 재원조달기능이 따라가지 못하기 때문이다.[5]

따라서 지역경제의 활성화와 지역 간 불균형을 완화하기 위해서는 적극적인 지역개발투자, 특히 지역의 기반시설(infrastructure)이나 주민의 생활편익시설 등에 대한 대규모의 공공투자가 불가피하다. 이러한 공공투자 확대의 필요성은 지역편차가 심하고 공공시설의 투자수준이 낮은 낙후지역에서 더 현저히 나타나고 있다. 지역개발기금의 운영은 이러한 지역공공투자의 확대방안으로서 매우 유용하다고 볼 수 있다.

2) 지역개발기금의 설치·운영

우리나라의 경우도 유럽지역개발기금·유럽사회기금·영국의 지역개발교부금 등과 같은 지역개발기금을 도입하여 지역 간의 불균등 해소와 낙후지역의 지역개발수요에 대하여 효율적으로 대응할 필요가 있다. 그러나 지역개발기금의 도입을

과를 기대할 수 있다(이계식·박종구·오연천, 1990 : 202).

5) 현재 지방정부가 지출한 투자사업비의 재원구성을 살펴보면 총투자액 중 지방자치단체가 자체재원으로 조달한 금액은 약 60%를 차지하고 있다. 자치단체별 분포를 살펴보면 서울, 부산 등 대도시지역과 중소도시는 자체재원의 구성비가 각기 약 80%, 약 65%로서 전국평균을 상회하고 있으나, 도와 군은 불과 약 50%, 약 40%에 불과하여 총투자재원의 절반정도가 자체적으로 조달되지 못하고 외부에 의존하고 있다.

위해서는 무엇보다 기금의 안정적인 조달이 중요한 관건이 된다. 지역개발기금을 구성하는 재원으로서는 중앙정부의 재정자금, 지방세수 증대에 따른 추가세입, 금융기관차입과 차관, 공채발행 등을 들 수 있다. 특히 중앙정부의 재정자금은 그 규모가 크고 적용 이자율이 낮으며 상환기간이나 이용절차 등이 비교적 유리하기 때문에 가장 중요하다.

지역개발기금의 효율적 운영을 위해서는 중앙정부나 지방자치단체 등이 기금운영의 기본적인 책임을 맡더라도 자금관리는 전문기관을 활용하는 것이 바람직하다.

☑ 연습문제

1. 지역개발재원으로서 지방교부세의 한계 및 개선방안을 논하시오.
2. 지역개발재원으로서 국고보조금제도의 문제점 및 개선방안을 논하시오.
3. 지역개발재원으로서 지역개발기금의 활용방안에 대해서 설명하시오.
4. 지역개발재원으로서 지방세제도의 문제점과 개선전략을 논하시오.
5. 지역개발재원으로서 세외수입의 장점과 문제점을 논하시오.
6. 지방채의 기능을 설명하시오.
7. 지역개발재원으로서 지방채의 문제점 및 개선방안에 대해 논하시오.

제15장

지역개발과 민간자본

우리 헌법 제117조 제1항은 "지방자치단체는 주민의 복리에 관한 사무를 처리하고 재산을 관리하며, 법령의 범위 안에서 자치에 관한 규정을 제정할 수 있다"고 규정하고 있다. 이는 지방자치단체의 자치권과 업무범위를 정한 것이며, 이 범위 안에서 지방자치단체는 자기책임하에서 업무를 수행하게 된다. 그리고 지방자치단체가 구체적으로 어떤 업무를 수행하여야 하는가는 주민들의 행정수요에 달려 있고, 그 업무의 수행능력은 기본적으로 자치단체의 재정적인 능력에 달려 있다.

지방자치하에서 가장 두드러진 형태로 표출되는 것은 지역개발에 대한 지역주민들의 끊임없는 욕구라고 볼 수 있다. 이와 같은 욕구를 적시에 적절하게 충족시켜 나가기 위해서는 무엇보다도 적절한 지역개발계획에 입각한 인적·물적 자원의 동원이 이루어져야 한다. 그중에서도 투자재원의 확충은 만성적인 재원부족에 시달리고 있는 지방자치단체에 있어서 가장 긴요한 과제이다. 이와 같은 재원의 조달방안은 크게 중앙정부로부터의 지원을 확대하는 방안, 지방자치단체의 자체재원조달능력을 강화하는 방안, 그리고 민간부문의 역할범위를 확대하는 방안으로 나눌 수 있다.

중앙정부로부터의 지원의 확대는 현재 이용되고 있는 국고보조금, 지방교부세, 그리고 지방양여금제도를 시대의 변화에 맞추어 개선 혹은 확대해 가는 방안과 지역균형개발을 촉진시킬 수 있도록 공익기금을 조성해서 활용하는 방안도 가능하다. 지방자치단체의 자체재원조달능력은 장·단기적인 대처방안이 고려될 수 있다. 장기적으로는 지역경제를 활성화시켜 재원조달의 기반을 확충하는 것이 바람직하고, 단기적으로는 지방세제의 개선과 세외수입을 확대해 나가는 방안이 있다. 지역적인 수준에서 민간부문의 역할은 가급적 확대되는 것이 바람직하다. 단순히 재원조달의 일부를 떠맡는 차원이 아니라 다양한 수요와 상황변화에 입각한 신속하고 탄력적인 대응을 위해서 민간부문의 역할이 긴요할 것이다. 그리고 제3섹터사업 내지 관민협력방안의 확대도 상호이익에 기초한 새로운 대안으로서 적극적으로 고려될 수 있다.

지역개발을 위한 지방자치단체의 재원확충은 현실적으로 가능성의 영역과 함께 여러 가지 제약요인 내지 한계점이 있다는 것을 부인할 수 없다. 먼저 지방세수를 늘리기 위해서는 새로운 세원의 발굴, 과세표준과 세율의 인상, 그리고 국세 중 일부를 지방세로 이양하는 방안 등이 고려될 수 있다. 그러나 전자의 두 가지 방안은 지나칠 경우에는 지역경제를 침체시킬 수 있고, 미국 캘리포니아주의 「발의 13」(Proposition 13)의 경우처럼 조세저항의 형태로 반응이 나타날 수 있다. 그리고 국세 중 일부를 선별해서 지방세로 이양하는 경우는 다른 대응적인 조치가 없다면 무엇보다도 현재의 우리나라와 같이 자치단체 간에 재정격차가 심각한 경우에는 재정격차를 더욱 악화시킬 수 있다. 세외수입의 증대 역시 일부 지역을 제외하고는 자치단체의 경제력과 밀접한 관계를 가지고 있기 때문에 한계가 있다.

1. 재원조달의 기본방향

지역개발의 투자재원조달의 방법을 결정하는 데 기본원칙으로서 고려될 수 있는 사항은 다음의 몇 가지로 정리할 수 있다.

첫째, 수익자부담원칙의 정립이다. 이것은 특정지역개발사업으로부터 직접 또는 간접의 이익을 볼 것으로 예상되는 개인 또는 집단에게 그 시설의 비용을 부담시켜야 한다는 원칙이다. 유료도로·유료터널 등의 예에서처럼 그 시설의 이용자들로부터 일정한 요금을 징수해서 시설비와 관리비의 형태로 사용하는 것이나, 특정 사회간접자본시설의 개발로 인하여 지가상승 내지 영업수익증가 등의 혜택을 받는 개인 또는 집단으로부터 개발부담금을 부과하는 것 등은 수익자부담원칙을 활용하고 있는 예에 속한다. 사베스(Savas, 1987)와 풀(Poole, 1980) 등은 사용가능한 곳은 어디든지 수익자부담원칙을 확대시켜 나갈 것을 제안하고 있다. 수익자부담원칙의 확대는 부족한 재원조달에 도움이 될 뿐만 아니라, 지방자치단체가 제공하고 있는 재화 및 서비스의 진정한 비용을 가시화시킴으로써 보다 효율적인 대안을 모색하는 기회를 제공하여 줄 것이기 때문이다.

둘째, 정부와 민간부문의 역할분담이다. 지역개발을 위한 사회간접자본시설의 확충에는 막대한 규모의 자금이 소요된다. 이와 같은 자금수요를 전부 정부재정으로 충당하고자 할 때는 적기에 적절한 규모의 시설을 확충하는 데 부족한 경우가 대부분이다. 이에 더하여 대부분의 사회간접자본시설의 설치 및 운영에 있어서 고도의 기술과 신축적인 대응을 요하고 있는데, 이와 같은 측면에서 민간부문의 능력이 보다 우수한 것으로 지적되고 있다. 역할분담과정에서 민간부문이 채산성이 있다고 판단해서 진입할 여지가 높은 지역개발분야는 가급적 수익자부담원칙 등의 활용으로 민간이 주도적으로 공급하도록 하고, 그렇지 않은 분야는 공공부문이 주도적으로 참여하는 것이 한정된 정부재원을 보다 효율적으로 사용할 수 있음은 물론이다. 관민협력형태로의 제3섹터 방식의 활성화 역시 부족한 지방자치단체의 재원을 효율적으로 활용하는 방안이 될 수 있다.

셋째, 재원부담과정에 있어서 형평성의 차원을 고려해야 한다. 저소득층과 고소득층의 부담비율을 상이하게 함으로써 수직적 차원의 형평성을 고려해야 할 것이고, 더 나아가 세대 간의 형평성을 고려해야 한다. 특히 지역개발과 관련된 사회간접자본시설은 대개 시설비용부담은 단기간에 엄청나지만 그 혜택은 오랜 기간에 걸쳐 발생하게 된다. 이와 같이 혜택이 장기간에 걸쳐 나타나는 것은 부담을 차세대와 공유하는 것이 사회적으로 필요한 시설을 필요한 크기만큼 확보하는 데 선결조건이 된다. 따라서 내외자(內外資)의 차입이나 국공채의 활용 등이 고려될 수 있다.

넷째, 재원확보의 안정성이 고려되어야 한다. 지방자치하에서 지방자치단체가 지역의 절실한 사업을 일관성 있게 추진해 가기 위해서는 우선 필요한 자금을 적시에 조달할 수 있도록 재원이 안정적으로 확보되어야 한다. 투자재원의 안정적확보는 지방자치단체의 자체재원조달능력의 향상을 통해 이루어지는 것이 가장 바람직하겠으나, 지역 간의 재정력 격차가 우리나라의 경우와 같이 심각한 경우에는 상당기간 중앙정부 차원의 지속적인 지원이 불가피하다.

다섯째, 재원운용의 자주성이 확대되어야 한다. 지방자치단체는 가용재원 중 상당부분이 연계성 자금(matching funds)형태로 지출목적이 한정되어 있다. 자치사무의 증대에 따라 지역실정에 맞는 투자를 신축성 있게 수행해 가기 위해서는 투자재원 운용의 자주성이 확대되어 나가야 할 것이다. 또한 당해 자치단체 역시 재정운영상황을 스스로 진단하고 그에 따른 대책을 강구해 나갈 수 있어야 할 것이다.

2. 민간부문의 활용을 통한 재원조달

최근 급격하게 증가된 국민소득과 정보화의 물결은 유권자편에서 중앙정부나 지방자치단체에 대해 사회간접자본의 확충과 질적 개선을 요구하고 있다. 그러나 국가나 지방자치단체의 재정적 여력이 충분하지 못하기 때문에 이와 같은 투자수요를 제대로 감당하지 못하고 있다. 그런데 각종 지역개발사업에 민간부문의 도입을 활성화시키면 지역개발의 전제조건인 지역 사회간접자본의 정비나 생활환경의 개선이 가능할 뿐만 아니라 동시에 내수확대를 기대할 수 있다.

지방자치단체가 가지고 있는 제한된 재정능력으로 현대의 복잡다양한 지역주민의 수요를 충족시키기가 어렵다. 지역주민들의 수요를 가능한 한 능률적으로 많이 충족하기 위해서 민간부문의 자금·아이디어·조직력·경쟁력 등을 활용할 필요가 있는 것이다. 일본에서는 '민활'(民活) 또는 '민간활력'이라는 개념을 지역개발사업에 활발하게 동원하고 있는 것으로 알려져 있다. 일본에서는 대도시와 지방을 구별하여 대도시는 대도시대로 대도시정비 민활 프로젝트를 추진하고 있고, 지방에서는 지역발전을 유도하기 위하여 종합휴양개발사업·도로건설·하수도사업·해상시가지개발·지역산업진흥·지역특색화 사업·기술개발사업 등에 민활을 활용하고 있다.

민간참여의 방법은 직접참여방법, 간접참여방법, 그리고 공동참여방법으로 크게 나눌 수 있다. 주차장사업과 같이 단기간에 투자비 회수가 가능한 영역은 직접참여의 방식이 바람직하다. 간접참여방식은 시민주공모나 토지소유자의 현물출자의 경우와 같이 공공부문이 민간자본을 유치해서 사업을 시행하고 이를 상환하는 경우를 말한다. 공동참여방식은 공동으로 출자해 법인을 설립하고 운영하는 방법이다.

지방분권화·다양화·정보화 시대를 맞이하고 있는 우리나라는 선진 여러 나라의 경험을 참조해서 지역특성에 적합한 지역개발사업을 효과적으로 추진해 나가야 할 것이다. 그 과정에서 민간의 능력을 가장 잘 활용할 수 있는 적합한 모형을 찾을 수 있을 것이다.

제2절 민자유치

지역 차원에서 사회간접자본의 부족과 시설운영의 비효율성문제가 심각하게 제기되고 있다. 이와 같은 문제점을 해결해 나가기 위해서 민자유치방안이 다각도로 검토되어 왔다. 민간부문의 참여를 제고시키고 지역균형개발을 촉진하기 위해서 정부는 1993년 「지역균형개발및지방중소기업육성에관한법률」(이하 지역균형개발법)과 1994년 「사회간접자본시설확충을위한민간자본유치촉진법」(이하 민자유치법)을 제정하였다.

지역균형개발법상의 민자유치대상사업은 광역개발사업·지구개발사업·복합단지개발사업·도시계획사업 등이 있다. 이 중에서 광역개발사업, 지구개발사업 등은 계획적인 차원에서의 사업으로서 실질적인 내용면에서는 민자유치법의 사회간접자본시설과 공업단지, 관광지개발사업 등 지역개발사업을 포함하고 있다. 한편 복합단지는 주거단지, 공업단지, 교육·연구단지, 문화단지, 관광단지, 유통단지, 기반시설 등의 종합적인 단지로서 민자유치법상의 대부분 부대사업들을 수용하고 있다. 민자유치법은 사회간접자본시설의 내용과 무관하게 공통적으로 적용될 수 있는 민자유치과정·사업의 지원사항·재산권문제 등을 광범위하게 다룬 기본법적인 성격을 가지고 있다. 지역균형개발법은 전국적인 차원보다는 관광지개발사업·공업단지조성사업·복합단지개발사업 등 지역 차원의 사업에 대한 민자유치를 촉진시키기 위한 것이다(국토개발연구원, 1994 : 85).

1. 민자유치의 기본방향

지역개발투자에 민간자본을 적극적으로 유치하기 위해서는 민자유치의 장애요인을 제거하고, 정부의 제도적인 투자유인책을 제시하는 것이 필요하다. 민간의 자율적인 투자활동에 걸림돌이 되는 각종 규제를 완화 내지 철폐하고, 민간의 지역개발사업 투자에 대한 보조금·금리혜택·감면세혜택 등이 고려될 수 있다. 민자유치의 기본방향으로 지역정책과의 조화, 민간부문의 자율성·경쟁성 신장, 민간부문 활용범위의 확대 등이 지적될 수 있다(국토개발연구원, 1994 : 56-66).

1) 지역정책과의 조화

지역개발부문에 민간부문의 능력을 활용하기 위하여 민자를 유치하는 경우에도 '지역균형개발'이라는 우리나라의 지역정책기조와 배치되지 않도록 해야 한다. 지역개발사업에 민자유치가 본격화되면 민간기업들은 다양한 외부경제효과라든지 개발이익의 추구 등으로 인해 지방보다는 수도권에 대한 투자를 선호할 것이기 때문이다.

2) 민간부문의 자율성·경쟁성 신장

민간투자를 제약하고 있는 각종 규제를 검토후 완화해 갈 필요가 있다. 공공시설투자에 민자를 유치하기 위해서는 무엇보다도 채산성이 확보되어야 한다. 민간의 채산성 확보에 장애요인이 되는 시설이용상의 규제와 요금규제 등 각종 규제를 적극적으로 재검토하고 제반 행정절차를 간소화함으로써 민간부문의 자율성에 입각한 시장경쟁성을 확보할 수 있다.

3) 민간부문 활용범위의 확대

신규의 공공시설투자는 대규모의 자본이 단기간에 필요한 경우가 많다. 지역개발사업은 매몰비용도 크고 투자의 회임기간도 긴 경우가 대부분이다. 민간자본의 유치로 조성된 사회간접자본시설이라 하더라도 민간기업이 수익성에 따라 사용료를 탄력적으로 조정하는 것은 쉽지 않다. 그리고 우리나라 민간기업의 투자여력을 감안하면 민간기업이 자체재원만으로는 민자유치사업에 참여하기가 힘들다. 결국 민간기업이 충분한 자체재원을 확보하지 못하고 외부자금을 차입해야 한다면 장기저리의 자금을 용이하게 빌릴 수 있는 정부가 무엇 때문에 민간부문의 참여를 추진하는가에 대한 의문이 생긴다. 따라서 민자유치의 주요목적이 단순히 민간자본의 차입이 아니고 시설에 대한 민간기업의 운영능력, 기술 및 경험을 활용하는데 있다는 것을 알 수 있다.

2. 민자유치의 추진절차

지역균형개발법 제27조에 의하면 중앙행정기관의 장 또는 서울특별시장·광역시장·도지사(이하 "시·도지사"라 한다)는 광역개발계획에 의한 광역개발사업, 개발계획에 의한 지구개발사업, 기타 대통령령으로 정하는 지역개발사업을 원활하게

<그림 15-1> 지역균형개발법에 의한 민자유치 추진절차

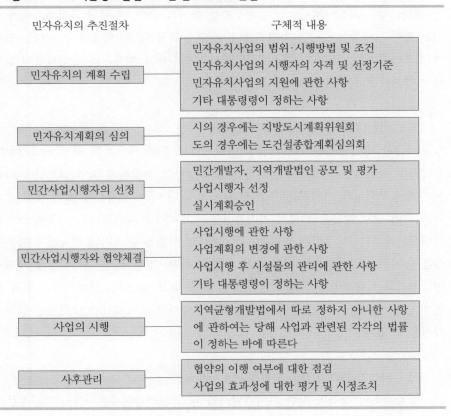

민자유치의 추진절차	구체적 내용
민자유치의 계획 수립	민자유치사업의 범위·시행방법 및 조건 민자유치사업의 시행자의 자격 및 선정기준 민자유치사업의 지원에 관한 사항 기타 대통령령이 정하는 사항
민자유치계획의 심의	시의 경우에는 지방도시계획위원회 도의 경우에는 도건설종합계획심의회
민간사업시행자의 선정	민간개발자, 지역개발법인 공모 및 평가 사업시행자 선정 실시계획승인
민간사업시행자와 협약체결	사업시행에 관한 사항 사업계획의 변경에 관한 사항 사업시행 후 시설물의 관리에 관한 사항 기타 대통령령이 정하는 사항
사업의 시행	지역균형개발법에서 따로 정하지 아니한 사항에 관하여는 당해 사업과 관련된 각각의 법률이 정하는 바에 따른다
사후관리	협약의 이행 여부에 대한 점검 사업의 효과성에 대한 평가 및 시정조치

시행하기 위하여 필요하다고 인정되는 경우에는 민자유치계획을 작성하여야 한다
고 규정하고 있다.

구체적으로 민자유치 추진절차는 〈그림 15-1〉과 같이 나타낼 수 있다. 민자
유치의 계획수립, 민간사업시행자의 선정, 그리고 민간사업시행자와 협약체결 등
일련의 절차에 있어서 주체는 중앙행정기관의 장 또는 시·도지사가 된다.

3. 민자유치의 활성화 방안

1) 지역개발사업에 있어서 민자유치에 대한 인식의 전환

정부주도적인 개발이나 운영에서 비롯되는 재원부족이나 비능률성을 보완하
기 위하여 민간부문이 참여한다. 그런데 민간참여에 대하여 특혜시비가 빈번하게
일어나는 것은 지역개발사업에 민간부문을 참여시키는 과정에서 유인책으로서 제
시된 것이 지나쳐서 참여만 하면 독점적 수익을 안정적으로 확보할 수 있다는 인식
에 기초하고 있는 것이다. 이와 같은 인식을 전환하기 위해서는 유인체계의 합리
화와 참여과정의 공정성 확보가 필수적이다.

2) 민간참여절차의 간소화 내지 합리화

시급한 현안문제를 해결하기 위하여 민간부문의 적극적인 참여가 요청된다
하더라도 관련법령이 제대로 정비되어 있지 못하고 복잡하게 되어 있으면 민자유
치가 활성화되기가 어려운 것은 말할 나위가 없다. 참여절차가 간소화 내지 표준
화가 되어 있지 않음으로 해서 처리과정을 지체시키고 임의적으로 해석될 소지를
확대시키게 되기 때문이다. 이것은 궁극적으로 사업참여 내지 운영과정에 불확실
성을 높이는 요인이 된다. 이와 같은 점들은 한편으로는 행정기관의 결정 자체가
일방적이고 특혜적인 것으로 비난을 초래할 수 있고, 또 다른 한편으로는 이와 같
은 비난을 우려한 관계 공무원이 민간참여에 대해서 소극적으로 대처하는 결과를
가져올 수 있다.

3) 수익성의 고려와 각종 지원제도의 체계화

공공재적인 성격이 강한 지역개발사업 내지 사회간접자본시설을 민간부문의

참여를 통해 추진하기 위해서는 무엇보다도 수익성이 고려되어야 한다. 사업의 성격에 따라 수익성 확보를 위해 세제상 우대·정책금융·이자보조·보조금 등의 대안이 가능할 것이다. 보다 구체적으로 부대사업으로 택지를 분양할 경우 주변시가로 분양하여 기업의 적정이윤율을 제고한다든지, 프로젝트 파이낸싱(특정사업금융)[1] 제도의 도입 등 재원조달방안의 다양화가 필요할 것이다.

지역균형개발법 제31조(민자유치사업의 지원)에 의하면 중앙행정기관의 장 또는 시·도지사는 민자유치계획규정에 따른 민간개발자에게 다음의 지원조치를 규정하고 있다.

① 공공시설에 대한 점용허가
② 사업에 소요되는 토지나 시설 등의 매입업무의 대행
③ 민간개발자의 수익성을 보장하는 범위 내에서의 주변토지개발권 부여
④ 기타 대통령령이 정하는 사항

4) 외국인 직접투자의 활성화

외국인 직접투자를 촉진하기 위해서는 국내투자자들과 동등한 자격으로 공정하게 참여할 수 있는 환경을 조성할 필요가 있다. 예컨대 정부방침의 사전적 명확화, 신뢰할 수 있는 사업정보의 제공 등과 같은 국제적 규범(global standard)에 의거한 사업추진 및 행정업무처리가 필요하다(국토개발연구원, 1998 : 31 - 32).

4. 민자유치에 있어서 고려사항

개방화·국제화·무한경쟁시대에 지방자치단체는 부족한 재정력을 가지고 한편으로는 지역주민들의 다양하고 질 높은 수요를 충족시키고, 다른 한편으로는 지역의 성장잠재력을 높여 가야 하는 두 가지의 부담을 지고 있다. 이하에서는 민자유치에 있어서 고려해야 할 사항들을 정리한다(국토개발연구원, 1994 : 134 - 137).

---

[1] 프로젝트 파이낸싱(project financing)은 특정한 프로젝트로부터 발생되는 미래의 현금흐름을 담보로 하여 당해 프로젝트를 수행하는 데 필요한 자금을 조달하는 금융기법을 말한다. 즉 프로젝트로부터 발생하는 미래의 현금흐름을 차입자금의 주 상환재원으로 삼고 프로젝트 자산과 다양한 이해관계자와의 계약을 담보로 하는 금융기법으로서 사업주는 제한적인 책임만 부담하면서 프로젝트에 소요되는 자금을 조달하는 방식이다(국토개발연구원, 1998 : 37).

첫째, 민자유치는 기본적으로 정부와 민간개발자 간의 협약의 형태이다. 따라서 정부는 협약 이전에 개발계획의 수립, 독점시장에 대한 사업자 간 경쟁형성 등 사전적인 기능을 강화하고, 협약체결 이후에는 민간부문의 자율성과 관리능력에 따른 경영이 이루어지도록 최소한도의 감독기능만을 유지하는 것이 바람직하다.

둘째, 민간부문이 주도적으로 지역개발사업에 참여해서 개발이익만 누리고, 개발에 따른 환경문제나 외부불경제문제는 주민들의 부담으로 귀결되는 형태가 되어서는 안 될 것이다. 따라서 지역개발사업의 성격에 따라 공공성과 수익성이 조화를 이룰 수 있도록 정부와 민간부문 간의 협력관계가 형성되어야 한다.

셋째, 지역개발사업과 사회간접자본시설 확충 등에 민자유치가 정착되면 지방자치단체는 지방자치단체대로 시급히 필요한 민자를 유치하기 위해서 경쟁을 하게 될 것이다. 문제는 기존의 재정력이 자치단체 간에도 차이가 크고, 특히 수도권과 비수도권 간의 재정력과 기타 외부효과 등의 잠재력에 있어서 차이가 크므로 오히려 민자유치로 인해 '지역 간 균형개발'이 아니라 '지역 간 경제력 격차의 심화'로 나타날 수 있다는 사실에 유념해야 한다. 따라서 제도적인 차원에서 지역 간 편중개발이 이루어지지 않도록 중앙정부 차원에서의 조정과정이 필요하다.

넷째, 지역개발사업과 사회간접자본시설의 민자유치과정에 있어서 무엇보다도 재원조달방안 마련이 중요하다. 재원조달을 실제적으로 가능하게 하면서도 특정 사업시행자에게 특혜를 주지 않는 유인체계의 균형화 내지 체계화가 필요하다. 그리고 사업시행자의 총괄적인 사업수행능력을 고려할 수 있는 기준이 정비될 필요성이 있다.

☑ 연습문제

1. 지역개발재원조달의 기본방향을 설명하시오.
2. 민자유치의 기본방향과 절차를 설명하시오.
3. 민자유치의 활성화 방안을 설명하시오.
4. 민자유치에 있어서 고려사항을 설명하시오.

제5편

지역개발의 분석 및 계획기법

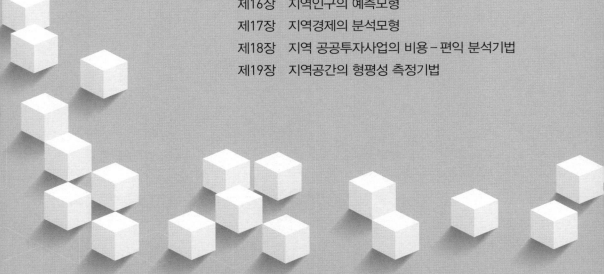

제16장

지역인구의 예측모형

지역문제를 논의하거나 지역계획, 지역정책을 입안할 때 당면하는 첫째 문제는 미래의 지역인구를 총량적으로 또는 세부지역별로 예측하는 일이다.[1] 지역의 제반 계획 및 정책에 있어서 인구는 토지면적과 더불어 가장 기본적이고 중요한 지표이다. 그 이유는 해당지역의 여러 지역계획, 즉 상하수도·주택·도로 등 제반 지역수요 및 지역경제에 관한 계획이 그 지역인구와 직결되어 있음으로 해서 합리적인 지역정책의 형성을 위해 정확한 미래인구의 예측치를 찾아내는 것이 긴요하기 때문이다. 그러나 시간·경비·자료·기타 인구학적인 전문지식의 미비로 정확도와 적시성이 있는 지역인구 예측을 하는 것이 어려운 실정이다. 따라서 여기서는 지역인구를 예측하는 여러 모형들을 검토하고, 기존의 여러 연구에서 밝혀진 인구예

---

[1] 유사용어로서는 추정(estimates), 예측(projections), 최상예측(forecasts) 등이 있다. 피틴저의 분류에 따르면 '추정'은 실질 센서스에 의해서 만들어진 인구가 아니라 지난 센서스의 인구를 이용해서 현재인구를 추정해 놓은 것이다. '예측'은 미래의 인구수준을 말한다. 인구예측은 여러 가지 방법이나 자료를 이용해서 실시하며, 그 방법이나 자료에 내재된 가정들이 충족될 때 어떤 변화가 일어날 것인가를 나타낸다. 계획가들은 전형적으로 다양한 가정에 입각한 여러 개의 예측치를 만들어 낸다. 예측치들은 아마 최소, 중간, 그리고 최대 성장률을 나타내겠지만 모든 예측치가 가능하다. 반면에 '최상예측'은 판단적인 것이다. 그것은 여러 개의 예측치 중 가장 가능성이 높다고 생각되는 예측치이다(Pittenger, 1976).

측모형들의 장단점을 밝히고, 인구예측모형 선택상의 유의사항 및 정확도에 영향을 미치는 요소들을 규명해 봄으로써 지역인구를 예측하는 최적모형의 선정 및 정립에 기여하고자 한다. 정확한 지역인구 예측치는 지방자치와 지방화시대를 맞이하여 공적 및 사적 부문의 의사결정자들에게 특히 중요할 것으로 보인다.

제2절   지역인구 예측모형

인구모형이란 인구변화의 규칙성을 수식으로 표현한 것이다. 인구변화는 출생, 사망, 그리고 인구이동이라는 세 가지 요소로 이루어져 있다. 이들 요소 각각의 분리된 효과를 고려하는 모형이 요소모형이며, 이들 세 가지 요소의 순효과를 직접 이용하는 모형이 비요소모형이다. 요소모형은 포괄적이고 상세한 자료의 집합을 필요로 하기 때문에 지역인구 예측모형으로서의 활용성은 낮다. 이 같은 자료수집의 한계 때문에 대개의 지역인구 예측은 비요소모형에 주로 의존하고 있다. 비요소모형은 과거의 인구추세를 토대로 방정식을 만들어 미래의 인구를 외삽추정(外揷推定)하거나 주택수의 변화 등 지표정보를 이용하여 순인구성장을 포착하는 것이다. 아래에서는 비요소모형을 먼저 검토하고, 다음에 요소모형에 대해 살펴보기로 한다(김윤상, 1986 : 59–62; Krueckeberg & Silvers, 1974 : 259–282).

1. 비요소모형(non-component models)

비요소모형은 과거 인구추세의 외삽추정방식과 고용예측 등 기타 간접자료에 기반을 둔 예측방식의 두 가지로 크게 나눌 수 있다.[2] 그런데 간접자료에 기반을

---

2) 과거 인구추세의 외삽추정방식은 기본적으로 인구의 시계열(time series)자료를 이용해서 모형계수를 추정하는 것이다. 그런데 여기서 유일한 독립변수인 시간은 성질상 연속변수(continuous variable)이나 실제 예측에 있어서는 월·분기·연·오년·십년 등으로 인위적인 단위로 끊어서 마치 이산변수(discrete variable)인 것처럼 사용하고 있다. 시간을 이산변수로 다루면 수학적인 처리가 단순하고, 또 실제 이용목적에도 부합되기 때문에 여기서는 시간을 이산변수인 것처럼 다룬다. 물론 연속변수로서의 인구예측모형 정립도 가능하다.

둔 예측은 그 간접자료의 정확성이 있어야 하고 또 쉽게 획득할 수 있어야 한다. 그런데 대개의 지역에서는 고용이나 주택수의 변화 등 간접자료의 획득 자체가 용이하지 않고 정확성도 떨어진다. 따라서 여기서는 과거의 인구성장추세를 이용하여 미래인구를 외삽추정하는 선형모형·지수모형·수정된 지수모형을 살펴보고, 이어서 비교적 널리 이용되는 비교방법과 비율예측방법을 검토한다.

1) 선형모형(linear model)

과거 인구가 거의 일정하게 증가하거나 감소하였고 미래에도 이와 같은 추세가 계속될 것으로 예상되는 지역에 적용되는 모형으로서 다음과 같은 대수식으로 나타낼 수 있다.

$$P_{t+n}=P_t+b(n) \tag{16.1}$$

$$b=\frac{1}{m}\Sigma\,(P_{t+n}-P_t) \tag{16.2}$$

단, $P=$인구
$t=$시간변수(월, 연 또는 오년 등)
$P_{t+n}=$시점 t로부터 n 시간단위 후의 인구
$n=$시간(월, 연 또는 오년 등)의 단위수
$b=$시간단위당 평균증가량
$m=$평균계산에 이용되는 시간단위간격(interval)의 수

<그림 16-1>   선형모형

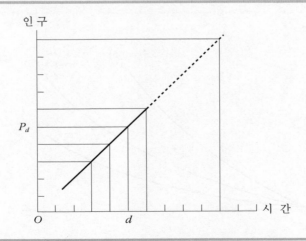

식 (16.1)과 (16.2)에서는 기준연도의 인구(P_t)를 기반으로 시간과 시간단위당 평균증가량을 이용하여 미래의 인구(P_{t+n})를 예측하는 식을 밝히고 있다.

선형모형을 그림으로 표시하면 〈그림 16-1〉과 같이 나타낼 수 있다.

2) 지수모형(exponential model)

이자계산시 복리율 적용방식을 인구예측에 원용한 것으로 인구가 정률변화를 할 때 적합한 모형으로 증가율(r)은 과거의 일정기간에 나타난 실제인구의 변화로부터 계산할 수 있다.

$$P_{t+n}=P_t(1+r)^n \tag{16.3}$$

$$r=\frac{1}{m}\sum(P_{t+n}-P_t)/P_t \tag{16.4}$$

이 방법은 인구의 기하급수적인 증가를 나타내고 있기 때문에 단기간에 급속히 팽창하고 있는 신도시나 신흥공업도시를 직접 예측하는 경우에 유용하다. 물론 지역 전체적으로 기하급수적인 인구증가를 나타내는 경우는 드물겠지만, 지역의 일부 도시나 공업지역이 이와 같은 변화를 하는 영역이라면 이와 같은 변화를 고려하여 분리해서 따로 예측을 하는 것이 바람직하다.

<그림 16-2> **지수모형**

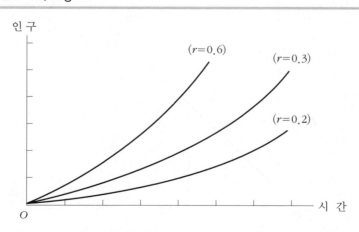

<그림 16-3> 수정된 지수모형

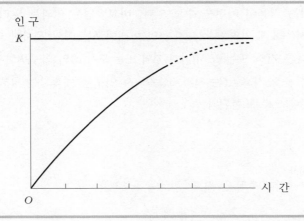

지수모형을 그림으로 표시하면 〈그림 16-2〉와 같이 나타난다.

3) 수정된 지수모형(modified exponential model)

지수모형의 단점을 고려해서 인구성장의 어떤 상한선(K)을 설정하고 그 상한선에 가까워지면 사용되지 않았던 자원($K-P_t$)의 일정비율(v^n)만큼 성장의 속도가 떨어질 것으로 보는 모형이다. 인구를 지탱하여 주는 자원(예컨대 가용토지)에 어떤 한계가 있다고 볼 때 인구성장에 어떤 상한이 있을 것으로 짐작할 수 있다. 인구성장에 한계가 있을 것으로 보이는 서울 같은 대도시의 인구예측에 유용하게 사용될 수 있을 것이다.

$$P_{t+n}=K-[(K-P_t)(v)^n] \tag{16.5}$$

$$v=\frac{1}{m}\sum\frac{K-P_t}{K-P_{t-1}} \tag{16.6}$$

단, K=인구성장의 상한선

수정된 지수모형을 그림으로 표시하면 〈그림 16-3〉과 같다.

4) 비교방법(comparative method)

위에서 논의된 방법들은 모두 어떤 대상지역 또는 도시의 과거 인구성장추세를 이용해서 미래 인구성장을 예측할 수 있다고 가정하고 있는데, 대상지역 또는 도시에 따라서는 적용이 어려울 수도 있다. 비교방법은 이와는 달리 연구할 어떤 지역 또는 도시(예로서 지역 또는 도시 c)의 미래인구는 이와 유사한 역사적 배경을 가지고 있는 다른 지역 또는 도시(가령 지역 또는 도시 d)의 인구변화추세를 이용해서 우리가 관심을 가지고 있는 지역 또는 도시 인구를 예측하는 방법이다. 이것은 아래와 같이 수식으로 표현된다.

$$_cP_{t+n} = (p)_dP_{(t-g)+n} \qquad\qquad (16.7)$$

단, g = 시차
$p = {}_dP$(유사 지역 또는 도시 d의 인구)의 일정 비율

5) 비율예측(forecasts with ratios)

비율예측은 지역의 전체인구를 예측하는 경우보다 지역의 구성요소인 특정 도시 또는 특정 공간영역의 인구를 예측하는 데 유용하다. 특정 도시(c)의 인구는 그 도시가 속한 지역(s) 인구에 의존성이 높다고 가정하는 것이다. 만일 우리가 이와 같은 상호의존관계가 가까운 시기에도 계속되고 보다 큰 지역(s)의 인구를 더욱 용이하게 예측할 수 있다면, 그 때 그 두 인구 사이의 비율이 일정하게 계속될 것이라고 가정함으로써 연구대상 도시(c)의 인구를 주변지역(s) 인구의 일정비율로 예측가능하다. 이것은 아래와 같이 대수식으로 표현이 가능하다.

$$\frac{_cP_{t+n}}{_sP_{t+n}} = \frac{_cP_t}{_sP_t}$$

또는

$$_cP_{t+n} = (_cP_t/{_sP_t})_sP_{t+n} \qquad\qquad (16.8)$$

이 모형은 연구대상 도시의 미래인구($_cP_{t+n}$)는 그 도시가 속한 지역인구($_sP_{t+n}$)의 어떤 일정비율($_cP_t/{_sP_t}$)이 될 것으로 보는 것이다. 이것은 선형모형의 일반식 $Y = a+bX$로 바꿀 수 있다(a = 절편, 0으로 가정; b = 계수, 인구규모의 비율; X = 독립변수, 주변지역의 인구).

여기서 독립변수로서 지역의 인구를 이용하고 있는데, 이는 설득력이 있는 것으로 보인다. 왜냐하면 특정 도시의 인구는 사회, 정치, 그리고 문화적으로 통합적

인 부분을 형성하고 있는 보다 큰 지역의 인구에 의해 상당한 영향을 받을 것으로 보이기 때문이다. 그리고 비율방법은 여러 형태의 변형이 가능하다. 예를 들어 학교등록 학생수와 인구의 비율, 고용과 인구의 비율 등이 이용될 수 있을 것이다.

지금까지 다섯 가지의 비요소모형을 살펴보았다. 분석에 필요한 자료획득이 비교적 용이하고 모형계수 추정이 상대적으로 단순하기 때문에 실제 지역인구 예측에 지금까지 살펴본 비요소모형이 널리 쓰이고 있다. 그러나 앞에서 논의된 예측모형들은 공통적으로 다음의 두 가지 결함을 지니고 있다(Catanese & Snyder, 1979 : 157; Krueckeberg & Silvers, 1974 : 275).

첫째, 인과성(causal structure)의 문제로서, 위의 예측모형들은 인구변화의 요인들에 대한 설명력이 부족하다. 이 모형들은 어떤 지역 또는 도시의 미래인구는 그 지역 또는 도시의 과거의 인구추세, 타 지역 또는 도시의 과거 인구추세, 또는 지역의 부분은 그 곳을 포함하는 보다 넓은 지역의 성장에 기인한다고 가정하고 있다. 그러나 이와 같은 가정의 구체적 근거를 찾기 힘들며, 오히려 이들 인과적 변수들은 대부분 이용가능한 최상의 정보나 인구변화의 복잡한 원인들에 대한 합리적인 대리물(reasonable proxies)로서 받아들여야 할 것이다.

둘째, 예측의 단일성(monolithic)과 총합적인 성격이다. 지역계획의 목적에서 보면 대상 지역 또는 도시 인구의 전체규모보다 상세한 인구구조의 예측이 도움이 될 것이다. 예컨대 연령별·성별 인구 및 산업별 고용인구 등에 대한 예측이 필요한 경우가 그것이다.

2. 요소모형(component models)

요소모형은 출생, 사망, 그리고 인구이동이라는 세 가지 요소 각각의 분리된 효과를 고려하는 모형이다. 출생, 사망, 그리고 인구이동 요인은 연령과 밀접한 관계가 있다. 출산은 청장년기의 여성에 의해 이루어지고, 사망 역시 대개 유아사망률이 높고 그 다음 연령층은 상당히 안정적이다가 다시 노년층의 사망률이 높기 때문이다. 인구이동 역시 대개 청년층의 인구이동이 활발하고 노년층은 안정적이다. 따라서 인구의 요인별 변화분석시 연령계층별 변화를 결합시킴으로써 보다 정확한 인구예측이 가능하다. 그래서 요소모형 분석시 대개 연령계층별 생존모형(age

cohort-survival model)을 이용하고 있다. 그리고 이때 집단별 부분추계치를 연령계
층별(매 5년)·성별로 조합하여 추계한다는 의미에서 조성법(組成法)이라 부르기도
한다. 이 방법은 연령별·성별의 인구증가현황을 파악할 수 있고, 출생, 사망, 그리
고 인구이동이라는 세 가지 요소를 시간을 이용해서 결합시킴으로써, 특히 장기예
측이 될 때 비요소방법보다 과학적인 방법으로 인정되어 오늘날 널리 이용되는 추
계방법 중의 하나이다.

그러나 요소모형은 대개 지역수준에서 획득하기 어려운 포괄적이고 상세한
자료의 집합을 필요로 하는 단점이 있다. 뿐만 아니라 일반적으로 추계과정이 복
잡하기 때문에 인구전문가가 참여해야 하고 비용이 많이 든다는 약점이 지적되고
있다. 그리고 지역 간 인구이동은 경제활동상황·고용기회·주택공급상황 등과 직
접적인 영향관계에 있기 때문에 상호점검(feedback)과정을 통해 계속적인 조정이
이루어져야 할 것이다.

요소모형의 일반식은 다음과 같다.

$$P_{t+n}=P_t+N+M \tag{16.9}$$
단, N=자연증가
　　M=순인구이동

아래에서는 연령계층별 생존모형을 검토한 뒤 인구이동을 논의하기로 한다.

1) 연령계층별 생존모형(age cohort-survival model)

순인구이동을 영(零)으로 가정하면 이 자체로서 인구예측모형이 될 수 있다.
연령계층별 생존모형은 전체인구를 연령계층별·성별로 구분해서 연령·성별 피라
미드(an age-sex pyramid)를 만든 것이다. 우리나라의 인구센서스에 의하면 5년 단
위로 79세까지, 그리고 최종연령층으로 80세 이상 이렇게 17개 연령층으로 구분하
고 다시 남·여 구분을 함으로써 사실상 34개의 연령 및 성별 구분이 가능한 만큼
이들 각 집단의 인구를 따로 예측할 수 있다. 예를 들어 2030년의 5-9세까지의 남
성 인구를 예측하기 위해서는 2025년 0-4세까지의 남성 인구에 어떤 생존율(=1-
사망률)을 곱하는 것이다.

연령계층별 생존모형의 대수식은 다음과 같다.

$$_{5-9}P_{t+5} = {}_{0-4}(S)_{0-4}P_t \tag{16.10}$$

　　단, $S = 1 - D$
　　　　$S =$ 생존율
　　　　$D =$ 사망률

　　연령계층별 생존모형은 예측기간 동안 사망률과 출산율의 가정이 정확한 정도만큼 정확한 결과를 기대할 수 있다. 사망률과 출산율은 과거 자료를 토대로 추세를 분석하거나 주관적으로 판단이 가능하다. 사망률과 출산율이 상당히 안정적이고 인구의 지역 간 이동이 규모나 연령 및 성별 구성에 있어서 무시해도 좋을 만큼 영향이 적을 때 이 방법은 크게 유용할 것으로 보인다. 연령·성별 피라미드 작성에 있어서 유의점은 다음과 같다.

① 출생의 계산은 대개 가임여성(15-44세) 연령층을 이용한다. 그 외의 연령층에서의 출산은 드물고, 가장 가까운 연령층 출산율 계산에 포함시킬 수 있을 것이기 때문이다.

② 출산예측이 도출되면 성별 구분이 되어야 하는데, 이는 15-44세까지의 가임여성 인구의 분포도를 알아 내는 중요한 지표가 된다.

③ 순인구이동이 없다는 가정은 모든 연령층에 적용되어야 한다.

④ 연령층은 지역, 인구, 그리고 기타 다른 변수에 의해 분해될지 모른다. 왜냐하면 다양한 집단의 다양한 수요, 예를 들어 주거, 학교, 기타 휴게시설 등에 대한 계획수립시 필요하기 때문이다.

⑤ 여러 가지 변화율이 일정하다는 가정은 작성시점에 따라 바뀌어질 수 있다. 국가 전체적으로 볼 때 우리나라의 출산율은 1960년대의 가족계획사업 이후 현저히 떨어지고 있는 사실이 이를 뒷받침해 준다.

2) 인구이동(migration)

　　지역 내의 이동(intra-migration)이 아닌 지역 간 인구이동을 지역인구의 자연증가와 구분해서 사회적 인구증가 또는 사회적 인구이동이라 한다. 지역은 국가와는 달리 이동이 비교적 자유로운 영역이기 때문에 지역 간 인구이동은 어느 나라든 비교적 많다. 특히 산업화의 속도가 빠르고 불균형적인 개발이 보편화되어 있는 우리나라와 같은 경우에는 지역 간 인구이동률이 높다. 한 지역 내에서도 도시와 도시 간, 농촌과 도시 간 등으로 인구이동이 발생한다.

미래의 인구이동을 크기나 비율로 예측하는 것이 긴요하고도 어려운 부분인데, 브라운(Brown et al., 1970 : 175-183) 등은 미래의 인구이동의 크기나 비율을 예측하기 위해 다음의 여섯 가지 방법을 제시하고 있다.

① 주관적인 판단에 의한다.

② 과거의 자료를 이용한 추세분석방식에 의한다.

③ 지역경제나 지역사회의 분석으로부터 적용가능한 비율을 도출하거나 회귀분석방식을 적용한다.

④ 밀도한계(density ceilings)를 이용한다.

⑤ 몬테칼로 시뮬레이션과 선형계획법(Monte Carlo simulation and linear programming approaches)을 이용한다.

⑥ 위와 같은 여러 방법들을 결합시켜 사용한다.

여기서는 비교적 널리 쓰이고 계산이 간편한 잔여(residual)를 이용하는 방법과 기타 관련변수를 이용하여 다중회귀분석을 하는 방법을 간략히 살펴본다.

(1) 잔 여(residual)　　대개 지난 센서스의 인구에서 출발하여 출생과 사망의 기록을 검토하고 그것을 기초로 현재인구를 추정한다. 이 예상된 인구와 실질인구와의 차이를 순인구이동의 결과로 보는 것이다. 이 방법은 단순하고 연령·성별 분류를 필요로 하지 않기 때문에 분석의 모든 수준에서 인구예측치를 만드는 데 유용하다.

대수식은 예컨대 아래와 같다.

$$N_{2020-2030} + M_{2020-2030} = P_{2030} - P_{2020} \qquad (16.11)$$

단, N = 자연증가
M = 인구이동
P = 총인구

분석의 자료가 풍부한 경우에는 방정식을 기간별로 여러 개로 분해해서 인구이동의 크기나 비율이 변화하는 추세를 파악할 수 있고, 추세분석기법은 앞에서 논의된 방법들을 이용할 수 있다.

(2) **다중회귀분석**　　단순한 비율상관관계(a ratio correlation)를 이용하는 것보다 발전된 형태로서, 인구이동에 영향을 미치는 여러 가지 변수를 이용하여 방

정식을 만들고 이를 이용해서 다중회귀분석을 함으로써 미래 인구이동을 예측하는 방법이다.

$$M_{ij} = (X_1, \ X_2, \ \cdots\cdots, \ X_n) \tag{16.12}$$

단, M_{ij}＝i지역 또는 도시에서 j지역 또는 도시로의 인구이동
$X_1, \ \cdots\cdots, \ X_n$＝인구이동에 영향을 미치는 요인들
(예：경제적 기회, 접근성 등)

제3절 예측모형 선택시의 유의사항

지금까지 여러 가지의 지역 또는 도시 인구예측모형들을 살펴보았다. 이들 모형들은 각각 독특한 가정과 곡선모양, 그리고 한계를 가지고 있다. 현실적으로 주어진 자료를 통해 어느 지역 또는 도시의 인구변화과정을 포착하고자 할 때 주어진 자료 및 가정에 가장 잘 부합되는 지역 또는 도시 인구예측모형을 선정해야 할 것이고, 그 다음에 선정된 모형의 계수를 추정해야 할 것이다. 여기서 우선 직면하는 문제는 다양한 모형 중 어느 것을 선택하고, 선택시 고려해야 할 사항들이 무엇인가 하는 점이다. 예측모형의 선택시 고려할 요인들은 여러 가지가 있겠지만 여기서는 이용가능한 인구자료의 유형 및 질, 예측의 용도, 분석의 규모, 예측기간의 길이, 그리고 예측에 이용가능한 예산, 인원 및 시간 등의 요인을 검토한다.

1. 인구자료의 유형 및 질

예측에 이용되는 인구자료의 유형과 질은 다양하다. 일반적으로 인구자료는 정태적인 것과 동태적인 것으로 크게 나누어진다. 전자는 어떠한 시점을 기준으로 인구조사를 실시하고 그 시점에 있어서의 모집단(母集團)에 대한 인구의 특성별 정보를 수집하는 것이며, 후자 즉 동태통계는 어떤 기간을 대상으로 출생, 사망, 또는 혼인 등의 동태사례(vital events)가 얼마나 있느냐 하는 것을 파악하는 목적을 가지고 있다. 이에 더하여 노동통계, 도시화에 관한 특별연구 등 특별한 목적을 위하

여 만들어진 통계가 있고, 기타 간접자료(symptomatic data)가 있다. 따라서 인구자료는 크게 센서스 자료, 인구동태통계, 특별목적별 조사자료, 그리고 기타 간접적인 자료로 나눌 수 있다.

우리나라의 경우 현대적인 의미의 인구센서스는 1925년부터 대략 5년 간격으로 실시되었으나 1960년 센서스 이전의 자료는 일제치하, 3년간의 한국전쟁 기타 산발적인 분석 등으로 자료이용의 제약이 있는 상황이다. 그렇다고 하더라도 인구센서스는 우리나라에서 가장 수준이 높고 믿을 만한 통계라 할 수 있다. 그 외 목적별로 이루어지는 각종 인구자료가 있는데, 그중 경제활동 인구조사보고서 등은 널리 이용되는 자료이다. 직접적인 인구자료는 아니지만 간접자료도 유용하다. 왜냐하면 인구변화와 사회경제적 변화 사이에는 상관관계가 있기 때문이다.

2. 예측의 용도

인구예측치는 인구학자들에 의해 대개 발표되지만, 그 예측치를 이용하는 사람들은 지역계획가·공무원·기업가·기타 관련시민 등 아주 다양하다. 다양한 이용자들은 당연히 자기들의 사용용도에 따라 인구예측의 정확성의 정도에 대해 요구하는 정도가 다르고, 그 기대가 어긋났을 때 상실되는 것도 다를 수밖에 없다.

공식적으로 여러 예측치가 발표되고 있지만 다소간 예측의 용도가 미래 예측치의 사실상 활용에 영향을 미치고 있다. 적어도 과소추정을 염려하는 이용자는 공식적으로 발표된 예측치 중 가장 큰 것을 택할 것이고, 과대추정을 염려하는 이용자는 공식적으로 발표된 예측치 중 가장 작은 것을 택할 것이다(Isserman, 1977 : 252-253; Keyfitz, 1972 : 356).

3. 분석의 규모

분석의 규모는 모형의 선택에 중요한 영향을 미친다. 규모가 작은 도시에 있어서는 대개 인구이동이 도시인구변화의 가장 중요한 요소이다. 그러나 국가적인 수준에서 인구변화는 주로 출생과 사망의 문제이다. 왜냐하면 한 나라 전체에서 해외로의 인구이동은 전체인구에서 차지하는 비중이 낮을 뿐만 아니라 도시 간 인구이동에 비해 상대적으로 총량파악이 용이하기 때문이다. 결국 인구이동이 인구변화에 있어서 차지하는 중요성은 대개 연구대상 도시의 규모에 역(逆)으로 관련되어 있다. 도시에서 인구이동은 대개 자연증가보다 빠르게 인구를 변화시킨다.

분석대상 도시의 지리적인 규모가 작으면 작을수록 인구변화를 포착하기 위해서는 다양한 간접자료에 대한 수요는 점점 더 커질 것으로 보인다. 그러나 소규모 도시들에 대한 인구예측이 상세하고 많은 자료투입을 필요로 한다면 실제에 있어서는 감당하기 힘들 정도로 엄청난 자료수집과 표를 작성해야 하는 곤경에 빠질 수 있다.

4. 예측기간의 길이

우리가 예측하고자 하는 미래시점까지의 기간의 장단기 여부가 모형선택에 중요한 열쇠가 된다. 기존의 연구들은 거의 어떤 예측방법도 10년까지의 단기예측에는 적합한 것으로 밝히고 있다(Isserman, 1977 : 247 - 259; Greenberg, 1972 : 179 - 188; Schmitt & Crosetti, 1953 : 417 - 424). 따라서 단기예측에는 거의 비용이 들지 않고 간편한 외삽추정방식(extrapolation process)이 널리 이용되고 있다. 그러나 예측기간이 길어지면 외삽추정의 추세분석이 갖는 단점이 점점 더 커진다. 왜냐하면 외삽추정은 인구변화의 구성요소별로 분해해서 예측하는 것이 아니라 인구변화를 가져오는 구성요소의 총합된 순효과를 과거추세를 이용해서 분석하는 것이기 때문이다. 따라서 예측기간이 길어지면 질수록 구성요소들의 개별 효과는 기준연도의 상황과는 크게 다를 수 있다. 구성요소들은 예측기간 중 독자적인 추세를 따라서 변화한다고 보아야 할 것이다. 이와 같은 이유 때문에 대부분의 장기예측은 요소모형을 이용하는 것이 권장된다.

5. 이용가능한 예산·인원·시간

자료의 유형과 질, 용도, 분석의 규모, 그리고 예측기간의 길이에 더해서 예측가는 빈번하게 예측에 이용가능한 예산·인원·시간에 대한 고려를 해야 한다. 분석에 필요한 인원이 적거나 전문성이 낮을 때, 가용예산의 규모가 작거나 또는 그 예측이 "어제 필요했었다"는 말을 들을 때, 실무자는 흔히 단순하고 비용이 많이 들지 않는 추세분석방법을 택하게 될 것으로 보인다. 추세예측방법들이 정교성이 떨어지고 인과성의 파악에 문제가 있지만, 단기예측에 있어서는 정교한 방법들에 비해 예측결과가 그렇게 나쁘지 않은 것으로 알려져 있다.

☑ 연습문제

1. 비요소모형(non-component models)에 대하여 설명하시오.
2. 요소모형(component models)에 대하여 설명하시오.
3. 인구예측모형 선택시 유의사항에 대하여 설명하시오.

제17장

지역경제의 분석모형

제1절 ## 제1절 경제기반모형

1. 경제기반모형의 의의

경제기반모형(economic base model)은 한 지역의 경제구조 및 성장의 건전성을 규명하는 분석기법으로 프랑스의 티보우(Charles Tiebout)와 미국의 호이트(Homer Hoyt)·와이머(A. M. Weimer) 등에 의해 개발되고 체계화되었다. 경제기반모형의 적용을 통해 찾을 수 있는 의의는 다음과 같다.

첫째, 한 지역의 연도 간 비교를 통해 그 지역의 경제적 건전성을 종적(縱的)으로 비교할 수 있다. 즉 한 지역경제의 시점 간 비교가 가능하다.

둘째, 한 지역과 다른 지역과의 횡적인 비교를 가능하게 한다. 즉 지역 간 비교를 가능하게 한다.

셋째, 한 지역 내 산업 간 비교를 가능하게 함으로써 궁극적으로 지역경제의 건전성과 취약성을 규명하고, 한 지역의 산업개발전략의 수립에 기여할 수 있다.

2. 경제기반모형의 이론적 배경과 기본가정

경제기반모형의 이론적 배경은 도대체 무엇인가? 이는 케인즈(J. M. Keynes)가 개발한 승수이론의 응용이라 할 수 있다. 케인즈에 의하면 국민소득의 성장은 정부투자와 재정지출, 그리고 해외수출 등의 증가가 부족한 유효수요를 창출하여 드디어 국민소득의 증가를 가져온다는 것이다. 승수이론과 같은 논리에 의해 경제기반모형은 어떤 한 지역의 경제분석을 위해 활용된다.

경제기반모형은 지역경제구조가 단순히 2개 그룹의 활동으로 구성된다는 간단한 가정하에서 출발한다. 그 하나는 기반활동(basic activity)으로 이는 지역의 성장에 기여하는 활동이며, 나머지 하나는 비기반활동(non-basic activity)으로 이는 지역경제의 안정에 기여하는 활동이다. 이제 이들 두 가지 활동에 대해 좀더 자세히 살펴보자.

기반활동은 당해지역 외부의 기업이나 개인들에게 수출하기 위하여 재화와 용역을 생산하여 판매하는 활동을 말한다. 즉 기반활동은 외부지역으로부터 화폐적 수입을 가져오는 활동으로, 흔히 수출활동(export activity)이라 불리운다. 그러면 기반활동에는 어떤 것들이 있는지 살펴보자. 첫 번째는 외부지역으로 재화를 수출하는 활동이다. 두 번째는 외부지역에 용역(service)을 제공하고 화폐를 가져오는 활동이다. 세 번째는 당해지역 내에서 외부인에게 용역을 제공하고 화폐를 받는 활동이다. 예컨대 관광산업이 세 번째에 속한다.

비기반활동은 당해지역 내부에서 소비되는 재화와 용역을 생산하여 판매하는 활동을 말한다. 즉 비기반활동은 지역 내부에서 화폐의 유통을 가져오는 활동으로 지방활동(local activity)이라 불리기도 한다.

이상과 같은 지역경제활동의 양분(兩分)에 근거하여 경제기반모형은 기반활동만이 지역의 경제력을 결정하는 관건이 되고, 기반활동의 팽창은 비기반활동의 성장을 유도하며 지역전체의 경제성장을 주도하게 된다는 것이다. 즉 수출이 지역성장의 경제적 기초를 제공하며, 비기반활동은 단순히 지역 내부의 소비활동을 위한 것이므로 지역경제발전의 결과 혹은 영향이라는 것이다.

이러한 견해는 국가경제의 입장에서 볼 때 국제무역이론과 일치한다. 한 지역의 경제를 분석하는 경제기반모형은 그 이론구성이 간단한 것은 사실이지만 모형의 직접적인 관심은 수출수지(export balances)에 있다. 국제무역관계에 있어서 국가경제의 위치에 국제수지가 미치는 영향이 지대하듯이 어떤 지역의 경제력도 수출수지가 그 척도가 된다는 것이다.

3. 경제기반분석의 절차 및 방법

경제기반분석의 절차는 2단계로 구성된다. 1단계 절차는 기반활동과 비기반활동을 분리확인(identification)하는 것이고, 2단계 절차는 1단계에서 확인된 기반활동과 비기반활동을 기초로 분석대상지역에 있어서의 산업구조의 건전성과 취약성을 규명하는 단계이다. 아래에서는 이들 단계별 절차의 방법에 대하여 구체적으로 살펴보고자 한다.

1) 기반활동과 비기반활동의 분리방법

경제기반분석의 유용성은 기반활동과 비기반활동의 합리적 구분에 크게 좌우된다고 볼 수 있으나, 손쉽고도 정확한 두 활동의 분리는 대단히 어려운 과제로 되어 있다. 이러한 어려움에도 불구하고 이들 두 활동의 분리를 위해서 다음과 같은 몇 가지 방법들이 제시되고 있다.

(1) **산업성격에 따른 분류방법**   이 방법은 1차 및 2차 산업을 기반활동으로, 3차 산업을 비기반활동으로 일괄적으로 분류하는 방법으로, 이와 같은 분류방법은 많은 예외성을 지닌다는 약점이 있다.

(2) **입지상**(location quotient : LQ)**에 의한 분류방법**   이 방법은 분석대상지역의 산업구조를 전국의 그것과 비교하는 방법으로, 주로 고용구조를 살펴보는 것이 일반화되어 있다. 이 방법에 의하면 특정지역의 일정산업에 고용되어 있는 노동력이 그 산업에 대한 전국평균비율보다 높을 때는 전국수준과 같은 선까지의 노동력은 지역 내부의 수요에 충당되고, 잉여분은 수출시장의 수요에 할당되는 것으로 산정한다. 산업 i에 대한 LQ값의 산정방법은 다음과 같다.

$$LQ_i = \frac{\dfrac{j지역\ i산업\ 고용인구}{j지역\ 총고용인구}}{\dfrac{전국\ i산업\ 고용인구}{전국\ 총고용인구}} \tag{17.1}$$

이렇게 계산된 LQ_i의 값이 1보다 크면 j지역은 i산업의 제품을 수출하게 되는데, $LQ_i > 1$ 부분만큼은 기반활동으로, $LQ_i = 1$ 이하부분만큼은 비기반활동으로 간주된다. 계산된 LQ_i의 값이 1보다 작으면 j지역은 i산업제품을 수입하게 되고, j지역에서 i산업은 모두 비기반활동으로 분류된다. 만약 LQ_i의 값이 1이 되면 j지역은 i산업제품을 자급자족하게 되고, j지역의 i산업은 모두 비기반활동으로 간주된다.

입지상(LQ)에 의한 기반활동과 비기반활동의 분류방법은 i산업제품의 수요패턴이 전국적으로 동일하다고 가정한다는 점에서 유용성의 한계가 있긴 하지만 가장 일반적으로 사용되는 방법 중의 하나이다.

(3) 실제조사에 의한 분류방법   이 방법은 분석대상지역 외부로 나가는 재화와 용역의 실질적인 출하(shipment)에 관한 정보를 획득하기 위하여 행하는 직접조사방법이다. 실제조사에 의한 방법에도 그 조사대상에 따라 생산자조사·소비자조사·행정구역경계선에서의 조사 등으로 구분되는데, 이들 각 방법들 역시 취약점들을 갖고 있다.

먼저 생산자조사는 소득 혹은 수입에 관한 조사에서 조사대상자인 생산자가 정확한 답변을 하지 않을 가능성이 크다는 문제점이 있다. 소비자조사는 어떤 지역에서 생산된 물건을 사용한 사람을 조사하는 방법인데, 소비자가 외국에 있을 수도 있고 조사의 번거로움 때문에 실제로 조사가 불가능한 문제점이 있다. 행정구역경계선에서의 조사 역시 실제로 거의 불가능하다는 문제점이 있다.

기반활동과 비기반활동의 분류를 위한 방법으로는 이상에서 살펴본 방법 외에도 최소요구량법(minimum requirement method) 등의 방법도 제안되고 있으나, 입지상(LQ)에 의한 방법이 가장 많이 사용된다.

한편 기반활동과 비기반활동을 확인하고 이를 계량화하는 데 사용되는 측정지표로는 ① 고용자수, ② 부가가치 및 생산액, ③ 임금지불액, ④ 생산물의 물량, ⑤ 화폐소득과 지출 등이 사용될 수 있는데, 우리나라의 경우 현실적으로 자료구득(資料求得)의 용이성 등의 이유로 말미암아 고용자수가 주로 사용된다.

2) 경제기반의 분석기법

이상에서 살펴본 바와 같은 기반활동과 비기반활동의 분리과정을 거친 후에 분석대상 지역경제의 건전성과 취약성을 규명하기 위해 B/N비율 (혹은 N/B비율)이나 경제기반승수(economic base multiplier)의 분석기법이 주로 채택되는데, 이들에 대해 살펴보자.

(1) B/N 비율 B/N비율의 산정식은 다음과 같다.

$$B/N = \frac{\text{기반활동의 고용지수}}{\text{비기반활동의 고용지수}} \tag{17.2}$$

B/N비율의 기능 및 유용성은 다음과 같다. 첫째, 한 지역의 시점 간 비교를 통한 지역경제의 건전성을 측정할 수 있다. 둘째, 한 지역과 다른 지역의 비교가 가능하다. 셋째, 한 지역 내에서 산업 간 비교가 가능하다.

(2) 경제기반승수   경제기반모형은 어떤 지역의 경제활동은 기반활동과 비기반활동의 두 가지로 구성된다는 단순한 가정에 기초한다. 따라서 우리는 다음의 식을 얻는다.

$$E_T = E_B + E_N \tag{17.3}$$
  단, $E_T =$ 지역의 총고용인구
    $E_B =$ 지역의 기반활동 고용인구
    $E_N =$ 지역의 비기반활동 고용인구

이 식으로부터 우리는 어떤 지역의 총고용인구와 기반활동 고용인구 간의 관계를 다음과 같이 유도할 수 있다.

$$E_T = E_B + E_T\left(\frac{E_N}{E_T}\right) \tag{17.4.1}$$

$$E_T - E_T\left(\frac{E_N}{E_T}\right) = E_B \tag{17.4.2}$$

$$E_T\left(1 - \frac{E_N}{E_T}\right) = E_B \tag{17.4.3}$$

$$E_T = \frac{E_B}{1 - \dfrac{E_N}{E_T}} = \frac{1}{1 - \dfrac{E_N}{E_T}} E_B \tag{17.4.4}$$

이렇게 정리된 식은 바로 총고용인구 E_T와 기반활동 고용인구 E_B의 관계를 보여 주고 있는데, 여기서 $1 - \dfrac{1}{1 - (E_N/E_T)}$이 바로 경제기반승수를 나타낸다. 이 경제기반승수는 다음과 같이 정리될 수 있다.

$$경제기반승수 = \cfrac{1}{1 - \cfrac{E_N}{E_T}}$$

$$= \cfrac{1}{\cfrac{E_T - E_N}{E_T}}$$

$$= \cfrac{1}{\cfrac{E_B}{E_T}}$$

$$= \frac{E_T}{E_B} \tag{17.5}$$

따라서 경제기반승수는 $\dfrac{E_T}{E_B}$로서 표현되기도 한다.

앞서 살펴본 총고용인구 E_T와 기반활동 고용인구 E_B의 관계를 바탕으로 총고용인구의 증가분 ΔE_T와 기반활동 고용인구의 증가분 ΔE_B와는 다음과 같은 관계가 성립함을 알 수 있다.

$$\Delta E_T = k(\Delta E_B) \tag{17.6}$$
단, k = 경제기반승수

총고용인구의 변화와 기반활동 고용인구의 변화에 관한 이와 같은 관계는 어떤 지역의 총고용인구가 경제기반승수를 통하여 기반활동 고용인구의 변화에 의존하고 있음을 보여 준다. 이제 기반활동 고용인구의 변화가 총고용인구의 변화에 어떻게 영향을 미치는지 예를 들어 살펴보자.

어떤 지역의 총고용인구는 500,000명이고, 이 가운데 비기반활동 고용인구는 400,000명이라고 한다. 그런데 이 지역에 외부지역으로의 수출만을 목적으로 하는 수출산업(기반활동)이 새롭게 입지하여 5,000명의 새로운 수출산업(기반활동) 고용증가(ΔE_B)가 예상된다면, 이 지역의 총고용인구증가(ΔE_T)는 얼마나 될까 생각해 보자.

이 문제에 대한 해답을 구하기 위해 우선 경제기반승수 k를 계산하여야 한다.

$$k = \frac{1}{1 - \dfrac{E_N}{E_T}} = \frac{1}{1 - \dfrac{400,000}{500,000}} = 5$$

이렇게 계산된 k값을 이용해서 총고용인구증가 ΔE_T는 다음과 같이 계산된다.

$$\Delta E_T = (5)(5,000) = 25,000$$

따라서 이 지역의 총고용인구는 25,000명이 증가할 것이며, 수출산업(기반활동)의 고용증가는 5,000명으로 주어졌으므로 비기반활동의 고용증가는 20,000명에 달할 것이다.

이제 우리는 경제기반승수의 기능과 유용성을 알 수 있게 되었다. 첫째, 경제기반승수는 분석대상지역의 미래성장 예측에 사용될 수 있다. 둘째, 경제기반승수는 새로운 산업의 입지나 확장에 따른 소득 및 고용창출효과를 예측할 수 있게 한다.

4. 경제기반모형의 장점과 단점

1) 경제기반모형의 장점
경제기반모형이 가지는 일반적인 장점은 다음과 같다.

첫째, 경제기반승수 혹은 B/N비율은 계산이 용이할 뿐만 아니라 이해하기 쉬워 실무자나 정책의사결정자에게 설득력이 강하다.

둘째, 경제기반모형은 역사적 자료가 부족한 경우에도 장래의 B/N비율만 예측할 수 있으면 새로운 산업의 입지나 확장에 따른 고용승수효과를 손쉽게 예측할 수 있게 한다.

셋째, 경제기반모형은 생산량의 흐름에 관한 자료를 획득할 수 없는 경우에도 고용예측을 통하여 쉽게 지역경제에 대한 예측을 가능하게 한다.

넷째, 경제기반모형은 산업연관표(투입-산출표)의 작성이 어려운 상황하에서도 산업 간 연관성에 의한 생산 또는 고용을 예측할 수 있게 한다.

2) 경제기반모형의 단점

(1) 개념적 한계점   경제기반모형이 가지는 개념적 한계점은 다음과 같다.

첫째, 기반활동만이 지역경제의 원동력이라는 기본가정은 경제기반모형이 중상주의적 편견에 치우친 지역경제 분석모형으로 비판받는 원인이 되고 있다. 경제기반모형의 비판론자들은 기반활동뿐만 아니라 비기반활동 역시 지역성장에 중요한 역할을 한다고 주장한다.

둘째, 매우 복잡한 한 지역의 경제활동을 기반활동과 비기반활동의 두 가지 경제활동으로 분류정리해 버리는 과잉단순화는 결국 조잡하고 부정확할 우려가 있어 간접적인 수출이 비기반활동으로 간주되기 쉬운 단점을 가진다.

셋째, 경제기반모형은 지역경제활동의 단기변동을 설명하는 데는 유용하나 장기성장의 예측에는 부적합할 뿐 아니라, 어떤 지역의 총량적 경제규모의 변동만을 예측할 뿐 지역의 경제성장과정을 설명하지는 못한다.

(2) 기술적 결점   경제기반모형이 가지는 기술적 결점은 다음과 같다.

첫째, 경제기반모형은 기반활동과 비기반활동을 분리해 내는 방법 및 절차상 만족할 만한 손쉬운 방법이 없다.

둘째, 경제기반모형은 기반활동과 비기반활동을 분리하고 이를 계량화하는 데 사용되는 측정지표를 선택하는 데 문제점이 많다. 즉 일반적으로 가장 많이 사용되고 가장 훌륭한 측정지표로 인정받는 고용자료조차도 노동자 1인당 노동생산성의 증가로 인한 생산량의 증가를 무시하고 재산소득을 무시하는 등 경제활동의 양(量)과 질(質)을 대표하기에는 문제점이 있다고 할 수 있다.

제2절   변화-할당모형

1. 변화 - 할당모형의 의의

크리머(D. B. Creamer)에 의해 1942년에 처음으로 시도된 이래 발전되고 활용되기 시작한 변화-할당모형(shift-share model)은 지역경제성장의 구조적 분석 특히 지역산업성장의 이면에 내재하고 있는 원인들을 보다 효과적으로 파악할 수 있

도록 방대한 통계자료를 체계적으로 편제하기 위하여 시도된 순수 지역경제 분석
모형이다.

변화－할당모형은 한 지역의 일정기간 동안의 산업성장 및 변화를 전국 또
는 다른 지역과의 관계하에서 상대적인 위치를 파악함으로써 지역 간, 시점 간,
산업 간 비교를 용이하게 하여 장래 지역산업정책의 방향설정에 유용한 준거틀
(framework)을 제공하는 데 그 의의가 있다고 볼 수 있다.

2. 변화－할당모형의 기본가정

변화－할당모형은 다음과 같은 두 가지 기본가정을 전제로 하고 있다. 그 첫
번째 가정은 전국적으로 빠른 성장을 보이는 산업의 구성비가 큰 지역은 그렇지 못
한 지역보다 빨리 성장하며, 전국적으로 저성장을 보이는 산업의 구성비가 큰 지
역은 늦은 성장을 보일 것이라는 사실이다.

두 번째 가정은 지역의 성장을 산업구조별 성장의 원인에서 찾아보려고 하는
것으로, 어떤 지역의 산업성장은 ① 국가경제성장효과(national growth effect : Ng),
② 산업구조효과(industrial mix effect : Im), ③ 지역할당효과(regional share effect :
Rs)의 세 가지 요인으로 구분할 수 있다는 것이다. 즉 변화－할당모형은 어떤 지역
의 경제성장에 영향을 미치는 이들 세 가지의 몫을 찾아내는 것이 그 목적이다.

3. 변화－할당분석의 기본모형

총성장(total growth)은 분석기간 동안 j지역 i산업의 부가가치 혹은 고용의 총
증가를 의미한다. 따라서 이 값이 (+) 혹은 (-)의 값을 가짐에 따라 분석기간 동
안 j지역 i산업의 성장여부를 판단할 수 있다. j지역 i산업의 총성장은 앞서 살펴본
세 가지 효과의 합으로 나타낼 수 있다.

$$총성장 = V_{ij}(t) - V_{ij}(o) = Ng + Im + Rs \tag{17.7}$$

단, $V_{ij}(t)$ = 대비(對比)연도(t)에 있어 j지역 i산업의 부가가치 또는 고용자수
$V_{ij}(o)$ = 기준연도(o)의 j지역 i산업의 부가가치 또는 고용자수
Ng = 국가경제성장효과
Im = 산업구조효과
Rs = 지역할당효과

순성장(net growth)은 분석기간 동안 j지역 i산업의 총성장 중에서 국가 전체의 모든 산업의 평균성장으로 인한 부가가치 혹은 고용의 증가분을 뺀 순수한 j지역 i산업의 성장률을 나타내는 부가가치 또는 고용의 증가를 의미한다. 따라서 이 값의 (+) 혹은 (−)의 여부는 전국적인 차원에서 j지역의 i산업이 성장산업인지 아닌지를 판별하는 기준이 된다.

$$순성장 = Im + Rs \tag{17.8}$$

이제 변화−할당모형에서 가정하는 지역산업성장의 세 가지 요인들에 대해 구체적으로 살펴보자.

1) 국가경제성장효과

국가경제성장효과(Ng)는 일정기간 동안 j지역 i산업의 부가가치 또는 고용의 총증가량 중에서 국가 전체의 모든 산업의 평균성장으로 유발된 부가가치 또는 고용의 증가분을 의미한다. 이것은 어떤 지역의 특정산업의 성장은 국가 전체의 모든 산업의 성장과 무관한 상태하에서 이루어질 수 없으며, 국가 전체의 경제성장에 의해 영향을 받는다는 사실을 근거로 한다. 따라서 국가경제성장효과(Ng)의 산정식은 다음과 같이 표현된다.

$$Ng = V_{ij}(o) \cdot \frac{V(t) - V(0)}{V(o)} \tag{17.9}$$

단, $V_{ij}(o)$ = 기준연도(o)에 있어 j지역 i산업의 부가가치 또는 고용자수
$V(o)$ = 기준연도(o)에 있어 전국 모든 산업의 부가가치 또는 고용자수
$V(t)$ = 대비연도(t)에 있어 전국 모든 산업의 부가가치 또는 고용자수

2) 산업구조효과

산업구조효과(Im)는 전국적인 차원에서의 i산업의 총성장률에서 전국 모든 산

업의 평균성장률을 뺀 전국 i산업의 순성장률이 j지역 i산업에 대하여 유발한 부가가치 또는 고용증가를 뜻한다. 이것은 어떤 지역이 전국의 고성장 혹은 저성장산업에 전문화했기 때문에 나타나는 결과로서의 부가가치 또는 고용의 증가를 나타낸다. 그러므로 이 값은 그 지역의 산업구조를 알려 주는 지표가 되며, 전국적으로 빠르게 성장하는 산업에의 전문화도가 평균 이상일 때는 (+)의 값을 가지나 그렇지 않을 때는 (−)의 값을 가진다.

산업구조효과(Im)는 다음과 같이 계산된다.

$$
\begin{aligned}
Im &= V_{ij}(o) \cdot \left[\frac{V_i(t) - V_i(0)}{V_i(o)} - \frac{V(t) - V(0)}{V(o)} \right] \\
&= V_{ij}(o) \cdot \left[\left(\frac{V_i(t)}{V_i(o)} - 1 \right) - \left(\frac{V(t)}{V(o)} - 1 \right) \right] \\
&= V_{ij}(o) \cdot \left[\frac{V_i(t)}{V_i(o)} - \frac{V(t)}{V(o)} \right]
\end{aligned}
\tag{17.10}
$$

단, $V_i(o)$ = 기준연도(o)에 있어 전국 i산업의 부가가치 또는 고용자수
$V_i(t)$ = 대비연도(t)에 있어 전국 i산업의 부가가치 또는 고용자수

위의 산정식에서 $\dfrac{V_i(t)}{V_i(o)}$ 는 전국적인 차원에서의 i산업의 성장률을 나타내고, $\dfrac{V(t)}{V(o)}$ 는 전국 모든 산업의 평균성장률을 나타낸다. 따라서 $\left[\dfrac{V_i(t)}{V_i(o)} - \dfrac{V(t)}{V(o)} \right]$ 는 전국 i산업의 순성장률을 나타낸다.

3) 지역할당효과

지역할당효과(Rs)는 전국의 다른 지역에 대비한 j지역의 경쟁적 위치를 나타내는 것으로 지역경제의 수행능력에 따라 나타난다. 지역할당효과(Rs)는 그 지역이 지니고 있는 입지적 특성, 예컨대 시장의 입지, 수송의 편의, 인구유입, 기타 산업입지요소 등 그 지역의 다른 지역에 대한 상대적 경쟁력을 의미하므로 종종 경쟁적 요인(competitive component)이라고 불리기도 한다. 전국의 i산업에 비해서 j지역의 i산업이 보다 빠른 부가가치 혹은 고용성장을 보일 경우는 (+)의 지역할당효과(Rs)를 가지게 되나, 반대로 전국의 i산업에 비해서 저성장을 보일 경우는 (−)의 지역할당효과(Rs)를 가지게 된다. 따라서 지역할당효과(Rs)야말로 순수한 지역경제정책의 효과를 파악할 수 있게 한다고 볼 수 있다.

이러한 의미를 가지는 지역할당효과(Rs)는 다음과 같이 계산된다.

$$Rs = V_{ij}(o) \cdot \left[\frac{V_{ij}(t) - V_{ij}(0)}{V_{ij}(o)} - \frac{V_i(t) - V_i(0)}{V_i(o)} \right]$$

$$= V_{ij}(o) \cdot \left[\left(\frac{V_{ij}(t)}{V_{ij}(o)} - 1 \right) - \left(\frac{V_i(t)}{V_i(o)} - 1 \right) \right]$$

$$= V_{ij}(o) \cdot \left[\frac{V_{ij}(t)}{V_{ij}(o)} - \frac{V_i(t)}{V_i(o)} \right] \qquad (17.11)$$

단, $V_{ij}(t)$ = 대비연도(t)에 있어 j지역 i산업의 부가가치 또는 고용자수

4. 변화 – 할당모형의 적용사례

이제 지금까지 개념적으로 살펴본 변화–할당모형이 실제의 상황에서 어떻게 적용되는지 살펴보자.

D시의 섬유업에 대한 변화–할당분석을 하기 위하여 〈표 17–1〉과 같이 2010 년도와 2020년도의 고용자수에 대한 통계자료가 수집되었다고 하자.

〈표 17–1〉에서 보는 바와 같이 분석기간(2010–2020년) 동안 D시의 섬유업 종사자는 25만 명의 증가가 있었다. 이제 변화–할당모형을 적용하여 이들 25만 명의 고용증가 가운데 국가경제성장효과(Ng), 산업구조효과(Im), 지역할당효과(Rs)에 의해 각각 얼마나 영향을 받았는지 계산해 보면 다음과 같다.

국가경제성장효과 : $Ng = V_{ij}(o) \cdot \dfrac{V(t) - V(0)}{V(o)}$

$$= 30 \cdot \left(\frac{1,300 - 1,000}{1,000} \right)$$

$$= 9만 명$$

산업구조효과 : $Im = V_{ij}(o) \cdot \left[\dfrac{V_i(t)}{V_i(o)} - \dfrac{V(t)}{V(o)} \right]$

$$= 30 \cdot \left(\frac{170}{150} - \frac{1,300}{1,000} \right)$$

$$= -5만 명$$

$$\text{지역할당효과} : Rs = V_{ij}(o) \cdot \left[\frac{V_{ij}(t)}{V_{ij}(o)} - \frac{V_i(t)}{V_i(o)} \right]$$

$$= 30 \cdot \left(\frac{55}{30} - \frac{170}{150} \right)$$

$$= 21\text{만 명}$$

이상의 계산결과로부터 D시 섬유업의 총성장(total growth) 25만 명은 계산된 세 가지 효과의 합과 일치함을 다음과 같이 알 수 있다.

$$D\text{시 섬유업의 총성장} = Ng + Im + Rs$$

$$= 9 - 5 + 21$$

$$= 25\text{만 명}$$

아울러 D시 섬유업의 순성장(net growth)은 다음과 같이 계산된다.

$$D\text{시 섬유업의 순성장} = Im + Rs$$

$$= -5 + 21$$

$$= 16\text{만 명}$$

<표 17-1> D시의 섬유업 고용자수 변화(2010-2020년)   (단위 : 만 명)

구 분	2010년	2020년
전국 모든 산업의 고용자수	1,000	1,300
전국 섬유업 고용자수	150	170
D시 섬유업 고용자 수	30	55

5. 변화-할당모형의 장점과 단점

1) 변화-할당모형의 장점

변화-할당모형이 가지는 장점은 다음과 같다.

첫째, 변화-할당모형은 지역경제성장의 횡적(橫的)인 차원과 종적(縱的)인 차원을 동시에 관찰할 수 있는 간결하고 이해하기 쉬운 지역경제 분석모형이다.

둘째, 변화-할당모형은 자료가 불충분하여 시계열분석(時系列分析)이 어려운 경우나 시간과 자원이 제한되어 있을 경우에도 무리 없이 사용될 수 있는 지역경제 분석모형이다. 예를 들면 10년간의 자료 가운데 2개 시점의 자료만 확보된다면 그것을 이용하여 10년간의 동적(動的)인 분석을 시도할 수 있는 장점을 가진다.

셋째, 변화-할당모형은 정책적인 의미를 가장 손쉽게 이해할 수 있는 방법으로 부여한다. 이러한 이해의 용이성 때문에 변화-할당모형은 지역경제의 분석을 위해 널리 활용되고 있다.

2) 변화-할당모형의 단점

변화-할당모형이 지역경제의 분석을 위해서 사용될 때 가지는 취약점은 다음과 같다.

첫째, 변화-할당모형은 지역 내 산업들 상호 간의 연관성을 고려하지 못한다.

둘째, 변화-할당모형은 산업성장의 구조적 특징, 즉 성장요인에 대한 정확한 설명을 제공하지 못한다. 예컨대 한 산업의 침체요인으로서 경쟁력의 약화라고 하는 경우 이것이 어떻게 해서 발생되었는지에 대한 구체적인 원인을 제시하지는 못한다.

셋째, 변화-할당모형의 분석과정에서 자료획득의 용이성 때문에 고용자수가 측정지표로 많이 사용되는데, 이때 노동생산성을 고려하지 못하기 때문에 실업자의 증감이유를 정확하게 설명하지 못한다.

넷째, 변화-할당모형의 순수모형은 지역경제의 예측수단으로서의 기능이 부족하다. 이와 같은 취약점을 보완하기 위한 시도가 계속 진행되고 있다.

제3절 지역투입-산출모형

1. 지역투입-산출모형의 의의

지역투입-산출분석(regional input-output analysis : 지역 산업연관분석이라 불리기도 함)은 지역 내 또는 지역 간에 있어서 산업 간 재화와 용역의 이동상태, 즉 산업 간 상호의존관계를 파악하고, 한 산업활동의 변화가 다른 산업부문에 미치는 영향을 규명하는 분석기법이다. 지역투입－산출분석은 케네(F. Quesnay)의 「경제표」와 왈라스(L. Walras)의 「일반균형이론」을 이론적 배경으로 하여 레온티에프(Wassily Leontief)가 「미국경제의 구조(*The Structure of American Economy*) : 1919－1939」라는 그의 저서를 통해 1940년대 초에 전국적인 차원에서 투입－산출분석을 시도함으로써 출발하였다.

그 후 많은 경제학자들은 레온티에프가 개발한 투입－산출분석을 지역적 차원에서 경제적 상호의존관계를 분석하기 위하여 활용하려고 시도하였는데, 이러한 지역차원에서의 투입－산출분석기법의 도입은 아이사드(W. Isard)에 의해 본격적인 시도가 이루어졌다.

2. 지역투입－산출모형의 기본가정

지역투입－산출분석은 다음과 같은 몇 가지 가정에 입각하고 있다.

첫째, 추계기간 동안 투입계수(input coefficient), 즉 한 산업이 다른 산업으로부터 받아들인 투입량을 그 산업의 총생산량으로 나눈 값은 일정하다고 본다. 즉 추계기간 동안 기술진보는 없다고 전제하는 것이다.

둘째, 모든 산업에 있어서 각각의 산업은 각기 하나의 선형(線型)이면서 동질적(同質的)인 생산함수를 가진다. 즉 각 개별산업의 생산물을 생산하기 위해서는 단 한 가지의 방법만 사용하게 된다는 것이다.

셋째, 각 생산물은 하나의 전문산업부문(an unique industrial sector)에 의해서만 생산된다. 다시 말하면 한 산업은 한 종류의 상품만을 만들며 결합생산물이란 있을 수 없다는 것이다.

3. 지역투입－산출분석의 방법

지역투입－산출분석을 행하기 위하여 먼저 투입－산출표(input－output table)를 작성하고, 다음에 작성된 투입－산출표를 분석하는 절차를 거친다. 왜냐하면 이러한 분석절차를 거쳐서 첫째, 과거에 있어서 지역 내 또는 지역 간의 산업 간 재화와 용역생산의 투입-산출관계를 파악하고, 둘째, 이를 기초로 장래의 한 산업활동의 변화가 다른 산업부문에 미칠 영향을 예측해 볼 수 있기 때문이다. 아래에서는 지역투입-산출분석의 두 가지 절차인 투입-산출표의 작성과 투입-산출표 분석의 구체적 방법들에 대해 살펴보고자 한다.

1) 투입 - 산출표의 작성

투입-산출표는 투입부문(input sector)과 산출부문(output sector)으로 크게 나누어진다. 투입부문은 공급부문(supplying sector)이라고도 불리며, 이는 중간과정부문(processing sector)과 지불부문(payments sector)으로 구성된다. 산출부문은 구입부문(purchasing sector)이라고도 불리며, 이는 중간과정부문과 최종수요부문(final demands sector)으로 구성된다. 이러한 투입-산출표 구성의 개념적 틀을 표로 나타내면 〈표 17-2〉와 같다.

중간과정부문은 다른 산업으로부터 원료나 중간재를 받아들여 새로이 중간재나 완제품을 만들어 내는 모든 산업을 포괄하고 있어 내생부문(endogenous sector)이라고도 불린다. 최종수요부문은 가계소비·정부구입·수출·민간자본형성·재고축적 등을 총칭한다. 마지막으로 지불부문은 대가계(對加計) 지불(임금·부동산지대

〈표 17-2〉 투입 - 산출표

투입부문 (공급부문) \ 산출부문 (구입부문)		중간과정부문(X_j)					최종수요 부문(D_i)	산출계 (X_i)
		1	2	……	j	…… N		
중간과정부문 (X_i)	1	X_{11}	X_{12}	……	X_{1j}	…… X_{1N}	D_1	X_1
	2	X_{21}	X_{22}	……	X_{2j}	…… X_{2N}	D_2	X_2
	⋮	⋮	⋮		⋮	⋮	⋮	⋮
	i	X_{i1}	X_{i2}	……	X_{ij}	…… X_{iN}	D_i	X_i
	⋮	⋮	⋮		⋮	…… ⋮	⋮	⋮
	N	X_{N1}	X_{N2}	……	X_{Nj}	…… X_{NN}	D_N	X_N
지불부문(P_j)		P_1	P_2	……	P_j	…… P_N		
투 입 계(X_j)		X_1	X_2	……	X_j	…… X_N		

등)·대정부(對政府) 지불(세금 등)·수입·감가상각·재고사용 등으로 구성되는데, 이
것은 주로 부가가치에 해당되는 것이다.

이상에서 고찰한 투입-산출표의 구성에 따르면 산출부문의 계는 투입부문의
계와 같되, 전국적인 차원에서 투입-산출분석을 한다 하더라도 그 값은 *GNP*와는
동일하지 않다. 왜냐하면 투입-산출표의 산출부문 혹은 투입부문의 계(計)는 재화
와 용역의 모든 이동을 전부 기록하는 이중계정(double accounting)의 방식을 취하
는 반면에 *GNP*의 계산에서는 최종재화나 용역만을 시장가격으로 계산하는 단일계
정방식을 택하기 때문이다.

2) 투입-산출표의 분석

투입-산출표의 정확한 분석은 투입-산출표의 기본구조에 대한 철저한 이해
로부터 출발한다. 투입-산출표의 기본구조는 균형의 조건(condition of balance)과
기술적 투입-산출관계의 조건(condition of technical input-output relations)이라는
두 개의 조건을 만족하게끔 작성되어 있다. 따라서 아래에서는 투입-산출표의 두
가지 조건에 대해서 먼저 살펴보고, 다음에 이들 두 가지 조건의 결합을 살펴봄으
로써 투입-산출분석이 가진 함축적 의미와 유용성에 대해서 음미해 보고자 한다.

(1) 균형의 조건　　균형의 조건은 한 산업(*i*산업)이 각 산업(*j*산업)으로 투입
한 양과 최종수요부문의 합계를 더한 총량은 그 산업(*i*산업)의 총산출량과 일치한
다는 조건이다. 즉 총 배분된 것과 산출계(産出計)는 일치해야 한다는 조건이다.

이와 같은 조건을 〈표 17-2〉의 투입-산출표에 표시된 기호를 이용하여 균형
방정식으로 나타내면 다음과 같다.

$$X_i = \sum_{j=1}^{n} X_{ij} + D_i \tag{17.12}$$

단, $X_i = i$산업의 총산출량
　　$X_{ij} = i$산업으로부터 j산업으로 투입된 양
　　$D_i = i$산업의 최종수요량
　　$n = $분류된 산업의 총수

한편 여러 지역을 대상으로 하는 지역 간 및 산업 간 균형방정식은 다음의 식
으로 나타낼 수 있다.

$$X_i^r = \sum_{s=1}^{m} \sum_{j=1}^{n} X_{ij}^{rs} + D_i^r \tag{17.13}$$

단, X_i^r = r지역 내 i산업의 총산출량
X_{ij}^{rs} = r지역 내 i산업으로부터 s지역 내 j산업으로 투입된 양
D_i^r = r지역 내 i산업의 최종수요량
m = 구획된 지역의 총수

(2) 기술적 투입－산출관계의 조건   기술적 투입－산출관계의 조건은 어떤 산업이 다른 한 산업으로부터 구입하는 양은 해당산업의 총생산량과 일정한 형태의 어떤 관계를 갖게 된다는 것이다. 즉 한 산업이 다른 산업으로부터 받아들인 투입량을 그 산업의 총생산량으로 나눈 값은 일정하다고 보는 것이다. 이 값을 기술적 투입－산출계수(technical input－output coefficient) 또는 투입－산출계수(input－output coefficient) 또는 투입계수(input coefficient)라고 부른다. 이와 같은 투입－산출표의 조건을 기호로 수식화하면 다음과 같다.

$$a_{ij} = \frac{X_{ij}}{X_j} \tag{17.14}$$

단, a_{ij} = i산업과 j산업 간의 투입계수
X_j = j산업의 총산출량

위에서 계산된 투입계수 a_{ij}는 j산업이 1단위 생산하는 데 필요한 i산업으로부터의 구입량을 의미한다.

(3) 균형의 조건과 기술적 투입－산출관계의 조건의 결합   이상에서 살펴본 투입－산출표의 두 가지 조건을 하나의 균형방정식으로 나타내기 위해 식 (17.14)를 식 (17.12)와 식 (17.13)에 대입하면 이들 균형방정식은 다음과 같이 나타낼 수 있다.

$$X_i = \sum_{j=1}^{n} a_{ij} X_j + D_i \tag{17.15}$$

$$X_i^r = \sum_{s=1}^{m} \sum_{j=1}^{n} a_{ij}^{rs} X_j^s + D_i^r \tag{17.16}$$

이제 행렬(matrix)을 이용하여 식 (17.15) 혹은 식 (17.16)을 나타내면 다음과 같다.

$$X = AX + D \tag{17.17}$$

단, A=투입계수행렬
X=총산출벡터
D=최종수요벡터

식 (17.17)을 역행렬(inverse matrix)과 항등행렬(identity matrix)을 이용하여 정리하면 최종적으로 다음의 식 (17.18)을 얻는다.

$$X = (I - A)^{-1} D \tag{17.18}$$

단, I=항등행렬

이상의 계산결과 나타난 최종식 (17.18)은 X와 D간의 1차 함수 행렬방정식이다. 식 (17.18)에서 $(I-A)^{-1}$는 역행렬계수(inverse matrix coefficient)라 불리우며, 이 역행렬계수는 $(I-A)^{-1} = \dfrac{X}{D}$로 표현되므로 이는 최종수요가 1단위 변함에 따른 산업의 총산출필요량을 의미한다. 이 역행렬계수를 이용함으로써 지역투입-산출모형은 지역의 단기 경제예측을 위해 활용된다. 장래의 최종수요(D)의 변동규모만 외생적으로 주어진다면 총산출(X)은 쉽게 예측될 수 있다. 왜냐하면 투입계수(A)가 추계기간 동안 일정하다고 가정되기 때문이다.

4. 지역투입-산출모형의 장점과 단점

1) 지역투입-산출모형의 장점
첫째, 지역투입-산출모형은 통계적 시계열분석이 보여 줄 수 없는 지역 간 및 지역 내의 산업연관관계를 파악 가능하게 한다. 즉 지역 간 및 지역 내의 재화와 서비스 이동의 분석을 가능하게 한다.

둘째, 지역산업연관관계를 그 수요부문(output sector) 내에서 중간과정부문의 수요와 최종수요부문의 수요로 구분함으로써 최종수요부문에서의 수요증가가 중간과정부문의 수요증가에 미치는 효과를 측정할 수 있게 한다.

셋째, 지역투입-산출모형은 효과적으로 이용될 때 장래의 최종수요의 증가에 따르는 고용승수효과를 측정할 수 있게 한다.

2) 지역투입 – 산출모형의 단점

첫째, 지역투입 – 산출모형이 가지는 투입계수 일정불변의 가정은 기술진보가 빠른 현대사회에서는 받아들이기 어려운 가정이다.

둘째, "각 생산물은 하나의 전문산업부문에 의해서만 생산된다"는 투입 – 산출모형의 기본가정이 비현실적이라는 점이 지적되고 있다. 즉 "한 산업은 하나의 상품만을 만든다"는 투입 – 산출모형의 기본가정을 충족시키게끔 산업부문을 정확하게 구분하는 것은 현실적으로 어려운 작업이다.

셋째, 자료수집에 있어서 현장조사를 필요로 하기 때문에 시간·인력·경비가 많이 소요되며, 이러한 자료수집의 어려움에도 불구하고 투입계수 일정불변의 가정을 되도록 만족시키려 하는 경우 분석결과의 활용기간은 비교적 짧을 수밖에 없다.

☑ 연습문제

1. 전국의 총노동자 가운데 i산업에 종사하는 노동자의 구성비는 0.015라고 한다. 그리고 j도시의 총고용인구는 20,000명이고, 이 가운데 5,000명이 i산업 고용인구라고 한다. 단 j도시에서 i산업 이외의 고용인구는 모두 비기반활동에 종사하는 것으로 가정한다.
   1) j도시의 i산업 고용인구 5,000명 가운데 기반활동, 즉 수출활동 종사자는 몇 명인지 입지상(LQ) 방법을 이용하여 계산하시오.
   2) 경제기반승수를 계산하시오.
   3) 만약 j도시에서 i산업 고용인구가 1,000명 증가한다면 j도시의 총고용인구는 얼마나 증가할지 예측하시오.
2. 경제기반모형의 개념적 한계점을 설명하시오.
3. K시의 기계제조업에 대한 변화–할당분석을 위하여 다음의 〈표〉와 같이 2010~2020년 사이의 고용인구에 관한 통계자료가 수집되었다고 한다. 〈표〉에 주어진 자료를 이용해서 K시의 기계제조업에 대한 변화–할당분석을 하시오.

〈표〉 K시의 기계제조업 고용자수 변화(2010-2020년) (단위: 만 명)

구 분	2010년	2020년
전국 모든 산업의 총고용인구	800	1,300
전국 기계제조업의 고용인구	110	230
K시 기계제조업의 고용인구	15	40

4. 투입–산출표의 분석에서 기술적 투입–산출관계의 조건이 갖는 의미를 설명하고, 기술적 투입–산출관계의 조건이 갖는 현실적인 제약점을 설명하시오.

제18장

지역 공공투자사업의 비용-편익 분석기법

1. 비용 - 편익 분석의 의의

비용-편익 분석(cost-benefit analysis : 편익-비용 분석이라고도 함)은 다수의 대안적 투자사업(alternative projects) 가운데 하나의 투자사업을 선택하거나, 고려중인 여러 가지 투자사업의 우선순위를 결정하고자 할 때 판단의 기준을 제공한다. 또한 비용-편익 분석은 오직 하나의 투자사업에 대해서 투자할 만한 가치가 있는 사업인지 혹은 아닌지를 평가할 때도 유용한 판단의 기준을 제공한다.

비용-편익 분석기법의 기본논리는 다음과 같은 사실을 기초로 한다. 첫째, 모든 투자사업은 자원을 사용한다. 즉 모든 투자사업은 비용(cost)을 지불한다. 둘째, 모든 투자사업은 편익(benefit)을 제공한다. 셋째, 만약 비용과 편익이 정확하게 측정된다면 투자로부터 발생하는 비용과 편익을 평가하여 어떤 투자사업의 타당성 여부를 평가하거나 투자사업의 우선순위를 매길 수 있다는 점이다.

비용-편익 분석은 사회전체의 입장에서 비용과 편익을 분석하는 경제분석(economic analysis)과 투자사업주체의 입장에서 비용과 편익을 분석하는 재무분석(financial analysis)의 두 가지로 나누어진다. 예컨대 어떤 투자사업(예 : 도로건설)은

대기오염문제를 더욱 악화시킨다고 하자. 이러한 대기오염의 악화는 사회적 비용
(social cost)이므로 경제분석에서는 비용으로 간주되지만, 투자사업의 주체에게는
회계장부상 비용으로 지출되지 않기 때문에 재무분석에서는 비용으로 간주되지 않
는다.

그러면 공공투자사업을 위한 비용-편익 분석에서는 이 두 가지 가운데 무엇
이 사용되어야 하는가? 두말 할 필요도 없이 경제분석이 사용되어야 한다. 왜냐하
면 공공투자사업의 수혜자(beneficiary)와 비용-부담자는 사회전체이므로 마땅히 사
회전체의 입장에서 비용과 편익이 확인되고 평가되어야 하기 때문이다. 사회적 비
용-편익 분석(social cost-benefit analysis)이라고도 불리는 공공투자의 경제분석은
어떤 투자사업이 사회전체에 미치는 효과를 경제학적 개념에 입각하여 분석하는
것이다. 이와 같은 맥락에서 아래에서는 재무분석이 아닌 경제분석의 개념에 입각
한 비용-편익 분석에 대해 논의하기로 한다.

공공투자의 경제분석이 가지는 일반적 의의는 다음과 같다. 첫째, 사회전체의
입장에서 경제성이 없는 투자의 억제와 투자사업의 부실화를 사전에 예방할 수 있
다. 둘째, 각종 후보사업 중에서 가용(可用) 재원의 범위 내에서 투자의 우선순위에
입각한 사업선정을 할 수 있다. 셋째, 아이디어는 좋으나 내용이 미흡한 투자계획
을 사전에 보완할 수 있다. 넷째, 각종 공공요금, 가격, 세율의 결정에 근거를 제공
한다. 다섯째, 투자사업의 결정에 필요한 자료를 체계적으로 분석하고 제시할 수
있다.

2. 비용-편익 분석의 절차

공공부문의 투자사업의 평가절차는 민간부문의 투자사업의 평가절차와 대체
로 유사하나 비용과 편익의 측정을 위한 항목이나 할인율의 결정 등이 민간부문의
그것과는 크게 다르다. 공공투자사업을 대상으로 하는 비용-편익 분석의 절차는
다음과 같은 단계로 나누어 볼 수 있다.

첫째, 주어진 목표를 달성하기 위한 대안(후보 투자사업)들을 발견하고 규정한다.

둘째, 각 대안에 의하여 영향을 받을 모든 수혜자와 피해자집단을 확인한다.
이들 가운데는 혜택을 받는 집단도 있고, 손해를 보는 집단도 있을 것이다.

셋째, 각 대안에 의하여 영향을 받을 집단들의 편익의 흐름(benefit stream)과 비용의 흐름(cost stream)을 화폐단위로 확인해 낸다. 대안의 긍정적인 효과는 편익이 되고 대안의 부정적인 효과는 비용이 되는데, 이들 두 개념은 상대적인 개념으로 볼 수 있다.

넷째, 대안에 의해 영향을 받을 것으로 예측되는 모든 개인과 집단들의 비용과 편익을 합산한다.

다섯째, 비용-편익 분석의 여러 가지 평가기준 가운데 하나 혹은 둘 이상의 기준을 적용하여 대안을 평가한다.

여섯째, 예측의 불확실성(uncertainty)문제에 대처하고자 할 경우에는 의사결정분석(decision analysis)을 활용하거나 민감도분석(sensitivity analysis)을 행한다.

일곱째, 평가기준에 따라 적정대안을 선택하거나 최종의사결정자가 결정할 수 있도록 정보를 제공해 준다.

이상에서 열거된 비용-편익 분석의 과정은 단순한 것처럼 보이지만 실제로는 각 단계마다 복잡하고 어려운 이슈들이 많이 포함되어 있다. 이제 비용-편익 분석의 실제적인 절차에 대한 이해를 돕기 위해 어떤 도시의 지하철 건설사업을 예로 살펴보자.

어떤 도시에서는 날로 악화되는 도로교통혼잡문제를 해결하기 위해 지하철건설을 고려하고 있는데, 지하철건설사업이 할 만한 가치가 있는 사업인지 혹은 아닌지 검토해 보고자 한다. 이 경우에는 주어진 목표를 달성하기 위한 대안 즉 투자사업이 이미 규정되어 있으므로 이 사업으로 인해 영향을 받을 수혜자와 피해자집단을 확인하고, 이들 집단이 얻게 될 비용과 편익의 내용을 우선 파악해야 한다. 이제 지하철건설로 인해 발생할 비용과 편익을 생각해 보자. 우선 지하철건설로 인한 비용으로는 지하철건설을 위한 실제의 투자비용 및 운영비용과 지하철건설기간 동안 시민들이 겪게 되는 불편 등을 들 수 있다.

한편 지하철건설로 인해 발생할 편익은 훨씬 다양하고, 측정 또한 쉽지 않은 것들이 많다. 일반적으로 다음과 같은 편익이 발생할 것으로 예측될 수 있다.

① 지하철이용자의 통행시간절약: 수혜자는 지하철이용자이고, 이들이 얻게 되는 편익의 내용은 도로를 이용할 때보다 훨씬 줄어든 통행시간의 절약이다.

② 자동차이용자의 통행시간절약: 수혜자는 자동차이용자이고, 이들이 얻게 되는 편익의 내용은 지하철이용의 증가로 인해 발생하는 도로혼잡의 완화

로 인한 자동차이용자의 통행시간절약이다.

③ 교통비용의 절감 : 지하철의 건설로 원래 자가용 승용차를 이용하던 시민들이 지하철의 이용으로 전환하게 될 것이며, 이들이 지불할 자동차의 연료비·감가상각비·기타 유지비용 등의 절감이 편익의 내용이 된다.

④ 도로유지비용의 감소 : 지하철의 건설은 도로의 이용을 줄여 도로유지비용의 감소를 가져올 것이다. 도로의 유지비용이 주로 세금에 의해 충당되는 경우, 감소된 도로유지비용으로 인해 수혜를 받는 사람은 주민들이고 편익의 내용은 감소된 세금액이 된다.

⑤ 대기오염의 감소 : 지하철건설은 자동차의 이용을 감소시키며, 따라서 자동차의 이용으로 초래되는 대기오염도 감소될 것이다. 이때 수혜자는 일정한 공간적 범위 내에 사는 주민들이 되고, 편익의 내용은 주민들의 개선된 건강이 된다.

⑥ 개발이익 : 지하철의 건설은 도시를 더욱 매력적인 장소로 만들게 한다. 예컨대 지하철건설로 주변지역의 주민들이 지하철건설 이전보다 더욱 편리해진 교통으로 말미암아 이 도시의 중심부로 쇼핑을 많이 오기도 할 것이며, 따라서 다른 지역의 인구를 흡인하는 역할을 할 것이다. 이때 편익의 수혜자는 상인·토지소유자·지방정부가 되고, 편익의 내용은 상인들의 판매고 증가, 토지소유자의 임대료 증가, 재산세의 증가로 인한 지방정부의 세입증대 등이 될 것이다.

이상에서는 지하철건설사업으로 인한 편익의 수혜자와 편익의 본질적인 내용들이 확인되었다. 이렇게 확인된 편익의 본질적인 내용들은 투자사업들의 비용들과 함께 모두 화폐단위로 단위가 통일되어야 한다. 예컨대 통행시간의 절약(단위 : 분/인)이나 개선된 건강(단위 : 약값의 절약, 연장된 수명 등) 등도 모두 화폐단위로 환산되어야 한다. 아울러 개인 혹은 집단별로 측정된 비용과 편익은 모두 합산되고 집계되어야 한다. 다음에는 이렇게 집계된 비용과 편익을 비용-편익 분석의 평가기준을 적용하여 이 사업의 투자타당성 여부를 평가하게 되는데, 경우에 따라서는 비용과 편익의 측정에 내포된 불확실성(uncertainty)의 문제에 대처하기 위해 의사결정분석(decision analysis)이나 민감도분석(sensitivity analysis)을 행한 후에 최종결정을 하게 된다. 투자사업의 타당성 여부나 우선순위의 결정을 위해 사용되는 투자사업의 평가기준으로는 ① 순현재가치(Net Present Value : *NPV*), ② 내부수익률(Internal Rate of Return : *IRR*), ③ 편익-비용 비율(Benefit/Cost Ratio : *B/C* Ratio), ④ 자본회수기간(pay-back period) 기준 등이 있는데, 이들에 대해서는 제2절에서 자세히 살펴보기로 한다.

3. 비용-편익 분석의 몇 가지 이슈

비용-편익 분석은 여러 단계를 거쳐 자료가 수집되고 정리되는데, 실제의 비용-편익 분석에서는 많은 단계에서 어렵고 복잡한 문제를 내포하고 있다. 비용-편익 분석의 실제 적용과정에서 제기되는 중요한 이슈는 다음과 같다.

첫째, 측정되는 비용과 편익은 다양한 측정단위로 표현되는데, 이들 다양한 측정단위로 표현되는 비용과 편익을 어떻게 비교할 것인가 하는 문제가 제기된다. 이러한 문제제기에 대해서는 화폐단위의 사용이 일반적으로 권장되고 받아들여져 왔는데, 화폐단위로 모든 비용과 편익을 표현하는 작업이 경우에 따라서는 어려움이 많은 것이 사실이다. 여기에 대해서는 제3절에서 상세히 논의하도록 한다.

둘째, 미래의 제각기 다른 시점에서 발생하는 비용과 편익을 어떻게 비교해야 하는가라는 문제가 제기된다. 이것은 할인율(discount rate)의 선택에 관한 문제로서, 만약 시장이자율을 할인율로 사용하게 되면 미래의 세대들을 고려할 수 없는 문제점을 내포하게 된다. 왜냐하면 시장이자율이란 현세대의 입장에서 결정된 것이며, 미래세대들의 입장은 전혀 고려되어 있지 않기 때문이다. 따라서 할인율로서 시장이자율을 사용하게 되면 세대 간 형평성(inter-generational equity)의 문제를 내포하게 된다.

셋째, 미래에 발생될 것으로 예측되는 비용과 편익이 확실히 예측될 수 있을까 하는 문제가 제기된다. 이러한 미래예측의 불확실성(uncertainty)의 문제에 대처하기 위해서는 의사결정분석(decision analysis)이나 민감도분석(sensitivity analysis)이 활용될 수 있다.

넷째, 공공투자사업의 분배적 측면을 어떻게 고려해야 할 것인가의 문제가 제기될 수 있다. 종종 어떤 공공투자사업은 고소득층에게만 큰 편익을 가져다 주는 경우가 있을 것이고, 어떤 투자사업은 저소득층에게 많은 편익을 가져다 주는 것도 있을 것이다. 이처럼 각기 다른 소득계층이나 집단에게 비용과 편익의 분배가

치중되어 있는 사업들을 막연하게 합산하여 나타낸 비용과 편익의 값으로 타당성을 평가하거나 투자사업의 우선순위를 매기는 것은 종종 잘못된 판단을 유도할 가능성이 크다. 따라서 공공투자의 분배적 측면을 고려하여 비용-편익 분석을 하고자 할 경우에는 특정집단에게 상대적인 가중치를 부여하는 방법이 쓰일 수 있다.

제2절 비용-편익 분석의 평가기준

1. 순현재가치

개인 혹은 집단별 비용과 편익자료에 대한 연도별 집계과정을 거친 후에 분석자는 비용과 편익의 연도별 흐름에 관한 다음의 자료를 얻게 된다.

편익 : $B_0 \quad B_1 \quad B_2 \quad \cdots \quad B_t \quad \cdots \quad B_T$
비용 : $C_0 \quad C_1 \quad C_2 \quad \cdots \quad C_t \quad \cdots \quad C_T$

이 자료로부터 t연도의 순편익(net benefit)은 다음과 같이 계산할 수 있다.

$N_t = B_t - C_t$
  단, $N_t = t$연도의 순편익
    $B_t = t$연도의 편익
    $C_t = t$연도의 비용

따라서 순편익의 연도별 흐름에 관한 다음의 자료를 얻을 수 있다.

$N_0 \quad N_1 \quad N_2 \quad \cdots \quad N_t \quad \cdots \quad N_T$

이 연도별 순편익의 흐름을 합산하여 현재의 화폐가치로 하나의 숫자로 나타낸 것이 바로 순현재가치(Net Present Value : NPV)이다. 비용과 편익을 현재가치로 환산하는 이유는 비용과 편익의 발생시기가 서로 다를 때 단순비교만으로는 어느 것이 더 큰지를 알 수 없기 때문이다.

순현재가치(NPV)는 다음과 같이 계산된다.

$$NPV = \frac{B_0 - C_0}{(1+d)^0} + \frac{B_1 - C_1}{(1+d)^1} + \frac{B_2 - C_2}{(1+d)^2} + \cdots + \frac{B_t - C_t}{(1+d)^t} + \cdots + \frac{B_T - C_T}{(1+d)^T}$$

$$= \frac{N_0}{(1+d)^0} + \frac{N_1}{(1+d)^1} + \frac{N_2}{(1+d)^2} + \cdots + \frac{N_t}{(1+d)^t} + \cdots + \frac{N_T}{(1+d)^T}$$

$$= \sum_{i=0}^{T} \frac{N_t}{(1+d)^t}$$

여기서 d는 할인율(discount rate)을 나타내며, 이렇게 계산된 순현재가치의 값이 클수록 고려중인 투자사업은 할 만한 가치가 있는 사업으로 평가받게 된다. 만약 하나의 투자사업에 대한 타당성 평가가 주목적일 경우에는 계산된 순현재가치가 (+)의 값을 가지면 적용된 할인율 하에서 투자할 가치가 있는 사업으로 판정되며, 여러 가지 투자사업 가운데 우선순위를 매기고자 할 때는 순현재가치의 값이 클수록 선호된다.

그러면 할인율 d는 어떤 의미를 가지며, 무엇을 반영해야 하는지 생각해 보자. 모든 개인들은 미래에 대한 성급함(impatience)의 정도가 다르다. 예컨대 오늘의 1원과 1년 후의 10원을 동일한 가치로 평가하는 매우 성급한 사람도 있고, 오늘의 9.95원과 1년 후의 10원을 동일한 가치로 평가하는 느긋한 사람도 있다. 그러나 오늘의 11원과 1년 후의 10원을 동일한 가치로 평가하는 사람은 정신이상자일 것이다. 할인율은 바로 미래보다는 현재를 중시하는 개인들의 시간선호(time preference)를 반영해야 하는데, 모든 개인들의 시간선호를 대표적으로 표현할 수 있는 할인율의 선택이 어려운 과제이다. 물론 시장이자율이 할인율의 결정에 중요한 판단기준을 제공하기는 하나 시장이자율이란 미래세대들을 전혀 고려하지 못하는 문제점을 내포하고 있다. 왜냐하면 시장이자율이란 현세대의 관점에서 투자의 기회비용을 반영하고 있기 때문에 현세대를 중요시하는 편견(bias)을 포함하고 있으며, 따라서 세대 간 형평성(inter-generational equity)의 문제를 내포하고 있다고 볼 수 있기 때문이다. 이와 같은 관점에서 본다면 사적(私的) 이익을 추구하는 개인기업의 재무분석에서는 시장이자율이 그대로 사용될 수 있으나, 투자의 영향이 미래세대들에게도 미치는 공공투자사업의 경우 명목이자율에서 인플레이션율을 뺀 실질이자율이라 하더라도 시장이자율을 그대로 할인율로 사용하는 데는 문제가 있다고 볼 수 있다. 이러한 할인율의 결정문제가 비용-편익 분석의 판단기준으로서 순현재가치가 가지는 제약점이라고 볼 수 있다.

2. 내부수익률

비용-편익 분석을 위한 내부수익률(Internal Rate of Return : IRR) 기준은 순현재가치의 계산을 위한 객관적인 할인율의 결정이 어려운 경우에 유용하게 쓰인다. 내부수익률이란 어떤 투자사업에서 발생하는 편익의 현재가치의 합계와 비용의 현재가치의 합계를 같게 만들거나, 또는 비용과 편익의 비율을 1로 만드는 할인율로 정의된다. 다시 말하면 내부수익률은 순현재가치가 0이 되도록 하는 할인율이라 할 수 있다. 이 내부수익률의 값이 정치적인 고려나 시장이자율을 감안하여 설정한 최저한계선을 넘을 경우 이 사업은 타당성이 있는 것으로 평가할 수 있다. 한편 여러 후보사업 가운데 투자의 우선순위를 매길 때는 계산된 내부수익률의 값이 큰 사업이 선호된다.

내부수익률(IRR)은 다음과 같이 계산된다.

$$\sum_{t=0}^{T} \frac{B_t - C_t}{(1+d)^t} = \sum_{t=0}^{T} \frac{N_t}{(1+d)^t} = 0$$

혹은 $\dfrac{\sum_{t=0}^{T} \dfrac{B_t}{(1+d)^t}}{\sum_{t=0}^{T} \dfrac{C_t}{(1+d)^t}} = 1$

을 만족시키는 d가 내부수익률이 된다.

이와 같은 내부수익률의 산정공식에서 보듯이 어떤 하나의 투자사업을 채택할 것인가 아니면 거부할 것인가를 판단하고자 할 경우에는 순현재가치와 내부수익률의 기준은 동일한 결론에 도달하게 한다. 순현재가치(NPV)와 내부수익률(IRR) 기준의 동등성은 〈그림 18-1〉에서 보는 바와 같다. 어떤 하나의 투자사업의 채택 여부를 결정하는 상황에서는 〈그림 18-1〉에서 d가 0과 IRR 사이의 값을 가지는

<그림 18-1>   순현재가치(*NPV*) 기준과 내부수익률(*IRR*) 기준의 동등성

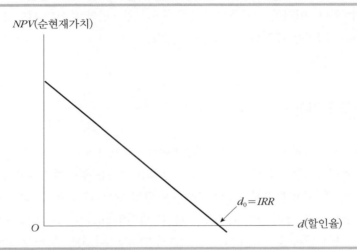

구간에서는 *NPV* > 0이 되고 *IRR* > *d*가 되어 검토중인 투자사업의 타당성이 있는 것으로 평가할 수 있다.

비용-편익 분석을 위해서 내부수익률 기준을 사용하는 데도 몇 가지 문제점이 있다.

첫째, 어떤 투자사업은 내부수익률을 하나도 가지지 않는 것도 있고, 또한 어떤 투자사업은 여러 개의 내부수익률을 가지는 것도 있다. 이와 같은 문제점은 내부수익률의 계산공식에서 본 바와 같이 할인율 *d*에 관하여 *T*차 방정식을 풀어야 하는 문제에 기인한다. 예컨대 〈표 18-1〉에서 보는 바와 같은 순편익(*N*ₜ)의 연도별 흐름을 가지는 투자사업을 생각해 보자. 이 투자사업에서 할인율(*d*)이 100%일 때도 *NPV* = 0이 되고, 할인율(*d*)이 200%일 때도 *NPV* = 0이 된다. 이 예에서 우리는 2개의 내부수익률을 얻게 되는데, 이 점이 내부수익률 기준이 가지는 치명적인 약점이다.

<표 18-1>   어떤 투자사업의 순편익의 연도별 흐름   (단위 : 억 원)

연도(*t*)	0	1	2
순편익(*N*ₜ)	-1	5	-6

$\underline{d=100\%}$

$$-1+\frac{5}{(1+1)}-\frac{6}{(1+1)^2}=0$$

$\underline{d=200\%}$

$$-1+\frac{5}{(1+2)}-\frac{6}{(1+2)^2}=0$$

둘째, 내부수익률 기준은 투자사업의 영향이 미칠 전기간(全期間)에 걸쳐 하나의 할인율을 묵시적으로 가정하고 있는데, 이러한 가정이 적용되지 않을 것으로 판단되는 경우에는 투자사업의 평가기준으로서 내부수익률 기준은 적절하지 않게 된다.

3. 편익 – 비용 비율

편익–비용 비율(Benefit/Cost Ratio : *B/C* ratio)은 투자사업으로부터 발생하는 편익흐름의 현재가치를 비용흐름의 현재가치로 나눈 비율을 말한다. 편익–비용 비율이 1 이상이면 그 사업은 투자의 타당성이 있고, 편익–비용 비율이 클수록 투자사업의 효과가 큰 것으로 판정되는데, 그 산정식은 다음과 같다.

$$B/C비율=\frac{B}{C}=\frac{\sum\limits_{t=0}^{T}\dfrac{B_t}{(1+d)^t}}{\sum\limits_{t=0}^{T}\dfrac{C_t}{(1+d)^t}}$$

단, *B*=편익의 현재가치의 합계
　　C=비용의 현재가치의 합계

편익–비용 비율은 투자타당성의 판정기준으로 다음과 같은 문제점을 가진다.

첫째, 편익–비용 비율은 순현재가치와 마찬가지로 할인율(*d*)에 따라 대단히 민감하게 그 값이 변하는 관계로 적정할인율의 선택과 적용에 어려움이 많다. 현실경제는 정부의 금융통제, 자본시장의 미발달 등의 요인으로 인해 완전경쟁적 자본시장이 존재하지 않는 만큼 자본의 사회적 기회비용·시간선호율·시장이자율이 모두 일치하기 어려운 관계로 적정할인율의 결정이 어렵다. 이러한 적정할인율 결정의 어려움은 특히 할인율에 민감한 편익-비용 비율 적용의 경우 대체투자사업 간의 우선순위결정에 혼돈을 초래할 수 있다.

　　둘째, 편익-비용 비율은 다수의 대체가능한 투자사업 중에서 사업규모가 작아서 적은 순현재가치를 발생시키는 사업도 선택될 가능성이 크다. 이러한 가능성은 편익-비용 비율의 산정공식에서 충분히 살펴볼 수 있는데, 이렇게 될 경우 순현재가치 기준과는 상반되는 투자사업이 선택될 가능성이 크게 된다. 예컨대 현재가치로 환산하여 5천만 원의 투자로 1억 원의 편익을 가져다 주는 투자사업과 7천만 원의 투자로 1억 3천만 원의 편익을 가져다 주는 투자사업의 두 가지 대안을 비교해 보면, 첫 번째 대안의 편익-비용 비율은 2이고, 두 번째 대안의 편익-비용 비율은 1.86이 된다. 따라서 편익-비용 비율의 기준에 의하면 첫 번째 대안이 더 바람직하다고 평가할 수 있다. 그러나 만약 투자예산으로 7천만 원이 이용가능하다면 비록 편익-비용 비율은 첫 번째 대안이 크다 할지라도 두 번째 대안의 순현재가치가 더 크기 때문에 두 번째 대안이 더 바람직하다고 할 수 있다.

4. 자본회수기간

　　자본회수기간(pay-back period)이란 어떤 투자사업의 원래 투하자본이 회수되기까지의 투자사업의 운영기간을 말하며, 이러한 자본회수기간이 가장 짧은 투자사업이 채택 또는 선호되는 방법이 자본회수기간 기준이다. 이 기준은 미래가 불확실하거나 자본회수에 위험이 있을 것으로 판단되는 경우에 사용할 수 있는 투자평가방법으로 근시안적인 투자평가방법이라 할 수 있다. 〈표 18-2〉에 나타낸 A와 B의 두 가지 투자사업을 비교해 보자.

　　두 가지 투자사업 A와 B 모두 처음에 100억 원을 투자하고 두 사업 모두 2년

〈표 18-2〉　자본회수기간 기준에 의한 두 가지 투자사업의 비교　　　　　(단위: 억 원)

투자사업	C_0	$B_1 - C_1$	$B_2 - C_2$
A	100	150	1
B	100	0	1,000

간 계속된다. 1년 후에 투자사업 A는 150억 원의 순편익을 얻는 반면에 투자사업 B는 아무것도 얻지 못함으로써 자본회수기간 기준에 의해 A가 선택된다. 그러나 그 다음 해의 순편익을 고려하면 자본회수기간 기준에 의한 투자사업의 선택은 잘못된 것임을 알 수 있다. 자본회수기간 기준의 특징은 이처럼 자본회수기간 이후 나타나는 편익은 무시된다는 점이다.

5. 평가기준의 비교평가

지금까지 살펴본 공공투자사업의 평가기준들은 제각기 다소의 문제점을 갖고 있다. 순현재가치(NPV)와 편익-비용 비율(B/C 비율)은 적정할인율의 선택이 어려운 과제이고, 이들 두 기준은 모두 할인율의 선택에 따라 평가의 결과가 민감하게 변할 수 있다. 내부수익률(IRR)은 만약 하나의 투자사업을 위해서 오직 하나의 내부수익률이 존재한다면 여러 가지 후보투자사업 가운데 하나를 선택하는 상황에서

<그림 18-2>   의사결정상황별 판단의 기준

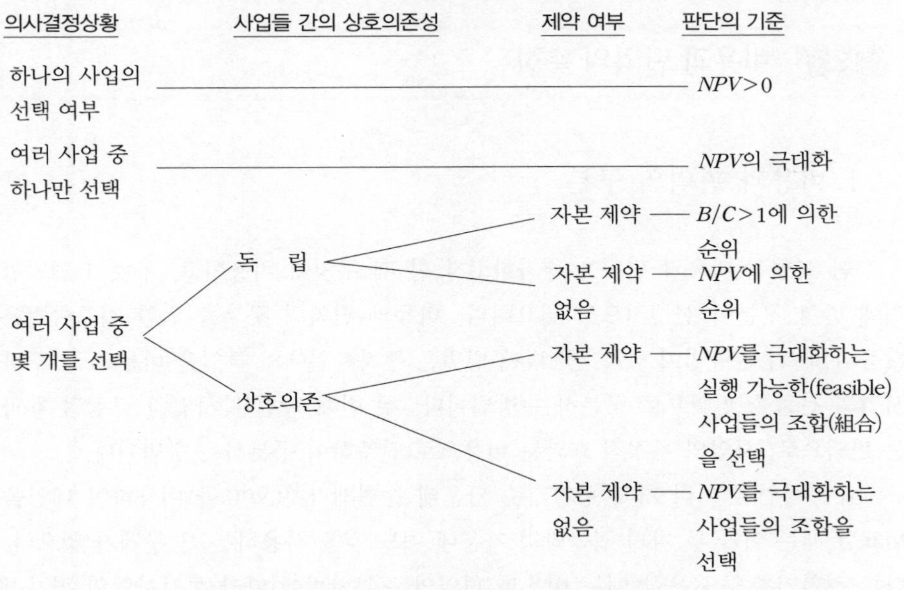

의사결정상황	사업들 간의 상호의존성	제약 여부	판단의 기준
하나의 사업의 선택 여부			$NPV > 0$
여러 사업 중 하나만 선택			NPV의 극대화
여러 사업 중 몇 개를 선택	독 립	자본 제약	$B/C > 1$에 의한 순위
		자본 제약 없음	NPV에 의한 순위
	상호의존	자본 제약	NPV를 극대화하는 실행 가능한(feasible) 사업들의 조합(組合)을 선택
		자본 제약 없음	NPV를 극대화하는 사업들의 조합을 선택

유용하게 쓰일 수 있다. 왜냐하면 내부수익률에 의존하는 방법은 할인율의 선택에 관한 문제로 고민할 필요가 없으면서 각 사업마다 하나의 내부수익률이 정의되기 때문에 투자사업들 간의 비교가 간단하기 때문이다. 그러나 어떤 투자사업이 몇 개의 내부수익률을 가질 것인지 알 수 없다는 치명적인 약점 때문에 하나의 사업에 대해 하나의 내부수익률을 가지는 상황이 아니면 잘 활용되지 않는다. 또한 자본 회수기간 기준도 특별히 미래가 극히 불확실하거나 위험이 있는 경우가 아니면 잘 활용되지 않는다.

한편 순현재가치와 편익-비용 비율은 둘다 할인율의 선택에 민감한 문제점을 가지며, 여기에다 편익-비용 비율 기준에 의하면 앞서 살펴본 바와 같이 작은 순현재가치를 가져다 주는 소규모의 투자사업이 선택될 가능성이 크다는 문제점을 가진다. 따라서 편익-비용 비율은 자본제약이 있으면서 여러 가지 상호 독립적인 투자사업들이 선택되어야 할 경우에 유용하게 쓰이고, 나머지 대부분의 경우에는 순현재가치가 투자사업의 평가기준으로 많이 권장되고 있다. 〈그림 18-2〉는 각기 다른 상황에서 비용-편익 분석을 시도할 때 사용할 수 있는 일반적인 판단의 기준을 나타낸다.

제3절 비용과 편익의 측정

1. 비용과 편익의 구분

한 사업의 비용과 편익을 평가하고자 할 때 무엇이 비용이고, 무엇이 편익인 지에 관한 구분이 선행적으로 필요하다. 비용과 편익의 구분을 위한 접근방법은 다음의 두 가지 방법이 있다. 첫 번째 방법은 투자사업에의 투입을 비용으로, 투자사업의 산출을 편익으로 구분하는 방법이다. 두 번째 방법은 사업의 긍정적 효과는 편익으로, 사업의 부정적 효과는 비용으로 간주하여 구분하는 방법이다.

투자사업의 여러 가지 평가기준 가운데 순현재가치(NPV)를 이용하여 대안을 비교할 때는 이들 두 가지 접근방법 가운데 어느 것을 사용하든 큰 문제가 없으나, 다른 평가기준을 사용할 때는 비용과 편익의 구분방법에 따라 투자사업의 평가결과가 달라지는 문제점이 야기되기도 한다(노화준, 1989 : 246).

비용과 편익의 구분을 위한 두 가지 접근방법 가운데 투자사업에의 실제투입만을 비용으로 식별하는 첫 번째 접근방법이 보편적으로 많이 활용된다. 비용과 편익을 이와 같은 방법으로 식별하게 되면 비용의 측정은 비교적 용이해지고, 편익의 측정은 어려운 문제를 포함하게 된다. 아래에서는 비용과 편익의 구분을 위한 첫 번째 접근방법에 입각해서 분류된 비용과 편익의 측정방법을 살펴보고자 한다.

2. 비용의 측정

어떤 투자사업의 투입가치, 즉 비용의 측정에 있어서 가장 어려운 두 가지의 문제점은 ① 측정 그 자체의 문제와 ② 어떤 특정상황하에서 사용할 비용의 적절한 개념이 무엇인가를 결정하는 문제이다. 이들 두 가지의 기본적인 문제들 가운데 첫 번째 문제는 측정에 사용될 적절한 비용의 개념을 알고 있는 경우에 투입에 대한 가치를 어떻게 측정할 것인가 하는 것이다. 일반적으로 사용될 비용의 개념만 적절히 결정되고 나면 측정 그 자체는 별 문제가 없을 것으로 생각되는 경향이 있으나, 실제로는 이 자체도 매우 어려운 작업이고 측정결과가 정확한 결과가 아닐 가능성도 항상 존재하고 있다(노화준, 1989 : 247).

비용을 측정할 때는 기회비용(opportunity cost)과 실제로 지불한 비용을 구분할 필요가 있다. 한 자원의 기회비용은 그 자원의 여분 한 단위를 보유하지 않는 데 따르는 비용을 말하는데, 기회비용은 그 자원을 활용할 수 있는 최선의 대안에 있어서의 비용이다. 이와 같은 관점에서 기회비용은 자원의 잠재가격(shadow price)이라 할 수 있다. 기회비용은 비용-편익 분석에서 자원의 비용에 대한 올바른 측정수단이라 할 수 있으며, 이들 기회비용은 한 자원에 지불된 가격이라고 할 수 있는데 때로는 실제 지불한 비용과 다른 경우도 있다.

잠재가격과 실제의 가격이 일치하지 않는 경우는 시장이 완전경쟁시장이 아닌 불완전경쟁시장일 때이며, 이때의 시장가격은 진정한 사회가치를 반영하지 못한다. 따라서 이러한 경우에는 시장가격을 완전경쟁시장에서의 가격으로 조정하여야 하는데, 이를 잠재가격이라 할 수 있다.

예컨대 어떤 원자재가 국내의 독점시장에서 생산되고 이때의 시장가격이 100

만 원이라고 하자. 그런데 이것이 완전경쟁적인 시장에서 생산된다면 단지 90만 원에 불과하다고 할 때, 이 원자재의 잠재가격은 100만 원이 아니라 90만 원이 된다. 따라서 정부가 공공투자사업을 위해 비록 100만 원을 지불했다고 하더라도 비용－편익 분석에서의 비용은 90만 원으로 계산하여야 한다. 차액인 10만 원은 독점생산자에게 돌아갈 화폐적 이익에 불과하며, 이것이 사회에서의 진정한 비용을 의미하는 것은 아니기 때문이다.

3. 편익의 측정

어떤 공공투자사업의 효과, 즉 산출을 편익으로 정의할 경우 편익은 실로 다양하게 나타난다. 어떤 투자사업으로 인하여 직접적으로 발생하는 편익이 있는가 하면 간접적으로 나타나는 편익도 있다. 어떤 투자사업의 효과가 어떤 상품이나 서비스의 가격을 변화시키는 것이 있는가 하면 가격의 변화로 나타나지 않는 영향도 있을 수 있다. 예컨대 어떤 투자사업으로 인해 대기오염이나 수질오염, 소음 등의 정도가 변화한다면 이는 바로 가격으로 환산되지 않는 투자사업의 영향이다. 어쨌든 이러한 모든 영향이 편익의 측정항목에 포함되어야 한다.

어떤 투자사업의 영향, 즉 편익을 측정하기 위하여 편익을 다음의 세 가지로 분류하는 것이 보편적이다.

① 상품이나 서비스가 완전경쟁시장에서 공급 또는 소비되면서 상품이나 서비스의 가격변화로 나타나는 편익

② 상품이나 서비스가 불완전경쟁시장에서 공급 또는 소비되면서 상품이나 서비스의 가격변화로 나타나는 편익

③ 시장이 존재하지 않는 상품 혹은 서비스의 수준변화로 나타나는 편익

아래에서는 이처럼 세 가지로 분류된 편익의 종류별로 편익의 측정방법에 대해 살펴보고자 한다.

1) 완전경쟁시장에서 소비자의 가격변화로 나타나는 편익

어떤 상품이나 서비스가 무수히 많은 공급자와 수요자로 구성된 완전경쟁시장에서 공급되고 소비될 때 여기서 형성된 가격은 자원의 사회적 기회비용을 적절

<그림 18-3> 소비자잉여

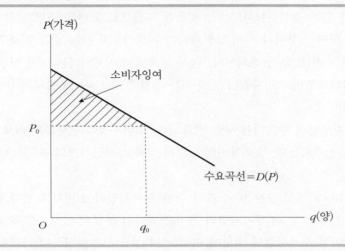

히 반영하는 것으로 볼 수 있다. 따라서 완전경쟁시장에서 제공되는 상품과 서비스의 가격변화는 어떤 투자사업의 영향을 쉽게 파악할 수 있게 한다.

완전경쟁시장이 형성되는 상품이나 서비스의 경우 소비자잉여(consumer surplus)는 소비자의 순편익(net benefit)을 나타낸다.

<그림 18-4> 소비자잉여의 변화

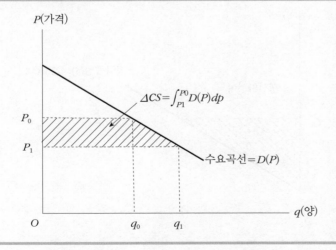

〈그림 18-3〉에서 수요곡선은 소비자들이 어떤 상품이나 서비스에 대하여 지불할 의사가 있는 값을 나타내는데, 빗금친 부분으로 표현된 소비자잉여는 바로 소비자들이 어떤 상품이나 서비스에 대하여 지불하고자 하는 값과 실제로 그들이 지불한 값과의 차(差)로서 정의된다. 다시 말하면 소비자잉여는 어떤 상품이나 서비스를 소비함으로써 소비자들이 얻게 되는 총편익(total benefit)에서 비용을 뺀 것, 즉 순편익이다.

공공투자사업의 평가에서 사업 전과 후의 소비자잉여의 변화가 바로 그 사업의 편익으로 간주되는데, 소비자잉여의 변화는 바로 시장가격의 변화에 따라 나타나게 된다.

〈그림 18-4〉에서 보는 바와 같이 어떤 투자사업이 소비자의 가격을 P_0에서 P_1으로 하락시킬 경우 이 투자사업의 편익은 빗금친 부분의 면적 ΔCS로 나타나게 된다. 만약 어떤 투자사업의 영향이 여러 가지 상품이나 서비스의 가격에 영향을 미친다면 이들이 모두 합산되어야 함은 물론이다.

한편 어떤 공공투자사업으로 인한 상품이나 서비스가격의 하락은 생산자들의 편익에도 영향을 미친다. 이제 생산자들의 편익이 어떻게 변할 것인지 보기 위해 생산자잉여(producer surplus)의 개념을 생각해 보자.

〈그림 18-5〉에서 공급곡선(S)은 모든 생산자들의 한계비용(marginal cost :

<그림 18-5> 생산자잉여

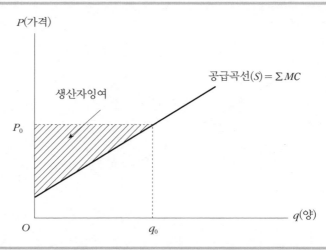

<그림 18-6> **생산자잉여의 변화**

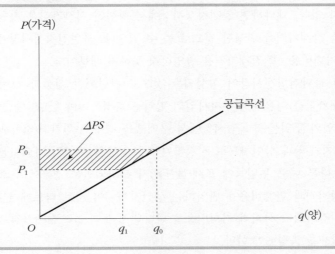

MC)을 횡으로 합친 것인데, 빗금친 부분으로 표시된 생산자잉여는 생산자들의 총수입에서 생산자들의 총비용(공급곡선의 아래부분)을 뺀 것이다. 이 생산자잉여는 바로 생산자들이 상품 혹은 서비스의 생산으로 얻게 되는 순편익이다.

공공투자사업의 비용-편익 분석에서는 사업 전과 후의 생산자잉여의 변화 역시 편익으로 간주되는데, 생산자잉여의 변화도 시장가격의 변화에 따라 나타나게 된다.

〈그림 18-6〉에서 보는 바와 같이 어떤 투자사업이 소비자의 가격을 P_0에서 P_1으로 하락시킬 경우 이 투자사업의 편익은 빗금친 부분의 면적 ΔPS만큼 감소하게 된다. 이러한 생산자잉여의 변화 역시 어떤 투자사업에 의해 영향을 받는 모든 상품과 서비스에 대해서 측정되어야 한다.

결론적으로 이야기하면, 완전경쟁시장이 형성되는 상품과 서비스의 경우 어떤 투자사업의 영향(산출 또는 편익)이 이들 상품 혹은 서비스의 가격에 영향을 미친다면 소비자잉여와 생산자잉여의 변화를 모두 합산하여 이를 편익으로 간주하여야 한다는 것이다.

2) 불완전경쟁시장에서 소비자의 가격변화로 나타나는 편익

어떤 상품이나 서비스가 불완전경쟁시장에서 공급되고 소비되는 경우 어떤 투자사업의 편익을 측정하기 위하여 소비자잉여와 생산자잉여의 변화를 살펴보는 것은 의미가 없다. 왜냐하면 완전경쟁시장에서 형성된 시장가격은 자원의 사회적 기회비용 즉 잠재가격을 반영한 것으로 볼 수 있으나, 불완전경쟁시장에서의 가격은 자원의 기회비용, 즉 잠재가격을 반영하지 못하기 때문이다.

　　따라서 불완전경쟁시장이 형성되는 것으로 판단되는 상품과 서비스의 가격변화는 잠재가격을 이용해서 투자사업의 편익을 측정하여야 한다. 예를 들면 어떤 공공투자사업의 투입물을 독점시장에서 구매했을 경우 구입가격(소비자가격)은 한계비용(생산자가격)과 상이하므로 시장가격이 투입물의 사회적 기회비용을 반영하지 못한다. 다른 예로 투입물에 조세(물품세)가 부과되었을 경우에도 소비자가 구매하는 시장가격과 한계비용을 반영하는 생산자가격이 서로 다르게 된다. 이상의 경우에는 시장가격이 사회적 기회비용을 나타내지 못하므로 잠재가격으로 사회적 편익이나 비용을 측정해야 한다.

　　잠재가격의 필요성은 시장가격이 항상 사회적 가치를 정확하게 표현하는 것만은 아니라는 인식에서 비롯되었다. 잠재가격은 생산에 사용한 자원을 위해서 최대로 지불할 수 있는 가격 즉 최대의 기회비용을 의미하는 것이다. 실제의 상황에서 잠재가격의 결정을 위해서는 선형계획적 접근방법(linear programming approach)이 권장된다(Sassone and Schaffer, 1978 : 56).

3) 시장이 존재하지 않는 상품 혹은 서비스의 수준변화로 나타나는 편익

　　편익의 측정이 더욱 어려운 경우는 아예 시장이 존재하지 않는 상품 혹은 서비스의 수준변화로 편익이 나타나는 경우이다. 불완전경쟁시장에서의 시장가격의 존재는 적어도 찾고자 하는 상품 혹은 서비스의 사회적 가치의 근사치에 대한 단서를 제공해 준다. 그러나 시장이 존재하지 않는 재화나 서비스 수준의 변화로 나타나는 편익은 변화의 측정뿐만 아니라 화폐가치로의 환산 또한 어려운 과제이다.

　　실제로 많은 공공투자사업의 경우 그 편익이 시장이 존재하지 않는 상품 혹은 서비스의 수준변화로 나타나는 경우가 많다. 예를 들면 어떤 공공투자사업은 자동차사고의 감소를 가져올 수도 있고 대기오염이나 소음의 감소를 초래할 수도 있다. 또한 어떤 공공투자사업(예 : 도로건설사업·지하철건설사업 등)은 시민들의 통행시간절약을 가져올 수도 있고, 어떤 사업(예 : 공원건설사업)은 시민들에게 편안한 휴식공간을 제공할 수도 있다. 이제 이와 같은 편익들을 어떻게 화폐가치로 환산할 수 있는지 논의해 보자.

(1) **시간편익의 평가**　　시간의 가치는 시간과 비용의 한계대체율(marginal rate of substitution : MRS)을 살펴봄으로써 측정이 가능하다.

우리는 어떤 교통수단의 효용함수를 확률선택모형(예: 로짓모형)을 이용해서 추정할 수 있다. 예를 들어 승용차의 효용함수가 다음과 같이 추정되었다고 하자.

$$U^A = \alpha \text{TIME}^A + \beta \text{COST}^A$$

　단, U^A=승용차의 효용
　　　TIME^A=승용차의 통행시간
　　　COST^A=승용차의 통행비용
　　　α, β=파라미터

이 모형에서와 같이 승용차의 효용이 통행시간과 통행비용에 대해 선형함수 (linear function)일 경우에는 승용차의 통행시간이 가지는 화폐적 가치는 다음과 같이 이들 두 설명변수의 파라미터의 비율로 계산된다.

$$\text{승용차 통행시간의 가치(단위시간당)} = \frac{\dfrac{\partial U^A}{\partial \text{TIME}^A}}{\dfrac{\partial U^A}{\partial \text{COST}^A}} = \frac{\beta}{\alpha}$$

이제 다른 예로 버스의 효용함수가 다음과 같이 4개의 설명변수를 이용하여 추정되었다고 하자.

$$U^B = \alpha_C \text{ Cost} + \alpha_V \text{ In-Velicle Time}$$
$$+ \alpha_W \text{ Waiting Time} + \alpha_A \text{ Access Time}$$

　단, U^B =버스의 효용
　　　Cost=버스의 통행비용
　　　In-Velicle Time=버스를 타고 있는 시간
　　　Waiting Time=버스를 기다리는 시간
　　　Access Time=집에서 버스정류장까지의 시간거리
　　　α_C, α_V, α_W, α_A=파라미터

이 모형에서 버스를 기다리는 시간의 화폐가치는 다음과 같이 계산된다.

$$기다리는\ 시간의\ 가치(단위시간당) = \frac{\dfrac{\partial U^B}{\partial \text{Waiting Time}}}{\dfrac{\partial U^B}{\partial \text{Cost}}} = \frac{\alpha_W}{\alpha_C}$$

이렇게 버스를 기다리는 시간의 가치(단위시간당)가 추정된 후에 우리는 다음과 같이 어떤 교통투자사업이 가져올 기다리는 시간(대기시간)의 감소편익을 계산할 수 있다.

지역사회 전체의 대기시간 감소 편익
$$= \frac{\alpha_W}{\alpha_C} \times 시간이\ 절약될\ 사람의\ 수 \times 1인당\ 절약시간$$

(2) 수요함수접근법에 의한 공원의 특성별 가치 평가　　　도시의 공원들은 각기 다른 특성들을 가지며, 또한 각기 다른 접근비용(입장료·교통비 등)을 가진다. 이제 도시공원들의 개별특성(예: 연못·구내매점 등)들의 화폐가치를 측정하기 위하여 〈표 18-3〉과 같은 자료를 얻었다고 하자.

〈표 18-3〉의 자료를 이용해서 선형회귀분석(linear regression analysis)을 하여 도시공원에 대한 다음과 같은 수요모형을 추정할 수 있다.

$$Q = \alpha_0 + \alpha_a x_a + \alpha_b x_b + \cdots + \alpha_c x_c$$

　단, Q = 공원이용객수
　　x_a = 연못의 수
　　x_b = 매점의 수
　　x_c = 접근비용(입장료와 교통비)
　　$\alpha_0, \alpha_a, \alpha_b, \cdots, \alpha_c$ = 파라미터

<표 18-3>　도시공원의 이용객수와 특성자료

공원번호	공원이용객수	연못의 수	매점의 수	… … …	접근비용 (입장료와 교통비)
1	Q_1	x_{a1}	x_{b1}	… … …	x_{c1}
2	Q_2	x_{a2}	x_{b2}	… … …	x_{c2}
3	Q_3	x_{a3}	x_{b3}	… … …	x_{c3}
4	Q_4	x_{a4}	x_{b4}	… … …	x_{c4}
⋮	⋮	⋮	⋮		⋮
⋮	⋮	⋮	⋮		⋮
⋮	⋮	⋮	⋮		⋮
N	Q_N	x_{aN}	x_{bN}	… … …	x_{cN}

이렇게 추정된 공원의 수요모형을 이용해서, 예컨대 연못의 화폐가치는 다음과 같이 계산된다.

$$연못의 \ 가치 = = \frac{\dfrac{\partial Q}{\partial x_a}}{\dfrac{\partial Q}{\partial x_c}} = \frac{\alpha_a}{\alpha_c}$$

이와 같은 방법으로 각각의 공원특성들이 화폐가치로 표현될 수 있다. 또한 이렇게 계산된 공원의 특성별 가치를 근거로 새로운 공원의 건설이나 폐쇄에 따른 편익을 계산할 수 있다. 즉 공원의 이용객수를 개별특성의 화폐가치에다 곱하면 공원의 어떤 특성이 사회전체에 주는 편익을 얻을 수 있게 된다.

이상에서는 도시공원의 특성별 가치 평가를 위해서 수요함수접근법을 적용시켜 보았는데, 이들 외에도 여러 가지 공공투자사업에 적용이 가능하다. 이와 같은 수요함수접근법을 활용할 때 유의해야 할 점은 수요모형의 추정시에 관련 있는 모든 설명변수들을 모형에 포함시켜야 한다는 점이다. 만약에 관련 있는 설명변수가 수요모형에 충분히 포함되지 않을 경우에는 편의된(biased) 추정계수값을 가질 가능성이 크게 된다.

(3) 교통소음과 대기오염 　　　우리는 종종 교통소음과 대기오염수준의 변화를 수반하는 공공투자사업을 행하게 된다. 이때 우리는 교통소음과 대기오염수준의 변화를 편익으로 간주하고 이를 화폐단위로 환산하여야 한다. 그러면 이들 소음과 대기오염의 화폐가치는 어떻게 측정할 수 있는지 생각해 보자.

첫 번째 접근방법은 이들 소음과 대기오염의 피해를 막는 데 소요되는 비용을 소음과 대기오염의 화폐가치로 간주하는 방법이다. 소음피해를 막기 위해서 방음장치를 설치할 수 있고, 대기오염으로부터의 피해를 막기 위해서는 집안에 공기정화기를 설치할 수 있다. 따라서 소음과 대기오염으로부터의 피해를 막기 위하여 지불하는 비용을 소음과 대기오염의 화폐가치로 간주하면 된다. 그러나 이와 같은 방법으로 소음과 대기오염의 가치를 측정하는 방법은 이들 피해방지시설들의 설치는 또 다른 부작용을 발생시키거나 다른 곳에 영향을 미칠 수 있어 소음과 대기오염수준의 변화가 가져다 주는 편익을 계산하는 것이 쉽지 않다는 문제점이 있다.

두 번째 접근방법은 소음과 대기오염의 가치를 재산가치접근법(property value

<그림 18-7>   소음이 심한 집과 소음이 없는 집

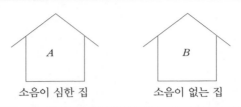

소음이 심한 집   소음이 없는 집

approach)을 이용하여 화폐단위로 측정하는 방법이다. 예컨대 〈그림 18-7〉에서 주택 A와 B는 방의 수·대지면적·위치 등의 모든 특성이 같으면서, 다만 주택 A는 소음이 심하고 주택 B는 소음이 없다고 하자.

모든 사람들이 소음을 문제시하게 될 경우 주택 B의 가격이 주택 A의 가격보다 비싸게 되는데, 이때 조용한 주택과 소음이 있는 주택의 가격차이가 바로 소음의 화폐가치가 된다.

그러면 이러한 재산가치접근법을 통계적으로 어떻게 실제상황에서 활용할 수 있는지에 대해 생각해 보자. 주택을 포함한 모든 부동산의 가치는 이들 부동산의 특성(예 : 대지면적·건축면적·방의 수, 위치)에 의해 결정된다.

$$V=f(X)$$
단, V=부동산의 가치(가격)
　　X=부동산의 특성벡터

부동산의 가격과 이들 부동산의 특성벡터들에 대한 자료들을 수집한 후에 우리는 다음과 같은 회귀모형을 추정할 수 있다.

$$V=\alpha_0+\alpha_1 x_1+\alpha_2 x_2+\cdots$$
단, x_1=소음의 정도
　　x_2=대지면적
　　α_i=파라미터(i=0, 1, 2, $\cdots$)

이렇게 추정된 회귀모형에서 소음의 화폐가치는 다음과 같이 계산된다.

$$소음의 \ 가치=\frac{\partial V}{\partial x_1}=\alpha_1$$

이렇게 계산된 소음의 화폐가치를 이용해서 새로운 공공투자사업의 시행에 따른 소음수준변화의 편익을 계산할 수 있다.

(4) 인간생명의 가치　　어떤 공공투자사업은 인명피해를 줄일 수 있는 것도 있다. 예를 들어 도로건설사업이나 지하철의 건설 등은 교통사고로 인한 사망자의 수를 줄일 수 있다. 이때 교통사고의 감소로 인한 편익은 줄어든 교통사고 사망자의 수로 나타나는데, 이들 역시 비용-편익 분석에서는 화폐가치로 환산되어야 한다. 그러면 아래에서는 인간생명의 가치가 어떻게 화폐단위로 환산될 수 있는지 생각해 보자.

첫 번째 방법은 인간의 생산성(productivity)을 사회에 대한 기여도로 간주하여 인간생명의 가치로 보는 방법이다. 예를 들어 어떤 사람은 연간 3,000만 원으로 계산될 것이고, 또 어떤 사람은 연간 6,000만 원으로 계산될 수도 있다. 이 방법의 문제점은 직업이 없는 사람이나 중증 장애인의 경우 어떻게 생산성을 측정할 수 있는가라는 문제가 제기된다.

두 번째 방법은 사고시 받게 되는 보험금의 액수를 인간생명의 가치로 간주하여 계산하는 방법이다.

세 번째 방법은 어떤 개인의 미래예상수입들을 모두 합쳐 현재의 화폐가치로 환산한 값을 인간생명의 가치로 간주하는 방법으로서, 가장 표준적인 방법으로 인정되고 있다.

제4절 적정할인율의 선택과 분배의 문제

1. 적정할인율의 선택

비용-편익 분석을 할 때 우리는 할인율을 먼저 결정하여야 한다. 이때 우리는 적정할인율을 어떻게 결정할 수 있는가? 적정할인율의 결정은 사업의 평가에 중요한 영향을 미치는데, 적용되는 할인율에 따라 투자사업에 대한 평가가 달라지는 경우가 빈번하게 일어나는 것이 현실이다. 이제 공공투자사업에의 적용을 위하여 검토될 수 있는 할인율을 아래에서 살펴보자(김동건, 1984 : 178-180; Gramlich, 1981 : 95-107).

1) 민간할인율

민간할인율은 민간자본시장에서 형성되는 시장이자율을 근간으로 하여 결정되는 할인율을 가리킨다. 자본시장이 완전경쟁시장이라면 이때 형성된 시장이자율은 소비자의 시간선호(time preference)가 적절히 반영되고 있으며, 동시에 자본이 갖는 한계생산성과도 일치하게 된다.

그러나 현실적으로 자본시장의 불완전성을 인정하지 않을 수 없으므로 실제의 시장이자율을 그대로 할인율로 사용하여 공공투자사업을 평가하는 데는 상당한 문제가 생기게 될 것이다. 불완전한 자본시장에서는 장래에 대한 불확실성 및 위험부담 때문에 프리미엄(premium)이 붙은 이자율이 형성되고, 또한 단기 혹은 장기에 따라 다양한 금리체계를 구성하게 된다. 따라서 민간할인율은 현세대의 시간선호마저도 반영하지 못하는 문제점을 가진다고 볼 수 있다.

2) 사회적 할인율

평가의 대상이 되는 사업이 민간투자사업이라면 시장이자율을 근거로 한 민간할인율을 적용하는 데 논리상 큰 문제가 없다고 하겠으나, 공공투자사업의 경우에는 시장이자율을 적용할 수 없고 시장이자율보다 낮은 사회적 할인율을 적용하여야 한다는 주장이 경제학자들 간에 많이 대두되어 왔다.

자본시장이 비록 완전경쟁시장이라 하더라도 시장이자율은 현세대의 시간선호를 반영할 뿐, 미래세대들을 무시하고 있다고 볼 수 있다. 그러나 대부분의 공공투자사업들은 미래세대들의 복지에 영향을 미치게 된다. 따라서 공공투자사업에는 시장이자율보다 낮은 사회적 할인율의 적용이 권장되고 있다.

3) 자본의 기회비용

공공투자사업에 사회적 할인율을 적용한다면 이것을 어떻게 측정하느냐가 중요한 문제로 대두될 수밖에 없다. 사회적 시간선호율(social rate of time preference)을 정확히 측정하는 것은 불가능한 일이고, 따라서 일반적인 접근방법은 자본의 기회비용(opportunity cost of capital)으로 파악하는 것이다. 즉 자원이 공공투자사업에 사용되지 않고 민간투자사업에 사용되었을 때 획득할 수 있는 수익률을 공공투자사업의 할인율로 하는 것이다. 이렇게 본다면 민간기업이 통상 기대할 수 있는 전산업(全産業)의 평균수익률을 측정하여 이것을 공공투자사업의 할인율로 사용할 수 있을 것이다. 전체 민간기업의 평균수익률을 공공투자사업에 있어서의 자본의 기회비용으로 보고 이것을 할인율로 사용한다는 것은 공공투자사업도 민간투자사업에서 통상 기대할 수 있는 수익률을 발생시켜야지, 그렇지 않으면 그 공공투자사업은 타당성이 없는 사업으로 평가된다는 것을 의미한다.

자본의 기회비용의 계산은 공공투자사업의 재원조달과 밀접한 관계가 있다. 만약 공공투자의 재원이 조세 혹은 공채발행에 의하여 조달된 것이라면 이것은 민간부문의 소비 혹은 투자를 희생한 것이므로 자본의 기회비용이 상대적으로 증가한다. 그러나 재원의 조달이 해외차관과 같은 금융적인 방법에 의존한다면 자본의 기회비용은 차입금의 이자율 크기에 의해 영향을 받게 될 것이다.

2. 분배의 문제

공공투자사업은 각기 다른 사회집단이나 소득집단들에게 다른 영향을 미칠 수 있다. 예컨대 공공골프장이나 승마장의 건설은 저소득층보다는 고소득집단에게 더 큰 편익을 가져다 줄 것이고, 공공임대주택의 건설은 저소득집단에게 더 큰 편익을 가져다 줄 것이다. 그러나 일반적인 비용-편익 분석에서는 이와 같은 분배의 문제를 고려하지 않고 순현재가치(NPV)가 0보다 크거나 편익-비용 비율(B/C 비율)이 1보다 크면 그 사업은 경제적으로 타당성이 있는 것으로 평가하게 된다. 물론 분배의 문제가 전혀 문제시되지 않는 상황에서는 어떤 공공투자사업이 가져다 줄 비용과 편익의 단순한 합계치를 근거로 사업의 타당성을 평가할 수 있다.

그러나 현재의 소득분배에 문제가 있거나 혹은 어떤 공공투자사업이 분배의 문제를 심각하게 야기할 가능성이 크다면 분배의 효과가 고려된 비용-편익 분석을 하여야 한다. 분배의 효과가 고려된 비용-편익 분석을 하기 위해서는 공공투자사업으로부터 영향을 받게 되는 사회집단별로 비용과 편익을 집계한 후, 적절한 사회적 가중치(social weights)를 주어야 한다. 이때의 사회적 가중치는 어떤 집단의 상대적인 사회적 중요도를 반영하여야 하며, 이는 주로 정책결정자에 의해 규범적으로 결정되는 경우가 많다.

☑ 연습문제

1. 공공투자사업의 경제분석과 재무분석의 차이점을 설명하시오.
2. 편익이 동일하다고 가정할 때 다음과 같은 비용의 흐름을 가진 두 가지 대안들 가운데 어떤 대안이 더 바람직한지 순현재가치(NPV)기준을 이용해서 평가하시오. 단 할인율은 6%라고 한다.

		계획 A	계획 B
현재		1,000,000(원)	3,000,000(원)
지금부터	1년 후	0	0
	2년 후	0	0
	3년 후	1,000,000	1,500,000
	4년 후	1,000,000	500,000
	5년 후	1,000,000	500,000
	6년 후	1,000,000	500,000
	7년 후	1,000,000	500,000
	8년 후	1,000,000	500,000
	9년 후	1,000,000	500,000
	10년 후	1,000,000	500,000
	11년 후	1,000,000	500,000

3. 다음의 〈표〉와 같이 순편익($N_t = B_t - C_t$)의 연도별 흐름을 가진 투자사업이 있다. 순현재가치(NPV) 기준을 이용하고, 할인율 8%를 적용해서 이 투자사업의 타당성을 검토해 보시오.

〈표〉 순편익의 연도별 흐름(N_t) (단위: 백만 원)

연 도	1	2	3	4	5	6	7
순 편 익	-10	-3	4	4	4	4	4

4. 비용-편익 분석의 의사결정기준 가운데 내부수익률(IRR) 기준이 가지는 문제점을 설명하시오.
5. 어떤 상품의 수요곡선은 다음과 같다고 한다.

$X(P) = 24 - 0.3P$
　　　단, P=가격(단위 : 천 원)
　　　　　$X(P)$=주어진 가격에서의 소비량

그런데 이 상품의 가격이 현재 5천 원에서 3천 원으로 하락할 것으로 예측된다.

1) 수요함수를 $P(X)$의 함수형태로 표현하시오.

2) 원래의 가격에서의 소비자잉여를 계산하시오.

3) 하락한 가격에서의 소비자잉여를 계산하고, 소비자가 얻을 가격변화의 편익을 추정하시오.

4) 수요함수를 적분해서 가격변화의 편익을 계산하고, 계산결과가 3)에서 계산한 편익의 추정치와 같은지 검토하시오.

6. 어떤 도시의 공원에 대한 수요함수가 다음과 같이 추정되었다고 한다. 추정된 수요함수를 이용하여 나무 한 그루의 화폐가치는 얼마인지 평가하시오.

$$D=5.074+0.082\text{Acres}+0.1328\text{Lakes}+0.0015\text{Trees}-0.052\text{Cost}$$

   단, D=공원의 연간 이용자수
   Acres=공원의 면적(에이커)
   Lakes=공원의 연못의 수
   Trees=공원의 나무의 수
   Cost=공원을 방문하는 데 소요되는 비용(입장료와 왕복교통비)(단위: 천 원)

7. 공공투자사업은 민간투자사업보다 낮은 할인율을 적용해야 하는지, 아니면 높은 할인율을 적용해야 하는지 논의하시오. 아울러 주장의 논리적 근거를 제시하시오.

제19장

지역공간의 형평성 측정기법

제1절 형평성의 의의

　형평성(equity)은 효율성 개념과 함께 사회과학에서 오랫동안 중요한 이슈가 되어 온 개념이다. 그러나 지금까지 형평성에 대한 기술적 논의가 지역개발분야에서 거의 없었다는 것은 매우 놀라운 일이다. 그 이유는 아마도 지역개발학이나 행정학의 전통적 관심이 시민참여와 같은 과정에 있었으며, 결과의 평가에는 소홀하였기 때문일 것이다(Campbell, 1976 : 556).[1]

　그러나 이러한 과정에 대한 관심과 아울러 최근에는 결과에 대한 관심이 고조되고 있다. 물론 정치학자들은 오랫동안 "누가 체제로부터 무엇을 획득하는가" 하는 결과와 관련된 주제에 관심을 표명해 왔다. 정치학이나 행정학에서는 정치·행정체계가 공공재나 서비스를 공평하게 배분하고 있는가 하는 것이 주된 연구과제가 되었다.[2] 지역개발에서도 지역정책의 형성과정에 대한 연구뿐만 아니라 그 결과에 대한 분배적 측면이 매우 중요한 관심사가 되고 있다. 여기서는 형평성에 관

---

1) 행정학에서는 1960년대의 '소용돌이' 시대를 거치면서 신행정학이 주창되어 행정가의 책임성·대응성·형평성 등이 새롭게 강조되었다. 그러나 이러한 새로운 주장에도 불구하고 여전히 결과보다는 과정에 더 강조점이 주어졌다. 예를 들면 의사결정과정에서의 시민참여 등이 주된 연구주제였다.

2) 지방정부가 제공하는 서비스로서 형평성이 이슈가 되는 것은 교육, 상하수도, 도로포장, 가로등, 범죄예방활동, 소방 등을 들 수 있다.

한 일반적인 논의보다는 지역공간적 측면에서의 형평성에 초점을 맞추어 논의하기로 한다.

1. 형평성의 개념

형평성이라는 개념은 그 구체적 의미가 매우 다양하지만 일반적으로 동등하게 또는 공정하게 배분된 상태를 말한다. 물론 여기서 공정이라는 개념도 확립된 것이 아니고 점차 확립되어 가고 있는 과정에 있다.[3] 우리말 큰 사전에서는 형평이라는 개념을 수평이라는 개념에 포함시켜 "고요한 수면과 같이 평편한 상태"라고 정의한다. 사회과학에서 형평성 개념은 어떤 정책이나 사업의 편익과 비용의 배분이 공정(fairness)하거나 정의(justice)로운 상태를 의미하는 것으로 대체로 의견일치를 보고 있다. 형평성은 종종 배분적 공정성으로 불리우고 있으며 "누가 무엇을 획득하며 누가 비용을 부담하는가"와 관련이 있다. 형평성이 존재한다고 말하기 위해서는 사회 내 일반사람이 공공서비스의 비용과 편익의 배분이 공정하거나 정의로운 것으로 간주하고 있어야 한다. 물론 아직도 특정 공공서비스의 배분상태의 공정성에 관하여 합의를 보지 못하고 있는 실정이다. 형평성이라는 개념 자체가 매우 복잡하고 가치내재적(value-loaded)인 개념이기 때문이다.

2. 형평성의 유형

모든 경우에 다 적용할 수 있는 단 하나의 형평성 개념을 제시하기란 어렵다. 따라서 학자들은 형평성을 여러 가지 기준에 따라 유형화하고 있다.

1) 루시(W. Lucy)의 유형구분
루시(Lucy, 1981)는 형평성을 다섯 가지 유형으로 분류하고 있다.

---

3) 평등의 개념과 형평 내지 공정성의 개념은 일반적으로 다음과 같이 구분된다. 성과의 배분에서 평등개념은 기본적으로 사실의 차원이고, 형평 또는 공정개념은 개인의 주관적 평가에 따른 인식의 차원이다(황일청 편, 1992 : 143, 217).

(1) **동일한 서비스**　　　모든 대상에게 동일한 정도의 서비스를 공급한다.

(2) **욕구에 알맞는 서비스**　　　대상집단의 욕구를 파악하여 욕구에 따라 서비스를 공급한다.

(3) **수요에 알맞는 서비스**　　　대상집단의 수요를 파악하여 그들의 수요에 따라 서비스를 공급한다.

(4) **선호에 알맞는 서비스**　　　대상집단의 선호를 파악하여 선호에 따라 서비스를 공급한다.

(5) **지불할 의사에 관련된 서비스**　　　대상집단의 지불의사를 파악하여 지불할 의사에 따라 서비스를 공급한다.

2) 치트우드(S. R. Chitwood)의 유형구분

치트우드(Chitwood, 1974 : 31 - 33)는 형평성을 ① 모든 사람에게 동일한 서비스, ② 모든 사람에게 비례적으로 동일한 서비스, ③ 개인적 차이와 적절히 상응하는 상이한 서비스 등 세 가지 유형으로 구분하였다.

(1) **모든 사람에게 동일한 서비스**　　　이 기준은 그 적용에 있어 매우 제한적이다. 대부분의 공공서비스는 모든 시민에게 동일하게 효용을 주지 못한다. 왜냐하면 공공서비스를 광범위한 규모로 공급할 만한 재원이 충분하지 않을 뿐만 아니라, 애초에 대부분의 공공서비스는 제한된 고객의 욕구에 맞게 설계되기 때문이다.

(2) **비례적 형평성**　　　이는 공공서비스를 어떤 구체적인 특성에 따른 단순증가함수로 공급하는 것을 의미한다. 예를 들면 어떤 순찰구역의 범죄율(특성)에 비례하여 경찰인력(공공서비스)을 순찰배치하도록 하는 것이다. 혹은 실업자 세대에 대한 총공적부조액(공공서비스)을 부양해야 할 부양자수(특성)에 따라 증가시키는 것이다.

(3) **차별적 공공서비스**　　　이는 수혜자가 소유한 어떤 특성의 차이에 따라 서비스공급을 차별화하는 것이다. 두 번째 유형과의 차이점은 특성에 따라 제공되는 공공서비스의 양이 비례적일 필요가 없다는 것이다. 여기서 가장 중요한 점은 대상집단 간의 적절한 차이를 누구의 입장에서 그 특성을 구별하는가이다. 두 가지 자주 사용되는 특성은 공공서비스에 대한 지불의지와 능력, 그리고 그러한 서비스를 통하여 성취되어지는 결과이다. 따라서 부유층지역은 더 많은 공공서비스(도서관·공원 등)를 받을 만한데, 그 이유는 그들이 더 많은 세금을 내기 때문이

다. 그리고 서비스를 수익자부담금에 의해 공급하는 경우 지불의지와 능력이 고
려된다.

3) 툴민(L. M. Toulmin)의 유형구분

툴민(Toulmin, 1988 : 395)은 서비스 공급체계에 초점을 맞추어 형평성을 투입
형평성과 산출 형평성으로 구분하고 있다.

(1) 투입 형평성   투입 형평성은 지역의 단위영역에 걸쳐 특수한 서비스분
야(교육, 경찰 등)에 투입된 자원의 양을 동등하게 하는 것이다. 투입 형평성은 일
종의 동등한 기회로 간주된다.

(2) 산출 형평성   이는 서비스의 수혜 후에 상태나 조건을 동등하게 하는
것이다. 이러한 형평성에 근거한 서비스 공급유형은 속성상 수혜자에게 보상적이
된다. 여기서는 우선 기존의 결핍과 욕구를 파악하여 이를 수정하고 부족분을 채
워주는 활동으로 나아간다. 이러한 형평성은 유리하거나 불리한 집단에게 더 평등
한 결과를 가져오는 '제3의 형평성'으로 불리운다. 이를 그림으로 나타내면 〈그림
19-1〉과 같다. 그림에서처럼 오른쪽 상태는 두 집단 X_1, X_2가 더 평등한 배분상태

〈그림 19-1〉 제3의 형평성

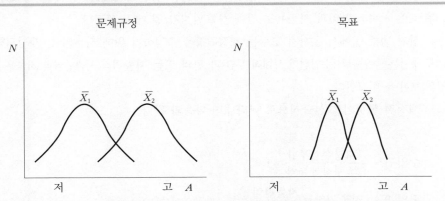

자료 : Llewellyn M. Toulmin(1988). Equity as a Decision Rule in Determining the Distribution of
     Urban Public Services. *Urban Affairs Quarterly*. 23 : 396.
     여기서 A=성취, 달성 혹은 소득
       N=개인의 수
       $\overline{X}$=집단의 평균
       1=집단 1(불리한 집단)
       2=집단 2(유리한 집단)

에 도달하였다. 왜냐하면 두 집단이 개별적인 측면에서 곡선이 더 홀쭉한 모양이
되었으므로 이전에 비하여 더 평등하게 되었을 뿐만 아니라, 두 집단 간에도 두 곡
선이 상호 더 근접함으로써 더 평등하게 되었기 때문이다.

4) 벤네트(R. J. Bennett)의 유형구분

벤네트(Bennett, 1980)는 공공재정 연구에서 형평성이 모든 사람을 위한 공공
재의 동일한 몫을 의미하지 않으며 모든 사람에게 동일한 조세부담을 의미하지도
않고, 상이한 욕구를 가진 상이한 집단에 상이한 비율로 재화를 공급하는 것을 의
미한다고 주장하였다. 그는 재정적 형평성을 국가의 조세부담과 편익효과의 전범
위에 걸쳐 '동일한 것에 대한 동일한 적용'으로 규정하였다. 즉 지불능력에 비례하
여 세입부담의 상대적 양과 서비스 비용의 차이를 고려하여 동일한 욕구에 처한 사
람들에게 동일한 서비스 수준을 유지하기 위하여 지출을 배분하는 것을 의미한다
고 하였다. 여기에다 지리적 요소가 가미되면 지역공간적 형평성은 사람들이 어디
에 입지하든지 간에 동일한 조건의 사람에게 동일하게 적용하는 것을 의미한다.

서비스공급의 형평성 수준을 측정하기 위해서는 ① 재정수입부담(지불된 세
금), ② 재정수입력(조세지불능력), ③ 지출편익, ④ 지출욕구 등 네 개 범주의 정보
가 요구된다. 재정적 형평성은 조세부담과 지불능력 간에 상호일치가 될 때 또는
지출(혹은 서비스)편익과 지출욕구 간에 상호일치가 될 때 달성된다.

상기 범주 ①에서 ④까지 모두는 재정귀착을 측정하기 위해 사용된다. 재정귀착
연구에서는 수입귀착(수입원의 상대적 부담)과 편익 또는 지출귀착(지출편익과 지출욕구
간의 차이)을 비교한다.

재정적 형평성을 산술식으로 나타내면 다음과 같다.

$$수입귀착 = \frac{재정수입부담}{조세지불능력} = 1$$

$$편익 \text{ 또는 } 지출귀착 = \frac{지출편익}{지출욕구} = 1$$

이 두 비율은 배분적 규범을 만족시킨다. 만약 분석대상 지역이나 소득집단 및
지리적 단위가 이러한 비율을 달성한다면 형평성이 충족되는 것으로 본다.

5) 치트우드(S. R. Chitwood)와 트루러브(M. Truelove)의 유형구분

치트우드(Chitwood, 1974 : 33 – 34)와 트루러브(Truelove, 1993 : 19)는 형평성 개념을 수평적 또는 수직적 두 가지 차원에서 접근하였다.[4]

(1) 수평적 형평성　　　이는 동일한 조건에 있는 사람은 동일하게 처리되어야 한다는 것으로, 비록 방법론상 문제가 없는 것은 아니지만 형평성의 다른 측면에 비해 덜 논쟁적이다. 이를 지역공간적 차원에서 보면 형평성은 사람들이 어디에 거주하든 관계없이 동등한 것을 동일하게 적용하는 것을 의미하는 것으로, 사실 더 많은 개념적 어려움을 제기한다. 수평적 형평성의 목적은 상이한 지방정부에게 교부금을 지급하는 데 합리성의 기초가 되는 것이다.

(2) 수직적 형평성　　　이는 상이한 조건에 있는 사람들 간에 서비스를 할당하기 위한 합리적 근거를 개발하려는 노력과 관련이 있다. 개인들은 소득·교육·능력·연령·지리적 입지 등에 의해 규정되는 여러 개인적 속성에서 매우 이질적이다. 물론 상이한 조건에 처한 개인들 간에 서비스를 공정하게 할당하는 방법에 대해 의견일치를 본다는 것은 매우 어려운 일이다.

형평성은 또한 지역의 공간적 관점에서 분석되어질 수 있다.[5] 예를 들면 서비스의 공급대상인구에 포함되는 특정집단이나 계층의 측면에서 공공서비스가 형평성의 기준을 충족시킬 수 있도록 입지되어 있느냐 하는 것이다. 모든 주민들이 많은 유형의 시설을 사용하는 데 관심이 있는 것은 아니다. 따라서 어떤 시설이 부족하다고 해서 항상 불평등한 것은 아니다. 때로는 가치 판단을 요구하는 평가가 필요한데 모든 주민들이 탁아소·보건시설·여가시설 등의 공공시설을 사용할 필요성이 있는 것은 아니다. 결과적으로 형평성 기준은 공공서비스를 단지 인구에 비례하거나 혹은 지역 간에 균등하게 배분한다고 해서 충족되는 것은 아니다.

한편 형평성을 논의할 때 입지공간적 차원에서 서비스공급의 배분적 상태뿐만 아니라 그러한 배분이 이루어지는 절차나 과정의 차원에서 서비스배분체계 역시 중요한 요소이다. 이러한 서비스배분체계에는 매겨진 가격, 진입기준과 우선순

---

4) 수평적 또는 수직적 형평성 개념은 전통적으로 정부의 조세구조와 관련해서 사용되어 왔다. 정부의 조세수입의 형평성은 궁극적으로 정부에 그 수입을 제공하는 사람들의 지불능력에 달려 있다. 일반적으로 저소득자에 비해 고소득자에게 더 높은 비율의 소득을 정부에 지불하게 하는 조세구조는 더욱 형평성의 기준을 충족시키는 것으로 간주된다. 그리하여 누진 소득세는 총액세나 소비세에 비해 더욱 형평성의 기준을 충족시키는 것으로 간주된다. 그러나 이러한 개념들은 공공서비스 배분의 형평성 평가에도 동일하게 유용하다.

5) 다음에 살펴볼 형평성 측정기법이 이러한 개념의 형평성과 직접 관련이 있다.

위, 대기자 명부의 사용, 시설유형에 대한 제약 등이 포함된다. 이러한 형평성은 또한 제도적 공정성으로 성격지어질 수도 있다.[6]

3. 형평성과 효율성의 상충관계

형평성과 효율성은 공공서비스 공급에서 두 가지 주된 목표이며, 종종 상호간에 상충(trade-off)관계를 보인다. 민간부문에서 효율성은 종종 이윤의 극대화로 간주되었다. 그러나 그러한 목표는 공공부문에는 그대로 적용되지 않는다. 효율성이 달성되는 방법에 초점을 맞추어 개념정의를 해 보면 첫째 일부 사회적으로 이미 결정된 수준 또는 서비스의 양을 최소한의 비용으로 공급하는 것, 둘째 사전에 결정된 예산의 제약 범위 내에서 서비스 양(또는 수혜자수)을 극대화하는 것을 의미한다. 여기서 알 수 있는 것은 효율성이란 제한된 자원으로부터 가장 큰 산출을 획득하는 수단으로 간주된다. 종종 효율성이란 산출(수혜자수 등)과 투입(금전 등)의 비율로 평가된다. 여기서 투입은 일반적으로 측정하기가 쉬우나 산출은 상당히 모호하여 측정하기 어려운 개념이다. 즉 고객만족·서비스의 질·건강수준 등의 산출은 상당히 모호하여 측정하기가 어렵다. 만약 모든 비용과 편익이 다 계산될 수 있다면 사회적 순편익(=편익-비용)이 효율성의 측정치가 된다. 그러나 공공서비스에서는 일반적으로 비용과 편익을 측정하는 것이 용이하지 않다(McAllister, 1976 : 49).

최적입지모형에서 가장 빈번하게 사용되었던 효율성 측정지표는 통행거리 또는 통행비용이다. 이에 따르면 최적입지는 일반적으로 총통행거리를 최소화시키는 곳이 된다. 고객의 접근성은 시설체계의 분산을 창출하는 강력한 힘이다. 시설이용자로부터 시설까지의 짧은 총통행거리는 통행시간과 통행비용을 절약해 줌으로써 효율성을 증진시킨다. 또한 시설이용이 이러한 거리측면에서 탄력적인 한 수요와 사용은 증가하게 된다. 시설이용이 시설용량을 초과하지 않는 한 효율성은 일반적으로 증진된다. 그러나 몇몇 대규모 시설 대신에 많은 수의 작은 규모의 시설을 건설함으로써 규모의 경제로 인한 이점은 상실될 수 있다.

---

6) 입지적 형평성과 제도적 형평성 모두를 고려하여 하비(D. Harvey)는 "공정하게 도달한 공정한 분배"를 주장하였다(Harvey, 1973 : 117).

효율성은 공급 및 소비되는 서비스의 총량과 관련되지만(동일한 비용으로 더 많은 사람에게 제공하거나 동일한 수의 사람에게 더 낮은 비용으로 제공하는 것), 형평성은 서비스로부터 누가 편익을 누리고 누가 가장 많은 순편익을 누리는가와 관련이 있다. 효율성은 공공서비스 공급의 경제성을 평가하는 기준이지만, 형평성은 공공서비스 공급의 효과를 수요자의 관점에서 평가하는 기준이다.

효율성을 극대화하기 위해서는 평균 통행비용을 최소화하는 것이 요구되는데, 이를 위해서는 인구밀도가 높은 지역에 공공시설이 입지되어야 할 것이다. 그러나 형평성을 극대화하기 위해서는 주민들의 최대 통행거리를 최소화할 것이 요구되며, 이를 위해서는 저밀도지역에도 공공시설이 입지하여야 한다. 그러므로 제기되는 질문은 얼마만큼의 효율성을 형평성과 상쇄할 것인가 하는 것이다. 공공시설의 최적규모나 입지를 결정하는 완벽한 방법은 없다. 일반적으로 민간부문은 형평성을 목표로 하지 않는다. 오히려 다양한 방법으로 개념화된 효율성과 이윤이 목표가 된다. 반면에 공공부문은 효율성을 목표로 추구하지만, 아울러 형평성도 중요한 목표로 추구한다.

효율성과 형평성을 하나의 공동척도로 묶는 것은 어렵다. 그리고 이러한 상충관계의 명확한 해결책을 찾기도 어렵다. 따라서 공공서비스의 성격에 따라 차별적인 목표와 기준을 적용하는 것이 바람직하다.

제2절 형평성 측정기법

사회적 형평성을 측정하는 기준으로는 ① 과거와의 비교, ② 다른 정부 단위와의 비교, ③ 계획된 형평성과 실제 형평성의 비교, ④ 시민 만족수준과의 비교 등의 방법이 있다(Chitwood, 1974 : 34). 여기서는 지역공간적 측면에서 두 번째 방법인 다른 정부단위와의 비교방법과 관련하여 그 측정에 대하여 살펴보기로 한다.

형평성 측정에서는 편익귀착(benefit incidence)이 초점이다. 즉 편익과 욕구(또는 수요) 사이의 관계가 초점이다. 개별적 서비스 유형이 여기서의 형평성 정의와 일치하는지의 여부를 결정하기 위해서는 두 가지 단계가 요구된다. 첫째는 편익과 욕구의 측정이고, 둘째는 이러한 측정치를 상호 간에 비교하는 것이다(Bennett,

1980 : 57). 편익은 실제 지출액이 아니라 제공된 서비스나 시설의 수로서 측정된다. 예를 들면 만약 어린이집(탁아소)을 연구한다면 제공되는 편익의 측정치로는 어린이집의 총수가 사용될 수 있으며, 아울러 재정운영상의 특징, 즉 공공, 비영리, 영리시설 등으로 구분되어 사용될 수 있다. 한편 욕구는 측정하기가 더 어려우며 다양한 변수들, 예컨대 어린이 수, 결손가정 어린이의 수, 직장을 가진 부모의 어린이 수, 저소득층 어린이 수 등이 사용될 수 있다.

　편익과 욕구를 비교하기 위해서는 다양한 방법이 사용될 수 있다. 지역공간의 형평성을 측정하기 위해서는 일반적으로 네 가지 방법이 사용된다. 이들 접근방법은 서비스와 욕구에 있어서의 변이(variance)를 약간 다른 방법으로 측정하고 있다. 이들 네 가지 방법을 구체적으로 살펴보면 다음과 같다.

1. 기존시설의 규정된 범위를 초월하는 지역의 도식화

　이 방법은 간단하지만 명확하고 시각적으로 호소하는 특징이 있다. 이 방법에서는 일부 자의적(恣意的)인 접근의 정의가 일치된 기준을 나타내기 위하여 사용되어진다. 시설에 규정된 거리기준을 초월하는 지역은 불리한 입장에 놓여 있는 것으로 간주되며, 시설이 공평하게 입지해 있다고 간주되지 않는다.여기서는 욕구가 측정되지 않으며 지도에서 공평하게 배분되어 있다고 가정된다. 만약 기존시설에서 너무 멀리 떨어진 지역이 밝혀지면 이 지역은 자세히 조사될 수 있다. 예를 들면 입지상(location quotient)이 이 지역에 대해 계산될 수 있다.

2. 욕구 대 서비스 비율

　이 방법은 각 구역에 대해 욕구 대 서비스 비율이 계산된다. 예를 들면 취학전 아동 1,000명당 어린이집의 수이다. 이것은 매우 단순한 형평성 측정방법이다. 이 방법은 특정구역 내의 어떠한 변이를 나타내 주지 못하고 감추어 버린다. 욕구 대 서비스 비율의 개발은 지역공간의 사회적 정의기준을 형성하기 위한 초보적 시도이다.

3. 상관관계분석

이 방법은 서비스의 배분이 욕구와 연관되어 있는지 여부를 평가하는 것이다. 상관관계가 높으면 높을수록 서비스 배분이 더 공평하게 배분되어 있다는 것을 나타낸다. 예를 들면 만약 구역당 어린이집의 수가 구역당 가계소득과 강한 부(負)의 상관관계를 가지고 있다면 어린이집이 하나의 욕구 측정에 따라 배분되어 있다는 의미이다. 여기서 어려움은 공간적 총화(spatial aggregation)의 적절한 수준을 규정하는 것이다. 왜냐하면 이것이 상관계수의 값에 영향을 미치기 때문이다.

또 다른 어려움은 지도 자료에서의 공간적 상관관계의 존재는 표준적인 통계적 추론이론을 손상시킨다. 만약 두 변수가 정(正)의 공간적 상관관계를 맺고 있다면 제1종 오류[7]수준이 나타난 것보다 더 크게 된다.[8]

4. 지수방법

지수방법에 의하면 각 지역에 대해 서비스 수준이 측정되고 지역 간의 서비스 수준의 차이가 비교된다. 지수방법에서 공간적 형평성을 측정하는 가장 간단한 지수는 수처(Schutz)지수이다. 수처지수는 로렌쯔 곡선에 입각해 있지만 지니계수에 비해 계산하기가 용이하다. 공간적 형평성을 나타내는 수처지수 S는 다음과 같이 계산된다.

$$S = \Sigma \left| \frac{100X_i}{\Sigma X_i} - \frac{100}{n} \right|$$

단, $X_i = i$번째 지역의 편익변수의 수치
n = 지역의 수

---

[7] 제1종 오류는 모집단의 특성이 귀무가설(null hypothesis)과 같은 것인데, 즉 귀무가설이 참인데 그 가설을 기각하는 경우의 오류이다.

[8] 어떤 지역에서 어떤 한 시설수에 대한 r(상관계수)값의 배분은 독특한 것이며, 1.0에서 -1.0보다 더 좁은 r값의 범위를 가질 것이다. 그리하여 몇몇 실증적 연구에서 고도의 누진적 또는 역진적 입지 유형이 발견되었는데, 이는 1.0에서 -1.0의 r값의 범위가 사용되었기 때문이다. 예를 들면 0.20의 r값은 매우 낮은 것으로 나타난 것이지만, 사실 어떤 사례에서는 최대로 가능한 r값에 매우 가까운 수치일지도 모른다(McLafferty & Ghosh, 1982).

사회공간적 의미를 내포하는 지수 S^S는 다음과 같이 계산된다.

$$S^S = \Sigma \left| \frac{100X_iN_i}{\Sigma X_iN_i} - \frac{100N_i}{\Sigma N_i} \right|$$

단, N_i = i번째 지역의 욕구변수(인구·소득 등)

이러한 지수($S \cdot S^S$)들은 0(평등)에서 200(완전 불평등)까지의 값(범위)을 가진
다. 이는 대각선으로부터 로렌쯔 곡선의 기울기의 편차의 합이다. S값은 제공된
편익이 모든 지역에 공평하게 배분되었는지의 여부를 나타낸다. 만약 그러하다면
S = 0이 된다. S^S값은 공식 속에 욕구개념을 포함시킨다. 만약 편익과 욕구가 모든
지역에 동일한 비율로(반드시 공평할 필요는 없다) 배분되어 있다면 S^S = 0이 된다.
예를 들면 어떤 도시가 5개 지역으로 나누어져 있으며 10개의 어린이집을 가지고
있다고 가정하자. 만약 각 지역이 2개의 어린이집을 가지고 있다면 수처지수는 다
음과 같이 계산된다.

$$S = 5 \left| \frac{100 \times 2}{10} - \frac{100}{5} \right| = 0(평등)$$

만약 모든 10개의 어린이집이 한 지역에만 입지해 있다면 수처지수는 다음과
같이 계산된다.

$$S = 4 \left| \frac{100 \times 0}{10} - \frac{100}{5} \right| + 1 \left| \frac{100 \times 10}{10} - \frac{100}{5} \right| = 0(평등)$$
$$= 80 + 80 = 160(매우 불평등)$$

사회공간적 의미까지를 내포하면 인구욕구치가 방정식에 포함된다. S나 S^S값
은 반드시 0에서 200까지의 단일차원 척도에 따라 해석되어야 된다. 이것은 사실
서열화된 척도이다. 따라서 120값은 60값에 비해 두 배 불평등한 것은 아니다.

제3절 형평성과 지방정부 재조직

형평성을 달성하기 위한 방법으로서 가장 많이 논의되어 온 분야는 지방정부의 재조직이다. 이는 특히 미국에서 대도시지역에 대한 광역시정부 구상에 관한 논쟁으로 나타났다. 미국의 경우 '건국의 아버지들'(Hamilton과 Madison)과 토크빌(A. de Tocqueville)은 다중심의 다층구조를 선호함으로써 이러한 광역시 구상과는 정면 충돌하는 것이었다. 그러나 미국 행정학의 초기 거두들인 윌슨(W. Wilson)·굿노우(F. Goodnow)·화이트(L. White)·귤릭(L. Gulick) 등은 통합적인 단일중심 정부체제를 주장함으로써 이러한 광역시 구상의 이론적 기초가 되었다. 그러나 최근 개혁론자들, 특히 정치경제학자들은 중앙집중식 체제로의 이전은 권위주의적 경향을 가진 대응성이 낮은 정부를 낳을 것이라고 주장한다. 이러한 주장은 오래된 것이며, 한편으로는 다층제와 분산, 그리고 다른 한편으로는 책임성을 강조하는 중앙집중체제 내의 적절한 균형이 바람직하다는 주장이 상존한다.

1. 전통적 접근

전통적 접근은 정부의 단편화(fragmentation)로 인한 다층구조가 정부 간의 기능배분문제를 야기시킨다고 지적하면서 정부통합은 정부의 경제성 제고, 공공서비스의 통합과 조정 증대, 공공서비스 전달에 대한 주민통제의 증진, 행정의 효율성 증진과 공공서비스 재정의 형평성 제고를 가져온다고 주장했다(박종화·윤대식·이종열, 1994 : 130). 이들에 따르면 기존의 지방정부구조는 너무 분파적이어서 본질적으로 분리가 불가능한 범지역적 문제를 해결함에 있어 책임성을 모호하게 하고, 나아가 지역 간 형평성의 저하를 초래한다고 주장한다. 수많은 정부단위의 존재와 관할권의 중첩 및 권한의 분산 등이 지역 간의 문제 특히 형평성문제를 초래한다고 지적하였으며, 그러한 현상들이 지역공동체가 지니고 있는 제도적인 실패의 문제들과 연결되어 있다고 추론한다.

이러한 견해에 따르면 권력의 통합성·계층적 엄격성·전문화 등이 지방정부를 구성함에 있어 중요한 요소로 고려되어야 한다는 것이다. 따라서 지방정부의 다층적 분산체제는 모든 지역문제의 원인이라는 것이다.

그러나 통합정부 또는 광역시 정부가 단일 관할권 내 모든 구성원들에게 서비스를 공평하게 공급하는 것을 보장하지 못한다. 많은 연구에 따르면 대도시 내 많은 서비스는 저소득층에 비해 중·고소득층에 더 많이 공급되고 있다는 것이다. 더욱이 어떤 서비스는 공평하게 분배될지라도 한 지역의 모든 구성원의 욕구 내지는 열망을 반영하지 못한다. 그러나 오늘날 형평성의 본질은 서비스의 양과 질이 대상집단의 욕구와 직접 관련되어야만 한다.

2. 정치경제학적 접근

정치경제학자들의 입장에서는 시장원리의 적용이 지배적인 모형이 되며, 공공부문이 시장원리를 더 많이 반영하면 할수록 더욱 형평성의 기준을 만족시킬 것이라는 주장이다.

이러한 새로운 비평가들은 지역 내 주민들이 소외되고 이들 간의 불평등이 점증하는 이유를 지방정부의 소규모성 또는 관할권의 중첩성에 돌리지 않고, 오히려 지방정부의 대규모성·접근 불편성·독점적 지위 등에 돌린다. 주민의 선호나 생활양식, 그리고 그들이 안고 있는 문제는 지역마다 다양하다. 정부가 고도로 중앙집권화되면 지역 간의 다양성을 제대로 반영하기가 쉽지 않다. 대규모 정부관료제는 주민들의 요구에 둔감하며 관리가 어렵고, 대규모 지역 내에 존재하는 다양한 조건·근린주거지역·생활양식·지역적 특성 등에 대한 지식을 결여하게 된다고 간주한다. 이것은 결국 지역 간의 불평등을 심화시키게 된다는 것이다.

소규모 중첩되고 분산적인 정부체제는 어떤 사람에게 자신의 선호에 알맞는 서비스와 조세부담의 선택폭을 높여 주지만, 이주에 의한 투표권(vote with feet) 행사는 대부분의 빈곤층에게는 너무 값비싼 것이 된다는 것이다. 또한 이러한 정부체제하에서는 빈곤층이 그들의 수요를 정부당국에 알리는 데 소요되는 비용을 감당하기 어렵다고 보고 있다.

☑ 연습문제

1. 비례적 형평성을 설명하시오.
2. 투입 형평성과 산출 형평성을 비교 설명하시오.
3. 수입귀착과 지출귀착을 비교 설명하시오.
4. 수평적 형평성과 수직적 형평성을 비교 설명하시오.
5. 형평성과 효율성의 관계에 대해 설명하시오.
6. 어떤 도시가 5개 지역으로 나누어져 있고 20개의 어린이집을 가지고 있다고 가정하자. 만약 각 지역이 4개의 어린이집을 가지고 있다면 수처(Schutz)지수는 얼마입니까?

제6편

지역정책

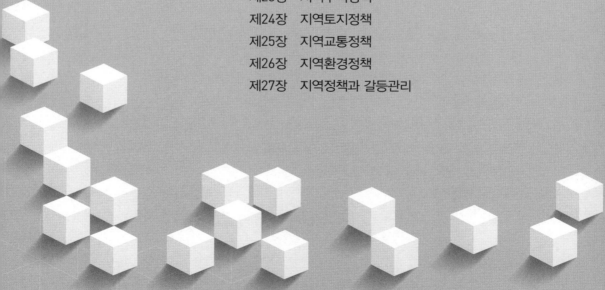

지역정책의 의의와 성격

제20장

제1절 지역정책의 의의

지역정책은 국가적 목표 달성을 지향하면서 경제의 공간적 조직에 초점을 맞추어 모든 지역의 발전을 위한 일반정책의 한 부분으로서 구체적인 지역문제의 해결을 추구하는 일련의 행동노선이라고 말할 수 있다(Friedmann, 1966 : 4). 즉 지역정책은 우선 경제발전에서 입지적 측면(locational aspects), 즉 장소문제를 다루는 것이다. 그리고 지역적 문제를 국가적 차원에서 다룰 필요성을 강조한다. 즉 지역경제에 기여하는 가장 유용한 국가적 정책변수의 조작을 중요시한다.

지역정책은 국가가 기본적 준거틀로서 지니고 있는 다음과 같은 세 가지 부분의 직접적 결과이다. 첫째, 국가는 동질적이 아니다. 그러므로 지역 간 격차와 불균형문제가 항상 나타난다. 둘째, 발전은 국가의 모든 부문에 골고루 영향을 미치지 못한다. 따라서 지역 간 격차가 벌어질 수밖에 없다. 셋째, 계획가는 지역사업계획을 국가적 목표에 연결시키는 것이 필요하다.

제2절 지역정책의 성격

전통적으로 지역정책은 한 국가 내에서 우선적으로 지역주민에 의한, 특히 경제적으로 낙후된 지역에 거주하는 사람들에 의한 지방적 이슈로 간주되었다. 초기에는 국가전체의 발전과 소득계정에 관심의 초점이 주어졌고 지역적 요소는 국가발전정책에서 간과되었다. 따라서 국가활동에 있어 입지적 요소(locational elements)는 부차적인 것으로 간주되었다.

그러다가 미국을 중심으로 한 서구에서 제2차 대전 후, 특히 1960년대에 지역정책에 관심을 기울이기 시작하였다.[1] 초창기의 지역개발정책은 경제개발이라는 형태로 추진되었는데, 이러한 지역개발은 1940년대 후반부터 점차로 알려지기 시작하였다. 제2차 세계대전이 종식되면서 세계 각국은 전후 복구사업의 일환으로 지역개발사업에 대대적으로 착수하였다.

지역정책은 지역의 발전전략에 공간(space)이라는 차원을 중요시하는 것으로, 이는 국가정책의 한 부분이면서도 독립적 기능을 수행하게 되었다. 국가의 발전계획에 지역이라는 공간적 차원(spatial dimension)을 고려하게 된 배경의 가장 근본적인 원인은 전후에 경제적 상황이 급속히 전환되었다는 점이다. 이를 구체적으로 살펴보면 다음과 같다.

(1) **도시혁명**　　도시화가 급속히 진전됨에 따라 많은 농촌인구가 도시로 이주하였고, 또한 도로와 교통의 발전으로 자동차가 급속히 증가하였다.

(2) **농촌지역문제**　　농촌지역은 도시에 비해 상대적으로 낙후되었다. 생활기반시설이 농촌에 비해 도시에 더 많이 건설되었으며, 노동력이나 자본 또한 도시로 집중하였다.

(3) **기술진보**　　산업화와 더불어 과학기술이 급속히 발전하자 기존의 상업 및 산업 중심지를 뛰어넘게 되었으며 이들을 노후하게 만들었다. 따라서 한때 번창했던 지역도 새로운 기술의 진보로 낙후지역으로 변하게 되면서 이들을 다시 개발할 필요성이 대두되었다.

---

1) 물론 이전에도 지역개발은 있었다. 그러나 그것은 대개가 토목사업이나 지역설계에 기초를 둔 자연자원의 개발에 한정되어 있었다. 예를 들면 1932년에 실시된 TVA사업을 들 수 있다.

(4) **생산시설의 공간적 이전**　　생산시설이 종래의 소규모 가내공업 중심에서 대규모 생산체제의 공업으로 전환하면서 생산시설의 공간적 이전현상이 두드러졌다. 이로 인해 생산시설의 입지전략이 매우 중요하게 되었으며, 이를 위한 지역정책이 필요하게 되었다.

프리드만(John Friedmann)은 지역정책을 국가의 경제발전단계와 연계하여 고찰하였다. 국가의 발전단계에 따라 지역정책의 문제가 상이함을 지적하였다. 그리고 지역정책의 중요도도 상이함을 지적하였다. 그의 주장을 요약하면 다음과 같다.

(1) **전산업단계**(pre-industrial stage)　　국가전체의 총 GNP에서 산업부분이 차지하는 몫이 0-10%를 차지한다. 이 단계에서는 국가경제성장을 위한 지역정책의 중요성이 간과되고, 강조되는 정책은 경제발전을 위한 예비조건을 창출하는 것이다. 여기에 해당하는 국가는 아프리카의 일부 후진국들이다.

(2) **전이단계**(transitional stage)　　국가전체의 총 GNP 생산에서 산업부분이 차지하는 몫이 10-25%된다. 이 단계에서는 국가경제성장을 위한 지역정책의 중요성이 매우 강조된다. 강조되는 정책으로는 산업단계로의 이전에 필요한 공간조직을 창출하는 것이다. 여기에 해당하는 국가는 남미국가들이다.

(3) **산업단계**(industrial stage)　　국가전체의 총 GNP에서 산업부분이 차지하는 몫이 25-50%이다. 국가경제성장을 위한 지역정책의 중요성은 부분적으로 강조된다. 강조되는 정책은 낙후지역 개발, 지역격차 해소 등이다. 여기에 해당하는 국가는 중진국 및 일부 선진국들이다.

(4) **후기산업단계**(post-industrial stage)　　국가전체의 총 GNP에서 산업부분이 차지하는 몫은 감소한다. 국가경제성장을 위한 지역정책의 중요성은 새로운 부문으로 초점이 이전된다. 강조되는 정책은 도시재개발, 대도시 지역 내 공간질서와 순환체계, 공한지와 휴양지 개발 등이다. 여기에 해당하는 국가는 미국을 비롯한 선진국들이다.

제3절 지역정책의 목표

1. 경제성장

초창기 지역정책의 목표는 경제성장을 이룩하는 것이었다.[2] 이러한 정책목표는 1960년대 후반까지 지속적으로 채택되어 왔다. 따라서 경제성장을 이룩한 국가는 선진국이며 경제적으로 빈곤한 나라는 후진국이 되었다. 따라서 후진국은 선진국이 되기 위하여 근대화 및 산업화를 통하여 경제성장을 이룩하는 것이었다. 이를 위하여 개발도상국들은 국가자원을 효율적으로 배분하고, 자본의 축적력을 높이며, 기술혁신을 가져오도록 노력하였다(김영모, 1990).

그러나 이러한 경제성장 위주의 개발목표는 많은 비판을 받기 시작하였다. 1970년대와 1980년대에 들어서자 각국은 소득계층 간, 지역 간 불평등과 환경오염 등 새로운 문제에 직면하게 되었다. 따라서 단순한 총량적인 경제성장이라든지 1인당 국민소득의 증가만으로는 지역정책이 충분하지 못하였다.

2. 소득재분배와 형평성 제고

많은 국가들이 경제성장에 초점을 두고 지역개발을 추진한 결과 계층 간, 지역 간 소득분배의 불균형이 심화되는 문제에 직면하였다. 개발이익의 대부분은 소수인들에게 집중되고 이들은 권력까지도 독점하게 되어 결과적으로는 일반대중의 경제적·사회적 기회를 파괴하는 결과를 가져오게 되었다. 특히 인적 자원이 적절하게 이용되지 못했기 때문에 소득이나 기회면에서 불균형은 더욱더 심화되었다. 이러한 결과로 인해 많은 주민들이 식품·주택·의복·병원시설 등과 같은 인간의 기본욕구조차도 충족하지 못하게 되었다. 따라서 소득재분배가 공평하게 이루어져야 한다는 주장이 대두되었다.

지역정책은 소득과 기회의 불균형을 감소시키고 모든 주민들의 기본욕구를 충족시키도록 해야 한다. 그리고 상대적으로 낙후된 농촌의 개발에 중점을 두어야

---

2) 따라서 지역개발의 정도는 1인당 국민소득으로 측정되었다.

한다. 이와 동시에 대규모 산업개발뿐만 아니라 교통시설 등과 같은 인프라 투자를 통해 부문 간 균형개발이 되어야 한다.

3. 자　립

많은 국가들이 경제성장을 추진하기 위하여 외국과의 교류를 확대한 결과 개발도상국들의 경제적 종속문제가 중요한 문제로 대두되었다. 각국은 경제성장을 위해 자본축적을 해야 하는데, 이를 위해 외국자본에 의존하게 된다. 따라서 개발도상국들은 선진국과의 경제적 의존관계를 끊고 자립을 이룩하여야 한다는 것이 강조되었다. 그래서 외국의 자본이나 원조를 점차적으로 줄여가고 일정한 시기가 지난 후에는 완전한 자립으로 이행할 필요가 있다.

4. 생활의 질의 개선

경제성장을 통한 물질적 번영뿐만 아니라 정신적인 측면을 동시에 강조함으로써 생활의 질을 개선하는 데 목표를 두어야 한다. 개발은 곧 인간을 위한 것이기 때문에 개발과정에서는 인간적 요소가 중요시되어야 한다. 특히 인적 자원이 개발되고, 또 이것이 생산적으로 이용될 수 있도록 하여야 한다(Friedmann, 1966). 뿐만 아니라 개발도 자연이 수용가능한 범위 내에서 추진됨으로써 환경보전에도 관심을 쏟아야 한다.

5. 상향식 개발

경제성장을 급속히 이룩하기 위해서 정부가 주도적으로 개발계획을 수립하고 이를 집행하는 하향식 개발이 주로 시행되었으나 이는 지역정책에서 주민보다는 장소를 더 중요시하는 장소중심적(place-centered) 개발이 되었으며, 오히려 주민의 삶의 질을 개선하기에는 미흡하였다. 따라서 하향식 개발계획이 지양되고 상향식 개발계획이 수립되고 추진되어야 한다. 이를 통해 개발계획과정에서 주민참여의식을 고취시키고, 계획의 내용에 지방적 요구가 포함될 수 있도록 해야 한다. 보통 지역주민들은 경제적 수준이 낮고 조직화되어 있지 못하여 지역정책과정에서 배제된다. 따라서 이들이 지역정책의 추진과정에서 불이익을 받지 않고, 적극적으로 참여할 수 있는 여건을 마련할 필요가 있다.

☑ 연습문제

1. 지역정책의 성격에 대해 설명하시오.
2. 지역정책의 목표에 대해 설명하시오.

제21장

도시개발정책

제1절 도시개발정책의 의의

1. 도시개발과 관련된 환경의 변화

도시정부의 정치지도자나 행정가는 누구나 정책의 우선순위에서 개발정책에 우선적인 관심을 보여 왔으며, 누구나 재임기간중 개발정책을 강조하였다. 이러한 개발위주의 도시정책은 가장 최선의 대안으로 받아들여졌으며, 이에 대한 국내외의 평가는 대체로 긍정적이었다고 볼 수 있다.

그러나 1960년대 이후 최근까지 개발에만 역점을 둔 도시정책은 시민의 불만을 야기시켰으며, 이는 주민저항이라는 심각한 위기를 수반하게 되었다. 시민불만은 저소득계층으로부터는 도시개발정책에서의 소외, 일반시민으로부터는 공해와 환경경시에서 비롯된다. 이제 새로운 정치환경과 의식의 발현으로 더 이상 이 문제는 회피할 수 없는 상황에 직면하였으며, 주민저항은 개발정책의 수립시 중요한 이슈로 등장하였다.

따라서 이제는 지금까지 개발과 성장위주의 도시정책에 대한 재검토와 새로운 개발전략을 모색할 때가 되었다. 도시정책에서 무엇이 최우선순위가 되어야만 하는가, 개발이냐 보전이냐, 아니면 둘을 동시에 고려하는 새로운 개발전략의 탐색인가 하는 중요한 선택의 기로에 봉착하고 있다.

2. 도시개발정책의 개념

도시개발정책(urban development policy)이란 국가를 포함한 공권력(public authority)이 도시의 물리적 공간구조에 투자하거나 도시의 토지이용(land use)을 통제함으로써 지역사회 형성에 기여하는 일련의 실천적 행위들(practices)을 의미한다고 볼 수 있다. 때로 어떤 정책이 도시개발정책에 속하는 것인지 분명하지 않을 수 있지만, 대표적인 몇 가지 예를 들면 용도지역제(zoning), 교통을 포함한 도시기반시설(urban infrastructures)에 대한 투자, 슬럼지역의 철거 내지 재개발 등이 이에 포함된다. 이러한 도시개발정책이 도시진공상태에서 출발하는 것이 아니라 실제로 이미 형성된 공간을 재형성하는 것이기 때문에 엄밀한 의미에서 보면 재개발정책(redevelopment policy)이라고 할 수 있다.

피터슨(Paul E. Peterson)은 도시개발정책을 "도시의 경제적 복지를 증진시키는 정책들"이라고 정의한다(Peterson, 1981 : 131). 그는 도시 내의 획일적 이해관계(unitary interest)와 도시경제 및 경쟁적 과정에 초점을 맞춤으로써 도시토지이용을 둘러싼 갈등현상과 이익의 편중, 그리고 도시의 사회적 성격을 간과하고 있다. 도시개발정책의 경우 그에 대한 이해가 획일적이 아니라 관련대상에 따라 이해(利害)가 충돌하게 된다. 피터슨은 토지의 생산적 사용에만 관심을 두었지, 지역 내에 거주하며 노동하는 사람들의 다양하고 특수한 이해관계를 무시하였다. 개발정책을 논할 때 그로 인해 누가 이익을 보고 손해를 보게 되는가 하는 점과 그에 따른 갈등현상에 주목할 필요가 있다.

3. 도시개발정책의 문제점

1) 도시개발의 가치상의 문제

종래 도시는 경제적 의미에서 소위 '개발' 지상주의가 지배적인 가치로 통용되었다. 그러나 이러한 개발 지상주의는 지양되고 주민의 욕구를 최우선시하며, 건강한 도시를 위한 형평성·균형성·건강성 등의 가치를 최우선적으로 추구하여야 할 것이다. 이것은 결국 환경보전을 우선하는 것이다.

2) 주민참여의 실질적 한계
한국은 미국과 달리 지방정부수준에서 참여문화가 아직 성숙되어 있지 못한 실정에 있다. 이러한 상황에서 공식적인 참여규정은 형식에 그칠 수 있다. 진정한 주민의 자생적 조직의 형성과 이들이 실제 정책결정과정에 참여할 수 있는 여건이 조성되어 있지 못하다.

3) 기반시설의 미흡
도시개발시 요구되는 공공시설의 충분한 공급이 이루어지지 못하고 있다. 따라서 도시는 개발되는 데도 주민은 여전히, 아니 오히려 더 생활상의 불편을 겪기도 한다.

4) 개별목표의 전도(顚倒)
도시개발이 도시재정의 확보수단으로 이용되어 본래 의도했던 개발목표가 전도되는 경우가 많다.

제2절 도시개발정책의 추진세력

도시개발정책과정에서 누가 가장 중추적 역할을 담당하는가? 정부는 무슨 역할을 수행하는가? 정부는 다양한 경쟁적 이익집단들 간의 단순한 중립적 중재자인가, 아니면 어떤 적극적 역할을 수행하는가? 누가 힘(power)을 가지고 있고 누가 정책을 결정하는가? 하는 것은 도시정치론(urban politics)에 있어서 핵심적인 질문사항이었다. 자본주의 사회에서 누가 실제로 정책을 좌우하는가("Who governs")에 대해서 지금까지 여러 주장이 있어 왔는데, 이러한 대립적 견해는 다음과 같이 나누어 볼 수 있다.

1. 다 원 론

다원론(pluralism)은 한 집단 내지 개인이 정책과정을 지배하는 것이 아니라 정치지도자·기업가·관료·대상집단 등이 각기 제한된 힘을 가지고 상호협상과정 (bargaining process)을 통하여 정책을 형성해 나간다고 주장한다. 여기서는 투표의 영향이 강조되고 정치지도자들은 정책입안시 항상 선거구민의 선호를 고려하게 된다고 한다. 이들에 따르면 도시정치는 각 참여자가 어느 정도의 제한된 영향력을 행사하는 일종의 경기시합(game)과 같다고 한다. 또한 분권화된 정치구조를 전제하여 정당은 도시정부를 특징지우는 이러한 공식적 분권화를 보완하는 비공식적 집권화(informal centralization)의 역할을 수행한다고 주장한다(Banfield, 1961 : 327). 핵심주장은 권력이 분권화된 상황에서 어떠한 행위자도 완전히 자율적(autono-mous)인 것은 아니라는 것이다. 어떤 정책이슈든지 다양한 집단이 관련되어 있기 때문에 타협(compromise)을 통하지 않고는 시행에 있어 곤경에 빠지게 된다고 한다. 다시 말해 어떤 정책이슈가 관련집단 간의 경쟁적 협상과정을 거쳐 수립된다면 합리적·논리적 과정(logical process)을 통한 결정보다 더 시행가능성이 높고 만족스러우며 나아가 더 효율적이라는 것이다.

비록 다원론이 정책결정을 둘러싼 이해관계 대립의 정치적 상황을 고려하고 있지만, 제도적인 정책결정과 집단행동만을 고려하는 협소한 시각을 보일 뿐만 아니라 정치게임이 벌어지는 맥락에 대한 설명은 없다. 즉 정치게임의 규칙이 어떻게 결정되고 행위자들이 어떻게 선택되며 그 산물이 어떻게 배분되는가에 대한 질문을 간과하고 있다. 이들의 분석에 있어 또 다른 커다란 약점은 정치행위자들이 지닌 이면의 동기를 소홀히 취급하였다는 점이다. 다시 말해 정책결정에 있어 어떤 조직이 요구하는 사항에는 이면의 동기가 숨어 있기도 하는데, 이러한 요구의 이면의 정치경제적 힘을 밝히지 못하였다. 특히 다원론은 기존 정치제도의 장치에 정당성을 전제함으로써 자본주의 발전에 따른 도시성장으로 인하여 발생하는 제도적인 불평등(institutionalized inequality)과 그로 인한 정치제도 외적인 도시사회운동 등의 현상을 적절히 분석하는 데 한계가 있다.

2. 엘리트론

엘리트론(elitism)은 의사결정과정에 지방주민의 참여수준이 낮고 집단활동이 중산층과 상공인에 의해 이루어지고, 지방정책결정에 관료의 역할이 매우 중요하다고 주장한다. 여기서는 '도시관리자'(urban manager)가 재량과 통제권을 가졌다는 사실을 강조한다. 따라서 도시개발정책 결정과정에 대한 접근통로가 특정 엘리트집단을 위하여 심히 왜곡되어 있다.

엘리트론의 다원론자에 대한 비판은 다원론자들이 공식적인 정책결정만 다루었지, 어떻게 그러한 이슈가 정치적 의제(political agenda)로 들어오게 되었는가를 간과한다는 것이다. 이들은 결과적 산물인 정책보다 의제설정(agenda-setting)과정을 더 중요하게 생각하며 이러한 과정을 '권력의 이면'(second face of power) 또는 '무의사결정'(non-decision-making)과정이라고 부른다. 이 과정에서 기존 지배엘리트에 유리하게 편견이 작용되어 그들에게 불리하게 될 이슈는 사전에 배제된다고 주장한다.

엘리트론자들은 다원론자들이 누가 권력을 가지고 있는가를 소수의 눈에 띄는 결정만을 고려함으로써 결정 안건의 정면에 나타나지 않은 이슈에 대한 권력행사를 간과한다고 비판하면서 권력행사를 가려 내기 위해서 다음과 같은 세 가지 단계를 제안하고 있다. 첫째, 정치게임의 규칙과 절차를 규정하는 지배적인 가치를 밝혀야 하고, 둘째, 정책결정으로 인하여 이익을 보거나 손해를 보게 되는 개인이나 집단을 구별해야 하며, 마지막으로, 누가 영향력을 행사함으로써 실질적인 정책결정의 범위(the scope of decision making)를 제한시키는가를 규명해야 한다. 이러한 방법을 통해서만 직접·간접 결정이나 '무의사결정'에 있어 실질적인 참여를 분석할 수 있게 된다.

한편 스톤(Clarence N. Stone)은 정치지도자나 관료들이 어떤 특정형태의 이익을 더 선호하는 경향이 경제사회체제의 속성으로 인하여 나타난다고 지적하고 있다(Stone, 1984 : 159-180). 정책결정자의 심리적 배후에는 사회 내에 전략적으로 중요한 자원를 보유하고 있는 자들과 불편한 관계형성을 원치 않는 것이 깔려 있기 때문에 비록 의도적이 아니라 할지라도 이들의 편을 은연중에 들게 된다는 것이다. 그는 정치적 안건의 범위를 축소시키는 제약점으로서 법적·경제적·연합적(associational)·사회적 제약 네 가지를 들면서 그중 경제적 제약을 가장 중요하게

취급하고 있다. 경제적 능력이 부족한 집단은 자신의 이슈를 정치적 안건으로 상
정시키기가 어려울 뿐만 아니라 일단 상정시켰다고 하더라도 안건을 지속시키지
못함으로써 실행에 옮기기가 매우 어렵다. 중요한 결정들은 은밀히 진행되며 공식
적인 단계 이전에 장시간에 걸쳐 소수 엘리트에 유리하게끔 조작되어지는 '무의사
결정'이 중요하게 된다(Stone, 1982 : 275 - 302).

달(Dahl)과 린드블롬(Lindblom)은 정책결정과정에서 경제적 제약점을 강조하
고 있다.[1] 그들은 자본주의 경제체제와 민주적인 다원론은 양립할 수 없는 것이라
고 하면서 단순히 기회의 평등(equality of opportunity)이 결코 정의로운 사회를 보장
하는 충분조건은 아니라고 보았다. 아울러 다원론의 기초인 민주주의를 보호하기
위하여 자원의 재배분이 요구된다고 한다. 그러나 자본주의체제의 변화정도에 대
한 모호성과 정치안건을 결정하는 과정에 대한 간과는 여전히 비판을 받고 있다.

이상과 같이 엘리트론은 다원론이 간과한 정책결정과정의 비공식적인 측면에
주목하여 '무의사결정'까지를 분석에 포함하여 분석의 범위를 넓혀 주었다고 볼 수
있다. 뿐만 아니라 자본주의 사회 내의 자원의 편중현상을 지적하고 그에 따른 소
수 엘리트의 유리한 입장을 잘 밝혀 주었다고 볼 수 있다.

3. 마르크스주의

마르크스주의자들(Marxist)은 하나의 국가기구, 즉 도시정부만 따로 독립하여
그 내적 역동성에 초점을 두고 연구하는 것은 자본주의 발전과는 별로 관련이 없다
고 생각하고, 도시정부의 엘리트들은 중앙정부의 권력유형과 계급관계에 근본적으
로 종속되어 있다고 본다. 이들은 자본주의 사회는 두 개의 중요한 계급, 즉 부르
주아지와 프롤레타리아를 창출하는 자본주의 생산양식이 지배하는 사회로서 소수
의 사람들에게 부(富)가 계속 집중되고 있다고 주장한다. 이들은 경제권력과 정치
권력 간의 관계를 규명하여 국가는 중립적인 기관이 아니라 오히려 지배계급을 위
한 수단이라고 본다.

신마르크스주의자(neo - Marxist)로 분류되는 학자들 사이에도 의견의 차이가
없는 것은 아니지만, 이들이 기본적으로 전제하고 있는 것은 한 국가나 도시정부

---

1) 이를 맨레이(John Manley)는 '다원론 2'라고 부른다(Manley, 1983 : 368 - 383).

가 해결하기 어려운 도시위기(urban crisis)가 존재한다는 것과 이 위기의 뿌리를 밝히려는 점이다. 또한 도시정부의 역할이 자본가 계급에 유리하게끔 도시갈등(urban conflicts)을 관리 내지 통제한다는 것이다. 이들은 노동자들을 통제(control)하려는 자본가들의 투쟁이 도시가 공간적으로나 정치적으로 발전하는 배후의 원동력이라고 한다. 다시 말해 자본축적(capital accumulation)의 속성이 변함에 따라 도시의 형태와 기능도 변화한다는 것이다.

전통적 시각은 기술변화와 인구이동이 도시의 구조적 변화, 즉 도시성장을 가져오는 주요인으로 보고 있는 반면, 신마르크스주의자들은 이들을 단지 매개변수(intermediate factors)로 보고 더 근본적인 인자로서 자본주의 생산의 사회적 관계, 즉 통제가 용이하고 풍부하며 값싼 노동력을 획득하려는 자본가의 이윤욕구와 증가된 생산력의 결과로 지적하고 있다(Jaret, 1983 : 449).

로쉬킨(J. Lojkin)은 독점자본가와 비독점자본가를 분리하여 도시정책이 독점자본가의 이해에 의해 지배된다고 본다. 여기서 국가는 단지 지배계급의 이윤추구(독점자본의 이윤극대화)에 도구적인 장치로서 역할을 한다는 것이다. 독점자본가는 중앙정부의 정책과정을 지배하여 소비재적 성격의 정책을 저지하려고 노력한다. 그는 중소자본가가 독점자본가에 의해 노골적으로 파괴됨으로써 반독점 동맹(anti-monopoly alliance)의 가능성을 강조했다(Harloe, 1977 : 25-29).

카츠넬슨(Ira Katznelson)은 도시화에 따른 도시위기(urban crisis)를 자본주의 발전의 맥락에서 다루면서 도시정치를 사회통제의 시각에서 분석한다. 즉 도시발전과 쇠퇴의 원동력이 자본가의 노동력 통제에 있다고 본다(Katznelson, 1976 : 214-229). 도시화 현상(urbanism)을 마르크스주의 전통에서 접근하여 도시화와 자본주의 발전의 불가분의 관계를 강조하면서 도시는 단지 사람이 모여 사는 장소의 의미를 넘어서서 소외되고 비인간화된 노동을 동원하고 집중시키는 중심지 역할을 한다고 주장한다(Bookchin, 1974 : 52). 그에 따르면 국가는 도시모순과 갈등을 완화하고 통제하는 역할을 함으로써 자본주의 발전을 촉진시키지만 결코 자본주의 발달로 수반되는 도시모순을 극복하지는 못한다고 주장한다(Katznelson, 1976 : 220-223).

고든(D. Gordon)은 도시관에 있어서 운명주의(fatalism),[2] 기술적 결정주의

---

2) 운명주의는 도시형태가 자본주의 사회발전의 필수적 귀결이므로 그것이 좋든 나쁘든 우리는 현 생활의 유지와 소비욕구의 충족을 위해 받아들여야만 한다는 주장이다.

(technological determinism),[3] 공간적 결정주의(spatial determinism)[4] 등을 비판하면서 도시위기의 뿌리는 자본주의 그 자체에 있다고 주장한다. 다시 말해 자본주의 공간형태는 자본가의 통제를 재생산하는 데 기여하며, 그것은 또한 자본주의 사회 내의 지배적인 계급구조를 고착화시키는 역할을 한다는 것이다. 노동의 공간적 분화와 자본축적과정은 상호 밀접하게 연결되어 있으며, 자본가의 생산과정 통제는 도시공간구조를 결정짓는 결정적 역할을 한다는 것이다. 한 마디로 요약하면 자본주의 하의 도시운명은 자본가의 노동통제에 달려 있다고 보았다(Gordon, 1977 : 82-112).

고든에 의하면 글라브(Charles Glaab)와 브라운(Theodore Brown)과 같은 대다수의 도시사가(都市史家)들은 도시가 점진적이고 진화적이며 피할 수 없는 성장과정을 거친다고 보았다. 그러나 마르크스주의자들은 도시가 반드시 불가피하게 성장해 나가는 것이 아니고, 도시 내 특수한 생산양식에 의해 조건지어진다고 본다. 도시의 역사를 비추어 보면 도시가 계속 발달해 온 것이 아니라 주기적으로 기본형태와 구조의 질적인 변천(qualitative transformation)을 겪으면서 불연속적으로 발전해 오고 있다는 것이다. 특히 자본주의 사회에 있어서 자본축적의 과정 그 자체가 자본주의 경제발전과정을 규정짓는다. 서구자본주의 사회가 상업자본축적(commercial accumulation)·산업자본축적(industrial-competitive accumulation)·독점자본축적(corporate monopoly accumulation)의 세 가지 자본축적단계를 성공적으로 거쳐 왔는데, 이러한 자본축적과정 그 자체가 도시성장을 구조적으로 특징지운다고 주장한다. 특히 도시발전단계에서 새로운 전이(변화)를 결정짓는 것은 생산과정에 있어서 자본가의 노동통제라고 보고 있다.

몰렌코프(John Mollenkopf)에 따르면 자본주의 도시는 두 가지 종류의 기본적 관계를 내포하고 있다. 즉 생산 내지 경제축적[5] 대 사회적 상호작용 내지 지역사회형성(community formation)[6]이다. 이 두 가지 기본적 관계의 상호작용이 도시발전

---

3) 기술적 결정주의는 현 지배적 기술형태가 우리의 생활수준을 가능하게 하는 유일한 존재양식이기 때문에 그것으로 인한 소외와 계층적 노동현상이 달갑지 않지만 어쩔 수 없이 수용해야만 한다는 주장이다.

4) 공간적 결정주의는 공간적 차원에서 경제생활을 조직화하는 방법은 단 하나밖에 없으며(단 한 종류의 지역사회관계만을 창출하는), 그것은 자본주의 사회의 생활수준 향상과 일치한다는 것이다.

5) 여기서 축적이란 사회가 어떻게 주민의 복지수단을 창출하고 확장하고 분배하는 것과 관련된다(자본주의 사회의 시장가치).

6) 지역사회형성이란 주민상호 간에 신뢰를 바탕으로 하는 유대감 형성을 의미한다(상호지지와 호혜성과 같은 비시장가치).

을 결정짓는 원동력이라고 본다. 그의 견해는 경제축적(economic accumulation)이 정책과정의 지배적 힘이라는 점에서 전통적인 사회심리적인 접근과 다르며, 또한 지역을 형성하는 주민의 힘을 고려한다는 점에서 다른 신마르크스주의 도시정치경제학과 차이를 보인다. 그는 또한 이 두 가지 기본적인 대칭관계 사이에서 토지이용규제나 도시계획을 통한 정치체제의 독립적 역할을 지적하고 있다. 정치체제는 양자 사이에서 정치적 승리를 위하여 연합전선(coalition)을 필요로 하는데, 이에 따라 도시의 공간구조가 영향을 받게 된다고 보고 있다(Mollenkopf, 1981 : 319-338).

4. 코프라티즘(corporatism)

코프라티즘(corporatism)은 마르크스 이론가들이 계급분석에 초점을 두는 반면에 사회 내의 기능적·조직적 분화에 입각한 이론이다. 이들의 주장은 획일적은 아니지만 정치·경제 체제가 기능적으로 분화된 사회조직들의 힘의 행사에 의해 특징지어지는 것을 강조하며, 이들 조직은 각기 정치적으로나 경제적으로 용인된 제도적 범위 내에서 각자 가장 유리한 조건의 타협(compromises)을 추구한다는 것이다. 여기서는 정치적·사회적 갈등(conflicts)을 정치투쟁의 차원에서보다는 국가의 관료조직 차원에서 해결하는 것에 강조점을 둔다. 협상주체로서 기능적으로 분화된 조직으로는 독점자본가·중소기업가·정당·압력단체·일반 개인·정부와 관료 등을 나열할 수 있는데, 이 중 힘이 센 조직이 여러 가지 방법으로 국가의 정책결정과 집행과정에 개입하게 되고 비조직적인 개인과 같이 힘이 약한 집단은 여기서 밀려난다는 점이다. 힘이 센 조직으로는 독점자본가, 정부, 그리고 노동조합과 정당 등을 지적할 수 있는데, 특히 관료를 포함한 정부(국가)가 정책결정에 미치는 독립적인 영향을 강조하고 있다.

코프라티즘의 중심적 견해는 자본주의 사회에서 국가는 자본축적과정을 부양시키기 위해 더욱 적극적이고 직접적인 입장을 취한다는 것이다. 자본축적이 진행됨에 따라 산업집중, 이윤감소, 높은 기술개발비용, 증가하는 국제경쟁 등 민간부분의 문제가 도래했는데, 전통적으로 자본가를 지원하는 입장을 견지해 왔던 국가로서는 이러한 문제를 해결할 수 없었다. 따라서 국가는 전통적으로 수행해 왔던 지지와 분배의 역할에서 기수(騎手)와 생산자로 역할을 바꾸었다. 그리하여 국가는 자본가와 더 밀접한 관계를 유지하면서 동시에 그에 대한 독립적인 영향력을 행사하기 시작했다(Ham & Hill, 1984 : 36-37).

선드스(P. Saunders)에 따르면 국가가 비록 자율적으로 전국적인 정책결정을 하지만 그 초점은 여전히 사회정의나 평등보다는 효율성에 있으며, 국가권력에의 접근은 매우 제한되어 있다고 본다. 그는 첫째로 코프라티즘은 결코 평등주의 (egalitarianism)나 자원의 재배분을 의미하지 않으며, 둘째로 코프라티즘은 정당성의 확보나 집합소비재를 제공하는 역할보다는 국가의 생산적 기능을 더 강조하며, 끝으로 코프라티즘은 도시관리자들(urban managers)의 자율성을 감소시켜 왔다고 주장한다(Saunders, 1983 : 170-171).

공공정책결정에서 국가의 지배적 역할은 특히 노드링거(Nordlinger)에 의해서 강조되었다. 그에 따르면 국가는 자신의 선호도에 따라 규칙적으로 활동한다는 점에서 자율적일 뿐만 아니라 또한 자신의 선호가 사회 내 유력집단의 요구와 상치될 때에도 자신의 선호를 따른다는 점에서 자율적이다(Nordlinger, 1981). 그는 세 가지 종류의 국가 자율성(state autonomy)을 구분하고 있는데, 첫째는 국가의 선호가 사회의 선호와 상치될 때 국가가 자신의 선호에 따라 행동할 경우, 둘째는 국가와 사회의 선호가 상치될 때 관료가 사회적 선호를 변경하려고 시도하는 경우, 셋째는 국가와 사회의 선호가 일치하지만 그 사회적 선호가 국가의 선호에 의해 영향을 받았을 경우 등이다.

고울드(Gould)는 코프라티스트 복지국가에서 특히 중산층 봉급생활자의 역할을 강조한다. 그는 코프라티즘이 발전함에 따라 국가 내의 권력추(權力錘)가 자본가 계급에서 중산층 봉급생활자로 옮겨 갔다고 주장한다. 그는 또한 코프라티즘에 있어서는 생산수단이 자본가의 소유로 되어 있지만 공적 통제(public control)를 받게 되는데, 이는 주로 복지국가로부터 혜택을 얻게 되는 중산층 봉급생활자에 달려 있는 것이다. 이러한 맥락에서 복지국가는 자본가를 위해 순기능을 하지만, 관료들은 자본가 계급의 이해에 반드시 좌우되지는 않는다는 것이다(Gould, 1981).

요약하면 코프라티즘은 관료를 정치체제 내에서 독립적인 요소로 간주하는데, 특히 자본가 계급으로부터의 독립성을 강조한다. 관료들은 많은 재량을 가진 전문인이기 때문에 정책결정과정에서 독립적으로 중요한 역할을 수행한다. 또한 직접 국민을 상대로 혜택을 주는 입장에 놓여 있기 때문에 그만큼 영향력은 커진다 (Wiarda, 1977 : 20-21).

5. 평가 및 적용

지금까지 우리는 도시개발정치에서 힘의 역학관계에 대한 다양한 견해를 살펴보았다. 이러한 견해 중 어떤 것이 옳고 틀린지 단정짓기는 어렵다. 그것의 타당성은 시간과 장소에 따라 영향을 받을 수 있기 때문이다. 이러한 맥락에서 비교사례연구(comparative case studies)는 이론의 검증이나 형성에 있어 매우 유용할 것이다.

현실적으로 도시개발정책에서 정부는 주도적 역할을 수행하고 있다. 정부는 도시개발사업을 통해 도시체제에 개입하는데, 이때 도시개발은 자본축적의 촉진, 계급갈등의 완화를 위한 사회통제를 위해 지배계급에 필수적인 수단이다. 즉 도시개발은 물리적 기반시설의 개발, 토지의 이용과 개발, 외부불경제의 억제, 지가의 유지 내지 상승 등을 추구하여 자본축적에 기여하며, 도시주민들에게 도로·주택 등 집합소비재를 공급하여 사회통제 역할을 수행한다. 체제유지기능은 자본주의 국가의 중요한 기능인데, 정부는 개인에게 택지나 주택 등의 서비스를 제공함으로써 이러한 기능을 수행한다. 주택·교육 등은 자본주의 사회 내 집합적 소비를 대표하는데, 이러한 소비과정은 도시사회의 갈등을 필연적으로 야기시킨다. 이러한 집합적 소비재는 지방정부 수준에서 제공되어 자본주의 체제를 지원하는 것이다.

따라서 도시개발은 기술발전·토지비용 차이·개인소득 향상·교통수단 발전 등의 단순한 기능적 결과가 아니다. 즉 도시의 발전은 단순히 총인구 규모의 증가, 자연환경의 통제, 기술발전, 사회조직의 발전 등의 함수가 아니다. 도시개발은 결코 결정주의적인 것이 아니고, 오히려 사회의 지배적인 특수한 생산양식에 의해 조건지어진다. 도시개발은 내생적인 정치경제적 힘에 의해 결정되는 것이지, 외생적인 메커니즘에 의해 결정되는 것이 아니다. 도시개발은 마찰 없이 진행되는 뉴토니안적 점진주의(Newtonian incrementalism)가 아니라, 기본구조의 질적 변천과 관련되는 불연속적이고 주기적인 변화를 겪게 된다. 자본축적과정이 도시성장을 구조화시키는 가장 중요한 요소로 작용해 왔으며, 도시성장은 외부의 숨겨진 세력에서 연유하는 것이 아니고 지배적인 경제구조의 논리에 따라 형성되어 왔다.

요약하면 도시개발과정에서는 경제적 요소뿐만 아니라 정치적 요소도 매우 중요한데, 국가와 정부개입의 역할이 도시형성의 주요 인자가 된다. 택지개발을 둘러싼 '성장지향적 연합'세력과 이들이 만들어 낸 정치적 기업가주의(political entrepreneurship)가 핵심이다. 특히 정부개입의 요구와 기회는 경제적 붕괴시점에서 가장 강하게 작용해 왔으며, 사회이익의 기회는 이러한 개입의 형태를 결정짓는다.

도시개발사업의 주체는 지방자치단체와 민간사업자이다. 여기서 당연히 지방관료들은 결정권을 가진 위치에 있다. 이들은 택지개발사업 과정에서 부동산 개발업자·부동산 대리인·건축 사업가 등과 밀접한 협력관계를 유지하면서 상당한 자율성을 행사한다. 또한 이들은 상공인 집단과의 사회적·이념적 연대를 맺고 동반자(partnership) 관계를 형성하고 있다. 이러한 동반자 관계의 형성이유 중 하나는 이들이 유사한 사회적 배경을 지니고 있기 때문이다. 부동산 개발업자나 건설업자들은 개인적인 접촉이나 연계를 통해 또는 자본가를 대변하는 단체를 통해 압력집단으로서 활동한다. 이들은 정부의 택지개발에 제약을 가하는 요인으로 작용하는데, 그 이유는 지방관료의 활동영역이 자본축적을 도와 주어야 한다는 필요성 때문일 수도 있다.

제3절 도시개발전략

1. 전원도시관

이상적 도시개발을 도시계획사상적 측면에서 살펴보면, 하워드(E. Howard)는 다음과 같이 주장했다.

두 개의 자석은 하나가 되어야만 한다. 남자와 여자가 상호 간의 재질과 능력으로 서로 보충하듯이 도시와 농촌도 마찬가지이다. 도시는 사회의 상징이다. 상호 도움과 우정어린 협조·부성애·모성애·형제애 … 농촌은 신의 사랑과 보살핌의 상징이다. 우리 모두는 그리고 우리가 가지고 있는 모든 것은 농촌에서 나온다. 우리의 육체는 농촌의 것으로 형성되어 있고 다시 농촌으로 돌아간다. 우리는 농촌에 의해 양육되고 옷 입혀지고 휴식처를 갖게 된다. 그것은 모든 건강·부·지식의 원천이다. 도시와 농촌은 반드시 결혼해야 되고, 이로부터 유쾌한 연합이 이루어져 새로운 희망, 새로운 삶, 새로운 문명이 솟아 나올 것이다(Howard, 1898).

도시와 농촌의 결혼을 수행하기 위해서 하워드는 전원도시계획을 주창했고, 이를 당시의 사람들에게 인류복지의 측면에서 윤리적으로 그리고 실제적으로 가능하다는 것을 확신시키기 위해 노력했다.

이러한 전원도시관의 현실적 적용에는 한계가 있지만, 현재 도시개발사업에서 분명히 볼 수 있는 것은 이러한 이상적인 도시관에 대한 배려가 전혀 담겨 있지 않다는 점이다. 일단 빈 곳이 있고 개발이익이 건설자본과 맞아 떨어지기만 하면 어디든 아랑곳하지 않고 개발이 추진되었다. 따라서 전원도시 계획사상을 현실적으로 접목하는 것이 어려운 것은 물론이고, 개발이익을 위한 무질서하고 성급한 개발로 인하여 신개발지에 도시기반시설조차 마련되어 있지 않은 상태에서 개발이 이루어져 왔다. 현실적으로 대규모 주택단지에 필요한 공공기반시설이 부족한 경우가 많다. 이는 바로 사업을 통한 수익성 확보에 급급한 자본논리의 직접적 결과이다.

2. 기획전략

개발전략을 기획의 전략적 측면에서 살펴보면, 기획전략은 각 국가마다 그리고 한 국가 내에서도 정부의 성격에 따라 다르게 나타날 수 있다. 무엇보다 기획의 전략에 영향을 미치는 요인은 정부를 둘러싼 권력의 배합, 지배적인 이해, 그리고 시장지향성의 정도 등이다. 정부의 권력배합(power combination)의 지배적 이해(利害)는 기획의 가치와 목적을 규정하게 되고, 또한 이들의 시장지향성은 환경을 재구축하는 능력을 구비해 준다. 여기서 기획의 전략이란 기획의 지배적 주체·추진력·영감 등을 의미하는데, 기획은 권력배합의 반영일 뿐만 아니라 대상환경의 물리적 잠재력에의 적응이라는 점도 반드시 인식해야 한다. 기획에 있어서 권력의 배합은 기획과정의 추진력(motor force)으로 작용하며, 한편 환경은 이러한 과정이 작용하는 경계를 설정해 준다.

기획의 전략은 크게 뉴욕시로 대표되는 맨하탄전략, 파리시로 대표되는 추축(樞軸)전략, 런던시로 대표되는 봉쇄전략 등 세 가지로 구분해 볼 수 있다.

1) 맨하탄전략

기획의 맨하탄전략은 도시 내 특정지역을 집중적으로 투자·개발하는 전략이다. 도시 내 몇몇 지역을 지정하여 집중개발하고, 이들과 짧은 거리에 있는 지역을 대상으로 연쇄적인 지속적 개발을 연결시킨다. 이러한 전략에서는 특정지역을 집중적으로 개발하는 데 역점을 두기 때문에 기획의 범위에 있어 공간적 제약을 받게된다. 이러한 전략하에서는 한 도시를 인근지역과 연결짓는 노력은 매우 미약하다. 따라서 이러한 전략은 스스로 범위를 봉쇄한다. 그리고 기획의 주목적은 현존하는 후기 산업적 성장을 지속하고 이를 더욱 강화하는 것이다.

2) 추축전략

추축전략(axes strategy)은 역시 고도의 투자와 개발에 입각하는 전략이다. 그러나 맨하탄전략과의 큰 차이점은 이 전략에서는 광범위한 교통망(철도·지하철·고속도로)에 의해 직선적으로 연결되는 인공환경(built environment)의 경계를 확장하는 것을 강조한다. 이 전략은 집약적이라기보다는 확장적(extensive) 전략이다. 때때로 이 전략은 도심지 조성을 강화하기도 하지만 주로 외곽지역으로 나아간다. 이러한 전략은 전반적으로 새로운 개발물결을 확립하려는 의도를 지닌다.

3) 봉쇄전략

봉쇄(containment)전략은 우선 도시·준도시·비도시 환경으로 구분함으로써 시작한다. 봉쇄란 지정된 환경 간의 동심원적 혹은 직사각형적 경계를 획정하는 것이다. 이러한 전략의 기본 아이디어는 영토보존의 맥락 내에서 규제된 성장을 촉진하기 위한 것이다. 이러한 전략의 구체적인 예로서 그린벨트·중심활동구역(Central Activity Zone)·지역집단계획·전략적 중심지 등이 있다. 이러한 전략은 집약적 혹은 확장적이라기보다는 균형전략이라 할 수 있다. 비록 봉쇄전략이 후기 산업주의를 장려하지만 만약 그것이 생태적 짜임새를 파괴한다면 성장을 거부한다. 봉쇄전략은 영토의 통합을 보호하고 주어진 성장수준에 적절한 지역의 개발을 유도한다. 봉쇄전략의 핵심은 비례·적당·점진주의이다. 사적 투자를 수용하는 뉴욕과 광범위한 공공개입으로 성장을 추진하는 파리와는 달리 런던은 도시개발의 규제를 강조한다.

우리나라의 도시개발사업은 이러한 기획전략적 측면에서 고찰해 보면 맨하탄전략과 추축전략적 성격을 매우 강하게 내포하고 있다. 이러한 전략에서 영토보존이나 환경보전 등은 전혀 고려되지 못한다. 그리고 이해관계의 대립으로 도시 내 특정지역을 집중적으로 개발하지도 못하고 있다. 이것은 결국 이상적 도시계획의 본질에도 접근하지 못하고 임기응변적인 처방에 급급한 면을 보여 준다.

3. 개선전략

도시개발의 구체적 개선방안을 크게 두 가지 차원으로 나누어 살펴본다.

1) 제도적 차원

(1) **주민참여**   기존의 주민참여는 단순한 구호(lip service 또는 token stages)에 불과하였다. 진정한 주민참여를 위해서는 도시개발시 주민개발위원회의 조직화와 이에 대한 지원이 필요하다. 지원은 우선 공공개발기관의 의무적 재정지원이 요구된다. 이는 주민개발위원회의 조직을 설립하고 유지하며, 개발활동사업을 감시하고, 개발계획의 수립·점검·집행에 대하여 전문가의 도움을 얻기 위해 필요하다.

(2) **개발사업의 검토**(project reviews)   유능한 전문가에 의한 사업검토를 의무화한다.

(3) **주민개발위원회의 재조직**   때로는 위원회 구성원을 개발지역 주민과 개발지역외 주민으로 구성할 필요가 있다.

2) 비제도적인 차원(반성장연합세력의 구축)

개발을 위한 성장지향적 연합세력에 대항하는 반성장연합세력을 구축하는 것이다. 도시개발로 인한 환경파괴문제는 정부에 의해서는 온전히 해결되기 어렵고, 정부·기업·시민 모두가 함께 노력할 때 가능해질 수 있다. 그러나 정부나 기업에 의존하는 데는 근본적으로 한계가 있으며, 따라서 밑으로부터의 자생적인 시민운동이 크게 기대된다고 할 수 있다. 미국이나 일본 등에서도 이러한 독립적인 시민단체의 활동이 활발하다.

그러나 아래로부터의 주민운동은 크게 세 가지 점에서 개선되어야 할 문제점을 안고 있다.

첫째, 주민운동의 조직면에서 그 규모와 강도가 부족하다는 점이다. 이것은 또한 운동조직의 비전문성과 연결된다. 뿐만 아니라 주민운동단체의 전국적인 연결망의 구축도 미흡한 실정이다.

둘째, 주민운동은 가능한 한 정치성을 배제한 순수한 운동이 되어야 함에도 불구하고 종종 체제부정적인 영역으로까지 나아가 운동의 본래의 목적이 희석되기도 하였다.

셋째, 주민운동의 성공에 필요한 중요한 요소 중의 하나는 광범위한 지지집단을 확보하는 것이다. 그러나 아직 이와 같은 점에서 초보수준에 머물고 있다. 이를 위해서는 운동의 정당성을 제고시키기 위한 노력뿐만 아니라 운동으로부터의 이익창출을 가시화하고 이슈를 명확히 표현할 필요가 있다.

제4절 도시재개발

1. 도시재개발시행의 이유

1) 경제적 이유(economic reasons)

도시재개발사업이 지역사회에 대하여 하나의 경제적 매력을 제공한다는 점이다. 경제적 요인으로서는 지역경제활동의 침체를 예로 들 수 있으며, 이는 지역성격이 변화되어 기능상 그 지역의 생산성이 저하되는 경우이다.

2) 사회적 이유(social reasons)

이는 기본적인 인권과 개인의 고통을 줄이는 기회를 마련해 주는 것이지만, 참아내기 어렵고 안전과 건강에 위협이 되는 주거조건이 무엇보다 먼저 개선되어야 한다. 결국 도시재개발은 계획지역 내 주민들의 대부분에게 도움을 줄 수 있으며 생활의 위협이라기보다는 하나의 기회(opportunity)인 것이며, 따라서 도시재개발계획은 새로운 지역사회에 가능성 있는 여러 가지 문제를 예측하여야 하며, 주민들의 기회를 극대화시키고 인간의 고난과 어려움을 극소화시키도록 계획되어야 한다.

특히 도시재개발이란 이미 존재하고 있는 사회의 여러 가지 욕구의 충족이나 물리적 시설만을 중심으로 하는 도시계획사업과는 차이가 있어서 인간적인 요소와 사회경제적인 요소들을 중요시하여야 한다.

3) 물리적 이유(physical reasons)

물리적인 이유는 재개발의 사회경제적 요인의 근본적인 원인이 된다고 할 수 있다. 그리고 재개발의 필요성을 직접 시각적으로 느끼게 해주기도 한다. 이는 건물구조의 노후화, 지역성격에 부적합한 건물의 용도, 미관상의 문제, 그리고 상하수도, 교통시설, 공해시설 등 생활환경에 필요한 시설의 부족 등이 문제가 된다. 물리적 요인의 개선은 단순한 미관적인 형태보다는 그 지역에 적합한 물리적 환경의 개선이 필요하다.

4) 심미적 이유(aesthetic reasons)

많은 도시민들은 그들의 도시가 중요하다고 느낀다. 따라서 도시미관을 해치는 불량촌을 개발하여 도시미관을 증진시키는 것이 바람직하다고 생각한다.

5) 정치적 이유(political reasons)

도시개발의 추진은 도시 내 '성장지향적 연합세력'에 의하여 크게 영향을 받는다. 이들은 자본가로서 또는 전문직업인으로서 모두 개발을 통해 편익을 누리게 되는 계층이다. 건설자본·금융회사 등 이들 성장지향적 연합세력은 정부를 통하여 개발을 추진하도록 로비를 한다. 이렇게 되면 정부도 재개발을 통해 여러 가지 정치적 위상을 제고할 수 있다.

2. 도시재개발의 유형

현행 「도시및주거환경정비법」에 의하면 정비사업을 주거환경개선사업·주택재개발사업·주택재건축사업·도시환경정비사업 등으로 분류하고 있다. 주거환경개선사업과 주택재개발사업의 경우 정비기반시설이 열악한 경우의 주거환경개선사업이며, 주택재건축사업은 정비기반시설은 양호하나 노후·불량건축물이 밀접하여 주거환경개선사업을 하는 경우이다. 한편 도시환경정비사업은 상업 및 공업지역의 도시환경을 개선하기 위한 사업이다.

도시재개발사업은 추진하는 수단에 따라 다음과 같은 3가지 유형으로 구분해 볼 수 있다.

1) 전면재개발(redevelopment)

전면재개발은 철거를 위주로 하는 사업으로서 슬럼화하여 시가지로서 필요한 기능과 환경을 상실한 지구의 건축물을 제거하고 합리적인 토지이용계획을 세워 새로운 지구에 시가지를 조성하는 사업이다. 이것은 건축물이 전반적으로 악화되어 있는 지구, 건축물의 배치나 이용 및 지구 전체의 설계가 나빠서 충분한 생활환경 또는 경제활동의 장(場)으로서의 조건을 잃어 버린 지역에 대해 재개발을 실시한다. 그리고 주변지역을 유용하게 이용하려는 방법이 된다. 특히 마스터 플랜에 따라서 종전에 없었던 도시시설 이외의 기능과 시설이 추가로 개발되기도 한다. 그러나 역사적·문화적 가치가 있는 지역을 철거하는 문제가 있을 수 있다.

2) 수복재개발(rehabilitation)

수복재개발은 어떤 지역이 생산활동이나 생활환경적 측면에서 점차로 악화될 가능성이 잠재하고 있을 때나 지역 자체의 기능이 저하해 갈 때 기존의 골격을 대체로 유지하면서 필요한 부분을 수리하고 개조하는 사업이다. 수복재개발의 대상지역은 구조적으로는 아직도 견딜 수 있지만 유지 및 관리가 충분히 행해지지 않아 불량화할 가능성이 많은 건축물이 있는 지역이다. 정부는 수복재개발사업을 통하여 이러한 지역의 본래 기능을 회복하거나, 건축물의 이용 및 수리를 행정적으로 통제하든지, 아니면 도시 전체의 마스터 플랜에 따라 새로운 용도를 부가시킨다. 수복재개발 방식은 전통적인 도시환경과 기능을 그대로 보존하면서 필요한 부분만 개량하는 장점이 있다.

3) 보전재개발(conservation)

보전재개발이란 충분한 기능과 건전한 환경을 가지고 있지만 그대로 방치하면 장래에 악화될 염려가 있는 지구 또는 역사적 혹은 문화적으로도 훌륭한 건축물이 많은 지구에 대해서 건축 및 도시계획의 행정지도(예 : 건축제한이나 용도제한)에 의해 악화를 예방하는 사업이다.

지구의 악화를 예방하는 조치로서는 건축물 유지관리의 강화 및 거주인구밀도 등의 적정화, 용도지역·지구제의 강화 등의 방법이 있다. 이것은 특히 도심에 보전해야 할 가치 있는 역사적 유산을 많이 지니고 있는 국가와 지역에서 중요하게 활용되고 있다.

제5절 신도시개발

1. 신도시개발의 개념

신도시(new town)는 하워드(E. Howard)가 19세기 말 처음으로 영국에 '전원도시'를 건설할 것을 제안했을 때 사용되었던 개념이다. 그 당시 영국은 산업혁명 후 급격한 도시화로 인해 공해·주택부족 등 도시문제가 새로운 사회문제로 대두되었다. 이러한 상황에서 전원도시는 하나의 유토피아적 대안이 되었다. 그러나 이렇게 전원도시로 시작된 신도시개발은 이를 채택한 국가들의 사정에 따라 그 정책목표와 내용이 다양하다.

신도시개발은 정부(때로는 민간)에 의하여 주택난 해소 등 어떤 정책목표를 달성하기 위하여 계획적으로 새로운 정주지(new settlements)를 개발하는 것으로 볼 수 있다. 여기에는 위성도시(satellite city)나 침상도시(bed town) 등 모도시 의존적 도시는 물론 생산·소비·유통 등 모든 기능을 갖춘 독립적(자족적) 도시개발도 포함한다.[7]

2. 신도시개발의 목표

신도시개발은 그 정책목표가 국가마다 매우 다양하다. 여기서는 영국의 바로우경(卿)(Montague Barlow, 왕립위원회 의장)이 보고서에서 건의한 신도시개발의 목표에 해당하는 사항들을 중심으로 살펴보면 다음과 같다(박전자, 1986 : 16).

① 도시과밀지역의 개발 필요성

② 지방분산 및 공업의 지방분산정책의 수립

③ 공업활동의 규모 및 다양성 측면에서 지역 간 균형의 도모

여기에다 최근 각국에서 채택하고 있는 주요 목표를 한 가지 더 제시하면 다음과 같다.

---

[7] 이러한 개념규정은 매우 광의적 개념인데, 여기서 독립적 신도시만을 신도시개발로 보는 협의의 개념규정도 있다(대한국토·도시계획학회 편, 1991 : 354).

④ 저개발지역의 재개발

따라서 신도시개발의 목표는 현대국가가 직면하고 있는 도시문제의 완화, 주택욕구(수요)에 대한 대응, 새로운 경제개발욕구에 대한 대책 등으로 정리할 수 있다.

3. 신도시개발의 유형

신도시개발의 유형은 여러 가지 기준에 따라 구분할 수 있다. 여기서는 신도시개발의 목표에 따라 구분하기로 한다.[8]

① 특정지역에 산업을 집중적으로 개발할 것을 목표로 하는 산업신도시개발과 산업기지의 배후신도시개발

② 대도시 문제해결을 목표로 하는 신도시개발(여기에는 구체적으로 수도권 인구·행정기능·도심기능·공해공장 및 불법주택 등의 분산과 이전이 포함된다)

③ 특정 낙후지역을 거점으로 중점적으로 개발하는 신도시개발

④ 연구학원도시의 건설을 위하여 특정지역을 개발하는 신도시개발

4. 신도시개발의 주요 이슈

1) 신도시개발 재정

신도시개발에 있어 중요한 요소는 재원조달이다. 재원조달을 어떻게 하느냐가 개발의 성패를 좌우할 수 있다. 재원조달 방안은 크게 공공부담과 민간부담으로 나누어 볼 수 있는데, 특히 최근에는 민간자본의 도입이 중요하게 논의되고 있다. 재원확보를 위하여 다양한 방법이 모색되어야 할 것이다. 미국은 유럽과 달리 민간 개발업자들이 재원조달의 주체가 되며, 지방자치단체들은 택지조성을 위한 재정적 보조를 해주는 경우가 대부분이다.

---

8) 신도시개발은 경제적 자급자족성의 정도에 따라 다양한 산업을 갖춘 자급자족적 신도시개발, 한 가지 주력산업에 의존하는 반독립적 신도시개발, 모도시에 의존적인 위성도시개발, 대도시주변의 기존 소도시를 확장하는 확장도시개발, 대도시외곽지역의 대규모 주택단지개발, 기존 대도시 내의 불량지역을 대단위로 개발하는 도시 내 신도시(new town in town)개발 등으로도 구분할 수 있다(대한국토·도시계획학회 편, 1991 : 354 - 355).

2) 입지선정

신도시개발의 입지선정 기준은 개발의 목표에 따라 다양하다. 일반적으로 입지선정에서 고려되는 기준으로는 지역 간 형평성, 신개발지냐 기(旣)개발지냐의 여부, 환경조건, 교통조건, 부지의 지형적 특성, 기존 도시와의 거리 등이 있다. 신도시의 유형에 따라 이러한 기준을 적절히 고려하여 개발하여야 할 것이다.

3) 신도시개발의 주체

신도시개발은 그 시행주체에 따라 공영개발방식과 민간개발방식으로 구분해 볼 수 있다. 공영개발방식은 정부나 지방자치단체가 사업주체가 되며, 주로 공기업이 개발계획의 수립과 집행의 전과정을 담당하는 것을 말한다. 한편 민간개발방식은 민간건설업자에 의해 영리목적으로 특정지역을 주로 대규모 주거단지로 개발하는 것을 말한다. 그러나 실제 이들 두 주체가 상호 연결되어 신도시를 개발하는 혼합개발방식이 더 보편적이다. 즉 개발과정에서 민간이 재원조달에 참여하거나 또는 정부가 택지조성에 참여하는 경우가 많다.

5. 한국의 신도시개발

우리나라에서 신도시가 개발되기 시작한 것은 1960년대부터였다. 초기에는 산업도시나 산업기지 배후도시를 육성하거나 수도권의 인구과밀을 완화하는 것이 정책목표였다. 그러다가 1980년대에 들어와서 행정기능분산, 연구학원도시개발 등 새로운 유형의 신도시개발이 추진되었다.

산업도시 또는 산업기지 배후도시로 개발된 신도시의 예로서는 울산(1962)·포항(1968)·구미(1977)·창원(1977)·여천(1977)·광양(1982) 등이 있다. 서울의 불량주택 철거이전으로 건설된 광주대단지(성남, 1968), 서울의 공해공장이전으로 건설된 반월(1977), 서울의 행정기능 분산으로 건설된 과천(1979) 및 대전 둔산(1988)과 계룡(1989), 서울의 인구분산을 위하여 건설된 분당과 일산(1989), 평촌과 산본(1989), 중동(1990), 서울의 도심기능 분산의 일환으로 건설된 영동과 여의도(1967)·잠실(1971)·목동(1983)·상계(1986), 낙후지역 거점개발로 건설된 동해(1978), 연구학원도시로 건설된 대덕(1974) 등을 들 수 있다(도시정보, 1994년 2월호 : 3).

우리나라의 신도시개발에서 많은 문제점들이 나타났다(김영환, 1994 : 51 - 54). 첫째, 신도시 자족기능의 결여로서 신도시가 복합적인 기능을 갖춘 독립적인 도시라기보다는 단순한 침상도시(bed town)로서의 위성도시를 양산하여 모도시와의 관계에서 교통이나 환경 등 많은 문제점을 드러내고 있다. 둘째, 비효율적인 토지이용계획으로 신도시개발이 단순히 기존도시의 외연적(外延的) 확산을 도모함으로써 토지이용의 비효율성과 환경문제를 일으키고 있다. 셋째, 개발의 비민주성과 중앙집권성으로서 모든 개발계획이 중앙정부의 통제하에 이루어지기 때문에 지방정부 참여의 제약과 동시에 해당주민의 개발과정에의 참여의 미흡을 들 수 있다. 넷째, 자연자원의 파괴문제로서 무분별한 신도시개발로 인하여 자연생태계의 파괴문제가 제기되었다. 신도시개발이 자연과의 조화와 공생관계를 고려하여 이루어져야 함에도 불구하고 생태적으로 민감하고 취약한 지역까지도 경제적 이유로 개발되고 있는 실정이다. 다섯째, 기반시설투자의 미흡으로서 개발된 신도시에 대한 생활기반시설 투자가 미흡하여 많은 도시문제, 특히 교통문제를 유발시키고 있다.

따라서 이러한 문제점을 해결하기 위해서는 신도시개발에 있어 ① 토지이용의 효율화, ② 교통 및 통신망의 광역적 구축, ③ 공원녹지의 충분한 개발, ④ 도시기반시설의 적절한 공급, ⑤ 보행자 및 자전거 도로의 우선 확보, ⑥ 대중교통수단의 우선 개발 등을 고려할 수 있다(김영환, 1994 : 56).

제6절 도시지하공간의 개발

1. 지하공간의 개념

지하공간은 경제적 이용이 가능한 범위 내에서 지표면 하부에 자연적으로 형성되었거나 또는 인위적으로 조성한 일정 규모의 공간자원으로서, 이 공간자원 내에 일정 목적의 시설이 첨가된 경우가 지하시설 또는 지하시설공간이다(도시정보, 1991년 8월호 : 2).

현대 도시생활에서 지하철이나 지하상가 등 지하공간을 이용하는 경우가 보편화되었다. 오늘날 도시화의 급속한 진전으로 인하여 집적화가 인류 공통의 정주패턴이 되었고 이는 도시토지자원의 중요성을 더욱 증대시키고 있다. 원래 토지는 생산을 위한 장소이면서 동시에 사람의 생존장소이었다. 현재는 토지를 이용한 생산의 형태와 내용이 사람의 활동을 매개체로 하여 보다 추상화되어 있다.

지하공간은 주로 사람에 의해 만들어지는 공간적 자원이자 새로운 제3의 토지(제2의 토지는 지상의 인공지반 또는 공중권이 설정된 가상적 공간 내지는 건축물의 바닥공간)라고 말할 수 있다. 이러한 관점에서 앞으로 지하공간에 관하여 지상토지와의 차이점을 명확히 밝혀 나가야 할 것이다(국토정보, 1993년 12월호 : 9).

2. 지하공간 이용의 목적

지하공간은 도시토지이용의 고층화 등에 의한 공중공간의 이용이나 인공섬을 포함하는 수변공간개발로서의 워터프론트 이용과 같이 새롭게 개발되어야 하는 미개척공간이다. 도시지하공간의 이용은 지금까지 사용되지 않은 미지의 공간을 적극적으로 이용하여 도시기능의 향상을 목표로 한다. 즉 지하공간을 이용하여 도시기능을 지하에 재배치하고 도시 전체의 기능을 더욱더 체계화시키고자 하는 것이다. 지금까지 지하공간은 지하의 부정적인 이미지 때문에 그 이용은 최소한으로 해야 한다고 생각되어 왔다. 그러나 이제는 지하공간은 지상을 포함한 도시 전체의 쾌적성·안전성을 유지하기 위해서 남은 귀중한 공간이라고 생각되고 있다. 즉 도시의 입체화, 수직방향으로의 이용이라는 발상에 입각한 지하공간 이용은 도시공간의 재배치·재구축에 의해 도시의 재생이라는 목적을 달성하는 공간이 될 수 있다(국토정보, 1993년 12월호 : 7).

이를 요약하면 첫째, 도시기반시설을 지하에 재배치하여 지상경관의 보전, 지상교통의 완화, 에너지 효율의 향상, 보안기능이나 내(耐)재해성의 향상을 꾀한다. 둘째, 지표와 연결이 되는 지하공간을 인간활동에 보다 적극적으로 이용할 수 있게 하여 도시생활의 편리함이나 쾌적성을 향상시킨다. 셋째, 용지비 부담의 경감이나 쾌적성 증대에 따른 도시 전체의 경제성 향상과 지상의 거주성을 증대시킴으로써 도시의 공동화(空洞化)와 황폐화를 방지하는 등 도시사회 전체에 긍정적 파급효과를 가져온다.

3. 지하공간의 필요성

지하공간은 인류문명사에서 중요한 자원으로 활용되어 왔지만 특히 오늘날에
이르러서는 지하철·터널·지하저유시설·지하상가·지하주차장·지하도시계획에 이
르기까지 광범위한 지하공간개발이 이루어지게 되었다.

지하공간은 폐쇄적인 느낌이 들어 심리적 부담과 지상생활에 익숙한 인간에
게 신체적 부작용을 일으킬 수 있으나, 현대의 진보된 지하시설과 관련된 시공 공
법과 개선된 설계는 종래의 지하공간 개념을 완전히 바꾸어 놓았다. 실제 선진 외
국의 지하공간 활용사례를 살펴보면 우리에게 무한한 가능성을 제시해 주고 있다
(도시정보, 1991년 8월호 : 2-3).

1) 지하공간의 공급시설 수요 충족

도시 내 지상의 토지이용의 고도화와 다양한 도시활동은 일정지역의 토지의
급속한 수요증대를 가져왔지만, 토지는 그 자체의 속성으로 인하여 공급이 제한되
어 있다. 따라서 지하공간은 이러한 다양한 도시생활의 요구증대에 부응하기 위한
하나의 공간활용방안이 되었다. 이를 위해 지하상가, 지하위락시설, 지하도 등이
건설되고 있다.

2) 전략시설

각 국가는 자국을 보호하기 위하여 전략무기를 개발하여 왔다. 따라서 핵무기
를 포함한 새로운 전략무기에 대한 방어수단으로서 지하공간의 이용이 필요하게
되었으며, 안보적 차원에서도 활용되고 있다.

3) 환경오염의 방지

도시화와 산업화가 급속히 이루어짐에 따라 환경오염이 심각해졌다. 이러한
오염을 방지하는 각종 폐기물처리시설을 지하에 설치함으로써 자연보호가 용이하
며, 소음·진동·악취 등의 각종 피해를 주거시설로부터 격리 차단하여 지하공간이
오히려 환경오염의 방지책이 되고 있다.

4) 에너지의 절약

1970년대 이후 지역개발이 가속화되자 종래 무한한 것으로 여겨졌던 자원의 한계에 대한 인식이 새롭게 등장하였다. 자원은 결코 무한한 것이 아니라 유한한 것이며, 따라서 모든 도시시설에 있어 에너지 절약이 요구되고 있다. 지하공간은 흙이나 암석 그 자체를 보온이나 보냉제로 활용함으로써 외부온도 및 계절별 기온차에 큰 영향을 받지 않아 에너지가 매우 절감된다.

5) 지하시설의 경제성

과학기술의 눈부신 발전은 터널개발기술의 발달을 가져와 지하공간 개발을 경제성 있게 만들었다. 지하시설의 시공비는 기술진보에 의해 점차 감소하는 추세에 있는 반면 도심부의 지가는 급격히 상승하면서 지하공간이 갖는 경제적 타당성이 역전되기 시작한 것이다.

6) 도시교통문제의 완화

현대의 주요 도시문제 중 하나는 지상의 교통혼잡이다. 이러한 문제를 해결하기 위하여 지하공간을 개발하여 지하철·지하터널·지하도·지하주차장 등의 시설을 개발할 수 있다.

4. 지하공간의 종류

지하공간 이용을 시설별로 구분해 보면 도시지하공간시설·저장시설·방어시설·위락시설·산업시설·엄개(掩蓋)시설 등이 있다. 도시지하공간시설로는 지하공급시설(상하수도·전기·가스·전화선·공동구 등)·교통시설(지하철·지하도·지하도로·지하주차장 등)·상업시설(지하상가·지하사무실·지하창고·지하난방 등), 저장시설로는 유류저장(원유·연료유·액화가스 등)과 식료품저장(곡물 상온 및 저온저장·냉동저장 등), 방어시설로는 군사시설(지휘소·미사일기지·탄약고·통신시설·격납고, 해안방어기지·민방위시설 등)과 지하대피소, 위락시설로는 공공시설(집회실·극장·음악당 등)과 오락시설(볼링장·사격장 등), 산업시설로는 발전소 및 처리시설(화력·수력·핵·폐하수처리장·핵폐기물처리 등), 엄개시설로는 주거시설(엄개주택)과 기타시설(사무실·강의실·도서관 등) 등으로 구분해 볼 수 있다(도시정보, 1991년 8월호 : 3).

5. 도시계획과 지하공간의 개발

미래 도시들은 계속 토지의 고도이용을 필요로 할 것이다. 도시는 평면적인 확산을 추구하는 동시에 고도이용을 위한 재개발을 필요로 할 것이다. 그러므로 한정된 공간에서 도시의 모든 기능을 최대로 살릴 수 있는 해결책은 필연코 도시 지하공간에 시설들을 건설하는 수요를 증대시킬 것이다. 소위 '지하도시건설'은 머지않아 이룩될 것이다. 이미 도시계획가들은 도시의 비전과 함께 지하공간 이용은 불가피한 일이 될 것이라고 예견해 왔었다. 오늘날 외국의 대도시에는 지상에서 해결할 수 없는 문제점을 지하공간 이용으로 해결해 가고 있는 추세를 보이고 있다 (도시정보, 1991년 8월호 : 2-3).

지금까지 간과되어 왔던 지하공간의 이용이 이제는 매우 중요한 현실적 과제가 되었다. 많은 국가들이 지하공간 이용을 국가사업으로 선정하여 중심적인 사업을 전개해 나가고 있음을 인식할 때 우리나라도 지하공간을 최대로 활용할 수 있는 방안을 강구해야 한다.

지하공간을 이용함에 있어서 앞으로 예상되는 전개방향은 다음과 같다.

첫째, 지표로부터 지하 깊은 곳으로의 수직방향으로 인공공간을 연장시켜 가는 이용으로서 지하공간 이용의 확대방향이다. 이는 대규모 빌딩 지하의 다층심층화, 지하주차장 등으로, 입체적인 구조물로의 지하이용이다.

둘째, 도시의 기능적 측면에서 토지의 고도이용으로서 기반시설 수용공간으로서의 지하공간의 이용이다. 지하철·지하도로·지하하천·하수처리·쓰레기처리·에너지·물류·정보통신·수자원·용수확보 등 도시기반시설로서의 지하이용이며, 다목적 공공시설 이용이다.

6. 법제도의 적용확대

최근에 지하공간의 개발이 확대되자 이를 둘러싼 권리분쟁이 발생하게 되었다. 그러나 아직 이에 대한 적절한 법체계가 마련되어 있지 못한 실정이다. 특히 지하공간 이용에서 과거 이용하지 않은 아주 깊은 지하(대심도) 이용에 관한 사권 (私權)제한에 관한 것이 중요하다. 이를 위해서는 토지제도 그 자체와 이에 대한 행정적 대응방식에 대한 제도적 장치가 필요하다. 지금까지는 법제도상의 사고방식이 지상을 중심으로 한 지표 중심주의였으며, 공중이나 지하에 대해서는 큰 관심이 없었다(국토정보, 1993년 12월호 : 15-18). 따라서 지하공간 이용에 대한 수요의 증가에 따라 결국 토지 소유와 이용에 관한 법체계를 재검토하든지 아니면 새로운 법 해석이 앞으로 필요하게 될 것이다.

제 7 절 지속가능한 도시개발

1. 지속가능한 도시개발의 의의

1) 도시개발에 대한 시각의 변화

환경문제가 더 이상 지역이나 한 국가의 문제가 아니라 범세계적인 문제라고 인식되면서 '환경적으로 건전하고 지속가능한 개발'(Environmentally Sound and Sustainable Development : ESSD)이 각국의 중요한 관심사가 되었다. 이것은 과거와 달리 환경문제를 야생동식물의 보호 또는 특이 경관의 보호나 환경오염방지 등 소극적이고 부분적인 차원으로 보지 않고 인간의 경제·사회·환경의 모든 측면을 고려한 포괄적인 개념에서 파악하고 접근하여야 한다는 인식에서 비롯되었다. 이러한 인식과 관심사의 변화는 사후처리보다는 환경을 고려한 사전 예방조치가 취해져야 한다는 점에서 진일보된 개념이라 할 수 있다.

이러한 관점에서 볼 때 그 동안 우리의 성장과정이나 국토개발정책은 지속가능한 친환경적 차원에서의 접근보다는 경제적 효율성 내지는 물적 시설의 공급에 치중하였으며, 사전 환경적인 영향이 고려된 개발보다는 사후처리에 중점을 두어 왔다. 이에 따라 우리 후손들이 살아가야 할 환경의 질(quality of environment)에 대한 배려는 현세대의 경제적 성취의 뒷전으로 밀려났으며, 환경오염의 외부불경제는 대부분 내부화되지 못한 채 사회적 부담으로 남아 있게 되었다. 또한 집적경제의 추구는 대도시의 집중과 도시의 평면적 확산을 가져와 지역불균형의 초래는 물론 도시환경의 악화와 공공시설의 초과수요를 가져와 성장의 장애요인으로 작용하게 되었다.

그럼에도 불구하고 오늘날 국토 및 도시개발분야에서 논의되고 있는 많은 문제들은 환경에 대한 배려가 등한시된 채 과거의 전철을 밟고 있는 듯하다. 이것은 아직까지 환경에 대한 인식이 부족하고 환경에 대한 고려는 성장과 개발을 저해한다는 과거의 인식과 틀에서 벗어나고 있지 못하기 때문이며, 실제 어떠한 것이 친환경적인 개발인가에 대한 분석과 적용의 이론적 틀 또한 미정립된 상태이기 때문이다(윤양수, 1993 : 11).

그러나 도시개발에서 친환경적 개발에 대하여 전 세계적으로 활발히 논의되고 있으며, 리우환경회의의 실천전략(Agenda 21)[9]에서도 친환경적 도시개발을 중요하게 고려하고 있다. 우리도 이제 이러한 세계적 조류에서 홀로 표류할 수만은 없는 실정이다(유재현, 1993 : 20).

2) 지속가능한 도시개발의 개념

환경적으로 건전하고 지속가능한 개발의 개념에 대해서는 아직 명확하게 합의된 개념규정이 없다. 이에 대한 대표적 정의로 브룬트랜드(Brundtland)보고서에 의하면 "미래세대의 욕구나 복지를 충족시킬 수 있는 능력과 여건을 저해하지 않으면서 현세대의 욕구를 충족시키는 개발"이라는 것이다(WCED, 1987). 그 외 여러 개념규정을 종합하여 보면 다음과 같은 네 가지 공통점을 발견할 수 있다(Stedman, 1992).

첫째, 개발은 단순한 소득증가 등 경제적 성장뿐만 아니라 건강·교육·환경 등 사회적 복지의 지속적인 증진을 포함한 삶의 질의 향상이라는 포괄적인 개념이다. 둘째, 현세대의 개발행위가 미래세대의 선택의 권리를 제한해서는 안 된다는 세대 간의 형평성 의미를 지니고 있다. 셋째, 장기적인 관점에서 사후처리보다는 사전 예방조치의 필요성을 강조한다. 넷째, 개발을 통한 자연자원의 소비비율이 그들을 재생산할 수 있는 능력을 초과해서는 안 된다. 즉 환경이 감당할 수 있고 지탱할 수 있는 범위 내에서의 도시개발이 이루어져야 한다.

---

9) 'Agenda 21' 내용 중에서 도시개발과 관련된 내용은 지속가능한 인간정주체계의 패턴 증진문제로, 그 내용은 전 주민에게 적절한 주택의 제공, 인간정주지의 관리개선, 지속가능한 토지이용 계획과 관리, 도시기반시설의 체계적 확보, 지속가능한 에너지와 교통의 계획과 관리, 재해지역의 계획과 관리, 지속가능한 산업활동의 촉진, 인력자원개발과 정주체계개발을 위한 인간능력의 제고 등이다.

2. 지속가능한 개발의 대두

개발지향적 도시정책으로 인한 환경문제 유발의 원인을 알아보기 위해서는 먼저 개발과 환경문제의 속성을 파악해 볼 필요가 있다. 개발과 환경문제는 상호 간에 대비되는 다음과 같은 속성을 지니고 있다.

첫째, 개발은 그 성과가 매우 가시적인 데 반하여 환경보전은 비가시적인 특성을 지니고 있다. 예를 들면 도시개발을 위해 대규모 주택단지를 조성할 경우 그 성과는 명백하게 드러난다. 고층아파트가 들어서고 새로운 인구가 유입되고 도로 등 주변 간접자본시설이 확충된다. 그러나 환경오염 방지를 위한 투자나 대책은 그 성과가 금방 눈에 띄는 것은 아니다. 대기상태나 수질이 어느 정도 양호해졌다고 해서 그 성과가 금방 명백하게 드러나는 것은 아니다.

둘째, 개발은 그 성과가 물론 지속적인 영향을 미치기도 하지만 대체로 단기적으로 나타나는 반면, 환경과 관련된 대책이나 정책의 성과는 매우 장기적이라는 점이다. 환경은 또한 세대 간의 문제로 취급되기도 한다.

셋째, 도시개발은 대체로 그 영향의 범위가 특정지역에 한정적인 반면 환경은 그 영향범위가 대체로 지역 간, 심지어 국가 간의 문제로 다루어지기도 한다.

끝으로, 개발은 그 이익의 향방이 명백한 사적재인 경우가 대부분이고, 이에 반해 환경은 공공재적 성격을 강하게 지니고 있다.

이러한 개발의 속성으로 인하여 정부는 환경보전에 대한 관심보다는 지역의 경제적 개발에 더 관심을 보이게 된다. 정치가나 행정가는 가능한 한 자신의 재임기간에 가시적이고 단기적이며 범위가 명백한 성과에 더 큰 관심을 보이게 된다. 왜냐하면 이와 같은 경제적 개발이 자신의 업적과 직업적 생명에 더 중요하기 때문이다.

자본주의체제 하에서 도시개발과 환경 간의 대립되는 문제점은 다음과 같다 (Ophuls, 1977).

첫째, 자본주의체제는 자기중심적이며 이기적인 경향을 뚜렷이 나타낸다. 이것은 결국 개발과 관련하여 자원의 낭비와 오용을 가져와 환경오염을 유발하게 된다.

둘째, 자본주의체제는 장기적인 안목보다는 단기적인 안목에 치중하기 때문에 환경보전보다는 우선 눈에 드러나는 개발을 더 중요시하게 된다. 따라서 현재의 이익을 획득하기 위해 미래에 큰 대가를 치러야 할 경우라도 그렇게 추구하려고 한다.

셋째, 자본주의 시장경제체제가 균형을 유지하지 못하고 경기가 불안정할 때, 특히 물가가 불안정하고 투기가 심할 때 자원절약 지향적이라기보다는 자원남용 지향적이 되기 쉽다.

넷째, 자본주의체제하에서의 자원부족현상은 시장교란 및 자원의 불평등상태를 야기시키고 이는 자원남용적 심리상태를 유발한다.

다섯째, 자본주의체제하에서의 국가는 자원보전과 개발의 균형적 추구보다는 자본축적과 이윤극대화를 조장하기 위해 자원남용도 감수하기 때문에 이는 결국 환경오염을 초래하게 된다.

끝으로, 자본주의체제하에서 기업은 공공재적 성격을 지니는 환경보전에 투자하려 들지 않으며, 이는 결국 환경오염을 가속화시키게 된다.

3. 지속가능한 개발의 전략

지속가능한 도시개발의 개념이 아직 모호하기 때문에 이를 위한 구체적인 실천방안이 중요하다. 여기서 실천을 위한 중요한 전략을 제시하면 다음과 같다 (WCED, 1987; Agenda 21).

① 도시 거주민에게 적절한 주택을 공급하고, 이들에게 필요한 기본적인 생활 환경시설을 적절히 공급한다.

② 도시가 지니고 있는 경제적·사회적·환경적 용량(capacity) 내에서 적절한 인구를 수용하고 가급적 전체 인구규모를 억제한다.

③ 도시환경오염을 줄이고 적절히 처리한다. 이를 위해서는 도시토지를 고밀 도로 이용하는 압축도시(compact city) 개념이 주창되고 있다. 도시토지를 고밀도로 이용하면 인적·물적 자원과 정보의 이동을 감소시키고, 따라서 오염발생도를 감소시킬 수 있다. 그리고 오염처리에 있어서도 유리하다.

④ 에너지자원 및 기타 자원을 절약하고 자연자원을 보호하고 보존한다. 지속 가능한 도시개발을 위해서 에너지 효율적인 도시구조를 설계한다. 이를 위 해 저밀도의 평면적 도시확산보다 혼합적 토지이용의 고밀도 도시공간구 조가 더 바람직하다. 즉 거주지·일·서비스를 도시중심부 또는 인접한 공간 에 수용하여 이동의 수요를 감소시키고 접근성을 높이는 압축도시(compact

city) 개념을 도입하는 것이다(CEC, 1990; Breheny, 1992 : 138, 179). 이렇게
되면 통행의 필요성을 줄이고, 따라서 교통에너지의 소비를 감소시킨다.

⑤ 도시구성요소 간의 생태적 연관관계에 입각한 자립적이고 안정적인 순환
적 도시구조를 조성·유지한다. 환경적 측면에서 압축도시가 바람직하지만
지나칠 경우에는 규모의 불경제가 나타난다. 따라서 도심의 고밀화와 동시
에 주요 교통축을 중심으로 외곽으로 확산해 나가는 것이 필요하다. 여기
서 산발적인 확산이나 평면적 확산보다는 주거·일·서비스가 연계된 어느
정도의 밀도를 갖는 소위 분산된 집중(decentralized concentration) 형태가
바람직하다. 따라서 새로 건설되는 신도시들은 집과 일을 동시에 갖춘 자
족도시로 건설되어 통행량을 줄여야 한다.

⑥ 성장제일주의를 탈피하고 분배적 측면에서 계층·지역·세대 간의 형평성을
추구한다.

⑦ 도시개발정책의 수립에서 환경과 경제를 통합한 의사결정구조를 설계한다.

☑ 연습문제

1. 도시재개발의 유형을 설명하시오.
2. 도시개발의 추진세력에 대한 대립적 시각을 논하시오.
3. 도시개발을 기획적 전략측면에서 설명하시오.
4. 신도시개발의 주요 이슈를 논하시오.
5. 지하공간을 이용하는 필요성에 대해 설명하시오.
6. 지속가능한 도시개발의 개념을 설명하시오.
7. 환경친화적 개발론을 설명하시오.
8. 압축도시(compact city)를 설명하시오.

제22장

지역경제정책

지역경제의 의의

1. 지역경제의 의의

한 지역의 성장과 발전은 그 지역이 가진 산업의 성장과 불가분의 관계에 있다. 만약 어떤 지역이 쇠퇴하는 산업을 주종산업으로 할 경우 그 지역은 쇠퇴할 수밖에 없다는 사실을 우리는 역사를 통해 보아 왔다.

그 예로서 우리나라의 경우 과거 농경사회에서 산업사회로의 전환기에 공업화를 소홀히 했던 지역은 인구의 감소와 지역의 쇠퇴과정을 겪었고, 과거에 번창했던 탄광지역들이 탄광산업의 쇠퇴와 함께 쇠퇴과정을 겪었음은 주지의 사실이다. 외국의 예로서 1950-60년대 철강산업으로 번창했던 미국의 피츠버그나 클리블랜드는 일본과 신흥공업국(NICs)들의 도전으로 철강산업의 국제경쟁력을 상실하고 지역경제의 침체를 겪다가 1980년대 이후 관민협력(public-private partnership)으로 첨단산업을 유치해서 지역경제의 활력을 되찾았다.

오늘날 세계경제의 개방화 추세가 계속되면서 지역의 경제 역시 세계시장에 편입되고 있다. 이러한 경제환경에서 한 지역의 성장과 발전은 국내에서뿐만 아니라 세계시장에서 어떠한 위치에서 어떤 분업체계를 갖고 있는가에 달려 있다고 볼 수 있다. 경제의 개방화 시대에 있어서 국제적 경쟁력을 갖춘 산업을 유치하고 발전시키는 것이 모든 지역의 발전과제이고 지방자치의 시대에 있어서 지역경제의 자족적 기반을 마련하는 중요한 길이 된다. 왜냐하면 산업의 기반이 없는 지역은 특히 지방자치의 시대에 영원히 다른 지역에의 종속의 굴레로 빠져 들 수 있기 때문이다.

2. 지역산업구조의 변화와 지역의 흥망

산업혁명 이전의 도시는 정치행정도시와 상업도시가 주종을 이루었으나, 산업혁명을 거치면서 진행된 급격한 도시화는 산업화와 불가분의 관계를 가지면서 진행되었다. 지역산업의 흥망성쇠는 지역의 흥망을 설명해 준다. 어떤 지역이 가진 산업의 부침(浮沈)은 바로 지역의 성장과 쇠퇴를 잘 설명해 주고 있다. 우리의 도시역사는 그리 오래지 않지만 산업성장에 따른 도시의 성장은 1960년대 이후 중화학공업의 육성과 이에 따른 중화학공업도시의 성장에서 잘 살펴볼 수 있다. 그러나 우리나라의 도시에서 산업의 쇠퇴로 인해 본격적으로 침체위기에 있는 도시는 많지 않다. 그만큼 산업화와 도시화의 역사가 짧기 때문이다. 따라서 아래에서는 산업화와 도시화의 긴 역사를 가진 미국 도시들의 부침을 지역산업구조의 변화와 관련해서 살펴보자(국토정보다이제스트, 1986년 4월호 : 8-9).

미국의 도시는 대체로 산업발달의 관점에서 볼 때 세 가지 유형의 도시로 구분될 수 있다. 첫 번째 유형의 도시는 도시기간산업의 부진으로 한때 쇠퇴기에 접어들었다가 다시 재건의 기치를 높이 올리고 있는 '재생형' 도시이다. 두 번째 유형의 도시는 성장산업의 입지조건의 변화로 지역경제성장의 좋은 기회를 맞은 '신흥형' 도시이다. 세 번째 유형의 도시는 첫 번째와 두 번째 유형의 도시적 성격을 동시에 가진 '중간형' 도시이다.

1) 재생형 도시

미국의 중동부와 중서부에 주로 위치한 재생형 도시로는 일반적으로 스노 벨트(snow belt) 지역으로 불리고 있는 디트로이트·피츠버그·클리블랜드·시카고·미네아폴리스 등을 들 수 있다. 이들 재생형 도시는 19세기 후반과 20세기 전반부터 급속히 성장하기 시작한 철강산업과 자동차산업을 바탕으로 미국경제를 주도하다시피 했으나, 1970년대 들어 철강을 비롯한 소재산업과 자동차산업의 국제경쟁력이 약화되면서 도시의 실업률이 증가하고 인구가 감소하는 등 쇠퇴기에 빠져 들었다.

그러나 이들 도시는 다시 첨단산업과 전통적 기계공업의 결합을 통해 새로운 도약을 위한 결의를 다지고 있는데, 이들 재생형 도시의 경제개발노력은 수송·전력·가스공급·용수시설 등 사회간접자본이 이미 완비되어 있다는 점을 감안하면 성공적인 결실을 맺을 수 있을 것으로 전망된다. 재생형 도시 가운데 가장 전형적인 재건전략을 추진하고 있는 도시는 오하이오주의 클리블랜드이다. 현재 클리블랜드에는 전기 및 기계산업들이 입주하고 있는 것을 포함하여 도시의 3분의 2가 첨단산업형 공업단지로 이용되고 있으며, 토머스 에디슨센터의 주도로 첨단기술 개발사업이 활발하게 진행되고 있다.

2) 신흥형 도시

주로 산악지역 남서부 대평원 지대에 위치한 신흥형 도시의 경우 1970년대 이전에는 비교적 산업화가 부진했으나 1980년대 초부터 첨단기술의 산업화를 배경으로 급속한 성장을 나타내고 있다. 이들 지역은 보통 선 벨트(sun belt)지역으로 불리고 있다.

신흥형 도시가 새로운 첨단산업기지로 떠오른 주요 이유는 첨단산업의 입지조건이 종래의 중화학 공업의 입지조건과는 크게 다르기 때문이다. 종래의 산업은 시장 혹은 원료공급지에 근접해 있어야 한다는 점을 필수적인 입지조건으로 삼았으나, 생산비용 가운데 수송비의 비중이 작은 첨단산업은 시장 혹은 원료공급지에의 접근성이 그다지 중요한 입지조건으로 간주되지 않는다. 따라서 피닉스·덴버·엘파소 등의 내륙도시가 첨단산업화의 물결 속에 신흥성장도시로 강력하게 떠오르게 되었다. 이러한 신흥형 도시들은 현재 인접지역에 첨단기술의 연구성과로 유명한 국립연구소나 대학들이 있다는 점을 들어 기업유치에 열을 올리고 있다.

3) 중간형 도시

마지막으로 재생형 도시와 신흥형 도시의 중간형태를 취하고 있는 중간형 도시로는 신시내티·인디애나폴리스·세인트 루이스·캔사스 시티 등이 있다. 이들 중간형 도시의 특징은 부품 등 재료의 대량공급이 가능한 중동부 및 중서부 남쪽지역에서 그리 멀리 떨어져 있지 않으며, 노동조합의 조직률이 낮아 근로의욕이 높은 양질의 노동력이 풍부하다는 점이다. 이들 도시는 또한 박물관·음악회관 등 문화적 위락시설이 잘 갖추어져 있고 미식축구·야구·농구 등 프로 스포츠가 성행한다는 점에서 다른 도시와는 다소 다른 특성을 지니고 있다.

중간형 도시에는 주로 전통적인 기계산업이 입지해 있는데, 이들 산업은 기간산업지역으로부터의 외부효과에 힘입어 무난한 성장가도를 달려 왔다. 북부 공업지대에 인접한 인디애나폴리스의 경우 여러 개의 자동차공장이 진출해 있는 등 중공업화가 상당히 진전되어 있으며, 인디애나폴리스는 도시개발사업의 일환으로 회의용 시설 및 스포츠센터의 확충에도 총력을 기울이고 있다.

3. 지역경제성장과 산업생산체제

이상에서는 도시의 성장과 쇠퇴를 지역산업구조의 변화와 연관시켜 살펴보았는데, 이제 전 세계적인 생산체제(production system)의 변화추세를 살펴보면서 우리의 도시가 향후 어떠한 산업생산체제를 갖추어야 할지 생각해 보자. 제2차 세계대전 이후 1970년대까지의 자본주의 경제의 운용체제는 표준화된 제품을 효율적으로 생산하는 대량생산체제(mass production system)가 주종을 이루었고, 이러한 대량생산체제를 갖춘 국가나 지역만이 경제적으로 성장할 수 있었다. 그러나 1980년대 이후 대량생산체제 하에서 생산된 표준화된 제품에 대한 시장수요가 한계에 이르게 되었고, 질적으로 다양하고 기능적으로 향상된 제품에 대한 수요가 증가하게 되었다.

이러한 상황에서 가변적인 시장수요에 신축적으로 대응할 수 있는 생산체제가 요구되었는데, 이것이 유연생산체제(flexible production system)라 불린다(조철주, 1993:76). 이 유연생산체제는 소품종 대량생산방식을 근간으로 하는 '포드주의(Fordism) 생산체제'와는 상반된다는 점에서 '포스트 포드주의(Post-Fordism) 생산체제'로 불리기도 한다. 최근에 지역경제개발과 성장을 논의할 때 주로 등장하는 개념이 바로 포스트 포드주의(Post-Fordism) 생산체제로 우리나라의 지역경제성장을 위해서도 시사하는 바가 크다고 할 수 있다.

제2절 지역경제개발정책

1. 테크노폴리스

1) 개 념

테크노폴리스(technopolis)란 1979년 일본 통산성의 한 공무원이 미국의 실리콘 밸리(Silicon Valley)를 염두에 두고 만든 말로 technology(기술)와 polis(도시)를 합성한 것이다. 테크노폴리스는 반도체·전자·신소재·정밀기계와 같은 첨단산업, 이공계대학과 연구소, 그리고 전원의 매력적인 주거공간이 잘 조화된 생산적이고 질이 높은 생활수준을 가져올 수 있는 고도기술집적도시(高度技術集積都市)를 가리킨다. 테크노폴리스가 지역경제개발의 전략으로 전 세계적으로 쓰이는 유일한 용어는 아니며(황명찬, 1991 : 255), 나라마다 테크노폴리스의 유형에 따라 과학단지혹은 첨단연구도시·첨단산업도시·첨단산업연구도시 등 다양한 용어와 개념을 사용하고 있다. 이처럼 용어에 대한 복잡한 개념구분에도 불구하고 가장 널리 사용되는 용어는 테크노폴리스이다. 그리고 테크노폴리스에 대한 다양한 명칭사용과 유형·성격 등에도 불구하고 한 가지 공통점이 있다면 그것은 첨단(기술)산업을 그 구성요소로 가지고 있다는 점이다(김원·김홍기·권원용, 1992 : 30-31).

첨단과학기술, 즉 하이테크(high-tech)를 바탕으로 조성되거나 계획되고 건설된 도시에 대한 정의는 상당히 다양하다. 일반적으로 첨단과학기술(high-tech)을 대상으로 하는 연구개발(R&D)을 주목적으로 계획했을 경우 첨단연구도시라 부르고, 첨단제품생산을 주목적으로 계획했을 경우는 첨단산업도시라고 부른다. 그리고 이들 두 가지 기능 즉 연구개발과 제품생산기능을 동시에 갖추었을 경우는 첨단산업연구도시라 일컫는다(김원·김홍기·권원용, 1992 : 30). 이들 세 가지 유형의 도시 가운데 테크노폴리스의 개념과 가장 가까운 것으로 볼 수 있는 첨단산업연구도시를 중심으로 아래에서 살펴보자.

2) 특 징

첨단산업연구도시는 연구개발(R&D)과 생산제조기능이 복합되어 있는 유형이다. 여기에는 연구개발을 담당하는 대학 및 연구소와 생산 및 제조업체들이 일정

지역에 공간적으로 집적하여 상호 긴밀한 유대관계를 갖게 된다. 따라서 첨단산업
연구도시는 기술혁신의 경제적 편익의 회수가 지역 내에서 가능하여 지역경제의
파급효과가 크다는 점이 특징이다. 첨단산업연구도시로는 미국의 실리콘 밸리, 보
스턴 근교의 루트 128 첨단기술지역, 노스 캐롤라이나주(州)의 리서치 트라이앵글
첨단산업단지, 프랑스의 소피아 안티폴리스, 독일의 브레멘 등을 들 수 있다.

첨단산업은 전통적인 산업과는 다른 몇 가지 특성을 갖는데, 첨단산업이 갖는
일반적인 특성은 다음과 같다.

첫째, 첨단산업은 기존의 장치산업이 갖는 에너지 혹은 자원 다(多)소비형 산
업과는 달리 자원절약적인 특성을 가진 산업이다.

둘째, 지식비용이 많이 요구되는 지식집약적 산업이다.

셋째, 제품주기(product life-cycle)가 짧은 생산물을 생산하는 산업이다.

넷째, 첨단산업에서의 생산제품은 높은 부가가치를 갖는 반면에 가볍고 부피
가 작은 것이 특징이다.

다섯째, 첨단산업은 시스템화된 각기 다른 산업들의 기술을 체계적으로 종합
하여 새로운 분야에 적합한 새로운 시스템을 개발하는 산업이다.

3) 입지기준

첨단산업이 가지는 이러한 다섯 가지 특성과 관련하여 첨단산업의 입지기준
을 살펴볼 수 있는데, 일본정부가 제시한 첨단산업연구도시로서의 부적격 기준을
보면 다음과 같다.

첫째, 과잉 과밀한 대도시

둘째, 인접한 곳에 모도시(母都市)가 없는 경우

셋째, 가까운 곳 혹은 도시 내에 대학 또는 연구기관이 없는 경우

넷째, 공항·고속도로·철도 등 교통이용이 불편한 곳

다섯째, 이미 어느 정도의 산업·정보·기술 등의 집적이 없는 곳

이처럼 첨단산업연구도시의 생성과 발전에 대학과 연구기관은 필수적인 요소
이며, 첨단산업연구도시는 학술연구기능과 산업기능, 그리고 쾌적한 주거기능을
동시에 갖추어야 한다. 아울러 고급문화와 지적(知的) 활동을 향유하고 금융·법률
등의 고급 서비스를 받을 수 있는 중심도시가 주변에 있어야 한다.

4) 산학협동의 필요성

첨단기술의 연구개발(R&D)과 생산을 위해서 가장 중요한 기술적 하부구조 (technological infrastructure)는 산학협동체계의 구축이다. 외국의 주요 첨단산업(연구)단지의 사례에서 쉽게 알 수 있듯이 완제품의 조립단계를 제외한 거의 모든 형태의 첨단산업단지는 공통적으로 단지 내 이공계대학을 무대로 하여 출발하였고, 다양한 유형의 산학연계가 매우 활발하게 이루어지고 있으며 첨단산업단지의 기술적 하부구조 중 제1의 요소로 나타나고 있다.

이러한 대학의 기술잠재력을 이용하는 산학협동의 방안은 구체적으로 기초과학-응용과학기술-실용상품화 기술연구로 이어지는 연구기능 연담화에 의한 공동연구 및 공동기자재의 활용, 상호 인력·정보·기술의 교류, 캠퍼스 내 산업연구단지의 조성, 대학의 연구시설로부터의 분가적 창업(spin-off) 형태를 통한 개발지향적 기업의 창업 등으로 나타난다.

특히 해외 어느 첨단단지든지 대학은 기술인력의 양성과 공급, 기초과학분야의 연구전담, 입주기업의 연구개발지원 등을 통해 첨단단지의 조성에 인큐베이터 (incubator) 기능을 담당하고 있다. 즉 첨단산업의 모험적이고 고도의 기술 및 정보의 수요로 인해 기술·경영·정보 등에 있어서 초기의 첨단업체는 미숙한 신생아와 같아서 발육에 필요한 인큐베이터 기능이 필요한데, 이러한 기능을 주로 대학에서 담당하고 있는 것이다. 대학과의 산학협동이 활발한 해외단지 사례를 정리하면 〈표 22-1〉과 같다.

이러한 외국의 첨단단지의 성장사례는 우리에게 많은 시사점을 주고 있다. 첨

〈표 22-1〉 첨단단지의 산학협동 사례

구 분	대 학	산학협동 사례(특징)
실리콘 밸리(미국)	스탠포드·버클리대	캠퍼스산업단지·공동연구
루트 128(미국)	MIT·하버드대	분가적 창업·연구개발지원·공동연구
리서치 트라이앵글 지역(미국)	노스캐롤라이나·듀크대	인적 교류·연구개발지원
피츠버그(미국)	카네기멜론·피츠버그대	연구개발지원·공동연구
쓰꾸바(일본)	쓰꾸바대	고급두뇌공급·공동연구
소피아 안티폴리스(프랑스)	니스대	고급두뇌공급·공동연구

자료 : 김홍래(1990). 광주첨단과학산업기지의 구상과 건설전략. 「국토계획」, 제25권 제3호, 대한국토·도시계획학회, 11월.

단산업과 대학의 효율적인 연계를 위해서 대학·연구기관·산업체 간에 연구 컨소시움을 결성하여 공동연구를 활성화시키고 연구 및 실험기자재를 공동으로 활용하며, 대학 및 연구소와 산업체 간의 인적 교류증대방안을 강구해 나가야 한다. 예를 들면 기업체에서는 학생들에게 산업현장교육을 이수할 수 있는 인턴십(internship)의 기회를 제공하고, 대학에서는 입주기관 종사자들에게 재교육, 연수, 기술지도의 기회를 제공해야 한다(윤대식, 1993 : 13-14).

산업기술의 급속한 진전으로 지역경제의 성장은 이제 기술혁신의 창출정도에 크게 의존하고 있다. 이 같은 상황하에서는 기술혁신의 원동력이 되는 연구개발(R&D) 기능의 확충이 지역경제활성화와 직결된다. 특히 지역 외부로부터의 기술도입에 의한 외부의존형 기술개발은 기술의 접근도가 매우 낮을 뿐만 아니라 지역적 특성을 반영할 수 없고, 첨단기술의 짧은 수명으로 인한 실효성 부족 등의 문제를 지니고 있어 하루 빨리 지역 내 기술자립체제를 확립해야 한다.

특히 최근에 소품종 대량생산방식을 근간으로 하는 '포드주의(Fordism) 생산체제'가 소비자 기호의 다양화, 제품의 고급화 추세 등으로 인해 시장환경에 신축적으로 대응하지 못하는 한계를 드러내면서 생산체제의 신축성(유연성)이 산업의 경쟁력강화의 일차적 요건이 되었다. '포스트 포드주의(Post-Fordism) 생산체제'로 불리는 이러한 생산체제의 신축적(유연적) 전문화는 중소규모의 첨단기업이 생존하고 성장할 수 있는 토양이 되는데, 이때 짧은 수명을 가진 첨단기술의 지역 내 기술자립체제 확립이 요구되고 이를 위하여 중소규모의 첨단기업과 지역 내 대학과의 연계가 필수적이다. 왜냐하면 중소규모의 첨단기업 자체의 연구개발(R&D) 기능은 경제적 혹은 기술적 한계를 가지기 때문이다.

지역 내의 연구개발노력에 의하여 지역 내에서 기술혁신이 창출되어 이의 성공적 상품화로 연결되고, 연구개발 종사자들이 그들 스스로의 회사를 창업하는 분가적 창업(spin-off)이 지역 내에서 활발히 일어나는 것이 지역발전에 공헌하게 된다. 이러한 분가적 창업의 활성화를 위해 씨앗자금(seed money)으로서 모험자본(venture capital)의 역할이 중요하며, 지역차원에서 모험자본(예 : XX지역 첨단산업연구단지 투자기금)의 설립과 운영이 필요하다.

2. 테크노파크

앞서 살펴본 테크노폴리스가 첨단산업의 연구개발(R&D)과 생산제조기능을 그 구성요소로 하는 고도기술집적도시를 지칭함에 반해 테크노파크(techno-park)는 이들 두 가지 기능을 구성요소로 하는 단지(團地)를 지칭한다. 따라서 테크노파크는 "기술혁신을 기조로 한 경제발전이라는 기본목표를 실현하기 위해 대학 및 연구소와 기업 간의 유기적인 협력을 통한 첨단산업의 창업과 발전을 촉진시키기 위해 연구개발시설·비즈니스 인큐베이터(business incubator)·지원서비스시설·생산시설을 한 장소에 집적시킨 단지"로 정의될 수 있다(안현실·임채윤, 1995 : 18).

테크노파크는 연구개발(R&D)활동뿐만 아니라 생산제조활동이 이루어진다는 측면에서 과학연구단지(science park)와는 다르다고 볼 수 있고, 규모면에서도 과학연구단지보다 크다고 볼 수 있다. 한편 테크노파크에다 주거 및 문화기능이 추가되어 더욱 큰 규모로 발전된 것이 앞서 살펴본 테크노폴리스로 볼 수 있다(안현실·임채윤, 1995 : 20-21).

테크노파크도 앞서 살펴본 테크노폴리스와 마찬가지로 산학협동체계가 가장 중요한 기술적 하부구조에 해당한다. 따라서 테크노파크의 경우에서도 대학의 기술잠재력을 이용하여 기초과학-응용과학기술-실용상품화 기술연구로 이어지는 산학 공동연구 및 공동기자재의 활용, 산학 간 인력·정보·기술의 교류, 대학의 연구시설로부터의 분가적 창업(spin-off) 형태를 통한 기업의 창업 등이 나타난다.

우리나라의 경우에도 1990년대 이후 많은 대학들이 지방정부와 함께 테크노파크 조성에 경쟁적으로 참여하고 있다. 테크노파크는 취약한 지역산업구조를 고도화하고 대학의 연구개발(R&D) 역량을 향상시킬 수 있는 대안으로 많은 관심을 끌고 있다.

3. 비즈니스 인큐베이터

비즈니스 인큐베이터(business incubator)는 혁신적인 중소기업의 창업촉진과 육성, 그리고 지역경제의 성장이라는 두 가지 과제를 동시에 해결하기 위해 고안되었다. 영국과 미국에서 1960년대를 전후하여 시험단계에 들어가 1980년대에는 지역경제개발·고용창출·산업기반의 다양화·기술축적 등의 효과를 가져오는 것으로 평가됨에 따라 크게 활기를 띠었다. 비즈니스 인큐베이터는 새로이 기업을 시작하려는 창업자에게 각종 비즈니스 서비스를 염가로 제공함으로써 창업 초기의 위험부담을 줄이고 기업가정신을 고취하여 기업의 원활한 성장을 지원하는 데 그 목적이 있다. 즉 비즈니스 인큐베이터는 새로이 창업하는 중소기업에게 애로요인으로 작용하는 경영관리 및 기술상의 어려움을 경감시켜 줌으로써 중소기업의 생존율을 높이기 위한 것이다.

비즈니스 인큐베이터는 각종 정보·자금력·경영기반이 취약한 신설기업을 지원하기 위하여 저렴한 사업장 및 공동 사무서비스를 제공하며, 사업장의 임차에 있어서도 융통성을 부여하고 있다. 아울러 경영상담 서비스는 물론 기업가 간의 연대와 경쟁을 촉진하고 때로는 혁신(innovation)을 가속화시키기도 한다. 그러나 비즈니스 인큐베이터가 중소기업의 항구적인 안식처가 아니기 때문에 입주기업을 가능한 한 빨리 인큐베이터로부터 졸업·독립시켜 지역산업 활성화에 기여하도록 유도하는 역할도 수행하고 있다.

비즈니스 인큐베이터의 사업주체는 지방자치단체, 비영리 법인, 대학 및 민간기업 등이 될 수 있는데, 사업주체가 대학 또는 민간기업일지라도 대부분의 인큐베이터사업에는 중앙정부 또는 지방자치단체가 직접 혹은 간접으로 관여하고 있어 공공부문이 개입되지 않은 비즈니스 인큐베이터는 사실상 거의 없다고 볼 수 있다. 대부분의 비즈니스 인큐베이터는 그 건물비용 및 개조비용의 일부를 공공부문의 보조금이나 저리융자로 조달하고 있다. 일부 민간주도형 인큐베이터의 경우에는 시중은행이나 민간출연자로부터 자금을 조달받는 예도 허다하다(한표환, 1992 : 72).

비즈니스 인큐베이터의 운영 사례는 선진국에서 흔히 찾아볼 수 있다. 영국에서는 공장건물을 신축하거나 기존건물을 개조하여 기업이 필요로 하는 회의실 같은 업무용 공간의 제공은 물론 우편물처리 등의 부수적 서비스도 제공함으로써 중소기업 특히 창업기업의 생산활동을 위해 좋은 환경을 조성해 주고 있다. 그 결과로 중소기업의 창업을 촉진하는 효과를 기대할 수 있어 중소기업진흥시책의 일환으로 그 역할이 중요시되고 있다.

미국에서 비즈니스 인큐베이터가 최초로 설립되기 시작한 것은 1978년 이후로서 기업을 시작하려는 사람들에게 사업장의 대여나 비즈니스에 필요한 서비스를 제공함으로써 시작되었다. 미국에서의 비즈니스 인큐베이터는 지방자치단체·비영리 지역개발법인·대학 및 민간기업 등에 의해 운영되는데, 특히 민간기업에 의해 운영되는 비즈니스 인큐베이터는 그 자체가 하나의 투자사업으로 인식되고 있다. 비즈니스 인큐베이터의 건물로는 유휴공장이나 창고 등을 이용하여 신설기업에게 시중임대료의 2분의 1에서 3분의 2정도의 임대료를 받고 사업장을 임대해 준다. 아울러 각종 비즈니스 서비스를 제공하며, 필요한 서비스를 선택적으로 이용할 수 있도록 하고 있다.

일본의 경우 비즈니스 인큐베이터를 도입하게 된 것은 1990년대 이후의 일이다. 일부 도시에서 지역경제활성화를 위해 첨단기술산업 육성의 필요성이 고조되자, 지역단위에서 연구개발과 창업지원의 거점을 확보하여 새로운 기업의 창업과 성장을 촉진시키기 위한 의도에서 추진되고 있다. 따라서 비즈니스 인큐베이터의 규모도 개별 지역의 여건과 특성에 따라 매우 다양하며, 그 기능이 미치는 영역의 범위도 광역적인 것에서부터 극히 국지적인 것까지 다양하게 추진되고 있는 실정이다. 비즈니스 인큐베이터의 운영주체 역시 지방자치단체·제3섹터·대학·민간부문 등 지역에 따라 다양하다(한표환, 1992 : 72-73).

비즈니스 인큐베이터는 선진외국의 지역경제활성화를 위한 정책수단으로 중요한 역할을 담당하고 있다. 비즈니스 인큐베이터의 도입과 성공적인 정착을 위해 선진국의 사례를 분석하여 우리의 지역실정에 맞는 제도의 운영기법을 개발해야 할 것이다.

4. 산업장려지구

산업장려지구(enterprise zone)는 민간기업의 입지와 활동에 제동을 걸고 있는 각종 행정규제와 정부의 간섭을 제거하여 지역경제의 활성화를 도모하기 위해 시도되었다. 산업장려지구는 1960년대 말 홀(Peter Hall)이 구상한 자유개발의 개념(planning-free concept)에 그 기초를 두고 있다. 홀은 쇠퇴해 가는 미국이나 유럽 도시들의 도심부의 개발을 촉진시키기 위한 수단으로서 홍콩이나 싱가포르와 같은 자유항의 개념을 상기시키면서 도심부 특정지역에 자유산업지역(free enterprise zone)을 지정하고, 그 지역에서는 정부의 각종 규제와 간섭을 배제시킴으로써 그 동안 도심부에서 사라져 버린 저임금의 미숙련공들을 공급하는 것이 선진국들이 극동지역의 새로운 산업국가들과 경쟁할 수 있는 방법이라 주장하였다.

산업장려지구제도는 영국에서 먼저 고안되고 시도되었으며, 곧이어 미국의 도시에도 도입되었다. 제2차 세계대전 이후 영국은 런던을 비롯한 대도시의 인구 및 산업집중현상을 보다 효율적으로 분산시키기 위하여 여러 가지 정책수단들을 동원하였다. 이와 같이 대도시의 인구 및 산업의 분산정책이 강력하게 추진됨에 따라 도시 내의 취업기회가 급격히 감소하기 시작하였으며, 특히 도시 내 청년층의 실업문제는 심각한 사회문제로 대두되었다. 여기에 덧붙여 자동차의 대량보급과 도로망의 개발에 따라 도시의 공간확산(urban sprawl)과 주거지의 교외화 현상이 나타나기 시작하였다. 이처럼 도시의 공간확산과 도시기능의 분산이 가속화됨에 따라 도시 내부는 경제적 공동화 현상을 초래하기 시작하였다.

이처럼 도시 내부의 쇠퇴가 심각한 도시문제로 대두되자 영국정부는 기존도시의 재활성화를 추진하기 위한 수단의 하나로 1980년에 「지방정부, 계획 및 토지법」(The Local Government, Planning and Land Act)을 제정하여 산업장려지구의 지정을 명문화하였다.

기존도시의 활성화(inner city revitalization)를 위한 영국정부의 이러한 시도는 유럽의 다른 나라와 미국에 영향을 미쳤다. 예를 들면 1981년 「도시부흥을 위한 유럽 캠페인」(The European Campaign for Urban Renaissance)의 시작으로 공공재원에 의한 도시재개발사업이 추진되었으며, 미국에까지 산업장려지구의 개념이 도입되어 시험대에 오르고 있다. 영국의 경우에는 산업장려지구의 개념이 주로 조세감면 수단으로 발전한 데 반해서, 미국의 경우에는 도심부에 기업의 유치·고용창출·주거환경개선 등을 목적으로 산업장려지구가 지정되었으며 많은 도시에서 이 제도가 채택되고 있다(안건혁, 1986 : 3).

산업장려지구제도는 우리에게도 시사하는 바가 적지 않다. 지방자치제도의 정착과 함께 지방도시의 경제활성화가 무엇보다도 시급한 과제라고 볼 수 있는데, 이를 위하여 산업기반이 상대적으로 취약한 지방도시를 선별하여 산업장려지구의 개념을 도입하는 방안도 검토해 볼 수 있을 것이다. 이 경우에 산업장려지구에 유치되는 민간기업은 국가 또는 지역경제적인 측면에서 중점적인 육성이 요망되는 신설기업에 초점이 맞춰져야 할 것이다. 특히 자본의 규모가 영세한 중소기업의 유치를 위한 지구가 바람직할 것이다. 왜냐하면 기존의 기업들에게도 산업장려지구의 문호를 개방할 경우 도시 내부의 활성화는 촉진될지 모르나, 반대로 도시 외곽지역의 공동화를 가져오는 우(愚)를 범할 수도 있다는 영국의 교훈을 잊어서는 안 되기 때문이다(이정식, 1986 : 2).

5. 산업클러스터

지역경쟁력 및 국가경쟁력의 제고과정에서 산업클러스터가 주목받고 있다. 1960년대부터 최근까지 우리나라의 산업화 추진과정은 물리적 기반시설 확충·산업단지 조성, 그리고 테크노파크 조성 등 기본적으로 하향식 개발전략(top-down development strategies)에 토대를 두고 있었다. 이 과정에서 물리적 인프라 및 산업생산력은 상당부분 향상되었지만, 전 국토의 기형적인 발달 및 글로벌 경제환경에 제대로 부응하지 못하는 경직적인 산업구조를 나타내게 되었다. 따라서 최근 글로벌 경제의 흐름에 맞는 유연하고 탄력적인 지역생산구조 및 지역실정에 맞는 지역경쟁력 강화 프로그램이 주목받고 있다. 그런데 이와 같은 프로그램은 기본적으로 지역에 토대를 둔 개발전략, 즉 상향식 개발전략(bottom-up development strategies)에 토대를 둘 수밖에 없는데, 이와 같은 추세에 비교적 잘 부합되는 대안으로서 산업클러스터의 형성 및 개발이 제안되었다. 지역실정에 맞는 연구와 생산의 연계, 특정분야의 관련 기업 및 기관들의 네트워크를 통한 시너지 효과가 절실한데, 그와 같은 역할을 산업클러스터를 통해 상당부분 기대할 수 있기 때문이다.

산업클러스터는 지리적으로 인접한 특정분야의 관련기업 및 기관들이 네트워크를 통한 시너지 효과를 목표로 모여 있는 결집체를 의미한다. 포터(M. Porter)의 사례연구결과(김경묵·김연성 역, 2002 : 240)에 따르면 특히 선진국에서 특정 사업분야에서 성공한 사례는 국가나 지방 할 것 없이 산업클러스터가 경제를 주도하고 있다. 그리고 개별 기업이나 산업보다 산업클러스터가 경쟁력 확보의 대상으로 대두된 것은 경쟁력 분석이나 경쟁우위 확보과정에서 개별기업 자체의 경쟁력뿐만 아니라 그 기업이 입지하고 있는 지역의 중요성이 새롭게 부각되고 있기 때문이다. 따라서 우리나라는 2003년 7월 1일자로 산업클러스터 중심의 지역혁신체계 구축을 위하여 산업집적활성화법령을 시행하고 있다. 뿐만 아니라 실천적 집행을 위하여 동법 시행령 제7조의 2와 지역산업진흥사업 운영요령 제11조 등을 근거로 산업클러스터 활성화를 위한 추진체계(산업집적추진기구) 구축을 추진하고 있다.

포터(M. Porter)에 따르면 산업클러스터의 지리적 영역은 특정 시의 한 영역에서부터 주정부나 연방정부, 또는 인접 국가에 이르기까지 그 범위가 다양하다. 결집체로서의 산업클러스터는 그 내부적인 결속력과 기능적인 세분화 정도에 따라 다양한 형태를 취할 수 있다. 하지만 대부분의 산업클러스터는 완성품 생산업체와 서비스 업체를 비롯한 전문화된 원재료나 부품·기계·서비스 등을 제공하는 공급업체, 금융기관, 연관산업에 속한 기업 등으로 구성된다. 또한 산업클러스터는 대개 유통업체나 구매자와 같은 전방산업 분야의 기업, 보완제품의 생산업체, 전문화된 기간시설 공급업체, 전문화된 훈련이나 교육·정보·연구·기술 등을 제공하는 기관(예컨대 대학·싱크탱크·직업훈련원 등) 및 공인기관(standards-setting agency), 기업협의체, 그리고 정부 등이 포함된다(김경묵·김연성 역, 2002 : 242).

산업클러스터는 표준산업분류체계를 따르지 않는다(Porter, 2000 : 4). 산업클러스터는 그 곳에서 산출하는 최종 제품에만 초점을 두는 것이 아니라, 그 제품 생산 및 판매에 연관된 제반 원료·기기·서비스, 그리고 유관 단체·학계·정부까지를 포괄적으로 바라보는 체계적 관점을 채택하고 있기 때문이다. 복득규 외(2003 : 25-26)의 연구를 보면 해외성공 산업클러스터를 대학·연구소 주도형, 대기업 주도형, 창작자 주도형, 지역특산형, 실리콘밸리형 등으로 구분하고 있는데, 이는 산업클러스터의 속성이 그만큼 다양하다는 점을 반영하고 있는 것이다.

산업클러스터가 경쟁력을 가지는 것은 기본적으로 해당 기업의 경쟁력뿐만 아니라 관련 기업 및 기관 간에 발생하는 외부경제효과 내지 긍정적인 파급효과 때문이다. 따라서 산업클러스터는 구성요소들의 단순집적효과 이상을 기대하는 구성요소들 간의 가치사슬 연계시스템의 속성을 가지고 있다.

생산성은 기본적으로 노동이나 자본 등의 투입단위당 창출되는 가치의 정도를 말한다고 볼 수 있는데, 투입요소는 개별적으로 작동한다기보다 대개 결합적으로 작동하는 것이다. 결합되는 요소가 양질이면 양질일수록 이들 요소의 한계생산성이 높아지게 되는 것이다. 따라서 그 투입요소가 입지하고 있는 장소의 경쟁력이 중요하게 된다. 예컨대 첨단 광통신망이 설치되어 있지 않은 곳이나 관련 인력의 조달이 용이하지 않은 곳에서는 정보통신산업과 관련 서비스산업이 발전하기 어려운 것이다. 즉 장소의 번영이 그 곳에 입지하고 있는 기업의 번영을 촉진하고, 그 반대원리도 적용된다. 여기서 포터의 다이아몬드 모델이 지역생산성 우위를 설명하는 모델로서 유용하다.

〈그림 22-1〉은 생산성을 결정하는 연결고리들을 요소조건, 연관산업 및 지원산업, 수요조건, 그리고 기업전략 및 경쟁여건으로 구분하여 도식화한 것이다. 우선 제반 투입요소의 효율성·질, 그리고 전문화 정도가 생산성 우위를 설명하는 주요 변수들이다. 그런데 글로벌 경제하에서는 일반적인 투입요소의 거래는 원활하지만, 질적 수준이 높은 투입요소와 전문화의 정도가 높은 투입요소의 거래는 원활하지 않은 것으로 알려져 있다(박종화·김창수, 2001:981-982). 결과적으로 지역산업클러스터별로 투입요소의 특화를 통한 생산성 향상이 긴요할 것이라는 것을 알 수 있다. 그런데 지역산업클러스터별 투입요소의 특화는 그 자체만으로 완결되는 것이 아니고, 역량 있는 연관산업 및 지원산업의 존재가 중요하다. 수직적 계열화의 관리경직성의 단점을 피하면서 국지화 경제효과 등을 향유하기 위해서는 경쟁력 있는 연관산업 및 지원산업의 존재가 필수불가결하기 때문이다. 그리고 상품의 부가가치가 단순한 기능을 넘어서서 고객의 문화욕구나 감성욕구를 충족시키는 과정에서 대부분 결정되는 후기산업사회에서는 까다롭고 독특한 지역수요가 차별화된 상품과 서비스를 창출하는 과정에서 더욱 중요하게 된다.

그러나 산업클러스터 내부의 기업들이 언제나 혁신 잠재력이 높은 것은 아니다. 산업클러스터 역시 성숙기에 접어들고 제도적 고착성(institutional lock-in) 등의 함정에 빠지게 되면 변화의 필요성을 가로막는 장애요인과 무사안일의 피해를 입을 수 있다. 시장변화나 환경변화에 대한 적응력을 상실할 경우 과거의 행위를 강화시키고 새로운 사고를 억압하는 경직성을 초래할 수 있기 때문이다. 산업클러스터 내 역할주체들 간의 네트워크가 폐쇄적으로 발전하게 되면 네트워크 내의 역할주체들 간에 암묵적 지식의 전달 및 학습은 가능하겠지만, 새롭고 이질적인 지식에 대한 접근성을 제약하게 되는 문제점을 초래하게 된다.[1] 이와 같은 사례를 Glasmeier(1991:469-485)는 스위스 시계산업의 경쟁력 부침과정을 통해 설명하였다. 값싸고 정확한 전자시계산업으로의 이행흐름을 감지하지 못하고 전통적인 생산방식에 집착했던 스위스 시계산업은 한동안 엄청난 경영상의 어려움에 직면하게 되었던 것이다.

---

1) 지식은 흔히 형식지(codified knowledge)와 암묵지(tacit knowledge)로 구분된다. 코드화할 수 없는 암묵지는 상호작용을 통한 학습과 비공식 메커니즘을 통해서 축적되며, 공간적으로 확산이 매우 제한되어 있는 것으로 알려져 있다.

<그림 22-1>   지역생산성 우위의 원천

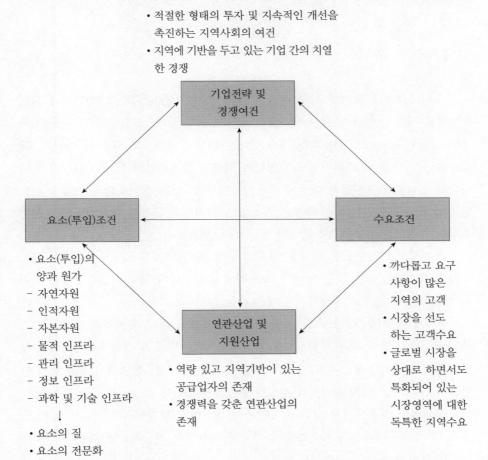

• 적절한 형태의 투자 및 지속적인 개선을
  촉진하는 지역사회의 여건
• 지역에 기반을 두고 있는 기업 간의 치열
  한 경쟁

기업전략 및
경쟁여건

요소(투입)조건

수요조건

연관산업 및
지원산업

• 요소(투입)의
  양과 원가
  – 자연자원
  – 인적자원
  – 자본자원
  – 물적 인프라
  – 관리 인프라
  – 정보 인프라
  – 과학 및 기술 인프라
          ↓
• 요소의 질
• 요소의 전문화

• 역량 있고 지역기반이 있는
  공급업자의 존재
• 경쟁력을 갖춘 연관산업의
  존재

• 까다롭고 요구
  사항이 많은
  지역의 고객
• 시장을 선도
  하는 고객수요
• 글로벌 시장을
  상대로 하면서도
  특화되어 있는
  시장영역에 대한
  독특한 지역수요

자료 : M. Porter(2000). Location, Competition, and Economic Development : Local Clusters in a
      Global Economy. *Economic Development Quarterly*. 14(1) : 20.

제3절 주요 도시의 산업구조변화와 지역경제정책

---

1. 서   울

우리나라의 대표적 도시인 서울의 경제성장은 1960년대와 1970년대에 걸쳐 영등포와 구로구 일대에 걸친 제조업의 성장에 힘입은 바 크다. 그러나 서울의 제조업 고용인구는 1980년대 들어 계속 상대적 비중이 낮아지고 있을 뿐 아니라, 대규모공장의 지방 및 교외이전으로 인하여 서울의 탈제조업화 현상이 현저하게 나타나고 있다. 최근 서울은 외국의 대도시들이 겪고 있는 탈산업화의 경향과 비슷한 양상을 나타내면서 도시 내부의 제조업이 쇠퇴하고 도심과 부도심에서는 서비스산업과 정보산업 등의 3차 산업의 성장이 뚜렷하다.

전통적인 도시산업인 대규모 제조업의 성장이 둔화된 것은 사실이지만 모든 종류의 제조업이 그런 것은 아니다. 노동집약형 산업이나 고부가가치 산업은 오히려 괄목할 만한 정도로 성장하고 있다(형기주, 1993 : 42).

1980년대 이후 인쇄·의류·기술집약형 기계공업 등의 제조업과 금융, 보험, 부동산, 도매, 법률 및 세무회계 서비스, 정보통신산업 등의 생산자서비스업의 성장이 서울경제의 성장을 주도해 왔다고 볼 수 있는데, 이들 산업의 성장은 이들 산업을 위한 서울의 입지적 장점과 긴밀한 연관성을 가진다.

인쇄업이 서울에서 성장하는 요인은 인쇄업이 정보지향적인 성격이 강하고, 교육 및 중추관리기능의 서울집중과 각종 문화산업의 서울집중에 따른 자연스런 결과로 보인다.

의류산업이 서울에 집중하는 요인을 살펴보면 서울지역이 수요와 공급의 두 가지 측면에서 유리한 조건에 있음을 알 수 있다. 의류산업이 성공하기 위해서는 역시 자극이 있어야 하고, 기회·전문인력·정보 등이 풍부해야 한다. 의류생산과 관련된 시설은 어떤 의미에서는 첨단기술연구소와 마찬가지로 정보집약적이고 이미지 창조적인 활동이 없으면 입지효과가 의문시된다. 따라서 서울은 그 자체가 대규모 시장이므로 소비자와의 근접으로 인하여 소비자 기호를 파악하기 쉽다는 점을 잘 활용할 수 있다. 그리고 수많은 중소기업이 입지하고 있으므로 다품종 소량생산방식에 쉽게 적응할 수 있는 생산체제를 갖추고 있다. 아울러 양질의 기술

자와 숙련노동력이 풍부하기 때문에 의류산업의 입지를 위해서는 서울과 같은 대도시가 적합하다고 볼 수 있다.

기술집약형 기계공업이 서울에 집중하는 요인으로는 다음과 같은 이유를 들 수 있다. 첫째, 다양한 소재와 부품결합에 의한 조립가공형 업종이므로 관련된 공업이 서울에 집적하기 쉽다. 둘째, 고급기술자, 숙련노동력에 대한 접근이 용이하다. 셋째, 기존제품의 개량, 신제품개발을 위한 기술정보에 대한 접근이 용이하기 때문이다(신창호, 1993 : 178-179).

서울경제성장의 또 다른 주도산업은 도매·금융·보험·부동산·사업서비스 등의 생산자서비스업인데, 이들 산업 역시 중추관리기능에의 접근성이 중요한 입지인자라는 점을 감안한다면 서울의 경제성장을 주도하는 것은 자연스러운 것으로 볼 수 있다. 외국의 대도시들 역시 후기산업사회에서 생산자서비스업이 지역경제에서 차지하는 비중이 증가하는 추세를 보이는데, 서울의 경우도 이러한 추세는 계속될 것으로 보인다.

2. 피츠버그

미국의 펜실베이니아주에 위치한 피츠버그시는 1950년대까지 세계적인 철강도시로 발전된 도시로서 1960년대 이후 미국의 철강산업이 국제경쟁력을 상실한 후 지역경제가 사양화의 길로 접어 들었다. 지역경제의 쇠퇴로 도시인구가 감소하기 시작했는데, 1950년에 67만 명이던 도시인구는 1960년에는 60만 명으로 감소하였다.

이처럼 철강산업의 쇠퇴와 함께 도시의 활력을 잃어버린 피츠버그는 미국 내 성장도시들의 지역경제부흥프로그램을 배우기 시작했다. 1980년대 들어 피츠버그는 성장의 주도산업으로 첨단산업과 비즈니스서비스(business service)산업을 육성한 결과 1989년에는 미국 내 최저실업률을 기록하기도 했다.

피츠버그의 지역경제를 회복하는 데 있어서 결정적인 공헌은 피츠버그대학 및 카네기 멜론대학과 연계된 첨단산업의 유치와 육성이다. 피츠버그는 이들 대학과 첨단산업 간의 원활한 연계를 위하여 산-학-관(産-學-官)이 함께 참여하는 「알레게니 지역사회개발협의회」(Allegheny Conference on Community Development)를 운영하여 지역경제활성화를 위한 각종 산학연계 프로그램을 개발하여 운영하고 있다.

알레게니 지역사회개발협의회는 1943년에 창설된 민간중심의 비영리조직으로서 피츠버그지역의 경제와 전반적인 삶의 질을 증진시키기 위해 각종 프로그램을 탐색·계획·지원·실천하는 것이 설립목적인 다목적의 시민협의체이다. 알레게니 지역사회개발협의회는 산하에 여러 기구를 두어 다양한 사업을 추진하고 있는데, 여기에는 연구개발·모험자본(venture capital)·경영지원·산업단지개발 등의 사업이 포함된다.

한편 민간주도의 알레게니 지역사회개발협의회와는 별도로 펜실베이니아주 정부는 1982년 기술개발 프로그램의 하나로「벤 프랭크린 파트너십」(Ben Franklin Partnership)을 운영하고 있다. 벤 프랭크린 파트너십은 펜실베이니아주에 있는 대학과 기업인 및 투자자들 간의 연결기능을 수행하면서 산학협동체계를 구축하고 있다. 벤 프랭크린 파트너십은 대학의 연구기능을 시장지향적 기술개발로 연결시켜 상업화를 유도하며, 산학연계·전문가 교육과 훈련·창업지원 등 다양한 활동을 수행하여 피츠버그 지역경제의 부흥을 꾀하고 있다.

3. 브 레 멘

브레멘은 독일 북부의 베저(Weser)강 하류에 위치한 오랜 역사를 지닌 항구도시로 일찍이 조선업을 비롯한 철강·금속 등의 중공업을 바탕으로 성장하였다. 그러나 석유파동을 고비로 하여 이들 중공업은 쇠퇴하고, 대신에 전자·우주항공 등의 첨단산업이 급속히 발전하였다. 또한 바다와 함께 성장해 온 브레멘의 오랜 역사를 배경으로 브레멘에서는 해양에 관한 연구개발도 최근 왕성하게 진행되고 있다.

이처럼 산업구조의 급속한 변화를 지역경제의 성장을 위한 전략으로 추진하는 것이「브레멘 테크노폴리스 개발계획」이다. 브레멘 테크노폴리스는 국제경쟁력이 있고 성장의 가능성이 큰 첨단산업을 유치하고 육성하는 전략을 추진하고 있다. 브레멘의 기업은 각 분야에서 유럽의 최첨단기술을 가지고 있는 것이 특징이다. 브레멘에는 항공·조선·자동차·전자 등의 산업이 집적되어 있다.

브레멘 테크노폴리스는 1971년에 개교한 브레멘 대학의 학술 및 연구기능을 바탕으로 브레멘에 첨단기술형 기업을 유치하고 육성하고 있다. 베저강변의 브레멘항 주변에 약 3,300ha가 넘는 넓은 공업용지를 조성하여 첨단산업의 거점을 형성하고 있다. 브레멘 테크노폴리스 개발을 위해 중추적인 역할을 하는 추진기관은 1985년에 브레멘 주(州)정부[2]가 전액 출자하여 만든 브레멘주 경제진흥공사(WFG)이다. WFG는 많은 전문가들을 중심으로 브레멘 대학 주변에 약 60ha의 첨단산업단지(Technologie Park Bremen)를 조성하여 첨단산업체들을 유치하고 있다. WFG는 이 단지 내에 비즈니스 인큐베이터 기능을 가진 브레멘 이노베이션 테크놀로지센터(Bremen Innovation Technologie Zentrum : BITZ)를 브레멘 상공회의소, 브레멘 대학·브레마하펜 대학, 민간기업과의 공동출자로 설립하여 새로이 창업하는 기업들을 지원하고 있다. 브레멘 이노베이션 테크놀로지 센터(BITZ)의 설립목적은 연구개발을 주목적으로 하는 기업을 입주시키고 하나의 기업으로 독립할 수 있을 때까지 기술 및 경영지원을 위한 인큐베이터의 기능을 담당하기 위한 것이다. 또한 WFG는 외국으로 진출하려는 기업을 위한 인큐베이터시설인 국제무역센터를 브레멘의 도심에 설치하여 운영하고 있다(권영섭, 1993 : 49-52).

특히 WFG는 브레멘 주정부와 협력하여 지역기업들의 기술 및 재정적인 지원을 위한 다양한 프로그램을 운영하고 있다. 예를 들면 WFG는 연구개발촉진에 도움을 주는 중소기업진흥 프로그램, 환경보전기술에 대한 산업지원제도 등의 운영을 통하여 지역경제활성화에 기여하고 있다. 이 밖에도 WFG는 외국기업들의 유치를 위해서도 적극적인 활동을 하고 있다.

4. 제3이탈리아 산업지구

최근 소품종 대량생산방식을 근간으로 하는 포드주의(Fordism) 생산체제를 유지하고 있는 많은 산업지역들이 경제적 위기에 처해 있는 반면, 유연적 전문화(flexible specialization) 전략을 채택하고 있는 지역의 경제는 지속적인 성장을 계속하고 있는 사실은 지역경제정책의 수립에 있어 시사하는 바가 크다. 포스트 포드주의(Post-Fordism) 생산체제라고도 표현되는 유연적 전문화 생산방식을 취하는 기업들은 하청, 임시고용, CAD-CAM을 이용한 생산체제, 컴퓨터 통신망의 도입, 즉시(Just-In-Time) 생산방식의 도입 등을 통하여 생산체제의 유연성을 추구한다. 이러한 유연적 전문화 생산방식을 채택하는 지역의 대표적인 예가 제3이탈리아

---

2) 브레멘은 베를린, 함부르크와 함께 도시주(州)의 하나이다.

산업지구이다.

이탈리아는 지역경제구조의 특성에 따라 세 가지 지역으로 구분된다(이재원, 1992：92-93). 첫째는 제1지역으로 대기업 및 대도시를 중심으로 한 북서부 선진 공업지역이고, 둘째는 제2지역으로 농업을 중심으로 한 남부 후진지역이며, 그리고 셋째로는 제3지역으로 중소기업 및 중소도시들을 중심으로 한 중부와 북동부 산업지구로 구분된다. 여기서 주목을 받는 지역이 제3지역으로 '제3이탈리아 산업지구' 혹은 단순히 '산업지구'로 불리기도 한다. 제3이탈리아 산업지구의 경제는 전통적 산업인 섬유·의복·신발·가구산업 등이 지배적이며, 기계공구산업과 같은 근대적 산업부문도 다소 존재한다. 이 지역 내 기업들은 전형적인 유연적 전문화 생산체제를 유지하고 있는데, 인근의 소도시 및 농촌지역을 기반으로 각 기업들이 산업지구라는 독특한 형태의 경제공간 속에서 기업 간 부문별 특화정도를 달리하며 활동하고 있다.

제3이탈리아 산업지구는 공정상 상호 결합된 각각의 독립기업들이 공간적으로 집중함으로써 구성된 산업클러스터로 볼 수 있다. 산업지구란 기존의 공업단지와는 구분되는 특수한 형태의 경제공간으로서 구매에서 생산 및 판매에 이르기까지 기업의 주요기능이 각각의 독립된 기업에 할당되어 조직의 성격이 수직적으로 분산되고 탈집중화되어 있는 특징을 가진다. 생산공정의 수직통합이 조직을 경직시킴에 비해 공정의 수직적 분리는 기업의 유연성을 증대시킨다는 점이 산업지구 발달의 원인이 된다. 이와 더불어 산업지구 내의 기업들은 시스템 전체의 측면에서 규모의 경제를 누린다(유승한, 1993：45).

산업지구의 가장 큰 특징은 지구 내 기업 간의 관계가 지역사회에 의해 조절된다는 점이다. 전통경제학은 산업체제의 운영방식이 일차적으로 시장경제원리에 따른 경쟁과정에 의해 결정된다고 보고 있지만, 산업지구에서의 기업 간 관계는 시장과 지역사회라는 두 가지 메커니즘에 의해 조절된다. 산업지구에서 기업들은 어떤 원칙에 따라 상호 관련을 맺으면서 공간적으로 집적되는데, 이때 핵심적 요소는 '조직'이다. 산업지구 내에서 개별 기업의 경제적 성공은 임금·토지·자본 등과 같은 생산비용 측면에서의 경제성 때문에 이루어지는 것이 아니라, 소규모 기업에 기초한 효과적인 '사회경제적 조직'에서 창출된다.

산업지구의 기업조직적 특징은 다음과 같다(이재원, 1992：93).

첫째, 소규모 기업들 간에 강력한 연계망이 형성되어 부문별 특화 및 상호 하청계약관계를 가진다. 따라서 기업의 성공 여부는 개별기업의 성과로서 파악되는 것이 아니라 전체로서 파악된다.

둘째, 산업지구 내 개별기업들은 동일한 산업부문에 속하여 기업 간 전·후방 연관관계를 맺으면서 지리적으로 집중된 상태에서 일종의 '생산군'(生産群)을 형성한다. 이 경우 아이디어·기술혁신·공동체의식, 그리고 기업 간 거래속도 등이 향상되는 효과를 공유한다.

셋째, 신기술·신제품 등과 같이 기업활동과 관련된 각종 정보를 즉각적으로 공유하여 집합적 협력관계를 유지하고 강화한다.

넷째, 기업의 역동성이 강하여 산업지구 내에 새로운 기업이 설립될 경우 자본·토지·법적 조건 등과 같은 정보에 쉽게 접근하고 대기업의 지배로부터 보호받으면서 독립적인 제품설계능력을 가지고 최종소비시장에 쉽게 접근할 수 있다.

다섯째, 산업지구 내 기업들은 가격경쟁이 아닌 생산제품의 범위(종류)를 확대하여 경제적 이익을 창출한다. 여기서는 제품의 질, 설계기술, 제품선택, 상호 간 혁신을 위한 경쟁 등이 활발하여 산업지구 내 기업활동의 유연성이 증대된다.

여섯째, 노동력 차원에서는 환경변화에 유연하게 적용할 수 있는 숙련노동력이 풍부하며, 관리자와 노동자 간의 엄격한 구분이 존재하지 않는다.

일곱째, 상호 신뢰와 협력을 바탕으로 기업 간 거래가 이루어진다.

이제 제3이탈리아 산업지구가 우리나라의 지역경제정책에 어떠한 시사를 주는지 살펴보면 다음과 같다(이재원, 1992 : 94-95).

첫째, 지역경제 활성화라는 과제가 경제적 차원의 정책수단만으로는 이룩될 수 없다는 점이다. 제3이탈리아 산업지구의 사례에서 살펴보았듯이 지역공동체 의식이 기업활동에 상당히 기능적으로 작용함을 볼 때, 지역의 경제부문과 주민들의 사회생활부문이 밀접하게 연결되어야 하고 지역경제정책도 이들 두 부문의 통합에 관심을 기울여야 함을 알 수 있다.

둘째, 지역경제를 활성화하기 위해서는 반드시 첨단산업만을 유치하고 육성해야 한다는 강박관념에서 탈피할 필요가 있다. 제3이탈리아 산업지구의 사례는 전통산업들도 어떻게 조직화하여 운영하느냐에 따라 지역경제활성화에 기여할 수 있음을 시사한다.

셋째, 제3이탈리아 산업지구의 사례에서 보듯이 중소기업들만으로 집합적 조직을 구성하여 상호 간 기업활동의 연계망을 적절히 구축한다면 전체로서 대기업이 누리는 경제적 효과를 창출할 수 있다. 따라서 대기업과 중소기업 간의 지속적인 하청계열관계만이 건전한 지역경제구조를 유지하는 대안이 아님을 알 수 있다.

넷째, 지역경제에서 지방정부의 역할이 경제적 측면뿐만 아니라 사회적 측면에서도 중요한 의미를 가진다는 점을 인식하여 지방정부는 이들 두 부문을 통합하고 연계시키는 역할까지 담당해야 한다는 점이다.

☑ 연습문제

1. 포드주의(Fordism) 생산체제와 포스트 포드주의(Post-Fordism) 생산체제를 비교하여 설명하고, 이들 두 가지 생산체제가 지역경제정책의 수립을 위하여 갖는 정책적 시사점을 논의하시오.
2. 테크노파크(techno-park)와 과학연구단지(science park)의 차이점을 간략하게 설명하시오.
3. 테크노폴리스와 테크노파크의 공통점과 차이점을 간략하게 설명하시오.
4. 비즈니스 인큐베이터(business incubator) 제도의 기본목적을 설명하고, 지역경제정책을 위하여 갖는 시사점을 논의하시오.
5. 산업장려지구(enterprise zone)의 목적과 유래를 간략하게 설명하시오.
6. 산업클러스터의 개념을 설명하고, 산업클러스터가 지역경제개발을 위해 갖는 시사점을 논의하시오.
7. 제3이탈리아 산업지구가 우리나라의 지역경제정책에 어떠한 시사를 주는지 논의하시오.

제23장

지역주택정책

제1절 지역주택정책의 의의

1. 지역주택문제

인간의 삶에 가장 중요한 기본적 욕구는 '의식주'이다. 사실 우리의 경우 이 중에서 의복이 가장 우선적으로 지적되고 있지만 이는 각국의 문화적 환경에 따라 달라질 수 있을 것이다. 그러나 분명한 사실은 인간의 삶에 있어 주거(住居)는 아무리 그 중요성을 강조해도 지나치지 않을 것이다. 의식주가 풍부한 사회는 적어도 물질적인 면에 있어서는 그만큼 국민의 생활의 질이 윤택하다고 말할 수 있을 것이다. 그리고 국가가 존재하는 중요한 이유 중의 하나도 이러한 인간의 기본적인 욕구를 최소한도나마 충족시켜 주는 데 있다.

그러나 이러한 사회의 현실적 필요성에도 불구하고 대부분의 국가는 정도의 차이는 있지만 아직도 이를 온전히 실현시키는 데 실패하고 있다. 특히 국민생활에서 주거는 거의 대부분의 국가에서 양적 및 질적 양 측면에서 심각한 사회문제가되고 있다. 이러한 주택문제는 상호 연관되어 결국 불량주택과 주택부족문제로 나타나며, 이는 사회 내 가지지 못한 자의 주택구매능력(affordability)의 부족과 밀접한 관련을 맺고 있다.

　　정부는 그 동안 빈곤층을 위하여 주거와 관련하여 여러 가지 정책을 시행해 왔다. 이러한 정책들은 각기 그 나름대로의 역할을 수행하였으며 시대적 특성에 따라 그 내용이 변모해 왔다. 우리의 경우 특히 1960년대 이후 도시화가 급속히 진전됨에 따라 많은 농촌인구가 도시로 이동하여 도시에 거주하였지만 이들이 사용할 수 있는 기존의 재고주택(在庫住宅)은 매우 제한적이었다. 따라서 이들은 대개 도시 내 열악한 주거환경 속에서, 즉 셋방 또는 불량주택지에 거주하며 생활하였다. 따라서 주택부족과 불량촌 형성이 지역주택문제의 핵심을 차지하였다. 이 장에서는 지역주택문제를 도시지역을 중심으로 살펴보기로 한다. 물론 농촌지역도 불량주택 등 주택문제가 없는 것은 아니지만, 특히 주택문제는 도시지역에서 두드러지게 나타나기 때문이다.

2. 불량주택의 개념

　　불량주택은 상대적 개념으로서 국가에 따라서 또는 국가 내에서도 시대에 따라서 그 기준이 변할 수 있다. 그러나 일반적으로 불량주택이라 함은 수준 이하의 집(substandard housing)으로서 주택지구의 외형, 부대시설 등의 물리적인 상태가 건전한 주거공간으로서의 기능을 다하기에 부적합한 건축물을 말한다.[1]

　　그러나 이러한 개별적인 불량주택이 단순히 존재한다고 해서 반드시 도시지역의 주택문제가 되는 것은 아니고, 불량주택들이 일정한 공간상에 연속적으로 위치해 있고 그 비율이 높은 지구인 불량촌 혹은 불량주거지가 주택문제의 핵심을 이룬다. 도시지역의 불량촌이란 농촌에서 유입된 이주민들이 주종을 이루는 저소득층의 집단주거지로서 대개 주택의 지위가 불법·불량이며, 도시기반 및 생활편익시설이 매우 열악한 도시의 특정지역을 의미한다. 불량촌은 산업화의 초기단계에 농촌에서 도시로 유입된 빈곤층이 국·공유지 또는 사유지를 무단으로 점령하여 집단적으로 정착하면서 형성되었다.

---

1) 미국의 주택센서스에 의하면 주택의 질을 크게 ① 양호주택(sound housing) : 결함사항이 없는 주택, ② 불량주택(deteriorating housing) : 대대적인 개량이 필요한 주택, ③ 철거대상주택 (dilapidated housing) : 악화가 심하여 주택으로서의 기능을 수행할 수 없어 철거대상이 되는 주택 등으로 분류하고 있다.

그러나 개발도상국의 불량촌(squatter settlement)은 선진국의 슬럼(slum)이나 게토(ghetto)와는 구별이 되어야 한다. 두 지역 모두 사람의 주거지로서 적합하지 못한 것은 공통점이지만 그 특성에 있어서는 차이가 있다. 즉 개발도상국의 불량촌은 국·공유지나 사유지의 무단점령에 의한 법적 기준에 미달하는 주택인 데 반하여 슬럼이나 게토는 원래 합법적인 건물이나 거주민들의 이주에 의한 공동화 또는 방치로 인하여 물리적으로 노후한 건물단지를 의미한다. 그리고 여기에는 주거지역뿐만 아니라 상업지역 등 비주거지역도 포함되며, 특히 흑인(혹은 소수인종)이 밀집해 있고 범죄 및 질병의 위험성이 매우 높은 지역을 말한다.

3. 도시지역 불량주거환경의 특성

불량촌의 특성은 크게 두 가지로 나누어 볼 수 있다. 하나는 불량촌의 물리적 특성이고, 다른 하나는 불량촌을 구성하는 주민의 사회 및 경제적 특성이다.

1) 물리적 특성

물리적 특성으로는 경사가 급한 고지대, 홍수, 침수위험이 있는 하천변 등에 입지함으로써 주거입지에 부적합한 재해의 위험이 내재된 지역에 입지하고 있다. 그리고 도심의 업무 중심지에 가까운 곳에 위치하거나 도심지가 아니더라도 도시지역 내의 도시활동이 활발한 지역과 연계성을 가지면서 위치하고 있다. 이는 도심으로 접근성이 높고 도시의 제반활동이 편리한 지역주변에 입지하려는 경향을 보이고 있는데, 그 원인은 경제적 측면에서 기인된 것으로 도심지의 주거비용이나 지가 또는 교통비용부담으로 인해 도심주변에 입지하려고 하기 때문으로 보인다.

불량주거지는 물리적 환경의 측면에서 주택의 질적 수준이 일정수준에 달하지 못하는 주택의 수가 정해진 비율 이상 밀집하고 있는 일단의 주거지를 말하는데, 이때 기준은 건물의 노후상태, 구조적인 결합, 또는 시각적인 불량상태 등에 따라서 결정되는 것이 보통이다.

이러한 불량주택지구는 1945년 이후 1950년대 말까지는 하천변과 공원이나 녹지로 이용되어야 할 산중턱을 불법으로 점거하여 집단주거지역을 형성하였다. 그리고 1960년대 이후 현재까지는 도시화의 진전으로 인한 도심의 인구과밀 압박

에도 불구하고 중간계층의 교외화가 광범하게 일어나지 못한 결과 중산층은 도심
과 그 주변의 정상택지에, 저소득층은 도심의 유휴 공한지에 무허가 판자촌을 형
성하여 도심 내 주거지 분화가 이루어져 왔다.

　　불량주거지의 물리적 환경의 특징은 일반적으로 주거면적의 협소, 부적합
한 공간의 사용, 프라이버시의 미확보, 건축재료의 열악성, 주택설비의 노후 등이
다. 이것들은 주거생활의 부적합성을 잘 나타내 주고 있다. 그러나 모든 불량촌의
물리적 특성이 반드시 동일한 것은 아니고 일부 다양성이 존재한다. 그러나 대부
분 주거밀도가 높고, 생활편익시설이 부족하며 미관이 불량하다(대구사회연구소,
1994).

2) 사회·경제적 특성

　　불량촌 주민들은 대부분이 농촌을 지역적 배경으로 갖고 있는 이농민 출신들
이다. 1960년대 이후 급속한 산업화의 추구로 도시에 많은 공장이 들어섰고 여기
에 필요한 노동력이 주로 농촌의 이농민으로 채워졌다. 한편 농업은 저농산물가
(低農産物價)와 공업과의 격차로 피폐하였다. 도시로 유입된 노동력은 단기적으로
공급과잉을 빚어 저임금과 불완전 고용이 특징을 이루었다.

　　도시불량촌의 사회적 특성은 주로 한계성(이웃과의 접촉, 주민조직활동에의 참
여, 열등의식, 정보전달매체에의 접근도, 도시서비스시설 이용도, 미래관, 좌절감 등)과
관련하여 논의되어 왔다. 불량촌 거주자들은 일반 도시민과 다른 사회적·정치적
성향을 나타낸다는 주장도 종종 있었다. 그러나 실제 조사연구에 의하면 이들은
전통적인 사고방식이나 생활양식에서 벗어나 발전적이고 미래지향적인 사고를 가
지고 있었다. 이들은 빈곤문화에 빠져 있는 것이 아니라 불량촌을 더 나은 생활로
의 상승이전을 위한 계기로 삼고 있었다. 이들은 새로운 삶의 기회와 방식에 대한
강한 욕구를 지닌 집단으로 형성되었다(현대사회연구소, 1985 : ix).

　　이들 가구의 특성은 여성 가구주가 상당히 많다는 점과 가족 중 환자가 많다
는 점이다. 그리고 가구주의 학력은 상당히 낮지만 자녀들에 대한 교육열은 상당
히 높은 것으로 나타나고 있다.

　　이들의 직업구조는 전문직·사무직·경영직·숙련직보다는 단순노무직·판매서
비스직·노점상과 행상직이 주류를 이루고 있다. 이들은 이러한 도시 비공식부문
(urban informal sector)의 단순노무직에 의존하기 때문에 직업에 관한 정보를 수시

로 얻기 위하여 비슷한 처지의 사람들과 끊임없는 정보교류를 한다. 따라서 이들은 생존전략의 일환으로서 친척 간·이웃 간·직장동료 간에 긴밀한 사회적 연결망을 구축하고 있다. 또 다른 특성은 교통수단 이용의 제한성으로 대중교통을 이용하여야 하기 때문에 이들의 일터가 대중교통수단의 이용가능성과 연계되어 있다. 그리고 이들은 동질적 의식과 생활양식을 가진 친척 및 이웃들과 함께 거주함으로써 생활에 대한 안정감 등을 느낀다. 따라서 이들이 상류층과 대비되는 지역에 강제 이주하게 될 때는 강한 열등감을 표명하게 된다.

불량촌 주민들의 경제적 생활수준이 평균수준 이하에 머무르고 있지만, 그들이 현재의 불량주거지역에 거주하게 된 원인이 반드시 낮은 소득 때문만은 아니다. 실제로 상당수 주민들은 자신들이 지금보다 훌륭한 정상적인 주거지역에 살수 있을 정도의 소득을 갖고 있다.

빈곤계층은 주거비 지출이 재정압박요인이 되는 것은 사실이다. 거주지 선택이유가 대부분 경제적 이유 때문이지만, 그들이 현재 거주하고 있는 주거의 비용을 부담하기가 매우 곤란한 정도는 아니다. 빈곤층은 자신의 능력범위 내에서 주거지를 선택하고 있으며, 가능한 한 더 넓은 공간으로의 이동을 바라고 또한 노력하고 있다. 따라서 이들 일부 주민들이 이러한 불량주거지에 거주하는 것은 사실상 장래에 더 좋은 사회·경제적 여건을 조성하기 위한 발전지향적 사고에서 비롯된다고 볼 수 있다. 이들은 모두 절대 빈곤층이 아니라 잠재적 중산층도 상당히 있다. 이들 중 상당수가 계층의 상승이동을 추구하고 있는 것이다. 이들은 장래 보다 나은 생활을 영위하기 위해 필요에 따라 여기에 거주하는 것이다. 다시 말해 이들 간에도 계층화가 존재하는 것이다.

도시빈곤계층의 주거에 대한 만족도는 상당히 낮지만 일반적으로 생각하는 것처럼 그렇게 극단적으로 낮지는 않다. 그리고 주거에 대한 불만이 높다고 해서 이주할 계획이 있는 것은 아니다. 도시빈곤계층은 상당수가 주택마련을 계획하고 있으며, 이를 위해 주택적금이나 저축방식을 선호하고 있다(대구사회연구소, 1994).

제2절 불량주택의 형성과정

우리나라의 불량촌 형성은 크게 일제식민기(1910-1945)·해방과 한국전쟁
(1945-1960)·산업화(1960-1980)·후기산업화(1980-) 등 4단계로 구분해 볼 수 있
다.[2]

1. 일제식민기

불량지구의 시초는 일제때 조선의 도시와 농촌에 있었던 빈민촌의 원시적 형
태였던 토막민촌이었다. 일제의 수탈적 농업정책에 의해 강압적으로 도시에 이주
한 빈민들은 토굴을 파거나 거적을 이용한 토막집에서 생활하였다. 이러한 형태의
주거지는 단지 몸을 피하기 위한 은신처의 기능밖에 수행하지 못하였다.

2. 해방과 한국전쟁

일본 식민지하의 무단수탈정치로 인하여 만주나 일본으로 이주한 사람들이
해방 후 고국으로 돌아와 대부분 서울을 비롯한 대도시에 재정착하였다. 이들은
대부분 경제적으로 빈곤상태에 있었기 때문에 정상적인 주거생활보다는 불량촌에
거주하였다. 그리고 한국전쟁으로 인한 피난민의 대부분이 불량촌인 판자촌에 정
착하였다. 이들 대부분은 도시빈민으로 전락하면서 국·공유지를 무단으로 점령하
여 불량한 목재조각이나 흙으로 건축한 판자촌을 형성하였다.

---

2) 김형국(1989)은 불량촌 형성을 ① 제1세대로 한국불량촌의 원형 : 토막민촌, ② 제2세대로 사회
재변(災變)의 불량촌 확산 : 판자촌, ③ 제3세대로 도시화 후유증인 불량촌의 형성 : 달동네로 구
분하고 있다. 한편 하성규(1992)는 불량촌 형성을 ① 제1기 일제식민지 : 토막민촌 빈민굴, ②
제2기 8·15해방과 6·25동란 이후 : 판자촌, ③ 제3기 1960-1980년대 초 : 달동네·산동네, ④
제4기 1980년대 초반 이후 : 벌집·닭장·비닐하우스 등으로 구분하였다.

3. 산 업 화

1960년대 박정희 정권에 의한 급속한 산업화의 추구로 많은 농촌인구가 도시로 집중하였다. 그러나 도시는 이들 노동자들을 수용할 수 있는 기반시설과 주택을 갖추지 못한 상태였으며, 이는 소위 가도시화(假都市化)를 촉진시켰다. 이들 도시로의 이주민들은 주로 도시 내 비공식부문에 종사하였으며, 저임금과 불완전고용으로 빈곤의 상태에 머물러 있었다. 따라서 이들은 정상적인 주거생활을 할 경제적 여유가 없었으므로 주로 국·공유의 하천부지나 가파른 산비탈에 집단적으로 무허가촌을 형성하게 되었는데, 이는 산동네 또는 달동네로 불리우게 되었다.

4. 후기산업화

1980년대까지 상당수 불량촌이 재개발되었지만 아직 많은 불량촌이 도시에 남아 있다. 그리고 이들 외에도 도시의 저임금노동자들이 집단적으로 비좁은 자취방이나 셋방에 거주하면서 주거비를 절약하고 있다. 이들은 대부분 열악한 고용상태에서 소득이 불규칙하거나 여러 명의 노동자들이 한 방에서 숙식한다. 주로 2-3평 규모의 셋방이 한 지붕 밑에 10-20개씩 연결되어 있고, 화장실과 수도 등을 공동으로 사용하는 주거지로서 1980년대에 급격하게 발생한 새로운 형태의 불량촌이다. 이들은 도시외곽의 공단과 시장주변에 많다.

제3절 지역주택정책의 개관

1. 도시지역 주택정책

우리나라에서 도시지역 주거정책은 불량촌 재개발을 중심으로 실시되었으며, 이는 각 시대의 사회경제적 배경에 따라 독특하게 추진되었다. 1950년대 이후부터 정부가 추진한 각종 불량촌 재개발방식을 시기별로 살펴보면 다음과 같다.

1) 전면철거(1950 - 1965년)

8·15해방과 6·25한국전쟁 등 급격한 사회적 변혁기를 통해 대도시 내에는 많은 무허가 건물이 생겨났다. 도시로 몰려든 빈곤층은 불법적으로 국·공유지를 점유하고 불량주택을 건립하여 집단 불량촌을 형성하였다. 이들의 입지적 특성은 주로 국·공유지 하천부지나 산비탈에 많이 입지하고 있었다.

도심이 점차 개발되고 확대되면서 정부는 도심 내 불량촌이 도시계획적 측면에서 토지이용의 고도화와 효율화에 걸림돌이 된다고 생각하여 이들을 철거하고 동시에 이들 주민들을 도심 외곽지로 재정착시키려는 정책을 시도하였다. 이러한 정책들은 도심 내의 불량촌을 제거하는 데 초점을 두고 시행되었으나, 결과적으로는 재정착지역들이 다시 불량화되어 불량촌의 '장소적 이전'이라는 악순환만 계속되어 재개발의 근본적인 목표를 달성하지 못하였다.[3]

2) 시민아파트의 건립(1965 - 1972년)

1960년대 중반부터 대도시에는 새로운 주거형태로서 아파트가 각광을 받기 시작하였으며, 정부에서도 도시저소득층 주택문제를 해결하기 위하여 도시정부가 주체가 되어 시영아파트를 건립하여 보급하였다. 이러한 시영아파트의 건립은 기존의 철거재개발로 인한 불량촌 주민의 상당수가 도심지로 다시 돌아온 문제점을 보완하고 현지정착을 도모한 새로운 재개발방법이었다. 이 정책은 불량촌 주민들의 일자리, 교통문제, 그리고 토지이용의 효율화 등을 고려하여 시유지를 점유하고 있는 무허가 건물을 철거하고 도시정부가 그 장소에 시민아파트를 건립함으로써 불량촌 주민의 주거생활을 안정시키는 데 목적을 두었다.

3) 대규모 단지조성(1969 - 1972년)

빈곤층을 위한 시민아파트 건립사업과 병행하여 시도된 재개발정책이 광주 대단지 이주정책이었다. 광주(현재 성남시) 대단지 조성과 집단이주정책은 서울시의 불량촌 주민을 집단으로 도시 외곽지에 이주시키는 인구분산책과 도시빈민 주거안정이라는 두 가지 목표를 가지고 있었다.

---

3) 도심지의 불량촌을 도심 외곽으로 이전시킬 당시만 하더라도 외곽지는 개발이 되지 못한 낙후된 상태였다. 그러나 시간이 흐름에 따라 도심이 확대되면서 주거지개발이 점차 외곽지로 확산되면서 이 외곽지가 다시 도심이 되는 소위 도심의 확산현상이 일어났다. 따라서 초기 외곽으로 이전되었던 불량촌이 다시 재개발되어야 하는 악순환을 가져왔다.

그러나 문제점은 도시기반시설이나 행정서비스의 공급 없이 대단위 주거지를 조성함으로써 도시빈민을 수용한다는 것이 불가능했다는 점이다. 또한 반 실업상태의 도시빈민들은 일자리가 있는 서울로 재진입할 수밖에 없어 이 정책은 도시저소득주민의 사회경제적 속성과 상황을 무시한 지극히 행정편의주의적인 발상이었다. 이처럼 대규모 단지조성이나 집단이주가 사회문제를 초래한 것은 기존의 삶의 터전을 해체시키고 새로운 삶의 장소를 구성하는 데 실패하였기 때문이라 할 수 있다. 결국 광주 대단지 이주정책은 주민들의 급격한 저항운동으로 중단되었으며 많은 부작용을 수반하였다.

4) 양성화 및 현지개량사업(1968-1973년)

정부는 도시빈곤층 주거지역을 위한 철거에 의한 재개발방식이 한계를 노정(露呈)하자 이를 중단하고 가능한 한 기존주택을 정비하고 양성화하는 정책을 시도하였다. 양성화 방법은 기존의 무허가 건물 가운데서 건축의 물리적 구조나 재료가 양호한 건물들은 철거하지 않고 현지에서 개량할 수 있도록 양성화시켜 주는 것이었다. 이 정책은 불량촌 주민의 자조적인 불량주택개량 노력을 제도적으로 보장하였고, 재개발사업에 주민의 적극적인 참여를 유도하였다. 그리고 불량주택을 도시빈곤층을 위한 효과적인 주택자원으로 인정하여 주택재고를 감소시키지 않았고, 원래의 생활터전을 파괴하지 않고 보존하였다는 점에서 매우 효과적이었다고 할 수 있다.

그러나 이러한 양성화정책은 개별주택의 개량 및 외형적 환경개선에 치중한 결과 본질적으로 불량촌 전체지구의 계획적인 재개발을 어렵게 만들었다. 또한 정상 주거지와 비교해 보았을 때 도시기반시설 등을 완전하게 개량하지 못한 점도 한계점이었다. 뿐만 아니라 무허가 불량건축물이 입지한 국·공유지의 불하가 순조롭게 이루어지지 못한 점도 한계로 지적되고 있다.

5) 주택개량 및 철거재개발(1973-1982년)

광주 대단지사건 이후 정부는 정치적 안정이 필요한 시기였으며, 또한 도시저소득층의 정치적 지지를 위해서도 불량촌 주민들이 적극 반대하는 철거위주의 재개발방식을 지양할 필요가 있었다. 정부는 1973년 「주택개량촉진에관한임시조치법」을 제정하여 지방정부는 불량주거지 내의 국·공유지를 현재의 점유자에게 불하함과 동시에 공공시설을 설치하는 비용을 지원하였다. 주택개발 및 개량사업은 주민이 자력으로 주택을 건립하는 자력 재개발사업을 중심으로 추진되었다.[4]

이 사업의 성공 여부는 주택개량을 지원하는 재원에 달려 있었다. 그러나 별다른 재원조달방법을 갖지 못한 채 사업에 소요되는 비용부담을 주민에게 의존하면서 재개발사업을 시행하였기 때문에 주민의 반발을 초래함은 물론 원래의 목표와 달리 많은 역효과만 초래하였다.

6) 합동재개발사업(1983년 이후)

기존의 불량촌 재개발사업은 불량촌 주민으로부터 많은 원성을 샀으며, 이는 새로운 주택재개발사업으로서 합동재개발사업이 나타나는 계기가 되었다. 합동재개발방식은 도시재개발법상 도시재개발의 시행자인 토지 등의 소유자 또는 그들이 설립한 조합, 지방자치단체, 공사, 특수법인 및 제3개발자 등이 설립한 개발조합이 시행자가 되어 주택건설촉진법의 규정에 의한 국민주택사업자를 참여조합원으로 가입시켜 시행하는 방법이다. 기존의 공공시설 재개발법에 의한 재개발사업이 주민의 경제적 영세성과 지방자치단체의 재정능력 부족으로 인해 부진한 점을 고려하여 주민에 의해 설립된 조합을 시행자로 하여 민간이 주도적으로 재개발사업을 추진하도록 하는 방법이다.

합동재개발방식은 이론적으로는 고밀도의 아파트를 건립하게 함으로써 많은 개발이익이 발생하여 주민의 경비부담을 줄일 수 있고, 토지이용의 고도화 및 계획적인 도시정비가 용이하다. 또한 사업시행기간의 단축으로 건축비를 절감할 수 있고 주민이 직접 참여함으로써 그들이 원하는 개발을 할 수 있다.

그러나 합동재개발의 원래 목표와는 달리 민간사업자가 초기 투자비용을 부담하는 방식으로 개발사업이 추진된 결과 현지주민의 정착이 이루어지지 못하였고 (투기와 전매행위의 성행), 세입자에 대한 거주대책의 부재, 불공평한 개발이익 배분, 국·공유지의 저가매각과 고밀개발에 의한 사업주체의 과다한 이윤추구, 부동산 투기의 유발 등 부작용이 발생하였다. 특히 1980년대 이후 불량주거환경 개선을 위한 정부의 노력으로서 불량주택 재개발사업을 시행하면서 사업자의 과다한

---

4) 이 기간 동안 행해진 자력 재개발사업은 사업주체별로 주민 스스로 주택을 건립하는 철거 및 주택개량사업뿐만 아니라 AID차관에 의한 차관재개발사업, 민간위탁사업에 의한 재개발사업 등도 포함된다.

이윤추구로 인하여 저소득층 주민들의 경제적 부담능력을 초과하는 아파트가 주로 건설되어 상당수의 주민들은 재정착이 불가능하게 되었고, 이 과정에서 투기가 성행하였다.

합동재개발사업은 민간사업자에게 가장 많은 이익을 가져다 주었고, 주택소유자에게도 상당한 이익을 주었다. 그리고 지방자치단체도 도시미관의 개선과 세수확대(稅收擴大)를 도모하였으며, 일반 입주자도 주택재고량의 증가로 인해 아파트 마련기회를 갖게 되었다. 그러나 세입자만은 별다른 보상이 주어지지 않은 상태로 기존의 삶의 터전을 상실함으로써 큰 피해를 입었고, 이들은 재개발과정에서 대부분 강한 저항을 나타내었다. 이것이 바로 철거민 저항운동으로 나타났다.

7) 주거환경개선사업

주거환경개선사업은 도시의 저소득 주민 밀집주거지역의 주거환경을 개선하여 도시의 저소득 주민의 복지증진과 도시환경개선에 이바지함을 목적으로 한다. 주거환경개선사업은 정비구역[5]의 주거환경개선을 위하여 필요한 주택의 건설, 건축물의 개량, 공공시설의 정비, 소득원의 개발 등 주거환경개선계획에 따라 행해지는 사업을 말한다. 이 사업의 주체는 시장·군수 및 이들이 지정한 공기업 등이된다.

기존의 재개발정책은 주택소유주 위주의 재개발사업 진행, 원주민의 수준에 맞지 않는 개발계획, 개발여건의 완화에 따른 토지투기꾼의 개입, 주택가격의 상승에 따른 투기과열 등으로 인해 결과적으로 현지 불량촌 주민의 주거향상을 도모하는 데 실패하였다. 따라서 주거환경개선사업은 현지주민의 재정착을 유도함으로써 도시 저소득층을 위한 실질적인 도움을 주면서 지금까지 시행한 재개발방식의 많은 문제점을 최소화시키는 동시에 점진적 주거환경개선을 통해 불량주택개량사업의 합리적 시행을 도모하고자 시작되었다.

---

[5] 정비구역이란 도시계획구역으로서 노후불량건축물이 밀집된 지역 또는 공공시설의 정비상태가 불량하여 주거환경이 열악한 지역으로서 주거환경개선의 촉진을 위하여 지정된 지역을 말한다. 구체적인 지정요건은 다음과 같다. 첫째, 노후불량건축물이 밀집되어 있어 주거지로서의 기능을 다하지 못하거나 도시미관을 현저히 훼손하고 있는 지역, 둘째, 개발제한구역으로서 그 지구 지정 이전에 건축된 노후불량건축물이 밀집되어 있는 지역, 셋째, 주택개량재개발사업의 시행이 불가능하거나 심히 곤란한 지역으로서 일정비율 이상의 주민이 재개발사업의 시행을 원하지 않는 지역, 넷째, 철거민을 수용한 지역 또는 기타 인구가 과밀하게 밀집되어 있고 공공시설의 정비가 불량하여 주거환경이 열악한 지역으로서 그 개선이 시급한 지역 등이다.

주거환경개선사업은 현지개량과 공동주택건설의 두 가지 방식에 의해 시행될 수 있다.

첫째, 현지개량방식은 주택의 소유주가 자력으로 자신의 주택을 신축·증축·개량하는 형태의 개발방법으로 개별적 개량사업이다. 현지개량방식에 의한 주거환경개선사업은 무허가건축물 집단지역의 철거를 유보하고, 도시계획상 주택을 건립할 수 있는 가능지역으로 설정하여 건축법에 따라 주택을 개량하게 함으로써 도시계획사업으로 주택지를 조성하는 사업으로서 어느 정도 양호한 주거환경을 가진 지역에서 시행한다. 주로 주민자력으로 사업을 시행하고, 재개발사업 시행보다 법적인 규제가 많이 완화되고 비용의 보조 또는 융자를 알선하는 등 저소득층을 현지에 정착시켜 철거이주에 대한 불안을 해소하고 주거안정을 도모하여 집단이주나 불량주택 정비정책보다는 경제적 부담을 경감시키는 장점이 있다.

둘째, 공동주택건설방식은 노후하고 불량한 주거지역을 전면 철거하고 공동주택을 건설하는 집단적인 사업방식이다. 이 방식에 의한 재개발사업은 기존의 합동재개발사업에 있어서의 제반 문제점을 최소화하였다. 철거 후 공동주택건립이라는 점에서 그 동안 민간에 의해 주도되어 왔던 합동재개발방식과 매우 유사하다. 그러나 사업시행자가 공공이고 공급주택의 규모가 18평 이하로 제한되며 장기임대 또는 영구임대주택의 건립으로 주택소유주뿐만 아니라 세입자도 수용하도록 하고 있다. 건설기간중 임시수용대책을 마련하여 현주민의 주거안정을 꾀하고, 사업비를 국고 또는 국민주택기금에서 조달가능하도록 하고 있다.

그러나 이러한 주거환경개선사업도 많은 문제점을 노출시키고 있다(여상일, 1992 : 49-59).

첫째, 주거환경개선사업은 건축법상 많은 기준(건축자재·건폐율·용적률 등)을 완화시켜 준다. 건설업자는 이러한 점을 최대로 이용하여 고밀도 공동주택을 많이 건설하여 이윤을 남기려고 하는데, 이로 인해 주변 주거환경이 매우 악화되는 결과를 초래하였다. 공동주택의 과밀화로 인하여 인접지역의 피해가 극심하게 나타났다. 이에 따라 개량한 불량촌이 다시 불량촌화될 가능성도 존재한다.

둘째, 주민의 의견을 반영하는 절차가 마련되어 있기는 하나 이것이 현실적으로 잘 운영되지 않는다. 특히 공동주택건설을 둘러싸고 주민의 이해관계가 매우 복잡하고 다양한데, 현실적으로 이를 원만히 반영하지 못하는 경우가 많다.

셋째, 사업지구를 지정하는 기준이 모호하다. 대상지역의 면적 이외에는 모두 주관적인 판단의 개입소지를 남겨 놓고 있다.

넷째, 정부지원의 미흡과 세입자문제가 있다. 주거환경개선사업을 위하여 정부가 지원하는 금액이 부족하여 실제 원주민이 이를 이용하여 주거환경을 개선시키기는 어렵고 막대한 개인자금이 소요되며, 지원금마저도 일부에 제한되어 있다. 또한 세입자에게는 주거지출에 대한 압박이 가중될 수 있다.

8) 영구임대주택정책

정부는 그 동안 경제성장 중심의 정책추진으로 실질적으로 저소득층을 위한 주택정책을 거의 추진하지 못하였다. 제6공화국 들어와서 정부가 주택 2백만호 건설, 주택청약 및 금융제도 등을 새로이 도입하여 시행하였지만, 이것도 대부분 중산층 이상의 소득계층을 위한 공급지향적 정책이었다. 그러나 한 가지 색다른 점은 정부가 주택 200만호 건설의 일환으로 저소득층을 위한 주택정책으로서 영구임대주택정책을 도입한 것이다. 영구임대주택은 사회보장적 차원에 초점을 맞춘 것으로, 저소득층의 주거수준 향상을 위하여 정부가 공공재원을 사용하여 시장가격 이하의 임대료로 공급하는 주택을 의미한다. 이의 근본적 발상은 저소득층의 주거안정과 주거수준 향상을 위한 것으로서 자본주의체제하에서 주택을 하나의 상품으로서가 아니라 권리로 파악하려는 이념체계를 지니고 있다. 따라서 영구임대주택정책은 도시영세민 및 무주택자들의 주거안정, 주민들의 복지배분 요구에 대한 부응, 소유중심의 주택개념에서 거주중심으로 전환시키려는 정책적 의지 등을 담고 있다.

저소득층을 위한 주택생산에 정부가 직접 개입하는 대표적인 경우인 공공임대주택은 그 근본 발상이 그 동안 성장위주의 경제정책에서 비롯된 저소득층의 주택난에 대한 다양한 정치적·경제적 문제로부터의 압력에 대응하기 위하여 설계되었으며, 저소득층 주택문제 해결에 상당히 기여하였다. 그리고 아직 주택의 공유개념이 확립되어 있지 않은 상황에서 저소득층을 위하여 주택을 생산하는 거의 유일한 정책대안이기도 하다.

자본주의체제에서 민간부문은 저소득층을 위한 주택을 생산하고 공급하는 것이 거의 불가능하며, 이를 위해서는 공공부문이 결정적 역할을 수행하게 된다. 따라서 일각에서는 정부의 역할로서 더 많고 더 좋은 공공주택을 계속 공급해야 한다고 주장한다. 그러나 현실적으로 공공주택에 대한 부정적인 시각도 있어 이러한 주장은 논쟁의 여지를 남기고 있다.

2. 농촌지역 주택정책

1) 농촌주택의 개념과 변천

일반적으로 농촌주택은 전통적인 농경사회에서 형성된 농민의 주택을 의미한다. 그러나 산업화가 급속히 이루어지면서 농업이 아닌 농촌 공업이나 농촌 서비스업 등에 종사하는 사람들의 주택이 증가하면서 농촌주택의 범위도 확대되었다. 따라서 농촌주택에는 농촌지역에 위치하고 있는 거주 목적의 모든 주택이 포함된다.

그동안 한국의 주택정책은 도시주택에 치중해 왔다. 산업화와 도시화가 급속히 진행되면서 도시주택의 수요가 급증하였고, 이로 인해 도시지역 주택의 양적·질적 문제가 큰 사회적 문제가 되었다. 따라서 도시주택정책이 우선시되었고 상대적으로 농어촌지역 주택정책은 등한시 되었다.

농촌주택정책은 근대화가 시작된 1960년대부터 개량사업으로 시작되어 1970년대 새마을운동으로 본격화되었다.[6] 그러나 80년대 이후 급격한 도시화로 인하여 농어촌지역주택에 대한 관심도는 상대적으로 부족하였다. 정부주도보다는 주민 자력개량을 유도하는 방향으로 정책의 기조가 변화되면서 80년대 중반 이후 농어촌주택에 대한 투자지원도 급격히 축소되었다. 이것은 농어촌주택 종합정책의 부재로 나타났으며, 농촌주택정책이 전면적 포괄적 마을단위 주거환경개선으로 연계되지 못한 채 단편적 파편적 개선에 그치는 결과를 초래하였다. 그러다가 90년대 문화마을조성사업 이후부터는 기존 마을 인근의 지역주민과 도시민들까지도 일부 정책대상에 포함하는 것으로 정책대상이 확대되었다. 이에 따라 농어촌주택정책 방

---

6) 새마을운동은 마을단위의 기초생활환경개선(지붕개량, 담장개량, 마을안길 넓히기 등)에 중점을 두는 사업으로 출발하여 점차 종합적 개발사업으로 확대되어 농가주거환경개선사업과 취락구조개선사업으로 발전하였다. 76년부터 시작된 취락구조개선사업부터 신규택지 조성을 통한 종합적인 정주공간 조성정책이 나타나기 시작하였고, 이를 통해 농촌지역의 신규마을 조성이 급속히 추진되었다.

향도 부분개량에서 다시 전면적인 주택신축개량으로 변하였다. 2000년대 들어서
는 2004년 문화마을조성사업이 폐지되고 대신 전원마을조성사업이 시행되었으며,
이는 은퇴자 등 도시민을 농어촌 마을에 유치하기 위한 사업으로 주 정책대상이 도
시민으로 변화하게 되었다.

최근 교통·통신의 발달과 생활권의 광역화 등 사회·경제·문화적 변화에 따라
농촌지역의 정주공간으로서의 기능이 변화하고 있다. 비록 전체 농촌인구는 감소
하였지만, 최근 교통망 확충 및 접근성의 개선, 그리고 경제권과 생활권의 광역화
로 인하여 전원주거공간의 확대와 귀농·귀촌인구가 증가하고 있다. 농촌도 도시와
마찬가지로 주택의 양극화가 심각하게 나타나고 있다. 특히 고령화로 독거노인 등
농어촌지역 영세계층에 대한 주거복지차원의 정책지원이 필요한 실정이며, 농어촌
주택문제는 양적인 문제보다는 질적인 문제가 더 심각한 상황이다.

2) 농촌주택정책의 내용

농촌주택정책은 도농 간 격차해소와 농업 경쟁력 강화라는 큰 틀에서 이루어
지고 있다. 주된 정책대상은 농촌의 빈곤계층보다는 어느 정도 경제력을 갖춘 농
민들이며, 주된 정책수단은 중소도시 수준의 신규택지 개발과 마을조성, 주택신축
자금 융자에 집중되었다. 우리나라의 농촌주택정책은 선진국에 비해 소극적인 수
준으로, 주택의 건설이나 공급과 같은 직접적인 정책개입보다는 농촌 주거환경개
선사업, 정주권개발사업 등과 같이 주택건설을 위한 주택자금을 융자지원하거나
문화마을조성사업, 전원마을조성사업 등 주택건설을 위한 신규택지를 공급하는 간
접적인 지원정책 위주로 추진되었다.

한편 정부의 저소득층 주거지원제도로는 보건복지부의 주거급여 지원과 국토
교통부의 임대주택 및 국민기초생활보장 수급자의 자가 주택 개보수사업 등이 있
다. 일부 지방자치단체 차원에서도 소규모이지만 농어촌지역에 무료 임대주택을
공급하거나 주택개량보조금 지급, 공동체 홈 건설 등을 통해 취약계층의 주거복지
지원정책을 부분적으로 시행하고 있으나, 체계적이거나 안정적인 정책지원 체계를
갖추고 있지는 못한 실정이다(농림축산식품부, 2013).

제4절 지역주택정책의 방향[7]

1. 도시재개발사업의 지속적 추진

그 동안 도시재개발사업에 대해서는 비판도 많았고 그 기법도 다양하였다. 기존의 재개발방식은 철거재개발이 대부분이었고, 보존재개발과 수복재개발도 얼마 동안 사용되었다. 제3세계 국가에서는 개량재개발방식이 상당히 선호되고 있는데, 이는 정부 또는 공공기관이 재개발보조금을 지급하고 대지를 제공하며 건축법을 비롯한 각종 관련법규를 완화시켜 줌으로써 저소득계층 주민 스스로가 자력으로 개발하게 하는 방식(self-help)과 단지 및 서비스(sites and services)제공 형태를 띠고 있다.

여기서 가장 먼저 검토되어야 할 점은 재개발과 관련된 철거문제이다. 사실 그 동안 도시재개발은 철거위주로 시행되어 왔기 때문에 저소득층의 삶의 기반인 생활환경을 파괴하였다. 이는 결국 이들을 위한 주택재고를 감소시켰으며, 이는 그들의 주거비부담을 가중시키는 결과를 가져왔다. 앞으로 재개발을 지속적으로 추진해 나가되 이들을 강제로 철거하여 집단이주시키는 것이 아니라, 이들을 현지에 수용할 수 있는 재개발방식이 도입되어야 한다. 철거재개발기법을 도입한다 하더라도 '선대책 후철거' 방식이 모색되어야 할 것이다.

2. 영구임대주택공급의 지속적 확대

주택분야에 대한 정부개입을 반대하는 사람들은 주로 자유방임적인 시장경제 원리를 신봉하는 학자들로서 그들은 복지국가적 주택정책이 비효율적이라고 비판한다(Nesslein, 1988; 박병식, 1991 : 28). 한편 이념적 차원에서도 비판하는데, 정부에 의한 공공임대주택 공급은 사회주의정책으로서 사유재산제도에 대한 도전이며, 결국 정부가 시민들의 지주(地主)가 된다는 것이다. 또한 공공임대주택의 건설은

기존의 불량건물을 대체하는 경우가 많기 때문에 이는 전체주택재고의 증가에 크게 기여하지 못하고 민간주택시장의 임대료를 낮출 수 있기 때문에 제한적이나마 주택건설의 위축을 가져올 수도 있다고 본다. 그리고 공공임대주택은 설계나 생산과정이 획일적이어서 거주자의 선호(스타일·면적·위치와 일반적인 주택매력요인들)를 제대로 반영하지 못하는 한계가 있는 것으로 지적되고 있다.

그러나 주택은 자본주의시장에서의 이윤추구를 위한 수단으로서의 상품이 아니라, 인간의 기본적인 생활을 위한 필수품으로서 인간의 권리이다. 주택은 인간의 삶에 있어서 가장 필수적인 요소인 의식주 중의 하나다. 그리고 주택은 순수한 사적재가 아니라, 사회적 가치재로서 이는 외부효과를 발생시켜 사회 전체적인 편익측면에서 중요하므로 정부가 공급의 책임을 질 필요가 있다.

자본주의 자유경쟁시장체제하에서 주택의 공급과 배분은 불안정하게 이루어지게 된다. 또한 주택시장은 공공서비스의 존재, 규모에 대한 수익증가(increasing returns to scale), 외부효과, 정보의 불확실성, 왜곡된 조세체계 등으로 시장의 실패(market failare)가 발생하므로 정부의 개입이 요구되기도 한다. 정부는 저소득층을 위한 주택부족의 해소, 빈민구호, 주거환경의 개선, 주거비부담의 완화, 주택생산의 안정 등을 이유로 민간시장에 개입하고 있다(McGuire, 1981 : 4). 공공주택의 공급으로 민간부문의 건설위축이 반드시 발생하지는 않는다. 공공주택은 민간주택시장에서 경쟁할 능력이 없는 인구계층에만 서비스를 제공하는 것이다. 즉 그들은 민간주택시장에서 일반 소비자와 구별되는 소비자계층이다. 주민들이 불만을 나타내는 것도 영구임대아파트사업 그 자체가 아니라, 평수가 부족하다든지 관리비가 어느 정도 부담이 된다든지 하는 구체적인 정책내용에 기인하고 있다. 따라서 이러한 문제점만 보완된다면 영구임대아파트사업은 도시빈곤층을 위한 주거환경정책으로 지속적으로 추진되어야 한다(염돈민, 1993).

3. 현금보조정책과 영구임대주택공급의 병행추진

빈곤층에게 주택서비스를 포함하여 사회복지서비스를 지원해 주는 방법은 크게 현물급부와 현금급부가 있다. 이들 각각에 대해서는 오랫동안 찬반논쟁이 있어 왔으며 각기 장단점이 있다. 현금급부를 주장하는 입장에서는 복지서비스 수혜자의 자유선택 측면에서 임대료전표(cash vouchers, Smolensky, 1968)[8]와 주택수당 (housing allowance, Aaron, 1972; Muth, 1973)이 가장 효율적인 방법이라고 주장한다. 한편 복지혜택의 형평성 측면에서 보면 현물급부로서의 임대주택공급은 지나치게 과다한 비용이 소요되고, 수혜자의 범위는 비교적 소수의 저소득층에만 한정된다는 것이다(Solomon, 1974). 그래서 현물급부는 다른 주택사업과 비교하여 비효율적이라는 비판이 가해지고 있다(Mayo *et al.*, 1980; Wallace *et al.*, 1981).

그러나 한 가지 분명한 사실은 정부에 의한 직접공급방법은 저소득층을 위한 가장 강력한 지원방식이라는 점이다. 그리고 정부가 실제 의도하는 정책적 효과를 거의 대부분 반영할 수 있는 장점도 가지고 있다. 그리고 저소득층을 위한 주택재고가 절대적으로 부족한 단계에서는 직접공급이 주택재고를 증진시킨다는 면에서도 강력한 효과를 낼 수 있다. 공급이 수요를 따르지 못하는 상황에서는 주택수당만으로는 문제의 해결이 불가능하다. 이러한 상황에서 주택수당(현금급부)은 오히려 임대료의 상승을 가져오고, 결국 편익이 임대인에게 귀착될 수도 있다.

영구임대주택사업이 더욱 실효를 거두기 위해서는 미국에서 일부 시행되고 있는 임대료전표제도를 병행하여 시행할 필요가 있다. 현금보조정책은 공공주택공급으로 대표되는 공급정책과 대비되는 수요측면의 보조방식(demand side subsidy policy)이다. 궁극적으로 공급측면과 수요측면의 정책을 적절히 혼합하여 시행할 필요가 있다.

4. 금융지원 프로그램의 개발

현재 우리나라의 경우 주거안정을 위한 대부분의 금융지원 프로그램은 중산층 이상을 위한 것들이다. 주택은행의 경우에도 담보를 위한 재산이 있어야만 융자가 가능한 실정이다. 결국 저소득계층은 상환능력의 한계로 인하여 직접적인 융

---

8) 이는 미국에서 채택되고 있는 제도로서 예를 들면 해당임차가구가 지불해야 할 임대료가 500달러이고 소득으로 부담가능한 임대료가 400달러라면 그 차액인 100달러가 주택수당액이 된다. 정부는 이 금액을 직접 현금으로 지불하지 않고 전표를 주어 임대인이 이 전표를 임차인에게 받아 제시하면 현금을 지불받게 된다. 이 제도는 임차인에게 현금을 지불하면 주택 이외의 다른 용도로 지출할 가능성이 있고, 그렇게 되면 임차가구의 주거안정이라는 제도의 목표가 달성되지 못하게 되기 때문이다.

자확대정책만으로는 아무런 의미가 없고, 그들이 주택마련을 위하여 융자를 할 때 정부가 지불보증을 해 준다든지, 아니면 이율을 낮게 융자해 주는 프로그램을 개발한다든지 하는 정책을 시행할 필요가 있다. 그리고 저소득가구의 주택마련만을 위한 적금이나 저축 프로그램도 개발할 필요가 있다.

☑ 연습문제

1. 합동재개발사업을 설명하시오.
2. 주거환경개선사업을 설명하시오.
3. 영구임대주택사업을 설명하시오.
4. 주택시장에의 공공의 개입에 대한 찬반론을 평가하시오.
5. 주택지원으로서 현금보조정책의 장단점을 설명하시오.

제24장

지역토지정책

제1절 **토지시장의 특성과 정부개입의 필요성**

　　토지시장에 대한 정부의 개입은 토지시장이 가진 ① 불완전경쟁적 시장의 성격과 ② 토지시장과 관련된 시장실패(market failure)의 이유 때문에 정당화된다. 이러한 두 가지 이유가 존재하는 경우에는 정부의 개입이 정당화되는데, 아래에서는 토지시장이 왜 불완전경쟁시장이며 토지시장은 왜 시장실패를 유도하는지 살펴보기로 한다(이정전, 1991 : 351 - 357).

1. 불완전경쟁적 토지시장

　　경제학의 시조인 스미스(Adam Smith)가 시장기구의 역할을 '보이지 않는 손'에 비유하여 설명한 이래 자원의 최적배분은 시장기구를 통해 해결이 가능함을 많은 경제학자들이 증명하고 보여 왔다. 특히 완전경쟁시장의 경우 자원이 가장 효율적으로 배분되는 파레토최적(Pareto optimum) 상태가 성립할 수 있음은 경제학의 기본원리이다. 따라서 시장구조가 완전경쟁시장의 요건들을 충족시키지 못할 때 자원의 효율적인 배분을 위해 정부의 개입이 정당화된다.

완전경쟁시장이란 다음의 네 가지 요건을 갖춘 시장을 말한다. 첫째, 시장이 수많은 수요자와 공급자로 구성되어 있어 어떤 수요자나 공급자도 시장가격의 형성에 결정적인 영향을 미칠 수 없어야 한다. 둘째, 해당시장에서 거래되는 재화는 동질적이어서 사는 사람은 파는 사람을 차별할 수 없어야 한다. 셋째, 파는 사람과 사는 사람 모두 팔거나 사려고 하는 재화에 대한 정확한 정보를 가지고 있어야 한다. 특히 가격에 대한 정확한 정보를 가지고 있어야 한다. 넷째, 해당재화나 서비스의 공급자의 수가 이윤의 정도에 따라 신축적으로 변할 수 있도록 해당산업에의 진입과 퇴거가 자유로워야 한다.

이상의 네 가지 완전경쟁시장의 요건에서 알 수 있는 바와 같이 완전경쟁시장에서는 파는 사람들은 팔 것을 놓고 서로 완전한 경쟁관계에 있고, 사는 사람은 살 것을 놓고 서로 완전한 경쟁관계에 있게 된다. 위에서 열거된 네 가지 완전경쟁시장의 요건 가운데 그 어느 것 하나라도 충족시키지 못하는 시장을 불완전경쟁시장이라고 한다. 이 불완전경쟁시장에서 거래되는 재화나 서비스의 가격은 사회적으로 바람직한 수준보다 높거나 낮아지며, 거래량도 사회적으로 바람직한 양보다 적거나 많아지게 되어 자원의 최적배분이 이루어지지 못하게 된다. 따라서 불완전경쟁시장의 경우 정부의 개입이 정당화된다.

토지시장은 토지의 특성과 결부된 구조적 결함 때문에 여러 가지 측면에서 완전경쟁시장과는 거리가 멀다.

첫째, 토지라는 자원의 여러 가지 특성은 토지시장에서 토지공급자가 독점적 영향력을 행사할 여지를 많이 준다. 왜냐하면 토지는 위치에 따라 각기 다른 특성을 가진 이질적 자원이며, 각 특성별로 이용가능한 토지의 양은 한정되어 있기 때문이다.

둘째, 토지시장에 대한 정보가 불완전하다. 토지시장을 불완전경쟁시장으로 만드는 큰 요인은 토지거래에 필요한 자료와 정보가 원하는 모든 사람에게 쉽게 전달되지 않는다는 점이다. 토지에 대한 정확한 정보와 자료의 취득만으로도 큰 돈을 벌 수 있다는 사실이 바로 토지에 대한 정확한 정보와 자료를 얻기가 얼마나 어려운가를 단적으로 보여 준다고 볼 수 있다.

셋째, 토지시장의 또 다른 문제는 토지시장에의 진입과 퇴거가 완전경쟁시장이 요구하는 것처럼 자유롭지 못하다는 점이다. 토지가 효율적으로 이용되기 위해서는 수요가 적어서 수익성이 낮은 용도로부터 수요가 커서 수익성이 높은 토지용도로의 전환이 원활하게 이루어질 수 있어야 하는데, 이러한 용도전환이 쉽지 않다는 점이다. 정부에 의한 토지이용규제가 없다고 하더라도 새로운 용도는 막대한 토지개발비용을 필요로 할 수도 있기 때문에 용도전환이 쉬운 것은 아니다.

이상에서 살펴본 토지시장의 불완전경쟁적 성격이 토지소유의 형평성문제를 야기시키고, 토지의 효율적 이용을 어렵게 하고 있다.

2. 시장의 실패

토지시장이 가지는 불완전경쟁적 시장특성과는 별도로 토지시장이 시장실패 (market failure)의 요소를 갖추고 있을 경우에도 정부의 개입이 정당화 된다.

일반적으로 시장기구가 자원의 최적배분을 달성하기 위해서는 대략 다음과 같은 조건이 성립하여야 한다. 첫째, 모든 재화를 생산함에 있어서 규모의 경제 (economies of scale)가 존재하지 말아야 한다. 다시 말해서 생산규모를 크게 할수록 단위당 생산비용이 적어지는 현상이 없어야 한다는 것이다. 둘째, 외부효과(외부성)나 공공재가 없어야 한다. 셋째, 경제여건의 변화에 수요와 공급이 신속히 대응함으로써 시장이 안정적 균형을 유지할 수 있어야 한다.

이들 조건 중에서 그 어떤 하나라도 충족시키지 못하면 시장기구는 국민경제 전체의 차원에서 자원의 최적배분을 달성하지 못하게 되는데, 이를 일컬어 시장의 실패(market failure)라고 한다. 비록 시장기구가 다른 어떤 인위적 방법으로도 이루기 어려운 자원의 효율적 배분을 대체로 잘 이루지만, 독점 혹은 과점의 문제, 각종 공해문제, 그리고 자원의 고갈문제에서 보듯이 시장의 실패현상은 우리 주위에서 허다하게 발생하고 있다.

토지이용이 완전히 시장기구에 의해 결정되는 경우 상호 나쁜 영향을 주는 토지용도의 인접으로 부(負)의 외부효과, 즉 외부불경제가 발생할 수 있다. 예컨대 주택가에 공해나 소음을 일으키는 공장이 입지하면 심각한 부(負)의 외부효과를 일으키게 된다. 대부분의 외부효과는 동시에 공공재적 성격을 가지는데, 시장기구 아래서는 사회적으로 바람직한 외부효과는 과소공급되는 경향이 있다. 즉 토지이용이 전적으로 시장기구에 의해 결정되는 경우 지나치게 많은 토지가 사적재(私的財, private goods)의 생산을 위한 용도에 이용되고, 공공재의 생산을 위한 용도에는 지나치게 적게 이용된다는 것이 문제이다. 공공재를 생산해 봐야 돈벌이가 되지 않으므로 아무도 공공재 생산을 위해서 토지를 이용하지는 않을 것이기 때문이다.

대부분의 경우 토지개발은 도로·상하수도·배수로 등 기반시설의 설치를 포함하는데, 이런 것들의 설치는 규모의 경제를 수반한다. 그렇기 때문에 토지개발은 대규모로 이루어져야 경제성이 있게 되는데, 민간기업들은 그러한 대규모 개발을 수행할 경제력을 갖지 못하거나 혹은 그럴만한 경제력을 가질 경우에는 토지개발에 있어서 독점적 영향력을 행사할 우려가 있다는 문제가 제기된다.

이상에서 살펴본 바와 같이 토지이용의 효율성 제고라는 명분 아래 정부가 토지이용에 개입할 필요성은 토지시장이 가진 ① 불완전경쟁적 시장의 성격과 ② 토지시장과 관련된 시장실패로 인한 문제에 기초한다. 물론 토지의 효율적 이용뿐만 아니라 토지보유의 형평성문제도 정부의 개입을 정당화시킨다. 토지보유의 형평성문제는 역사적으로 오히려 더 심각한 토지문제로 인식되어 왔고, 최근에는 부동산투기문제와 결부되어 중요한 사회적 이슈가 되어 왔다.

제2절 지역토지정책의 목표

토지정책을 수립하는 데 기본적으로 추구해야 할 이념은 한정된 토지의 효율적 이용을 도모하여야 한다는 1차적인 목표와 아울러 토지의 소유와 이용에서 발생하는 소득과 부(富)를 국민 개개인과 각 계층이 골고루 누릴 수 있는 배분적인 목표로 크게 나누어 볼 수 있다. 즉 지역토지정책의 목표는 효율성(efficiency)의 제고와 형평성(equity)의 확보의 두 가지로 요약될 수 있다.

우리나라의 경우 해방 이후의 토지관련 입법추이를 보면 건국 직후 시도된 농지개혁을 통해 추구하였던 초기의 정책이념은 효율성보다는 형평성에 더 큰 역점을 두었던 것으로 여겨진다. 그것은 농업이 주가 되었던 사회에서 농지로부터 발생하는 소득을 농민들에게 가급적 균등하게 배분하고자 한 데 더 큰 정책적 의미를 부여했다는 뜻이다. 이후 1960년대 초반 이후 강력히 추진되었던 경제개발의 과정에서 농지는 물론 도시 내 토지에 대해서도 토지이용의 효율성을 높이기 위한 여러 가지 이용상의 제한이 가해졌다. 각종 계획관련법·토지수용법·개발제한구역

(Green Belt) 등과 아울러 각종 용지의 수급을 원활히 하기 위한 몇 가지 개발촉진법 등도 잇달아 제정되었다. 따라서 1960년대 이후 1980년대까지 토지정책의 근본철학은 토지이용의 효율성을 추구하는 데 주어졌던 것을 부인할 수가 없다.

그러나 1970년대부터 나타나기 시작한 토지투기와 급격한 지가의 상승은 토지의 개발로 인한 소득과 이익의 분배과정에서 심각한 형평성의 문제를 야기시켰다. 이와 같은 사회분위기 속에서 토지로 인한 불평등요소를 제거하자는 것이 토지문제의 중요한 부분으로 등장하기 시작하였다. 다시 말해 효율성 혹은 생산성 위주의 토지정책이념으로부터 계층 간 혹은 개인 간 부(富)의 분배기능으로서의 토지정책적 의미가 부각되기 시작한 것이 1980년대 중반 이후이다.

이처럼 우리나라의 지난날의 토지정책사를 더듬어 보면 형평성·효율성 등의 토지정책이념이 때로는 강하게, 때로는 약하게 사회적 요청에 따라 부각되어 왔다고 볼 수 있다. 효율성과 형평성의 정책이념은 어느 한 쪽이 강조될 때 다른 한 쪽이 위축될 수밖에 없는 상충관계에 있는 것은 아니며, 오히려 운영하기에 따라 두 이념은 서로 보완적인 관계에서 서로를 향상시켜 줄 수 있는 관계로 발전될 수 있다. 따라서 향후의 토지정책에서 꾸준히 추구해야 할 기본적인 철학은 효율성과 형평성의 이념이 조화를 이루어 서로 상승작용을 할 수 있도록 발전시켜 나가는 것이라 하겠다(국토개발연구원, 1984 : 12).

이와 같은 기본이념하에서 지역토지정책이 추구해야 할 목표를 살펴보면 다음의 세 가지로 요약할 수 있다.

첫 번째는 토지의 효율적 이용이다. 각각의 토지의 기능과 특성에 맞는 계획을 세우고 단계적으로 실천에 옮김으로써 토지이용의 효율화를 기하는 한편 절대적으로 부족한 토지자원의 제약을 극복하기 위해 토지의 이용과 이에 따른 관리를 더욱 철저히 하여야 한다.

두 번째의 목표는 다양한 토지수요에 대응한 원활한 토지공급과 이를 통한 토지가격의 안정이다. 여기에 더하여 이제까지는 주로 토지에 대한 수요는 주어진 것으로 보고 이를 어떻게 충족시킬 것인가 하는 공급 일변도의 정책이 주종을 이루어 왔으나, 이제 특히 눈을 돌려야 할 것은 수요측면의 조절이라고 할 수 있다. 즉 불필요한 수요를 없애는 데 관심을 기울여야 한다.

세 번째의 목표는 토지보유의 저변확대를 이루는 것이다. 다시 말해서 지역토지정책의 역할을 단순히 토지를 효율적으로 활용하는 것뿐만 아니라, 개인 간·계층 간의 왜곡된 부와 소득의 분배를 수정하는 기능까지도 포괄하여야 한다.

제3절 지역토지정책수단(Ⅰ): 토지이용규제

1. 토지이용계획과 용도지역·지구제

　　토지이용계획은 현재의 토지이용패턴과 지역 주민의 활동패턴을 파악하고 분석하여 장래의 용도별 토지수요를 추정하고, 이를 한정된 토지에 합리적으로 배치하는 것이다. 한편 용도지역·지구제란 토지이용계획을 구체적으로 실현하는 법적·행정적 수단 중의 하나이다. 즉 이 제도는 토지이용계획을 질서 있고 합리적으로 시행하기 위한 장치이다. 용도지역·지구제는 서로 양립할 수 없는 토지의 이용은 분리시키고 토지의 특성에 맞는 용도를 지정함으로써, 토지이용을 방임함으로써 발생할 수 있는 토지이용의 혼란과 비효율성을 사전에 배제하고, 합리적이고 효율적인 토지이용을 유도하여 궁극적으로 쾌적한 도시환경을 유지시켜 주는 제도라고 볼 수 있다.

　　이러한 용도지역·지구제(zoning control)는 재산가치이론(property value theory)과 계획이론(planning theory)의 두 가지 이론을 바탕으로 발전되어 왔다. 재산가치이론은 개인의 토지는 인접한 다른 토지의 재산가치를 하락시키지 않는 범위 내에서 시장기능에 의해 결정되는 대로 최대한의 가치를 가질 수 있는 방도로 활용되어야 한다고 보는 이론이다. 따라서 재산가치이론 아래서의 용도지역·지구제는 인접토지의 재산가치를 손상시키는 토지이용행위는 공해(nuisance), 즉 외부효과로 간주하여 공해유발 건축물의 건축을 금지함으로써 개인의 재산가치보호 및 극대화라는 목적을 달성하여야 한다는 것이다. 초기 용도지역·지구제의 개념은 이러한 재산가치이론을 기초로 발전하였으며, 대체로 고급 단독주택지역의 동질성 및 주거환경보호, 재산가치의 하락방지가 주된 목적이었다고 말할 수 있다.

　　이와는 달리 계획이론에서는 용도지역·지구제를 공공계획의 집행수단으로 보고 있다. 즉 용도지역·지구제는 정부가 개발목적이나 각 용도의 적절한 개략적인 위치 등을 규정해 놓은 기본계획을 집행함으로써 그 지역의 성격을 정부의 계획대로 형성시켜 주는 법적 수단이라는 것이다. 오늘날은 재산가치이론에 기초하여 단순히 개인의 재산가치보호를 주목적으로 하는 소극적 개념의 용도지역·지구제보다는 공공의 계획에 부합하는 지역개발을 수행하고 토지이용의 효율성을 도모하려는 적극적 개념의 용도지역·지구제가 널리 받아들여지고 있는 실정이다(이태일, 1985 : 254-255).

2. 용도지역·지구제의 연혁

용도지역·지구제의 근본성격은 양립할 수 없는 토지용도를 다른 용도로부터 분리하여 부정적인 영향을 최소화시키는 수동적인 입장에서 출발하여 차츰 지역특성을 감안하면서 주민의 편익증대를 위한 집적이익의 추구와 시설물의 적정배치를 통한 적극적 의미의 용도지역·지구제로 변모하여 왔음은 앞서 살펴본 바와 같다.

도시계획적인 입장에서 사인(私人)의 재산권을 법적으로 제한할 수 있는 지구를 설정했던 실례는 16세기로 거슬러 올라간다. 1573년 스페인의 필립(Philip)왕은 신세계(New World : 개척지)에 새로운 지역사회를 만드는 데 있어서, 길은 바람에 휩쓸리지 않는 방향으로 내도록 하고 도살장은 주민들에게 악취를 풍기지 않도록 도시의 외곽지역에 입지시키도록 명령한 것이 그것이다(Law of Indies, 1573).

16세기 엘리자베스 1세 당시의 영국에서도 지역사회에 해롭거나 지가를 하락시키는 토지이용행위는 공해법을 이용하여 제한했다. 미국의 매사추세츠법(Massachusetts Law, 1692)에서도 도시지역 내의 특별지구에서 공해를 발생시키는 토지이용행위를 제한하도록 규정했었고, 보스턴에서는 화약저장창고를 도시의 중심지로부터 격리시켰던 법이 있었다. 또한 나폴레옹은 1810년에 유해하거나 불쾌한 악취가 발생되는 토지이용행위는 특별허가를 받도록 법령(decree)을 발표했는데, 여기에는 세 가지 등급이 있어서 이 중 첫 번째 등급의 토지이용은 사람들의 주거지로부터 일정거리 내에서는 허용되지 못하도록 규제되었다. 이처럼 초기의 용도지역·지구제는 도시계획적인 입장보다는 공해방지목적이 근간을 이루었던 공해법(nuisance law)에서 발전되어 나온 것이라 할 수 있다(국토개발연구원, 1981 : 39).

현대적인 의미에서의 용도지역·지구제가 처음으로 등장한 곳은 독일이다. 나폴레옹법령을 기초로 한 프러시아 공업법(Prussian Industrial Law)이 1845년에 발표되었고, 이것은 1869년 북부독일연방(North German Confederation)의 공업법 (Industrial Law)으로 더욱 확충되었다. 이 법에 의거하여 단순한 형태의 이용규제조치를 실시하다가 1909년에 이르러 밀도·고도·토지이용 성격 등에 대해서 규제하는 종합적인 용도지역·지구제가 실시되었다.

미국에서도 20세기 초부터 도시의 발전을 도모하기 위하여 도시토지를 특정 용도지역으로 구분하여 지정하는 용도지역·지구제를 여러 도시들에서 채택하기 시작하였다. 미국에서는 공해법의 개념을 개정·확대시킨 형태로 용도지역·지구제를 도입하여 주거환경보호와 사인(私人)의 재산가치의 하락방지를 위한 법적 도구로 사용하였다. 용도지역·지구제 조례가 최초로 통과된 것은 1909년 로스앤젤레스시였으나 그 규제지역이나 규제대상이 한정적인 것에 불과했다. 용도지역·지구제 조례는 그 후 여러 도시들에 도입되었고, 특히 1922년에 연방정부가 제정하였던 표준지역지구제법(Standard Zoning Enabling Act)과 1927년에 제정된 표준도시계획법(Standard City Planning Enabling Act)에 의해 토지용도의 지정권한이 지방정부에게로 대폭 위임되어 지방정부는 이 두 법을 기초로 지역지구제 조례를 제정하게 되었다(국토개발연구원, 1981 : 40-41).

이상에서 살펴본 역사적 사실들은 용도지역·지구제가 시작되는 시발점에 불과한 것이었다. 진정한 용도지역·지구제의 역사는 1916년 뉴욕에서 지역지구제 조례가 통과된 지 10년이 지난 후인 1926년 오하이오주 클리블랜드 주변 유클리드 마을의 소송사건(Village of Euclid 대 Ambler 부동산회사)을 계기로 연방최고재판소에서 용도지역·지구제를 합헌적인 것으로 인정하면서 시작되었다. 이때의 용도지역·지구제는 경직성과 누적성의 두 가지 특징을 갖고 있었다. 여기서 경직성이라 함은 도시를 몇 개의 용도지역으로 구분하고 각 용도지역에서 허용되는 용도와 조건을 자세하게 명시해 줌으로써 융통성이 없음을 지칭하는 것이다. 이러한 이유 때문에 이와 같은 경직적인 지역지구제는 유클리드 지역제(Euclidean Zoning)로 불리며, 이러한 유클리드 지역제가 지닌 규제의 경직성을 보완하기 위한 시도가 여러 나라에서 이루어지고 있다.

3. 용도지역·지구제의 내용

우리나라에서 용도지역·지구제에 관한 내용은 「국토의계획및이용에관한법률」에 규정되어 있다. 「국토의계획및이용에관한법률」(2002년 12월 30일 개정)에 의한 용도지역·지구제는 전국의 토지를 도시지역·관리지역·농림지역·자연환경보전지역의 4개 용도지역으로 구분하여 지정하도록 규정하고 있다.

<표 24-1> 「국토의계획및이용에관한법률」에 의한 국토의 용도구분

용도지역	내 용
도시지역	인구와 산업이 밀집되어 있거나 밀집이 예상되어 당해 지역에 대하여 체계적인 개발·정비·관리·보전 등이 필요한 지역
관리지역	도시지역의 인구와 산업을 수용하기 위하여 도시지역에 준하여 체계적으로 관리하거나 농림업의 진흥, 자연환경 또는 산림의 보전을 위하여 농림지역 또는 자연환경보전지역에 준하여 관리가 필요한 지역
농림지역	도시지역에 속하지 아니하는 농지법에 의한 농업진흥지역 또는 산지관리법에 의한 보전산지 등으로서 농림업의 진흥과 산림의 보전을 위하여 필요한 지역
자연환경 보전지역	자연환경·수자원·해안·생태계·상수원 및 문화재의 보전과 수산자원의 보호·육성 등을 위하여 필요한 지역

자료 : 「국토의계획및이용에관한법률」 제6조.

1) 용도지역

「국토의계획및이용에관한법률」에 의해 지정되는 용도지역의 종류는 크게 ① 도시지역, ② 관리지역, ③ 농림지역, ④ 자연환경보전지역의 4가지로 나누어지며, 이는 다시 도시지역은 주거지역·상업지역·공업지역·녹지지역으로, 그리고 관리지역은 보전관리지역·생산관리지역·계획관리지역으로 구분되어 지정된다. 용도지역 지정의 근본취지는 토지용도의 제한을 통하여 토지이용의 특화를 이루는 데 있는 만큼, 용도지역의 중복지정은 불가능하다. 이들 용도지역의 종류와 지정목적, 용도지역의 세분지정은 「국토의계획및이용에관한법률」 및 동 시행령에 규정되어 있으며, 〈표 24-2〉 및 〈표 24-3〉에서 보는 바와 같다.

한편 「국토의계획및이용에관한법률」에 의해 용도지역이 지정되면, 용도지역에 따라 건축물의 용도·종류 및 규모 등의 제한이 이루어지며, 아울러 건폐율·용적률 등에 대한 규제가 이루어진다.

<표 24-2>　용도지역의 종류와 지정목적

용도지역		지정목적
도시지역	주거지역	거주의 안녕과 건전한 생활환경의 보호를 위하여 필요한 지역
	상업지역	상업 그 밖의 업무의 편익증진을 위하여 필요한 지역
	공업지역	공업의 편익증진을 위하여 필요한 지역
	녹지지역	자연환경·농지 및 산림의 보호, 보건위생, 보안과 도시의 무질서한 확산을 방지하기 위하여 녹지의 보전이 필요한 지역
관리지역	보전관리지역	자연환경보호, 산림보호, 수질오염방지, 녹지공간 확보 및 생태계 보전 등을 위하여 보전이 필요하나, 주변의 용도지역과의 관계 등을 고려할 때 자연환경보전지역으로 지정하여 관리하기가 곤란한 지역
	생산관리지역	농업·임업·어업생산 등을 위하여 관리가 필요하나, 주변의 용도지역과의 관계 등을 고려할 때 농림지역으로 지정하여 관리하기가 곤란한 지역
	계획관리지역	도시지역으로의 편입이 예상되는 지역 또는 자연환경을 고려하여 제한적인 이용·개발을 하려는 지역으로서 계획적·체계적인 관리가 필요한 지역
농림지역		도시지역에 속하지 아니하는 농지법에 의한 농업진흥지역 또는 산지관리법에 의한 보전산지 등으로서 농림업의 진흥과 산림의 보전을 위하여 필요한 지역
자연환경 보전지역		자연환경·수자원·해안·생태계·상수원 및 문화재의 보전과 수산자원의 보호·육성 등을 위하여 필요한 지역

자료 : 「국토의계획및이용에관한법률」 제36조.

2) 용도지구

용도지구는 토지이용의 입지배분을 위해 지정되는 용도지역과는 달리 도시에 있어서의 국부적이거나 특별한 목적의 달성이나 구체적인 사업을 도모하기 위해 지정된다.

용도지구는 용도지역의 역할을 보완하기 위해 개별목적을 가지고 지정되는 것으로서 반드시 어떤 용도지역과 겹쳐서 지정된다. 용도지역은 모든 토지에 대하여 지정되지만, 용도지구는 그 성격에 따라 특정한 토지에 한정시켜 지정함을 원칙으로 한다. 지구 상호 간에는 2개 이상의 지구가 중복될 수도 있고, 경우에 따라서는 그 성격상 중복지정이 불가능한 것도 있다.

용도지구의 종류는 모두 10가지로서 「국토의계획및이용에관한법률」에 의해

<표 24-3> 용도지역의 세분지정

용도지역		지정목적
주거지역	전용주거지역	양호한 주거환경을 보호하기 위하여 필요한 지역
	일반주거지역	편리한 주거환경을 조성하기 위하여 필요한 지역
	준주거지역	주거기능을 위주로 이를 지원하는 일부 상업기능 및 업무기능을 보완하기 위하여 필요한 지역
상업지역	중심상업지역	도심·부도심의 상업기능 및 업무기능의 확충을 위하여 필요한 지역
	일반상업지역	일반적인 상업기능 및 업무기능을 담당하게 하기 위하여 필요한 지역
	근린상업지역	근린지역에서의 일용품 및 서비스의 공급을 위하여 필요한 지역
	유통상업지역	도시 내 및 지역 간 유통기능의 증진을 위하여 필요한 지역
공업지역	전용공업지역	주로 중화학공업·공해성 공업 등을 수용하기 위하여 필요한 지역
	일반공업지역	환경을 저해하지 아니하는 공업의 배치를 위하여 필요한 지역
	준공업지역	경공업 그 밖의 공업을 수용하되, 주거기능·상업기능 및 업무기능의 보완이 필요한 지역
녹지지역	보전녹지지역	도시의 자연환경·경관·산림 및 녹지공간을 보전할 필요가 있는 지역
	생산녹지지역	주로 농업적 생산을 위하여 개발을 유보할 필요가 있는 지역
	자연녹지지역	도시의 녹지공간의 확보, 도시확산의 방지, 장래 도시용지의 공급 등을 위하여 보전할 필요가 있는 지역으로서 불가피한 경우에 한하여 제한적인 개발이 허용되는 지역

자료 : 「국토의계획및이용에관한법률 시행령」 제30조.

지정할 수 있도록 되어 있는데, 용도지구의 종류와 지구별 지정목적은 〈표 24-4〉와 같다.

　　한편 국토교통부장관 또는 시·도지사는 필요하다고 인정되는 때에는 대통령령이 정하는 바에 따라 용도지구를 세분하여 지정할 수 있다. 아울러 시·도지사는 지역여건상 필요한 때에는 대통령령이 정하는 기준에 따라 당해 시·도의 조례로 10가지 용도지구 외의 용도지구의 지정 또는 변경을 도시관리계획으로 결정할 수 있도록 되어 있다.

<표 24-4> 용도지구의 종류와 지정목적

용도지구	지정목적
경관지구	경관을 보호·형성하기 위하여 필요한 지구
미관지구	미관을 유지하기 위하여 필요한 지구
고도지구	쾌적한 환경조성 및 토지의 고도이용과 그 증진을 위하여 건축물의 높이의 최저한도 또는 최고한도를 규제할 필요가 있는 지구
방화지구	화재의 위험을 예방하기 위하여 필요한 지구
방재지구	풍수해, 산사태, 지반의 붕괴, 그 밖의 재해를 예방하기 위하여 필요한 지구
보존지구	문화재, 중요 시설물 및 문화적·생태적으로 보존가치가 큰 지역의 보호와 보존을 위하여 필요한 지구
시설보호지구	학교시설·공용시설·항만 또는 공항의 보호, 업무기능의 효율화, 항공기의 안전운항 등을 위하여 필요한 지구
취락지구	녹지지역·관리지역·농림지역·자연환경보전지역 또는 개발제한구역 안의 취락을 정비하기 위한 지구
개발진흥지구	주거기능·상업기능·공업기능·유통물류기능·관광기능·휴양기능 등을 집중적으로 개발·정비할 필요가 있는 지구
특정용도 제한지구	주거기능 보호 또는 청소년 보호 등의 목적으로 청소년 유해시설 등 특정시설의 입지를 제한할 필요가 있는 지구

자료 : 「국토의계획및이용에관한법률」 제37조.

3) 용도구역

  용도구역의 지정은 국토교통부장관이 도시관리계획으로 결정·고시하도록 되어 있다. 용도구역은 도시개발의 시기나 개발을 위한 공간적 범위를 조절할 수 있게 하는 시차적(時差的) 지역제(time zoning)적인 성격을 가지며, ① 개발제한구역, ② 도시자연공원구역, ③ 시가화조정구역, ④ 수산자원보호구역의 4종류로 구분되어 있다. 용도구역은 계획의 범위상으로는 도시의 광역적 개발정책과 관련이 있고, 적용에 있어서도 주로 급격히 팽창하는 도시를 대상으로 한다. 용도구역의 종류와 지정목적은 〈표 24-5〉와 같다.

<표 24-5> 용도구역의 종류와 지정목적

용도구역	지정목적
개발제한구역	국토교통부장관은 도시의 무질서한 확산을 방지하고 도시주변의 자연환경을 보전하여 도시민의 건전한 생활환경을 확보하기 위하여 도시의 개발을 제한할 필요가 있거나 국방부장관의 요청이 있어 보안상 도시의 개발을 제한할 필요가 있다고 인정되면 개발제한구역의 지정 또는 변경을 도시관리계획으로 결정할 수 있다.
도시자연공원구역	시·도지사 또는 대도시 시장은 도시의 자연환경 및 경관을 보호하고 도시민에게 건전한 여가·휴식공간을 제공하기 위하여 도시지역 안에서 식생이 양호한 산지의 개발을 제한할 필요가 있다고 인정하면 도시자연공원구역의 지정 또는 변경을 도시관리계획으로 결정할 수 있다.
시가화조정구역	시·도지사는 직접 또는 관계 행정기관의 장의 요청을 받아 도시지역과 그 주변지역의 무질서한 시가화를 방지하고 계획적·단계적인 개발을 도모하기 위하여 대통령령이 정하는 기간 동안 시가화를 유보할 필요가 있다고 인정되면 시가화조정구역의 지정 또는 변경을 도시관리계획으로 결정할 수 있다.
수산자원보호구역	해양수산부장관은 직접 또는 관계 행정기관의 장의 요청을 받아 수산자원의 보호·육성을 위하여 필요한 공유수면이나 그에 인접한 토지에 대한 수산자원보호구역의 지정 또는 변경을 도시관리계획으로 결정할 수 있다.

자료 : 「국토의계획및이용에관한법률」제38조 - 제40조.

4. 전통적인 용도지역·지구제의 문제점 및 발전방향

현재 우리나라에서 시행되고 있는 용도지역·지구제는 유클리드 지역제가 지닌 규제의 경직성을 그대로 갖고 있다. 전통적인 용도지역·지구제의 문제점을 도시지역에 대한 토지이용규제를 중심으로 살펴보면 다음과 같다(이태일, 1985 : 257-265).

첫째, 용도지역·지구제가 안고 있는 근본적인 문제는 대부분의 계획행정가들이 용도지역·지구제를 토지이용계획의 큰 방향을 구체화시켜 실제에 옮겨 가는 계획기법이 아니라 토지이용계획 자체로 착각하고 있는 데서 발생하고 있다. 용도지역·지구제란 한 도시의 기본적인 토지이용계획이 수립되었을 때 이를 집행하는 데 필요한 법적·행정적 수단이다. 따라서 토지이용계획의 지침 내에서 정기적으로 용도지역 및 지구 지정의 타당성을 검토하고 수정할 수 있어야 한다. 그러나 과거 우리나라의 많은 도시에서는 용도지역·지구제의 상위개념인 토지이용계획의 수립이 미비한 채로 용도지역이나 지구를 지정하게 됨에 따라 용도지역 혹은 지구 지정의 근거가 불분명할 뿐만 아니라, 경우에 따라서는 임의적이고 산발적인 용도지역 혹은 지구의 변경사례가 종종 발생되었던 것이 사실이다.

둘째, 각 도시의 용도지역 지정면적을 보면 단위 용도지역의 면적이 지나치게 넓게 지정되어 심지어는 하나의 구 전체가 한두 개의 용도지역으로 모두 지정되어 있는 예를 흔히 볼 수 있다. 이는 앞서 지적한 바와 같이 용도지역·지구제의 기본적인 틀이 되는 토지이용계획이 미흡한 채 바로 용도지역을 지정하는 것이 토지이용계획인 양 착각하고 있는 데서 기인하는 문제이다.

셋째, 현행 용도지역·지구제는 각 도시의 규모, 성격, 여건 등의 차이에도 불구하고, 용도지역 및 지구의 지정에 따라 전국적으로 획일적인 규제조치가 적용됨으로써 도시의 구조적·기능적 특성이 전혀 반영되고 있지 못하다는 문제점을 가진다. 예컨대 일반상업지역으로 지정되면 대도시의 일반상업지역이건, 혹은 중소도시의 일반상업지역이건 모두 일률적인 건축법상의 규제를 받게 되는 문제점을 가지게 되어 도시마다의 독자성을 상실하게 된다.

넷째, 현실에 있어 대개의 용도지역과 지구는 현상추인적으로 지정되는 경우가 많기 때문에 바람직한 계획방향으로의 유도기능이 약하며, 부적격 용도에 대한 규제력이 불충분하여 용도위반행위가 그대로 방치되고 있는 예가 많아 커다란 문제로 대두되고 있다.

다섯째, 전통적인 용도지역·지구제는 부적합한 개발을 막는 데 효과적이긴 하나 필요한 개발을 유도할 수 있는 적극성을 갖지 못한다.

여섯째, 도시활동 및 토지이용의 상호보완적 기능을 무시한 채 토지용도의 지나친 분리로 인하여 불필요한 교통발생을 유도하고, 통행거리의 장거리화를 부채질하고 있다.

이상에서 살펴본 바와 같은 전통적인 용도지역·지구제의 문제점들은 계획가나 행정실무자들이 용도지역·지구제를 단기적인 방안이나 기법이 아닌 원칙으로 착각하고 있는 데서 주로 발생한다. 따라서 용도지역·지구제 자체는 원칙이 아니라 기법으로 공공의 계획을 집행하는 수단임을 인식하여 상황에 따라 신축적인 조정이 가능하다면 용도지역·지구제로 인한 혼란이나 문제점을 부분적으로 완화시킬 수 있을 것이다. 아울러 전통적인 용도지역·지구제가 지닌 규제의 경직성을 완화시킬 수 있는 방안이 강구되어야 한다. 따라서 전통적인 용도지역·지구제의 발전방향은 규제의 틀을 살리면서 신축성을 접목하는 것으로 요약될 수 있다.

5. 새로운 도시토지이용 규제방법의 모색

도시토지에 대한 전통적인 용도지역·지구제의 문제점을 보완하고 효율적으로 운영하려는 최근의 경향을 살펴보면 다음과 같다. 이 가운데 일부는 현재 외국에서 시행중인 것도 있고, 일부는 연구단계에 있는 것도 있다.

1) 계획단위개발(Planned Unit Development : P.U.D.)

토지소유자 또는 개발자가 기존에 고시된 용도지역·지구제에 의해 제약을 받지 않고 일단(一團)의 지역을 단일개발체계로 보아 용적률·건물형태·밀도·건폐율·공지율 등에 대하여 전체로서 허가만 받고 세부적인 것은 개발주체가 재량권을 가지고 개발하는 방법이다. 이러한 개발방법은 전통적인 용도지역·지구제가 지닌 행정적 경직성을 탈피하고 일단의 토지를 단일개발체계로서 쇄신적이고 효율적인 개발이 가능케 하기 위한 방편이며, 민간주도형 토지이용규제의 시도라고 볼 수 있다.

2) 상여용도지역·지구제(Incentive Zoning)

전통적인 용도지역·지구제는 부적합한 개발을 막는 데 효과적이긴 하나 필요한 개발을 유도하는 데는 성공적이지 못하다는 점을 감안하여 상여용도지역·지구제(Incentive Zoning : 종종 Bonus Zoning이라 불리기도 함)의 개념이 대두되었다. 상여용도지역·지구제란 1960년대 초부터 미국의 각 도시들이 전통적인 용도지역·지구제를 보완하기 위해 사용한 개발규제의 수단으로서 전통적인 용도지역·지구제의 피동성을 극복하기 위해 시도되었다. 상여용도지역·지구제는 개발자에게 용도지역·지구제상 허용된 개발한도 이상의 개발 '보너스'(bonus)를 부여하는 대신에 공공에게 필요한 쾌적요소(amenity), 예컨대 녹지공간 등을 개발하도록 유도하는 것이다.

상여용도지역·지구제는 토지소유자나 토지개발자가 개발허용한도 이상 토지를 이용함에 따른 외부효과(externality)에 대해 보상 대신 공공의 쾌적요소를 제공하게 하는 제도적 장치이다. 한편 토지소유자나 개발자는 허용한도 이상의 토지이용이나 개발을 허용받게 되며, 이것이 개발자에게는 일종의 보너스로 간주된다. 예를 들면 보도의 면적을 넓히는 것에 대한 보너스로 개발자에게 용적률에 대한 규제완화를 허용할 수 있다. 이러한 상여용도지역·지구제는 공공을 위한 쾌적요소의 개발을 유도할 수 있는 장점을 가지지만 토지개발자에게 주어지는 보너스의 크기와 토지개발자가 공공을 위해 제공해야 하는 쾌적요소 간에 분명한 관계가 정립되어야 한다.

3) 성과주의 용도지역제(Performance Zoning)

전통적인 용도지역·지구제는 주어진 용도지역 내에서 허용되는 활동과 허용되지 않는 활동이 '전부 혹은 전무'(all-or-nothing)의 형태로 규제된다. 예컨대 전통적인 용도지역·지구제하에서 전용주거지역에서는 어떠한 종류의 의료시설의 건축도 허용되지 않는다. 전통적인 용도지역·지구제가 가지는 이와 같은 일률적인 규제방식과는 달리 성과주의 용도지역제(Performance Zoning)는 성과기준 (performance standard)을 정해 놓고, 이 기준에 부합하는 활동은 허용하고 그렇지 못한 활동은 허용하지 않는 토지이용규제방법이다. 예컨대 성과주의 용도지역제에 의하면 환경소음기준을 초과하는 공장은 주거지역에 허용되지 않지만, 이 기준을 충족시키는 공장은 입지가 허용된다. 이러한 성과주의 용도지역제는 용도지역·지구제의 근본취지를 더욱 충실히 만족시키면서, 아울러 토지개발자에게는 허용된 범위 내에서 주어진 토지를 보다 다양한 형태로 개발할 수 있도록 설계의 융통성과 신축성을 부여할 수 있는 장점이 있다.

4) 개발권 이양제(Transfer of Development Right : T.D.R.)

개발권 이양제(Transfer of Development Right : T.D.R.)는 역사적 건물의 보존 및 보전을 위해 고안된 제도로서 미국에서 1970년을 전후해서 시행되었다. 개발권 이양제(T.D.R.)는 어떤 토지에 대해 규정되어 있는 용적률의 허용기준 가운데 미이용되고 있는 부분만큼을 다른 토지에 이전하여 다른 토지의 개발허용한도와 합쳐 실현하는 권리라 할 수 있다. 즉 개별획지에 대해서 실행가능한 개발총량을 규제

<그림 24-1> **개발권 이양제(T.D.R.)의 예**

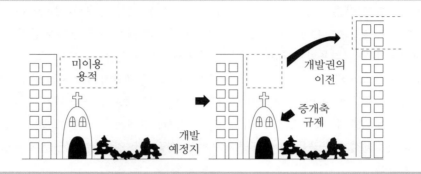

자료 : 대한국토·도시계획학회 편(1991). 「지역계획론」. 서울: 형설출판사: 225.

하는 대신 당해획지에 있어서 미이용의 개발가능용량을 다른 획지로 이전하는 것을 인정하는 제도이다.

개발권 이양제(T.D.R.)는 우리나라는 물론 미국의 경우도 실제로 적용된 사례가 그다지 많지 않은데, 보전과 개발 혹은 재개발과의 조화를 위한 새로운 제도로 주목받고 있다. 개발권 이양제(T.D.R.)가 시행된 도시로는 미국의 뉴욕과 시카고를 들 수 있는데, 역사적 건물의 보존 및 보전을 위해서는 의의가 있지만 개발권(용적률)이 주위의 건물에 이양됨에 따라 주위건물의 고층화로 결국 역사적 건물의 경관·채광·통풍 등의 측면에서 보존의 의미를 약화시킬 우려가 있다는 비판을 받고 있기도 하다. 〈그림 24-1〉은 개발권 이양제(T.D.R.)의 한 예를 보여 주고 있다.

5) 혼합적 토지이용

전통적인 용도지역·지구제는 서로 다른 토지이용 간에 발생할 수 있는 상충을 방지하고 집적이익을 추구할 수 있다는 장점을 가진다. 이와 같은 장점에도 불구하고, 전통적인 용도지역·지구제는 토지용도의 지나친 분리를 유도하여 시민들의 장거리 통행을 발생시키고, 교통비용의 증대, 하나의 지역 내 동일 용도의 토지이용에 따른 단조로운 도시경관과 획일적인 기능의 집적을 초래하였다. 이와 같은 전통적인 용도지역·지구제의 문제점은 도시교통문제가 심각한 도시문제의 하나로 부각되면서 토지이용의 무분별한 분리 입지보다는 혼합적 토지이용으로의 방향전환을 유도하게 하였다.

혼합적 토지이용은 1960년대 이후 대두되기 시작하였는데, 이는 19세기 이전의 무질서한 도시토지이용으로의 회귀를 의미하는 것은 아니다. 혼합적 토지이용은 상충되는 토지이용의 분리를 꾀하되 가능한 한 단일토지이용의 집적규모를 축소하고 분산 입지시킴으로써 과도한 집적 또는 분리에 따르는 불합리를 최소화하고자 하는 것이다. 혼합적 토지이용의 제도화는 현행 「국토의계획및이용에관한법률」에 의한 용도지역 분류를 조정하여 혼합용도지역을 추가하는 등의 제도적 근거가 마련되면 된다. 대상사업에 따른 혼합적 토지이용의 적용가능성을 살펴보면 〈표 24-6〉과 같다.

<표 24-6> 혼합적 토지이용의 적용대상 및 적용방법

대 상	적용방법
재개발사업	단일기능보다는 상업, 업무, 주거, 문화기능을 다양하게 혼합배치
주택단지개발	주거기능 외에 상업, 공공편익시설, 무공해성 소규모 공업시설의 혼합배치
도시계획	① 토지이용계획 수립시 토지용도를 소규모로 분산배치 ② 혼합용도지역의 제도화
노선상업 지역의 배치	도시의 주요 도로변을 따라 노선상업지역을 지정하여 상업용 토지이용과 기타 토지이용 간의 원활한 상호작용 유도

자료 : 대한국토·도시계획학회 편(1991). 「지역계획론」. 서울 : 형설출판사 : 226.

제4절 도시토지정책수단(Ⅱ) : 토지개발과 공급

1. 토지개발사업의 종류

토지개발사업이란 토지를 인간의 생활과 생산활동을 위한 용도로 이용하기 위하여 토지의 형질을 용도에 적합하게 변경시키는 일련의 사업이라고 할 수 있다. 토지개발사업은 여러 가지 방법으로 분류될 수 있는데, 사업의 시행주체에 따라 민간개발과 공영개발로 분류될 수도 있고, 개발되는 토지의 용도별로 분류될 수도 있다. 또한 토지개발사업은 관련법규에 따라 분류되기도 하는데, 가장 대표

적인 것은 도시개발법에 의한 도시개발사업이며, 이외에도 택지개발촉진법에 의한
택지개발예정지구 지정에 의한 사업, 주택법에 의한 국민주택용 대지조성사업 등
이 있다.

특히 도시개발법(2000년 1월 28일 제정, 2000년 7월 1일 시행)에 의한 도시개발
사업은 도시계획법에 의한 각종 조성사업(일단의 주택지조성사업, 일단의 공업용지조
성사업, 시가지조성사업 등)과 토지구획정리사업법에 의한 토지구획정리사업을 통
합·보완한 사업으로 2000년대 이후 토지개발사업의 중심을 이루고 있다. 따라서
아래에서는 2000년대 들어서는 도시개발법에 의한 도시개발사업으로 통합·흡수되
긴 하였으나 일부 외국에서 여전히 민간토지개발방식의 하나로 활용되고 있는 토
지구획정리사업을 살펴보고, 일반적인 공영개발사업의 개념·유형·문제점을 살펴
본 후, 마지막으로 도시개발법에 의한 도시개발사업에 대해 살펴보고자 한다.

2. 토지구획정리사업

1) 토지구획정리사업의 연혁과 개념

토지구획정리사업은 1902년 독일의 아디케스(Adickes)법을 근간으로 독일에서
시행되기 시작한 이래 일본을 거쳐 1934년에 우리나라에 도입되었다. 1930년대 이
후 1980년대까지 토지구획정리사업은 우리나라의 계획적인 토지개발을 주도하여
온 것이 사실이다. 그러나 사업시행지구를 중심으로 나타난 부동산투기의 과열 등
의 문제로 1980년대 중반 이후 대도시에서의 토지구획정리사업은 억제되었으나 중
소도시에서는 계속 시행되어 왔다.

토지구획정리사업은 토지의 합리적 이용증진과 지역생활환경의 향상을 도모
하기 위하여 도로·공원·상하수도·학교·광장 등의 시설을 설치 혹은 변경하거나
토지의 교환·분합·구획변경·지목변경·형질변경[1] 등을 행하는 것으로서, 사업시
행 전에 존재해 온 권리관계에 변동을 가하지 아니하고 각 토지의 위치·지적·토
질·이용상황 및 환경 등을 고려하여 사업시행 후의 대지에 이전시키는 행위, 즉 환
지를 수반하는 사업이다.

---

1) 형질변경이란 절토(切土), 성토(盛土) 또는 정지(整地) 등으로 토지의 형상을 변경하는 행위와
  공유수면(公有水面)의 매립을 말한다.

<그림 24-2> 토지구획정리사업 전후의 비교

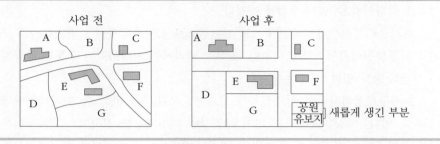

이때 토지소유자는 사업비를 충당하기 위한 체비지와 공공시설용지의 확보를 위하여 토지가치 또는 면적에 비례하여 보유토지의 일부를 내놓게 되는데, 이를 감보(減步)라 한다. 즉 사업시행지구 내의 모든 토지소유자는 토지구획정리사업으로 인한 토지가격의 상승으로 얻은 수익에 따라 사업비용의 충당과 공공시설의 설치를 위한 용지(체비지 또는 유보지)를 부담하게 되며, 이에 따라 종전의 토지면적에 비해 환지의 면적이 다소 감소하게 되는 현상을 감보라고 한다. 이때 환지되지 않을 토지는 크게 간선도로나 학교·녹지 등 공공시설을 위한 토지와 사업비용을 충당하기 위하여 사업시행 후에 경매처분될 토지인 체비지로 구성된다.

어떤 사업지구 내에서의 평균감보율은 다음과 같이 계산되는데, 토지구획정리사업지구의 자연적 혹은 인문사회적 여건에 따라 감보율은 달라지는 것이 보통이다.

$$평균감보율 = \frac{구획정리\ 전\ 토지총면적 - 구획정리\ 후\ 토지총면적}{구획정리\ 전\ 토지총면적}$$

우리나라의 경우 감보율이 보통 50~60%에 이르고 있는데, 대도시일수록 그리고 중심시가지에 가까울수록 감보율이 높아지는 경향이 있다. 이처럼 토지구획정리사업에서는 바로 '환지'와 '감보'의 내용이 사업의 중심부분을 차지한다.

2) 토지구획정리사업의 내용

토지구획정리사업은 사업비의 일부를 체비지 매각으로 충당할 수 있어 사업주체의 토지개발비용의 부담을 줄일 수 있다. 아울러 사업 전과 사업 후에 토지의

소유권 등의 권리관계가 변하지 않기 때문에 토지소유자와의 마찰 없이 토지개발
사업을 진행시킬 수 있는 장점을 가진다.

토지구획정리사업의 시행주체는 일반적으로 토지소유자나 토지소유자로 구성
된 토지구획정리사업조합이 되지만, 경우에 따라서는 지방자치단체 등의 공공기관
이 시행할 수도 있다.

토지구획정리사업의 시행절차는 크게 ① 계획, ② 개발, ③ 환지의 3단계로
나눌 수 있다. 계획단계에서는 먼저 사업시행 대상지구를 정하고, 사업의 기본계
획과 환지계획을 확정하여 공고한다. 개발단계에서는 철거작업과 토지개발사업이
이루어진다. 마지막으로 환지단계에서는 구획정리된 토지로 환지하고, 권리면적
과 환지면적과의 차이를 현금으로 정산하는 청산이 이루어진 후 등기가 이루어진
다. 여기서 환지방식은 토지가격이나 주변환경과는 관계없이 일률적으로 감보율을
정하여 환지하는 면적식과 사업 전후의 지가를 고려하여 환지하는 평가식, 그리고
이들 두 방식의 절충식이 있다.

3) 토지구획정리사업의 문제점

토지구획정리사업은 원래 지주들의 토지소유권의 보호, 공공용지 확보의 용
이성, 저렴한 토지개발비용으로 말미암아 도시토지의 개발을 위해 활발히 시행되
었으나 다음과 같은 문제점을 가진다.

첫째, 토지구획정리사업에서 발생하는 개발이익의 배분과정에서 불공평성의
문제가 초래될 소지가 크다. 이러한 개발이익배분의 불공평성 문제는 토지의 위치
에 따라 사업 전후의 지가의 차이가 다르다는 점에 기인하는 것이다.

둘째, 토지소유자의 반발을 염려하여 사업시행자가 최소한의 체비지와 유보
지만을 확보할 경우, 토지소유자에게 지나친 개발이익을 허용하게 할 뿐 아니라,
학교·공원 등의 공공시설의 부족을 초래하기 쉽다.

셋째, 토지구획정리사업의 사업비를 충당하기 위하여 확보한 체비지를 매각
하여 발생한 사업잉여금은 당해사업지구에 재투자되거나 토지소유자들에게 재분
배되지 않고 다른 용도로 전용되기도 한다.

넷째, 토지구획정리사업의 시행자가 재원조달의 어려움 때문에 시가지를 조
성하기도 전에 높은 가격으로 체비지를 매각할 경우, 토지가격의 상승과 부동산
투기를 조장하게 된다.

다섯째, 사업주체가 공공기관인 경우 토지소유자가 환지계획에 직접 참여할 길이 없다.

3. 공영개발사업

1) 공영개발사업의 개념과 유형

공공에 의한 토지개발 및 공급방식은 계획적이고 효율적인 토지이용, 부동산 가격의 안정 및 원활한 택지공급 등의 목적을 달성하고, 자본주의 사회에서 공공개입의 정당성을 확보하기 위해서 다음과 같은 두 가지 기본적인 요건을 충족시켜야 한다.

첫째, 토지개발사업으로 인하여 발생하는 개발이익을 합리적으로 흡수할 수 있어야 한다. 사업지구 내의 토지소유자뿐만 아니라 그 주변지역의 토지소유자가 자신의 노력이나 투자에 의해 받게 되는 편익을 제외한 나머지 부분은 제도적으로 환수되어야 한다.

둘째, 국토계획·도시계획 등과 같은 상위계획과 연계시킴으로써 무질서한 도시확산과 난개발(亂開發)을 방지할 수 있고, 종합적인 시가지의 조성이 가능해야 한다.

이러한 기본요건을 충족시키기 위해서 공공기관에 의한 토지의 소유권 및 개발권의 취득과 대단위의 계획적 개발이 필수적이다.

공공부문이 이와 같은 기본요건을 충족시키면서 토지개발 및 공급에 직접적으로 참여하는 방법은 다음의 네 가지 유형으로 구분된다.

첫째는 공공기관이 대규모의 토지를 보유하고 이를 개발하여 실수요자에게 임대한 후, 실수요자가 임대조건대로 건축하여 이용토록 하는 방법이다.

두 번째 유형의 공영개발은 공공기관이 토지를 개발한 후 토지수요자에게 분양하여 이들이 개략적으로 정해진 토지용도에 따라 자유로이 건축물 또는 구조물을 건설하여 이용토록 하는 방법이다.

세 번째 유형의 공영개발은 공공사업주체가 토지를 소유한 후 개발뿐만 아니라 주택·상업시설·공장 등의 건축물까지도 건설하여 이를 분양하는 방법이다.

네 번째 유형의 공영개발은 세 번째 유형의 공영개발과 같이 일단 공공부문이

<그림 24-3>   공영개발사업의 유형

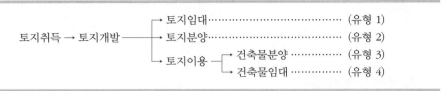

토지를 취득하여 각종 건축물 등을 건설하지만, 공공이 계속 소유하면서 실수요자에게는 임대만 하는 방법이다.

　　토지 자체를 임대하는 첫 번째 유형은 개발이익이 사유화되는 것을 근본적으로 방지할 수 있는 장점이 있으나, 투자된 재원을 회수하는 기간은 다른 유형보다 지나치게 길다고 할 수 있다.

　　토지를 개발하여 분양하는 두 번째 유형은 투자재원이 적게 소요되고 투하자본의 회수가 빠르며, 다양한 민간수요에 가장 융통성 있게 대처할 수 있는 장점을 가진다. 반면에 개발이익의 사회적 환수나 계획적인 도시개발을 유도하는 데는 제약이 있다고 할 수 있다.

　　토지를 개발한 후 주택 등을 건설하여 분양 또는 임대하는 세 번째와 네 번째 유형의 공영개발은 막대한 투자재원을 필요로 하고 사업방식이 복잡하기는 하나, 개발이익의 사유화에 어느 정도 대처할 수 있다. 동시에 도시 전체와의 조화를 고려한 일체적이고 계획적인 개발이 용이하다는 장점을 가진다.

　　이상에서 살펴본 네 가지 유형의 공영개발사업 가운데 우리나라에서 가장 많이 시행되는 유형은 두 번째와 세 번째 유형의 공영개발사업이다.

2) 공영개발사업의 문제점

　　공영개발사업은 개발이익의 사유화를 방지하고 계획적인 도시개발을 이룰 수 있다는 장점에도 불구하고 다음과 같은 문제점을 가진다.

　　첫째, 공영개발사업은 막대한 투자자금이 소요된다. 따라서 재정자립도가 낮은 지방자치단체는 국가적 지원 없이 사업을 수행하기가 어렵다.

　　둘째, 공영개발사업은 토지의 취득을 위하여 주로 전면매수의 방식을 취하게 되는데, 이때 해당 토지를 공공사업용 토지에 대한 보상액 산정의 기준이 되는 기준지가로 매입할 경우 토지소유자들의 반발이 생겨날 소지가 크다.

셋째, 공영개발사업은 초기에 투자되는 막대한 자본금의 신속한 회수가 불가능하다. 또한 토지의 실수요자 여부를 가리지 않고 분양하거나 임대하는 경우에는 토지구획정리사업의 경우처럼 개발이익의 사유화가 발생한다.

넷째, 택지 등을 임대 혹은 분양할 경우 개발주체가 의도한 바의 용도와 시기에 맞는 건축물의 개발이 일어나지 않는 사례가 발생하기도 한다.

4. 도시개발법에 의한 도시개발사업

1) 도시개발법의 제정취지

1960년대 이후 고도경제성장이 지속되면서 인구 및 산업이 도시에 집중하고, 이에 따라 급격한 도시화가 진행되면서 주택 및 공장 용지의 수요가 급증하게 되었다. 이에 따라 기존의 도시계획법에 의한 각종 조성사업(일단의 주택지조성사업, 일단의 공업용지조성사업, 시가지조성사업 등)과 토지구획정리사업법에 의한 토지구획정리사업으로는 필요한 토지를 공급하는 데 한계에 직면하게 되었으며, 이러한 이유로 말미암아 주택 및 공장 용지의 원활한 공급을 위하여 택지개발촉진법·주택건설촉진법(현재는 주택법)·「산업입지및개발에관한법률」 등이 제정되고, 이들 법률에 의해 다양한 용도의 토지가 개발되고 공급되어 왔다.

그러나 이들 개별법은 하나의 목적을 달성하기 위한 사업법으로서 체계적으로 토지를 개발하는 데는 한계를 보였으며, 도시계획법에 의한 각종 조성사업(일단의 주택지조성사업, 일단의 공업용지조성사업, 시가지조성사업 등)과 토지구획정리사업법에 의한 토지구획정리사업 간에도 조성목적이 중복되고 시행절차의 미비 등으로 원활한 사업시행에 어려움이 제기되었다. 이러한 문제점을 해소하기 위하여 도시계획법에 의한 각종 조성사업(일단의 주택지조성사업, 일단의 공업용지조성사업, 시가지조성사업 등)과 토지구획정리사업법에 의한 토지구획정리사업을 통합·보완하기 위해 2000년 1월 28일 도시개발법이 제정되고, 2000년 7월 1일부터 시행되기 시작하였다.

2) 도시개발사업의 개념

도시개발사업은 「국토의계획및이용에관한법률」 제2조 제11호에서 도시계획시설사업·재개발사업과 함께 도시계획사업의 하나라고 정의하고 있으며, 도시개발법 제2조 제1항 제2호에서 "도시개발구역 안에서 주거·상업·산업·유통·정보통신·생태·문화·보건 및 복지 등의 기능을 가지는 단지 또는 시가지를 조성하기 위하여 시행하는 사업"으로 규정하고 있다. 여기서 도시개발구역은 도시개발사업을 시행하기 위하여 도시개발법 제3조 및 제9조의 규정에 의하여 지정·고시된 구역을 말한다.

3) 도시개발사업의 시행자 및 시행방식

도시개발사업의 시행을 위해서는 국가 또는 지방자치단체, 정부투자기관, 토지소유자 또는 이들이 설립한 조합, 민간사업시행자 등이 시행자가 될 수 있다. 따라서 도시개발법에 의한 도시개발사업은 공공 혹은 민간이 모두 시행자가 될 수 있음을 알 수 있다.

한편 도시개발사업의 시행을 위해서는 택지개발촉진법 등의 개별법과는 달리 하나의 방식이 아니라 ① 수용 또는 사용방식, ② 환지방식, ③ 혼용방식의 세 가지 방식이 사용될 수 있다. 따라서 수용 또는 사용방식은 공영개발사업의 시행방식과 유사하다고 볼 수 있고, 환지방식은 토지구획정리사업의 시행방식과 같은 것으로 볼 수 있다.

결과적으로 공영개발사업은 현행법상 도시개발법에 의한 도시개발사업과 택

<표 24-7>   도시개발사업 시행방식

구 분	적용기준(요건)
수용 또는 사용방식	당해 도시의 주택건설에 필요한 택지 등의 집단적인 조성 또는 공급이 필요한 경우
환지방식	대지로서의 효용증진과 공공시설의 정비를 위하여 토지의 교환·분합 기타의 구획변경, 지목 또는 형질의 변경이나 공공시설의 설치·변경이 필요한 경우 또는 도시개발사업을 시행하는 지역의 지가가 인근의 다른 지역에 비해 현저히 높아 수용 또는 사용방식으로 시행하는 것이 어려운 경우
혼용방식	도시개발구역으로 지정하고자 하는 지역이 부분적으로 위의 두 경우에 해당하는 경우

지개발촉진법에 의한 택지개발예정지구 지정에 의한 사업, 주택법에 의한 국민주택용 대지조성사업 등과 같은 개별법에 의한 토지개발사업으로 이원화된 것으로 볼 수 있다. 〈표 24-7〉은 도시개발법에 의한 도시개발사업 시행방식의 적용기준 (요건)을 나타낸다.

제5절 **도시토지정책수단(Ⅲ): 개발이익환수제도**

1. 개발이익환수의 의의

일반적으로 개발이익이란 토지의 개발에 따라서 발생하는 지가의 증가분을 의미한다. 개발이익에 대한 이와 같은 개념정의에도 불구하고 개발이익의 개념은 점차 확대의 경향을 보여 왔다. 현실적으로 공공의 개발사업이나 계획행위에 의해 나타나는 토지가격의 상승과 기타 사회경제적인 요인에 의한 토지가격의 상승을 적절히 분리시켜 측정하는 것은 어렵다. 이와 같은 이유 때문에 개발이익을 폭넓게 정의하기도 한다. 우리나라의 「개발이익환수에관한법률」(법률 제07061호)에서는 개발이익을 좀더 포괄적으로 정의하고 있다. 「개발이익환수에관한법률」(법률 제07061호)에서는 개발이익을 "개발사업의 시행 또는 토지이용계획의 변경, 기타 사회·경제적 요인에 의하여 정상지가상승분을 초과하여 개발사업을 시행하는 자 또는 토지소유자에게 귀속되는 토지가액의 증가분"으로 정의한다. 이처럼 「개발이익환수에관한법률」(법률 제07061호)에서는 기타 사회·경제적 요인에 의하여 정상지가상승분을 초과하여 사업시행자 또는 토지소유자에게 귀속되는 토지가액의 증가분까지도 개발이익으로 간주하고 있다.

초기에 있어서 개발이익의 개념은 특정 공공투자사업에 의하여 그 사업지역과 그 주변지역의 토지에 발생하는 토지가격의 상승을 의미하였다. 그러나 후에 와서는 적극적 개발행위뿐만 아니라 소극적 계획통제, 즉 용도지역 지정 등에 따른 토지가격의 상승까지도 개발이익으로 보게 되었다. 따라서 현행법상 개발이익의 개념은 적극적 개발행위로 인한 토지가격의 상승과 더불어 소극적 계획규제로 인한 반사적 이익 및 기타 요인에 의한 것까지 모두 포괄하는 확대된 개념으로 볼 수 있다(박수영, 1991 : 620-621).

개발이익의 사회적 환수는 토지투기의 방지와 사회적 형평성의 확보를 위해 필요하다고 볼 수 있다. 아울러 개발이익의 환수는 공공의 재정수입을 늘려 주므로 각종 사업의 시행을 위한 정부의 재정부담을 완화시키는 역할도 한다.

개발이익의 환수를 위해 대부분의 국가들이 채택하는 방법은 과세적 방법과 비과세적 방법의 두 가지로 구분되는데, 우리나라의 경우도 사정은 마찬가지다. 과세적 방법으로는 종합토지세·양도소득세·간주취득세 등이 개발이익환수기능을 가지며, 비과세적 방법으로는 1990년부터 시행된 개발부담금제 등이 있었다. 1980년대까지 수익자부담금제가 개발이익환수의 기능을 일부 담당하였으나 1990년 개발부담금제의 도입과 함께 개별법에 규정되어 있던 대부분의 수익자부담금제가 폐지되었으며, 2003년 말에는 개발부담금제 역시 폐지되기에 이르렀다.

2. 과세적 방법

우리나라의 현행 토지관련조세는 크게 토지보유과세와 토지이전과세의 두 가지로 분류된다.

토지의 보유에 대하여 부과되는 조세로서 개발이익환수의 기능을 가진 것으로는 1990년부터 2004년까지 시행된 종합토지세와 2005년에 신설되어 시행되고 있는 종합부동산세가 대표적이다. 이외에도 개발이익환수의 기능을 부분적으로 수행하는 것으로 재산세·주민세 등의 지방세가 있으며, 국세로는 종합소득세·법인세 등이 있다.

한편 토지의 이전에 대하여 부과되는 조세로서 개발이익환수의 기능을 가진 것으로는 양도소득세·법인세 특별부가세·간주취득세·상속세·증여세 등이 있다. 이들 가운데 양도소득세·법인세 특별부가세·상속세·증여세는 국세이고, 토지의 지목변경으로 토지가격이 증가한 경우 이를 취득으로 보아 과세하는 간주취득세는 지방세에 속한다.

3. 비과세적 방법

비과세적 방법에 의한 개발이익환수의 방법으로는 개발부담금제가 대표적이었다. 개발부담금제도는 1989년 말에 제정된 「개발이익환수에관한법률」에 근거하여 1990년 3월부터 시행되었다. 「개발이익환수에관한법률」에 의하면 사업시행자 또는 토지소유자가 얻는 개발이익은 개발부담금으로 환수하도록 되어 있었다.

개발부담금제는 각종 개발사업으로부터 발생하는 불로소득을 환수함으로써 개발사업과 관련한 사회정의의 실현에 기여할 뿐만 아니라 토지에 대한 투기의 방지가 그 목적이었다. 하지만 2003년 말 부담의 형평성 등에 대한 문제 제기로 말미암아 개발부담금제 역시 폐지되기에 이르렀다.

☑ 연습문제

1. 다음의 용어를 설명하시오.
   1) 계획단위개발(Planned Unit Development : P.U.D.)
   2) 성과주의 용도지역제(Performance Zoning)
   3) 개발권 이양제(Transfer of Development Right : T.D.R.)
   4) 환지방식
2. 토지이용에 대한 정부의 개입이 왜 필요한지 간략히 설명하시오.
3. 토지이용계획과 용도지역·지구제의 관계를 설명하시오.
4. 개발이익환수를 위한 제도 가운데 비과세적 방법에 대해 간단히 설명하시오.

제25장

지역교통정책

1. 지역교통의 의의

교통은 왜 현대생활에서 꼭 필요하며, 왜 사람들은 교통에 많은 시간과 비용을 소모하는 것일까? 이러한 물음에 대한 답은 간단하다. 현대인들은 그들이 거주하는 장소에서 삶의 영위에 필요한 모든 활동을 수행할 수 없기 때문에 사람과 물자의 이동이 필요하며, 이를 위하여 교통이 발생하게 된다고 볼 수 있다. 즉 교통은 장소와 장소 간의 거리의 장벽을 극복하기 위한 행위로 볼 수 있으며, 이러한 관점에서 본다면 통신 또한 비슷한 기능을 가진다고 볼 수 있다. 따라서 교통과 통신은 부분적으로 상호 대체적인 기능을 가진 것으로 평가할 수 있다. 최근 통신수단의 발달이 교통문제의 해결에 도움을 줄 것으로 예측하는 학자들이 많은데, 이들의 시각도 이들 두 가지 기능의 부분적인 대체가능성에 입각하고 있다고 볼 수 있다.

인간의 소득을 창출하는 장소, 즉 직장이 주거지 부근에 있을 경우 교통문제는 심각하지 않게 된다. 농경사회에서는 인간의 주거와 소득을 창출하는 삶의 터전은 바로 인접해 있었다. 따라서 자연히 통근을 위한 교통발생은 없었고, 교통문제 또한 없었다. 이러한 맥락에서 볼 때 교통문제는 바로 산업화와 도시화에 기인한다고 볼 수 있다.

이제 교통의 본질이 무엇인지 정리해 보자. 교통은 인간생활의 영위에 필요한 통근·쇼핑·레크레이션·사교·관광 등의 활동을 지원하고 각종 물자의 수송을 위해 발생된다. 교통은 그 자체가 목적이 아니고 사람들의 삶의 영위를 위하여 필요한 활동, 즉 목적을 보조해 주기 위한 수단적인 의미를 가진다. 이와 같은 관점에서 교통수요는 유발수요(derived demand)라고 불린다.

교통문제는 크게 지역 내 교통문제와 지역 간 교통문제의 두 가지로 구분된다. 지역 내 교통문제는 제한된 지역 내의 교통문제로서 도로교통혼잡, 주차문제, 대중교통수단의 공급부족과 서비스 문제, 교통공해 등이 대표적이며, 이들 교통문제는 비도시지역보다는 특히 도시지역에서 심각하게 나타난다. 지역 간 교통문제로는 지역 간 승객 및 화물수송의 정체문제가 대표적이며, 이들 문제는 철도·고속도로·항공수송의 문제로 나타난다.

아래에서는 지역 내 교통문제를 중심으로 살펴보기로 한다. 지역 간 교통문제를 논의하기 위해서는 국가 전체의 도로·철도·항공 수송체계를 살펴보아야 하는 만큼 지역차원에서 정책의 운용이 가능한 지역 내 교통문제를 중심으로 살펴보기로 한다. 또한 현실적으로 교통문제는 비도시지역보다는 도시지역에서 심각하고 다양하게 나타난다는 점을 감안하여 특히 도시교통문제를 중심으로 논의하기로 한다.

2. 교통체계와 토지이용체계

도시를 지탱시키고 유지시켜 주는 가장 중요한 두 가지 물리적 요소는 교통체계(transportation system)와 토지이용체계(land use system)이다. 토지이용계획이 다양한 도시활동이 필요로 하는 토지의 양(量)을 분석하여 이를 합리적으로 공간상에 배분시킴으로써 도시활동의 원활화와 적절한 생활환경의 수준을 유지하는 데 그 목적이 있다면, 교통계획은 지리적 공간상에서 이루어지는 다양한 인간활동을 서로 신속하게 연결시켜 접근성(accessibility)을 높여 주는 데 그 목적이 있다. 따라서 토지이용과 교통체계 간의 관계는 '닭과 계란'과 같은 관계로서 상호 밀접한 연관을 지니면서 작용한다고 할 수 있다(원제무, 1991 : 16-17).

토지이용과 교통의 관계에 관해서는 세 가지 관점이 있다(Chapin, Jr. and Kaiser, 1979 : 620 - 621).

첫 번째 관점은 인간의 활동패턴(activity pattern)을 지원하기 위한 서비스체계로서 교통을 보는 입장이다. 이 관점에 의하면 교통은 개인·기업·조직들이 각기 분리된 장소에서 활동할 수 있도록 하는 하나의 서비스로 간주된다.

두 번째 관점은 토지이용이 교통수요의 중요한 결정인자로 간주되고, 또한 토지이용이 교통체계의 성과(performance)를 부분적으로 결정짓는 것으로 보는 입장이다. 즉 이 관점은 토지이용을 교통계획의 정책투입요소(policy input)로 보고 있다. 예컨대 우리는 종종 도심지역에서 고밀도 토지이용을 하게 되는데, 이 경우에 도심의 교통혼잡이 악화되는 사례를 많은 도시들에서 살펴볼 수 있다. 이러한 두 번째의 관점은 첫 번째의 관점과 밀접한 관련이 있으며, 토지이용을 적절히 통제함으로써 교통문제를 해결할 수 있는 가능성을 시사한다.

세 번째의 관점은 교통이 토지이용에 미치는 영향을 부각시키는 관점으로 앞서의 두 가지 관점과는 반대되는 관점이다. 이러한 세 번째의 관점에 의하면 교통체계의 변화가 토지이용에 중요한 영향을 미치게 된다. 일반적으로 도로망의 개발은 토지이용과 도시의 형태에 영향을 미친다. 도시성장의 역사를 더듬어 보아도

<그림 25-1> 토지이용과 교통의 상호작용

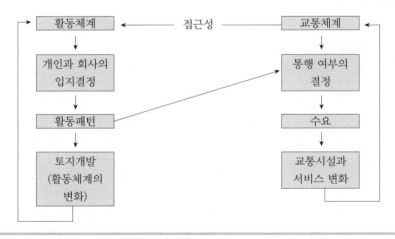

자료 : M.D. Meyer and E.J. Miller(1984). *Urban Transportation Planning : A Decision-Oriented Approach*. New York : McGraw - Hill Book Co. : 63.

교통망의 형성과 발달이 도시의 공간구조를 만들어 왔음을 알 수 있다. 예컨대 전
차나 지하철이 유럽이나 미국의 동부 도시들의 기본적인 틀이 되었고, 고속도로가
미국의 서남부 도시들을 지금과 같은 모습으로 만들어 왔다.

　　이상의 세 가지 관점에서 살펴볼 수 있는 바와 같이 토지이용과 교통체계 간
의 관계는 '닭과 계란'과 같이 서로 영향을 줄 수 있는 관계에 있다. 이러한 토지이
용과 교통의 상호작용을 마이어와 밀러(Meyer and Miller, 1984)는 〈그림 25-1〉과
같이 나타내고 있다.

　　그러면 교통체계는 어떠한 요소로 구성되어 있는지 살펴보자. 교통체계를 보
는 입장에 따라서 교통체계를 구성하는 요소에 대한 개념이 달라질 수 있는데, 여
기서는 토지이용과 교통 간의 연관성에 역점을 두고 있는 블랙(J. Black)의 견해를
중심으로 살펴보자. 블랙(Black, 1981)은 교통체계의 구성요소로 토지이용·교통공
급(transportation supply)·교통량(traffic)의 세 가지를 지적하고 있다. 첫째 요소인
토지이용은 토지 위에 건설된 물리적 시설뿐만 아니라 사회경제적 활동이 일어나
는 공간이고, 둘째 요소인 교통공급은 토지이용 간의 물리적인 연결망인 도로·버
스·철도·보도와 같은 교통수단과 통행비용·통행시간·배차간격과 같은 운영적 특
성까지 포함한다. 셋째 요소인 교통량은 토지이용과 교통공급의 상호작용에 의한
결과물로 보고 있다(원제무, 1991 : 12-13).

제2절 지역교통문제

　　지역교통문제는 지역 내에 과도하게 집중된 사람들의 각종 활동을 위한 통행
욕구를 교통시설이 충분히 충족시켜 주지 못하기 때문에 발생한다고 볼 수 있다.
이처럼 지역교통문제는 수요와 공급의 불균형문제로 이해될 수 있으며, 교통수요
와 교통시설공급의 불균형으로 야기되는 교통문제는 도로교통혼잡·주차난·대중
교통수단의 승차난 등이 대표적이다. 이 외에도 아직은 교통정책의 목표로서 크게
부각되지 않고 있으나 소음·대기오염 등의 교통공해와 교통사고 등의 문제도 늘어
나는 교통수요에 따르지 못하는 교통시설의 공급부족 때문에 더욱 악화되는 교통
문제에 속한다.

1. 도로교통혼잡

세계의 대도시들이 공통적으로 겪고 있는 문제가 도로교통혼잡, 즉 교통체증이다. 우리나라 대도시의 교통체증은 급격한 차량의 증가에 따라 점차 심화되어 교통애로구간이 도심지뿐만 아니라 도시전역에 걸친 주요간선도로에까지 확산되어 가는 추세에 있다. 또한 최근에는 이러한 교통체증현상이 대도시와 인근위성도시를 연결하는 외곽도로에까지 확산되어 도시외곽 도로망은 출퇴근 시간과 주말에는 심각한 교통체증현상이 발생한다.

특히 대도시에서는 신호대기 등으로 지체하는 시간의 비중이 계속 증가하는 추세를 보이고 있으며, 최근에는 대부분의 가로구간에서 주간교통량의 변화가 시간대별로 뚜렷한 차이를 나타내지 않는 경향이 나타나고 있다. 따라서 대도시의 교통체증현상은 더 이상 특정 가로구간이나 특정 시간대에만 한정된 현상이 아님을 알 수 있다.

이러한 교통체증현상은 시민들의 기동성을 저하시키고 물류비용을 증가시키는 동시에 교통사고의 유발가능성을 높인다. 또한 에너지 소비량을 증대시키고 매연배출량을 증가시켜 교통체증으로 인한 사회적 비용은 엄청나게 크다고 볼 수 있다.

2. 주차문제

최근 몇 년 사이에 우리나라 대도시의 주차문제는 하루가 다르게 악화되고 있다. 주차수요의 발생이 높은 도심에서는 주차공간의 부족으로 인하여 불법주차가 성행하고 주차장을 찾아 배회하는 차량들로 인해 교통소통과 안전에 큰 장애가 되고 있다. 이러한 주차공간의 부족문제는 이젠 도심지만의 문제가 아니라 부도심과 변두리의 주거지역 등으로 점차 확산되고 있다는 데 문제의 심각성이 있다.

주차문제를 야기하는 근본적인 원인은 주차수요와 주차시설 간의 수급불균형에서 찾을 수 있다. 주차문제를 해결하기 위한 정책수단이 주차시설의 충분한 공급에 있건 아니면 주차수요의 억제에 있건 간에 현실의 주차문제는 결국 필요한 장소에 주차를 하고자 하는 주차수요와 이를 적시에 수용할 수 없는 주차시설 간의 불균형에서 나타나는 문제로 볼 수 있다.

특히 주차수요가 많은 도심에서의 주차장 부족현상은 도심에서의 주차장부지 확보의 어려움에 근본원인이 있긴 하지만 현재 운영되고 있는 대부분의 노외주차장이 공한지를 이용한 평면식 주차장으로 운영되고 있다는 점이나 많은 건축물부설 주차장 역시 평면식 주차방식에 의존하거나 입체화가 미흡하다는 점에도 그 원인이 있다. 특히 민영 노외주차장의 대부분이 입체적 주차시설을 갖추지 않고 평면식으로 이용되고 있는 사실은 주차장영업의 수익성이 충분히 보장되지 않아 장기적인 시설투자의 유인이 없다는 점에 그 원인이 있다.

주차장 부족의 문제는 최근 들어 도심지만의 문제가 아니라 부도심과 변두리 주거지역 등으로 점차 확산되고 있다. 특히 주거지의 주차문제는 자동차를 보유한 주택에 차고가 마련되지 못하여 특히 야간에 발생하는 높은 주차수요로 인하여 주택가 이면도로 등에 무질서하게 주차함으로써 교통소통을 저해하고 이웃 간에 주차시비를 일으키기도 한다. 주거지의 주차수요는 자동차의 보유와 직접 관련되므로 다른 용도의 건축물에 비해 주차수요의 예측이 쉬운 데도 불구하고 그 동안에 주택에 관한 주차장설치기준이 없거나 불합리하여 나타난 현상으로 보인다.

3. 대중교통수단의 문제

대중교통수단의 공급부족과 서비스의 문제는 우리나라 대부분의 도시에서 출퇴근 시간에 주로 심각하게 나타난다. 우리나라 대부분의 도시에서 교통수단별 통행분담률을 보면 아직도 대중교통수단이 큰 비중을 차지하고 있는데, 교통문제를 다루는 정책당국자들은 주로 도로교통혼잡문제에만 집착한 나머지 지하철이나 버스의 서비스수준 향상에는 적극성을 보이지 않는 것이 현실이다. 정책당국자들은 대중교통수단의 서비스수준 향상이 장기적으로 자가용 승용차의 이용확률을 줄이고 궁극적으로는 도로교통혼잡의 완화에 도움을 줄 수 있다는 사실을 간과한 채 다양한 소득계층의 다양한 교통수요에 부응할 수 있는 대중교통서비스의 공급에는 소홀한 것이 현실이다.

한편 최근 건설된 대도시주변 주거위성도시와 도시외곽의 대규모 신규택지개발지역은 지하철노선의 연장은 물론 시내버스노선의 증설이 미흡해 시민들이 아침마다 턱없이 모자라는 버스를 타기 위해 북새통을 이루는 등 큰 불편을 겪고 있다.

이러한 신개발지의 대중교통서비스의 공급부족현상은 이들 지역주민들의 자가용 승용차보유와 이용을 더욱 부채질하는 또 하나의 요인이 되고 있다.

도시대중교통의 또 다른 문제점은 버스노선이 과다하게 도심으로 집중되어 있어 도심교통혼잡을 가중시키는 요인이 되고 있다는 점이다. 우리나라 대부분의 도시에서 버스노선이 도심에 집중되어 있어 버스수송력의 낭비와 도시 내 지역 간 연결의 불균형을 초래하고 있으며, 승객수요가 낮은 순환노선이 절대적으로 부족한 문제점을 가진다. 또한 많은 도시에서 시내버스수송체계는 간선(幹線)운행 혹은 지선(支線)운행 등의 구분이 없고, 일정 지역분담 등의 체계가 정립되지 않은 실정이다. 물론 버스노선의 도심집중은 영리를 목적으로 하는 운수업체가 승객밀도가 높은 노선을 선호함에 따른 결과이긴 하지만 외곽지점에서 다른 외곽지점으로 통행하는 승객은 일단 도심으로 들어온 후에 다른 버스를 갈아 타야 하는 불편을 겪는다.

한편 지하철이 운행되고 있는 일부 도시에서는 지하철과 버스노선 간에 연계수송체계가 미흡하고, 이들 두 대중교통수단의 보완관계가 효율적이지 못한 문제점을 나타내고 있다. 특히 다른 교통수단과의 환승을 위한 인프라가 미흡하여 대중교통 활성화에 걸림돌이 되고 있다.

영업용 택시의 경우 이용자는 원하는 시간과 장소에서 택시를 이용하기 어렵고, 잦은 합승 등으로 인하여 승객의 프라이버시를 침해하거나 안전을 위협하기도 하며 난폭운전 등으로 원활한 교통흐름을 방해하기도 한다. 이러한 문제는 택시요금체계와 택시운수업체의 경영상의 문제에 주로 기인하는 것으로 보인다.

4. 교통공해

자동차의 이용은 필연적으로 대기오염·소음 등의 교통공해를 발생시킨다. 도시교통문제도 경제성장에 따라 단계적으로 나타나는데, 후진국의 경우는 대중교통수단의 승차난이 가장 중요한 정책과제임에 반해 경제가 성장할수록 교통체증·교통공해 등이 주요 정책과제로 부각된다. 특히 교통공해의 문제는 선진국형 교통문제로 일반적으로 분류된다.

교통에 의한 대기오염문제는 1960년대 중반부터 문제가 되기 시작했으며, 산업화에 따른 급격한 도시화와 자동차의 증가 때문에 배기가스로 인한 건강문제가 도시민의 관심사로 대두하게 되자 이에 대한 규제의 필요성이 부각되기 시작하였다. 실제로 로스앤젤레스와 같은 대도시에서 자동차 배기가스로 인한 스모그현상이 발생하자, 미국에서는 1965년 자동차오염방지법을 제정하여 1968년부터 자동차의 배기가스에 대한 규제가 시작되었다. 뒤이어 1970년대에는 일본과 유럽에서도 자동차 배기가스에 대한 규제가 시작되었다. 우리나라에서도 도로운송차량법에서 도로교통의 안전과 질서유지라는 측면에서 일부 규제하여 오다가, 환경보전법이 제정공포(1977. 12. 31)되면서 1980년 1월부터 실제로 자동차 배기가스를 규제하게 되었다(도철웅, 1992 : 781–782).

자동차의 이용과 관련된 대기오염물질로는 아황산가스(SO_2)·일산화탄소(CO)·이산화질소(NO_2)·부유분진 등이 있는데, 이들 오염물질들의 배출량은 매년 증가일로에 있다. 특히 자동차 배기가스의 증가는 교통혼잡과 밀접한 관계를 가지는데, 예컨대 일산화탄소(CO)는 교통체증시에 최적 속도인 60–80km/시간의 경우에 비해 2–3배의 배출량증가를 보인다. 따라서 교통체증의 완화는 대기오염을 줄이는 가장 현실적인 방법이 된다.

한편 자동차·기차·비행기 등이 발생시키는 교통소음은 차량대수의 증가로 인해 점차 그 피해범위가 확대되고 있으며, 이외에 자동차 엔진 및 차량구조 자체의 문제점과 주행상태·정비불량·과적·타이어·도로구조 등에 의해 소음이 발생한다. 대체로 우리나라 도로교통소음의 양상은 도시의 경우 상업지역과 공업지역은 물론 주거지역까지 교통소음의 영향권 내에 있으며, 차량대수의 증가와 철도(도시철도 포함)의 도심통과로 인하여 도시교통소음은 더욱 증가할 것으로 보인다(도철웅, 1992 : 821–822).

5. 교통사고

교통사고는 과거에는 전통적인 교통문제의 범주 속에 포함되지 않았으나, 최근 들어 선진국일수록 인간생명의 가치를 존중하는 사회적 분위기가 반영되어 교통사고를 새로운 교통문제로 인식하고 이에 대처하는 정책적 노력이 잇따르고 있다. 특히 우리나라의 경우 오랫동안 교통사고 저감을 위해 많은 노력을 기울여 왔으나, 2013년 한 해 동안 자동차 1만 대당 교통사고 사망자수는 2.2명으로 OECD 34개 국가(평균 1.1명) 가운데 32위를 차지하고, 인구 10만 명당 교통사고 사망자수는 10.1명으로 OECD 34개 국가(평균 5.5명) 가운데 역시 32위를 차지하고 있다.

교통현상이란 도로시설, 차량, 운전자, 기타 교통여건이 함께 결합하여 나타나기 때문에 교통사고는 이러한 요소들 중에서 어느 하나만 불완전하여 일어나는 경우는 드물고, 대개의 경우 불완전한 몇 가지 요소가 상호작용을 하여 일어난다고 볼 수 있다. 일반적으로 교통사고는 인적 요인(신체, 생리, 습관, 태도 등), 차량 요인(차량구조 등), 도로의 물리적 요인(도로구조, 안전시설 등), 환경적 요인(날씨, 교통단속 등)이 복합적으로 작용하여 일어나는데, 대부분의 경우 둘 이상의 요인이 함께 작용하여 일어난다(도철웅, 1992 : 686 - 695).

교통사고 저감을 위한 교통안전대책으로는 3E(Engineering, Enforcement, Education)의 세 가지 방안으로 구분되어 제시되고 있다. 최근에는 선진국을 중심으로 교통사고 저감을 위한 종합적인 대책과 계획을 수립하는 추세에 있으며, 우리나라의 경우도 지방자치단체별로 교통안전기본계획을 수립하여 집행하도록 제도가 마련되어 있다.

제3절 지역교통정책

그러면 이러한 지역교통문제의 뿌리를 근원적으로 없앨 수 있는가? 있다면 어떤 방법을 통해서 가능할 것인가? 하는 물음에 답해야 한다. 우선 지역교통문제를 해결하기 위한 가장 근본적인 대안은 두말 할 필요도 없이 자동차의 대량 보급을 억제하기 위해서 개인의 자동차소유를 제한하는 것이다. 그러나 자본주의 경제체제하에서는 시장메커니즘을 통하지 않고는 국민의 자동차소유를 제한할 방법이 없다. 다만 가능한 방법은 일본에서 시행되고 있는 차고지증명제와 같은 방법을 통하여 차고가 없는 가구나 개인에 대해서는 자동차소유를 제한할 수는 있다. 그러나 이 방법은 자동차의 증가추세를 근본적으로 막을 수 있는 방법은 아니며, 다만 아파트나 단독주택의 주차공간확충에는 기여를 할 것으로 보인다. 따라서 차고지증명제와 같은 방법은 주거지의 주차문제를 해결할 수는 있으나 도로교통혼잡 즉 교통체증 등과 같은 근본적인 지역교통문제의 해결책은 아니다. 그렇다고 자동차의 편리함에 길들여진 시민들에게 자가용 승용차의 소유를 줄이자고 호소해 봤자 설득력이 없을 것은 뻔하다. 우리의 사회경제체제, 국민들의 가치관이나 취향 등을 무시한 정책대안의 제시는 무의미하게 됨은 당연하다. 따라서 여기서는 장·단기적으로 실현가능할 것으로 판단되는 정책과제를 주로 살펴보고자 한다.

1. 지하철시대의 대중교통체계 정비

지하철의 도입과 확대는 필연적으로 버스중심의 대중교통체계를 지하철중심의 대중교통체계로 변화시키고 있다. 지하철은 버스와 달리 일단 건설되고 나면 노선의 융통성이 없고 역에서 역까지의 수송만 가능하므로 다른 교통수단과의 보완체계정립이 효율적인 통행배분을 가능하게 하는 관건이 된다. 현재 우리나라 대부분 도시의 시내버스운송체계는 간선(幹線)운행 혹은 지선(支線)운행 등의 구분이 없고 일정 지역분담 등의 체계가 정립되지 않은 실정이다. 이와 같은 시내버스운송체계는 지하철시대의 도래와 함께 마땅히 그 역할과 기능이 재정립되어야 한다. 지하철과 시내버스의 연계수송체계가 마련되어야 하고, 이를 위해 지하철역과 인근지역을 연결하는 지선버스(feeder-bus)의 운행이 활성화되어야 한다. 그리고 지선버스는 노선연장이 짧기 때문에 저렴한 요금으로 운행되어야 한다.

지하철시대에 있어서 지하철과 자가용 승용차 및 영업용 택시의 연계수송체계도 충분히 확충되어야 한다. 이를 위해서 「키스 앤드 라이드」(Kiss & Ride)와 「파크 앤드 라이드」(Park & Ride)가 가능하도록 역세권 주차장의 충분한 확충과 저렴한 주차요금체계의 확립이 필수적이다. 특히 이들 역세권 주차장은 도시외곽이나 부도심에 있는 지하철역 주변에 충분히 확충되고 공급되어야 한다.

지하철의 등장과 함께 도로망체계의 정비도 도심보다는 도시외곽지역에 초점이 맞춰져야 한다. 도심을 중심으로 한 도시공간영역별로 각 교통수단별 기능분담체계가 확립되어야 하는데, 교통수단별로 경쟁관계가 아닌 보완적인 기능분담체계가 필요하다. 특히 도심과 도심인근지역은 지하철·버스·준대중교통(paratransit, 예: 카풀·밴풀·합승택시) 등과 같은 대중교통수단 중심의 기능분담이 필요하다. 도심지향적 도로망의 확충은 도심에 대한 접근성을 강화시킬 수 있고, 이는 다시 자

가용 승용차의 도심진입 등을 통해 도로교통수요를 증가시킬 수 있다는 점을 감안
하여 신중한 고려가 있어야 한다.

2. 도시공간구조의 다핵화

　현재 우리나라 도시의 중추관리기능과 상업기능은 지나치게 도심에 집중되어
있어 도심에의 교통량 유입이 지나치게 많은 것이 특징이다. 중추관리기능과 상업
기능은 분산되지 않은 채 신규택지개발은 주로 도시외곽에서 이루어져 통행의 장
거리화를 유도하고, 이는 자가용 승용차의 대량보급과 교통체증의 광역화 현상을
초래하고 있다.

　이러한 도시공간구조의 문제점을 해결하기 위해 도심의 중추관리기능과 상업
기능을 부도심으로 이전하는 등 부도심개발이 활성화되어야 한다. 부도심의 개발
시에 권장될 수 있는 토지이용의 방향은 혼합적 토지이용(mixed land use)을 통한
직주근접의 실현과 다목적 센터(multi-purpose center)의 건설이다. 다목적 센터는
관공서·금융·백화점·레저 등의 다양한 기능을 한곳에 유치함으로써 시민들의 다
양한 활동욕구 및 통행수요를 공간적으로 집중시켜 이들 기능들이 공간적으로 분
산되어 있는 경우보다 대중교통수단의 이용가능성을 높이고, 아울러 시민들의 통
행거리를 단축시키는 효과도 있다.

　최근에는 대중교통 중심개발(Transit Oriented Development : TOD)의 일환으로
지하철 역세권의 고밀 개발이 새로운 경향으로 나타나고 있다. 대중교통 중심개발
은 시민들의 승용차 의존도를 줄임으로써 대중교통 분담률을 높일 수 있을 것으로
기대된다.

3. 교통시설의 확충과 정비

　도시교통문제는 앞서도 언급하였듯이 자동차의 대량보급과 늘어나는 교통수
요에 대응하지 못하는 교통시설의 공급부족에 그 원인이 있다. 이러한 도시교통문
제를 풀기 위해서 대부분의 교통정책당국자들은 주로 교통시설의 확충과 정비에

관한 계획을 가장 중요한 문제해결수단으로 제시하고 있는 것도 사실이다. 도심우회 통과교통의 처리를 위한 도시순환도로의 확충은 물론 바람직하다. 그러나 도심지향적인 간선도로의 확충은 도심통과교통의 유발로 현재의 교통체증을 완화시키기는커녕 주요 간선도로와 연결된 도심의 일부 중로(中路)나 소로(小路)에 교통체증을 악화시키는 부작용을 유발할 수도 있다. 도로는 매우 복잡하게 연결되어 있어 일부 구간의 확장만으로는 제 기능을 발휘하지 못하며, 따라서 도로의 계층구조와 기능을 고려한 도로망의 체계적인 정비가 필요하다.

우리나라 대부분의 도시에서는 간선도로인 광로와 대로는 비교적 잘 정비되어 있으나 중로와 소로는 정비가 미흡하다. 이러한 이유 때문에 교통량이 간선도로에 집중하여 간선도로의 교통혼잡을 가중시키고 도로별 기능분담이 불분명한 문제점을 나타내고 있음은 앞서도 지적한 바와 같다. 따라서 현재 노상주차장화하여 사도(死道)가 되다시피 한 중로의 기능을 부활시키는 것도 중요한 정책과제이다.

공공 노외주차장의 건설은 주차수요가 많은 대부분의 지역이 도심이어서 토지가격이 높고 공간확보도 쉽지 않아 어려움이 많았다. 따라서 앞으로는 지방자치단체가 안고 있는 도시재정상의 어려움을 극복하고 주차장의 안정적 공급을 도모하기 위해 주차산업에 민간부문의 자율적 참여를 확대하는 방향으로 정책의 초점이 맞추어져야 할 것이다. 그리고 부족한 공공 노외주차장의 확보를 위해 공공시설물이나 공원의 지하주차장을 적극적으로 개발할 필요가 있고, 기존의 도심 내 민영 노외주차장을 입체적 형태로 개선하는 데 지원을 아끼지 말아야 한다. 또한 심화되는 변두리 주택가의 주차문제를 해결키 위해 공동주택뿐만 아니라 단독주택에 대해서도 적절한 차고설치기준의 마련이 필요하다.

4. 교통체계관리

도로·주차장 등과 같은 교통시설의 공급만으로는 늘어나는 교통수요를 만족시킬 수 없다. 도로나 주차장과 같은 교통시설의 물리적 공급을 위주로 하는 교통정책은 오히려 자가용 승용차를 위주로 하는 도로교통수요를 증가시켜 교통체증을 다시 유발하는 악순환을 되풀이할 수 있다. 도로율의 증가만으로 도시교통문제를 해결할 수 없음은 외국도시의 사례에서 살펴볼 수 있다. 교통시설의 공급은 많은 투자재원의 소요에도 불구하고 그 운영이 효율적이지 못할 경우 투자효과는 미흡하게 된다. 도시교통문제의 해결을 위한 1차적 과제는 역시 기존의 시설을 효율적으로 이용하는 방법이며, 이는 다양한 교통체계관리(Transportation System Management : TSM)기법을 운용함으로써 가능하다.

도시의 교통체계관리는 교통시설의 운영방법을 개선하여 도심의 교통혼잡을 줄이는 방안, 특히 피크시 교통혼잡을 줄일 수 있는 방안이 검토되어야 한다. 이를 위해서는 카풀(car-pool)차량 및 버스에 통행의 우선권을 부여하는 카풀 및 버스 전용차선제의 적극적 활용, 일부 구간에 대한 일방통행제 도입, 교차로 구조 개선, 교차로 신호체계의 조정 및 개선 등의 방안이 강구될 수 있다.

한편 최근에는 교통수요관리(Transportation Demand Management : TDM)의 개념이 많이 사용되고 있는데, 이는 시민들의 통행행태의 변화를 통해 교통체계에 대한 부담을 줄여서 도로교통혼잡을 완화시키는 관리기법을 말한다. 교통수요관리는 과거에는 교통체계관리의 일부분으로 인식되어 독립적인 개념으로 파악되지 않았으나, 최근 들어 교통수요관리의 중요성이 부각되면서 독립적인 개념으로 자리를 잡아가고 있다. 교통수요관리에는 교통시설에 대한 투자나 관리를 수반하지 않는 승용차 10부제 운행, 도심통행료의 부과, 다인승 차량에 대한 통행 우선권 부여, 출퇴근 시차제 등이 해당한다.

대중교통수단의 이용을 촉진하기 위해서 소득계층에 따라 대중교통수단의 공급을 다양화할 필요성이 있으며, 버스전용도로의 운용도 고려해 봄 직하다. 싱가포르에서 시행되고 있는 아침 출근시간대 도심진입차량에 대한 통행료부과제 역시 최악의 경우 일정지역에 한해 검토해 볼 수도 있을 것이다.

5. 교통행정체계

현재의 우리나라 도시교통문제에 대해서는 중앙정부 차원에서 많은 정책대안들이 제시되고 있는 것이 사실이다. 그러나 이러한 정책대안들은 지역적 특성에 부합하지 못하는 것이 많고, 대규모 투자재원이 소요되는 일부 정책대안들을 제외하고는 지방도시의 교통체계관리는 지방도시 차원의 특수성에 입각하여야 함에도 불구하고 지방정부의 창의가 발휘될 소지가 없는 것이 오늘의 현실이다. 이러한 문제는 바로 도시교통문제를 다루는 행정체계의 다원화와 중복에 기인한다고 볼수 있다.

우리나라의 정부 부처별, 기관별 주요 교통행정 관장업무를 보면 업무의 중복과 공백뿐만 아니라 교통행정의 조정 및 상호 보완적 관계정립이 사실상 어려움을 알 수 있다. 실제 지방자치단체에 부담을 주는 중앙정부 차원에서의 각종 교통관련정책의 제시는 지방자치단체의 반발을 불러일으키고 있다. 특히 법적용의 문제나 법규 미비로 조정상의 문제 및 권한배분의 문제가 야기되어 책임의 소재가 불분명할 뿐만 아니라 정부부처 및 관련기관의 소극성 때문에 정책집행의 효율성이나 업무협조가 어려운 실정이다(유광수, 1992 : 635).

특히 대중교통에 관한 정책결정에 있어서는 지방정부가 대중교통에 관련된 많은 요소들을 규제 혹은 관리하고 있음에도 불구하고 중앙정부의 기본적인 도시교통정책의 범주를 벗어나지 못하는 한계를 가지고 있다. 따라서 지방정부는 지역특성에 맞는 대중교통정책의 마련에 기여를 하지 못하고 있으며, 안전기준, 차량기준을 포함한 노선서비스 및 요금정책 등 광범한 대중교통관리가 중앙정부에 의해 규제를 받고 있어 사실상 지방정부 차원에서는 효율적인 정책대안의 구상과 집행이 어려운 것이 사실이다.

현재 교통행정의 기능이 중앙정부와 지방정부에 동시에 존재하고 있으나, 지방정부의 정책결정 및 행정체계는 일련의 도시교통문제를 해결하는 데 많은 제약요소를 안고 있다(유광수, 1992 : 637-643). 따라서 여러 기관으로 분산된 교통행정체계의 기능을 일원화하고 중앙정부와 지방정부 간에 교통관련기능의 적절한 업무배분과 조정이 요청된다. 아울러 교통관련 전문인력의 양성과 활용이 지방정부 차원에서 충분히 이루어질 수 있도록 제도적인 장치가 필요하다.

한편 최근에는 생활권의 광역화로 인해 도로 및 지하철의 건설, 버스노선의 운영 등에서 지방자치단체 간에 조정과 협조가 요구되는 부분이 증가함에도 불구하고 이해가 상충되는 지방자치단체 간에 여러 가지 마찰이 일어나고 있다. 이러한 지방자치단체 간의 마찰을 해결하기 위한 제도적 장치가 필요하다.

6. 첨단 경량전철시스템

갈수록 악화되는 도시교통문제를 해결하기 위한 가장 효율적인 방법은 대중교통수단의 이용을 확대하는 것이다. 이를 위해서는 버스, 지하철 등을 포함하는 대중교통시스템의 충분한 공급이 요구된다. 그런데 교통수요가 충분히 많을 경우에는 수송용량이 가장 큰 지하철의 건설이 바람직하지만 그렇지 않을 경우에는 다른 종류의 대중교통수단이 더 효율적일 수 있다. 첨단 경량전철시스템(light-rail transit system)은 바로 교통수요를 버스로는 충분히 충족시킬 수 없고 지하철의 건설은 대중교통서비스의 과다공급을 초래하여 비경제적인 투자가 될 것으로 판단되는 상황에서 도입할 수 있는 대중교통수단이다.

첨단 경량전철은 기존의 중량(重輛)지하철보다 작은 규모와 자동화된 차량운행방식을 채택한 도시철도의 한 형태로 정의될 수 있으며, 기존의 궤도철도시스템의 특성에 신기술의 형태가 도입된 교통수단이다. 첨단 경량전철은 주로 지하철의 공급이 비경제적일 것으로 판단되는 지역을 위해 도입이 검토될 수 있다. 따라서 첨단 경량전철은 지하철서비스가 제공되지 않는 지역에서 효율적인 교통수단으로 자리잡을 가능성이 크다.

첨단 경량전철을 승용차, 버스, 지하철 등과 승객밀도 및 통행거리의 측면에서 비교하여 보면 〈그림 25-2〉와 같다. 〈그림 25-2〉에서 보는 바와 같이 첨단 경

〈그림 25-2〉 승객밀도별, 통행거리별 적정 교통수단

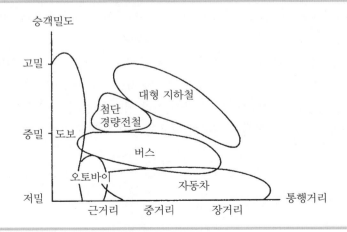

량전철은 승객밀도측면에서 버스의 중밀도와 지하철의 고밀도 사이에 있으며, 통행거리면에서도 근거리와 중거리 사이의 영역을 담당할 수 있다. 첨단 경량전철의 특성을 다른 주요 교통수단과 비교하여 보면 택시·버스 등에 비해 정시성·안전성·신속성은 높으나 수송용량은 지하철보다는 다소 작은 것으로 평가된다. 따라서 대도시의 간선축으로는 부적합하며, 도심 일부지역을 위한 순환선 또는 외곽지역의 지선으로 적합한 것으로 평가되고 있다(이종호, 1992:17-18). 이상과 같은 특성을 가진 첨단 경량전철이 우리나라의 많은 도시들에 도입되어 다른 대중교통수단과 적절한 조화를 이룰 때 도로교통혼잡·교통공해 등의 도시교통문제를 해결하는데 상당한 기여를 할 것으로 보인다.

7. 지능형 교통체계

지능형 교통체계(Intelligent Transportation Systems : ITS)는 주어진 교통시설을 운영할 때 효율성을 극대화시키기 위한 것으로 최근 여러 나라에서 활발히 연구 혹은 개발중에 있다. 지능형 교통체계(ITS)라 함은 기존의 도로교통 운영기술에 정보통신 등의 기술을 접목시켜 도로시설의 제공자 입장에서는 도로이용의 효율성을 극대화하고, 이용자 입장에서는 운전자를 포함한 국민 개개인의 편익을 극대화함을 목표로 하는 신교통관리 기술이다. 최근 우리나라에서도 이러한 ITS에 대한 연구와 실용화가 활발히 추진되고 있다. ITS의 국내도입은 교통문제의 완화를 위해서도 기여를 할 뿐만 아니라 전자·기계·자동차 산업의 국제경쟁력 확보를 위해서도 필수적인 것으로 평가되고 있다(하동익, 1994:173).

ITS는 크게 ① 첨단 교통관리시스템(Advanced Traffic Management System : ATMS), ② 첨단 여행자 정보시스템(Advanced Traveller Information System : ATIS), ③ 첨단 차량제어시스템(Advanced Vehicle Control System : AVCS), ④ 첨단 대중교통시스템(Advanced Public Transportation System : APTS), ⑤ 영업용 차량운영(Commercial Vehicle Operation : CVO) 등 5개 분야로 나뉘어 개발되고 있는데, 각 분야의 개략적인 개발내용은 다음과 같다(원제무, 1999:697-698).

1) 첨단 교통관리시스템(Advanced Traffic Management System : ATMS)

ATMS는 도로구간의 교통여건·신호체계·고속도로 진입통제 등 모든 교통상황을 통합관리하는 시스템으로 실시간(real time)으로 수집된 정보를 바탕으로 도로구간의 교통혼잡을 예측하고 개별 차량에게 대체도로에 대한 정보를 전달해 준다. 고속도로나 간선도로를 대중교통체계와 연결시켜서 교통수요와 교통체계의 용량 및 변화하는 교통환경과의 균형을 유지시켜서 교통사고의 신속한 관리 및 교통혼잡 완화를 주내용으로 한다.

2) 첨단 여행자 정보시스템(Advanced Traveller Information System : ATIS)

ATIS는 통행자가 승용차 또는 대중교통수단을 이용하여 최종 목적지까지 도달하는 데 필요한 정보, 즉 교통여건에 대한 정보, 새로운 교통경로에 대한 정보 및 기타 유용한 정보를 적시에 공급하는 것을 목표로 한다. 휴대폰, TV, 라디오 또는 컴퓨터(인터넷) 등의 수단에 의해, 그리고 차량 속에 내장된 상황판을 통해서 현재의 교통상황이 전달되므로 주행도중뿐 아니라 통행을 시작하기 전에도 상황파악이 가능하여 미리 여행계획을 할 수 있도록 해 준다.

3) 첨단 차량제어시스템(Advanced Vehicle Control System : AVCS)

AVCS는 운전자가 안전하고 효율적으로 운행할 수 있도록 차량에 내장된 장치가 운전자를 제어하는 것으로, 충돌우려가 있을 때 주의경보를 줄 수 있고 속도 조절을 하여 사고방지 및 사고로 인한 지체를 감소시킬 수 있다. AVCS는 기술향상 정도에 따라 더욱 확대될 수 있으며, 장기적으로는 모든 차량이 자동으로 제어되어 자동제어도로(automated roadway)를 운영하는 것이다. 이와 관련하여 현재 자동운행속도장치·사고경보장치·자동정지장치·차선변경 경보장치 등의 개발에 관한 연구개발(R&D)이 진행되고 있다.

4) 첨단 대중교통시스템(Advanced Public Transportation System : APTS)

APTS는 ATMS·ATIS·AVCS 기술을 이용하여 대중교통수단의 운영을 개선하는 것으로 대중교통수단 이용자에게 통행스케줄 및 비용·환승정보 등을 알려 주고, 대중교통수단 운전자에게는 도로상황정보 등을 제공하여 운행효율을 극대화한다. 이에 따라 대중교통수단의 배차관리·운행시간단축에 기여할 수 있으며, 아울러 버스노선의 관리가 용이해지는 장점이 있다.

5) 영업용 차량운영(Commercial Vehicle Operation : CVO)

CVO는 화물차·버스·택시·긴급차량 등의 생산성을 높이며, 이들 차량이 안전하고 효율적으로 운영될 수 있도록 하는 것이다. 차량위치를 운송정보센터에서 알 수 있도록 하는 자동차량위치시스템(automated vehicle location)이나 통행료를 자동으로 부과하는 자동차량인식시스템(automated vehicle identification) 등을 통하여 교통흐름을 개선하고 배차 등을 적절하게 조절할 수 있다.

☑ 연습문제

1. 교통체계와 토지이용체계의 관계에 대해 설명하시오.
2. 지역교통문제의 유형을 구분하고, 이들 문제에 대해 간략하게 설명하시오.
3. 교통체계관리(Transportation System Management : TSM)의 개념을 간략하게 설명하시오.
4. 교통수요관리(Transportation Demand Management : TDM)의 개념을 간략하게 설명하시오.
5. 도시계획적 차원에서 교통문제를 완화시킬 수 있는 방법들을 설명하시오.
6. 최근 많은 도시들에서 경량전철시스템(light-rail transit system)의 도입이 추진되고 있다. 경량전철시스템은 다른 대중교통수단과는 다른 몇 가지 특성을 가진다. 경량전철시스템의 특성들에 대해 설명하고, 어떤 지역에서 경량전철시스템의 도입이 유익할 것으로 판단되는지 설명하시오.
7. 최근 지능형 교통체계(Intelligent Transportation Systems : ITS)의 개발이 국가적인 사업으로 활발히 진행되고 있다. 지능형 교통체계(ITS)의 개발내용에 대해 간략하게 설명하시오.

제26장

지역환경정책

제1절   지역환경보전의 의의

　21세기에 들어서면서 인류는 새로운 도전에 직면하고 있다. 산업혁명 이후 생산량의 확대와 팽창위주의 개발이 인류에게 부여된 거의 유일한 과제였으나, 이제는 개발뿐만 아니라 그 개발이 '환경적으로 건전하고 지속가능한 개발'(ESSD : Environmentally Sound and Sustainable Development)일 것이 요구되고 있다. 산업의 고도화 과정에서 인류가 범한 환경파괴의 문제는 인류를 궁극적인 파멸로 이끄는 중요한 요인으로 지적되고 있고, 단순히 국지적인 문제로 끝나지 않고 국제적인 분쟁문제로까지 등장하고 있다. 소위 '그린라운드'라고 불리는 새로운 무역규제가 논의되고 있고,[1] 오존층을 파괴하는 냉매제인 염화불화탄소(CFC)의 생산과 그것을 사용한 제품에 대한 규제를 위한 국제협약인 몬트리올의정서(1987. 9), 유해폐기물의 국가 간 교역을 규제하기 위한 바젤협약(1989. 3), 이산화탄소규제를 위한 세계기후변화협약(1992. 6) 등 환경관련 국제협약이 속속 체결되고 있다. 따라서 이와 같은 내외적인 도전을 우리가 성공적으로 대처하지 못하면 세계질서 재편과정에서

---

1) 그린라운드는 환경보전을 주제로 한 다자간 국제협상을 말한다. 그린(Green)은 자연을 의미한다. 환경피해를 초래하는 상품에는 높은 관세 등을 부과, 국제교역에서 제한을 가하자는 내용을 주목적으로 하고 있다. 1991년 미의회에서 우루과이라운드 협상 이후 환경과 국제교역을 연계시키기 위해 새로운 다자간 협상으로 '그린라운드'의 필요성을 제기하면서 본격적으로 거론되고 있다.

우리의 환경도 지키지 못하고 국제경쟁력도 상실하게 되는 이중의 고통을 당할 수 있다.

개별국가는 그 나름대로 산업화의 정도, 지역적 또는 지형적인 특성에 따라 독특한 환경문제를 가지고 있다. 선진국의 경우는 대개 고도산업사회와 도시화의 진전에 따른 환경문제로 특징지어지는 경향이 있고, 개발도상국 내지 후진국의 환경문제는 낙후된 산업상태로 인한 빈곤과 실업문제, 그리고 이에 따른 무분별한 개발로 인한 생태계와 자원의 파괴 등으로 나타나고 있다.

우리나라는 1960년대 초반부터 압축혁명으로 표현되는 성장위주의 집중개발 정책을 채택하여 왔다. 공해문제에 대한 인식이나 환경오염에 대한 염려보다는 성장위주의 불균형개발정책이 지배적이었으므로 개발과 환경보전의 적절한 조화가 이루어지지 못했다. 산업화의 초기단계에서는 집중개발에 의한 지역불균형개발방식이 다소 불가피하고, 이 단계에서는 환경문제를 생각할 여유나 관심이 없다는 사실도 부인할 수 없다. 그러나 성장단계별로 개발과 환경보전의 적정한 균형점이 존재할 것이고 더 나아가서는 적절한 환경보전이 궁극적인 개발효과를 가져다 줄 수 있는데, 우리의 경우는 환경보전의 문제가 소홀히 다루어짐에 따라 지난 1991년 낙동강의 페놀오염사태 등으로 대표되는 수많은 환경오염사례가 심각한 사회문제로 등장하고 있다.

지역환경은 보는 관점에 따라 물리적 환경과 사회적 환경, 또는 자연환경과 생활환경 등으로 나눌 수 있다. 물리적 환경이란 물·대기·폐기물 등 자연물 또는 인공물에 관한 것이고, 사회적 환경이란 지역생활에 연계되어 있는 법령이나 제도, 그리고 사회적 규범 등이다. 자연환경과 생활환경은 둘다 물리적 환경을 의미한다. 환경정책기본법 제2조는 "환경의 질적인 향상과 그 보전을 통한 쾌적한 환경의 조성 및 이를 통한 인간과 환경 간의 조화와 균형의 유지는…국가발전에 반드시 필요한 요소임에 비추어…환경을 이용하는 모든 행위를 할 때에는 환경보전을 우선적으로 고려"해야 한다고 규정하고 있다. 그리고 환경정책기본법 제3조에 의하면 '환경'이란 자연환경과 생활환경을 말하고, '자연환경'이라 함은 지하, 지표 및 지상의 모든 생물과 이들을 둘러싸고 있는 비생물적인 것을 포함한 자연의 상태를 말하고, '생활환경'이라 함은 대기·물·폐기물·소음·진동·악취 등 사람의 일상생활과 관계되는 환경을 말한다고 규정하고 있다. 따라서 환경을 이용하는 모든 행위를 할 때에는 인간과 환경 간의 조화와 균형의 유지를 통한 환경보전을 우선적으로 고려해야 하고, 지역환경보전이라 함은 물리적 환경인 자연환경과 생활환경에 대한 보전을 의미한다는 것을 알 수 있다.

그런데 물리적 환경과 사회적 환경이 별개로 존재하는 것은 아니다. 예를 들어 대기나 수질오염은 인간의 건강한 삶의 유지에 기초를 두고 사회적으로 설정한 환경기준치에 비추어 청정과 오염을 판단하고 있고, 또 일정한 기준치를 초과할 경우에는 관계법령이나 제도를 이용해 규제하기도 한다. 물리적 환경의 변화가 관계법령이나 제도에 영향을 미치고 또 관계법령이나 제도의 변화가 물리적 환경의 변화에 영향을 미치는 상호 영향을 주고 받는 관계인 것이다. 현재 지역환경보전의 과제는 우리나라만의 과제는 아니고 대부분의 나라가 공통적으로 해결에 골머리를 앓고 있는 과제이다. 문제는 이 과제는 우리가 반드시 해결해야 하고, 이 과제의 해결에는 시의성(時宜性)이 있다는 점이다. 적시에 적절한 대처만이 가장 값싼 비용으로 지역환경문제를 해결할 수 있는 것이다.

지역환경이 지니고 있는 문제점이 무엇이라는 것은 비교적 명료하게 밝혀낼 수 있다. 그러나 지역환경보전을 위한 대처방안의 모색은 쉽지 않을 것으로 보인다. 왜냐하면 하나의 문제점에 여러 가지 원인들이 복합적으로 얽혀져 있어 제대로 풀어 나가기 위해서는 문제점에 대한 정확한 파악은 물론이고, 그 원인에 대한 대처방안이 원인별로 하나씩 모색되어야 하리라고 보기 때문이다. 여기서는 물리적 환경을 중심으로 지역환경의 실태, 지역환경정책, 그리고 새로운 선택과 과제에 관하여 논의하기로 한다.

제2절 지역환경의 문제

지역환경문제를 현상을 기준으로 구분하면 대기오염문제·수질오염문제·소음문제·폐기물문제 등으로 나눌 수 있다. 그 외 지역환경문제의 범위를 넓히면 문화·위락·휴식공간의 부족, 도시녹지의 부족, 오래된 도시시설의 낙후성, 도시주거공간의 부족, 그리고 농촌의 낙후성 등이 포함될 수 있다. 여기서는 현재 지역환경문제로서 가장 심각하게 인지되고 있는 대기오염, 수질오염, 그리고 폐기물 발생 및 처리에 대하여 논의한다.

1. 대기오염

대기오염(air pollution)이란 대기 중에 입자·가스 혹은 증기형태의 불순물로 인하여 인간의 건강은 물론이고 동식물의 생육이나 기타 재산상의 피해 및 삶의 쾌적성에 부정적인 영향을 미치는 것을 의미한다. 대기오염은 화산폭발이나 산불 등과 같은 자연적인 원인으로 말미암아 생기기도 하지만, 현대사회의 대기오염은 대부분 공장의 매연, 난방연료의 연기, 그리고 차량의 배기가스 등 인위적인 원인으로부터 발생하고 있다. 따라서 지역의 대기오염은 인구와 산업시설의 밀집지역인 도시산업지역이 농어촌지역에 비해서 심각하다.

급속한 산업화·공업화로 인해 대도시 및 공업단지의 대기오염은 날로 심각해지고 있다. 특히 자동차의 급증으로 인한 대기오염문제가 심각한 사회문제로 제기되고 있다. 여러 가지 대기오염물질 가운데 인체에 미치는 영향이 크고 도시나 공장지역에 보편적으로 존재하는 대기오염물질에 대하여 환경기준과 배출허용기준이 설정되어 있다. 환경기준치는 환경정책기본법 제12조(환경기준의 설정)에서 "국가는 생태계 또는 인간의 건강에 미치는 영향 등을 고려하여 환경기준을 설정하여야 하며, 환경 여건의 변화에 따라 그 적정성이 유지되도록 하여야 한다"고 명시되어 있는 바와 같이 환경정책의 핵심적 고려사항이어서 탄력적 대처가 무엇보다 중요함을 알 수 있다.

2. 수질오염

물의 자연적 정화능력을 초과하는 오염물질이 천연의 자연수역에 인위적으로 배출되어 그 물이 이용목적상 부적합하게 되었을 때, 대개 수질오염이 되었다고 말한다. 오염원은 생활하수, 산업폐수, 기타 농축산폐수로 구분할 수 있다.

과거의 수질오염은 대개 각종 병원성 미생물에 의한 수인성질환을 유발했다. 그러나 최근에 문제가 되고 있는 수질오염은 각종 독성화학물질·중금속·합성세제·농약·폴리염화비페닐(PCBs) 등의 미세유기화합물로 인해 인체에 미치는 나쁜 영향을 말한다(구자건, 1992 : 223). 1950년대와 60년대에 걸쳐 일본에서 발생한 '미나마타병'과 '이따이이따이병'은 수질오염에 의한 대표적인 피해에 속한다. 미나마

타병은 공장폐수를 통해 흘러 나온 수은 등이 연안 어패류를 오염시켜 이를 장기간 섭취한 사람들의 체내에 오염물질이 농축되어 발병한 것이다. 심한 경우 중추신경계의 장애를 일으켜 보행곤란, 언어장해, 그리고 경련 등의 증세를 보이는 이 병의 확인된 환자수는 구마모도현(熊本縣)에서만 1973년 당시 451명, 사망자수는 71명이었다(日本環境廳, 昭和 48年 : 292). 도야마현(富山縣) 광업소의 폐수 속에 함유된 카드뮴이 부근 농작물과 식수를 오염시켜 이를 장기간 섭취한 지역주민에게서 나타난 이따이이따이병은 심한 통증을 수반하며, 신장기능장애·칼슘대사장애로 인한 신경통·골연화증 등의 증세를 나타내는 것으로 알려져 있다. 1973년 기준 이 병으로 인한 사망자수는 42명으로 보고되어 있다(日本環境廳, 昭和 48年 : 300).

3. 폐기물 발생 및 처리

1) 폐기물의 개념

인구의 증가, 산업화, 도시화, 그리고 생활수준의 향상 등으로 폐기물 발생량은 크게 증가하고 있으나, 이를 처리하기 위한 매립지나 처리시설 등이 크게 부족함에 따라 수질오염·토양오염·대기오염, 그리고 생태계파괴 등 환경오염문제가 심각하게 제기되고 있다. 이론적으로 폐기물이란 부(負)의 가치를 갖는 상품을 말한다. 폐기물의 법적 정의는 폐기물 관리법 제2조 제1항에 '폐기물'이라 함은 "쓰레기·연소재·오니·폐유·폐산·폐알카리·동물의 사체 등으로서 사람의 생활이나 사업활동에 필요하지 아니하게 된 물질"을 말한다고 규정되어 있다. 최근까지 폐기물이란 성상별(性狀別) 분류방식을 채택함에 따라 위해성 정도에 따라 일반폐기물과 특정폐기물로 구분하여 일반폐기물은 지방자치단체, 그리고 특정폐기물은 국가가 관리하여 왔다. 그러다 1995년 8월 개정된 폐기물 관리법에서는 발생원(發生源)에 따라 생활폐기물과 사업장폐기물로 분류하여 원인자처리책임 및 발생지처리책임을 강조하고 있다.

2) 폐기물 처리방안과 매립

폐기물 처리방안은 크게 폐기물 최소화, 재활용·매립, 그리고 소각방안으로 나눌 수 있다. 스페인·오스트리아·프랑스 등의 국가들은 재활용 비율이 상대적으로 높지만 대개 매립 또는 소각방안에 의존하고 있는 실정이다. 폐기물의 감량최소화가 가장 이상적인 폐기물 처리방법이지만 이것은 사람들의 생활행태에 직결된 문제이기 때문에 단기간에 해결되기 어려운 문제이다. 재활용 역시 바람직한 방안이지만 이것은 시장에서 재활용품이 대체신상품에 비해 가격경쟁력을 가지거나 또는 적어도 수요자에게 전달과정에 소요되는 처리비용(processing costs)을 상회하는 가치를 가져야 하는데, 이와 같은 재활용품이 그렇게 많지 않다는 데 문제가 있다.

폐기물 매립지는 여타 다른 도시시설에 비하여 비교적 큰 공간을 필요로 하고, 주변지역에 부(負)의 외부효과를 미치는 혐오시설이므로 적정입지가 극히 제한되어 있는 입지제한적인 시설이다. 특히 거리가 가까우면 가까울수록 부(負)의 외부효과가 큰 시설로서 시장의 움직임에 방치하면 과도이용(over-exploitation) 현상이 발생하게 된다. 따라서 부의 외부효과를 상쇄하는 정부의 개입이 필요한 시설이다. 그리고 지역적으로 편중 발생하는 부의 외부효과로 인하여 인근주민들의 강력한 반발을 야기하여 그 설치가 중단되거나 거부될 가능성이 있다(Dear *et al*., 1980 : 342 - 352).

제3절 지역환경정책

우리나라 지역환경오염은 전반적으로 양호한 편이 아니고 일부는 심각한 상황에 봉착하고 있다. 누구든지 환경오염문제가 제기되면 환경이 개선되어야 한다고 입버릇처럼 말하면서도 실제 생활에서는 기업인·행정관료·정치가·일반시민 할 것 없이 이 문제를 최근까지 사실상 소홀히 해 온 것이 사실이다. 정치나 행정권에서는 막대한 규모의 추가적인 비용부담을 요구하는 사안의 성격상 정치적 합의를 도출하기가 힘들었고, 또한 전문성의 결여로 어디서부터 어디까지 문제를 해결해 나갈 것인가에 대해서 내부적으로도 일체감을 찾기가 어려웠다.

환경에 대한 규제가 없다고 할 때, 경쟁기업인이 환경에 대한 투자를 많이 하는 데 비해, 자신은 환경투자를 소홀히 하는 행위는 생산원가를 낮게 함으로써 기업경영상 긍정적인 행동이 될 수 있다. 일반시민의 입장에서는 나를 제외한 다른 사람의 부담으로 환경문제가 해결되면 좋겠다고 생각하기 쉽다. 이제까지 환경이

라는 것은 사실상 소유권이 없는 자원이므로 누구든지 먼저 사용하는 사람이 임자
가 되고, 따라서 환경자원을 제대로 보전할 유인이 없고 낭비되기 쉬웠다. 그리고
대부분의 일반시민들은 자신이 사용하고 있는 모든 자원이 환경오염의 원인이 된
다는 것을 인식하지 못하고 있는 경우가 많았다. 대개 배출과정에서의 환경오염만
인식하지 제품의 생산과정 내지 원료채취과정에서 발생하는 환경오염에 대해서는
제대로 인식하고 있지 못하는 경우가 빈번했던 것이다.

지역생활의 쾌적성을 높이고 시민의 건강을 보호하고 증진하기 위해서는 여
러 가지 정책방안이 가능할 것이다. 우선 바람직한 행위 및 시설은 확대하고 바람
직하지 못한 행위 및 시설은 규제를 통하여 억제해 가야 하는데, 기본적으로 자원
이용에 대해 적정한 비용을 부과함으로써 시장메커니즘을 통해서 문제를 풀어 나
가고, 그것이 여의치 못한 부분은 정부가 개입을 해서 해결해 나가야 할 것이다.
아래에서는 지역환경정책의 기본방향, 대상분야별 대책, 환경정책의 문제점 등을
논의하기로 한다.

1. 지역환경정책의 기본방향

1) 체계적이고 종합적인 환경관리체제의 확립
복잡하게 서로 연계되어 있는 환경문제를 해결해 나가기 위해 지역환경정책
은 우선 관리체제를 기능적인 측면에서 합리적으로 정비하여 종합화·체계화시켜
나가야 한다.

2) 개발정책과 환경대책 간의 연계성 제고
환경오염이 악화되고 있다 하더라도 어떤 특정시점에 생산 또는 개발행위를
전면중단 또는 정체시킬 수는 없다. 개발행위시 발생되는 오염물질의 특성·양·영
향권 등을 기초로 환경대책을 수립하고, 개발정책과 환경대책 간의 연계성을 높여
궁극적으로 개발과 환경보전 간에 보완관계를 확립해 나가야 한다. 환경보전이 개
발 내지 생산을 제약하는 것이 아니라 장기적으로 지속가능한 경제성장(sustainable
development)의 원동력이 되도록 추진해 가야 한다.

개발정책과 환경정책의 연계성을 높이기 위해서는 무엇보다도 환경자원이 생

산과정에 이용되는 다른 자원들과 같이 희소한 자원으로 취급되어야 할 것이다. 경제규제와 행정규제, 사후적 규제와 사전적 규제 등이 적절하게 활용되어야 할 것이다. 특히 현재 시행되고 있는 환경영향평가제도의 효율적인 운영이 요구된다.

3) 환경에 대한 투자확대

환경재가 가지고 있는 공공재적인 속성 때문에 환경에 대한 투자는 시장메커니즘을 통해서는 부족하게 되고, 대부분의 재원은 어느 나라에서든 조세 등을 통한 일반재원에 기초하고 있다. 따라서 우리의 경우에는 경제 전체의 왜곡을 최소화하는 방안으로 공공재원을 마련하여 환경투자를 확대해 가야 할 것이다. 환경보전을 위한 투자는 환경을 희소한 자원으로 간주하는 장기적인 시각에서는 낭비가 아니라 생산과정이 되기 때문이다.

환경오염의 원인과 형태 등에 따라 피해의 영역이 서로 다르기 때문에 지역 간에 환경투자에 대한 부담측면에서 갈등이 발생하기 쉽다. 환경투자가 확대되어야 한다는 일반원칙에는 동의를 하면서도 직접 경비부담을 하는 부분에서는 서로 책임을 미루기 쉽기 때문이다. 따라서 수익자부담원칙과 오염원인자부담원칙을 기본원칙으로 하면서 피해의 영역이 광범위하고 원인제공자의 확인이 곤란하거나 불분명한 경우에는 국가적인 차원에서 대처방안이 모색되어야 한다.

4) 혐오시설 입지문제의 해결

여러 지역 여러 분야에서 혐오시설에 대한 님비증후가 만연하고 있다. 님비(NIMBY)란 '혐오 또는 유해' 시설들의 개발에 직면하고 있는 지역집단의 보호주의 태도 및 그들에 의해 채택된 반대전술을 말한다. 수질개선을 위한 하수처리시설, 폐기물 처리를 위한 소각시설 및 매립지 등의 경우 모든 사람이 그 시설이 필요하다는 데는 이의를 제기하지 않지만, 그 시설이 자기가 살고 있는 근린지역사회에 입지하는 것은 허용하지 못하겠다는 태도가 팽배하고 있다. 문제는 왜 그렇게 반대하느냐인데, 근본적인 원인은 "자기생활에 손해가 초래되고, 왜 하필이면 내가 살고 있는 이 곳이어야 하느냐"에 있다. 따라서 지역에 있어서 꼭 필요한 혐오시설의 입지문제를 해결하고자 한다면 해결의 답도 "그 시설이 입지한 곳의 주민들의 생활에 손해가 초래되지 않고, 그 시설들의 입지는 공평한 기준에 의해서 이루어졌다"는 것에서부터 출발해야 할 것으로 보인다. 소수가 다수의 희생 위에서 부당한 편익을 누려서는 안 되는 것과 마찬가지로, 다수가 소수의 특별한 희생 위에서 부당한 편익을 향유해서도 안 될 것이다. 결국 부담과 편익의 일치를 통한 적정보상체계를 확립해야만 이 문제에 대한 근본적인 해결책이 될 수 있을 것으로 보인다.

2. 대상분야별 대책

지역환경오염에 대한 대책은 다른 분야의 정책대안과는 달리 문제를 인지하고 대책을 수립해서 효과가 발생할 때까지의 경로가 복잡하고 다양하여 대안의 모색이 어렵다. 아래에서는 실태분석에서 논의된 대상분야별로 대안을 논의하고, 최근 개발과 환경보전의 조화라는 차원에서 특히 강조되고 있는 환경영향평가제도를 간략히 살펴보기로 한다.

1) 수질보전대책

우리나라는 연평균 강수량이 1,274mm로 세계평균의 1.3배이나 강수량의 2/3 정도가 여름철인 6-9월에 집중되어 있고 지역 간 편차도 심하여 수자원의 이용 및 관리상에 어려움이 있다. 수질보전을 위해서는 우선적으로 수계영향권별로 얼마의 오염물질을 어느 정도 줄여야 하는지에 관한 오염물질 삭감량산정이 요구되는데, 전반적인 수질관리체계가 수계별 특성을 고려하지 않은 채 행정구역별로 관리되어 왔으므로 종합적인 대책수립이 사실상 어려웠다.

보다 세부적으로는 하수, 공단폐수, 분뇨나 축산폐수, 농공단지공동폐수 등의 종말처리시설들을 계속 확충하고, 수질관리나 규제의 적합한 정도나 시기를 제대로 포착하기 위하여 정보관리시스템을 계속적으로 확충해 가는 방안이 필요하다.

<표 26-1>   전국의 수계 분류

대 권 역	중 권 역
한강권역	북한강, 남한강, 한강본류
낙동강권역	낙동강상류, 금호강, 낙동강하류
금강권역	금강상류, 금강하류, 만경강
영산강권역	영산강, 섬진강

이에 더해서 '시민규제자' 내지 '시민감시자' 형태로 시민의 역할을 강화함으로써 부족한 정보를 획득할 수 있을 것이다.

2) 대기질 개선대책

지역의 대기오염 원인은 여러 가지가 있다. 그중에서도 산업시설·난방장치·자동차 등에 의하여 배출되고 있는 아황산가스·분진·탄화수소 등이 주민들의 건강을 크게 위협하고 있다. 대기질의 개선과정에서 청정연료(LNG) 공급량 확대, 자동차 매연 농도기준 강화, 아황산가스 오염도를 낮출수 있는 황함유량 허용기준 강화, 그리고 대기오염 상시공개제도 활성화 등의 정부정책 방안이 마련되어야 한다. 대기오염 현황을 시민들에게 신속하게 공개하면 기업·시민·행정기관의 자발적인 협조를 유도할 수 있다.

그 외 개별 지방자치단체는 오염도가 낮은 산업을 자신들의 지역에 유치하고, 기존 산업시설 및 주민들의 지역환경오염을 원천적으로 줄이기 위해 행정적인 규제는 물론이고 보다 적극적으로 경제적인 유인책을 제공할 수 있을 것이다.

3) 폐기물 관리대책

이론적인 측면에서 폐기물이란 소유주가 가치가 없다고 생각하는 재화를 말한다. 그런데 가치가 없다고 판단한 재화를 소유주가 계속 가지고 있을리가 없고, 어딘가에 버려야 하는데 버리는 순간부터 그 폐기물은 대개 사회에 부담으로 남게 된다. 폐기물 배출행위는 사적 비용에 비해 사회적 비용이 크게 되고, 따라서 사회적으로 적정한 상황을 초과하는 수준에서 폐기물 배출이 이루어지게 된다. 따라서 그와 같은 문제를 해결하기 위해서 사전적이든 사후적이든 규제에 의존하게 되는데, 규제의 형태로는 행정규제와 경제규제가 있다. 행정규제는 적정한 수준으로 폐기물 배출을 억제하기 위하여 공권력을 이용한 규제를 말하고, 체벌·행정명령에서부터 환경영향평가에 이르기까지 다양한 방식이 있다. 경제규제란 유인지향적 접근법(incentive-oriented approach)을 통하여 개인 또는 기업이 스스로 폐기물 배출을 줄이도록 유인하는 규제방식을 말하며, 벌칙금, 오염유발부담금에서부터 오염배출권 거래제도에 이르기까지 다양한 방식들이 있다. 그런데 폐기물의 속성상 규제시기는 사후적인 규제에서 사전적인 규제로 바뀌어 가고, 규제형태는 정부규제의 한계인식의 제고와 더불어 행정규제에서 경제규제 쪽으로 변화하는 추세에

<그림 26-1> 환경오염 규제방식의 변화

	사후적	사전적
경제 규제	벌칙금	오염유발부담금 폐기물예치금제도 배출부과금 제품부과금 오염배출권거래제도
행정 규제	체벌 행정명령(개선명령·조업정지· 시설이전·배출시설폐쇄) 총량규제	환경영향평가제도 재활용의무부과

자료 : 럭키금성경제연구소(1992). 「환경과 기업」: 79.

있다. 이와 같은 현상을 그림으로 표시하면 〈그림 26-1〉과 같다.

매립지의 안정적인 확보는 시기적으로 촉박하고 반드시 해결되어야 할 사항이나, 광역폐기물 매립지는 물론이고 지역폐기물 매립지 또한 부지선정에서부터 난관에 봉착해 있다. 시급하게 확보해야 할 필요성이 있는 폐기물 매립지를 안정적으로 확보하지 못하는 데는 기본적으로 주민들의 피해의식과 행정기관의 대응능력 부족 등이 요인으로 지적되고 있다.

4) 환경영향평가

우리는 이제까지 지역개발, 산업입지 및 공업단지의 조성 등 각종사업을 시행함에 있어서 사업의 필요성, 경제적·기술적·상업적·행정적 측면의 실현가능성, 그리고 효율성 등을 집중 검토한 후 그 사업을 추진하는 것이 관례처럼 되어 있었다. 그러나 이와 같은 형태의 사업추진은 그 사업의 기능적 효율성만을 고려하고 그 사업이 장기적으로 환경에 미치는 영향을 간과함으로써 자연환경과 생활환경의 개선을 위한 막대한 규모의 사후투자를 초래하게 되었다. 결국 삶의 질을 높이기 위하여 인간과 환경의 조화를 이루어야 한다는 것을 인식하게 되고, 그 수단 중의 하나로 강조되고 있는 것이 환경영향평가제도이다. 국가적 차원에서 지역개발사업과 관련된 사회적 평가방법을 처음으로 제도화한 예로 1969년 제정공포된 미국의 국가환경정책법(National Environmental Policy Act : NEPA)을 들 수 있다. 미국의 국가환경정책법 전문(前文)은 인간과 자연의 조화를 다음과 같이 강조하고 있다.

　　　자연환경의 제반구성요소들 간의 상호관계에 인간활동이 미치는 영향이 아주 크다. 특히 인구증가, 고밀도의 도시화, 산업의 발달, 자원의 개발 및 신기술의 발달 등은 그와 같은 상호관계에 심각한 영향을 미치고 있다. 인류의 복지와 진보라는 측면에서 환경의 질을 회복시키고 유지하는 것이 대단히 중요하다는 것을 인식하지 않으면 안 된다. 인류전체의 복지를 조장하고 촉진시키도록 인간과 자연이 생산적인 조화 속에 존재할 수 있다. ….

3. 지역환경정책의 문제점

지역환경정책상의 애로점 내지 문제점들은 다음과 같이 정리될 수 있다.

첫째, 비용과 부담의 분리현상으로 무임승차(free riding)의 유인이 높다. 환경오염에 대한 대책은 대개 소비에 있어서의 비경쟁성과 비배제성이 작용하는 공공재 또는 공공서비스의 속성을 가지고 있다. 따라서 텔레비전 방송에서 시민들을 인터뷰하면 모든 시민들이 환경오염에 대한 대책에는 찬성하지만, 실제 비용부담과정에서는 자기자신을 배제하고 싶은 속성이 강하게 나타난다.

둘째, 문제의 발생과 대책이 효과를 발생할 때까지의 시차(time-lag)가 대개 길다. 예를 들어 수질오염의 경우 그것이 문제인지단계를 거친 후 정책결정·계획·집행·효과발생까지의 기간은 상당한 시간을 요할 수 있으며 그 비용 또한 엄청난 경우가 대부분이다. 최근 몇 차례 낙동강 오염사태에서 교훈을 얻을 수 있듯이 어떤 촉매적인 사건으로 대중매체가 집중적인 관심을 보이면, 정부·기업가·일반시민들이 긴장을 하게 되고 수질오염이 단기적으로 개선되는 것 같이 보이지만 단기적인 대책이기 때문에 단기적인 효과뿐이고 유사한 문제가 되풀이되고 있다.

셋째, 환경정책 내부의 상충관계(trade-off)와 오염원 파악에 어려움이 있다. 폐기물 매립지 부족문제를 타개하기 위하여 소각을 확대할 경우 대기오염을 악화시킨다거나, 자원재활용을 촉진하기 위해 폐기물을 재처리하는 과정에서 수질오염 또는 토양오염을 악화시키는 경우는 전형적인 환경정책 내부의 상충관계를 나타내고 있다. 그리고 슈퍼마켓에 전시되어 있는 상품 중 저오염제품이라고 크게 광고가 되어 있는 상품도 생산과정을 자세히 추적해 보면 고오염제품인 경우가 흔하다. 왜냐하면 최종상품은 선전문구에 표시되어 있는 대로 사용한 후 폐기과정에서는 저오염제품일지는 몰라도 그 상품이 오염제품인가 아닌가의 판단은 소비단계만이 아니라 생산단계, 더 나아가서 원료채취단계까지도 포함해서 고려해야 하기 때문이다.

넷째, 환경오염의 최적규제수준을 모색하는 것이 어렵다. 환경오염이라고 우리가 이야기하면 영(零)의 상태의 오염수준이 최적이라고 생각할지 모르지만 반드시 그런 것은 아니다. 간단히 말해서 어떤 기업가가 제품을 생산하는 과정에서 대기오염과 수질오염, 그리고 폐기물 등을 발생시키고 있다고 해서 우리가 그 기업가의 생산행위를 전면 중단시킬 것인가를 생각해 보면 답은 자명하다.

다섯째, 환경오염은 피해의 범위가 대개 광역적이고 피해자가 건강상의 피해를 인지했을 때에도 가해자를 밝히기가 대단히 어렵다. 관련자료의 부족은 물론이고 오염물질이 인체에 나쁜 영향을 미치고 그것이 드러날 때는 이미 상당한 시간 전에 그 오염물질이 체내에 축적되어 있었던 경우가 대부분이다. 따라서 피해의 범위를 정량화하기가 대단히 어렵고 인과관계의 입증 또한 쉬운 일이 아니기 때문에 피해자가 구제를 받기가 어렵다.

제4절 새로운 선택과 과제

우리 헌법 제35조는 "모든 국민은 건강하고 쾌적한 환경에서 생활할 권리를 가지며 국가와 국민은 환경보전을 위하여 노력하여야 한다"고 환경권과 의무를 규정하고 있다. 급속한 산업화와 불균형적인 지역개발 등으로 우리의 지역환경은 이제 더 이상 방치할 수 없을 정도로 악화되어 가고 있다. 지금 우리가 종합적이고 체계적인 대안을 마련하지 못하면 최소한도의 건강하고 쾌적한 삶의 질도 지키지 못할 것이고, 장기적으로 지속적인 국가발전도 실현불가능할 것이 자명하다.

현재까지의 환경보호는 주로 양적 규제를 근간으로 하는 법률에 의존하고, 환경오염에 관한 연구도 최소비용으로 목표치를 달성하는 기술적인 방법에 관한 정적(靜的) 효율문제가 주류를 이루었다. 그러나 법적 규제는 환경악화의 근본원인에 대한 대처를 소홀히 함으로써 대증적인 치료에 국한되었고, 정적 효율 역시 그 사회가 미래에 필요한 환경오염방지기술이 실제로 개발되고 채택되느냐 하는 문제에 대한 해답을 제시하는 것은 아니었다. 지역환경의 문제는 지역의 사회경제적인 문제와 인근지역 그리고 더 나아가서는 국가적 및 국제적인 제 상황과 긴밀히 연계되어 있다.

따라서 지역환경의 문제란 고속도로개발계획처럼 중앙집중적인 지시나 법적 규제만으로는 제대로 해결될 수 없는 속성을 지니고 있다. 오히려 경제적인 유인이나 사회제도, 관습 등의 변화를 통한 지역과 국가전체의 지속적인 노력이 주효할 것이다. 앞으로는 환경비용을 가시화시켜 경제유인적인 동기부여를 보다 광범위하게 활용해 가면 기업은 물론이고 시민들의 행동양식까지도 변화시킬 수 있을 것이다.

지역환경문제에 대한 대책은 '구호'보다는 종합적이고 체계적인 실천의지가 중요할 것이다. 기본적으로 지역의 산업구조를 지역의 실정에 맞고 오염도가 낮은 저오염산업구조를 취하도록 노력해 가야 할 것이다. 그리고 인근지역, 그리고 중앙정부와의 유기적인 협조관계를 형성해 가는 노력이 필요하다. 폐기물발생량을 줄이고 자원재활용률을 높이기 위하여 법적 규제와 경제규제뿐만 아니라 시민의식의 변화가 필요하다. 지역환경문제에 대한 전문인력의 양성, 선진기술의 도입 등도 지체할 수 없는 과제들이다.

☑ 연습문제

1. 지역환경정책의 의의를 설명하시오.
2. 지역환경정책의 기본방향을 설명하시오.
3. 폐기물 관리대책을 설명하시오.
4. 지역환경정책의 문제점을 논하시오.

제27장

지역정책과 갈등관리

갈등과 지역이기주의

1. 지역이기주의의 대두배경

지역이기주의 현상은 지방자치제 실시 이후 본격적으로 나타나고 있으며, 전국적으로 각 자치단체가 이런 문제에 부딪혀 여러 가지 공공시설 특히 혐오시설을 설치하는 데 많은 어려움을 겪고 있다. 지역이기주의가 최근 팽배하게 된 배경을 간략히 살펴보면 다음과 같다(대전직할시 연구단, 1991).

1) 정치·행정의 민주화
정치·행정의 민주화로 인하여 권력구조가 분권화됨에 따라 집단민원이 상대적으로 증가하기 시작했으며, 이는 사회의 기본틀 유지를 위하여 필요한 여러 공공사업의 시행을 어렵게 할 정도가 되었다. 과거 권위적인 정치·행정체제하에서는 비록 정책이 지역실정이나 지역주민의 이익과 상충된다 하더라도 이에 대한 반발은 제한적이었으며 한시적인 것이었다. 그러나 정치·행정이 민주화된 사회에서는 과거의 권위적인 해결방법이 더 이상 용인되지 않으며, 그만큼 주민의 저항을 무마하기 어렵게 되었다.

2) 산업화의 진전과 시민의식의 부재(개인주의 심화와 경기규칙의 부재)

도시화가 급속히 이루어졌고 사회적 분화가 심화된 반면 정신문화는 상대적으로 지체됨으로써 인간적 소외가 팽배하고 공동체의식이 약화되었으며, 지역적 이해관계의 첨예한 대립을 가져오게 되었다. 그리고 아직도 국민들은 절차보다 결과를 더 중요시하는 가치체계에 머물러 있다. 국민은 자신이 국가운영의 주인 노릇을 하는 시민사회(civil society)를 열망하면서도 가치체계는 과거의 권위주의를 버리지 못하고 있으며, 시민의식은 아직 성숙하지 못하고 있는 실정이다. 또한 산업화의 진전에 따라 이에 알맞는 경기규칙(rule of game)이 확립되지 않아 누구든 문제에 직면하면 일단 힘과 집단의 규모를 과시하면서 일방적으로 무리한 요구를 내세우며 대화는 기피한다. 당사자 사이의 대화 통로와 협상과정의 부재는 문제해결을 더욱 어렵게 만들고, 결국 극단적인 수단에 의존하게 한다.

3) 환경의식의 증대

환경에 대한 국민의식의 변화는 과거 개발지상주의하에서 전혀 문제시되지도 않았던 필요불가결한 공공정책의 집행을 가로막는 지역이기주의로 전이(轉移)되었다. 시민의 권리의식이 신장되고 환경에 대한 관심이 높아지면서 공해유발시설이나 환경위해시설 입지에 대해 오염을 제거하는 시설을 설치함에도 불구하고 입지 자체를 원천적으로 반대하는 경우가 빈번해지고 있다.

4) 행정의 대응력 부족

정치·행정의 지방화가 강조되고 국가나 지방 공무원들에게 분권화된 관리방식의 필요성을 절감(切感)시키고는 있지만, 실제 행태나 정책수행은 아직 이런 의식을 따라가지 못하는 '인식상의 부조화'(cognitive dissonance)가 계속되고 있다. 공식적·제도적으로는 공개행정과 참여행정이 강조되고 있지만, 실제 이를 잘 운영하지 못함으로 인해 지역이기주의를 유발하기도 한다. 지역이기주의가 발생하기 전에 공무원들이 보다 능동적으로 대처하였더라면 이를 막을 수도 있었으나, 소극적으로 또는 형식적으로 대응하다가 과격한 집단민원을 야기시키는 경우도 많은 것이 사실이다. 또한 관계공무원의 조정능력 부족도 지역이기주의의 한 원인이며, 따라서 대화와 설득, 이해와 수용, 협상과 조정이 불가피한 행정적 수요가 지방행정 차원에서 많이 발생하게 되며, 이에 대한 행정의 대응력 향상이 요구된다.

2. 갈등과 지역이기주의의 개념

먼저 지역이기주의의 근간이 되는 갈등에 관한 개념을 살펴보고, 다음에 지역이기주의 개념을 살펴본다.

갈등이란 행동주체간의 대립적 내지 적대적 상호작용을 말하며, 여기서 행동주체는 개인이나 집단일 수도 있고 조직일 수도 있다. 갈등은 심리적 대립감과 대립적 행동을 포괄하는 개념이다. 지역정책의 갈등에서 가장 보편적인 현상은 혐오시설 조성 사업추진과정에서 계획주체인 정부와 지역주민들 간에 발생하는 대립적 내지는 적대적인 교호작용이다. 갈등개념을 자세히 살펴보면 다음과 같다.

첫째, 갈등은 둘 이상의 행위주체(당사자) 사이에서 일어나는 현상이다. 최소한 행동주체가 둘이 있어야 갈등이라는 상호작용의 한 양태가 생겨날 수 있다. 행동주체는 개인이나 집단일 수도 있고 조직일 수도 있다. 개인과 개인, 개인과 집단, 집단과 집단, 집단과 조직, 개인과 조직은 서로 갈등을 야기시킬 수 있는 위치에 있다.

둘째, 갈등은 행동주체 간의 심리적 대립감과 적대적 행동을 내포하는 동태적 과정이다. 갈등관계는 서로 관련된 일련의 진행단계에 의하여 형성된다고 말할 수 있는데, 일련의 진행단계란 ① 갈등을 야기할 수 있는 상황이 형성되는 단계, ② 갈등을 야기할 수 있는 상황을 지각하는 단계, ③ 당사자가 갈등상황을 지각하고 긴장·불안·적개심 등을 느끼는 단계, ④ 대립적 내지 적대적 행동을 표면화하는 단계 등이다. 이러한 각 단계는 언제나 끝까지 진행되는 것은 물론 아니며, 어느 한 단계에서 중단될 수도 있다.

셋째, 갈등은 외부로 나타나는, 즉 표면화되는 대립적 행동만을 지칭하는 것이 아니다. 그러한 대립적 행동이 표출되지 않더라도 당사자들이 갈등상황을 지각하고, 긴장·불안·적개심 등을 느끼기 시작하면 벌써 갈등이 있다고 보아야 한다. 그러나 당사자들이 지각하지 못하는 갈등상황의 존재는 갈등이라고 말할 수가 없다.

넷째, 갈등의 진행과정에서 표면화되는 대립적 행동에는 싸움이나 파괴와 같은 폭력적 행동만 있는 것이 아니라 그 양태가 매우 다양하다. 가벼운 의문이나 이견을 말하는 것과 같은 최저의 수준에서부터 상대방을 파멸시키려는 극단적인 수준에 이르기까지 강약이 다양할 수 있다.

한편 지역이기주의란 산업사회화와 민주화 과정에서 '삶의 질'에 대한 주민들의 욕구가 다양화되고 있는 가운데 공동체적 이익과 발전을 생각하기보다는 지역 주민 자신들만의 이익을 집단적인 힘을 통하여 관철시키려는 것이다. 지역이기주 의는 님비(NIMBY : Not In My Backyard)라고도 불리우며 내 집뜰, 내가 거주하고 있는 동네, 내가 속해 있는 지역 내에는 혐오시설을 절대로 입지시킬 수 없다는 사회적 증후군을 의미한다.[1] 여기서 혐오시설이란 핵발전소·쓰레기 매립장·화장장·교도소·공해배출공장 등 지역주민에게 고통과 공포를 주며 지가하락 등 부정적인 외부효과를 유발하는 시설을 의미한다. 그러나 이러한 시설은 지역주민이 원치 않는다고 해서 불필요한 시설은 아니며 어느 곳에라도 입지시켜야만 하는 생활필수시설들이다. 지역이기주의가 팽배하게 되면 이는 결국 추진주체와 대상지역 주민들 간에 갈등 양상이 빚어지게 된다.

3. 갈등과 지역이기주의의 유형

1) 행동주체의 기준
갈등의 당사자를 기준으로 분류하면 개인 간의 갈등, 개인과 집단 간의 갈등, 집단 간의 갈등, 개인과 조직 간의 갈등, 조직과 집단 간의 갈등, 조직 간의 갈등이 있다.

갈등 당사자를 기준으로 한 세 가지 기본적인 지역이기주의 유형은 정부와 주민 간의 갈등, 중앙정부와 지방정부 간의 갈등, 지방정부들 간의 갈등이다. 그러나 이러한 기본적 갈등은 현실적으로 더 복잡하게 나타날 수 있다. 예를 들면 중앙정부와 지역주민(지방정부 공조), A지방정부와 B지역주민(B지방정부 공조), A지방정부(B지방정부 공조)와 B지역주민 등의 유형을 생각해 볼 수 있다. 우리의 경우 과거에는 지방자치단체의 장(長)이 지역주민에 의해 선출되지 못하고 중앙정부에 의해 임명되었기 때문에 중앙정부와 지방정부 또는 지방정부 간의 갈등은 거의 없었다. 그러나 지방자치단체의 장(長)이 지역주민에 의해 직접 선출될 경우 단위정부 간의 갈등이 더 많이 나타나는 것이 일반적이다.

---

1) 원래 NIMBY란 용어는 오헤어(Michael O'Hare)가 입지분쟁과 관련하여 발표한 논문에서 처음 사용하였다(O'Hare, 1977). 한편 이에 반대되는 지역이기주의를 PIMFY(Please In My Front Yard)라고 한다.

2) 갈등관계의 진행과정의 기준

갈등관계가 진행되는 과정을 기준으로 하여 잠재적 갈등(latent conflict), 지각되는 갈등(perceived conflict), 감정적으로 느끼는 갈등(felt conflict), 표면화된 갈등(manifest conflict), 결과적 갈등(conflict aftermath)으로 구분한다(Pondy, 1967). 여기서 잠재적 갈등은 갈등이 야기될 수 있는 상황 또는 조건을 말한다. 결과적 갈등은 갈등관리의 결과로 잠재적 갈등이 더욱 심각해진 상황 또는 조건을 말한다. 이 외에도 표면화되는 갈등행동의 내용과 강도에 따라 소극적 회피·이의제기·언쟁·폭력 등으로, 또는 갈등의 출처, 갈등상황, 갈등관리의 전략 등을 기준으로 하여 갈등의 유형을 분류할 수도 있다.

4. 갈등의 상호양식

겜슨(Gamson, 1968)은 자원론적 분석모형에 입각하여 갈등당사자의 상호작용을 다음과 같이 제시하였다.

1) 권위자와 잠재적 반항세력

권위자(authorities)란 어떤 특정 사회체제를 위하여 그 체제 안에서 구속적인 결정을 내리는 자들을 의미한다. 쓰레기 매립장 조성사업의 경우 권위자는 개발의 주체인 지방정부라고 할 수 있다. 잠재적 반항세력(potential partisans)이란 어떤 주어진 결정의 결과에 의하여 '의미 있는' 방식으로 영향받는 일단의 행위자들로 정의된다. 쓰레기 매립장 조성사업의 경우 잠재적 반항세력은 쓰레기 매립장 예정지역 주민이라고 할 수 있다.

2) 권위자와 잠재적 반항세력의 상호작용

(1) **영향력 관점**(influence perspective) 잠재적 반항세력이 권위자의 선택 또는 결정이 내려지는 구조에 영향을 미치려고 시도하는 상호작용과정에 중점을 두는 견해이다.

(2) **사회통제관점**(social control perspective) 권위자가 집단 공동의 목표달성을 위해서 잠재적 반항세력의 불만이 팽배한 상황에서도 그들 결정의 합법성과 준

<그림 27-1> 갈등당사자간의 상호작용 관계

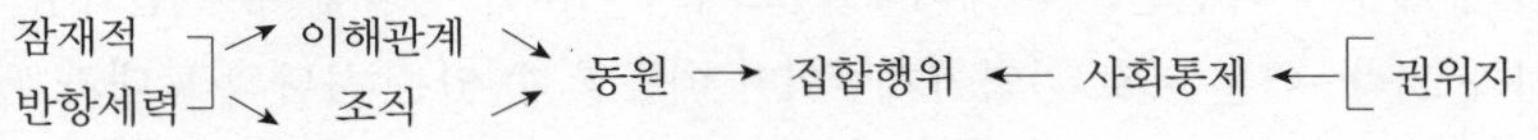

```
 잠재적   ↗ 이해관계 ↘
        ⌉           ⌉  동원 →  집합행위  ←  사회통제  ← ⌈ 권위자
 반항세력 ↘   조직  ↗
```

법성을 유지하기 위하여 노력하는 상호작용과정에 중점을 두는 견해이다.

　(3) 양관점의 통합　　　권위자와 잠재적 반항세력 간의 관계를 완전히 이해하기 위하여 두 집단 사이의 상호작용 관계를 이해하는 것이 중요하다는 견해이다. 이들 관계를 그림으로 나타내면 〈그림 27-1〉과 같다.

제2절　지역이기주의의 원인과 대립적 시각

1. 지역이기주의의 원인

　지역이기주의의 원인은 다양할 수 있다. 여기서는 이들 다양한 원인을 몇 가지 유형으로 구분하여 설명하고자 한다.

　1) 심리적 요인

　(1) 피해의식　　　지역이기주의의 1차적 원인은 지역주민들의 피해의식이다. 지역주민들이 정부의 지역정책으로 인하여 어떠한 피해를 입는다고 느끼는 것이다. 그러나 지역주민들이 느끼는 피해는 실제 발생하는 것일 수도 있고 그렇지 않는 것일 수도 있다. 중요한 것은 그들이 피해를 느끼고 있는 것이다.

　(2) 공동체의식의 약화와 개인주의의 팽배　　　산업화와 도시화가 급속히 이루어짐에 따라 개인주의 사상이 팽배해졌고 공동체의식은 약화되었다. 지역사회의 기반인 공동체의식이 무너짐에 따라 지역사회의 존립 자체가 위협을 받게 되었고 주민들의 배타적 이기주의가 급증하였다.

　(3) 행정에 대한 불신감　　　개발도상국들의 특징은 정부체제가 권위주의적이며 부정부패가 만연되어 있는 것이다. 그리고 국민들은 정부의 정책에 대해 일반적

으로 불신하는 풍조가 지배적이다. 그리고 정부가 정책을 강압적인 수단으로 시행하려 하기 때문에 국민들은 피해의식을 느끼고 이러한 정책에 대해 일반적으로 불신을 하게 된다. 이는 바로 지역이기주의가 태동할 수 있는 하나의 토대가 된다.

2) 경제적 요인

(1) **부의 외부효과**(비용)　　정부가 입지시키려고 하는 혐오시설은 그 지역주민들에게 부(負)의 외부효과를 가져온다. 혐오시설이 입지됨으로써 소음, 악취, 대기오염, 교통체증, 지역단절, 자연경관의 파괴, 건강에 대한 위협, 지가하락 등이 발생한다. 이러한 부의 외부효과는 곧바로 지역주민의 피해의식과 연결된다. 그러나 이 둘의 관계는 반드시 자동적으로 이루어지는 것은 아니다.

(2) **미흡한 보상**　　정부의 지역정책으로 인하여 부의 외부효과가 발생하면 정부는 이에 대한 보상체계를 마련해야 한다. 왜냐하면 이러한 부의 외부효과는 시장메커니즘에 의하여 조절이 불가능하기 때문이다. 그러나 일반적으로 정부의 보상체계는 물리적(가시적)인 보상에만 국한되고 정신적(비가시적)인 보상은 제외시킨다. 더욱이 물리적인 보상 자체도 일반적으로 부족한 실정이다.

3) 동원화 요인

(1) **리 더 십**　　지역정책으로 인하여 주민들의 심리적 요인과 경제적 요인이 충족되었다고 해서 반드시 그것이 지역이기주의 행태, 즉 집단행동으로 나타나는 것은 아니다. 때로는 그러한 요인들이 충족되었음에도 불구하고 집단행동으로까지는 발전하지 않는 경우도 있다. 집단행동으로 나아가게 하는 데는 우선 리더십의 역할이 매우 중요하다. 보통 리더십은 전문적 리더십이 중요하게 간주되지만 반드시 그런 것은 아니다. 오히려 지역이기주의 경우 비전문적인 토착적 리더십이 중요한 역할을 수행한다.

(2) **조 직 화**　　조직화에 있어 가장 중요한 요소는 무임승차(free-riding) 문제이다. 어떤 집단행동에서 만약 자신이 기여하지 않더라도 편익을 누릴 수 있는 소지가 있다면 합리적인 개인이라면 그는 기여하지 않으려 들 것이다. 이때 그를 참여시킬 유인이 필요한 것이다. 그러나 지역정책으로 인한 지역이기주의의 경우 영향을 받는 지역의 범위가 한정되어 있고 기존 주민조직의 이용이 용이하기 때문에 이러한 무임승차 문제는 상당히 완화된다.

(3) 외부 지지집단과의 동맹　　지역이기주의가 강력한 집단행동으로까지 발전하는 데는 외부 지지집단과의 동맹이 매우 중요하다. 이는 보통 연대투쟁이라고도 불리우는데, 간접적으로 피해를 입는 지역주민·환경보호단체·종교단체·학생운동권·소비자보호단체 등이 이러한 연대투쟁의 지지집단이 된다.

(4) 정치적 기회구조　　지역이기주의는 권위주의적인 정치체제보다는 분권적인 민주체제에서 더 빈번하게 발생한다. 정치체제가 권위주의적으로 강압적인 수단을 사용하기보다는 자치적으로 주민 자율성에 맡겨 두면 지역이기주의 발생이 더 용이하게 된다. 더욱이 정치적 기회구조, 즉 선거나 정권 변동기 또는 정치적 변혁은 지역이기주의 발생에 적절한 기회로 작용한다.

4) 행정적 요인

(1) 주민참여 및 정보공개의 미흡　　지역정책 수립과정에 주민참여가 실질적으로 제한되어 있고 행정정보의 공개가 미흡하다면 이는 지역이기주의를 태동시킬 수 있는 기초가 된다.

(2) 하향식(top-down) 정책결정과정　　정부의 정책결정이 권위주의적인 하향식으로 이루어진다면 주민참여의 기회가 감소하게 되고 정책결정과정에서 주민들은 소외를 느끼게 되어 이는 결국 지역이기주의의 기반이 된다. 정부가 정책을 결정하여 이를 공포하고 그 다음 이를 방어하려 든다면, 이는 하향식 정책결정이 되며 폐쇄성과 비민주성을 면치 못한다.

(3) 홍보활동의 미흡　　지역정책에 대해 홍보활동이 미흡하게 되면 주민들의 정책에 대한 불신이 증폭될 수 있다. 특히 그 정책이 피해를 가져오는 정책의 경우 더욱 그러하다. 홍보활동의 미흡은 정책의 불확실성과 불안감을 증가시키게 되고, 이는 결국 일방적인 행위유형을 가져온다.

(4) 갈등조정기구의 부족과 정부역할의 불명확성　　지역정책으로 인한 갈등을 조정하거나 중재할 수 있는 효과적인 제도적 장치가 미흡하게 되면 이는 지역이기주의의 발생을 유도할 수 있다. 그리고 정부가 자신이 수행해야 할 역할이 불명확하다면 이는 정부 간의 갈등 소지가 될 수 있다.

2. 지역이기주의에 대한 대립적 시각

1) 부정적 견해

전통적으로 '반갈등적 가치'(anticonflict value)가 지배하여 왔다. 사회갈등은 순전히 부정적인 사건이고 사회의 건강을 해치는 파괴적 현상으로 간주한다. 즉 의견일치·단합·평화·조화 등은 좋은 것이며, 불화·의견대립·다툼·싸움 등은 나쁜 것이라고 규정하는 가치체계 속에서 사회화의 과정을 겪어 온 사람들은 모든 갈등을 나쁜 것이라고 생각하는 경향이 있다. 이러한 사고방식은 일반적인 언어관행에 나타나 있다. 사람들은 갈등이라는 말을 들을 때 대개 그것은 나쁜 것으로 인식한다. 이와 같이 문명사회의 일반적인 문화적 가치와 언어관행에 부합되는 고전적 갈등관은 오늘날까지도 지배적이다.

이러한 고전적 갈등관은 지역이기주의가 최대다수의 최대행복이라는 공리주의 윤리관에 위배되며 구체적으로 다음과 같은 역기능을 초래한다고 주장한다(김안제 외, 1993 : 471).

(1) **입지선정의 질적 저하**　핵발전소나 핵폐기물 처리장 건설 등과 같은 시설의 입지는 부지선정에 있어 엄격한 과학성과 객관성이 요구됨에도 불구하고 지역이기주의는 이를 정치적 타협 또는 힘의 관계로 결정짓게 할 수 있다.

(2) **환경문제 유발**　지역이기주의로 인하여 쓰레기 매립장을 충분히 확보하지 못하게 되면 결국 불법 투기되거나 비위생적으로 처리될 가능성이 높아져 오히려 환경을 오염시킬 수 있다.

(3) **사회통합 및 행정의 효율성 저하**　지역이기주의가 팽배하게 되면 사회 전반에 걸쳐 각종 갈등을 증폭시키게 되고, 이는 결국 사회통합 및 행정의 효율성을 크게 저해하게 된다.

(4) **행정의 안정성과 민주성 저해**　지역이기주의는 그 수단으로서 청원·진정 등 제도적인 것에 의존하기보다는 물리적 힘에 의한 비제도적인 것에 더욱 많이 의존함으로써 행정의 안정성과 민주성을 해치게 된다.

(5) **행정에 대한 국민의 불신감 고취**　지역이기주의로 인하여 이미 정부가 계획하여 공포한 정책이 취소되거나 연기된다면, 이는 결국 행정의 공신력과 권위를 떨어뜨리는 것이 되고 행정에 대한 국민의 불신감을 높이게 된다.

2) 긍정적 견해

최근에는 전통적 접근방법과 달리 갈등을 소극적 시각으로만 보지 않고 신중한 진단과 검토를 필요로 하는 적극적 변수로 파악한다. 적당한 갈등은 더 좋은 생각을 낳게 하고 상대방 모두에게 유리한 방법을 채택할 수 있도록 하는 등의 긍정적인 역할도 한다고 보는 견해이다. 즉 모든 갈등이 역기능적인 것이 아니고 때로는 용납될 수 있을 뿐 아니라 유용한 것일 수도 있는 순기능적인 면도 있다는 주장이다. 새로운 접근방법은 갈등을 용인하고 옹호하려는 입장에서부터 보다 적극적으로 필요한 갈등을 조성하려는 입장까지 다양하다.

갈등을 적극적으로 조성하려는 사람들은 갈등이 정책의 적응과 변화의 원동력이라고 생각한다. 그들도 물론 모든 갈등이 유용하거나 필요한 것이라고 말하지는 않는다. 그러나 갈등이 없으면 지역정책과정은 정체되고 심한 경우에는 사멸의 운명을 맞게 된다고 한다.

지역이기주의에 대한 긍정적 견해는 지역이기주의를 지역주민의 당연한 권리행사로 간주한다. 지역이기주의를 정당한 것으로 보는 근거는 다음과 같다 (Jefferson, 1990 : 229 - 230).

(1) **지역주민의 지역에 대한 지식과 애정**　　지역주민은 그 지역 상황에 대해 가장 잘 알고 있고 누구보다도 더 많은 애정을 가지고 있다. 이러한 지역주민의 지역에 대한 지식과 애정은 그 지역을 보존하려는 집단의식으로 발전한다. 모든 지역은 나름대로의 역사와 전통, 그리고 문화적 유산을 가지고 있으며 이를 보존하려는 지역주민들의 노력은 오히려 칭찬받아 마땅하다. 지역을 파괴해 버리는 개발계획에 대해 지역주민이 반대하는 것은 당연하며, 현재 우리가 향유하고 있는 역사적·문화적 유산도 지역주민들의 지역이기주의에 크게 의존하고 있다.

(2) **지역문제에 대한 관심**　　지역주민들이 자신들이 거주하고 있는 지역문제에 많은 관심을 보인다는 것은 타지역문제에 대한 관심과 참여의 1차적 기반이 된다. 범지역적 문제인 오존층의 파괴·산성비·해양오염·지구온실효과 등에 대한 관심과 논쟁의 확산은 우선 자신이 거주하고 있는 지역의 문제에 대한 관심과 논쟁에서 출발한다.

(3) **지역정책과정의 불합리성 폭로**　　지역이기주의로 인한 갈등은 역으로 지역정책과정에서 대상집단이나 지역주민의 의견이 배제되었고 제대로 반영되고 있지 못하다는 것을 나타낸다. 일반적으로 각종 시설의 입지선정방법은 공정하지 못

하고 비밀행정이 유지된다. 지역주민들은 아직도 그들의 의견을 지역정책과정에 제대로 반영할 만큼 체계적으로 조직화되어 있지 못하다. 뿐만 아니라 지역정책 입안자들도 어떤 정책이 지역주민에게 가져올 부정적인 영향을 충분히 고려하지 못하고 일방적으로 결정하는 경향이 있는데, 지역이기주의는 이에 대한 하나의 강력한 제동장치 역할을 수행한다.

　　(4) 지역의 상호연계성 인식　　사회전체는 여러 하위 부분의 결합으로 이루어진 하나의 거대한 체제이다. 따라서 어느 한 부분의 개발은 반드시 다른 부분에 영향을 미치게 된다. 그러나 이러한 상호연계성이 실제 지역정책 수립과정에서 제대로 인식되지 못하고, 따라서 체계적으로 분석되지 못할 수도 있다. 그리고 정책입안자들은 자신들이 지역주민들보다 더 현명하다는 자만심에 사로잡혀 있을 수도 있다. 그러나 그들은 지역주민과 달리 지역정책으로 인해 아무런 피해를 입지 않는다.

　　(5) 합리적 보상의 미흡　　지역이기주의는 그 자체가 지역개발과 관련된 여러 가지 문제점들에 대한 해결방안이 얼마나 제한적인가 하는 점을 나타내 준다. 지역정책으로 인하여 초래되는 부정적인 결과에 대한 합리적 보상은 시장메커니즘을 통하여 원만히 해결되지 못한다. 보상을 논할 때 그 범위를 매우 제한함으로써 정당한 보상이 되지 못하고, 이를 위한 제도적 장치도 미흡하다.

　　(6) 밀실행정과 위장행정에 대한 도전　　정부는 지역정책과 관련하여 밀실행정을 운영해 왔으며, 각종 시설의 입지선정도 위장적인 방법으로 추진하기도 했다. 이로 인하여 주민이 저항하는 것은 이러한 행정의 병폐를 방지하는 하나의 수단이 된다.

제3절　지역이기주의와 갈등관리방안

지역정책을 둘러싼 갈등은 하나의 필수적 현상이 되었으며 이에 따라 정부는 의식적으로 이에 대처하는 노력을 기울이게 되는데, 그 이유는 갈등관리가 지역정책의 성공을 위해 필요한 하나의 핵심적인 과정이기 때문이다.

지역정책으로 나타나는 갈등은 그 원인과 유형이 매우 다양하며, 해결 또한 매우 어려운 실정이다. 갈등해결의 기본방향은 크게 두 가지로 구분해 볼 수 있다.

하나는 사회갈등 통제방식으로서 이는 정부가 사회갈등의 발생을 근원적으로 억제하고, 사회갈등이 표면화되었을 경우에는 이를 강압적 수단으로 해결하려는 방식이다. 다른 하나는 사회갈등 관리방식으로서 이는 갈등이 확산되거나 악화되는 것을 막고 유익한 결과의 초래가 용이하도록 여건을 조성하는 방식이다. 여기서는 바로 이러한 사회갈등 관리방안이 관심의 대상이 된다.

지역주민의 갈등관리를 위해서는 원칙론적으로 지역주민의 참여확대, 협력체계구축, 환경영향평가에 대한 동의, 공개행정, 정당한 보상의 제공, 타협 등의 방안이 제시되고 있다.

1. 행정제도적 방안

1) 지역정책 수립과정에서 주민참여의 제도화

지역정책 수립과정에서 주민참여의 필요성은 주민의 주체적 지위 인정, 계획수립을 위한 의사결정의 합리화, 계획의 정당성 확보, 주민의 건전성 향상, 주민이해의 조정과 협력의 증진, 사회적 형평성의 확보 등이다.

주민참여를 확대하기 위해서는 주민의견 청취범위를 확대해야 한다. 그리고 공청회제도는 지역정책의 목표설정단계에서도 적용되어야 하며 공청회의 중립적 운영이 필요하다. 또한 지방의회의 역할을 증대할 필요가 있으며, 지방의회가 지역정책확정에 대한 동의를 부여하는 방안을 고려할 필요가 있다.

2) 지역정책 수립과정에서 정보공개의 제도화

행정정보의 공개는 주민과 행정기관 간에 신뢰관계를 구축함으로써 역동성을 가진 협력관계로 발전시킬 수 있다는 점과 주민의 행정에의 참여 등을 촉진하기 위한 점에서 필요하다. 그러나 현행 지방정부는 정보공개에 대한 법적 보장이 없고, 행정기관이 정보의 공개에 소극적이다. 그리고 실제 주로 사후적 성격의 정보를 공개하고 있으며, 정보공개수단으로서의 행정홍보가 합리적으로 행해지지 못하고 있다.

따라서 지방정부의 정보공개를 제도화할 필요성이 있다. 이를 위해 먼저 정보공개청구제도가 활성화되어야 한다. 최근 지방자치단체가 조례에 의해 정보공개청구제도를 도입하였지만, 특히 다음의 몇 가지 사항에 대해 검토가 필요하다.

첫째, 공개대상정보의 범위와 내용의 명확화, 공개원칙에 대한 예외인 적용제외사항의 명확화, 정보의 공개청구를 행정청에서 거부할 경우 청구권자의 불복신청에 대해 공정하고 신속한 구제를 도모하기 위한 기관의 설치, 정보공개제도의 효과를 위해 문서의 작성에서부터 보관·보존·폐기에 이르기까지 일관된 문서관리 시스템의 구축 등이 이루어져야 한다.

둘째, 정보공포의무제도의 도입을 고려할 수 있다. 정보공개청구제도는 행정기관의 수동성, 공개된 정보해석의 어려움 등의 한계가 있다. 따라서 이를 극복하고 정보가 전체로서 균형 있게 주민에게 제공되기 위해서는 정보공포의무를 제도화하고, 이를 정보공개청구제도와 병행 실시함으로써 정보제공기능을 활성화할 필요가 있다.

셋째, 홍보활동을 강화할 필요성이 있다. 행정 PR의 기본적인 설득 목표는 ① 반대의견을 중화시키기 위해, ② 아직 의견이 형성되지 않은 사람들을 원하는 방향으로 형성되도록 유도하기 위해, ③ 호의적인 의견을 유지시키기 위해서이다. 이런 PR의 목표 중에서 혐오시설을 둘러싼 지역이기주의의 극복수단으로 중요한 의미를 가지는 것은 미형성 의견을 호의적 의견으로 유도하는 것이다.

3) 부지 경매(site-auction)를 통한 해결

부지 경매의 방법이란 개발주체가 어떤 시설입지에 대한 경매가를 내걸고 만약 어떤 지방자치단체가 공공시설의 입지를 받아들인다면, 그에 상응하는 금전적 보상을 통해 입지를 결정하는 방식이다. 따라서 개발주체가 입찰제안을 하게 되면 각 지방자치단체는 이 시설입지에 관한 주민의 동의를 얻어 응찰을 하고, 개발주체는 입찰에 참여한 각 자치단체의 입지조건과 제반상황 등을 고려하여 최적의 장소를 선정하게 된다.

그러나 이 방법이 실효성을 거두기 위해서는 우선 행정주체가 각 자치단체의 요구수준을 충족시킬 수 있는 재원을 마련할 수 있어야 한다. 그러나 재원이 마련되었다고 하더라도 경매에 입찰서를 제출하는 각 자치단체 내 지역주민의 의사통일이 이루어지지 않는다면, 경매 결과에 따라 사업을 집행하는 데 사후에 문제가 생길 수 있다는 점에서 지역주민에게 이 제도의 장점에 대한 충분한 홍보가 필요하다. 아울러 이 제도를 조기 정착시킬 수 있도록 중앙정부 수준에서 관련 법과 제도의 정비가 필요하다.

4) 충분한 손실보상체계의 확립

지역정책은 어떤 토지소유자에게는 개발이익을 발생하게 하는가 하면 어떤 토지소유자에게는 개발손실을 발생하게 한다. 이런 불합리한 점에 대한 대책으로 1989년 1월부터 설치·운영중인 '지역개발기금'에 개발(손실) 특별회계를 설치하여 운영할 필요가 있다. 이런 개발(손실) 특별회계 운영시 이익과 손실의 공평분배, 충분한 보상, 개발이익을 기대한 부동산투기 억제, 공공용지 취득의 원활을 기할 수 있다.

5) 정치적 해결방안으로서 찬성 지역주민의 동원

지역이기주의에 대한 하나의 해결방안으로서 일정한 시설입지를 희망하는 지역주민들을 정치적으로 동원하는 것이다. 이는 지역정책에 반대하는 세력보다 찬성하는 세력을 더 강화시키는 전략이다. 그래서 지역정책 입안자들은 이러한 찬성세력을 등에 업고 반대세력에 대응할 수 있을 것이다.

예를 들면 택지개발이나 주택단지개발에서 여러 가지 이유로 반대하는 세력이 있다고 하더라도 주택가격상승·지가상승·택지난 등의 이유로 이에 강력히 맞서는 세력을 결집하고, 이를 정책결정을 담당하는 정책입안자와 연결하여 강력한 정치력과 조직력을 통하여 이를 극복할 수 있다. 그러나 이러한 해결방법을 적용시킬 수 있는 개발사업은 주택단지, 도로 등으로 상당히 제한될 것이다.

6) 지역주민과의 협력체계 구축

이 해결방안은 시설입지결정을 민주적·공개적·참여적·상향적·협조적·경합적 방법으로 하는 것이다. 여기서는 특히 대상주민과의 협력선택(opting for co-operation)을 강조한다. 원활한 입지결정을 위하여 협력과정을 5단계로 구분한다(김선희, 1991 : 12).

1단계는 지역대표선정·영향관리·입지조건 등에 대한 지침을 마련한다. 2단계는 지역정보회의를 개최한다. 3단계는 지역정보회의와 협의를 통해 정밀조사 여부를 파악한다. 4단계는 정밀조사를 수락한 지역에 대하여 사업을 평가한다. 5단계는 실행에 들어간다.

7) 행정의 신뢰성 구축

이 해결방안은 행정의 신뢰성을 구축하여 이러한 신뢰성에 바탕을 두고 지역이기주의를 극복하는 것이다. 이러한 전략은 자연히 시간이 오래 걸리며, 비능률적으로 보일 수도 있다. 행정기관이 신뢰성을 구축하기 위하여 지역이기주의에 대응하는 방식은 일반적으로 3단계로 나누어진다.

1단계는 인간적인 접근으로서 공무원이 면식이 있는 주민을 직접 만나 설득한다. 여기에는 지방자치단체장을 비롯하여 전 공무원이 동원된다. 물론 주민자치조직과도 계속 접촉한다.

2단계는 인간적인 접근에 의해 대화의 분위기가 조성되게 되면 합리적이고 과학적인 접근을 한다. 여기에는 전문가를 동원하여 사업의 영향을 평가(예: 환경영향평가)하고, 이를 주민에게 설명해 준다. 사업으로 인한 부작용(공해문제 등)이 없다는 주장을 과학적인 자료를 가지고 설명한다. 물론 이 단계에서는 유인책으로 보상책을 함께 제시한다. 여기에는 주변지역의 도로와 하수도 정비사업, 근린공원 조성 등이 포함된다.

3단계는 사후 관리 및 감독을 철저히 하는 것이다. 주민의 동의를 얻었다고 해서 그것으로 문제가 끝나는 것이 아니다. 수시로 사업의 부작용(수질 및 대기 오염도 등)을 측정하고, 그 결과를 주민들에게 공개한다. 사업의 부작용(오염물질의 오염도 등)을 자동적으로 알려 주는 장치도 고려된다. 물론 여기에는 주민들의 자체적인 감시활동도 포함된다. 주민들은 민간연구소 등에 부작용(수질 및 대기오염도 등)의 측정을 의뢰한다. 만약 부작용 신고가 접수된다면 행정기관이 주도적으로 주민들과 합동으로 조사하고 부작용의 정도를 측정한다. 아무 문제가 없는 경우라 하더라도 1년에 한 번 정도는 주민자치조직과 정기적으로 대화한다.

8) 상급기관의 명령

하부기관들의 의견대립에 의한 갈등을 공식적 권한에 근거한 상급기관의 명령에 의하여 해소시킬 수 있다. 상급기관의 명령도 제3자에 의한 중재와 유사하다. 그러나 상급기관의 명령에 의한 갈등해소는 갈등당사자 간의 합의를 항상 전제로 하는 것은 아니다. 당사자 가운데 어느 한쪽이 상급기관의 결정에 찬성하지 않더라도 상급기관의 정당한 명령에 복종하지 않을 수 없다. 상급기관의 명령으로 갈등을 해소하는 방법은 타협의 경우와 마찬가지로 갈등의 원인을 제거하지 않고 표면화된 갈등행위만을 해결하는 것이다.

2. 타협(compromise)적 전략

당사자들이 대립되는 주장을 부분적으로 양보하여 공동의 결정에 도달하도록 하는 방법이 타협이다. 타협에는 당사자 간의 협상(bargaining)과 제3자에 의한 중재(third-party arbitration)가 포함된다. 타협에 의하여 얻어지는 결정은 어느 당사자에게도 최적의 결정이 될 수는 없다. 당사자들의 상충되는 주장을 절충한 결정이기 때문이다. 따라서 타협을 통해 갈등을 해소시킬 때에는 결정적인 승자나 완전한 패자가 뚜렷하게 구분되지 않는다. 누구나 부분적으로 승리하고 또 부분적으로 패하게 되기 때문이다. 타협은 갈등의 원인을 제거하지 않고 갈등을 일시적으로 모면하게 하는 것이기 때문에 잠정적인 갈등해소방법이라고 할 수 있다(김병섭·박광국·이종열, 1994 : 535 - 552).

이하에서는 타협적 전략의 전형적 형태인 협상론에 대하여 살펴보기로 한다.

1) 협상의 의의

협상이란 공동의 문제를 안고 있는 둘 이상의 의사결정주체가 임의로 상반되는 이해를 주고 받는 과정을 통하여 보다 나은 결과를 가져오기 위하여 상호 전략적으로 조우(遭遇)하는 과정이다. 협상은 평화적으로 분쟁을 해결하여 모든 당사자에게 이득을 가져오게 한다는 목적을 가지고 있다. 다시 말하면 분쟁해소의 결과가 '모두에게 득'(positive sum) 또는 '모두가 승리'(win-win)하는 상태로 이끌어질 수가 있다는 점이다. 우리가 지역이기주의에 접근할 때 권위주의 혹은 능률성 일변도의 기존관리방식에서 탈피하여 대상집단이나 개인의 의사를 적극 존중하는 상호성의 원칙을 실현시키기 위해서는 협상이론의 도움을 받을 수 있다. 협상을 통하여 분쟁을 해소한다면 '모두에게 득'이 될 수 있다는 사실을 관계기관과 주민 양자가 체득할 경우 지역정책에 따른 불협화음은 크게 줄어들 수 있다. 다른 한편으로 협상에서는 상대가 반드시 있게 마련인데 상대가 이 분야에서 어떤 훈련을 받았는가가 협상의 결과에 큰 영향을 미치리라고 추정하기는 어렵지 않다.

예컨대 쓰레기 매립장 입지결정에서 정부는 공익을 위하여 사업을 시행하여야 하고 주민은 자신들의 생존권과 환경을 보호하면서 최대 보상을 이끌어 내기 위하여 계속 대화와 토의를 통하여 양자의 몫을 극대화하는 문제해결방식이 바로 협상을 통한 문제해결이라고 할 수 있다.

어떠한 활동이 협상인지를 구체적으로 규정하기란 쉽지 않으나, 공통적인 요소가 있다면 '의사결정과정'이라는 것이다. 이때문에 협상과정은 동태적이며 협상의 초점은 가능한 여러 가지의 대안 중에서 집행을 위해서 한 가지를 선택하는 일이다. 그러나 이러한 의사결정은 상대를 필요로 하는 사회·정치적인 과정이다.

좁은 의미의 협상은 상호 충돌되는 이익이 있는 상황에서 공통되는 이익을 실현시키기 위하여 명시적으로 구체적인 제안을 교환하는 과정을 일컫는다. 이러한 명시적인 대결이 좁은 의미의 협상이며 이러한 명시적인 범주 바로 밖에 있는 것이 협상의 진전(negotiation move)인데, 서로 상대방의 입장을 약화시키고 자신의 입장을 강화시켜서 협상결과에 영향을 주려는 움직임이다. 넓은 의미의 협상은 협상의 진전들도 포함하며, 협상의 본론과 관련시켜서 협상테이블에 앉기 이전에 일어나는 '협상을 위한 협상'(negotiation on negotiation)과 사전협상(pre-negotiation)도 포함한다.

협상론의 중심내용은 다양하지만, 모두 다음과 같은 두 가지 질문에 초점을 맞추고 있다.

첫째, 경기자들이 협상상황에서 어떻게 정상적으로 행동하고 있는가?

둘째, 그들이 어떻게 행동해야만 하는가?

'당위적' 질문에 초점을 맞추는 연구자들은 일반적으로 다음과 같은 두 가지 분리된 집단으로 나누어진다. 첫 번째 집단은 갈등 참여자들이 어떻게 자신들에게 가장 유리하게 협상할 수 있는가에 초점을 맞춘다. 두 번째 집단은 양 당사자가 더 협조적이고 통합적인 해결을 달성하기 위하여 어떻게 행동해야만 하는가에 초점을 맞춘다. '갈등 해결' 입장을 취하는 학자들(Deutsch, 1973; Fisher and Ury, 1981)은 협조와 '승리/승리'결과에 관심을 보인다. 한편 '협상 전술' 입장은 정치적 접근을 잘 대표한다.

2) 협상의 유형과 합리적 전략

다수의 상호 독립된 의사결정주체들이 상호 보완적이며 경쟁적인 이해관계에서 갈등을 해소하는 방식에는 여러 가지 유형이 있을 수 있다. 이해관계를 제로섬 게임(zero-sum game)으로 보는 경우는 협상이 이해관계의 단순한 배분에 관련된 배분적 협상(distributive negotiation)이 될 것이고, 협상을 가치나 이익의 창출적인 과정으로 보는 탈제로 섬 게임(positive or non-zero-sum game)인 경우에는 상호 간의 관계가 융화적이며 협상을 통하여 당사자 간의 가치가 증대되어 생산적 교환과정이 되는 융화적 협상이 있을 수 있다. 여기서는 어떻게 하면 융화적 협상 (integrative negotiation)을 이루어 나갈 수 있으며, 이 과정에서 또 여하히 당사자의 이익의 합이 극대화되는 경제적 효율성을 달성하느냐가 관심의 초점이다.

라이파(Howard Raiffa)는 협상연구를 대칭적 연구와 비대칭적 연구로 구분하였다(Raiffa, 1970).[2] 대칭적 연구란 협상의 당사자 모두를 균형 있게 다루면서 그들의 행태를 구체적으로 기술하고 제한된 정보와 합리성을 가진 당사자가 실제 수행한 행동을 분석한다. 그리고 만약 관련 당사자가 좀더 현명한 사고를 하고, 어떤 방향으로 노력하였다면 모두에게 좀더 유리한 결론에 도달할 수 있었을 것이라는 점을 발견하는 것이다. 반면 비대칭적 연구란 어느 한 당사자의 입장에 치우쳐서 한 당사자가 자기의 기대하는 바를 얻어 나가는 행태를 묘사하고, 그의 기대이득을 극대화하는 전략을 개발하는 것이다. 상대의 행동이나 대안에 대한 확률적 정보를 가지고 이것에 기초하여 당사자의 이익을 극대화할 수 있는 전략을 개발하려는 노력은 상대를 불확실한 환경으로 보고 자신의 목표를 극대화시키는 전략을 모색하는 개인, 조직, 기업의 의사결정과 유사하다.

원칙협상과 대조되는 것이 입장협상(positional negotiation)인데, 이 협상자세는 당사자 자신만의 입장을 중시하여 자신의 처지를 상대에게 이해시키고 자신의 주장에 따라야만 최선의 해결이 가능하고 또 자신의 주장이 정의로운 해결이라고 믿는 경우를 말한다. 입장협상도 연성 입장협상과 강성 입장협상으로 나누어 볼 수 있다. 전자는 당사자들 간의 관계를 아주 신뢰하고 우의를 바탕으로 하여 언제든지 양보할 태세가 되어 있는 사람 간의 협상이다. 반면 후자는 당사자 관계를 강한 적대관계로 인식하고 자신의 입장을 처음부터 확고하게 형성·견지하는 협상전략으로서 자신의 이익을 단기적으로 극대화하며, 이해타산에 집착한 나머지 인간관계까지 훼손하는 경우도 있다.

한편 원칙협상은 다음 네 가지 점에서 입장협상 특히 강성 입장협상과는 대조적이다.

첫째, 협상과정에서 사람의 문제를 협상문제, 즉 이해관계로부터 분리시켜서

---

2) 라이파(Raiffa)는 갈등구조를 보다 객관적으로 분석하기 위해 수치화하여 정교하게 검토하여 협상가능영역(zone of agreement)을 제시하고, 이러한 협상에 이르는 의사결정에서 무엇을 고려해야 할 것인가에 대해서 도움을 주는 분석을 하였다. 이러한 분석틀을 제시함으로써 갈등구조와 협상과정을 과학적으로 이해시키는 데 기여하였다.

접근한다. 갈등이라는 공동문제를 당사자가 협동으로 공략하려는 자세를 가지며 신뢰의 정도와는 관계없이 협상을 진전시킨다.

둘째, 당사자의 일방적 처지나 견해를 바탕으로 형성된 입장보다는 당사자 간의 이해관계에 비중을 둔다. 실제 갈등을 생성시킨 원인인 이해상충관계에 초점을 맞추어 이를 해결하려는 노력을 한다.

셋째, 일방이 자신의 이익을 극대화하는 입장에서 벗어나 상호이득이나 결합이득(mutual or joint gain)을 가져오는 대안들을 개발한다. 상호 간의 관심사에 차이가 있거나 각 협상의제에 부여하는 가치가 다른 것이 보통이므로 협상을 창의적으로 수행하면서 적절한 정보공개와 분석, 그리고 효과적인 의사소통을 병행해서 나간다면 결합이득이 커지고 이익의 배분이 형평의 원리에 적합한 협상이 가능하다는 전제를 가지고 있다.

넷째, 협상의 결과물로 나오는 이해의 배분을 주관적인 필요에 의해서 평가하기보다는 객관적인 원칙을 세워서 결정하려 하고 있다. 적나라한 의지의 경합보다는 객관적이고 보편성 있는 기준을 중심으로 이해배분을 기할 때 보다 생산적인 갈등해소가 가능하다는 것이다.

라이파는[3] 협상구도를 보다 이론적으로 규명하기 위하여 당사자가 둘인 경우와 그 이상인 경우로 구분하였다. 또 협상의제가 하나인 경우와 둘 이상인 경우를 구별하여 네 가지 유형으로 나누어 접근하고 있다. 협상의제가 하나뿐인 경우는 당사자가 둘이든 그 이상이든 융화적 협상이 될 가능성이 줄어들고 배분적 협상이 될 가능성이 많아진다. 물건을 사고 파는 경우가 이 경우에 속한다고 볼 수 있는데, 당사자가 제로 섬 게임으로 협상을 인식할 가능성이 높다. 그러나 협상의제가 하나인 경우도 여러 가지로 세분할 수 있다. 예를 들면 대금지급방식을 물건가격과 분리하는 경우 의제가 두 가지로 변하게 된다. 협상의제가 다수가 되면 당사자들이 관심과 비중을 두는 의제가 서로 달라지고 한 당사자는 자기가 중요하게 여기는 것을 양보받고 상대가 귀중하게 여기는 것을 양보하여 서로가 융화적이며 가치창조적인 통합협상을 가능하게 만든다. 이 사례에서 사는 사람은 신용카드로 결

---

3) 라이파는 이러한 패러다임을 개념적으로 논의하는 수준에서 한 걸음 더 나아가 어떻게 이해관계를 분석하고, 객관적인 기준을 발견하며, 또 효율성을 높이고 동시에 형평성의 준거들을 찾을 수 있는가에 대한 과학적·수리적 접근을 시도하였다. 그는 오랫동안 연구한 의사결정분석의 여러 기법과 효용이론 및 확률이론을 통합하여 어떻게 불확실한 갈등상황에서 최적 의사결정을 할 수 있을 것인가에 연구의 초점을 맞추었다.

제를 하고 싶고 파는 사람은 조금이라도 가격을 더 받고 싶은 경우, 카드로 결제하면서 파는 사람이 요구하는 가격수준에서 협상이 타결된다면 분명히 상호이득이 있는 협상이 된다.

그러나 융화적 협상은 전지전능한 제3자가 볼 때는 어떤 대안보다 바람직한데도 불구하고 현실적으로는 도달하기 쉽지 않다. 이는 노사분규, 남북한 군축, 조직 간의 반목을 보면 쉽게 이해할 수 있을 것이다. 융화적 조정이나 동의절차가 어려운 이유는 다음과 같다.

첫째, 협상당사자가 당면하고 있는 갈등 속에 내포된 융화적이며 가치창조적인 잠재력을 쉽게 발견하지 못한다. 이는 주로 갈등구조의 분석적 노력이 미약하고, 이해관계를 합리적으로 따져 보는 능력이 부족한 데서도 연유한다.

둘째, 인간적인 문제이다. 자신의 욕구만을 충족시키려는 동기와 흑백논리, 그리고 당사자 간의 불편한 관계나 문화적 특성이 가치창조로 이르는 진통과정을 원활하게 통과하는 데 장애가 된다.

협상에서는 제3자에 대한 연구가 중요한데, 제3자는 협상당사자의 의도를 분석하는 것도 중요한 일이나 중간에서 당사자들의 협상구도를 완전히 이해하고 갈등을 순조롭게 해소할 방안을 제시하는 노력을 기울이는 것도 중요하다. 협상에는 협상조성자(facilitator)나 사실규명자(fact finder)가 있을 뿐만 아니라 알선·조정·중재를 도모하는 협의의 제3자도 있다. 또 협상을 분석하고 전략을 개발하는 이론가도 필요한데, 이들의 역할이 협상과정에서 크게 작용한다. 제3자의 역할 여하에 따라서는 협상의 타결점이 상당히 효율적이며(가치창조적) 타결과정이 별 진통 없이 순조롭게 흐를 수 있다.

협상에 있어 협상윤리가 중요하다. 이는 상호성의 원칙(principle of reciprocity)이라고도 불릴 수 있는 원칙으로, 상대가 나에게 하지 않기를 원하는 행위를 자신이 상대에게 하지 않는다는 원칙이다. 협상이 너무 전략적 오도(strategic misrepresentation)나 협상게임으로 변하여 노골적인 이해투쟁의 장(場)이 되는 경우 가치창조란 불가능하다. 이 경우 개인 간 혹은 조직 간의 관계유지에 엄청난 에너지가 소모되고, 결국 이러한 의사결정방식에 의존하는 개인과 집단에 불이익이 돌아가는 것이다. 협상윤리와 결부되어 연구되는 분야는 조직이나 사회전반의 갈등과 지도자의 역할 등이다. 지도자의 모범이 조직이나 사회의 갈등수준을 관리하는 데 매우 효과적인 수단이 된다.

3) 협상의 단계

협상에는 상호존중과 책임성이 나타나는 사전단계가 요구되기 때문에 협상의 단계와 절차는 매우 중요하다(Atkinson, 1975).

(1) 정보교환단계 협상의 초기단계에 협상의 범위를 설정하기 위해서는 상호 정보교환활동이 일어난다. 그러나 이 단계에서는 '협상의 역설' 현상이 나타나는데, 각 협상당사자는 상호 간에 먼저 자신이 많이 노출되어 파악되는 것을 피하게 되어 상대방에게 가능한 한 자신에 관한 정보를 교환하려고 하지 않는다. 성공적인 협상을 위해서는 협상당사자들의 상호이해가 중요한데 이보다 먼저 상대방에게 정보교환을 둘러싸고 협상의 공정성부터 요구하게 된다. 협상당사자는 서로 상대방에게 자신의 입장과 기대를 성실하게 표명하도록 요구하면서도 상대방이 이를 먼저 하기 전에 자신이 먼저 하려고는 하지 않는다.

그러나 성공적인 협상을 위해서는 상대방에 대한 고려가 필수적이다. 초기 정보교환활동은 일정계획에 따라 이루어지는데, 전문적 협상에서의 정보교환도 이러한 일정계획에 따라 관례적인 순서를 밟게 된다. 여기에는 협상대표의 구성, 협상테이블의 좌석배정, 협상안건의 작성, 안건처리 순서의 결정 등이 포함된다.

(2) 균형화단계 이는 협상당사자들이 상호 자신의 입장을 주장하는 단계이다. 협상당사자들은 서로 자신의 능력과 보유자원에 입각하여 상대방의 입장을 수용하기 전에 자신들의 주장부터 먼저 내세운다. 여기서 협상당사자들은 일반적으로 호전적이 되는데, 상대방에게 양보를 전혀 해 주지 않으려는 태도를 보인다. 이러한 태도 배후에는 상대방에 대해 보다 유리한 협상조건을 확보하기 위하여 자신의 위세를 과시하려는 의도가 담겨 있다. 이러한 상호 과시는 결국 균형을 유지하면서 진행이 된다.

(3) 상호양보단계 이 단계에서 협상당사자는 상호 간에 양보할 수준을 교환하는 활동을 하게 된다. 이전 두 단계를 거침에 따라 향후 협상게임의 사태진전 추이를 개괄적으로 간파하게 되므로 여기서는 상호 간에 직접 또는 간접으로 양보수준을 표명한다. 여기에는 양보·상호교환·화해·상담 등이 구체적으로 진행되나 최종 결론에는 아직 이르지 못한다.

(4) 협상종결단계 협상의 종결은 일반적으로 신속하게 이루어지며, 그 내용이 구체적으로 명시된다. 이는 흔히 양당사자간에 '협상의 극적 타결'이라는 말로 표현된다. 이 단계에서는 협상당사자들이 상호 어느 선까지 양보할 것인가를

제시함으로써 최종안을 내놓게 된다. 여기서는 협상당사자들이 서로 상대방으로부터 얻을 수 있는 것과 협상대상이 될 수 없는 것을 파악하고, 이를 통하여 퍼즐게임을 풀 듯이 상호주장이 부합되어 협상은 구체적으로 타결된다.

4) 협상의 방식

협상에서 취해야 할 행동방식을 요약하면 다음과 같다.

① 협상자는 가능한 모든 선택가능성과 이슈에 대하여 연구해야 한다. 협상에서 한 가지 대안만 제시하는 것은 협상의 범위를 제한하며, 상대방에게 '예스 아니면 노'(yes or no)의 양자택일의 선택만 하도록 하여 추가적 대답과 설명의 여지를 없게 만든다.

② 협상자는 상대방의 감정을 자극하는 용어를 사용해서는 안 된다. 감정이 대립되면 이성적인 설득과 타협이 어려워진다.

③ 협상을 너무 급속히 진행시켜서는 안 된다. 이렇게 되면 협상당사자가 협상의 취지와 내용을 온전히 이해하지 못하여 협상이 진행단계에서 결렬될 가능성이 높게 된다.

④ 상대방에게 반대 제안을 할 수 있지만, 단지 반대를 위한 반대, 상대방의 제안에 대한 거절, 회의적인 태도, 주저하는 태도 등은 피해야 한다. 반대 제안을 할 경우 이는 항상 보다 나은 해결책을 염두에 둔 것이라야 한다.

⑤ 협상을 통해 상호 얻게 될 이득을 강조하는 방향이 바람직스러우며, 협상 결렬에서 초래될 수 있는 손실의 강조와 같은 비판적 태도는 바람직스럽지 않다.

⑥ 협상과정에서 상대방이 안건과 이슈 및 추진과정 등을 잘 이해하고 있는지를 계속 점검하고 이를 명확히 해주어야 한다. 또한 협상과정에서 협상내용을 요약하고 협상자의 주장을 구체화할 필요도 있다.

⑦ 협상의 타결 또는 결렬시 그 이유를 명확히 밝혀 주는 것이 효과적이다.

또한 코핀(Royce Coffin)은 다음과 같은 협상의 원칙을 제시하고 있다(Coffin, 1976).

① 협상 상대방의 요구 및 관심사항에 대해 충분히 고려할 것

② 협상은 상호 절충한다는 것을 가정하므로 처음에는 다소 상향 조정된 주장을 하여 협상을 시작할 것

③ 협상시에는 항상 평온함과 침착성을 유지하고, 불쾌감이나 호전성을 보이지 말 것

④ 협상 도중에는 협상의 목표를 바꾸지 말고, 다만 양보·보상·절충활동에 주력할 것

⑤ 필요한 경우 충분히 심사숙고하는 시간을 가질 것

⑥ 상대가 비록 약할지라도(underdog) 경시하지 말고 경계를 기울일 것

⑦ 너무 성급히 협상하지 말고, 누구나 한계가 있다는 점을 명심할 것

⑧ 상대방의 저항·고집·주장에 대해서 기다리며 듣는 태도를 보일 것

⑨ 상대방의 능력과 지식을 인정해 줄 것

5) 협상의 한계

협상전략을 우리 사회에서 적용하기 위해서는 많은 문제점을 지니고 있다. 협상을 통한 문제해결이 원활하게 되기 위해서는 상대방에 대한 이해와 계속적인 대화와 토의가 필수적인데, 우리 사회는 이런 문제해결방식에 익숙해 있지 않다. 이 방법은 협상과정이나 결과예측에 불분명한 점이 매우 많기 때문에 유능한 조정자(mediator)나 협상전문가가 필요한데, 우리 행정주체 내에는 이런 능력을 갖춘 사람이 부족하다는 점에서 많은 문제가 있을 수 있다. 또 서로 간의 양보와 교환을 통하여 자신의 이익을 극대화하기 위해서는 자기 이익을 정교하게 계량화할 수 있는 능력을 필요로 하는데, 이런 능력이 사회 전반적으로 부족하다.

☑ 연습문제

1. 지역이기주의의 대두배경을 설명하시오.
2. 지역이기주의의 원인을 설명하시오.
3. 지역이기주의에 대한 대립적 시각을 설명하시오.
4. 지역이기주의를 관리하는 행정제도적 방안에 대해 설명하시오.
5. 원칙협상과 입장협상을 설명하시오.
6. 협상단계에 대하여 설명하시오.
7. 협상방식에 대하여 설명하시오.

제7편

지역개발의 미래

제28장 지역개발의 회고와 전망

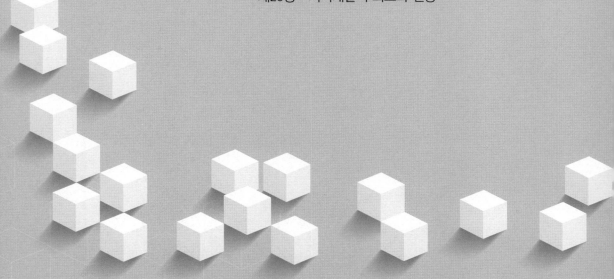

제28장

지역개발의 회고와 전망

지역개발에 대한 정부의 정책변화를 살펴보기 위해서는 인구나 산업의 공간 배치와 관련된 정책변화를 살펴보는 것이 필수적이다. 지역개발을 위한 지역단 위의 계획과 사업이 있어 왔던 것은 사실이나 지역단위에서 수립된 계획이나 사 업은 중앙정부가 추진해 온 국토전체에 대한 개발계획의 골격범위 내에서 추진 되어 왔음은 부인할 수 없다. 따라서 아래에서는 중앙정부 차원에서 인구와 산업 의 공간(지역별) 배치와 관련하여 추진해 온 정책기조의 변화를 시기별로 살펴보기 로 한다(황명찬, 1989 : 405 – 427; 대한국토·도시계획학회 편, 1991 : 472 – 486; 서창원, 1993 : 27 – 43; 박종화·윤대식·이종열, 1994 : 50 – 55).

1. 단편적 지역개발시대(1960년대)

우리나라에서 지역개발의 본격적인 시도는 1960년대부터 시작된 것으로 볼 수 있다. 1950년대는 전후 복구사업의 일환으로 도로·발전소·관개시설 등 사회간 접자본시설과 시멘트·판유리·비료공장 등 기간산업에 대한 투자가 이루어지긴 하

<표 28-1> **특정지역 지정현황(1960년대)**

지 역 명	지정일자	지역의 공간범위	주요목표
서울-인천 특정지역	1965. 1. 11	서울시와 경기도 일부	도시정비·공업입지
울산 공업 특정지역	1966. 7. 20	울산시와 울주군	공업단지개발
제주도 특정지역	1966. 10. 26	제주도	관광개발
태백산 특정지역	1967. 2. 1	강원·충북·경북의 일부	지하자원개발
영산강 특정지역	1967. 2. 1	전남의 일부	수자원개발
아산-서산 특정지역	1967. 2. 1	경기와 충남의 일부	수자원개발·공업입지

였으나 제대로 모양과 내용을 갖춘 지역개발은 생각할 수 없던 시기였다.

1960년대 들어 5·16군사정부는 조국근대화와 공업화의 기치를 들고 제1차 경제개발 5개년 계획(1962-1966)에 착수하였다. 제1차 경제개발 5개년 계획(1962-1966)은 국가경제성장에 중점을 두었으며, 이를 위하여 단위사업형태의 지역개발이 추진되기 시작하였다. 물론 당시의 지역개발은 지역의 균형발전이나 지역주민의 복지향상에 중점을 두지는 못하였으며, 국가경제성장의 극대화를 추진하기 위한 실천전략의 하나로서 추진되었다. 또한 지역개발에 대한 체계적이고 장기적인 접근을 위한 계획도 거의 마련되지 못하였다. 다만 국토계획의 근간을 이룬 국토건설종합계획법(1963)이 입법화되었으며, 이를 바탕으로 우선 일정한 지역을 대상으로 하여 특정지역 개발사업이 처음으로 실시되었다.

정부는 부존자원의 효율적 이용과 경제성장의 효율적 추진을 위해 1965-1967년 사이에 6개 지역을 특정지역으로 지정하고, 지역특성을 살린 지역개발사업을 추진하였다. 1960년대에 지정된 6개 특정지역의 지정현황은 〈표 28-1〉에 나타낸 바와 같다.

특정지역에 대한 주요사업은 주로 자원개발과 공업단지 조성을 비롯하여 관광개발, 각종 기반시설의 정비사업 등이었다. 이 당시에 계획하여 지금까지 완료된 사업 중 괄목할 만한 성과를 거둔 지역으로는 서울-인천(경인) 특정지역과 울산 특정지역을 들 수 있다. 그러나 일부 특정지역은 소기의 성과를 거두지 못한 것으로 평가된다. 결국 특정지역은 1970년대와 1980년대에 와서 재조정되었다.

한편 1960년대 중반에는 대도시에 대한 인구집중문제가 지역개발의 새로운 변수로 부각되기 시작하였다. 1964년 9월 22일 국무회의에서 「대도시 인구집중 방지책」이 의결되었는데, 그 주요내용은 다음과 같다.

① 군(軍) 시설 등 대도시와 관계가 적은 2차 관서는 지방으로 이전한다.

② 전원도시 및 신산업도시의 개발배치를 통한 생활근거지를 조성한다.

③ 특정지역의 국토건설사업을 촉진한다.

④ 대도시 내 공장건설을 억제한다.

⑤ 교육문화시설의 지방분산 및 농촌지역에 공장유치를 조장한다.

1968년에는 건설부가 국토계획기본구상(1966-1986)을 발표하여 국토전체에 대한 권역의 설정과 이들 권역을 대상으로 한 개발구상을 제시하였다. 당시에 발표된 국토계획기본구상(1966-1986)은 1970년대 초에 공포되고 시행되기 시작한 제1차 국토종합개발계획(1972-1981)의 기본골격이 되었다.

이상에서 살펴본 바와 같이 1960년대는 체계적인 지역개발을 위한 준비단계로서 과도기적 시기로 볼 수 있다. 지역개발에 대한 장기적인 구상은 미흡한 채로 단편적인 지역개발사업이 특정지역을 중심으로 진행되었으며, 체계적인 지역개발을 가능하게 한 몇 가지 기본구상과 입법조치들이 있었다. 아울러 대도시에 대한 인구집중의 완화가 당시부터 지역개발의 변수로 등장하기 시작하였다.

2. 제1차 국토종합개발계획시대(1970년대)

1971년에 제1차 국토종합개발계획(1972-1981)이 작성·공표되었다. 이 계획은 최초로 부분적인 계획에서 탈피하여 종합적이고 장기적인 개발계획인 점이 두드러진다. 제1차 국토종합개발계획은 "도시지역과 농촌지역이 유기적인 관계를 맺으면서 균형 있게 발전하고 농업과 공업이 병행 발전할 수 있도록 모든 산업을 조화 있게 배치하여 국민이 보다 안전하고 풍요로운 생활을 영위할 수 있도록 국토구조와 환경을 개선하는 데 목적이 있다"고 기술하고 있다. 이를 위하여 ① 국토의 효율적 이용과 관리, ② 개발기반의 확충, ③ 자원의 효율적 개발과 자연환경의 보전, ④ 국민생활환경의 개선 등의 네 가지 기본목표를 제시하였다. 이를 위한 전략으로는 ① 대규모 산업기지 건설, ② 교통 및 통신망의 확충, ③ 낙후지역개발을 위한 지역기능의 강화에 초점을 맞추었다.

이러한 목표와 전략을 추진하기 위하여 전국을 4대권·8중권·17소권으로 구분하여 이들 권역별로 지역특성을 감안한 지역개발을 추진하도록 하였다. 최상위의

〈표 28-2〉 제1차 국토종합개발계획(1972-1981)의 권역구분

4대권	8중권	주기능	공간적 범위
한강 유역권	수도권	중추관리	서울·경기도·강원도의 철원
	태백권	자원·산업	강원도(철원 제외)
			충북(충주·중원·단양·제천)
금강 유역권	충청권	농업·공업	충북(태백권 포함지역 제외)
			충남(서천 제외)
	전주권	농업·공업	전북(남원·순창 제외)
			충남의 서천
낙동강 유역권	대구권	공업·농업	경북
	부산권	상업·공업	부산·경남
영산강 유역권	광주권	농업·공업	전남, 전북의 남원·순창
	제주권	관광·상업	제주도

권역인 4대권은 지리적 조건 및 자연자원의 특성을 감안하여 4대강 유역권을 기준으로 구분하고, 중간단계인 8중권은 행정기능의 일체성을 감안하여 도(道)를 중심으로 구분하고, 17소권은 경제기능의 통합을 목적으로 중심도시와 그 배후지인 몇개의 군을 각각 묶은 것이다. 제1차 국토종합개발계획에서 구분된 4대권과 8중권의 설정범위와 주기능은 〈표 28-2〉와 같다.

　제1차 국토종합개발계획은 대규모 사업위주의 거점개발방식을 채택함으로써 개발기반의 확충에 큰 비중을 두었던 것으로 보인다. 그리고 대도시의 과밀폐해 방지와 공업의 지방분산을 위하여 지방공업개발법에 의한 조장책을 강력히 추진함으로써 전국이 균형 발전할 수 있을 것으로 보았다. 성장이 억제되어야 할 대도시의 범주 속에 서울·부산·대구를 포함하였고, 이들 대도시에 대하여 토지용도지역제 강화를 명시하였다. 그리고 도시의 무질서한 확산을 방지하고 환경보호를 위하여 개발제한구역(Green Belt)을 도시주변에 설정하도록 하였다.

　1971년부터는 주민들의 생활수준과 생활환경을 향상시키기 위한 국민운동으로 새마을운동이 시작되었다. 새마을운동은 근면·자조·협동을 기본이념으로 하였으며, 사업의 내용은 환경개선·소득증대·정신계발 등으로 이루어져 있었다. 새마을운동은 당초에 목표했던 것과는 달리 도시와 농촌 간의 경제적 불균형을 줄이는 데는 크게 기여하지 못했으나, 농촌의 생활환경개선에는 어느 정도 기여한 것으로 평가된다.

1972년에는 전국적인 토지이용 기본계획 및 시행계획을 위하여 국토이용관리법이 제정되었고, 1972년부터 1975년까지 서울시·청와대·경제기획원 등에서 수도 서울의 인구집중억제안 및 대도시 인구분산시책안 등이 산발적으로 작성되었다. 1976년에는 수도 서울의 인구집중 완화를 위해 건설부에서 반월 신도시건설계획을 작성하였고, 수도권 내 각종 산업시설의 지방이전을 장려하기 위해 조세를 통한 간접적인 방식을 채택하였다.

1977년에는 공업배치법이 제정되어 이전촉진지역·제한정비지역·유치지역의 세 가지 지역이 지정되고, 공장신축 허가제 및 재배치 기본계획을 수립하였다. 특기할 것은 1977년에 대통령이 임시행정수도 건설계획을 발표한 것을 들 수 있다.

이상에서 살펴본 바와 같이 1970년대는 제1차 국토종합개발계획이라는 제도적 장치를 통하여 국토계획적 차원에서 지역개발이 계획적으로 추진되기 시작하였다. 따라서 1970년대의 지역개발은 최소한 1960년대의 단편적 지역개발시대를 벗어나 체계적이고 계획적인 지역개발이 뿌리를 내린 시기로 볼 수 있다. 또한 권역개발이 최초로 도입되었으며, 여전히 중앙정부가 개발계획을 수립하고 지역개발을 주도하는 하향식 개발의 논리가 지배적인 시대로 볼 수 있다.

3. 제2차 국토종합개발계획시대(1980년대)

1980년대 들어 제2차 국토종합개발계획(1982-1991)이 수립되었다. 제2차 국토종합개발계획은 ① 인구의 지방정착 유도, ② 개발가능성의 전국적 확대, ③ 국민복지수준의 제고, ④ 국토자연환경의 보전을 기본목표로 두었다. 이러한 기본목표를 달성하기 위하여 ① 국토의 다핵구조 형성과 지역생활권 조성, ② 서울·부산 양대도시의 성장억제 및 관리, ③ 지역기능강화를 위한 사회간접자본시설의 확충, ④ 후진지역 개발촉진 등을 기본전략으로 채택하였다.

이와 같은 계획의 기본전략을 추진하기 위하여 28개 지역생활권 조성(5개 대도시 생활권, 17개 지방도시 생활권, 6개 농촌도시 생활권의 조성), 도시개발과 수도권정비, 교통망 확충, 성장거점도시 육성, 농어촌 및 특수지역개발 등을 주요시책으로 채택하였다.

생활권 조성전략에 따라 각 생활권에 성장거점도시를 지정하여 집중개발함으로써 그 효과가 고루 퍼지게 하였다. 성장거점으로는 대구·광주·대전 등 제1차 성장거점도시 이외에도 청주·춘천·전주 등 12개의 제2차 성장거점도시를 지정한 바 있다. 성장거점이 생산시설의 분산적 배치를 통한 균형화의 전략이라면, 지역 생활권 개념은 성장과실의 재분배라 할 수 있는 집중된 분산전략이라 할 수 있다. 이와 같은 점에서 제2차 국토종합개발계획에서는 비록 제1차 국토종합개발계획 (1972-1981)에서 채택한 거점개발방식을 다소 수정하여 분산된 집중(decentralized concentration)의 형태를 취했다고는 하지만, 여전히 거점개발방식을 취하고 있음을 알 수 있다.

한편 1980년대 중반 들어 대외적인 여건변화를 신속히 수용하고 계획의 실효성을 증가시키기 위하여 제2차 국토종합개발계획은 다소 수정되게 되었다. 제2차 국토종합개발계획 수정계획(1987-1991)에서 생활권 조성은 지역경제권 계획수립 (수도권·중부권·동남권·서남권)으로 변경되었고, 성장거점도시 육성안은 유보시키기로 변경되었다(국토개발연구원, 1986:6-8). 지역경제권의 설정은 수도권과 이에 대응할 광역개발권으로서 중부권, 동남권, 서남권의 설정을 말한다. 이 같은 지역경제권의 설정은 수도권 중심의 국토공간구조를 개편하고 지방인력의 지방정착을 유도하기 위하여 시도되었다.

제2차 국토종합개발계획의 일환으로 1982년에 수도권 정비계획법이 제정되고, 1986년에 수도권 정비시행계획 수립에 착수하게 되었다. 수도권 정비시행계획은 서울집중억제, 수도권 도시 간 기능분담, 광역적 시설 이용체계의 확립, 쾌적한 도시환경 유지 등을 밝히고 있다. 그리고 1983년에는 농어촌소득원 개발촉진법이 제정되어 농공단지가 조성되기 시작하였고, 경기도와 제주도를 제외한 7개 도(道)의 도건설 종합개발계획이 수립·공고되었다.

이상에서 살펴본 바와 같이 1980년대에는 제2차 국토종합개발계획의 시행으로 하향식 지역개발이 제도적으로 정착하게 되었고, 최초로 10년 단위의 도(道) 종합개발계획이 수립되어 지역차원의 개발계획 수립의 전통을 확립하였다. 다만 도 종합개발계획은 집행력의 미비로 말미암아 의욕에도 불구하고 개발행정으로 수용되지 못하였다. 또한 제2차 국토종합개발계획은 88년 서울 올림픽 대비로 인한 수도권 투자로 말미암아 계획수립시에 설정했던 소기의 목표를 달성하지 못하게 되었다.

4. 제3차 국토종합개발계획시대(1990년대)

제1·2차 국토종합개발계획이 거점개발을 통한 국가 성장기반의 구축, 수도권의 성장억제 노력을 통한 국토 균형발전을 위한 기반정비를 주된 계획기조로 하고 있음에 반해 제3차 국토종합개발계획(1992-2001)에서는 ① 지방의 집중육성을 통한 국토의 균형발전 추구, ② 효율적 국토이용체계의 확립을 통한 국제화와 개방화에의 대처, ③ 남북통일을 향한 단계적 국토기반의 조성에 계획의 기조를 두었다.

이러한 계획기조에 입각한 제3차 국토종합개발계획은 ① 지방분산형 국토골격의 형성(국토공간의 균형성), ② 생산적·자원절약적 국토이용체계의 확립(국토이용의 효율성), ③ 국민복지의 향상과 환경보전(국민생활의 쾌적성), ④ 남북통일에 대비한 국토기반의 조성(남북국토의 통합성)을 기본목표로 설정하였다.

이러한 기본목표의 실현을 위해 ① 지방도시 및 농어촌의 집중육성과 수도권의 집중억제, ② 국토의 중서부, 서남부지역에 신산업지대 조성과 산업의 첨단화 촉진, ③ 통합적 고속 교류망의 구축, ④ 국민생활, 환경부문의 투자확대 및 제도확립, ⑤ 국토계획의 집행력 강화, ⑥ 통일을 향한 남북 교류지역의 개발관리 등의 실천전략을 채택하였다.

한편 1993년 12월에는 「지역균형개발및지방중소기업육성에관한법률」이 정기국회에서 통과되었다. 이 법률은 광역개발계획 수립, 개발촉진지구 지정, 복합단지 지정, 민간자본의 유치 및 지방중소기업 육성 등에 관한 계획을 수립하도록 하는 내용을 담고 있다. 이러한 내용들은 제3차 국토종합개발계획의 기본목표의 하나로서 제시된 지방분산형 국토골격의 형성을 성취하기 위한 제도적 장치라고 볼 수 있다.

5. 제4차 국토종합계획시대(2000년대)

21세기 국토발전의 가이드라인을 제시하기 위해 수립된 제4차 국토종합계획(2000-2020)은 과거의 국토계획과는 다른 다음과 같은 특징을 가진다.

첫째, 국토환경의 적극적 보전을 중시한다는 차원에서 제1·2·3차 국토계획에 사용된 '국토종합개발계획'이라는 명칭을 '국토종합계획'으로 변경하였다.

둘째, 국가·지방자치단체·주민이 함께 참여하는 동참계획으로서 상향식(bottom-up) 방식을 채택하여 계획을 수립하였다.

셋째, 국토에 대한 보다 장기적인 구상을 위하여 2000-2020년을 계획기간(20년)으로 하는 장기계획으로 수립하였다.

제4차 국토종합계획(2000-2020)은 '지구촌으로 열린 21세기 통합국토'를 실현하기 위해 ① 지역 간의 통합, ② 개발과 환경의 통합, ③ 동북아지역과의 통합, ④ 남북한의 통합에 계획의 기조를 두었다.

이러한 계획기조에 입각한 제4차 국토종합계획은 ① 더불어 잘 사는 균형국토(지역 간의 통합), ② 자연 속의 녹색국토(개발과 환경의 통합), ③ 경쟁력 있는 개방국토(동북아지역과의 통합), ④ 역동적인 통일국토(남북한의 통합)를 기본목표로 설정하였다.

이러한 기본목표의 실현을 위해 ① 차세대 국토골격 형성, ② 지역별 경쟁력 고도화, ③ 친환경적 국토관리 강화, ④ 고속교통·정보망 구축, ⑤ 선진생활공간 확립, ⑥ 문화·관광국토 구현, ⑦ 남북한 교류협력기반 조성의 7대 전략을 채택하였다.

한편 2003년 참여정부(노무현 대통령)의 출범과 함께 새로운 국가발전전략으로 설정한 '지방화를 통한 선진화'를 구현하기 위해 지방 살리기 3대 특별법(지방분권특별법·국가균형발전특별법·신행정수도건설특별조치법)이 제정되면서 본격적인 지방화시대가 시작되었다. 이들 3대 특별법은 집권-집중의 폐해를 극복하고 분권-분산형 발전모델로의 전환을 통한 국가발전전략을 구체화하기 위한 제도적 장치라고 볼 수 있다.

6. 지역개발의 종합평가

1960년대 이후 정부에서 국토계획의 차원에서 추진하여 온 지역개발정책을 연대별로 정리하면 〈표 28-3〉과 같다. 1960년대는 지역개발에 대한 장기적인 구상은 미흡한 채로 단편적인 지역개발사업이 특정지역을 중심으로 진행되었다. 1970년대는 제1차 국토종합개발계획(1972-1981)의 수립과 시행으로 최소한 1960

년대의 단편적 지역개발시대를 벗어나 체계적이고 계획적인 지역개발이 시작된 시기이다. 이 계획에서는 투자의 효율성을 극대화하기 위한 방안으로서 대규모 공업기지 구축을 위한 거점개발방식이 채택되었으며, 권역개발의 개념이 최초로 도입되었다. 1980년대는 제2차 국토종합개발계획(1982-1991)이 수립되고 시행되었으며, 국토의 다핵구조 형성을 위하여 지방중심도시를 핵(거점)으로 하는 광역개발에 주안점을 두었다. 따라서 1980년대는 거점개발방식에다 광역개발방식이 추가된 형태의 지역개발이 추진된 것으로 볼 수 있다. 1990년대 들어와서는 제3차 국토종합개발계획(1992-2001)이 수립되었으며, 지방분산형 국토골격을 형성하기 위한 지방의 육성개발에 주안점을 두었다. 2000년대 들어와서는 제4차 국토종합계획(2000-2020)이 수립되었으며, 지역 간 통합, 환경과 개발의 통합, 동북아지역과의 통합, 남북한의 통합 등을 포괄하는 국토 미래상이 제시되어 추진되었다.

　　1960년대 이후 지역개발을 위한 노력은 다양하게 추진되었다. 이상에서 살펴본 특정지역개발계획이나 국토종합개발계획 등의 계획적 노력 외에도 국토이용관리법(1972)·공업배치법(1977)·수도권정비계획법(1982) 등의 국토개발관련 법령의 제정과 정비 역시 지역개발에 영향을 미쳐 왔으며, 1970년대 초에 시작된 새마을운동도 특히 농촌지역개발을 위해 기여해 온 것이 사실이다. 이와 같은 다양한 노력에도 불구하고 수도권과 지방, 혹은 지역 간의 경제적 혹은 비경제적 격차가 상존하고, 이에 따라 과밀지역과 과소지역이 발생하고 국토이용의 비효율이 초래되고 있다.

\<표 28-3\> 국토계획에 나타난 지역개발정책

연　　대	국토계획	계획기조	지역개발방식
1960년대	특정지역 지정과 개발	-	단편적 지역개발
1970년대	제1차 국토종합개발계획 (1972-1981)	대규모 공업기지 구축	거점개발방식
1980년대	제2차 국토종합개발계획 (1982-1991)	국토의 다핵구조 형성	광역개발방식, 거점개발방식
1990년대	제3차 국토종합개발계획 (1992-2001)	지방분산형 국토골격 형성	지방의 육성개발
2000년대	제4차 국토종합계획 (2000-2020)	'21세기 통합국토'의 실현	지역별 경쟁력 고도화

자료 : 서창원(1993). 국토개발계획모형과 지역격차에 관한 연구. 「국토연구」, 제20권, 국토개발연구원 : 30 이용 재작성.

제2절 **지역개발의 전망과 방향모색**

미래사회에 닥쳐 올 새로운 변화는 기술혁신과 이에 따른 인간정주(定住)체계의 변화, 경제의 개방화에 따른 국내 산업구조의 변화, 본격적인 지방자치에 따른 자치경영시대의 도래, 삶의 질(quality of life)에 대한 관심의 증가 등 실로 다양하다. 8·15해방 이후 진행되어 온 우리나라의 지역개발은 이제 일대 전환기를 맞고 있다. 우리나라의 지역개발이 일대 전환기를 맞는 가장 큰 이유는 사회변화에 따른 지역개발수요의 변화와 정책환경의 변화에 있다.

아래에서는 미래의 지역개발에 영향을 미칠 것으로 예상되는 사회변화의 다양한 측면을 살펴보고, 새로운 변화의 시대에 지역개발이 풀어야 할 과제들을 살펴보기로 한다.

1. 세계화시대의 지역개발

최근 우리 사회를 둘러싸고 있는 가장 큰 변화의 물결은 세계화의 물결이다. 종종 개방화·국제화 등으로 표현되는 세계화의 물결은 이에 대비한 지역개발의 새로운 방향모색을 요구하고 있다. 세계화는 우선 경제의 개방화를 가장 중요한 요소로 한다. 경제의 개방화를 가장 중요한 요소로 하는 세계화의 물결은 국가 간 교역의 확대를 필연적으로 수반하게 한다.

세계화시대에 있어 어떤 지역의 산업은 국내 다른 지역과의 비교우위뿐만 아니라 국제경제체제 내에서 비교우위를 가져야 생존할 수 있다. 또한 국제적 경쟁력을 갖춘 산업을 유치하고 발전시키는 것이 성공적인 지역개발의 관건이 된다. 세계화로 인한 국가 간 교역은 계속 증가할 것이며, 국내의 지역 간 생산기반의 격차나 비교우위는 상대적으로 그 중요성이 감소될 것이다.

이와 같은 세계화의 물결 속에서 지역산업개발은 국제적인 산업경쟁의 틀 속에서 결정되고 추진되어야 한다. 산업의 공간분업체계도 국내지역체계 속에서 구축되어서는 안 되며, 국제지역체계 속에서 구축되어야 한다. 국제적 공간분업체계의 구축을 위하여 항만(seaport)·공항(airport)·철도·도로 등의 기반시설확충에 관심을 기울여야 하며, 정보통신망의 확충이 필수적으로 요구된다.

세계화시대에 중앙정부뿐만 아니라 지방자치단체도 국제경쟁력을 갖추기 위해서는 세계화와 관련된 중추관리기능을 강화하여야 한다. 지방자치단체도 국제통상, 외교와 관련된 중추관리기능을 강화하여야 하고, 서울을 비롯한 일부 대도시는 국제경쟁력을 가진 생산자서비스업을 육성해야 한다. 지방도시들 역시 지역 특유의 세계적인 산업을 육성하도록 노력하여야 한다.

2. 광역생활권시대의 지역개발

대도시의 인구집중, 자동차의 대량보급, 교통 및 통신망의 발달 등으로 중심도시와 주변지역 간의 기능적 의존관계가 심화되고 통근권이 확대되면서 광역생활권시대가 도래하였다. 광역생활권의 형성은 도시화의 진행에 따라 나타나는 필연적인 현상으로 볼 수 있으며, 생활권의 광역화는 교통 및 정보통신의 발달과 함께 더욱 가속화될 전망이다.

광역생활권시대에 지역개발 역시 광역적으로 추진되어야 한다. 광역권 개발은 생활권의 광역화로 나타나는 주택, 교통, 통신, 상하수도, 쓰레기처리문제 등과 같이 단위도시별로 해결하기 어렵거나 해결할 수 있다 하더라도 비효율적일 것으로 판단되는 각종 도시문제의 해결과 도시기반시설의 확충을 위해 필수적으로 요구된다.

광역권 개발은 다음의 세 가지 측면에서 그 필요성이 부각된다(권원용, 1991 : 1).

첫째, 도로, 공원, 상하수도와 같은 도시기반시설의 공급에 있어서 낭비적 중복투자를 방지할 수 있다. 특히 규모의 경제가 작용하는 도시기반시설은 서비스공급의 단위비용을 절감하기 위해서도 광역권 내의 모든 지방자치단체가 통합하여 공급하고 운영하는 것이 효율적이다.

둘째, 광역권 내에서 중심도시와 주변지역 주민 사이에 공공서비스 공급의 격차가 생기는 것을 방지할 수 있다. 즉 중심도시의 우월한 행·재정 능력을 동원하여 동일 생활권에 속한 주민의 복지를 균등하게 향상시킬 수 있다.

셋째, 행정구역상 납세자와 도시기반시설 이용자가 불일치하는 데서 오는 재원부담의 불합리를 시정할 수 있다.

　　광역권 개발을 실제로 추진하기 위해서는 광역행정체제의 운영이 필수적이다. 광역행정체제의 운영방안으로는 도시권 행정협의회 운영의 내실화, 특별구제도(예: 상수도구·교육구 등)의 활성화, 도(道)의 광역행정기능의 충실화, 특별 지방행정기관의 활용과 정비, 광역개발권역의 설정과 계획수립 등의 방안이 강구될 수 있다.

3. 지방자치시대의 지역개발

　　앞으로 예상되는 정치·행정적 변화는 지방자치의 활성화이다. 지방자치의 정착으로 지역단위의 각종 정책이 지역의 특수성을 감안해서 수립될 것이고, 정책의 집행도 지방재정의 자체재원의 확보 없이는 불가능하게 될 것이다. 따라서 지역 스스로의 자주적 경제기반을 마련하는 것이 지방자치라는 역사적 흐름 속에서 지역 스스로의 자주적 생존력을 확보하는 길이다.

　　지방자치시대에 지역 스스로의 자주적 경제기반을 확보하기 위해서는 지역단위에서 개발계획이 체계적으로 수립되고 집행되어야 한다. 종래의 하향식 지역개발계획에서 탈피하여 지역의 자원을 이용하고 지역 스스로가 집행력을 가진 상향식 지역개발계획이 정착되어야 한다.

　　향후 인간욕구의 상승, 복지수요의 증가 등에 따라 지역개발수요는 계속 증가할 것이다. 이러한 지역개발수요의 증가에 따라 지방정부의 공공투자재원은 부족하게 될 가능성이 크다. 지방정부가 봉착하게 될 투자재원의 부족문제를 극복하기 위하여 민간자본의 활용, 지방채의 발행, 지방세원의 확충, 지역개발기금제도의 활용 등과 같은 방법이 강구될 수 있다.

　　지역개발을 위한 민간자본의 활용은 대기업의 경제력 집중, 특혜시비, 부동산투기의 재연, 공공성 유지의 한계 등 역기능도 있지만, 민간부문의 경험, 탄력적인 자금동원과 운영, 기술혁신을 통한 원가절감 노력 등으로 각종 공공기반시설을 효율적으로 건설하고 운영하는 데 기여할 수 있을 것으로 판단된다.

4. 도시화시대의 지역개발

이제 우리나라도 본격적인 도시화시대에 접어들었다. 전국민의 80% 이상이 도시화된 공간 속에서 생활하고 있으며, 도시로 분류된 지역에 살고 있지 않는 국민들의 상당수도 도시적 가치와 문화를 공유하고 있다. 이러한 여건변화에 따라 지역개발의 관심영역도 변하게 마련이다.

경제개발의 초창기에는 경제성장이 국가정책의 가장 중요한 목표가 되었고, 지역개발은 국가경제성장의 극대화를 추진하는 수단에 불과하였다. 따라서 지역개발 역시 지역경제의 개발과 주민소득의 증가에 주안점을 두었다.

그러나 최근에는 전통적인 지역경제의 문제뿐만 아니라 지역교통, 주택, 토지문제 등과 같은 물리적 개발과 관련된 문제들이 점차 중요한 지역문제로 대두되고 있다. 이러한 물리적 개발과 관련된 문제들은 주로 도시지역에서 심각하게 나타난다. 또한 이러한 문제들은 생활권의 광역화에 따른 광역도시권의 형성에 따라 더욱 심하게 나타날 것으로 보인다.

도시화시대의 지역개발은 지역경제의 성장이나 주민소득의 증가와 같은 경제적 목표의 달성에 치중하여서는 안 되며, 물리적 공간개발과 관련된 문제에 심도 있는 접근이 있어야 할 것이다. 교통문제, 주택문제, 환경오염문제, 토지이용의 문제, 도시기반시설의 공급문제 등 지역개발의 관심영역은 확장되어야 한다.

5. 환경보전시대의 지역개발

최근 수질오염·대기오염 등 환경문제에 대한 관심이 고조되고 있다. 아울러 '환경적으로 건전하고 지속가능한 개발'(Environmentally Sound and Sustainable Development : ESSD)에 대한 사회적 관심이 증가하고 있다. ESSD는 인류와 국가사회의 성장을 위해서는 경제발전이 필요함을 인정하면서 각종 개발행위가 환경의 수용능력을 초과하지 말아야 한다는 점을 기본이념으로 한다.

1972년 스웨덴의 스톡홀름에서 개최된 유엔 인간환경회의를 계기로 경제발전과 지구환경의 조화가 국제적인 이슈로 등장하게 되었으며, 1980년대에 ESSD의 개념이 주창된 이후 ESSD개념은 차세대 개발전략의 기본이념으로 등장하게 되었다. 그 후 1992년 6월 브라질의 리우데자네이루에서 개최된 '환경과 개발에 관한 유엔회의'(United Nations Conference on Environment and Development : UNCED)에서는 21세기를 향한 환경운동의 행동강령으로 '의제 21'(Agenda 21)을 채택하였다. '의제 21'은 ESSD를 실현하기 위한 과제들을 포함하였다.

ESSD의 실현을 위해서는 사회 전 분야에 걸친 근본적인 개혁을 필요로 하며, 산업생산방식과 삶의 방식에 있어 근본적인 전환이 요구된다. ESSD의 실현을 위한 지역개발전략으로는 분산된 집중(decentralized concentration) 형태의 공간개발, 생산·소비·위락이 혼합된 토지이용(mixed land use), 고밀도 도시개발, 에너지 절약적 대중교통수단의 개발, 열병합발전의 도입, 자급자족형 도시의 육성 등이 고려될 수 있다.

6. 갈등표출시대의 지역개발

지역개발사업의 시행은 다양한 이해당사자들 간의 갈등을 수반하게 한다. 최근에 "우리 동네에 해로운 것은 안 된다"는 이른바 지역이기주의 혹은 님비 (NIMBY : Not In My Backyard)현상이 우리 사회에 광범위하게 확산되면서 각종 지역개발사업의 시행에 어려움을 겪는 사례가 증가하고 있다. 지역이기주의는 물리적 행위를 수반한 비합리적 집단행동으로 표출되어 국가적으로 혹은 지역적으로 필수불가결한 공공시설의 건설에 막대한 지장을 초래하고 있고, 그러한 경향은 계속 나타날 것으로 보인다.

지역개발사업의 시행에 따른 갈등은 크게 세 가지 유형으로 나눌 수 있다(김안제 외, 1993 : 484-487). 첫 번째 유형은 주민과 정부 간의 갈등이고, 두 번째 유형은 중앙정부와 지방정부 간의 갈등이며, 세 번째 유형은 지방정부들 간의 갈등이다. 이들 세 가지 유형의 갈등 가운데 주민과 정부 간의 갈등이 심각한 사회문제로 주로 표출되었다. 그러나 지방자치제의 시행과 함께 지방자치단체의 장(長)이 주민투표에 의해 선출되면서 두 번째와 세 번째 유형의 갈등 역시 상당히 많이 나타나고 있다.

이와 같은 점을 감안한다면 갈등표출시대에 지역개발을 원활히 추진하기 위해서는 주민과 정부 간의 갈등뿐만 아니라 단위정부들 간의 갈등을 해소하기 위한 방안도 다각적으로 강구해야 할 것이다. 갈등해소방안으로는 ① 보상체계의 정비, ② 정보공개의 내실화, ③ 주민참여의 제도화, ④ 홍보활동의 강화, ⑤ 기능 및 권한배분의 명확화, ⑥ 광역행정체제의 활성화, ⑦ 법적 강제력의 활용 등의 방안이 제시되고 있다(김안제 외, 1993 : 496-501).

7. 정보화시대의 지역개발

현대사회는 산업사회에서 정보화사회로 급격하게 변화하고 있다. 정보화의 물결은 사회경제적 측면의 변화는 물론 개인의 가치관이나 행태(behavior)까지도 크게 변화시키고 있다.

컴퓨터의 대량 보급, 컴퓨터와 통신기술의 통합으로 나타나는 정보통신 분야에서의 기술혁신은 산업 및 주거입지의 변화, 생활권의 광역화, 통행행태의 변화 등 지역공간구조에 큰 변화를 수반할 것이다. 따라서 정보통신분야의 기술혁신이 공간구조에 미칠 영향을 고려한 각종 기반시설의 확충이 바람직하다고 볼 수 있다.

한편 정보통신분야에서의 기술혁신은 지역개발계획의 방법에도 커다란 변화를 가져다 줄 것으로 보인다. 이러한 계획방법에서의 변화는 지리정보시스템(Geographic Information Systems : GIS)의 활용으로 나타나고 있다.

GIS는 컴퓨터를 이용하여 어떤 지역에 대한 토지·지리·환경·자원·시설관리·도시계획·방재 등 공간과 관련된 속성정보와 공간정보를 지리적 공간위치에 맞추어 일정한 형태로 수치화하여 입력하고, 그 정보를 사용목적에 따라 관리·처리 및 분석하여 필요한 결과물을 출력할 수 있는 기능을 갖춘 공간분석에 관한 종합적인 정보관리시스템이라 할 수 있다(김영표·박종택·한선희·조윤숙, 1998 : 29).

GIS는 지역개발과 관련된 모든 정보를 각종 지도와 함께 전산화하여 지역개발계획 수립과 각종 기반시설의 관리 등에 널리 활용할 수 있는 정보처리수단으로서 유용성을 갖는다. 따라서 지역개발계획의 수립과 점검을 위해 GIS의 다양한 활용이 요구된다.

8. 통일시대의 지역개발

동구권 사회주의 국가의 몰락과 동서독의 통일 등 1990년대 이후 국제사회는 냉전구도를 탈피하여 화해와 협력의 시대를 맞이했다. 그러나 2020년대 들어 세계적으로 새로운 냉전의 위기에 처해 있지만, 통일에 대한 희망과 대비는 여전히 필요하다.

통일을 대비한 지역개발을 위해서는 북한의 지역개발에 관한 현황파악이 필수적으로 선행되어야 하며, 아울러 남북 체제통합시 지역 간 균형발전과 경제의 효율성 극대화를 이룰 수 있는 국토공간구조의 구축을 위한 전략이 모색되어야 한다. 이러한 맥락에서 통일시대의 지역개발을 위한 과제를 정리하면 다음과 같다(유영휘·권영섭·유승한, 1993 : 144–172).

첫째, 남북 통일시 예상되는 지역 간 인구이동과 이에 따른 제반 문제점을 분석하여 새로운 차원의 지역개발의 방향을 정립할 필요가 있다.

둘째, 북한의 도시는 그 분포 및 기능상 남한과는 큰 차이가 있다. 북한의 경우 대도시의 육성이 제한되어 왔으며, 기능적으로는 공업도시가 주종을 이루고 있다. 그러나 통일이 되어 시장경제체제가 도입되고 인구의 이동이 자유롭게 이루어질 경우, 이러한 도시체계가 변화될 가능성이 크다. 따라서 통일시대의 지역개발에서는 북한 내 도시체계의 급격한 변화를 효율적으로 조절할 수 있는 방안과 남한에서와 같이 대도시의 과도한 인구집중이 발생하지 않도록 계획적인 국가 도시화 정책을 추진하는 것이 바람직하다.

셋째, 남북 통일시 예상되는 산업입지의 변화를 바람직한 방향으로 계획적으로 유도하기 위해서 북한의 잠재적 산업입지와 남한의 잠재적 산업입지를 비교하여 평가하는 작업이 필요하다. 남북 통일에 따른 자유시장 경제체제로의 전환시에 나타날 것으로 보이는 지역별 공간분업체계의 구성을 바탕으로 산업배치의 방향을 정립하여야 할 것이다.

넷째, 통일시대 지역개발의 중요한 과제는 이질적으로 발전해온 남과 북을 통합된 하나의 생활공간으로 연결시키는 것이다. 이를 위해서 남북 간 교통체계의 효율적 구축이 필요한데, 남한의 도로 중심의 교통체계와 북한의 철도 중심의 교통체계를 효율성 극대화란 측면에서 어떻게 통합할 것이냐가 관건이 된다. 따라서 남북 간에 단절된 도로망과 철도망의 연결과 체계적인 정비가 추진되어야 한다.

다섯째, 남북 통일이 이루어질 경우 우리나라는 동북아 및 유러시아 지역과의 교류가 활발할 것으로 전망된다. 교류의 활성화와 더불어 이들 지역과의 수송패턴이 종래의 해운수송으로부터 철도 등 육로수송수단으로 크게 전환되거나 도로·철도·해운수송 간에 복합적으로 연결되는 수송체계가 이루어질 가능성도 높다. 따라서 이와 같은 여건변화를 고려한 교통체계의 확충이 필요하다.

여섯째, 북한의 경우 무분별한 산지개발과 벌목사업으로 자연파괴현상이 심각하고, 낙후된 산업생산기술과 환경친화적 생산활동에 대한 동기의 부재로 말미암아 환경문제가 심각한 형편이다. 따라서 통일시대 지역개발은 사회주의체제하에서 방치되어 온 북한지역의 환경문제를 개선하는 방향으로 추진되어야 한다.

9. 지방인구소멸시대의 지역개발

최근 지방인구소멸에 대한 우려가 커지고 있고, 점차 현실로 다가오고 있다. 반면에 서울·인천·경기도를 포함하고 있는 수도권 인구의 비중은 계속 증가하여 2019년 우리나라 전체인구의 50%를 점한 후, 그 비중이 계속 커지고 있다. 여기에다 수도권의 경제력 집중은 더욱 심각하다. 우리나라 전체 GDP 가운데 수도권 GRDP의 비중은 꾸준히 증가하여 2015년 50%를 상회한 후, 그 비중이 계속 커지고 있다.

오래전부터 국가경쟁력 강화를 위해 수도권집중이 필요하다는 주장과 수도권집중은 국가균형발전을 저해하고 수도권의 과밀로 인한 사회적 비용의 증가로 수도권의 경쟁력마저 저하시킬 것이라는 주장이 첨예하게 대립해 왔다.

수도권집중의 당위성을 강조하는 논자들은 수확체증(increasing returns to scale)의 원리로부터 경제성장의 동인(動因)을 찾는다. 그리고 밀도가 높고 경제활동의 근접성이 있으면서 집적이 많이 이루어져 있으면 수확체증이 발생한다고 강조한다. 그들은 국가경쟁력 향상을 위한 공간정책의 방향은 수확체증현상을 감안한 경제원리에 역행하지 않아야 함을 강조하면서 세계적인 경쟁력을 가진 공간영역으로 수도권을 육성해야 함을 강조한다.

물론 이러한 주장은 일리가 있으며, 수도권을 세계적인 경쟁력을 가진 대도시권으로 육성해야 하는 것은 당연하다. 그러나 수도권집중의 바람직한 수준은 수도권집중으로 인한 과밀의 사회적 비용(주거 및 교통 혼잡비용)이 집적이익을 초과하지 않는 범위 내에서 한정된다.

지리적 공간상에서 나타나는 4가지 흐름은 인구이동, 자본이동, 의사결정, 혁신의 확산이고, 이들은 상호 밀접한 영향을 미친다. 우리나라의 경우 개발연대를 거치면서 권력(의사결정)이 집중되는 곳에 자본과 인구도 함께 집중함으로써 수도권집중이 나타났고, 이러한 집중현상이 이제는 돌이킬 수 없는 관성으로 작용하고 있는 것이다. 기업의 입지요인으로 생산요소(원료와 노동력), 시장, 집적경제(agglomeration economies), 환경요인, 정부의 영향력 등이 있는데, 이 가운데 우리나라의 경우는 지금까지 중앙정부의 영향력이 강하게 작용했음을 부인할 수 없다.

그러나 선진국의 경우는 다르다. 미국의 예를 보면, 첨단산업의 입지요인으로 권력에의 접근성이 중요하지 않다는 사실은 워싱턴 D.C. 주변에 첨단산업이 집중하지 않는 사실로부터 알 수 있다. 오히려 미국의 첨단산업은 명문대학과 국립연구소에의 접근성 및 기후 등의 환경적 요인이 중요한 입지요인으로 작용하고 있는 것을 볼 수 있는데, 이러한 현상이야말로 시장원리의 결과로 볼 수 있다.

재화 및 서비스의 생산비용뿐만 아니라 현재 수도권에서 볼 수 있는 주거 및 교통 혼잡비용까지 고려한다면 일극(一極) 집중의 공간적 구조가 아니라, 분산된 집중(decentralized concentration) 형태의 공간적 구조를 만드는 것이 국가 전체의 경쟁력 강화를 위해서도 바람직하다. 여기에다 수도권이 오직 규모의 경제로 인해 경쟁력을 가질 때 수도권의 질적 성장이 지속될 수 있을까? 하는 의문과 함께 외국 대도시와의 경쟁력이 지속될 수 있을지에 대한 의문은 여전히 남는다.

거시적이고 장기적인 관점에서 보면 투자의 한계생산성이 높은 지역에 대한 지원과 투자가 바람직하다. 국가경쟁력 강화와 지역균형발전은 어느 하나 놓칠 수 없는 정책과제이다. 다행히 이 두 가지 과제는 동시에 추구할 수 있는 목표로 판단되며, 이러한 목표를 달성하기 위해 비수도권 지역 중에서 상대적으로 투자의 효율성이 높은 지역에 집중적인 투자가 필요하다. 이러한 관점에서 보면 투자의 효율성이 높을 것으로 판단되는 지방 대도시의 육성과 함께 그 주변지역의 지역개발 파급효과를 극대화할 수 있는 전략의 마련이 매우 긴요하다.

☑ 연습문제

1. 우리나라의 연대별 지역개발정책의 기조를 비교하여 설명하시오.
2. 세계화시대에서의 지역개발의 방향을 논의하시오.
3. 환경보전을 이루기 위한 지역개발의 전략에 대해 설명하시오.
4. 통일시대 지역개발의 과제를 설명하시오.
5. 지방인구소멸시대의 지역개발 방향을 논의하시오.

참고문헌

국내문헌

강병수(1992). 비지니스 인큐베이터와 지역개발. 「도시행정연구」. 제7집. 서울시립대학교.

강인재 외(1993). 「지방재정론」. 서울 : 대영문화사.

건설교통부(1999). 「개발제한구역 제도개선방안」. 발표자료.

건설부(1968). 「특정지역공고 일람」.

건설부(1970). 「수도권인구의 과밀집중억제에 관한 기본지침」. 제26회 국무회의 의결.

경제기획원(1992). 「경제백서」.

교통개발연구원(1992). 「교통혼잡비용 예측연구」.

구자건 외(1992). 「생태계 위기와 한국의 환경문제」. 서울 : 따님.

국가균형발전위원회(2003). 「국가균형발전의 비전과 과제」. 국정홍보처.

국토개발연구원(1980). 「지역계획기법연구」.

국토개발연구원(1981). 「지역지구제 합리화 방안에 관한 연구」.

국토개발연구원(1984). 「종합토지정책에 관한 연구」.

국토개발연구원(1985). 「대도시권 관리를 위한 정책연구(I) : 대도시권의 설정과 기능정
          립 방향」.

국토개발연구원(1986). 「도시산업시대」 맞은 미국. 「국토정보다이제스트」. 4월호.

국토개발연구원(1986). 「제2차 국토종합개발계획의 추진실적 평가(Ⅲ)」.

국토개발연구원(1988). 「광역도시시설의 입지 및 관리에 관한 연구」.

국토개발연구원(1991). 제3차 국토종합개발계획시안. 「국토정보」. 3월호.

국토개발연구원(1991). 「국토개발투자재원의 조달 및 배분방향」.

국토개발연구원(1994). 「사회간접자본시설에 대한 민자유치방안 연구」.

국토개발연구원(1998). 인프라시설에 대한 민자유치제도 개선방안. 「국토정보」. 8월호.

권영각(1992). 수도권 지역개발 정책방향의 재조명. 「도시행정연구」. 제7집. 서울시립
          대학교.

권영섭(1993). 독일의 테크노폴리스 브레멘. 「국토정보」. 7월호. 국토개발연구원.

권원용(1991). 광역도시계획의 필요성과 과제. 「도시정보」. 6월호. 대한국토·도시계획학회.

김경묵·김연성 역(2002). 「경쟁론」. 세종연구원.

김동건(1984). 「현대재정학 : 공공경제의 이론과 정책」. 서울 : 박영사.

김동건(1986). 도시 및 지역개발을 위한 재원조달 및 민간참여방안에 관한 연구. 「행정논총」. 제24권 제2호. 서울대 행정대학원.

김동건(1990). 지방양여세제 도입과 발전방안. 지방자치시대에 대비한 지방재정 확충방안에 관한 세미나. 한국지방행정연구원.

김병섭·박광국·이종열(1994). 「현대조직의 이해」. 경산 : 영남대학교 출판부.

김선기(1991). 「오지낙후지역의 개발모형설정 및 추진방안」. 한국지방행정연구원.

김선희(1991). NIMBYs. 「국토정보」. 4월호.

김안제 외(1993). 「한국의 지방자치와 지역개발」. 서울 : 박문각.

김영모(1983). 「지역개발계획론」. 서울 : 진흥문화사.

김영모(1990). 「지역개발학개론」. 서울 : 녹원출판사.

김영봉·이진욱(1987). 구미(歐美)의 첨단산업지구 성장사. 「국토정보다이제스트」. 4월호. 국토개발연구원.

김영철 역(2001). 「경영학 100년의 사상」. 서울 : 일빛.

김영표·박종택·한선희·조윤숙(1998). 「GIS의 기초와 실제」. 개원 20주년 기념 국토총서 9. 국토개발연구원.

김용웅(1985). 개발제한구역의 실태와 문제점. 「국토정보다이제스트」. 10월호. 국토개발연구원.

김원(1985). 도시공공서비스의 민간공급이론과 적용가능성에 관한 연구. 「국토계획」. 제20권 제1호. 대한국토·도시계획학회.

김원 역(1992). 「지방정부경영론」. 서울 : 법문사.

김원·김홍기·권원용(1992). 지역발전을 위한 첨단산업연구도시의 개발전략에 관한 연구. 「국토계획」. 제27권 제3호. 대한국토·도시계획학회.

김윤상(1986). 「도시모형론」. 대구 : 경북대학교 출판부.

김인(1986). 「현대인문지리학 : 인간과 공간조직」. 서울 : 법문사.

김재원 외(1987). 공해지역(연탄공장주변) 주민에게서 발견된 탄분침착증 1예. 「결핵 및 호흡기 질환」. 34(3).

김형국(1976). 도시취업구조의 분석모형정립에 관한 연구 : 수도권 인구소산정책의 전
　　　개를 위하여. 「환경논총」. 제3권 제1호. 서울대 환경대학원.

김형국(1981). 근대 한국의 공간구조분석을 위한 모형연구. 「환경논총」. 제9권. 서울대
　　　학교 환경대학원.

김형국(1983). 「국토개발의 이론연구」. 서울 : 박영사.

김홍래(1990). 광주첨단과학산업기지의 구상과 건설전략. 「국토계획」. 제25권 제3호.
　　　대한국토 · 도시계획학회.

김홍수(1993). 사회간접자본 투자정책의 공간적 파급효과 평가. 「국토정보」. 8월호.

노융희 역(1986). 「개발도상국의 도시화정책」. 서울 : 법문사.

노화준(1989). 「정책분석론」. 서울 : 박영사.

농림축산식품부(2013). 농촌주택정책 전략과 실천과제 도출.

대구사회연구소 편(1994). 「대구지역 빈민의 생활실태와 빈곤정책 연구」.

대전직할시 연구단(1991). 「자치단체 내 지역 · 집단 이해조정방안 : 대전직할시 쓰레기
　　　장기 위생 매립장 입지선정을 중심으로」. 지방행정발전세미나. 내무부 지방행정
　　　연수원.

대한국토 · 도시계획학회 편(1991). 「도시계획론」. 서울 : 형설출판사.

대한국토 · 도시계획학회 편(1991). 「지역계획론」. 서울 : 형설출판사.

대한민국정부(1971). 「국토종합개발계획」.

대한민국정부(1982). 「제2차 국토종합개발계획 1982 – 1991」.

대한민국정부(1992). 「제3차 국토종합개발계획 1992 – 2001」.

도철웅(1992). 「교통공학원론(하)」. 서울 : 청문각.

럭키금성경제연구소(1992). 「환경과 기업」.

린, 난(2008). 「사회자본(*Social Capital* by N. Lin(2001)」. 김동윤 · 오소현 역. 서울 : 커
　　　뮤니케이션북스.

박상우(1991). 수도권 문제를 보는 시각. 「국토정보」. 12월호. 국토개발연구원.

박상우(1992). 수도권정책 전환의 방향. 「국토정보」. 4월호. 국토개발연구원.

박성복 · 이종열(1993). 「정책학원론」. 서울 : 대영문화사.

박수영(1991). 「도시행정론」. 서울 : 박영사.

박양호(1992). 지방분산형 정주체계의 형성. 「국토정보」. 2월호. 국토개발연구원.

박우서(1992). 도시화에 따른 주거수준 변화. 노정현·박우서·박경원 공편. 「지방자치 시대의 도시행정」. 서울 : 도서출판 나남.

박종화(1992). 도시화 특징 및 문제점. 「대구·경북행정학회보」. 제4집.

박종화(1993). 도시인구의 예측모형. 「대구·경북행정학회보」. 제5집.

박종화(1993). 폐기물 매립지와 적정보상. 「국토계획」. 28(4). 대한국토·도시계획학회.

박종화(1994). 민간화에 대한 논의. 「대구·경북행정학회보」. 제6집.

박종화 역(1994). 「민영화의 길」. 서울 : 한마음사.

박종화(2002). 「지역경제론」. 서울 : 박영사.

박종화(2011). 지역혁신체계에서 사회적 자본의 역기능성. 「국토연구」. 제69권. 국토연 구원.

박종화·김창수(2001). 지역경제 활성화 과정에서 산 - 학 - 관 협력의 쟁점. 「한국행정논 집」. 13(4).

박종화·윤대식·이종열(1994). 「도시행정론」. 서울 : 대영문화사.

복득규 외(2003). 「클러스터」. 서울 : 삼성경제연구소.

서창원(1983). 한국의 대도시 정책발전과 정책이론의 전개과정 변천에 관한 소론. 「국 토연구」. 제2권. 국토개발연구원.

서창원(1993). 국토개발계획모형과 지역격차에 관한 연구. 「국토연구」. 제20권. 국토개 발연구원.

송기섭(1994). 수도권정비시책의 개편. 「국토정보」. 2월호. 국토개발연구원.

송병락(1987). 「한국의 국토·도시·환경」. 서울 : 한국개발연구원.

신창호(1993). 서울형산업의 육성. 서울산업경제구조 변천과 발전방향에 관한 국제세 미나 발표논문. 서울시정개발연구원, 6월 30일.

안건혁(1986). 산업장려지구(Enterprise Zone). 「국토정보다이제스트」. 12월호. 국토개 발연구원.

안현실·임채윤(1995). 「영남 테크노파크사업의 타당성에 관한 연구」. 산업기술정책연 구소.

오연천(1988). 「지방재정론」. 서울 : 박영사.

원제무(1991). 「도시교통론」. 서울 : 박영사.

원제무(1999). 「도시교통론」. 제2전정판. 서울 : 박영사.

원제무·박용훈(1993). 「정보화사회와 글로벌 도시」. 서울 : 박영사.

유광수(1992). 지방화 시대와 도시교통정책방향. 노정현·박우서·박경원 공편. 「지방자치시대의 도시행정」. 서울 : 도서출판 나남.

유병규(1993). 농업의 역할, 그리고 경북농업의 크기는. 「대구·경북 지역동향」. 12월호. 대구사회연구소.

유승한(1993). 산업지구에 관한 소고. 「국토정보」. 9월호. 국토개발연구원.

유영휘·권영섭·유승한(1993). 「통일국토의 잠재력과 과제」. 국토개발연구원.

유재현(1993). 환경적으로 건전하고 지속가능한 도시개발. 「환경행정」. 제1권 제1호. 한국환경행정학회.

윤대식(1984). 지역개발을 위한 Q.O.L.지표의 도입과 활용방안에 관한 고찰. 「국토계획」. 제19권 제1호. 대한국토계획학회.

윤대식(1991). Urban Spatial Structure and Transit Fare Policies. 「국토계획」. 제26권 제3호. 대한국토·도시계획학회.

윤대식(1993). 대구의 교통문제 : 문제의 본질과 정책과제. 「대구·경북 지역동향」. 8월호. 대구사회연구소.

윤대식(1993). 대학과 지역경제활성화. 대학과 지역발전에 관한 토론회 발표논문. 영남대학교 새마을·지역개발연구소, 2월 12일.

윤대식(1993). 학원도시의 경제적 활로는 없는가. 「지방자치」. 3월호. 현대사회연구소.

윤대식(1994). 국가경쟁력 강화와 지역균형발전의 조화는 가능한가. 「지방자치」. 3월호. 현대사회연구소.

이건영(1984). 대도시교통문제의 본질과 정책과제 : 도시성장과 교통시설의 조화를 중심으로. 서울의 교통문제 토론회 발표논문. 국토개발연구원, 8월 30일 – 31일.

이건영(1992). 「지역교통론」. 서울 : 일조각.

이건영·원제무(1990). 「도시교통정책론」. 서울 : 박영사.

이달곤(1991). H. Raiffa의 협상이론. 오석홍 편. 「조직학의 주요이론」. 서울 : 경세원.

이만우(1993). 「공공경제학」. 서울 : 태진출판사.

이성근 외(2004). 지역혁신체제 구축과 테크노파크의 역할. 「국토계획」. 39(2). 대한국토·도시계획학회.

이재원(1992). 지역경제활성화를 위한 정책적 대안, '제3이태리산업지구'를 살펴본다. 「지방자치」. 8월호. 현대사회연구소.

이정식(1986). Enterprise Zone. 「국토정보다이제스트」. 12월호. 국토개발연구원.

이정전(1991). 「토지경제론」. 서울 : 박영사.

이종열·곽동국(1993). 도시화의 과정과 원인에 관한 연구 : 서울시 사례분석. 「대구·경북행정학회보」. 제5집.

이종호(1992). 한국의 첨단 경량전철 도입방향. 첨단경량전철 국제심포지엄 발표논문. 교통개발연구원, 12월 1일 – 2일.

이태일(1982). 서울과 주변지역 간의 상호작용에 관한 분석연구. 「국토연구」. 제1권. 국토개발연구원.

이태일(1985). 용도지역지구제. 황명찬 편. 「토지정책론」. 서울 : 경영문화원.

이희연(1988). 「경제지리학 : 공간경제의 이론과 실제」. 서울 : 법문사.

정세욱(1990). 「지방행정학」. 서울 : 법문사.

정용덕 역(1986). 「사익의 공공활용」. 서울 : 성균관대학교 출판부.

정환용(1982). 기초수요전략에 의한 지역개발계획에 관한 연구. 「국토계획」. 제16권 제1호. 대한국토계획학회.

조정제(1990). 「도시경영」. 서울 : 법문사.

조철주(1993). 청주테크노빌의 육성전략과 충북권개발. 2000년대를 향한 충북권개발과 지방도시성장관리정책에 관한 학술세미나 발표논문. 한국지역개발학회·충북경제연구소, 5월 21일 – 22일.

차미숙(1994). 지방정부의 경영전략으로서의 제3섹터(Ⅱ). 「국토정보」. 5월호. 국토개발연구원.

최병선(1986). 도시와 토지이용. 「도시정보」. 4월호.

최병선(1992). 그린벨트 제도의 개선방향 : 도시계획 측면. 「국토정보」. 12월호. 국토개발연구원.

최인현(1971). 인구통계 : 경제기획원 조사통계국자료. 「연구총서」. 제7호. 인구 및 발전문제연구소.

최재선(1990). 「지역경제론」. 서울 : 법문사.

하동익(1994). IVHS 국내개발 추진전략에 관한 제언. 「대한교통학회지」. 제12권 제1호.

하성규(1992). 「주택정책론」. 서울 : 박영사.

한국지방행정연구원(1986). 「지방교부세제도 개선연구」.

한국지방행정연구원(1989). 「도시혐오시설의 관리방안」.

한국지방행정연구원(1991). 「국고보조사업의 기준보조율 조정방안에 관한 연구」.

한글학회 편(1990). 「우리말 큰사전」. 서울 : 어문각.

한영주(1993). 수도권 과밀억제부담금 제도의 도입방안. 「국토정보」. 2월호. 국토개발
    연구원.

한표환(1991). 지역개발을 위한 투자재원 확충방안. 「지방자치시대의 지역개발전략」.
    한국지역개발학회·한국지역학회 발표논문.

한표환(1992). 일본의 '비즈니스 인큐베이터' 제도를 알아본다. 「지방자치」. 9월호. 현대
    사회연구소.

허재완(1993). 「도시경제학」. 서울 : 법문사.

현대사회연구소(1985). 「도시비공식부문연구」.

형기주(1993). 서울의 산업구조 변화와 입지정책. 서울산업경제구조 변천과 발전방향
    에 관한 국제세미나 발표논문. 서울시정개발연구원, 6월 30일.

홍기용(1990). 「지역경제론」. 서울 : 박영사.

환경처(1991). 「환경백서」.

환경처(1992). 「전국 일반쓰레기 처리실적('91) 및 계획('92)」.

환경처(1994). 「환경백서」.

환경부(1997). 「환경백서」.

황명찬(1989). 「지역개발론」. 서울 : 법문사.

황용주(1985). 「도시계획원론」. 서울 : 녹원출판사.

황용주(1988). 「도시학사전」. 서울 : 녹원출판사.

황일청 편(1992). 「한국사회의 불평등과 형평」. 서울 : 나남.

국외문헌

宮尾尊弘(1987). 「現代都市經濟學」. 日本評論社.

牧野昇 編(1976). 「環境アセスメントとその手法, 環境影響評價の case-study」. 東京：三菱研究所.

石水照雄(1974). 「都市 空間構造理論」. 東京：大明堂.

日本環境廳 編(1973). 「環境白書」. 大藏省印刷局, 昭和 48年.

Abler, R., J. S. Adams, and P. Gould(1971). *Spatial Organization: The Geographer's View of the World*. Englewood Cliffs, N. J. : Prentice–Hall, Inc.

Adler, H. A.(1971). *Economic Appraisal of Transport Projects: A Manual with Case Studies*. Bloomington : Indiana University Press.

Allegheny Conference on Community Development. *Five Year Economic Development Report: 1984–1989*.

Alonso, W.(1966). *Location, Primacy and Economic Development*. Center for Planning and Development Research. Discussion Paper. mimeo. Berkeley : University of California.

Alonso, W.(1971). Equity and Its Relation to Efficiency in Urbanization. In J. F. Kain and J. R. Meyers(eds.). *Essays in Regional Economics*. Cambridge, M. A. : Harvard University Press.

Appalraju, J. and M. Safier(1976). Growth Centre Strategies in Less–developed Countries. In A. Gilbert(ed.). *Development Planning and Spatial Structure*. London : John Wiley.

Atkinson, G. G. M.(1975). *The Effective Negotiator*. London : Quest Publications.

Baran, Paul A.(1957/1973). *The Political Economy of Growth*. New York : Monthly Review Press.

Barcelona Declaration(1986). *Report of the International Conference on Population and the Urban Future*. Barcelona, 19–22 May. United Nations Fund for Population Activities. New York.

Bendavid, A.(1974). *Regional Economic Analysis for Practitioners*. New York : Praeger Publishers.

Bennett, R. J.(1980). *The Geography of Public Finance*. Andover, Hants : Methuen.

Berry, B. J. L.(1961). City Size Distribution and Development. *Economic Development and Cultural Change*. 9.

Berry, B. J. L.(1971). City Size and Economic Development : Conceptual Synthesis and Policy Problems, with Special Reference to South and Southeast Asia. In L. Jakobson and V. Prakash(eds.). *South and Southeast Asia Urban Affairs Annual Urbanization and National Development*. 1.

Berry, B. J. L.(1967). *Geography of Market Centers and Retail Distribution*. Englewood Cliffs, N. J. : Prentice–Hall, Inc.

Black, J.(1981). *Urban Transport Planning : Theory and Practice*. Baltimore : Johns Hopkins University Press.

Bolman, L. G. and T. E. Deal(1984). *Modern Approaches to Understanding and Managing Organizations*. San Francisco : Jossey–Bass Publishers.

Borts, G. H.(1960). The Equalization of Returns and Regional Economic Growth. *American Economic Review*. 50.

Borts, G. H. and J. L. Stein(1964). *Economic Growth in a Free Market*. New York : Columbia University Press.

Boudeville, J.(1972). Amenagement du territoire et polarisation. Genin.

Bourne, L. S.(1982). Urban Spatial Structure : An Introductory Essay on Concepts and Criteria. In L. S. Bourne(ed.). *Internal Structure of the City*. New York : Oxford University Press.

Brown, L., F. Horton, and R. Wittick(1970). On Place Utility and the Normative Allocation of Intra–Urban Migrants. *Demography*. 7.

Browning, E. K. and J. M. Browning(1979). Public Finance and the Price System. New York : Macmillan.

Catanese, A. J. and J. C. Snyder(1979). *Introduction to Urban Planning*. New York : McGraw–Hill.

Campbell, A. K.(1976). Approaches to Defining, Measuring, and Achieving Equity in the Public Sector. *Public Administration Review*. 36.

Carr–Hill, Roy(1979). Social Indicators and the Basic–Needs Approach : Who Benefits from Which Numbers? In San Cole and Henry Lucas(eds.). *Models, Planning and Basic Needs*. New York : Pergamon Press.

Chambers, R.(1983). *Rural Development : Putting the Last First*. London : Longman.

Chapin, F. S., Jr. and E. J. Kaiser(1979). *Urban Land Use Planning*. Urbana : University of Illinois Press.

Chitwood, S. R.(1974). Social Equity and Social Service Productivity. *Public Administration Review*. 34.

Cloward, R. A. and F. F. Piven(1974). *The Politics of Turmoil*. New York : Pantheon.

Coffin, R.(1976). *The Negotiator*. New York : AMACOM.

Coleman, J.(1990). *Foundations of Social Theory*. Cambridge, MA : Belknap Press.

Cox, A., P. Farlong, and E. Page(1985). *Power in Capitalist Society*. Great Britain : Wheatsheaf Books.

Cooke, P., M. G. Uranga, and G. Erxebarria(1997). Regional Innovation Systems : Institutional and Organizational Dimensions. *Research Policy*. 26.

Czamanski, S.(1973). *Regional and Interregional Local Accounting*. Lexington, Mass. : Lexington Book.

Darwent, D. F.(1975). Growth Poles and Growth Centers in Regional Planning : A Review. In John Friedmann and William Alonso(eds.). *Regional Policy*. Cambridge : The MIT Press.

Dear, M.(1992). Understanding and Overcoming the NIMBY Syndrome. *Journal of American Planning Association*. 58(3).

Dear, M., S. M. Taylor, and G. B. Hall(1980). External Effects of Mental Health Facilities. *Annals, Association of American Geographers*. 70(3).

Dewar, D., A. Todes, and V. Watson(1986). *Regional Development and Settlement Policy*. London : Allen & Unwin.

Dixon, R. and A. P. Thirlwall(1975). A Model of Regional Growth Rate Differences on Kaldorian Lines. *Oxford Economic Papers*. 27.

El–Shaks, S.(1972). Development, Primacy and the System of Cities. *Journal of Developing Areas*. 7.

Emmerij, L.(1977). Facts and Fallacies Concerning the Basic Needs Approach, Basic–

Needs–Oriented Development Strategies and Services. UNICEF/EADI. Vienna, Dec.

Emmerij, L.(1981). Basic Needs and Employment–Oriented Strategies Reconsidered. In M. P. Misra and M. Honjo(eds.). *Changing Perception of Development Problems*. Nagoya : Maruzen Asia.

Esteva, G.(1987). Regenerating People's Space. *Alternative*. 12.

Fainstein, N. I. and S. S. Fainstein(eds.)(1982). New Debates in Urban Planning : The Impact of Marxist Theory within the United States. *IHURP*.

Fainstein, N. I. and S. S. Fainstein(eds.)(1982). *Urban Policy under Capitalism*. Beverly Hills : Sage.

Fainstein, S. S. et al.(eds.)(1983). *Restructuring the City*. New York : Longman.

Feagin, J. R.(1983). *The Urban Real Estate Game : Playing Monopoly with Real Money*. Englewood Cliffs, N. J. : Prentice–Hall, Inc.

Field, J.(2003). *Social Capital*. London : Routledge.

Fink, C. F.(1968). Some Conceptual & Difficulties in the Theory of Social Conflict. *Journal of Conflict Resolution*.

Fisher, R. and W. Ury(1984). *Getting to Yes : Principled Negotiation*. New York : Penguin Books.

Fisk, D., H. Kiesling, and T. Muller(1978). *Private Provision of Public Services : An Overview*. Washington, D. C. : The Urban Institute.

Fox, C.(1966). *The Role of Growth Centers in Regional Economic Development*. Department of Economics, State University of Science & Technology. Ames, Iowa.

Friedmann, J.(1973). *Urbanization, Planning, and National Development*. Beverly Hills, California : Sage Publications.

Friedmann, J. and C. Weaver(1979). *Territory and Function*. London : Edward Arnold.

Freeman, C.(1987). *Technology Policy and Economic Performance : Lessons from Japan*. London : Frances Pinter.

Freeman, C.(1995). The 'National System of Innovation' in Historical Perspective. *Cambridge Journal of Economics*. 19.

Gamson, W. A.(1968). *Power and Discontent*. Homewood, IL : Dorsey.

Gilbert, A.(1976). The Arguments for Very Large Cities Reconsidered. *Urban Studies*. 13.

Gittinger, J. P.(1972). *Economic Analysis of Agricultural Projects*. Baltimore : The Johns Hopkins University Press.

Glasson, J.(1978). *An Introduction to Regional Planning*. London : Hutchinson.

Glasmeier, A.(1991). Technological Discontinuities and Flexible Production Networks : The Case of Switzerland and the World Watch Industry. *Research Policy*. 20(5).

Goodall, B.(1978). *The Economics of Urban Areas*. Oxford : Pergamon Press.

Gore, C.(1984). *Regions in Question*. London : Methuen.

Goulet, D.(1979). Development as Liberation : Policy Lessons from Case Studies. *World Development*. 7(6).

Gramlich, E. M.(1981). *Benefit–Cost Analysis of Government Programs*. Englewood Cliffs : Prentice–Hall, Inc.

Gramsci, A.(1971). *Selections from the Prison Notebooks*. London : Lawrence and Wishart.

Green, R. H.(1979). Basic Human Needs, as a Strategic Focus. In San Cole and Henry Lucas(eds.). *Models, Planning and Basic Needs*. New York : Pergamon Press.

Hague, W.(1981). *Our Grave New World : Grass Roots Initiatives and Strategies in Response*. Report on the Castelgandolfo Interaction. June.

Hanlon, J. J. and G. E. Pikett(1984). *Public Health : Administration and Practice*. Mosby : Times Mirro.

Hansen, N. M.(1973). Growth Center Policy in the United States. In Niles M. Hansen (ed.). *Growth Centers in Regional Economic Development*. New York : Free Press.

Hansen, N. M.(1978). *Human Settlement Systems*. Cambridge, Mass. : Ballinger Publishing Company.

Hartman, L. M. and D. Seckler(1967). Towards the Application of Dynamic Growth Theory to Regions. *Journal of Regional Science*. 7.

Hartshorne, R.(1959). *Perspective on the Nature of Geography*. Chicago : Rand McNally & Company.

Harvey, D.(1973). *Social Justice and the City*. Sevenoaks, Kent : Edward Arnold.

Harvey, D.(1978). The Urban Process under Capitalism : A Framework for Analysis. IJURR. 2(1).

Harvey, D.(1982). *The Limits to Capital*. London : Oxford.

Heady, E. O.(1965). *Agricultural Policy under Economic Development*. Ames, Iowa : Iowa State University Press.

Hechter, M.(1975). *Internal Colonialism : The Celtic Fringe in British National Development*. Berkeley : University of California Press.

Heilbrun, J.(1981). *Urban Economics and Public Policy*. New York : St. Martin's Press, Inc.

Hicks, N. and P. Streeten(1979). Indicators of Development : The Search for a Basic Needs Yardstick. *World Development*. June.

Higgins, B.(1981). The Disenthronement of Basic Needs : Twenty Questions. In Haruo Nagamine(ed.). *Human Needs and Regional Development*. Nagoya : Maruzen Asia.

Hill, M.(1968). A Goals–Achievement Matrix for Evaluating Alternative Plans. *Journal of the American Institute of Planners*. 34.

Hill, M.(1973). *Planning for Multiple Objectives*. Monograph Series. No. 5. Philadelphia : Regional Science Research Institute.

Hirshman, A. O.(1959). *The Strategy of Economic Development*. New Haven : Yale University Press.

Hoover, E. M.(1975). *An Introduction to Regional Economics*. Second Edition. New York : Alfred A. Knopf, Inc.

Hoover, E. M. and F. Giarratani(1984). *An Introduction to Regional Economics*. New York : Alfred A. Knopf, Inc.

Howard, E.(1929). *Garden Cities of Tomorrow*. Chicago : Faber.

Howard, E.(1965). *Garden Cities of Tomorrow*. Cambridge, Mass. : The MIT Press.

Inglehart, R.(1977). *The Silent Revolution*. N. J. : Princeton University Press.

Isserman, A.(1977). The Accuracy of Population Projections for Subcounty Areas. *Journal of the American Institute of Planners*. 43(July).

Jefferson, M.(1990). Are NIMBYs Really So Bad?: Viewpoint 2. *Town & Country Planning*.

Keeble, D. E.(1967). Models of Economic Development. In R. J. Chorley and P. Haggett(eds.). *Models in Geography*. London: Methuen.

Keyfitz, N.(1972). On Future Population. *Journal of the American Statistical Association*. 67(June).

Korthn, D. C. and F. B. Alfonso(eds.)(1983). *Bureaucracy and the Poor: Closing the Gap*. West Hartford, Connecticut: Kumarian Press.

Krueckeberg, D. A. and A. L. Silvers(1974). *Urban Planning Analysis: Methods and Models*. New York: John Wiley & Sons.

Lamarche, F.(1976). Property Development and the Economic Foundations of the Urban Question. In C. G. Pickvance(ed.) *Urban Sociology: Critical Essays*. London: Tavistock Publications.

Le Corbusier(1947). *City of Tomorrow and Its Planning*. London: Architectural Press.

List, F.(1841). *The National System of Political Economy*. English Edition(1904). London: Longman.

List, F. and D. Werneke(1976). Economic and Social Policy Synthesis Programme: Alternative Development Strategies and Basic Needs. Working Paper on World Employment Programme Research. ILO, Geneva, March.

Lucy, W.(1981). Equity and Planning for Local Services. *Journal of the American Planning Association*. 47.

Lundvall, Bengt–Åke(1988). Innovation as an Interactive Process: from User–Producer Interaction to the National System of Innovation. In G. Dosi, et al.(eds). *Technical Change and Economic Theory*. London: Pinter.

Lundvall, Bengt–Åke(1992). *National Systems of Innovation: Towards a Theory of Innovation and Interactive Learning*. London: Pinter.

Lynch, K.(1960). *The Image of the City*. Cambridge: The MIT Press.

Mackaye, B.(1928). *The New Exploration: A Philosophy of Regional Planning*. New

York : Harcourt.

Mayer, W. and S. Pleeter(1975). A Theoretical Justification for the Use of Location Quotients. *Regional Science and Urban Economics*. 5.

Maillat, D. and B. Lecoq(1992). New Technologies and Transformation of Regional Structures in Europe : The Role of Milieu. *Entrepreneurship & Regional Development*. 4.

McAllister, D. M.(1976). Equity and Efficiency in Public Facility Location. *Geographical Analysis*. 8.

McGuire, C. C.(1981). *International Housing Policy*. Massachusetts : Lexington.

McHale, J. and M. C. McHale(1977). Basic Human Needs : A Framework for Action. In U. N.(ed.). *United Nations Report*.

McLafferty, S. L. and A. Ghosh(1982). Issues in Measuring Differential Access to Public Services. *Urban Studies*. 19.

Meyer, M. D. and E. J. Miller(1984). *Urban Transportation Planning : A Decision–Oriented Approach*. New York : McGraw–Hill Book Co.

Mills, E. S. and Byung Nak Song(1977). *Korea's Urbanization and Urban Problems 1945–1975*. Korea Development Institute. Working Paper 7701.

Mishan, E. J.(1976). *Cost–Benefit Analysis*. New York : Praeger Publishers.

Mizra, R. P.(1978). *Meeting the Basic Needs of People*. Working Paper in United Nations Center for Regional Development. Nagoya, Japan.

Mizra, R. P. and E. B. Prantilla(1981). Basic Needs and Development Planning : Focus on India and the Philippines. In Haruo Nagamine(ed.). *Human Needs and Regional Development*. Nagoya : Maruzen Asia.

Moseley, M. J.(1974). *Growth Centres in Spatial Planning*. Oxford : Pergamon.

Myrdal, G.(1957). *Economic Theory and Under–Developed Regions*. London : Gerald Duckworth & Co., Ltd.

Nahapiet, J. and S. Ghoshal.(1998). Social Capital, Intellectual Capital, and the Organizational Advantage. *Academy of Management Review*. 23(2).

Nourse, H. O.(1968). *Regional Economics*. New York : McGraw–Hill Book Co.

Nijkamp, P., G. van Oirschot, and A. Oosterman(1994). Knowledge Networks,

Science Parks and Regional Development. In J. R. Cuadrado–Roura, P. Nijkamp, and P. Salva(eds.). *Moving Frontiers : Economic Restructuring, Regional Development and Emerging Networks*. Avebury.

O'Hare, M.(1977). Not on My Block You Don't : Facility Siting and Strategic Importances of Compensation. *Public Policy*. 25.

O'Sullivan, A.(1993). *Urban Economics*. Homewood, IL : Irwin.

Oates, W. E., E. P. Howrey, and W. J. Baumol(1971). The Analysis of Public Policy in Dynamic Urban Models. *Journal of Political Economy*. 79.

Oppenheim, N.(1980). *Applied Models in Urban and Regional Analysis*. Englewood Cliffs : Prentice–Hall, Inc.

Pfouts, R. W.(ed.)(1960). *The Techniques of Urban Economic Analysis*. West Trenton : Chandler–Davis Publishing Co.

Philbrick, A. K.(1957). Areal Functional Organization in Regional Geography. *Papers of the Regional Science Association*. III.

Pittenger, D.(1976). *Projecting State and Local Populations*. Cambridge, Mass : Ballinger.

Pondy, L. R.(1967). Organizational Conflict : Concepts and Models. *Administrative Science Quarterly*. 12(2).

Porter, M. E.(1998). Clusters and the New Economics of Competition. *Harvard Business Review*. Nov–Dec.

Porter, M. E.(2000). Location, Competition, and Economic Development : Local Clusters in a Global Economy. *Economic Development Quarterly*. 14(1).

Portes, A.(1998). Social Capital : Its Origins and Applications in Modern Sociology. *Annual Review of Sociology*. 24.

Putnam, R. D., R. Leonardi, and R. Nanetti(1993). *Making Democracy Work : Civic Traditions in Modern Italy*. Princeton : Princeton University Press.

Putnam, R. D.(2000). *Bowling Alone : The Collapse and Revival of American Community*. New York : Simon & Schuster.

Raiffa, H.(1970). *Decision Analysis : Introductory Lectures on Choices under Uncertainty*. Reading : Addison–Wesley Publishing Co.

Ratcliffe, J.(1976). *Land Policy*. London : Hutchinson and Co.

Richardson, H. W.(1972). Optimality in City Size, Systems of Cities, and Urban Policy : A Sceptic's View. *Urban Studies*. No. 9.

Richardson, H. W.(1977). *City Size and National Spatial Strategies in Developing Countries*. The World Bank Staff Working Paper. No. 252.

Richardson, H. W.(1979). *Regional Economics*. Urbana : University of Illinois Press.

Richardson, H. W.(1979). Metropolitan Decentralization Strategies in Developing Countries. In Yung–Hee Rho and Myong–Chan Hwang(eds.). *Metropolitan Planning : Issues and Policies*. Seoul : Korea Research Institute for Human Settlements.

Richardson, H. W.(1981). National Urban Development Strategies in Developing Countries. *Urban Studies*. 18.

Romans, J. T.(1965). *Capital Exports and Growth among US Regions*. Middletown : Wesleyan University Press.

Rondinelli, D.(1978). *Urbanization and Rural Development : A Spatial Policy for Equitable Growth*. New York : Praeger.

Sandbrook, R.(1982). *The Politics of Basic Needs : Urban Aspects of Assaulting Poverty in Africa*. London : Heinemann.

Savas, E. S.(1987). *Privatization*. New Jersey : Chatham House.

Schelling, T.(1960). *The Strategy of Conflict*. Cambridge, Mass. : Harvard University Press.

Schultze, C. L.(1977). *The Public Use of Private Interest*. Washington, D. C. : The Brookings Institution.

Scitovsky, T.(1954). Two Concepts of External Economies. *Journal of Political Economics*. April.

Shinn, R. L.(1987). *Forced Options : Social Decisions for 21st Century*. New York : The Pilgrim Press.

Siebert, H.(1969). *Regional Economic Growth : Theory and Policy*. Scranton : International Textbook Company.

Singh, K.(1986). *Rural Development : Principles, Policies, and Management*. London :

Sage Publications.

Slater, D.(1975). Underdevelopment and Spatial Inequality: Approaches to the Problem of Regional Planning in the Third World. *Progress in Planning*. 4(2).

Starr, P.(1989). The Meaning of Privatization. In S. B. Kamerman and A. J. Kahns(eds.). *Privatization and the Welfare State*. Princeton: Princeton University Press.

Stöhr, W. B.(1980). *Development from Below: the Bottom–Up and Periphery Inward Paradigm*. Interdisciplinary Institute of Urban and Regional Studies. Discussion 6. Vienna: University of Economics.

Tiebout, C. M.(1956). Export and Regional Economic Growth. *Journal of Political Economy*. 64.

Todaro, M. P.(1969). A Model of Labor Migration and Urban Unemployment in Less Developed Countries. *The American Economic Review*. LIX(1).

Toulmin, L. M.(1988). Equity as a Decision Rule in Determining the Distribution of Urban Public Services. *Urban Affairs Quarterly*. 23.

Townroe, P. M.(1979). Employment Decentralization: Policy Instruments for Large Cities in Less Developed Countries. *Progress in Planning*. 10(2).

Truelove, M.(1993). Measurement of Spatial Equity. *Environment and Planning C: Government and Policy*. 11.

Tura, T. and V. Harmaakorpi(2005). Social Capital in Building Regional Innovative Capability. *Regional Studies*. 39(8).

Ul Hag, M.(1981). An International Perspective on Basic Needs. *Development Studies of Southern Africa*. 4(1).

United Nations Secretariat(1981). Measurement of Basic Minimum Needs. In Haruo Nagamine(ed.). *Human Needs and Regional Development*. Nagoya: Maruzen Asia.

Vanhove, N. and L. H. Klassen(1980). *Regional Policy: A European Approach*. New York: Saxon House.

Vernon, R. and Y. Aharoni(eds.)(1981). *State–owned Enterprise and Western Economies*. New York: St. Martin Press.

Wilbanks, T. J.(1980). *Location and Well–Being: An Introduction to Economic*

Geography. San Francisco : Harper & Row, Publishers.

Williamson, J. G.(1968). Regional Inequality and the Process of National Development : A Description of the Patterns. In L. Needleman(ed.). *Regional Analysis*. Baltimore : Penguin Book.

Winnick, L.(1966). Place Prosperity vs. People Prosperity : Welfare Considerations in the Geographical Redistribution of Economic Activity. In *Essays in Urban Land Economics*. Los Angeles : Real Estate Research Pogram, UCLA.

Yun, Dae-Sic(1990). Urban Residential Location and the Comparative Statics of Traffic Congestion. *Transportation Research-B*. 24B(3).

Yun, Dae-Sic, Tae Myung Kim, and Myung Rae Cho(1992). Issues and Problems of Regional Development in Korea : in Search of a New Approach to Decentralized Regional Development. 「한국지역개발학회지」. 제4권 제2호.

인명색인

사항색인

저자 소개(가나다순)

박종화(朴鍾和)

미국 Rutgers University(Ph.D. in Urban Planning)

경북대학교 행정학부 교수

윤대식(尹大植)

미국 The Ohio State University(Ph.D. in City and Regional Planning)

영남대학교 도시공학과 교수

영남대학교 명예교수

이종열(李鍾烈)

미국 The City University of New York(Ph.D. in Political Science)

인천대학교 행정학과 교수

인천대학교 명예교수

제4개정판
지역개발론 - 이론과 정책 -

초판발행	1995년 4월 20일
개정판발행	2000년 3월 30일
제2개정판발행	2004년 8월 25일
제3개정판발행	2016년 8월 30일
제4개정판발행	2024년 2월 20일

지은이	박종화·윤대식·이종열
펴낸이	안종만·안상준
편 집	사윤지
기획/마케팅	장규식
표지디자인	Ben Story
제 작	고철민·조영환
펴낸곳	(주) **박영사**
	서울특별시 금천구 가산디지털2로 53, 210호(가산동, 한라시그마밸리)
	등록 1959.3.11. 제300-1959-1호(倫)
전 화	02)733-6771
f a x	02)736-4818
e-mail	pys@pybook.co.kr
homepage	www.pybook.co.kr
I S B N	979-11-303-1881-3 93350

copyright©박종화·윤대식·이종열, 2024, Printed in Korea

정 가   29,000원